Theories of Preaching
설교신학의 8가지 스펙트럼

Theories of Preaching
Copyright ⓒ 1987 by THE LABYNTH PRESS
All right reserved.
Korean translation copyright ⓒ 2003 by Worship & Preaching Academy
through the arrangement of KCBS

본 저작물의 한국어판 저작권은 KCBS, INC.를 통해 Richard Lischer와
독점계약한 예배와 설교 아카데미에 있습니다.
저작권법에 의해 한국 내에서 보호를 받는 저작물이므로
무단 전재와 복제를 금합니다.

설교신학의 8가지 스펙트럼

초판 1쇄 | 2008년 5월 10일
초판 2쇄 | 2011년 3월 28일
지 은 이 | 리처드 리셔(Richard Lischer)
옮 긴 이 | 정장복
펴 낸 이 | 김현애
펴 낸 곳 | 예배와 설교 아카데미
주   소 | 서울특별시 광진구 광장동 272-12
T E L | 02-457-97 56
HOMEPAGE | www.wpa.or.kr
등록번호 | 제18-19호(1998. 12. 3)

디 자 인 | 디자인집 02-521-1474
총 판 처 | 비전북
T E L | 031-907-3927
F A X | 031-905-3927
I S B N | 978-89-88675-36-3

값 19,000 원
■ 잘못 만들어진 책은 교환해 드립니다.

설교신학의 8가지 스펙트럼

● 리처드 리셔(Richard Lischer) 지음　● 정장복 옮김

목 차

들어가는 말 · 7
본서를 손에 든 독자들에게 · 11
서문 | 갱신의 약속 · 15

제1부 설교란 무엇인가?

라일의 앨런 Alan of Lille _사다리의 일곱 번째 계단 · 25
필립스 브룩스 Phillips Brooks _설교의 두 가지 본질적인 요소 · 33
찰스 해든 다드 H. Dodd _초대교회의 설교 · 45
디트리히 본회퍼 Dietrich Bonhoeffer _선포된 말씀 · 52
칼 마이켈슨 Carl Michalson _복음에 관하여 · 59

제2부 설교자는 어떤 존재인가?

존 크리소스톰 John Chrysostom _설교자의 유혹 · 73
조지 허버트 George Herbert _설교하는 목사 · 83
리처드 박스터 Richard Baxter _설교자 양성에 관하여 · 89
필립 야콥 슈페너 Philip Jacob Spener _설교의 개혁 · 97
푀베 팔머 Phoebe Palmer _여성 설교자의 위대한 군대 · 105
P.T. 포사이드 P. T. Forsyth _설교자의 권위 · 116
한스 반 더 게스트 Hans van der Geest _설교자의 인격 · 125

제3부 설교가 가져온 소중한 사건

마르틴 루터 Martin Luther _선포 대(對) 도덕 · 147
조나단 에드워즈 Jonathan Edwards _무서운 설교 · 154
존 웨슬리 John Wesley _율법과 복음의 혼합 · 162
찰스 피니 Charles Grandison Finney _회심을 위한 설교 · 172
H.H. 파머 H. H. Farmer _나와 너의 만남 · 188
헨리 미첼 Henry H. Mitchell _송축으로서의 설교 · 198

제4부 설교를 위한 올바른 성경 해석의 길

아우구스티누스 Augustinus _문자적 해석과 비유적 해석 · 211
보나벤투라 Bonaventure _풍부한 의미의 비전 · 222
마르틴 루터 Martin Luther _문자와 영 · 230
루돌프 불트만 Rudolf Bultmann _전제 없는 석의가 가능한가? · 243
게르하르트 에벨링 Gerhard Ebeling _하나님의 말씀과 해석학 · 254
폴 리꾀르 Paul Ricoeur _해석학적 질문 · 264
주안 세군도 Juan Luis Segundo _해석학적 순환 · 274
제임스 샌더스 James A. Sanders _상황적 해석학 · 280
필리스 트리블 Phyllis Trible _페미니스트 해석학 · 299

제5부 설교의 뿌리 수사학

아우구스티누스 Augustinus _ 수사학의 사용 · **311**
베이스본의 로베르토 Robert of Basevorn _ 설교의 구성 장치 · **325**
프랑수아 페넬롱 Francois Fenelon _ 자연스러운 커뮤니케이션 · **332**
존 브로더스 John Broadus _ 수사학과 설교학 · **342**
아모스 와일더 Amos N. Wilder _ 복음의 언어, 새로운 언어 · **349**
조셉 사이틀러 Joseph Sittler _ 상상력의 역할 · **360**
프레드 크래독 Fred B. Craddock _ 이야기 : 거리 두기와 참여하기 · **369**

제6부 설교를 듣는 회중

대(大) 그레고리 Gregory the Great _ 다양한 회중 · **385**
조나단 에드워즈 Jonathan Edwards _ 각성된 사람의 내적 갈등 · **396**
필립스 브룩스 Phillips Brooks _ 회중 · **403**
드 부와 W. E. B. Du Bois _ 흑인 민중의 신앙 · **412**
해리 에머슨 포스딕 Harry Emerson Fosdick _ 개인 상담으로서의 설교 · **429**
헬무트 틸리케 Helmut Thielicke _ 스펄전 설교의 세속성 · **439**

제7부 설교 사역의 주인공 성령님

장 칼뱅 John Calvin _ 성령님의 내적 증거 · **453**
찰리 해든 스펄전 Charles Haddon Spurgeon _ 성령님과 설교 사역 · **459**
프랭크 바틀먼 Frank Bartleman _ 오순절교회의 설교 · **469**
루돌프 보렌 Rudolf Bohren _ 말씀의 수여자이며 선물인 성령님 · **478**

제8부 신학과 말씀과 성례

P.T. 포사이드 P. T. Forsyth _ 긍정적인 신학과 설교 · **489**
칼 바르트 Karl Barth _ 계시와 성례와 교리 · **496**
R.E.C. 브라운 R. E. C. Browne _ 교리의 해설 · **509**
제프리 와인라이트 Geoffrey Wainwright _ 예배로서의 설교 · **518**

들어가는 말

이 책은 크게 8개의 영역으로 구성되어 있고, 각 영역은 다시 4 – 9개의 발췌문으로 이루어져 있다. 본서는 각 발췌문마다 간략한 소개의 글을 작성하였고, 발췌문에서 제시된 다양한 입장 간의 대화를 시도했다. 독자의 편의를 위해 철자와 대소문자, 구두점 등은 모두 일치시켰다. 생략된 부분은 생략 부호로 표시하였다.[한글 번역에서는 '(중략)'이라고 표시했다.] 각주와 관련해서, 일부는 괄호로 묶어 본문 안에 삽입했지만, 다른 많은 각주는 간결하고 명료한 본문 편집을 위해 본문에서 삭제했다.

신학적인 관점과 역사적인 관점을 교차시켜 설교학을 논하는 것은 흥미롭고 풍요로운 보고를 열어 주지만, 여기에는 여러 가지 고통스런 제약이 따른다. 그러한 제약 중 한 가지는 설교에 대한 관점이 협소해진다는 것인데, 예를 들면 본 저서에 수록된 발췌문의 저자는 대부분 남성에 국한되는 것과 같은 것이다. 때로 몇몇 저자에게서 엿보이는 설교의 '남성성'이 독자에게 – 남성이든, 여성이든 – 억압적으로 느껴질 수도 있을 것이다. 하지만 그러한 언어를 고쳐서 표기하는 것과 관련해서 본서는 아무런 권한도 없으며, 또한 그렇게 하는 것은 결국 역사를 다시 쓰는 일이 될 것이다. 이러한 이유로 본서는 가능한 한 저자의 언어를 그대로 유지하였다.

각 저자의 이름 위에 표기된 제목은 대체로 편집자가 직접 붙인 것이다. 몇몇 경우에는 원본에 표기된 장(章) 제목이나 부제를 그대로 따오기도 했다. 각 발췌문에 대한 짧은 서문의 마지막 부분에는 출처와 원제를 가능한 정확히 표시해 두었다.[한글 번역에서는 발췌문 끝에 표기했다]. 몇몇 글은 판권을 소유한 출판사의 안내를 받기도 했다. 이따금씩 중간에 생략된 문단이나 페이지와 관련해서는 별도의 표기를 하지 않았다.

본 저서에 수록된 글의 상당수는 이미 공공의 재산이 되어 있다. 하지만 일부 글의 판권을 소유한 출판사의 허락이 없었다면 이 책은 출간되지 못했을 것이다. 잘 알려진 Fortress 출판사를 비롯하여 여러 출판사가 이례적인 관용을 베풀어 주었으며, 편집자는 여기에 대해 감사하고 있다.

또한 귀중한 도움을 준 몇몇 분들에게 감사의 뜻을 전하고 싶다. 듀크(Duke) 신학부 도서관의 해리엇 레오나드(Harriet Leonard), 듀크 대학교 퍼킨스(Perkins) 도서관의 에머슨 포드(Emerson Ford), 신학부의 테드 캠벨(Ted Campbell), 노스 캐롤라이나 대학교의 그랜트 워커(Grant Wacker) 교수는 오순절교회와 관련하여 적절한 글을 선별하는 데 도움을 주었다. 수잔 하쉬(Susan Harsh)는 독일어로 쓰여진 루돌프 보렌(Rudolf Bohren)의 글을 영어로 번역해 주었고, 나의 동료 테레사 버거(Teresa Berger)는 그 번역본의 수정 작업을 도왔다. 버지니아 주 리치몬드에 소재한 유니온(Union) 신학교의 엘리자벳 아키테마이어(Elizabeth Achtemeier) 교수는 가장 냉정한, 그래서 가장 유익한 비평으로 도움을 주었다. 특히 성경 해석과 관련한 발췌문에 관한 그의 꼼꼼한 평가는 책 전체에 일관성과 힘을 더해 주었다.

전국 신학교 협의회와 듀크 대학교 연구 위원회는 자상한 배려로 나의 작업을 후원하였다. 듀크 신학부는 다양한 방법으로 나의 원고 준비 작업을 도왔다. 특별히 커뮤니케이션 연구소 소장으로 있는 크리스토퍼 월터

스 벅비(Christopher Walters – Bugbee)와 주디 오웬스(Judy Owens)의 전문적인 조언에 감사를 표한다.

　Labyrinth 출판사의 데이빗 스타인메츠(David Steinmetz)는 처음에 내가 이 작업을 시작하도록 격려하였을 뿐 아니라, 나중에 내가 완성한 원고를 넘겨 주도록 나를 종용하기도 했다. 나는 편집과 격려, 그리고 우정으로 나를 도와 준 데이빗 스타인메츠와 버지니아 스타인메츠에게 엄청난 감사의 빚을 지고 있다.

듀크 대학교 신학부, 리처드 리셔

본서를 손에 든 독자들에게

아우구스티누스가 최초의 설교학 교재를 만든 이후 설교의 신학과 이론은 끝없이 연구가 계속되었습니다. 이렇게 이어진 연구는 서구의 많은 설교자들과 이 분야의 학자들에게는 바로바로 인쇄 매체를 통하여 전달되었습니다. 그러나 우리 한국의 설교 세계에는 그 많은 양서들이 1980년대 이후에야 하나 둘 선을 보이면서 이 분야의 학문적 가치가 인정받게 되었습니다. 참으로 안타까운 현실이었습니다.

체계적인 설교의 신학과 이론을 습득하지 않고서 말씀의 기치만을 들고 한국 교회 강단을 지켜 온 선배들은 용감하였습니다. 성경의 말씀과 자신의 경험만을 가지고 설교의 세계를 형성하였던 과거였습니다. 그리고 회중들의 관심을 끄는 설교자를 철저히 모방하면서 목이 쉬도록 외쳤던 우리의 설교 사역은 대단한 열정 속에 맥을 이어왔고 오늘도 그 흔적이 역력합니다.

그러나 최근에는 설교학도들에게는 설교의 연구와 훈련을 철저히 요구하는 신학 교육이 돋보입니다. 과거 선배들이 갖추었던 뜨거운 영성과 현대의 설교 이론을 접목하여 보다 순리적이고 진취적인 설교 사역이 이룩되도록 하는 데 한국 교회는 매우 적극적인 관심을 보이고 있습니다. 각 신학교마다 설교학 교수를 초빙하면서 이제는 어떤 분야보다 더욱 긴요한 학문으로서 인정을 하고 있습니다. 신학은 교회가 존재할 때만이 그 가치가 인정받게 되고 그 교회는 설교가 살아 있을 때만이 존재할 수 있다는 것을 오늘의 신학 교육이 드디어 깨닫고 있음을 보게 됩니다.

이러한 현장을 보면서 역자는 흐뭇한 눈길과 함께 더욱 막중한 책임을 느낍니다. 이 분야의 선두주자로서 한국의 설교학계가 바른 길을 걷도록 하는 길라잡이의 사명이 아직도 저에게 있음을 다짐합니다. 이러한 사명인의 시각으로 한국 설교학계를 보면서 하나의 문제를 발견합니다. 그것은 우리 설교학계의 신진 학자들이 새로운 이론 분야의 도입에만 깊은 관심을 두고 있다는 사실입니다. 그러나 과거의 보고(寶庫)를 만지지 않고 현대의 이론만을 만지는 것은 마치 뿌리 없는 화려한 한 송이의 꽃을 보고 좋아하는 모습과 같습니다. 그래서 역자는 외면하기 쉬운 설교학의 소중한 뿌리를 가져오는 데 남다른 관심을 가지고 있습니다. 본서 역시 설교학도들이 놓쳐서는 안 될 중요한 문헌이기에 심혈을 기울여 우리말로 옮기게 되었습니다.

본서는 참으로 소중한 책입니다. 이 한 권에는 설교의 이론과 실제의 세계를 역사적으로 장식한 48인의 설교학 거장들을 담고 있습니다. 설교의 정의와 설교자론을 비롯하여 수사학과 회중론과 성령님의 설교 사역까지 8개 분야를 구분하여 그 분야의 거장들의 자리와 그들의 신학과 이론을 직접 만나도록 하는 매우 특별한 편집을 해 놓았습니다. 이 한 권을 정독하고 나면 설교의 역사적인 뿌리와 신학의 다양한 이론적인 세계를 쉽게 접근하게 됩니다. 참으로 방대한 설교신학의 세계를 가장 효과적으로 터득할 수 있는 지름길입니다.

본서의 저자인 리처드 리셔 박사는 현재 듀크 대학교 신학부의 설교학 교수이지만 그는 루터교 목사로서 9년 동안 지방에서 목회를 하면서 자신이 학문적으로 쌓은 설교의 세계를 경험으로 익힌 학자입니다. 그의 연구의 실적과 강의는 인정을 받아 설교신학 교수들의 동경의 대상인 예일 대학의 비쳐 기념 설교신학 특강을 하였고, 2007년에는 북미 설교학회로부터 Lifetime Achievement Award를 수상한 바 있습니다. 그는 설교학자들의 모임인 Societas Homiletica의 집행 위원일 뿐만 아니라 현재 말씀 중심의 전문 연구지인 Interpretation과 Word and World의 자문 위원으로 활약하고 있습니다.

방대한 설교의 신학과 그 이론의 세계를 수없이 드나들어야 겨우 터득할 수 있었던 험난한 길을 단숨에 도달할 수 있는 지름길을 제시한 본서를 손에 든 독자들은 스스로 고마움의 마음을 갖게 되리라 확신합니다. 본서를 통하여 설교신학의 여정길을 걷는 이들에게 기쁨이 가득하시기를 비는 마음 간절합니다.

본서가 우리의 언어로 이 땅에 활자화되기까지는 내 곁에서 함께 땀 흘린 두 사람의 노고가 있었습니다. 한 사람은 나의 문제로서 어학에 뛰어난 실력을 갖고 초역을 맡아 준 김정형 군과 설교학도로서 '예배와 설교 아카데미'의 대표로 있는 김현애 목사입니다. 이들의 노력과 격려에 힘입어 총장으로서 불가능한 시간을 쪼개어 새벽마다 본서의 완성된 번역을 위하여 기도하면서 최선을 기울였습니다. 드디어 우리의 손에 본서를 안겨 준 하나님께 한없는 감사와 영광을 드립니다.

주후 2008년 4월
고덕산 기슭에서
정장복 (한일장신대 총장 · 장신대 명예 교수)

서문 _ 갱신의 약속

이 책은 교회의 핵심적인 활동으로서 하나님의 말씀의 선포에 대한 교회적 반성의 다양한 글을 학생과 목사에게 자상하고 체계적으로 소개하려는 의도를 가지고 있다. 신학교 학생들마저도 실제 사역의 현장에서 그들이 배우고 있는 기술의 본성에 관해서 신학적인 질문을 제기하는 걸 잊곤 한다. 설교는 사역을 위해 학문적인 준비를 필요로 하지 않는 단지 실천적인 과제에 불과한 것처럼 보이기도 한다. 또한 설교학은 신학적 이슈는 피하고 곧장 설교의 구상과 전달만을 다루는 듯하다. 누군가 오늘날 교과서에 기록된 내용 이상으로 설교학 전통에 대해서 배우고 싶어해도, 적절한 내용이 산발적으로 흩어져 있어서 접근하기가 거의 불가능하다. 그 결과 신학생들에게 있어 설교학은 이차원적인 특질을 지니게 되었다. 즉 그들은 그들의 눈에 보이는 것보다 더 깊은 무언가가 있다는 사실을 받아들이지 못한다. 신학적, 역사적 자료의 부재로 인해 그들은 설교에 관한 자기 나름의 이론을 개발하고 설교를 위한 자신만의 적합한 상황을 발견하는 데 있어 홀로 내던져져 있다. 후일 이 학생들이 지역 교회 강단에 서게 된다면, 설교 사역의 압박감으로 인해 그들은 설교에 대하여 진지하게 반성할 수 있는 여유를 갖지 못할 것이다. 그리고 "우리는 어떤 목적을 위해 설교를 하는가?" 혹은 "도대체 우리는 무슨 권위로 설교하는가?" 등과 같은 질문은 여전히 대답되지 않은 채 남아 있을 것이다.

 책 제목에서 '이론'이라는 단어는 곧 '신학'을 의미한다. 왜냐하면 발췌문 선별에 있어 핵심적인 기준은 그 글이 설교에 대한 보다 명확한 신학적 이해를 위해 얼마나 기여했는가 하는 점이기 때문이다. 문학 비평이나 수사학, 의사 소통 이론, 문화 인류학, 역사학 등의 영역으로부터 더 많은 글을 고를 수도 있었지만, 만일 그렇게 했다면 이 책은 설교 자체의 전체적인 행위에 초점을 두기보다는 설교에 딸린 부수적인 사항에 초점을 두는 전혀 다른 종류의 책이 되었을 것이다. 그래서 나는 제한을 두어 설교에 직접적으로 관련이 되거나 몇몇 경우 설교의 서문에 해당하는 글만을 엄선하였다. 이렇게 하고 보니 설교 자체에 관해 다룬 글을 찾는 일이 쉽지 않았다. 이러한 사실은 지난 1900년 동안 교회가 배출한 설교신학자의 수가 얼마나 적었는지를 단적으로 보여 준다.

 얼마 되지 않는 글을 선택하여 모으는 일에 있어 많은 좌절이 있었다. 이름난 신학자와 설교자 중에도 설교의 기술에 대한 체계적 반성의 글을 전혀 남기지 않은 사람들이 많이 있다. 토마스 아퀴나스(Thomas Aquinas), 타울러(Tauler), 루터(Luther), 녹스(Knox), 슐라이어마허(Schleiermacher), 틸리히(Tillich)와 같은 위대한 사상가는 설교의 가치를 아주 높이 평가하였으며 스스로도 은사를 받은 설교자들이었다. 하지만 대부분의 경우 그들이 기여한 바라고는 시사적인 문제에 대한 언급과 특정 주제에 대한 번뜩이는 통찰력 외에 거의 찾아보기 어렵다. 그들의 '설교신학'은 그들의 일반적인 신학적 주장과 그들의 설교로부터 간접적으로 추론해 낼 수 있을 뿐이다. 오늘날 우리 주변에는 설교에 관한 책이 넘쳐나고 있지만, 그 중 너무도 많은 책들이 고무적인 충고로만 만족하고 있으며, 교회의 신학 전통에 대하여 비판적으로 관계 맺는 일에 관해서는 아무런 관심이 없다.

이 책은 설교에 관한 교회의 지혜를 다음 8가지 주제로 분류하였다. (1) 설교의 정의, (2)설교자, (3)사건, (4)성경 해석, (5)수사학, (6)회중, (7) 성령, (8)신학과 말씀과 성례. 설교의 정의와 관련한 문제는 처음 생각과 달리 그렇게 자료가 부족하지 않았다. 어떤 행위를 정의하는 방식은 그 과제와 그것의 수행에 대한 태도를 반영한다. 설교는 언제나 메시지와 설교자와 회중의 삼각 구조를 드러내기 때문에, 정의를 위한 출발점의 선택은(예를 들어 복음, 설교자의 인격, 또는 회중의 필요) 설교의 형태와 목적을 결정한다. 실로 나머지 모든 범주는 이러한 설교의 정의 속에 암시적으로 내포되어 있다.

범주 사이의 중첩은 피할 수 없었다. 설교는 이러한 범주에 의해 대표되는 요소와 이름 없는 다른 요소의 융합 속에서 발생하는 단일한 사건이기 때문이다. 설교는 단지 개념적인 차원에서만 다양한 요소로 구분되고 분석될 수 있다. 예를 들어 어떤 사람은 복음의 내용을 위한 범주와 설교의 전달을 위한 범주를 분리하기를 원한다. 하지만 이 두 가지 요소가 결합됨으로 설교가 단지 자료 모음에 그치지 않고 메시지 전달의 수사학적 행위가 되는 것은 전적으로 설교의 '수행'과 더불어 가능해진다. 이것이 '사건' 범주이다. 아울러 독자들은 '수사학'과 '성령님'과 같은 범주 사이에 겉으로 쉽게 드러나지 않지만 긴밀한 관계에 대해서 알고 있어야 한다. 두 가지 범주 모두 설교에 있어서 본질적인 요소지만, 아우구스티누스와 바르트 모두 수사학적 기술을 성령님의 사역으로부터 분리시켜 낼 수 없었다. 이와 유사한 동반자 관계가 '성경 해석'에 관한 초기의 발췌문에 아우구스티누스(Augustinus), 보나벤투라(Bonaventure), 루터(Luther)가 전제되어 있는 다양한 세계관과, 지난 150년간의 역사 비평 정신을 이어받은 현대의 해석학 연구 사이에서 발견된다. 그럼에도 불구하고 모든 발췌문은 설교 준비에 있어 본문과 씨름할 것을 강조하고, 아울러 해석자가 해석되는 본문 사이의 관계의 문제를 다룬다. 마지막 범주인 '신학과 말씀과 성례'는, 설교와 교의학과 예배가 모두 하나님에 관한 혹은 하나님을 향한 교회의 언어라는 사실은 인정한다. 이 마지막 부분은 말씀과 성례의 관계, 설교와 예배의 관계에 대해서 캐묻는다. 설교와 교의학은 어떻게 다른가? 양자는 서로를 어떻게 보완하는가?

이 책과 같은 주제적, 역사적 발췌글 모음집은 신학에 있어 연속성과 불연속성에 대한 흥미로운 그림을 보여 준다. 한때 교회의 신학자가 지속적으로 이야기했던 어떤 주제에 대해서 오늘의 신학자는 침묵하기도 한다. 어떤 논쟁은 교회가 실제로 해결하기도 하고, 그냥 묻어 두기도 하고, 새로운 도전적 문제로 논쟁이 옮겨 가기도 했다. 또 어떤 주제는 새로운 세대에 적합한 새로운 형태를 모색하는 과정에서 일시적으로만 다루기도 했다.

예를 들어 설교자의 인격은 중세 교회에서 한때 아주 중요한 이슈로 부각되었다가 지금은 설교학에서 거의 논의하지 않는 주제의 가장 좋은 예이다. 아우구스티누스 이후 중세 시대를 거쳐서 대부분의 설교학 논문은 (예, 라일의 앨런(Alan of Lille)과 노장의 귀베르(Guibert of Nogent) 등) 설교를 위임받은 사람의 권위와 인격 형성, 거룩함 등의 문제를 다루고 있다. 이와 동일한 관심이 17세기부터, 18세기, 19세기에 걸쳐 박스터(Baxter)나 허버트(Herbert), 슈페너(Spener), 슐라이어마허(Schleiermacher)와 같은 사상가의 고전적 저술 안에 명백하게 발견된다. 하지만 현대 교회에서는 영성에 대한 관심의 폭증에도 불구하고, 설교자의 거룩한 성품에 대한 고전적 관심을 새롭게 회복시키는 일에 대해서는 관심을 가지는 사람이 별로 없다. 포사이드의 『긍정적 설교와 근대 정신』 안에 수록된 한두 장(章)을 제외하고는 설교자의 거룩함에 대해 다룬 책을 찾아볼 수가 없다. 소위 자전적 설교에서 주요 요소로 최근에 재발견된 '나의 생애 이야기' 또한 그리스도인의 인격을 대체할 수 없다.

성경 해석과 설교에 있어 알레고리의 사용에 관한 문제는 교회가 이미 해결한(혹은 해결한 듯 보이는) 주제의 한 가지 예이다. 이 문제는 처음에 종교 개혁의 투쟁 속에서, 그리고 나중에 문학적, 역사적 성경 해석 이론에서 해결되었다. 본문 안에 있는 '의미'에 관한 논쟁은 여전히 해석학 이론가에게 해결되지 못한 이슈로 남아 있지만, 알레고리에 의존하고 그것을 즐겨 사용하던 교회의 이전 관습은 이제 거의 사라진 것 같다.

천년이 넘는 세월 동안 아우구스티누스를 통해 세속적인 수사학의 사용과 관련한 교회의 고민이 해결된 듯 보였다. 하지만 '단순하고 명료한' 언어 사용을 강조한 청교도들을 통해 기독교 초창기의 문제가 다시금 표면으로 불거져 나왔고, 의사 소통 기술이 점증하는 오늘 우리 시대에 그 문제가 핼리혜성(Halley's Comet)처럼 또다시 우리 앞에 나타났다. 아우구스티누스는 감정적이고 기만적인 화술에 응답해야 했고, 청교도들은 '아침 이슬같이 공허하고 나약한 수사학'의 공격에 응수해야 했다. 하지만 오늘날의 기독교는 이러한 문제에 더하여 수백만 명의 텔레비전 시청자의 가정집 안에 '교회'를 지어 내거나 모조해 내는 미디어 기술이 제기되는 문제에 직면해 있다. 말씀과 식탁의 교제를 전제하고 있는 전통적인 교회론에 비추어 볼 때 이러한 현대 커뮤니케이션 기술을(이 기술은 설교를 전달해 준다.) 어떻게 평가해야 할까?

마지막으로 시간이 지나면서 논쟁의 초점이 달라진 이슈의 한 가지 예를 살펴보자. 그것은 효과적인 설교에 있어 인간의 행위와 하나님의 행위 사이의 관계에 관한 것이다. 조나단 에드워즈(Jonathan Edwards)와 같은 청교도에게 있어 설교는 하나님의 주권 및 특수한 감상적인 인간학과 관련되어 있었다. 이들의 주장을 따른다면, 도대체 설교가가 활용할 수 있는 기술은 무엇이며, 설교를 듣는 회중은 과연 어느 정도의 자유를 누리고 있는가? 신학적으로 보면, 19세기의 부흥 운동가와 '강단의 왕자'가 자유의지와 결정론에 관한 청교도의 불편한 양심을 잠재워 버렸다. 하지만 20

세기 들어 신학뿐 아니라 사회 과학은 이 문제에 대한 명확한 대답을 머뭇거리고 있는 것 같다.

다른 한편 어떤 질문은 아직 사라지지 않고 남아 있다. 설교에 있어 율법과 복음의 관계가 바로 그러한 질문의 한 가지 예인데, 이 주제는 이 책의 여러 부분에서 두루 다루어지고 있다. 복음에 대한 루터의 열정이 이 논쟁에 불을 붙였고, 아울러 도덕주의의 지속적인 위험 또한 여전히 살아남아 있다. 웨슬리(Wesley), 에드워즈(Edwards), 피니(Finney), 바르트(Barth) 외에도 많은 사람들이 복음 - 율법 논쟁을 이어받았고, 자신의 설교 속에서 율법과 복음 사이의 관계를 정식화하려고 시도했다. 이 논쟁은 비록 덜 명시적이기는 하지만 불트만(Bultmann)과 에벨링(Ebeling), 그리고 신(新) 해석학파의 작품에서도 지속되고 있다. 논의에 참여한 사람 중에 복음을 어떻게 정의하건 그 복음의 중요성을 의심한 사람은 아무도 없었다. 지속적인 논쟁의 초점은, 율법으로 죄를 폭로하고 또 복음의 위로를 선포한 후에 다시 동일한 율법을 회중의 도덕과 습관의 개선을 위한 안내자로 삼는 것이 과연 신학적으로 적절한가 하는 문제에 있었다. 하나님의 말씀은 결과를 약속한다. 그리고 설교자들은 항상 그들 자신의 눈으로 그 결과를 보기 원했다. 그렇다면 선포된 말씀에 대한 가장 적절한 응답은 무엇인가? 루터의 표현을 따르면 그리스도인은 '영원히 의롭게 되는 사람'으로서 섬김을 통해 자유를 누리는데, 그렇다면 그 자유가 항상 의롭게 되어야 하는 필요 아래 있다는 말인가?

한편 설교가 목적하는 결과는 웨슬리가 설교한 대로 성화와 완전의 추구인가, 아니면 포스딕(Fosdick)이 표현했듯이 한 사람의 개인적 문제의 해결인가? 그렇지 않으면, 설교의 결과가 보다 직접적으로, 극적으로 드러나는 것은 청교도의 설교를 통해 회중 속에 야기된 공포스러운 감정이나, 피니(Finney)의 부흥 집회에서 보듯 대규모의 회심, 혹은 오순절 집회의 황홀경 체험을 통해서인가? 그렇지 않다면, 설교의 목적은 보다 온건하거나 보다 심오한 것인가? 제프리 와인라이트(Geoffrey Wainwright)가 주장하듯 세상 속에서 그리스도의 몸의 지체가 된 사람들을 위해 성만찬을 해석하는 것이 설교의 목적인가?

어떠한 대답이 주어지든 간에 여하간 이 책에 기록된 많은 글은 설교의 갱신에 대한 갈망을 공유하고 있다. 교회 역사의 모든 시대로부터 우리는 설교의 타락을 개탄하고 설교의 개혁을 부르짖는 목소리를 듣고 있다. 만일 교회가 설교의 갱신을 이루고자 한다면, 그것은 언제나 그랬듯이 복음을 새롭게 해석하고 전유하는 가운데 그 길을 발견하게 될 것이다. 프란체스코파(Franciscan)를 비롯하여 도미니쿠스파(Dominican), 롤라드파(Lollard), 형제단(Brethren), 루터교(Lutheran), 장로교(Presbyterian), 감리교(Methodist) 등 교회 역사 속의 대다수의 개혁 운동은 설교의 부흥뿐 아니라 전달 방법의 갱신을 동반했다. 하지만 어떤 경우에도 그러한 갱신 작업은 사전에 필요한 신학적 지각 변동보다 앞선 적은 없었다. 신약성경의 복음서 기자나 아우구스티누스나 루터, 웨슬리 등 어느 누구도 수사학적 이유에 근거해서 새로운 설교 형태를 만들어 내지는 않았다. 기술을 위한 기술(ars gratia artis)이라는 개념은 신약성경뿐 아니라 위대한 설교자들에게도 낯선 것이었다. '새로운 말하기 방식'(아모스 와일더(Amos Wilder))과 설교 방식의 갱신은 언제나 표현 형식에 방향을 지시해 주는 복음의 내적 논리에 의존해 있었다. 우리 세대의 설교학적 사고를 지배하는 형식과 구상에 대한 많은 책들은 복음이 약속하는 갱신을 가져올 수 없다. 설교자들은 종교적인 개념에 옷을 입히고 그것을 전달하기 위한 도구를 찾기보다, 이제는 보다 근본적인 신학적인 질문을 물어야 한다. 이 특정한 표현 양식은 과연 '복음'(gospel)의 어떤 측면 때문에 요구되는가? 이 질문과 이 질문에 대해 우리가 대답할 수 있는 능력이 설교의 갱신이라는 약속을 유효하게 만들 것이다.

1부
설교자란 무엇인가?

라일의 앨런 | Alan of Lille | 사다리의 일곱 번째 계단
필립스 브룩스 | Phillips Brooks | 설교의 두 가지 본질적인 요소
찰스 해든 다드 | C. H. Dodd | 초대교회의 설교
디트리히 본회퍼 | Dietrich Bonhoeffer | 선포된 말씀
칼 마이켈슨 | Carl Michalson | 복음에 관하여

라일의 앨런

Alan of Lille

사다리의 일곱 번째 계단

설교와 기독교 신앙의 보편적인 연관 관계가 설교에 대한 일반화된 정의를 가져오지는 못했다. 어떤 신학자는 메시지의 내용으로부터 설교를 정의하고, 또 어떤 사람은 설교자의 거룩한 인격으로부터 설교 정의를 시작한다. 시토 수도회 소속으로 학식이 뛰어나고 경건한 신앙인인 라일의 앨런(1128 - 1202)은 설교에 대한 자신의 고전적인 정의에서 설득이라는 요소를 배제했다. 당시만 해도 설득은 웅변에 대한 고전적인 정의에서 핵심적인 위치를 차지하고 있었다. 하지만 그는 목회적인 관점에서 설교의 목적을 설득이 아니라 '인격 형성'이라고 규정했다. 설득은 태도의 갑작스런 변화를 의도하는 반면, 인격 형성은 평생에 걸친 점진적인 변화 과정을 염두에 두고 있다. 앨런 자신은 이 과정을 사다리 오르기에 비유했다.

앨런은 12세기 르네상스 시대의 인물이지만 설교의 역사에 있어서는 여전히 영향력이 있다. 사실상 그는 아우구스티누스 이후 거의 800년 만에 처음으로 설교에 관해 체계적인 글을 우리에게 남겨 주었다. 제임스 머피(James J. Murphy)에 따르면, 앨런이 남긴 설교의 정의는 "1200년 교회 역사에 있어 최초의 공식적인 설교 정의"이다(『중세 시대의 수사학』, 1974, 307쪽). 아래 발췌문에서 우리가 함께 읽을 이 고전적인 설교 정의에 기초하여 앨런은 설교의 다양한 목적과 다양한 회중을 염두에 둔 47편의 짧은 설교문을 정교하게 구성했다. 마지막으로 그는 '잠자는 사람들을 향한' 풍자적인 메시지로 자신의 책의 결론을 맺고 있다.

앨런은 난해한 '대학 강의식 설교'를 추구하지 않았다. 그리고 설교 구성의 구체적인 규칙도 강조하지 않았다. 하지만 그의 작품에서 우리는 논리적인 대지 구분에 대한 당대의 관심과 성경의 권위에 대한 철저한 의존을 발견할 수 있다. 앨런의 책이 출간된 이후 얼마간 설교 방법에 관한 다른 많은 책자가 발간되었다. 이것은 유럽의 설교학과 수사학에 있어 거의 혁명적인 일이었다(머피의 책 310쪽을 참고).

야곱은 천사들이 땅에서 하늘에 이르는 사다리를 오르내리는 장면을 목도했다. 이 사다리는 보통 사람이 신앙의 초보에서 성숙한 신앙인으로 자라 가는 과정을 상징한다. 이 사다리의 첫번째 계단은 참회이고, 두 번째 계단은 기도이고, 세 번째 계단은 감사이고, 네 번째 계단은 주의 깊은 성경 연구이고, 다섯 번째 계단은 성경에서 명확하지 않은 부분에 다다랐을 때 보다 연륜이 깊은 사람의 도움을 얻는 것이고, 여섯 번째 계단은 성경 주해이고, 그리고 마지막 일곱 번째 계단은 설교이다.

자신의 죄를 참회하는 사람은 먼저 자신의 죄를 고백함으로써 사다리의 첫번째 계단에 자신의 발을 올려놓는다. 그는 하나님께서 은혜 부어 주시길 간구하는 기도를 드림으로써 두 번째 계단에 올라서야 한다. 그리고 하나님께서 부어 주신 은혜에 감사하면서 세 번째 계단에 오른다. 네 번째 계단에 올라서는 것은 은혜의 선물을 보존하기 위해 성경을 연구할 때 비로소 가능하다. 왜냐하면 성경은 단번에 부어진 하나님의 은혜를 어떻게 하면 지속적으로 유지할 수 있는지 우리에게 가르쳐 주기 때문이다. 성경을 연구하면서 의심스러운 대목을 만나면 드디어 다섯 번째 계단을 눈앞에 두게 되는데, 이 때 신앙인에게 필요한 것은 믿음의 선배를 찾아가 도움을 요청하는 것이다. 다음으로 스스로 다른 사람들에게 성경을 풀어 설명할 때 여섯 번째 계단에 올라선다. 마지막으로 자신이 성경을 연구하며 깨우친 바를 사람들 앞에서 설교할 때 그 사람은 사다리의 마지막 일곱 번째 계단에 오른다.

처음 여섯 '계단'에 대해서는 그 각각의 계단을 어떻게 언제 올라서야 하는지 알려 주는 글이 많이 있다. 하지만 마지막 계단과 관련하여 설교의 본질이 무엇이며 누가 누구에게 설교하는 것이 옳은지, 또 언제 어디에서 어떤 주제를 가지고 어떤 방식으로 설교하는 것이 좋은지 등에 대해서는 지금까지 기록된 글이 거의 없다. 이러한 이유에서 나는 신앙 성숙의 사다리에 있어 가장 마지막 계단인 설교를 주제로 글을 쓰는 작업이 교회를 위해서 매우 가치 있는 일이라 판단했다.

이 작업을 위해 나는 맨 먼저 설교란 무엇이며, 그 언어적 사상적 측면에서 어떤 형태를 취해야 하는지, 또한 얼마나 다양한 종류의 설교가 있는지를 살펴볼 것이다. 그 후에 두 번째 주제로 설교자에 대해서 설교자는 어떤 사람이 되어야 하는지를 다룰 것이다. 이어서 세 번째 주제로 설교를 듣는 회중을, 네 번째 주제로 설교의 동기와 목적을, 그리고 마지막 다섯 번째 주제로 설교의 장소를 고찰할 것이다.

설교는 신앙과 실천에 관한 공개적이고 대중적인 가르침으로, 그 목적은 인격 형성에 있고, 그 근거는 이성과 '권위 있는 말씀'에 있다. 설교는 공개적으로 이루어지기 때문에 또한 대중적이어야 한다. "내가 너희에게 귓속말로 이른 것을 너희는 지붕 위에서 외쳐라"고 예수님이 말씀하신 이유가 바로 여기에 있다. 만일 설교가 감추어져 있다면 이단적 가르침이라는 의심을 사게 된다. 이단의 추종자들은 다른 사람들을 보다 쉽게 기만하기 위해서 자신들만의 은밀한 모임을 가지고 그 모임에서 비밀스럽게 설교를 행한다. 설교가 대중적이어야 하는 또 다른 이유 하나는 한 사람이 아니라 여러 사람에게 설교가 전달되어야 하기 때문이다. 만일 한 사람만을 대상으로 한다면, 그것은 설교가 아니라 교훈이다. 바로 이 지점에서 설교와 교훈, 예언과 대중 연설이 서로 구별된다. 설교는 많은 사람들을 대상으로 공개적으로 선포되며, 회중의 인격 형성을 목적으로 하는 대중적인 가르침이다. 반면 교훈은 한 사람 혹은 소수의 사람들을 대상으로 그들의 지식 함양을 목적으로 한다. 그리고 예언은 미래 사건을 계시적으로 선포함으로써 장차 일어날 일을 경고하는 반면, 대중 연설은 공동체의 복리를 위해서 사람들을 권면한다.

신앙과 실천에 관한 가르침으로 정의된 위의 '설교' 이해로부터 우리는 신학의 두 가지 서로 다른 측면을 확인한다. 첫째는 영적인 세계에 관한 지식을 다루는 이성적인 신학이고, 다른 하나는 덕스러운 삶을 위한 가르침을 제공하는 윤리적인 신학이다. 한편으로 설교는 거룩한 영적 세계에 관해서 가르치고, 다른 한편으로는 거룩한 실천에 관해서 가르친다. 천사들이 하늘 사다리를 오르내리는 행동의 의미가 바로 여기에 있다. 설교자는 천상의 것들에 관해 설교할 때는 하늘로 '올라가고' 땅의 것들을 바라보며 실천에 관해 말할 때는 땅으로 '내려가는' '천사들' 이다.

앞서 내린 설교의 정의에서 내가 마지막으로 다루고 싶은 주제는 설교의 궁극적인 목적, 즉 설교의 유익에 관한 것이다. 그것은 "그 목적은 인격 형성에 있고"라는 문구 속에 함축되어 있다. 한편 설교는 이성적 추론에 의존하는 동시에 권위 있는 성경 말씀에 의해 확증을 받아야 하기 때문에, 나는 설교의 근거가 "이성과 권위 있는 말씀에 있다."고 표현했다.

설교는 익살스런 농담이나 유치한 이야기를 담고 있어도 안 되고, 리듬이나 운율을 활용한 화려한 선율이나 화음을 포함하고 있어도 안 된다. 이러한 것들은 영혼을 교화시키는 일보다 귀를 즐겁게 하는 일에 더 효과적이기 때문이다. 이러한 것들을 사용하는 설교는 단지 꾸며 낸 것으로서 저속할 뿐이며, 모든 면에 있어서 비난받아 마땅하다. 이와 같은 설교에 대해서 예언자는 "당신의 여관 주인은 포도주에 물을 혼합한다."고 말했다. 유치한 말로 회중의 마음을 사로잡는 설교는 물을 섞은 포도주와 다름없다. 설교자는 말의 기교나 화려한 글솜씨를 자랑해서는 안 된다. 그렇다고 무미건조한 말로만 일관해서도 안 된다. 훌륭한 설교자는 이 두 길 사이의 중도를 걸어간다. 미사여구를 많이 사용한 설교자는 사람들의 인정을 받기 위해 기교를 너무 많이 사용하기 때문에 회중에게 진정으로 도움이 되지도 못할 뿐 아니라 그들의 마음을 감동시키지도 못한다. 이런 식으로 설교하는 사람은 옷술을 길게 늘여 달고 커다란 성구함을 보기 좋게 달고 다니는 가식적인 바리새인에 비견될 수 있다. 하지만 이처럼 다소간 의심스러운 측면에도 불구하고 그러한 설교를 그렇다고 전적으로 비난할 근거는 어디에도 없고 오히려 일정한 측면에서 인정해 주어야 한다. 사도 바울이 말했듯이 "어떻든지 결국 그리스도가 전파되는 것이니, 내가 기뻐하고 또 기뻐하는 것이다." 그러한 설교는 적어도 "그리스도의 더 큰 영광을 위하여" 등과 같은 문구로 거짓을 진리인 양 포장하는 사람들의 악덕은 갖고 있지 않다.

그리스도는 거짓된 찬양보다도 진리의 부정으로 인해 더 크게 분노하신다. 이렇듯 진리를 가르치면서 사이사이 거짓을 집어넣는 방식은 이단의 가르침이 가진 일반적인 특징이다. "늑대도 자신의 가슴살을 찢어 자기 새끼를 먹인다."는 말은 바로 이러한 이단을 가리키고 있다. 이러한 늑대는 위로는 어린 소녀의 얼굴을 가지고 있지만 아래로는 말의 발을 가지고 있다. 다만 그 말발굽이 갈라져 있지 않고 사람과 같이 땅 위에 똑바로 선다. 말하자면 이단은 순진한 어린 소녀의 얼굴을 가지고 있지만 그의 발은 자신의 탐욕을 좇기에 빠른 말의 발을 가진 늑대에 비유될 수 있다. 그들은 처음에는 진리를 선포하지만, 나중에는 그 진리로부터 그릇된 결론을 이끌어 낸다. 그들은 하나님에 대한 사랑과 이웃에 대한 사랑에다 자신의 욕망을 쏟아 내지 않고, 자신의 모든 욕망을 이 땅의 즐거움에 쏟아 붓는다. 이들의 설교는 악덕과 위험으로 가득 차 있기 때문에 전적으로 거부되어야 한다.

좋은 설교의 내용에는 어느 정도 진지함이 있어야 한다. 그래서 회중의 영혼을 감동시키고 그들의 마음을 일깨우고 그들에게 회개를 촉구할 수 있어야 한다. 설교는 가르치고 권면하고 위로하고 격려하는 등 모든 수단을 동원해 우리 이웃의 유익을 도모해야 한다. 어떤 설교자 중에는 이 땅에서의 유익을 설교의 목적으로 삼는 사람도 있지만, 이것은 전혀 바람직하지 않다. 이 땅의 유익을 도모하는 설교자는 진정한 의미에서 설교자가 아니라 상인이다. 따라서 우리는 그들의 설교를 듣고 분별해야 한다. 주님이 말씀하시길 "너희는 그들이 말하는 바를 행하되, 그들이 보여 주는 삶의 본은 따르지 말라."고 하셨다.

설교에는 세 가지 종류가 있다. 첫째는 선포된 말씀으로서의 설교다. "가서 모든 피조물에게 복음을 전하라." 둘째는 기록된 말씀으로서 설교다. 사도 바울이 고린도인들에게 "설교했다."는 말은 그가 그들에게 편지를 썼다는 사실을 가리킨다. 세 번째는 실천으로서 설교다. "그리스도의 모든 행적은 우리를 위한 교훈이다."는 말씀이 의미하는 바가 바로 이것이다.

설교의 형식은 다음과 같아야 한다. 설교는 반드시 권위 있는 말씀에 근거를 두고 있어야 한다. 특히 복음서와 시편, 바울 서신, 솔로몬의 책에 기록된 본문으로부터 발전된 것이어야 한다. 왜냐하면 거기에는 특히 인격 형성을 위한 교훈이 담겨 있기 때문이다. 혹은 다루고자 하는 주제와 관련이 있어 필요하다고 판단되면 성경의 다른 책을 참조할 수도 있다.

설교자는 자신의 겸손한 인격과 적절한 주제 선정을 통해서 회중으로부터 긍정적인 반응을 이끌어 내야 한다. 설교자는 자신이 회중에게 하나님의 말씀을 설명하고 있다는 사실을 분명히 알려 주어야 한다. 설교자는 자신의 설교를 통해 회중의 마음 속에 열매를 맺어야 하는데, 그 열매는 이 땅의 유익을 위한 것이 아니고, 그들로 하여금 바른 길을 걷게 하고 그들의 인격 형성에 도움을 주기 위한 것이어야 한다. 설교는 폭도의 어리석은 환호나 대중의 인기 혹은 박수갈채를 얻기 위한 수단이 되어서는 안 된다. 설교자는 회중의 영혼을 향해 말씀을 선포해야 한다. 따라서 설교자는 회중이 설교자가 아니라 설교 내용에 집중하도록 해야 한다. 우리가 강조해야 것은 가시의 날카로움이 아니라, 장미의 달콤함이다. 우리는 꺾어진 갈대로부터 꿀을 빨아 마시고, 돌을 부딪쳐 불을 만들어 낸다. 그러므로 자신의 직무에 충실한 설교자라면 회중에게 하나님의 말씀을 청종하는 것이 그들에게 얼마나 유익한 일인지 보여 줄 수 있어야 한다.

또한 설교는 단순명료해야 한다. 그리고 설교자는 자신이 오로지 회중에 대한 사랑으로부터 그리고 오로지 회중의 유익을 위해 설교하고 있다는 사실을 회중에게 확신시켜야 한다. 즉 어떤 사람이 설교를 행하는 것은 그 사람이 지식이나 지혜에 있어서 다른 사람들보다 더 뛰어나거나 더 훌륭한 삶을 영위하고 있기 때문이 아니라, 하나님의 진리가 때로는 미천한 사람들에게만 계시되고 위대한 사람들에게는 숨겨져 있기 때문이라는 사실을 회중에게 알려 주어야 한다. 더구나 위대한 사람들은 종종 설교하는 것을 좋아하지 않기 때문에 미천한 사람들이 더듬거리며 설교하는 것은 매우 당연한 일이다. 만일 유식한 사람이 침묵한다면 돌들이 대신하여 외칠 것이다.

  설교자는 정해진 본문을 주해하며, 자신의 모든 말을 통해 회중의 인격을 형성하는 데 목적을 두어야 한다. 회중이 본문의 난해함 때문에 기가 죽어 설교에 집중하지 못하는 일이 없도록 가급적 너무 어려운 본문은 피하는 것이 좋다. 또한 본문을 풀어 설명할 때 본문 내용으로부터 너무 빨리 벗어나서는 안 된다. 그리고 설교의 처음과 중간과 끝이 서로 끊어지게 해서도 안 된다. 설교자는 또한 주제에 어울리는 다른 성경 구절을 인용하여 자신이 전하고자 하는 설교 메시지를 확증해야 한다. 가끔씩 이방인 작가의 글을 인용할 수도 있을 것이다. 사도 바울의 경우에도 그의 서신 안에 이방인 철학자들의 글을 종종 인용하였으며, 그러한 재치 있는 인용을 통해 자신이 말하고자 하는 바를 신선한 각도에서 밝혀 주었다. 또한 설교자는 회중의 마음을 부드럽게 만들고 눈물을 불러일으킬 만큼 감동적인 말을 해야 한다. 한편 설교는 간결해야 한다. 장황한 설교는 회중을 지루하게 만들기 때문이다. 회중의 마음이 움직여 눈물을 흘리거나 슬픈 표정을 지을 때는 가끔씩 그러한 분위기를 끊어 주는 것이 좋다. 왜냐하면 루크레티우스도 말했듯이, "눈물보다 더 빨리 마르는 것은 없기 때문이다." 마지막으로 설교자는 자신이 말하는 바를 입증하기 위해 예화를 사용해야 한다. 예화를 통한 가르침은 무엇보다 친근하게 회중에게 다가가기 때문이다.

출 처

Alan of Lille, The Art of Preaching, Cistercian Fathers Series, Number 23, trans. Gilian R. Evans (Kalamazoo: Cistercian Publications, 1981), pp. 15 – 22. ? Cistercian Fathers. Used by Permission.

필립스 브룩스

Phillips Brooks

설교의 두 가지 본질적인 요소

설교에 관한 정의 중에 역사적으로 가장 오랫동안 영향을 미친 것은 필립스 브룩스(1835 - 1893)가 1877년 예일 대학의 비처 강연에서 내린 설교 정의이다. 그는 설교를 "인격을 통한 진리 전달"이라고 정의했다. 이러한 정의는 기독교적 경험을 진리의 원천으로 보는 부쉬넬(Bushnell)의 이론의 논리적 연장선상에 있다. "인격을 통한 진리 전달"이라는 이 문구는 교양인을 대상으로 한 브룩스 자신의 도회지 목회가 예증하듯, 기독교 자유주의 시대의 중요한 모토였다. '인격'에 대한 강조와 회중의 필요에 대한 민감한 반응을 통해 그는 경직된 칼빈주의의 한계를 넘어설 수 있었다. 동시에 그는 '진리'에 대한 지적인 확신으로 인해 19세기 부흥운동과 심리적으로 그리고 영적으로 훨씬 더 멀어지게 되었다. 만일 그와 동시대인인 드와이트 무디(Dwight Moody)가 그에게 효과적인 영향을 미쳤다면, 그의 강연은 전혀 다른 내용을 전달하였을 것이다. 20세기에 들어서자 브룩스의 비처 강연은 설교에 관한 19세기의 다른 어떤 글보다 더 큰 영향력을 발휘했다. 브룩스는 비처 강연 당시 보스턴에 소재한 트리니티 교회의 목사로 일하고 있었다. 메사추세츠(Massachusetts) 주교로 있던 그가 죽음을 맞이했을 때, 보스턴의 주식 시장은 문을 닫았으며, 2만여 명의 시민들이 미국에서 가장 영향력 있는 설교자의 죽음을 애도했다.

설교는 사람이 사람에게 진리를 전달하는 것이다. 설교는 그 안에 두 가지 본질적인 요소로 진리와 인격을 가진다. 둘 중 하나라도 빠진 설교는 진정한 의미에서 설교라고 말할 수 없다. 가장 참된 진리, 하나님의 뜻에 관한 가장 권위 있는 진술이라 할지라도, 만일 형제의 인격을 통한 방법 외에 다른 방법으로 전달된다면, 그것은 진리의 선포가 아니다. 만일 어떤 진리가 하나님의 직접적인 말씀으로 여겨져 사람들로부터 경외심을 불러일으키는 어떤 책에 적혀 있다면, 그리고 그러한 경외심이 지나치게 오래 되어 그 책을 기록한 사람의 생생한 인격의 흔적이 이제 그 자취를 찾아 볼 수 없을 정도로 거의 사라져 버리고 없다면, 그런 경우에 참된 설교란 있을 수 없다. 다른 한편, 만일 어떤 사람이 자신이 진리라고 생각하지 않는 바를 다른 사람에게 말한다면, 설득의 기교나 흥미 유발을 통해 다른 사람들이 자신의 사변을 듣고 자신의 뜻대로 행동하며 자신의 현명함을 칭찬하게 만들려고 한다면, 이것 또한 진정한 의미에서 설교가 아니다. 전자에는 인격이 빠져 있고, 후자에는 진리가 결여되어 있다. 설교는 인격을 통해 진리를 전달하는 것으로서, 두 가지 요소를 모두 갖추어야 한다. 어떤 연설이 설교가 되지 못하고 연설을 행하는 어떤 사람이 설교자가 되지 못하는 것은 이 두 가지 요소 중 하나가 결여되어 있기 때문이다. (중략)

인격을 통한 진리 전달은 그리스도 자신이 복음을 온 세상에 전파하기 위해 선택했던 방법이다. 그 방법은 다른 진리의 전파를 위해서도 사용되었을지 모른다. 하지만 우리는 이 방법이 특별히 기독교의 진리 전파에 사용된 이유를 알 수 있다. 그것은 기독교의 진리가 다른 무엇보다도 인격적이기 때문이다. 복음을 교리적 형태로 진술할 수 있다고 하더라도, 우리가 아는 한 복음에 관한 가장 참된 진술은 교리를 통해서가 아니라 인격적인 삶을 통해서 이루어진다. 기독교는 그리스도이다. 한 인격적인 존재가 출현하여 "내가 곧 진리"라고 말한 데서 보듯, 기독교의 진리는 독특하게 인격적인 특성을 가지고 있다. 이 때문에 기독교의 진리는 언제나 인격을 통해서 가장 잘 전달되며, 또한 인격을 통하지 않고는 결코 완벽하게 전달되지 않는다. 그러므로 인격을 통한 설교는 그리스도를 아는 지식을 사람들 가운데 전달하고 퍼뜨리는 데 있어 필수불가결하다. "나의 아버지께서 나를 세상에 보내셨듯이 나도 너희를 세상에 보내노라"는 예수님의 말씀 속에서 우리는 인격을 통한 진리 전달의 기본 원리를 확인한다. 이것은 곧 성육신 자체가 수반하고 있는 인격적 방법을 새롭게 확대 적용하는 것이다.

만일 지금까지 내가 말한 것이 옳다면, 우리는 설교 사역과 관련해서 가장 중요한 첫번째 요소를 식별하게 된다. 우리는 설교를 인격을 통한 진리 전달로 정의한다. 진리는 전달하는 사람의 인격을 통해서만 참으로 전달되며, 단순히 전달하는 사람의 입술이나 지적인 능력을 통해서는 전달되지 않는다. 진리는 설교자의 성품과 감성, 지성, 도덕성 등 그의 인격 전체를 통해서 전달된다. 지적 능력이 비슷한 두 설교자가 동일한 하나님의 말씀을 선포할 때 그 설교를 듣는 회중이 그 두 사람의 설교 사이에 큰 차이를 느끼는 이유가 바로 여기에 있다. 두 사람 중 한 사람의 설교는 자신의 인격을 우회해서 복음 진리를 회중에게 전달한다. 이 때 그가 설교한 복음에는 그 사람의 피상적인 면모가 그대로 묻어나고, 그 자신의 왜소함으로 인해 복음 또한 초라하게 보인다. 한편 다른 한 사람은 자신의 인격을 통해서 복음 진리를 회중에게 전달한다. 이러한 경우, 그가 설교한 복음은 설교자 자신의 열정을 함께 포함하고 있기 때문에 고매하고 인상적이다. 전자의 경우 설교자는 단지 인쇄기나 트럼펫에 지나지 않으나, 후자의 경우에 설교자는 진실한 사람으로서 하나님의 참된 사자(使者)이다.

잠시 설교의 두 가지 본질적인 요소인 진리와 인격에 대해서 함께 살펴보자. 진리는 보편적이고 불변하나, 인격은 특수하고 항상 변화한다. 본서에서는 각 요소와 관련해서 몇 가지 제안을 하고자 한다.

첫번째 요소 : 진리(truth)

먼저 진리와 관련된 것부터 말하면, 진리를 그 자체로만 분리해 내서 고찰하는 일은 이상하리만치 불가능하다. 인격이 항상 거기에 수반되어 있기 때문이다. 목회자의 사역에는 두 가지 측면이 있는데, 우리는 신약성경에서 이 두 가지 요소를 항상 만난다. 그 두 가지 요소는 '메시지' 와 '증인' 이라는 두 단어를 통해서 표현된다. 사도 요한은 자신의 첫번째 서신에서 "이것은 내가 그분으로부터 듣고 너희에게 전한 메시지이다"라고 말한다. 한편 베드로는 예루살렘의 산헤드린 공회 앞에서 "우리는 이 일들에 대하여 그의 증인들이다"라고 말한다. 모든 기독교 설교의 근본이 이 두 단어 안에 모두 들어 있다고 필자는 생각한다. 설교는 우리가 받아서 전달해야 하는 메시지이다. 하지만 우리는 그 메시지가 우리 자신의 경험 속으로 들어와서 우리 스스로 그 메시지의 영적인 능력에 대한 증인이 되기 이전에는 결코 그 메시지를 전달할 수 없다. 설교를 준비할 때든지 강단에서 설교할 때든지 항상 '메시지' 라는 단어를 마음에 두고 있는 목사는 방종이나 자의적인 사변 혹은 무분별한 열정에 빠지지 않는다. 한편 '증인' 이라는 단어를 잊어버리지 않는 목사는 자신이 정통적인 교리라고 배웠어도 스스로 진리로 경험하지는 못한 메시지를 기계적으로 전달하는 잘못을 범하지는 않는다. 만일 여러분과 내가 메시지를 전하는 사자(使者)와 증인으로서 이 두 가지 자의식을 항상 염두에 두고 있다면, 우리의 설교는 확증된 진리의 권위와 인격적인 신앙의 호소력을 동시에 가지게 될 것이다. 그렇게 된다면, 설교하는 주체는 우리가 아니라 우리 아버지의 영이 됨과 동시에, 아버지의 아들로서 우리의 신분은 아버지의 목소리를 그의 다른 자녀들에게 전달하고 해석해 줄 것이다.

우리 시대의 설교자에게서 보편적인 악덕을 고치기 위해서는 설교의 두 가지 핵심 요소 중 '진리' 의 개념을 새롭게 정립하는 일이 다른 무엇보다도 절실하게 요구된다고 필자는 생각한다. 오늘날 많은 사람들은 설교자를 매주일 강단에 올라서서 자신의 개인적인 생각을 어떻게 하면 효과적으로 전달할 수 있을지 고민하는 사람들로 이해하고 있다. 설교자에 대한 이러한 오해는 오늘날 우리의 강단을 약화시키는 가장 주요한 원인 중 하나이다. 즉 우리의 회중이 진리에 관해 생각하기보다는 설교자에 관해 더 많은 이야기를 하는 나쁜 습관이 생기게 된 원인이 바로 여기에 있다. 여러분 앞에서 자신의 솜씨를 드러내 보여 주기 위해 노래하는 가수는 자신의 재능과 리듬과 목소리로 인해 칭찬을 받을 수 있다. 하지만 허겁지겁 숨을 헐떡이며 여러분에게 메시지를 전하는 사람은 자신이 전한 메시지와 함께 곧 잊혀질 것이다.

설교 사역과 관련해서 여러분이 스스로 어떻게 생각하든 간에, 여러분은 자신이 메시지를 전하는 사자(使者)라는 이 근본적인 사실을 결코 잊어서는 안 된다. 이러한 자의식을 잘 유지하는 방법에 관해서 말하는 것은 어렵지 않다. 하지만 사실상 그것은 그리스도인으로서의 삶 전체를 포함할 것이다. 기독교의 진리를 전달하는 설교자가 먼저 한 사람의 기독교인이 되어야 하고, 하나님의 권위와 그리스도의 진리의 절대성을 먼저 깊이 깨달아야 하는 이유가 바로 여기에 있다. 이것이 바로 내가 강의를 시작할 때 제시했던 가장 기초적인 원칙 중 하나이다. 하지만 더 넓은 영역에 대한 논의에 앞서, 설교란 끊임없이 자신을 사로잡는 메시지 혹은 진리를 선포하는 것이라는 명제에 관해 부연하고자 한다. 내 생각에, 이러한 설교 이해는 오늘날 설교자들에게 있어 가장 부족한 넓은 마음을 회복하는 데 도움을 줄 것이다. 여기에서 필자는 사상의 자유나 관용과 같은 것을 생각하지 않는다. 내가 말하고자 하는 것은 영혼의 삶에 있어 별로 중요하지 않은 사소한 것들에 대한 세밀하고 정확하고 치밀한 논의가 아니라, 거대한 운동, 위대한 진리의 위대한 선포, 위대한 의무의 위대한 요구에 관한 것이다. (중략)

또한 설교를 진리 선포로 이해하는 것은 우리가 기독교의 전체 역사와 바른 관계를 맺을 수 있도록 해 준다. 진리는 마치 우리가 그것을 처음 선포하는 양 그렇게 선포될 수는 없다. 오늘 우리가 선포하는 진리는 교회가 지난 세대 동안 선포해 왔던 진리와 동일하다. 오늘 진리를 선포하는 사람 배후에는 과거에 동일한 진리를 선포했던 많은 사람들이 자리하고 있다. 그는 지금 그 동일한 진리를 선포했던 모든 사람들과 동행하고 있는 것이다. 그는 진리에 대한 증인이다. 하지만 그가 그 진리를 받아들일 때 가졌던 확신은 부분적으로나마 그것이 맨 처음 선포되었던 최초의 진리와 동일하다는 사실을 전제하고 있다. 사람들은 그리스도인의 삶에 있어 공동체적 차원과 개인적인 차원 사이의 올바른 관계와 균형을 유지하는 것이 얼마나 어려운지 알고 있다. 하지만 오늘날 모든 사람들은 그 두 가지 차원을 모두 필요로 하고 있다. 모든 시대에 걸쳐 교회의 동일성과 정체성은 교회가 주님으로부터 받아 사람들에게 전해야 했던 언제나 동일한 그 진리에 있다. 교회의 영구적인 동일성 혹은 정체성에 대한 외면적인 언급은 이 같은 실제적인 동일성을 주장할 때에야 비로소 중요한 의미를 가진다. 옛 의례를 영속화하고 과거의 예전을 지속적으로 수행하고 사도적 교회 정치 형태로 여겨지는 것을 고수하는 실제적인 이유가 바로 여기에 있다. 모든 시대에 있어 이단은 단순히 잘못한 사람이 아니라, 그의 주장이 옳든 그르든 간에 자기 주장을 추켜세우는 사람이었다. 밀턴은 "어떤 사람은 진리 안에 있는 이단자일 수 있다."라는 말을 남겼다. 그런 사람은 자신의 생각을 하나님으로부터 온 진리라고 여기지 않고 자기 자신의 발견이라고 주장하며, 모든 시대에 걸쳐 진리의 담지자 역할을 감당해 온 교회로부터 스스로를 분리시키는 사람이다. 여러분의 설교가 하나님의 진리를 선포하는 것이라는 사실을 더욱 확실하게 이해하게 될수록, 여러분은 교회의 중요성과 실제성을 더욱 실감하게 될 것이다. 그리고 어떠한 옷을 입고 어떠한 언어를 사용하든 동일한 진리를 선포하는 모든 사자(使者)와 여러분이 한 형제라는 사실 또한 절실하게 느끼게 될 것이다.

설교자가 선포해야 하는 진리와 관련해서, 우리 시대에 특징적인 것으로 여러분도 잘 알고 있는 두 가지 경향에 대해서 잠시 언급하고 싶다. 그중 하나는 비판적인 경향이고, 다른 하나는 기계론적 경향이다. 이 두 가지 모두 잘못된 것이다. 비판적인 경향이란 어디에서든지 사물들을 대할 때 외부에서부터 사물의 관계와 본성을 탐구하는 태도를 말하는데, 이러한 태도는 사물의 힘에 자신을 내어 맡기지 않는다. 모든 설교는 문학과 삶에 있어 그 시대의 지배적인 경향을 어느 정도 따르게 되어 있다. 우리가 살고 있는 시대는 비판을 매우 좋아하며, 단지 탐구하는 즐거움을 위해 사물의 본성을 조각내어 분석한다. 우리 시대는 다양한 종류의 힘에 대해 연구하지만, 그 목적은 그 힘에 순종하는 데 있지 않고, 단지 그 힘을 이해하는 데 있다. 우리 시대는 그저 순수한 즐거움을 위해 사물에 대해 이야기한다. 자연과 자연의 기이함에 대한 많은 시와 산문, 국가의 민족성과 제도에 대한 많은 연구, 인간 본성에 관한 정교한 분석 등이 모두 여기에 속한다. 이러한 것들은 모두 좋은 것이다. 하지만 이것은 이러한 다양한 힘 가운데 어떤 하나의 힘에 복종하는 사람, 예를 들어 자연을 진정으로 사랑하는 사람이나 성실한 시민 혹은 진정한 친구 등이 되기 위해서 요구되는 진심어린 공감과 구별된다. 우리 시대의 설교 또한 오늘날의 이러한 비판적 경향으로부터 전혀 자유롭지 못하며, 사실상 이러한 경향에 사로잡혀 있다. 다양한 관념과 그 관념 사이의 상호 관계를 단지 해결해야 할 문제로서만 인식하고 그것에 관해 이야기하는 데서 만족하는 이 같은 비판적 태도는, 영혼이 관념 속으로 실제적으로 들어가지 않고도 지성은 즐거움을 누리도록 만든다. 이러한 비판적 경향은 강단에도 침투했으며, 그 결과 그리스도를 설교하는 것이 아니라 그리스도에 대해 설교하는 많은 사람들이 생겨나게 되었다. 많은 설교자가 기독교를 진리로 설교하거나 그리스도를 구세주로 선포하지 않고, 대신 기독교를 단지 풀어야 할 문제로만 논하고 있다. 필자는 이러한 논의가 가치 없다고는 생각하지 않는다. 하지만 이러한 논의는 결코 설교의 이상적인 형태가 아니라고 필자는 확신한다. 이것은 우리 시대의 필연적 산물일지는 모르겠으나, 위대한 사도적 설교자가 행한 바 그러한 사역은 아니며, 참된 설교자가 항상 가장 원하는 그러한 바람직한 설교 형태도 아니다. 신앙을 정의하고 수호하는 사람들은 언제나 필요하다. 하지만 목사가 복음 진리를 선포하는 것보다 신앙을 정의하고 수호하는 일을 자신의 참된 사역으로 이해할 때, 그것은 오히려 교회에 해가 된다. 기독교에 관해 설교하려는 경향을 주의하라. 그리고 그리스도를 선포하기 위해 노력하라. 기독교와 과학, 기독교와 사회, 기독교와 정치의 관계를 논하는 것은 좋은 일이다. 하지만 사람들에게 그리스도를 선포하여 그들이 그분을 알고 감사와 사랑으로 그분의 소유가 되게 하는 일은 훨씬 더 값진 일이다. 태양을 묘사하는 헤셀이 되는 것도 좋지만, 태양의 불을 땅에다 가져다 주는 프로메테우스가 되는 것은 더 좋은 일이다.

필자는 다른 또 하나의 경향을 기계론적인 경향이라고 불렀다. 기계론적인 경향이란, 그리스도의 복음이 일차적으로 개인에게 선포되는 것이며 그 궁극적인 목적이 많은 사람들을 구원에 이르게 하는 것이라는 기본적인 사실을 설교자가 망각하는 데서 비롯되는 태도를 일컫는다. 처음 복음이 개인의 영혼에 선포되는 시기와 나중에 개인 영혼이 구속받은 모든 무리와 함께 하늘에 들려 올라가는 시기 사이에, 복음은 얼마간 여러 가지 비인격적인 장치를 사용한다. 교회는 그러한 모든 방편을 갖추고 있으며, 설교자는 그것을 이용해서 자신의 사역을 감당한다. 하지만 설교자가 잠시라도 그러한 도구를 자신의 사역의 목적으로 삼고 정작 자기에게 맡겨진 한 영혼에 대한 시선을 놓치게 된다면, 그는 결국 자신의 고상한 사명을 수행하지 못하며 그 사명에 합당한 최상의 능력을 상실하게 된다.

필자는 모든 성공적인 설교는 개인에게 초점을 맞추어야 한다는 점에 대해서 점점 더 확신을 갖게 된다. 교회는 영혼을 위한 것이다. (중략)

두 번째 요소: 인격(personality)

설교의 두 번째 요소인 설교자의 인격에 대해서는 특히 다음 강의에서 많은 언급이 있을 것이다. 그래서 오늘 이 시간에는 두세 가지 기본적인 사항에 관해서만 이야기하고자 한다.

첫째, 인격의 원리는 모든 설교자의 개별성을 동반한다. 앞서 우리는 복음이 천상이나 혹은 비인격적인 책에만 기록되어 있어서는 안 된다는 점을 지적했는데, 마찬가지 이유에서 모든 설교자가 자기 나름의 방식으로 자신의 개성을 따라 진리를 선포하는 것이 바람직하다. 복음은 한 사람을 통해서도 전해져야 하지만 또한 여러 사람들을 통해서도 전해져야 한다. 여러분이 사람들을 천편일률적으로 획일화시킨다면 그들은 상당한 정도로 자신의 개인적인 능력을 상실하게 될 것이다. 만일 여러분이 모든 사람들의 생각을 똑같이 만든다면, 그것은 그들을 모두 스스로는 전혀 생각하지 못하는 존재로 만드는 것이다. 그것은 지구가 지표면 위의 모든 것들과 함께 움직일 때, 모든 것이 정지한 것처럼 보이는 것과 마찬가지 이치이다. 오늘날 목사직의 엄숙함에 대한 깊은 인식은 설교자가 자신의 개성을 자유롭게 표현하거나 혹은 다른 사람들의 개성을 용납하는 것을 억압하는 경향이 있다. 오늘날 설교자가 자신의 사역을 감당해 가는 고유한 방식은 설교자 자신에게 있어 기호의 문제가 아니라 양심의 문제이다. 철저하게 각성된 양심은 기호보다도 더욱 완고한 경향을 드러낸다. 반면 설교자가 다른 방식으로 사역하면 속에서 양심이 이 엄숙한 사역에 그의 개성을 끌어들이는 것은 바람직하지 않다고 말하기도 한다. 이러한 양심의 소리를 듣는 설교자는 가장 성공적이었던 설교자들의 본을 따라 모방하는 설교를 하는 데 만족한다. 필자는 이 두 가지 경우의 사역자를 모두 보았다. 한 부류는 그들을 완고한 사람으로 만들고, 다른 한 부류는 그들을 줏대 없는 사람으로 만든다. 그들의 양심은 돌처럼 굳어지거나 밀랍처럼 부드러웠다. 하지만 이 두 가지 경우에 있어 설교자의 개성이 철저하게 억압되기는 마찬가지였다. 설교자가 입는 의상이나 혹은 언어를 사용하는 규칙과 같이 사소한 것들에서 우리는 이러한 경향을 엿볼 수 있다. 또한 모든 세대들이 진리의 넓은 테두리 안에 정통의 좁은 울타리를 치고 있다는 사실에서도 우리는 이러한 경향을 확인할 수 있다. 우리는 이러한 경향에 반대하여 지혜롭고 냉정하게 대처해야 한다. 하나님께서 그의 아들의 복음을 전하라고 사람들을 파송하실 때, 그분은 모든 사람들이 각기 자신의 개성을 좇아 설교하게 하셨다. 우리는 최선을 다해서 진정한 자신의 모습을 발견해야 한다. 하지만 단지 피상적이고 괴짜 같은 특성을 개발한다고 해서 진정한 자신의 모습을 실현했다고 말할 수는 없다. 여러분 자신의 신앙과 여러분 자신의 사랑으로 충만한 참된 자아를 얻음으로써만 진정한 자아를 실현할 수 있다. 진정한 독창성은 고귀하지만, 피상적인 독창성은 비참하다. 광야와 낙타 털옷, 메뚜기 등을 모방함으로써 세례 요한과 비슷한 사람이 되는 것은 어렵지 않다. 하지만 설교자로서 그의 헌신된 마음과 그가 뿜어 낸 불과 같은 말은 이렇게 모방할 수 있는 성질의 것이 아니다.

둘째, 설교자의 인격에 대해 우리가 생각할 때 잊어서는 안 되는 또 한 가지 중요한 사실이 있다. 그것은 설교자가 항상 진리의 말씀을 가깝고 친밀하게 누리고 있다는 사실이다. 진리의 말씀을 친밀하게 누린다는 이러한 경험은 설교자가 아닌 다른 사람들에게서는 보기 드문 일이다. 바로 이러한 희소성이 설교자의 구별된 거룩성을 유지시켜 준다고 말할 수도 있다. 이러한 사실은 어떤 힘을 가지고 있는가? 이러한 사실은 우리가 설교자의 삶의 영향력을 평가할 때 항상 고려되어야 한다. 안타깝게도 필자는 이러한 사실로 인해 위축되어 있는 목사들을 종종 만난다. 다양한 직업을 가진 사람들 앞에서 가끔씩 설교를 할 때는 열정적으로 설교하던 목사가, 거룩한 일에 계속적으로 노출되어 있음으로 해서 그들의 거룩한 사역에 대해서는 죽은 사람처럼 지내는 경우가 많이 있다. 그들이 항상 진리를 대하고 있다는 사실로 인해 다른 사람들에게 진리를 전달하는 데 있어 오히려 효과적이지 못하게 되었다는 말이다. 마치 항상 그 속에 물이 흘러다니는 관 속에는 찌꺼기가 계속해서 쌓이기 때문에 더 많은 물을 흘러 보낼 수 없는 것과 같은 이치이다. 게다가 이러한 현실로 인해 그들은 심지어 자기를 기만하거나 자신의 역사를 과장하고 왜곡하기까지 한다. 어떤 경험에 대해서 항상 이야기하고 다른 사람들에게 그러한 경험을 계속해서 요구하는 사람은, 그러한 경험을 묘사하는 바로 그 힘에 의해서 자신은 이미 그러한 경험을 했다고 착각하게 된다. 여러분이 반복해서 사람들에게 회개하라고 권면하고 또 스스로 회개에 관한 이론에 친숙하게 되면 될수록, 여러분 자신이 아직 회개하지 않았다는 사실을 깨닫는 일은 더욱 힘들어진다. 여러분은 사람들에게 계속해서 인내할 것을 요구하지만, 이를 통해 여러분은 여러분 자신의 조급함에 대해서 귀와 눈을 닫아 버리는 지경에 이르게 된다. 이것은 기차역에서 열차를 출발시키는 일을 하는 사람과 같다. 그는 항상 자기 집과 기차역 사이만 오갔음에도 불구하고, 언젠가부터 자신이 승객들의 귀에 외치며 수년 동안 표를 팔았던 그 길을 따라 자신이 직접 다른 모든 역을 가 보았다는 착각에 빠지게 된다. 사정이 다들 이러하지만, 문제의 원인은 진리가 아니라 사람에게 있다는 것을 필자는 알고 있다. 따라서 해결책은 진리를 덜 친밀하게 만드는데 있지 않다. 진리를 항상 가까이 누리고 있다는 사실을 여러분이 바르게 활용하기만 하면, 이것은 여러분의 열심에 해를 가하기보다는 오히려 도움을 줄 수 있다. 여러분이 다른 사람들에게 거룩함을 권면하면 할수록, 여러분 자신의 마음 속에 거룩함을 향한 갈망은 더욱 강렬해질 것이다.

친밀함의 대상이 경멸할 만한 사물만 아니라면 그러한 친밀함으로 인해 경멸을 받을 만한 사람이 되지는 않는다. 어느 누구도 자신의 시종에게는 영웅이 될 수 없다는 격언은, 진정으로 위대한 사람을 영웅으로 인정하지 못하는 사람은 오직 그의 시종뿐이라는 뜻으로 이해할 수 있다. 여러분은 여러분의 친밀한 사역으로부터 여러분의 삶의 열정과 기쁨과 거룩한 성장을 이끌어 내야 한다. 이러한 친밀함이 여러분의 능력을 더욱 생동감 있게 만들지 못하고 오히려 질식시키고 약화시킨다면, 여러분은 설교자로서 실패한 사람이다. 그리고 이것은 전적으로 여러분이 누구를 위해서 일하느냐, 곧 여러분의 주인과 그분의 백성들을 위해 일하느냐 아니면 여러분 자신을 위해 일하느냐에 달려 있다. 후자는 차츰차츰 여러분을 죽일 것이지만, 전자는 여러분에게 더 풍성한 생명을 가져다 줄 것이다.

출 처

Phillips Brooks, Lectures on Preaching (New York: E. P. Dutton & Company, 1907[1877]), pp.5 – 26.

C. H. 다드

C. H. Dodd

초대교회의 설교

『사도적 설교의 기원과 발전』(1936)은 출판되자마자 성서학과 설교학 분야에서 고전적인 작품으로 인정을 받았다. 성서학계가 양식 비평과 자료 비평을 통해 성경을 해부하고 있을 무렵, 영국의 유능한 신학자였던 다드(1884 - 1973)는 교회의 선포 곧 케리그마(kerygma)의 통일성을 역설하였다. 다드는 선포적 설교로서 케리그마와 교훈으로서 디다케를 날카롭게 구분하고, 오직 케리그마만이 초대교회의 설교에 속하는 것이라고 주장하였다. 그의 이러한 주장은 많은 반발을 불러일으켰다. 그가 케리그마와 디다케(didache)를 날카롭게 구분하고, 또 '실현된 종말론'을 종말론에 관한 한 초기 교회의 유일한 입장이었다고 주장한 데 대해 많은 성서학자들은 반대 의견을 내놓았다. 예수님의 무시간적인 교훈을 기독교의 본질로 보는 자유주의 신학자들은 예수님의 메시지가 종말론적인 성격을 가진 것으로 묘사하는 다드의 시도에 대해 생소함과 당혹스러움을 느꼈다. 또한 세계 대전 이후에도 여전히 명맥을 유지하던 낙관주의자들은 다드가 케리그마를 중시하며 윤리를 부차적으로 여기는 데 대해 못마땅하게 생각했다. 한편, 책의 출간 이후 수십 년간 설교자들은 다드의 다음과 같은 권면을 듣고 정신을 차리고 도전을 받았다. "오늘날 우리의 교회에서 선포되는 설교 중 상당수는 초기 그리스도인들이 보기에 케리그마로 인정받을 수 없다." 『사도적 설교의 기원과 발전』은 20세기 다른 어떤 책보다도 더 강력하게 설교자들로 하여금 자신들의 사역을 반성하고 설교가 무엇인지 자문하도록 촉구하였다.

따라서 바울의 케리그마는 그리스도의 죽음과 부활을 종말론적인 배경 안에서 선포하는 것이다. 그리스도의 죽음과 부활은 '이 악한 세대'로부터 '다가올 세대'로 옮겨 감을 의미한다. '다가올 세대'는 완성의 시대이다. 그러므로 그리스도께서 '성경대로' 죽었다가 살아났다는 진술이 중요한 의미를 가진다. 구약의 예언자들이 임박했다고 예언한 모든 사건은 '주님의 날'의 도래와 관련한 것으로서 그들에게 중요한 의미를 지니고 있었다. 따라서 예언의 성취는 곧 주님의 날이 이르렀음을 의미한다. 다가올 세대가 이미 시작된 것이다. 그리스도의 죽음과 부활은 예언을 성취하는 결정적인 사건이다. 그리스도의 죽음과 부활을 통해 신자들은 이미 이 악한 세대로부터 옮겨졌다. 그리스도께서 죽음과 부활을 통해 우리의 주님이 되시는 새로운 세대가 지금 여기에 도래했다. 종말의 때가 이르면, 그분은 심판자와 구원자로서 자신의 주권을 행사하실 것이다.

물론 우리가 바울 서신으로부터 복원한 케리그마는 단편적이다. 바울의 케리그마를 완벽하게 복원하는 일은 사실상 불가능하다. 하지만 우리는 그 개요를 다음과 같이 대충 그려 볼 수 있다.

그리스도가 오심으로 예언이 성취되고 새로운 시대가 열렸다.
그분은 다윗의 자손으로 나셨다.
그분은 이 악한 세대로부터 우리를 건지시기 위해 성경대로 죽으셨다.
그분은 무덤에 묻히셨다.
그분은 성경대로 삼일 만에 부활하셨다.
그분은 하늘로 들려 올라가셔서 하나님의 아들로,
산 자와 죽은 자의 주님으로 하나님 우편에 계신다.
그분은 사람들의 심판자와 구원자로서 다시 오실 것이다.

바울이 선포한 사도적 설교는 아마도, 아니 확실히 이것보다 더 많은 내용을 담고 있었을 것이다. 다른 사도들이 선포한 케리그마의 다른 형태와 비교함으로써 우리는 이 내용을 보다 개연성 있게 확장할 수 있을 것이다. 하지만 대부분의 내용은 서신 안에서 충분히 확인 가능하며, 또한 서신이 제공하는 증거는 일차적인 가치를 지닌다. (중략)

사도적 설교와 그것의 발전 과정을 고찰함에 있어 두 가지 사실이 우리 눈에 들어온다. 첫째는 이미 신약성경 안에 케리그마에 대한 아주 다양한 해석이 있다는 사실이다. 둘째는 그러한 해석 모두가 원래적인 케리그마의 본질적인 요소를 꾸준히 포함하고 있다는 사실이다. 사실상 시간이 지날수록 케리그마의 핵심적인 의도는 더욱 명확하게 표현되고 있다. 요컨대 신약성경의 글은 그 다양성에도 불구하고 하나의 복음을 선포하고 있다는 점에서 통일성을 이루고 있다. 초기 비평적 성경 연구는 다양한 저자와 그들의 가르침이 가진 개별성을 강조하였다. 이러한 분석적 비평 단계의 성과는 항구적인 가치를 가진다. 그러나 이제 우리는 이러한 성과를 염두에 두면서 핵심적인 복음의 다양한 측면이 조화를 이루며 전체적인 풍성함을 보여 주고 있다는 사실을 보다 공정하게 다루어야 한다. 오늘날의 신약성경 비평 작업은 더 이상 분석하는 작업이 아니라 종합하는 작업이다. 하지만 '종합'이라는 말은 그렇게 정확한 표현은 아닌 것 같다. 왜냐하면 이 표현은 원래 다양한 요소가 있고 거기에서 통일성을 추출해 내는 듯한 인상을 주기 때문이다. 하지만 신약성경에서 이 통일성은 본래적인 요소이다. 우리는 다양한 저술의 비교 연구를 통해서 그러한 저술을 가능하게 한 공통된 신앙, 곧 그러한 저술이 더 널리 대중에게 해석해 주려고 했던 그 신앙이 무엇인지 궁구해야 한다. (중략)

이 과제는 또 다른 작업을 수반하는데, 그것은 사도적 설교와 예수 그리스도 자신의 설교 사이의 관계를 명확하게 보여 주고 있다. 앞서 이 주제와 관련해서 잠시 언급한 적이 있기 때문에 여기에서는 다만 필자의 생각을 간략하게 진술하려고 한다. 원시 케리그마는 하나님 나라에 대한 예수님의 가르침에 직접적인 근거를 두었다. 하지만 이것만으로는 예수님의 가르침의 깊이와 폭을 정당하게 다룰 수 없었으며, 원시 케리그마가 충분히 발전된 논증이 되기까지는 바울과 요한의 해석이 필요했다. 우리는 요한복음에서 예수님의 가르침의 핵심에 대한 가장 통찰력 있는 설명을 발견하는데, 이 복음서는 저술 시기는 물론 그 형식과 표현에 있어서도 예수님의 가르침의 원래 전통으로부터 가장 멀리 떨어져 있다.

결론적으로 이러한 논의가 우리 시대의 기독교 설교와 어떤 관계 속에 있는지에 대해 잠시 살펴보고자 한다.

복음을 설교한다는 것은 무엇을 의미하는가? 다양한 시대, 다양한 집단 안에서 복음은 넓은 의미에서 기독교적이라고 불리는 개념 체계 내에 속하는 이런저런 요소와 동일시되어 왔다. 어떤 사람들은 복음을 불멸의 약속과 동일시했고, 또 다른 사람들은 복음을 특정한 구속 교리로 환원시켰으며, 또 다른 사람들은 복음을 "하나님의 아버지 됨과 인간의 형제 됨"이라는 사상으로 대체했다. 역사적으로 볼 때 복음이 그 시초에 무엇이었으며 또 신약성경 시대에는 그것이 어떻게 발전했는지를 밝히는 것이 내가 이 강의를 통해서 간절히 소망하는 목표이다. 1세기에 살았던 그리스도인 중에 복음이 무엇인지 또 그 복음이 인간의 필요에 얼마나 적절한지 하는 문제와 관련해 의심을 가진 사람은 한 사람도 없었다. 그렇다면 20세기에 그 복음은 얼마나 멀리 전파될 수 있을까?

언젠가 유명한 한 신약성서 학자가 "현대인들은 고대 기독교에 알려진 다양한 형태의 구원 가운데 그 어느 것도 믿지 않는다."는 주장을 피력한 적이 있다. 종말론적 용어로 표현된 원시 복음이 우리의 지성에 낯설게 보인다는 것은 분명한 사실이다. 따라서 신학자들이 초대교회의 설교와 예수님 자신의 설교가 이처럼 낯선 사상 세계 속에 존재했었다는 결론에 도달하기까지 오랜 시간이 걸리고 많은 논쟁을 거쳐야 했다는 사실을 우리는 어렵지 않게 이해할 수 있다. 오랜 세월 동안 우리는 이 같은 결론에 저항해 왔다. 우리는 성서 비평을 통해 신약성경 안에서 환상적인 모든 요소를 제거하고 현대인들이 "이것이 바로 우리가 항상 생각해 왔던 그것이다."라고 말할 수 있는 고유한 '기독교의 본질'을 발견하게 될 것이라는 믿음을 고수하려고 했다. 하지만 이러한 시도는 실패했다. 그 실패의 중심에 이 낯설고 종말론적인 복음, 우리의 사고 방식에 전적으로 배치되는 복음이 놓여 있다.

하지만 아마도 이 복음은 초기 선교사들이 복음을 전하던 헬레니즘 세계의 사고에 있어서도 이해하기 힘들었을 것이다. 적어도 바울 자신 또한 복음 안에 '어리석은' 요소와 대중을 '당혹스럽게 만드는' 요소가 있다는 사실을 알고 있었다. 하지만 바울을 비롯한 당시의 사람들은 복음의 본질적인 적절성과 진리를 동시대인의 지성에 명확하게 해석하는 데 성공했다. 이제까지 우리는 이러한 재해석의 과정을 연구해 왔다. 이와 유사한 과정이 우리 시대의 복음의 설교자에게도 분명히 필요하다. 만일 '종말론적인' 원시 복음이 우리의 사고로부터 멀리 떨어져 있다면, 바울과 요한 안에도 많은 부분이 우리의 사고에 낯설 것이다. 그들의 재해석이 비록 심오하고 단호하긴 하지만, 우리가 해야 할 몫을 줄여 주지는 못한다.

하지만 재해석을 시도하는 것은 언제나 전혀 엉뚱한 결과를 초래할 위험을 내포하고 있다. 즉 바울이 말했듯이 "다른 예수와 다른 복음을 설교하는" 잘못을 범할 수도 있다. 우리가 보듯이, 신약성경 시대에 대한 뛰어난 연구가는 최초의 복음을 재진술하는 등 대담하게 작업을 진행하는 가운데 그들의 재진술이 복음의 최초의 의도에 충실하다는 근본적인 확신을 갖고 있었다. 다양한 형태에도 불구하고, 그들은 기독교 교회의 기원이 되는 사건 속에 자신의 백성을 찾아와 구원하시는 하나님의 결정적인 행위가 있었다는 사실을 계속해서 확인하였다. 그리고 그들은 교회 자체의 공동체적 경험 속에 새로운 삶의 양태가 계시되었으며, 이 새로운 삶은 하나님께서 행하신 사역을 기초로 하는 동시에 이 사실에 기초한 가치를 확증하였다고 주장하였다.

신약성경을 연구하는 학자에게 있어 진정한 문제는 예수님의 생애 중에 어떤 사건이 신빙성 있게 보도되고 있는가 하는 것이 아니다. 어떤 말씀을 예수님 자신에게 돌릴 수 있는가 하는 물음도, 또한 바울과 요한의 어떤 교리가 유대교나 '신비 종교'로부터 파생되었는가 하는 것도 진정한 문제가 되지 않는다. 참으로 문제가 되는 것은 사도적 설교의 근본적인 확증이 참되고 적절한가 하는 것이다. 이 질문을 이해하기 위해서는 사도적 설교를 이해해야 하고, 사도적 설교를 이해하기 위해서는 그 형태가 낯설고 어려운 자료를 연구하는 수고를 감수해야 한다. 하지만 우리가 이 질문에 대답하지 못한다면, 우리는 우리가 선포하는 그 메시지가 진정으로 기독교적이라는 확신을 가질 수 없다. 신약성경에서 '현대적' 연결 고리를 가진 것처럼 보이는 특정 구절을 선별해서 이 구절이 신약성경의 '항구적인 요소'를 대표한다고 주장하는 것은 복음을 설교하는 것이라고는 볼 수 없다. 게다가 이러한 방식의 성경 해석은 본문을 피상적으로 읽음으로써 우리의 사고에 어울린다고 생각되는 구절의 진정한 의미를 오해하기도 한다. 그러한 구절 중에서 몇몇은 겉으로 보이는 것처럼 그렇게 '현대적'이지 않다. 따라서 원시 기독교의 복음을 다루는 학문은 현대 지성에 어울리지 않는 진술 형태를 대할 때 복음뿐 아니라 우리 자신의 전제에 대해서도 반성해야 한다.

이러한 이유 때문에 필자는 신약성경 연구가 매우 중요한 분야라고 생각한다. 필자는 초기에 세련되지 못한 형식으로 선포되었던 복음이 유일하고 배타적인 기준이 되어야 한다고 주장하는 것이 아니다. 오직 복음이 신약성경 시대에 걸쳐 어떻게 발전했는지를 살펴볼 때에만 우리는 복음 속에 담긴 내용을 충분히 이해할 수 있다. 하지만 공관복음서 연구는 있는 그대로의 사실만을 최소한으로 확정하려는 역사 비평적 작업에 머물러서는 안 된다. 바울과 요한에 대한 연구 또한 비교 종교의 문제나 혹은 교리사의 첫 장에 국한되어서는 안 된다. 복음서와 서신서가 제공하는 연구 분야는 비평과 해석 작업을 통해 우리가 사도적 설교 속에 포함된 '다차원적인 지혜'를 고찰하고 나아가 현대적인 용어로 그것을 우리 자신의 세대에 자유롭게 선포하도록 만들어 준다.

출 처

C. H. Dodd, The Apostolic Preaching and Its Development, pp. 13, 17, 74 – 78. Repinted 1980 by Baker Book House. Used by Permission.

디트리히
본회퍼

Dietrich Bonhoeffer

선포된 말씀

찰스 다드(C. H. Dodd)가 영국에 있는 킹스 칼리지(King's College)에서 강의하고 있을 무렵, 독일 핑켄발데(Finkenwalde)에서는 디트리히 본회퍼(1906 - 1945)가 작은 고백교회 신학교를 지도하며 설교학 강의를 하고 있었다. 신학교에서는 매일 예배를 함께 드렸으며, 본회퍼는 설교를 듣고 비평하는 일에 적극적으로 참여하였다. 아무리 보잘것 없는 설교라 할지라도 말씀을 듣는것은 탁월하게 말씀을 선포하는 것만큼이나 중요하다. 핑켄발데에서 본회퍼는 설교학의 기초를 재음미하는 가운데 교회론적 사고에서 급진적인 기독론적 사고로 옮겨 갔다. 설교는 하나님의 말씀을 포함하고 있지도 않고, 주님을 가리키고 있는 것도 아니다. 설교는 그 전체로 성육신하였지만 종종 감추어져 있는 그리스도 자신이며, 따라서 그리스도 자신의 겸손과 능력을 옷 입고 있다. 설교자가 자신의 경험을 통해 그 말씀을 적절하게 만들거나 그 타당성을 입증할 수는 없다. 1937년에 발표된 성육신과 설교의 관계에 관한 그의 이 같은 급진적인 견해에 비추어 볼 때, 1944 - 1945년 본회퍼가 소위 세속적인 언어를 높이 평가한 것은 전혀 갑작스러운 사건이 아니다. 다시 말해 1937년에 출간된 『설교학』은 그가 1944년 감옥에서 기록한 다음의 글을 미리 예견하고 있다. "사람들이 다시 한 번 하나님의 언어로 말하고 그것을 통해 세계가 변화되고 갱신되는 그 날… 그 날의 언어는, 예수님의 언어가 그러했듯이, 새로운 언어, 아마도 거의 세속적이면서 동시에 자유와 구속을 가져다 주는 언어가 될 것이다. 예수님의 언어가 그러했다. 그 날의 언어 또한 사람들을 놀라게 하고 그 능력으로 사람들을 압도할 것이다. 그 날의 언어는 새로운 의와 진리의 언어로서, 하나님과 인간 사이의 평화와 그의 나라의 도래를 선포할 것이다."(『옥중서신』 중에서)

선포된 말씀은 예수 그리스도의 성육신에 그 기원을 두고 있다. 그것은 과거 언젠가 인식되었던 어떤 진리나 어떤 개인적인 경험으로부터 기원하지 않는다. 선포된 말씀은 특정한 감정 묶음을 재생산해 내는 것이 아니다. 또한 그것은 그 말씀 너머에 있는 어떤 실체가 외적으로 드러나는 형태도 아니다. 선포된 말씀은 성육신하신 그리스도 그분 자신이다. 성육신이 하나님의 외형적인 모습이 아니듯이, 선포된 말씀 또한 실재의 외적인 형태가 아니다. 오히려 그것은 실재 그 자체이다. 선포된 그리스도는 역사적인 그리스도인 동시에 현존하는 그리스도다. 켈러(Kahler)에 따르면, 선포된 그리스도는 소위 말하는 역사적인 예수와 동일한 분이다. 선포된 그리스도는 역사적 예수에게로 나아가는 통로이다. 그러므로 선포된 말씀은 그 너머에 있는 다른 무언가를 표현하기 위한 매개물이 아니며, 오히려 그것은 말씀으로서 회중 가운데 걸어다니시는 그리스도 자신이다.

성육신에서 말씀은 육신이 되었다. 성자 하나님은 인간적인 형태를 취하셨다. 그래서 그분은 인간의 모든 것을 수용하시고 그 모든 것을 그 자신 안에 간직하셨다. 그러한 점에서 그분은 육신을 입으셨다. 그분은 진정으로 인간의 악한 본성을 포함하여 인간의 모든 것을 껴안으셨다. 그분이 이처럼 인간의 본성을 입으셨다는 사실이 복음서가 증언하는 신비의 모든 것이다. 그분이 인간과 함께 고통을 받으셨다고 말하는 것만으로는 충분하지 않다. 그분은 실제로 인간의 몸을 입으셨다. 로고스가 인간을 용납하셨다 혹은 입양하셨다고 말하면 그것은 틀린 말이다. 오히려 그분은 인간의 본성, 곧 나와 여러분의 본성을 입으셨다. 그분의 육체는 우리의 육체이고, 우리의 육체는 그분의 육체이다. 이것은 또한 성육신 안에서 새로운 인간성이 확립되었음을 의미한다. 회중은 이미 몸을 가진 그리스도 안에 현존한다. 그분의 몸은 '우리 자신'이다. 교회는 성도의 교제(sanctorum communio)로서 이미 성육신 안에 포함되어 있다.

선포된 말씀은 인간의 본성을 가진 그리스도다. 이 말씀은 새롭게 성육신하신 다른 존재가 아니다. 이 말씀은 세상 죄를 지고 성육신하신 바로 그분이다. 성령님을 통하여 이 말씀은 그분의 용납하심과 떠받치심을 현실 속에 구현한다. 선포된 말씀은 인간을 용납하는 것 외에 다른 것을 의도하지 않는다. 그 말씀은 인간 본성 전체를 품어 안기를 원한다. 회중 가운데 있는 모든 죄는 그 말씀에게로 던져진다. 설교자는 회중이 자신의 모든 필요와 염려와 두려움과 죄를 말씀 위에 내려놓도록 해야 한다. 그러면 말씀은 이 모든 것들을 받아 안으신다. 설교가 이렇게 행해진다면, 그것은 그리스도를 선포하는 것이 된다. 이렇게 그리스도를 선포하는 것은 충고하거나 어떤 감정을 불러일으키거나 혹은 의지를 자극하는 것을 주된 목표로 삼지 않는다. 물론 이러한 결과는 자연스럽게 따르겠지만, 설교의 주된 의도는 우리를 떠받치는 데 있다. 말씀은 우리의 짐을 지기 위해 존재한다. 그리스도의 말씀이 우리 모두를 아래에서 떠받치고 있다. 그러하기에 말씀은 교제를 창출해 낸다. 말씀이 우리를 자신 안에 결속시키기 때문에 우리는 그리스도의 몸의 구성원이 된다. 그리스도의 몸의 구성원으로서 우리는 다른 사람들을 세워 주는 책임을 함께 공유한다. 그러므로 그리스도의 말씀은 모든 그리스도인들의 형제 됨을 전제한다. 말씀은 누구도 홀로 남는 것을 원하지 않는다. 왜냐하면 그 말씀 안에서는 누구도 혼자가 아니기 때문이다. 말씀은 각 개인을 한 몸의 지체로 만든다.

말씀과 회중

말씀은 새로운 인간성을 전달하기 때문에 그 본성상 언제나 회중을 향하여 방향이 설정되어 있다. 말씀은 공동체를 추구하고 공동체를 필요로 하는데, 그 이유는 말씀이 이미 인간의 본성을 입고 있기 때문이다. 이 지점에서 우리는 말씀이 자기 자신의 추진력을 산출한다는 점을 주목할 필요가 있다. 말씀은 회중을 떠받치기 위해 스스로 회중에게로 나아간다. 그러므로 말씀의 적용을 완성하는 것은 설교자가 아니다. 또한 말씀을 구성하고 그것을 회중에게 적절하게 만드는 것 역시 설교자가 아니다. 성경 말씀을 봉독하면 그 본문이 회중들 사이를 움직이기 시작한다. 마찬가지로 그 말씀은 성경으로부터 나와서 설교문의 형태를 취하고, 회중을 떠받치기 위해 회중 안으로 들어간다. 설교자는 성경 말씀이 회중에게로 향하는 이러한 자기 – 운동을 방해해서는 안 되며, 오히려 그것을 인식하고 있어야 한다. 설교자 자신의 노력이 말씀의 이 같은 움직임에 걸림돌이 되어서는 안 된다. 만일 우리가 우리 힘으로 말씀에 능력을 실으려고 시도한다면, 그 말씀은 교훈이나 교육 혹은 경험의 말들로 왜곡되어 버린다. 그렇게 되면 말씀은 더 이상 회중을 세우거나 떠받칠 수 없다. 회중의 모든 필요와 죄와 죽음은 선포된 말씀이신 그리스도 위에 놓여야 한다.

선포된 말씀의 형태

선포된 말씀의 형태는 다른 모든 연설 형태와 구별된다. 다른 연설은 그것이 전달하고 싶은 진리를 그 연설 너머나 혹은 그 아래 혹은 그 위에 가지고 있다. 혹은 단지 감정을 표현하거나 어떤 개념을 가르치는 것을 의도하고 있다. 이러한 인간의 말은 이러한 말 외에 다른 무언가를 전달한다. 이 때의 말은 다른 어떤 목적을 위한 수단이다. 하지만 선포된 말씀의 의미는 그 말씀 바깥에 있지 않다. 그것의 의미는 그 말씀 자체이다. 그것은 다른 무엇을 전달하거나 표현하지 않으며, 외부에 다른 어떤 대상을 가지고 있지도 않다. 오히려 그 말씀은 자신이 바로 인간의 모든 슬픔과 죄를 포함해 인간성을 옷 입은 역사적인 예수 그리스도 자신이라고 주장한다. 떠받치는 그리스도는 선포된 말씀의 차원에 속한다. 선포된 말씀의 성경 내용은 이 말씀과 다른 형태의 연설의 차이를 명확하게 보여 준다. 제의적 표현은 이 차이를 더욱 희미하게 만들 뿐이다. 그렇다면 우리의 말씀이 그 고유한 의미에서 선포된 말씀이 되는 일이 어떻게 가능한가?

말씀의 고유한 존엄성

사람들을 용납하고 그들을 떠받칠 수 있다는 약속이 선포된 말씀에 주어졌다. 그 존엄성에 있어 선포된 말씀에 비길 만한 것은 아무것도 없다. 로고스가 인간 본성을 입양했듯이, 선포된 말씀은 우리의 입양을 현실 속에 구현한다. 로고스가 영광스럽게 만든 것은 어떤 마술적인 거래가 아니라 바로 그 선포된 말씀이다. 그러므로 우리의 입양은 우리가 그것을 통해 그리스도 안으로 입양되고 받아들여지는 어떤 심리적 혹은 마술적 행위가 아니다. 실제적으로 일어나는 것은 명료하게 들리고 이해되는 그리스도의 말씀을 통해서 우리가 용납되는 것이다. 예배와 예전은 다만 명확하게 선포된 하나님의 말씀을 찬양하고 경배하는 것으로 돕는 역할을 감당한다. 그러므로 엄격한 의미에서 선포는 예배 의식에서 비롯하지 않고, 말씀의 증언에서 비롯한다. 예배와 예전은 선포를 돕는다. 약속된 말씀에 따르면, 그리스도가 예배를 통해 자기를 숭앙하고 자기를 부르며 자기를 기다리는 회중 안으로 들어가는 것은 선포된 말씀을 통해서이다. 선포된 말씀을 통해서 그리스도는 성부 하나님의 말씀으로서 살아 역사한다. 선포된 말씀을 통해서 그분은 회중을 자기 자신 안으로 받아들이신다. 그 말씀을 통해서 세계가 창조되었다. 그 말씀이 성육신하셨다. 그 성육신하신 말씀은 성경 안에서 우리를 위해 지속적으로 현존하신다. 성육신하신 말씀은 성령님을 통하여 설교 중에 성경으로부터 우리에게 오신다. 그리고 창조의 말씀, 성육신의 말씀, 성령님의 말씀, 설교의 말씀은 모두 동일한 말씀이다. 그것은 창조하고 용납하고 화해시키는 하나님의 말씀이요, 그 말씀을 위해 이 세계가 존재한다.

우리가 그 말씀에 의해 창조되었고 날마다 지탱되고 있으며, 또 우리가 알기 전에 그 말씀을 통하여 우리가 구속되었기 때문에, 우리가 하나님을 인식할 수 있는 것도 오직 이 말씀을 통해서이다. 이 말씀을 통해서 우리는 확신을 발견한다. 이 말씀만이 우리의 의지에 영향을 미친다. 오직 이 말씀만이 그 정죄와 약속을 통해 우리에게 지속적으로 명확하게 존재한다. 우리가 변명할 수 없게 만드는 것도 이 말씀뿐이다. 베르노이헨(Berneuchen) 운동이 믿었듯이 음악과 상징은 우리가 변명하지 못하게 만들지 못한다. 왜냐하면 음악과 상징은 그 의미가 명확하지 않고, 따라서 의지를 꺾지 못하기 때문이다. 음악과 상징은 영적인 사람을 창조하지 못하며, 다만 혼적인 사람만 만들 수 있다. 하지만 말씀은 성령님을 전달하며 이 일을 성취한다. 예배를 위한 열심이 자칫하면 선포된 말씀에 어떤 것을 덧붙이거나, 그 말씀에 특정한 표현 양식을 부여하려는 잘못을 범할 수 있다. 하지만 말씀은 그런 식으로 해서 뒷받침할 수 있는 성질의 것이 아니며, 또한 그러한 지지대를 필요로 하지도 않는다. 설교를 통해 선포된 말씀은 '말씀'이라는 유(類)에 속하는 하나의 종(種)이 아니다. 오히려 그 반대로 우리의 모든 말이 세계를 창조하고 떠받치고 있는 유일한 하나님의 말씀의 다양한 종(種)이다.

세계와 세계의 모든 말은 선포된 말씀을 위하여 존재한다. 설교를 통해 새로운 세계의 기초가 놓여진다. 설교를 통해 본래적인 말씀이 들린다. 설교를 통해 선포되는 말씀으로부터 피하거나 달아날 수 있는 길은 전혀 없다. 예배와 예전을 포함하여 다른 어떤 것을 통해서도 우리는 이 증언을 대체할 수도 없고 또한 그것을 불필요하게 만들 수 없다. 다른 모든 것은 우리를 용납하고 떠받치는 그리스도의 증언을 둘러싸고 있다. 우리는 설교를 이런 식으로 이해해야 한다.

말씀이 우리를 용납하고 떠받치지만, 하나님의 존재와 우리의 존재가 혼합되거나 신적인 본성과 인간적인 본성이 동일시되는 일은 결코 없다. 말씀은 죄를 용서하고 하나님의 명령 안에서 우리를 지키고 있다는 점에서 우리를 용납하고 품는다. 말씀은 우리 삶의 여정을 따라 우리에게 용서와 확신을 준다. 어떤 신비적인 형체 변형도 일어나지 않으며, 오직 믿음과 성화만 있을 뿐이다.

말씀의 성례 (Sacramentum verbi)

말씀이 곧 사람들을 용납하는 그리스도 자신이기 때문에 말씀은 은혜로 충만할 뿐 아니라, 또한 심판으로도 가득하다. 우리는 우리 자신이 용납되고 용서받고 그리스도에 의해 떠받쳐지도록 내버려 두거나, 혹은 그렇지 않으면 용납받지 않은 채로 그대로 머물러 있을 수 있다. 우리가 설교를 통해 선포된 말씀을 무시한다면, 우리는 살아 계신 그리스도를 무시하고 있는 것이다. 여기에 말씀의 성례가 있다.

그러므로 설교자는 명확한 확신을 가지고 강단에 나아가야 한다. 성경 말씀은 확실하고 분명하며 명료하다. 설교자는 자신이 성경으로부터 선포하는 이 말씀을 통해 그리스도께서 회중 안으로 들어가시도록 힘써야 한다. 루터는 설교자들이 설교를 마치고 난 후에는 주기도문의 다섯 번째 간구["우리의 죄를 용서하옵시고"]는 하지 않아도 된다고 말할 수 있었다. 설교 가운데 설교자는 절망하거나 당혹스러워해서는 안 되고, 오히려 기뻐하고 확신에 넘쳐야 한다.

출 처

Dietrich Bonhoeffer, Worldly Preaching, ed. Clyde E. Fant (Nashville and New York: Thomas Nelson Inc., 1975), pp. 126 – 130. Clyde E. Fant. Used by Permission.

칼 마이켈슨

Carl Michalson

복음에 관하여

     칼 마이켈슨(1915 - 1965)은 드류 대학교(Drew University) 신학부의 조직신학 교수로 봉직하면서 설교에 지속적인 관심을 보여 주었다. 그는 설교의 실천적인 측면보다도 기독교 진리의 본질적인 운반자로서의 설교의 본질적인 측면에 관심을 기울였다. 그는 보편적이고 성경적이고 실존적이고 종말론적인 차원을 아우르는 철저하게 역사적인 신학을 전개하는 가운데 설교에 대하여 이러한 '고차원적인' 견해를 가지게 되었다. 마이켈슨은 이 다양한 차원에 적합성을 가져다 줄 수 있는 언어는 오직 육신이 된 말씀이자 '역사의 중심'이신 예수님의 언어밖에 없다고 믿었다. 설교의 본성을 이해하기 위한 유일한 단서는 그리스도의 복음의 본성 안에서 발견된다. 그러므로 오늘날의 설교는 단순히 재생하거나 반복하는 것이 아니라 복음의 언어를 다시금 생동감 있게 만들고 이로써 설교가 이 모든 차원의 역사에서 또다시 참되게 적용되도록 노력해야 한다. 마이켈슨은 루터(Luther), 키에르케고르(Kierkegaard), 불트만(Bultmann), 그 밖에 여러 실존주의자들에게 많은 빚을 지고 있지만, 복음의 언어에 관한 한 그의 작업은 옥중에 있던 본회퍼의 도전적인 글로부터 촉발되었다.

복음은 나사렛 예수 안에서 하나님께서 인간에게로 돌이키신 이야기이다. 예수님 이야기를 통해서 복음은 우리가 누구의 소유이며 우리가 잃어버렸던 그 곳에서 우리를 구원해 내신 분이 누구인지 우리에게 이야기해 준다. 복음 안에는 하나님께서 교회라고 불리는 사람들을 세우셔서 그 이야기를 듣고 즐거워하며 또 그 이야기를 다른 사람들에게 전하도록 하셨다는 기쁜 소식도 담겨 있다. 이것은 마치 그리스도인들이 어떤 신비한 사건에 대해 증언하는 것처럼 보인다. 그리스도인들은 하나님이 나사렛 예수 안에서 인간에게로 돌이키셨으며, 바로 이것이 예수님이 목적하신 바였다는 사실을 깨달은 사람들이다. 지금부터 다른 사람들이 이 사건에 대해 알게 되는 것은 이 증인의 증언에 달려 있다. 그리스도인이란 예수님 안에서 하나님이 사람에게로 돌이키셨음을 인정하고 아울러 이 소식과 함께 스스로 세상을 향해 돌아서야 하는 책임을 떠맡는 사람이다. 그러므로 그리스도인이 되는 것은 복음을 전달하는 문제에 필연적으로 관여하게 된다.

그렇다면 우리는 어떤 모습으로 세상을 향해 돌아서야 하는가? 우리는 이 질문에 대한 가장 적절한 대답을 메시지 그 자체의 본성에서 발견해야 한다. 메시지의 내용과 상관없이 전달 방법에만 몰두하는 것은 헛수고이다. 아이스킬루스(Aeschylus)로부터 예츠(Yeats)에 이르기까지 모든 문학적 기교를 알고 있는 문학가라도 기독교 신앙 행위를 일깨우는 데 있어서는 무력할 수 있다. 예술가는 일상적인 사건 이면의 혼란스러움과 소란스러움을 통찰할 수 있는 안목은 갖고 있어도 '평안하라'고 말할 수 있는 권위나 '모든 것을 일관성 있게' 바라보게 만드는 관점 같은 것은 가지고 있지 않다. 물리학자인 헬름홀츠(Helmholtz)는 시각의 본성에 도달하기 위해서는 인간의 눈은 물론이고 빛의 속성까지 연구했다. 마찬가지로 기독교 메시지 전달의 결정적인 단서는 메시지 자체의 본성에서 가장 명확하게 발견된다.

복음은 하나님이 어떤 분이시고 우리가 누구에게 귀속되어 있는지를 이야기하는 기쁜 소식이다. 따라서 복음은 실재의 궁극적인 심연으로부터 유래하는 우리의 필요와 갈망에 대해서 말하고 있다. 신약성경의 처음 네 권의 책이 '복음서'라는 이름을 갖고 있다는 사실이 복음의 의미를 오해하는 빌미를 제공하는 경우가 더러 있다. 사복음서는 예수님의 생애와 교훈에 관한 역사를 이야기 형식으로 풀어 쓰고 있어서, '복음'이라는 단어가 항상 짧은 역사 이야기를 함축하고 있다는 오해를 불러일으킬 수도 있다. 하지만 실상 복음서는 역사서가 아니고, 하나님의 계시자로서 예수님에 대한 명시적인 신앙 고백에 기초한 신앙 선언이다. 복음서는 단순한 전기가 복음 전도를 의도하고 있는 책이다. "오직 이것을 기록함은 너희로 예수께서 하나님의 아들 그리스도이심을 믿게 하려 함이요 또 너희로 믿고 그 이름을 힘입어 생명을 얻게 하려 함이니라"(요 20:31)

복음은 사람들이 오래 전부터 물어 왔던 질문에 직접적으로 대답하려고 하지 않는다. 복음은 다만 인생의 궁극적인 의미에 관한 질문에 대해서만 직접적인 대답을 한다. 가브리엘 마르셀이 잘 지적했듯이, 어떤 사람이 하루 종일 미술관에서 미술을 감상하고도 계속해서 그릇된 물음을 물음으로써 실상 아무것도 감상하지 못하고 돌아오는 경우가 있다. "내가 이 그림들을 다시 볼 때 그것들을 알아볼 수 있을까?" "미술 감상은 유익한 경험일까?" 이러한 질문 앞에서 미와 의미의 영역은 벙어리가 된다. 키에르케고르가 지적했듯이, 이것은 마치 초등 학교 소년 하나가 자신이 알지도 못하는 문제에 대한 해답을 책의 맨 뒤쪽에서 찾으려고 하는 것과 같다. 하지만 이런 방식으로는 질문에 대한 답을 결코 발견할 수 없다는 사실을 알아야 한다.

기독교의 복음에 대하여 그 복음은 전혀 대답하려고 하지 않은 질문을 묻는 사람들이나, 혹은 스스로 한 번도 물어 보지 않은 물음에 대한 대답을 복음 안에서 찾으려고 하는 사람들은 복음 전달의 기본 조건을 무시하고 있다. 하나님에 관한 진리와 인간에 관한 진리는 상호 엮여져 있기 때문이다.

하지만 인간의 궁극적인 의미가 가진 신비에 끝까지 어울리지 못하는 인간의 질문은 하나님의 대답이 주어지는 길을 결코 터 주지 못할 것이다. 세르반테스의 돈키호테(Cervantes' Don Quixote)는 단순히 이 세상에서 이방인이라는 고통스런 인식을 가지고 있다는 사실 때문에 천국에 더 가까이 다가갈 수는 없다. 도스토예프스키의 이반(Dostoevsky's Ivan) 또한 그의 무거운 죄책감 때문에 천국에 가까이 나아가는 것은 아니다. 하지만 적어도 복음은 그러한 질문에 대한 대답으로 주어질 수는 있다. 복음은 어떤 특정한 종류의 질문에 대한 하나님의 대답이다. "구원을 받기 위해서 나는 무엇을 해야 하는가?" "누가 나를 이 사망의 몸에서 건져 내랴?" "나는 왜 무가치한 존재가 아니라 가치 있는 존재인가?"

따라서 복음 안에서 이것 외에 다른 질문에 대한 대답을 찾으려는 시도는 무익한 것이다. 그것은 프랑스 문법 시간에 주어진 문제에 대한 해답을 수학 교과서에서 찾으려고 시도하는 것과 같이 어리석은 것이다. 그리스도인들 또한 다른 사람들이 제기하는 여러 가지 질문 앞에서 곤혹스러워하고 불필요하게 스스로 어리석다고 느끼는 경우가 있다. "당신은 그것을 증명할 수 있는가?" "당신은 무슨 근거로 당신의 신앙이 다른 사람의 신앙보다 더 나은 것이라고 생각하는가?" "어떻게 하나님이 6일 만에 세상을 창조할 수 있었는가?" "성경은 영감된 하나님의 말씀인가?" "몸의 부활에 대한 믿음이 오늘날에도 여전히 유효하다고 말할 수 있는가?" 그리스도인들이 이러한 질문에 대하여 대답을 제시할 수도 있다. 하지만 이때 제시되는 대답은 대체로 복음과 무관하다. 왜냐하면 이 대답은 하나님이 어떤 분이시며 따라서 우리가 누구에게 속해 있는지에 대해 아무런 지식도 전달해 주지 못하기 때문이다.

모든 질문이 동일하게 대답할 만한 가치가 있는 것은 아니다. 단순한 호기심이나 지적 욕구에서 비롯된 질문은 기독교 메시지와 관련된 질문이 아니다. 대화의 공정성을 위해서라면 그러한 질문에 대하여 나름의 대답을 제공할 수도 있다. 하지만 대화의 당사자들은 그들이 실제적으로 더 중요한 주제를 보류하고 있다는 사실을 의식하고 있어야 한다. 복음은 인간이 자신의 운명으로 인해 불가피하게 물을 수밖에 없는 질문에 대답한다. 그리고 키에르케고르가 말했듯이, 어떤 질문에 대해 그 질문이 요구하지 않는 방식으로 대답하는 것은 진실하지 못한 행위이다. 만일 어떤 그리스도인이 기독교 복음 전파에 대한 관심을 가지고 논쟁에 능한 사람으로 자신을 준비시켰다면, 후일 자신의 소명이 단순히 논쟁가가 되는 것 이상임을 알게 되었을 때 얼마나 당황스럽겠는가? 또는 만일 복음 전도자에게 설득의 기교를 훈련시켰는데 결국 복음 전달은 회중을 설득시키는 것이 아니라 "회중을 그들 자신의 세계에서부터 이끌어 내는 것"(롱기누스(Longinus))이라는 사실을 알게 되었을 때 그 전도자는 얼마나 당혹스럽겠는가?

복음은 선포라는 특정한 형태로 오신 하나님과 인간의 관계에 대한 기쁜 소식이다. 선포는 기본적으로 청각적인 현상이다. 설교의 증언은 눈보다 오히려 귀를 겨냥하고 있다. 사도 바울은 다음과 같이 말했다. "듣지도 못한 이를 어떻게 믿으리요 (중략) 믿음은 들음에서 나며 들음은 그리스도의 말씀으로 말미암느니라"(롬 10:14, 17) 루터는 이 구절에 대한 그의 주석에서 "믿음은 들음의 사건이다."라고 말했다. 바울이 "내 입을 통하여 이방인들이 복음의 말씀을 듣고 믿어야 할 것이다."라고 주장했을 때 그는 이러한 방법을 확증하고 있다.

그렇다면 복음을 전할 때 우리는 무엇을 선포해야 하는가? 신약성경은 이 질문에 대해서 우리가 모호한 채 있도록 내버려 두지 않는다. 사도들은 어디에서나 본질적으로 동일한 것을 말했다. 그들은 그리스도로서 나사렛 예수의 출현이 가진 의미에 대해서 짧고 간결하고 요약적인 진술을 했다. "너희가 나무에 달아 죽인 예수를 우리 조상의 하나님이 살리시고 이스라엘에게 회개함과 죄 사함을 주시려고 그를 오른손으로 높이사 임금과 구주로 삼으셨느니라 우리는 이 일에 증인이요 하나님이 자기에게 순종하는 자들에게 주신 성령도 그러하니라"(행 5:30 - 32) 예수님의 짧은 생애에 대한 상당히 긴 역사가 이 간결한 선포(이 단어의 헬라어 표현은 '케리그마' 이다) 속에 요약되어 있다.

지금까지 기독교 신앙의 의미는 상당한 부피의 선반을 가득 채울 만큼 거대한 양의 설명으로 확장되었다. 하지만 메시지의 기본 요소는 이 초기 진술 안에 이미 다 드러나 있다는 사실을 우리는 알고 있다. 신학자들의 과제는 이 많은 부피의 설명을 관통하여 진정한 케리그마를 포착하는 것이다. 그리고 증인의 임무는 그 케리그마를 선포하는 것이다.

물론 복음을 짧은 문장으로 요약하는 것을 너무 강조하다 보면 잘못된 인상을 심어 줄 수도 있다. 교회의 증언은 비록 명제라는 형식을 취하지만, 커뮤니케이션은 본질적으로 선포된 말씀이 아니라 말씀을 선포하는 사건이었다. 하나님의 계시는 하나님의 계시로서 자신을 선포하는 나사렛 예수님 사건 안에서 고유한 위치를 차지한다. 통상적인 기준에 따라 판단하자면, 예수님은 다른 사람들과 별로 다를 바가 없었다. 하지만 예수님 자신은 그가 누구인지 판단할 수 있는 기준을 제공했다(예 눅 4:18, 21). 예수님은 와서 자신을 설교자로서, 계시자로서, 진리로서 선포했다. 예수님 사건 안에서 하나님은 그의 백성들을 향해 결정적인 전환을 감행하셨다. 예수님이 하신 말씀은 그보다 더 크고 더 중요한, 하나님의 말씀으로서의 예수님 사건의 일부분에 불과하다. 복음서에 기록된 모든 내용은 이 원시 복음에 대한 반성이며, 이것은 풀잎에 맺힌 이슬이 떠오르는 태양의 성실함을 담고 있는 것과 같다. 복음서를 읽고서 예수님의 놀라운 삶의 세세한 내용을 사랑하게 될 수도 있다. 하지만 이것은 하나님의 계시자로서 그분의 삶의 근본적인 의미를 간과하는 우를 범할 수도 있다.

프란시스 사비에르(Francis Xavier)의 친구들과 제자들이 그의 편지를 한 권의 기념할 만한 책으로 모아 두려고 그 편지를 분류했다. 그 때 그들은 사도적 설교를 상기시키는 특별한 방법을 고안해 냈다. 그들은 편지를 조각조각 잘라서 십자가 모양으로 배열했다. 마찬가지로 예수님의 생애와 사역 속의 사건과 말씀을 포괄하려고 하다 보면 결국 그분이 증언하고 있는 한 가지 진리, 즉 예수님 안에서 하나님께서 인간을 향하여 결정적으로 돌아서셨다는 사건을 대면하게 된다. 성경은 이 사건은 짧은 구절을 포착하고 있는데, 이 구절은 교회 안에서 하나님의 발성 기관을 통해 선포될 때 그 사건을 재생시킨다. "예수님은 주님이시다!" "그리스도께서 우리 죄를 위하여 죽으셨다." "말씀이 육신이 되어 우리 가운데 거하시매 은혜와 진리가 충만하더라." "하나님께서 그리스도 안에서 세상을 자기와 화목하게 하셨다."(중략)

그리스도의 본성에 관한 이론보다 그리스도의 주권을 선포하는 사건을 통해서 복음의 전달이 더 많이 일어난다. 그리고 설교의 내용보다 설교 행위를 통해서 복음이 더 효과적으로 전달된다. 또한 교회의 본성에 관한 어떤 진술보다 교회의 실존적 현실을 통해서 복음이 더 효과적으로 전해진다. 아울러 성경의 권위에 대한 변호보다 성경의 현상 안에 복음이 더 자주 등장한다.

최근에 누군가가 나의 아들에게 나침반을 선물해 주었다. 필자는 그 나침반을 집안 여기저기에서 보았는데, 항상 어지럽게 내던져져 있었다. 하지만 그 나침반은 항상 자신이 어디에 있는지 알고 있는 것 같았다. 내가 그것을 볼 때마다 그 나침반은 항상 같은 방향을 가리키고 있었다. 이것은 기독교인의 증언과 관련해서 매우 흥미로운 함축을 가지고 있다. 온갖 잡다한 방향을 가리키는 말로 혼재한 이 세상 속에서 기독교인의 증언은 항상 인간의 운명과 관련한 궁극적인 사건을 향하고 있다. 기독교인의 선포가 있는 한 치료가 불가능할 정도로 절망적인 사람은 아무도 없다. 반면 기독교적인 증언 외에 다른 매체를 통해 하나님을 구하는 사람은 "나침반의 발명 이전에 항해하던 항해사들과 같다."(존 던)

지금 필자가 여기에서 말하고자 하는 것은 예배 공동체의 지속적이고 성실한 증언 안에서 복음의 전달이 상당히 이루어진다는 사실이다. 즉 다른 종교나 철학의 토양 위에 기독교 메시지를 위한 교두보를 확보하려는 시도 안에서보다도 예배 공동체가 꾸준히 성경을 읽고 성례전을 집행하고 기도의 끈을 놓지 않고 있을 때 더 많은 복음 증거가 이루어진다. 이러한 주장에 대한 증거는 우리가 이제껏 보아 왔던 것보다 더 많이 있다. 왜냐하면 기독교의 복음은 단순히 듣기 위해 선포되어야 하는 좋은 소식이 아니다. 그것은 '새로운' 소식이다. 이 복음은 '새 언약'으로 옛 언약과 관계를 맺되, 단지 시간적으로 최근의 것이 아니라 질적으로도 옛 언약과는 전혀 다른 언약이다. 만일 새 언약이 단순히 연대기적인 의미에서 보다 최근의 것이라면, 그것을 새로운 무언가로 인식함에 있어 이 최근 연대는 아무런 의미도 가지지 못한다. 하지만 복음은 충격적일 만큼 다르다는 의미에서 여전히 새로운 것으로 남아 있다. 복음이 그 최초의 형태 안에서 불러일으켰던 반응이 오늘날에도 여전히 동일하게 나타난다. 그것은 우리 안에 당혹스러움, 역설, 적대감, 신비로움을 자아낸다.

복음 자체가 그 자신의 이해 가능성을 제공한다. 그러므로 우리는 다른 사람에게 복음을 증거할 때 이 주제를 미리 접한 사람이 더 쉽게 이해할 것이라는 기대를 가지지 않는다. 오히려 우리는 우리가 말하는 것은 진리 이해를 위한 조건을 제공해 줄 뿐이라고 생각하고 있다.

다른 사람들이 여전히 이해하지 못하고 있다면 이것은 어찌된 일인가? 이러한 경우 여러분은 당황한 상태에서 신앙의 언어를 벗어나 다른 언어를 사용하여 여러분의 신앙을 설명하려고 들 것이다. 하지만 이렇게 설명하는 과정 중에 여러분은 그 사람이 여러분을 결코 이해할 수 없다는 사실을 깨닫고 소망을 잃게 될 것이다. 만일 여러분이 여러분 스스로 작곡

한 독창적인 작품을 연주한 다음 그 작품을 이해해 주는 사람이 아무도 없다면, 여러분은 어떻게 할 것인가? 현대 음악에 대한 강의를 할 것인가? 만일 여러분이 의사 소통에 보다 능숙하다면, 그저 다시 한 번 더 연주해 줄 것이다. 절망하지 않고 오히려 기쁜 마음으로. 왜냐하면 그 음악을 이해하는 것은 연주를 듣는 데 있지, 추상적인 설명을 깨우치는 데 있지 않다는 사실을 여러분은 이미 알고 있기 때문이다. 기독교의 복음을 전달하는 것은 이전에 어두움이 편만하던 곳에 빛이 들어올 수 있도록 계속해서 돕는 일이다. 그리고 만일 빛이 들어온다면 그것은 기적이다.

복음은 기독교인들이 날마다 새로운 것으로 선포하는 기쁜 소식인 동시에, 결정적인(once – for – all) 소식이다(롬 6:10, 히 7:27). 그것은 '궁극적인' 사건이다. 복음을 듣는 사람은, 신문팔이 소년이 밤의 정적을 깨뜨리며 전쟁이나 선거, 전투와 관련한 1면 기사를 외치는 소리를 들었을 때 그 때 느끼는 흥분과 비슷한 감정을 느껴야 한다.

만일 기독교 복음의 결정적인 성격이 단지 과거에 일어났던 사건에 묶여 있다면, 기독교의 복음 전파가 참신하게 들리기는 힘들 것이다. 루터가 말했듯이, 복음은 벽에 걸린 그림이 역사적이듯이 그와 동일한 방식으로 역사적이지는 않다. 오히려 복음은 마르셀 프루스트(Marcel Proust)의 책 『과거 일들을 기억하며』를 통해 알려진 '은유적 기억'과 더 비슷하다. 시간이 공간을 초월하듯, 복음은 시간을 초월한다. 그리스도 안에서 하나님이 우리를 향해 돌아서신 사건이 지금 이 순간의 실재가 되도록 시간은 초점이 재조정한다. 결국 복음은 되돌아갈 수도 반복할 수도 없는 과거의 사건이라는 의미에서 결정적인 것이 아니라, 그것과 비기거나 능가할 수 있는 것이 아무것도 없을 정도로 충만하고 완전하다는 의미에서 결정적이라고 말할 수 있다.

상황이 이러한 것은 복음 전도자들에게 다행스러운 일이다. 선포의 사건은 상당 부분 단어의 사용에 의존하고 있으며, 단어는 시간의 경과로 인해 의미의 손상을 경험하기 때문이다. 헤겔(Hegel)의 예화를 예로 들어 보자. 지금 이 순간 나는 "지금은 밤이다!"라는 문장을 적고 있다. 내일 아침 이 문장을 다시 읽는다면 어떻게 될까? 문장의 의미가 시간이 지나면서 손상되었다. 그렇다면 신약성경의 결정적인 구절에 이것을 적용하면 어떻게 될까? "지금이 은혜 받을 때다." "내가 곧 길이요 진리요 생명이다 (현재 시제)." 복음이 궁극적인 소식이라고 말하는 것은, 시간이 이 사건의 의미를 결코 상하게 하지 못한다는 의미에서이다. 그것은 아주 특별한 의미에서 역사적이다. 그것은 과거에 단 한 번 이루어진 사건이라는 의미에서가 아니고, 특별하고 탁월하게 반복 가능한 사건이라는 의미에서 역사적이다.

그러나 만일 복음이 이러한 의미에서 궁극적이라고 한다면, 그 언어는 연대기적인 역사의 격자 속에 놓여 있기보다는 현재적 선포의 역동성 속에 자리매김하고 있다. 그리스도 안에서 하나님께서 우리를 향하여 돌아서신 사건은 명제적으로 표현되었을 경우 "워싱턴이 델라웨어를 가로질렀다."(Washington crossed the Delaware.)는 명제와 같지 않고, 오히려 "나는 당신을 사랑한다."는 명제와 유사하다. 결혼 예식이 궁극적이듯이 그러한 의미에서 복음은 궁극적인 소식이다. 여러분은 워싱턴이 델라웨어를 가로지른 날짜를 회고하듯이 결혼식의 날짜와 복음 사건의 날짜를 기억한다. 하지만 예수님 사건의 경우에는 결혼 언약에서와 마찬가지로 미래로 헌신하며, 날마다 자기 부인을 반복하며 언약을 갱신함으로써 그 날의 헌신을 오늘에까지 유지하고 있다.

복음은 그것이 마지막 진리라는 의미에서, 곧 더 이상 진리를 찾을 필요가 없다는 그런 의미에서 궁극적인 것은 아니다. 복음은 모든 소식을 아우르고 있지 않다. 복음은 다만 가장 좋은 소식, 구원하는 진리이다. 왜냐하면 그것은 모든 진리의 출발점이기 때문이다. 그것은 우리를 위해 다른 모든 진리를 구속해 주는 관점이다. 그것은 다른 진리가 가진 의미의 원천이자 지향점이다. 그러므로 기독교인은 자신이 결정적인 진리를 소유했기 때문에 다른 진리에는 눈을 닫아 버리는 그러한 어리석은 사람이 아니다. 오히려 그리스도인에게 있어서 기독교 진리의 궁극성은 렌즈와 같아서, 그 렌즈를 통해서 다른 모든 진리가 의미 있는 초점과 정합성에로 들어선다. 기독교인 학생들은 그가 진리를 소유하고 있다고 해서 대학 도서관에 다니길 그만두어서는 안 된다. 그리스도 안에 있는 진리는 독서 안경이 되어서, 대학 도서관의 기만적이고 파편적인 관점이 하나의 초점에 모아지도록 만들 것이다.

궁극적인 소식을 선포함으로써 우리가 기대하는 최종적인 결과는 결단을 촉구하는 것이다. 복음 선포는 결단을 요구한다(롬 10:16). 이 소식이 들리면, 소통을 방해하던 존재는 모두 내쫓기고, 결단의 시간이 다가온다. 복음이 갑작스레 그 사람의 마음을 조명하게 되면, 그는 체호프(Chekhov) 연극의 한 등장 인물처럼 강렬하게 갈망하면서도 아무런 행동을 취하지 않는 그러한 반응을 보일 수는 없다. "쟁기를 손에 잡고 뒤를 돌아본 사람은 하나님 나라에 합당하지 않다"(눅 9:62)

마지막으로 기독교 복음은 공식적인 소식이다. 그것은 누군가가 머리 속에서 생각해 낸 것도 아니고, 주변 상황에서 기인한 것도 아니다. 그것은 사도적 증언만큼이나 오래 된 것이다. 살아 있는 교회의 역사는 이 증언과의 연속성을 유지하려는 의지의 역사이다. 누군가 이 복음을 선포하라는 부름을 받게 되면, 그는 복음 선포의 전체 역사를 전제하고 있는 해석 공동체 안으로 부름받는 것을 뜻한다. 이 역사의 시초에 사도적 전통 곧 공식적인 소식이 있고, 이것의 표지와 권위는 복음이 나사렛 예수 안에서 하나님께서 우리를 향해 결정적으로 돌이키신 사건이라는 점을 인정하는 방식에 자리잡고 있다.

기독교의 복음 증거에 있어 이러한 사실의 의미가 항상 충분하게 인식되어 왔던 것은 아니다. 복음 증거가 삶의 본질적인 부분을 형성하는 기독교인은 복음에 대한 자신의 특별한 경험을 증거하거나 진리를 구성하는 것에 관한 자신의 개인적인 의견을 증거하도록 부름받은 것이 아니다. 그들은 예수님을 주님이라고 선포하는 가운데 그들의 목소리를 예언자와 사도와 하나 되게 하라고 부름받았다.

출 처

Carl Michalson, "Communicating the Gospel," Theology Today, Vol. XIV, No. 3(October, 1957), 321 – 333. Reprinted by permission.

2부
설교자는 어떤 존재인가?

존 크리소스톰 | John Chrysostom | 설교자의 유혹
조지 허버트 | George Herbert | 설교하는 목사
리처드 박스터 | Richard Baxter | 설교자 양성에 관하여
필립 야콥 슈페너 | Philip Jacob Spener | 설교의 개혁
푀베 팔머 | Phoebe Palmer | 여성 설교자의 위대한 군대
P.T. 포사이드 | P. T. Forsyth | 설교자의 권위
한스 반 더 게스트 | Hans van der Geest | 설교자의 인격

존 크리소스톰

John Chrysostom

설교자의 유혹

고전 시대 설교자의 이상은 "말을 잘 하고 훌륭한 인격을 가진 사람"에 있었다. 고전 시대 이후에도 설교는 줄곧 화자의 인격에 관심을 가지고 있었다. 그것은 단지 아리스토텔레스적(Aristotelian)인 의미에서 에토스(ethos), 곧 회중이 느끼는 설교자의 고유한 특징뿐 아니라 설교자의 메시지와 그의 실제적인 삶의 조화에 대한 관심을 의미했다. 존 크리소스톰(347 - 407)은 고전 시대 수사학에 대한 교회의 이중적 태도를 대변한다. 그는 탁월한 연설가인 동시에 희랍 교회에서 가장 위대한 설교자요 성서 주석가였다. 그는 많은 설교자가 바라는 대중의 찬사의 위험성을 경고하면서, 설교자는 "대중의 찬사에 무관심해지도록 훈련받아야 한다."고 강조하였다. 그는 이러한 훈련을 설교자의 영적인 인격 형성에 필수적인 요소로 이해하였다. 특히 '설교에 대한 열정'으로 가득 찼던 당시 수사학적 문화에서는 찬사에 대한 무관심을 기르는 훈련이 더욱 필요하다고 그는 생각했다. 설교자, 주교, 변증가로서 크리소스톰은 거룩한 삶을 추구하며 일생을 보냈다. 콘스탄티노플의 대주교(Archbishop of Constantinople)가 되기 전까지 그는 오랫동안 안디옥 교회의 강단에서 교회를 지도했다. 안디옥에서 그는 그 도시의 수치의 근원이었던 시민들의 부도덕하고 방탕한 삶을 강력하게 책망했다. 또한 그는 도덕적, 역사적, 심리학적으로 예리한 통찰력을 가지고 있었으며, 자신이 얻은 통찰을 설교에 적용하였다. 그는 자신의 통찰력을 바탕으로 성경 본문의 '세계'를 생생하게 재창조해 냈는데, 이 때문에 그의 설교는 오늘날의 독자들에게도 여전히 감동을 준다. 크리소스톰의 설교에는 그의 비타협적이고 금욕주의적인 정신과 거룩함 삶에 대한 공격적이고 노골적인 열심이 여실히 담겨 있다. 수도 콘스탄티노플은 물론이고 여황 유독시아(Eudoxia)마저 그의 설교를 참아 내지 못한 것도 바로 이러한 사실 때문이다. 그는 두 번째 유배 중이던 407년에 죽었다. 한 전기 작가는 그를 '강단의 순교자' 혹은 '강단의 왕자'라고 부른다. 왜냐하면 그의 설교의 대담함이 그를 유명하게 만들기도 했지만 또한 그를 곤경에 빠뜨리기도 했기 때문이다. 아이러니컬하게도 설교를 통해 회중을 감동시키고 대단한 환호를 받았던 그는, 공직자와 설교자의 과대망상증을 비판했다는 이유로 핍박을 받았다. 단테는 그의 책 『실락원』에서 크리소스톰을 군왕의 죄를 책망한 나단(Nathan)과 자기 확신 때문에 유배를 당한 안셀름(Anselm) 사이에 놓았다.

진리를 성실하게 가르치는 일에 있어 크리소스톰이 갖추어야 할 요건이 어떠한 것인가에 대해서 우리는 이미 충분히 살펴보았다. 하지만 여기에 덧붙여 필자는 상당한 위험을 내포하고 있는 한 가지 문제를 더 언급하고자 한다. 정확하게 말하자면, '그것' 자체보다는 '그것'을 올바로 사용하는 법을 알지 못하는 사람이 실제적인 문제의 근원이라고 할 수 있다. 왜냐하면 성실하고 정직한 사람이 '그것'을 사용할 때는 '그것' 자체가 구원과 더 많은 선에 유익하기 때문이다. 그럼 여기에서 내가 말하고자 하는 '그것'은 과연 무엇일까? '그것'은 사람들에게 전할 메시지를 준비하는 일에 너무 많은 에너지를 낭비하는 것이다. 우선 설교자가 대하는 대부분의 사람들은 설교자를 대할 때 마치 자신의 선생을 대하듯 하지 않는다. 오히려 그들은 무언가를 배우고자 하는 사람의 태도보다는 대신 운동 경기를 관람하는 관중의 태도를 취한다. 마치 운동 경기를 관람하는 관중이 두 편으로 나뉘어 한 편은 이 팀을 응원하고 다른 한 편은 저 팀을 응원하듯이, 설교를 듣는 회중 또한 이 설교자를 선호하는 사람들과 저 설교자를 선호하는 사람들로 나뉜다. 그래서 회중은 항상 호감 아니면 반감을 가지고 설교를 듣는다. 회중의 태도에서 야기되는 이 같은 어려움 외에도 이것과 맞먹을 정도로 위협적인 또 다른 어려움이 있다. 그것은 설교자가 다른 사람의 설교를 그대로 모방하는 데서 비롯된다. 만일 이 같은 일이 발각될 경우 그 설교자는 돈을 훔친 것보다 더 큰 불명예를 안게 된다. 뿐만 아니라 설사 그러한 일이 없었다 하더라도 단지 그러한 의혹을 사는 것만으로도 설교자는 마치 도둑처럼 취급받게 된다. 우리는 다른 사람의 설교를 그대로 모방할 권리가 없다.

회중은 마치 연극을 보거나 음악을 들을 때처럼 설교를 들을 때도 유익보다는 재미를 먼저 생각한다. 그러므로 설교자는 고결한 정신을 소유하여 자신의 왜소함을 초월하여야 하며, 무익한 즐거움을 바라는 회중의 기대를 바로잡아야 한다. 설교자는 회중을 재미있게 하기 위해 설교해서는 안 되며, 오히려 회중에게 보다 유익한 설교를 들려 주어 그들이 자신의 설교에 귀를 기울이고 자신의 말을 따르도록 만들어야 한다. 그런데 이것은 다음 두 가지 전제 조건, 즉 회중의 찬사에 대한 무관심과 탁월한 설교 능력이 동시에 충족되지 않으면 결코 성취될 수 없다.

만일 이 두 가지 조건 중 하나라도 만족시키지 못한다면 다른 한 가지 조건을 만족시킨다 하더라도 아무 소용이 없다. 만일 어떤 설교자가 대중의 찬사에 무관심할 만큼 고결한 정신은 소유하고 있으면서도 복음을 적절하고 효과적으로 설교할 수 있는 능력을 갖추지 못하고 있다면, 그는 자신의 고상한 정신에도 불구하고 회중에게 아무런 유익도 주지 못하고 오히려 그들로부터 외면을 당하게 된다. 다른 한편, 어떤 사람이 설교자로서는 유능하다 하더라도 칭찬받고 싶은 욕구에 사로잡혀 있다면, 그 사람은 설교를 통해 회중에게 유익을 주기보다는 그들을 즐겁게 하는 데 더 큰 주의를 기울이기 때문에 자신은 물론 회중에게도 오히려 해를 끼치게 된다. 한편 칭찬에도 무관심하고 말재주도 없는 사람은 회중에게 즐거움과 유익 모두 주지 못한다. 왜냐하면 그는 별로 할 말이 없기 때문이다. 반면 회중에게 유익을 줄 수 있는 능력을 갖추었으면서도 칭찬을 받고 싶은 욕망에 이끌려 다니는 사람은 회중의 기호에 맞는 설교를 통해 박수갈채를 받으려 할 것이다. 그러므로 훌륭한 설교자가 되려면 이 두 가지 조건을 모두 만족시켜야 한다.

설교자가 무관심해야 하는 것이 더 있는데, 그것은 중상모략과 시기이다. 하지만 사람들이 근거 없이 헐뜯거나 비난할 때, 설교자는 그러한 말에 너무 민감하게 반응해서는 안 된다. 물론 그러한 비방을 완전히 무시해 버려서도 안 된다. 설령 그러한 비방이 사실이 아니고 무지에서 비롯된 것이라 하더라도, 설교자는 그러한 비방을 즉시 제거하기 위해 노력해야 한다. 교육을 제대로 받지 못한 사람들은 좋은 말이든 나쁜 말이든 잘 부풀리기 때문이다. 그러한 사람들은 어떤 말이 참인지 거짓인지 물어 볼 생각도 하지 않고 귀에 들어오는 대로 받아들이고 말하는 데 익숙해 있다. 즉 그들은 어떤 말의 진위 여부와는 상관없이 무엇이든 귀에 들어온 대로 마구 내뱉는다. 그러므로 설교자들은 이러한 대중의 비방에 너무 연연할 필요는 없지만, 동시에 그들의 그릇된 추측의 싹이 더 크게 자라나기 전에 미리 잘라 낼 필요가 있다. 설교자는 자신을 비난하는 사람이 아무리 상식에 어긋난 사람이라 할지라도 그를 설득하려고 노력해야 하며, 또한 반감 섞인 그릇된 소문을 없애기 위해 가능한 모든 수단을 강구해야 한다. 하지만 설교자가 최선의 노력을 기울였는데도 비난하던 사람들이 설득되지 않는다면, 그 때부터는 그들에게 아무런 신경도 쓰지 않는 것이 좋다. 이러한 일로 인해 너무 쉽게 기가 꺾이고 낙담하는 사람은 결코 고귀하고 위대한 일을 성취할 수 없다. 낙심하고 끊임없이 염려하는 것은 설교자의 열정을 빼앗아 가며 설교자의 마음을 쇠약하게 만들기 때문이다. 그러므로 설교자는 자신에게 맡겨진 사람들을 대할 때 마치 아버지가 어린 자녀를 대하듯 해야 한다. 사람들의 모욕과 핍박, 비방으로 인해 설교자의 사역이 방해를 받게 두어서는 안 되며, 동시에 그들이 조롱하고 비웃을 때도 그것을 너무 심각하게 생각하지 말아야 한다. 다시 말해 설교자는 이러한 사람들을 향한 기대 속에 너무 들떠서도 안 되지만, 반대로 그들의 근거 없는 비난으로 인해 너무 쉽게 낙담해서도 안 된다.

나의 사랑하는 친구여, 하지만 이것은 결코 쉬운 일이 아니다. 아마도 거의 불가능한 일이 아닌가 하는 생각이 든다. 내가 알고 있는 사람 중에 다른 사람의 칭찬을 듣고도 그것으로 인해 기뻐하지 않는 사람은 아직까지 한 사람도 없었기 때문이다. 또한 다른 사람들의 찬사로 인해 기뻐하는 사람들은 자연스럽게 그러한 찬사를 즐기고 싶어하며, 그것을 즐기고 싶어하는 사람은 그러한 찬사를 받지 못할 때 안절부절못하기 때문이다. 부유한 삶을 즐기던 사람이 가난하게 되면 슬픔에 잠기고, 또한 사치스럽게 사는 데 익숙해진 사람이 빈궁한 삶을 견딜 수 없는 것과 마찬가지 이치이다. 따라서 찬사를 갈구하는 사람은 다른 사람들이 이유 없이 비난한다든가 혹은 계속해서 칭찬을 받지 못할 때 마치 무언가에 굶주린 사람처럼 그 영혼이 고갈된다. 특히 칭찬을 받는 데 익숙한 사람이거나 혹은 다른 사람이 칭찬을 받는 것을 들을 경우에는 더욱 그렇다. 대중의 찬사에 대한 이 같은 욕망을 가지고 설교하는 사람이 얼마나 많은 어려움과 근심을 가지고 있을지 한 번 생각해 보라. 바다에 파도가 없을 수 없듯이, 이런 사람들에게는 근심과 슬픔이 끊이질 않는다.

아주 탁월한 능력을 가진 설교자라 할지라도 계속적인 노력을 게을리해서는 안 된다. 설교는 자연적으로 되는 것이 아니라 오직 연구를 통해서만 가능해지는 것이기 때문이다. 만일 지속적이고 부지런한 훈련을 통해서 자신의 능력을 기르지 않는 사람은 결코 수준 높은 설교를 할 수 없다. 특히 배우지 못한 사람보다는 학식 있는 사람에게 더 많은 노력이 요구된다. 이 두 부류의 사람들에게 있어 연습 태만으로 생기는 손실의 크기가 동일하지 않기 때문이다. 각자 잃어버리는 것의 크기는 각자 가진 것의 크기에 정확하게 비례한다. 배우지 못한 사람의 경우에는 그들이 가치 있는 것을 전혀 내놓지 못한다 하더라도 아무도 그들을 정죄하지 않는다. 하지만 학식 있는 사람의 경우에는, 만일 그들이 그들의 명성에 어울리는 일을 해내지 못한다면 모든 사람들의 거센 비난을 모면할 수 없다. 뿐만 아니라 배우지 못한 사람은 작은 일을 수행하고도 꽤 많은 칭찬을 받을 수 있지만, 학식 있는 사람은 아주 뛰어나거나 탁월하지 않으면 칭찬을 듣지 못하며 오히려 흠잡는 사람들을 많이 만나게 된다. 왜냐하면 회중은 말한 내용에 근거하기보다는 오히려 말하는 사람의 명성에 근거해서 평가하고 비판하기 때문이다. 따라서 만일 어떤 사람이 연설 능력에 있어 다른 모든 사람을 능가한다면, 그는 다른 사람들보다 더욱 부지런히 연구하고 노력해야 한다. 평범한 사람들에게 통용되는 변명, 곧 한 사람이 모든 일을 다 잘 할 수는 없다고 하는 변명이 이런 사람에게는 허용되지 않는다. 만일 그의 설교가 사람들의 기대에 전적으로 부합하지 못한다면, 그는 오직 무수한 조롱과 비난의 소리를 듣고 돌아가게 될 것이다. 사람들은 그의 여러 가지 사정을 고려해 주지 않는다. 때때로 실의와 고통, 염려, 혹은 분노가 그의 마음 속에 살며시 기어들어와 사고의 명확성을 흐리게 만들고 말이 자연스럽게 흘러나오는 것을 방해할 수도 있다는 사실을 일반인들은 이해하지 못한다. 또한 그가 한 인간으로서 항상 똑같을 수 없고 또 항상 훌륭하게 처신할 수도 없으며 때때로 목표에 도달하지 못하거나 일반적인 기준에도 미치지 못하는 것처럼 보일 때도 있을 수 있다는 사실을 그들은 생각하지 못한다. 사람들은 이러한 사정은 전혀 고려하지 않은 채, 마치 천사를 심판하는 것처럼 그 설교자의 잘못을 거리낌 없이 지적한다. 굳이 학식 있는 사람의 경우가 아니라 하더라도 상황은 일반적으로 비슷하다. 대체로 사람들은 이웃이 행한 많은 큰 선행에 대해서는 쉽게 간과하거나 잊어버리면서도, 이웃이 우연히 아주 드물게 저지른 잘못에 대해서는 재빨리 알아채고 오래 기억한다. 말하자면 작고 사소한 일들이 종종 크고 많은 일들의 영광을 가린다.

 나의 친애하는 친구여, 이제 학식 있는 사람 곧 설교 능력이 뛰어난 사람이 그렇지 못한 사람보다 더 많이 연구해야 한다는 사실이 분명해졌을 것이다. 이런 사람은 연구에 있어서뿐 아니라 인내심에 있어서도 내가 앞서 언급한 다른 사람들을 더욱 능가해야 한다. 왜냐하면 많은 사람들이 분별 없는 허영심을 가지고 쉬지 않고 그를 공격하려 들기 때문이다. 그들은 그 사람에게서 아무런 허물도 발견하지 못했으면서도 단지 그가 많은 사람들의 인정을 받고 있다는 이유로 그를 미워한다. 설교자는 이들의 지독한 악의를 당당하게 참아 내야 한다. 이런 사람들은 자신들이 합당한 이유도 없이 심술궂게 설교자를 미워하고 있다는 사실을 더 이상 숨길 수 없는 상황에 처하게 되면, 사적인 자리에서뿐 아니라 공적인 자리에서도 그를 중상하고 모략한다. 이런 일로 인해 매번 괴로워하고 화를 내면, 설교자의 마음은 계속적인 슬픔 속에 잠겨 있을 수밖에 없다. 또한 그런 사람들은 자신들의 행위를 통해서만 원한을 푸는 것이 아니라 이 일에 다른 사람들까지 동원한다. 또한 종종 어눌한 사람을 세워 놓고 그에게 어울리지 않는 찬사를 보내고 그를 치켜세우기도 한다. 이러한 일은 종종 사람들의 무지에서 비롯되기도 하지만, 어떤 경우에는 시기심에서 의도적으로 자행되기도 한다. 시기심으로 이런 일을 도모하는 사람들은 어눌한 사람을 두고 그 사람이 탁월하다는 것을 입증하려고 하는 것이 아니라, 그들이 시기하는 다른 사람의 명성에 훼손을 가하기 위해서 이런 일을 획책한다. 고결한 사람은 이러한 시도와 더불어 씨름해야 한다. 또한 그는 종종 전체 군중의 무지에 대항해서도 씨름해야 한다. 왜냐하면 함께 모인 사람들이 모두 학식 있는 사람들일 수는 없으며, 오히려 회중의 더 많은 수가 배우지 못한 사람들인 경우가 태반이기 때문이다. 또한 회중 가운데 명석한 두뇌를 가진 소수의 사람들조차도 나머지 사람들과 마찬가지로 설교를 비판할 수 있는 자질을 갖추지 못하고 있다. 이러한 능력을 소유하고 있는 사람은 회중 가운데 한두 명에 불과하다. 따라서 당연히 다른 사람보다 설교를 더 잘 하는 사람이 더 적은 찬사를 받으며, 때로는 전혀 찬사를 받지 못하고 집으로 돌아가는 일이 발생한다. 설교자는 이러한 역설적인 상황에 의연하게 대처해야 한다. 그리고 무지로 인해 이러한 잘못을 범하는 사람들을 용서하고, 또한 시기하는 마음으로 이러한 상황을 묵인하는 사람들을 불쌍히 여겨야 한다. 또한 이러한 일들로 인해 자신의 설교 능력이 줄었다고 생각할 필요는 없다. 아주 탁월하고 타의 추종을 불허하는 화가라면 자신이 정성들여 정확하게 그린 초상화를 보고 다른 사람이 비웃는다고 해서 낙심하지 않는다. 그는 예술을 전혀 이해하지 못하는 사람들이 아주 형편없는 그림을 보고 경탄한다고 해서 그 그림을 훌륭하거나 아름답다고 생각하지 않으며, 또한 무식한 사람들의 평가를 기초로 해서 자신의 그림이 형편없다고 생각하지 않는다.

최고의 장인이 만든 작품을 평가할 수 있는 사람은 오직 그 장인밖에 없다. 즉 그 성과가 훌륭한지 그렇지 않은지는 그것을 고안한 사람의 마음이 어떤 평가를 내리느냐에 따라 결정된다. 그는 바깥 세계에서 예술을 이해하지 못하는 무지한 사람들이 내놓는 의견을 고려할 필요가 없다. 마찬가지로 가르치는 일에 전념하는 설교자는 바깥 세계의 사람들이 하는 말에 지나치게 마음을 써서는 안 되며, 그러한 말로 인해 낙담해서도 안 된다. 설교자가 맡겨진 직무를 성공적으로 수행했는지 여부를 평가하는 유일한 규칙과 기준은 사람들의 박수갈채나 좋은 평가가 아니라, 하나님께서 그 설교를 기뻐하시는지 여부이다. 따라서 설교자는 설교를 준비하고 전달하기 위해 수고하는 가운데 오로지 하나님을 기쁘시게 하는 것만 생각해야 한다. 혹시 사람들이 자신을 칭찬할 경우에는 굳이 그 칭찬을 마다할 필요는 없지만, 또한 혹시 회중이 그러한 칭찬을 하지 않는다고 해서 그로 인해 슬퍼하거나 칭찬을 구걸해서는 안 된다. 설교자는 오직 하나님을 기쁘시게 하기 위해 그의 가르침을 준비하고 전달해야 하며, 그 때 자신의 수고에 대한 충분한 위로를 얻게 된다. 설교자에게 이것보다 더 큰 위로는 없다.

만일 설교자가 사람들의 어리석은 찬사를 향한 갈망에 이끌린다면, 그는 자신의 노력이나 설교 능력으로부터 아무런 열매도 거두지 못할 것이다. 또한 이런 설교자는 군중의 지각 없는 비난을 참아 내지 못하며, 그로 인해 쉽게 의기소침해지고 설교에 대한 모든 열정을 잃어버린다. 그러므로 설교자가 모든 칭찬에 대해 무관심해지도록 훈련받는 것은 꼭 필요한 일이다. 설교하는 방법을 아는 것만으로는 자신의 설교 능력을 충분히 발휘하는 데 충분하지 못하다. 자신의 설교 능력을 충분히 발휘하지 못하고 있는 설교자를 유심히 살펴보면, 그에게 필요한 것은 다른 무엇보다도 칭찬에 대한 무관심이라는 사실을 우리는 알게 된다. 왜냐하면 그런 사람들은 대중의 기호에 맞추어 설교를 하며 이 때문에 많은 잘못된 일에 관여하기 때문이다. 이런 사람이 뛰어난 자신보다 더 뛰어난 능력의 설교로 유명한 설교자를 가만히 두고 보지 못한다. 즉 그 뛰어난 설교자를 시기하고 이유 없이 헐뜯을 뿐 아니라, 그의 명성을 떨어뜨리기 위해 자신의 영혼에 해로운 일들도 서슴지 않는다. 또한 그는 자신의 사역과 관련한 모든 노력을 포기하게 된다. 그의 마음 전체에 마비 증세가 찾아오기 때문이다. 칭찬을 대수롭지 않게 생각하지 못하는 사람의 경우, 많이 수고하고도 칭찬을 별로 듣지 못하게 되면 낙담하고 깊은 무기력증에 빠진다. 이것은 어떤 농부가 얼마 되지 않는 척박한 땅을 개간하느라 많은 시간을 들였는데 결국 큰 바위를 만나게 되었을 때, 만일 그 농부가 이 일에 엄청난 열정을 갖고 있거나 혹은 기근으로 인한 두려움같이 절박한 사정을 갖고 있거나 하지 않는 한에는, 일손을 금방 내려놓고 포기하는 것과 마찬가지 이치이다.

설교 능력이 뛰어난 사람도 그 능력을 충분히 발휘하기 위해서는 끊임없이 자기 훈련을 해야 한다면, 지식도 별로 없는 사람이 몇 가지 생각을 겨우 모아서 설교할 때 그 어려움과 혼란과 고통이 얼마나 크겠는가! 또한 자신보다 열등한 위치에 있는 성직자 중 하나가 자신보다 설교를 더 잘 한다면, 하나님의 마음이 아니고서야 십중팔구 시기심에 사로잡히거나 그렇지 않으면 낙심하여 주저앉게 될 것이다. 어떤 사람이 보다 우월한 지위에 있으면서 자신보다 열등한 지위에 있는 사람이 자신의 능력을 능가하는 것을 보고도 이것을 훌륭하게 참아 내는 것은, 일반적인 사람에게는 거의 불가능한 일이다. 나 또한 그렇게까지 할 수 있을 것이라는 자신은 없다. 오직 마음이 철석같이 견고한 사람만이 이 일을 해낼 수 있을 것이다. 한편 지위는 낮지만 평판은 더 좋은 사람이 참을성도 있고 유순하다면, 그 사람은 이 같은 어려움을 훨씬 더 쉽게 극복할 수 있다. 하지만 만일 그 사람이 뻔뻔스럽고 과시욕과 허영심이 가득한 사람이라면, 지위가 높은 상대방을 위해서 날마다 자신을 죽이는 것이 바람직할 것이다. 그렇지 않으면 상대방이 와서 그의 삶을 비참하게 만들고 얼굴에 대고 욕하며 등 뒤에서 그를 비웃으며, 그에게서 그의 권한의 상당 부분을 빼앗아 가고, 홀로 모든 것을 소유하고자 할 것이다. 하지만 설교도 유창하게 잘 하고 대중들로부터 열정적인 관심을 받으며 또한 아래에 있는 사람들로부터 사랑을 받는 설교자는 이러한 모든 상황에서도 가장 안전하게 거할 수 있다. 오늘날 그리스도인의 마음 속에 설교를 향한 열정이 얼마나 큰지 여러분도 잘 알고 있지 않은가? 그리고 설교를 행하는 사람들이 이교도에게서뿐 아니라 믿음의 식구 안에서도 특별한 존경을 받고 있다는 사실 또한 여러분은 잘 알고 있을 것이다. 그렇다면 어떤 설교자가 설교할 때 온 회중이 마치 일을 마치고 쉬고 싶어하듯 그들이 설교가 끝나기만을 기다리고 있다고 생각해 보자. 반면 다른 설교자의 설교는 아무리 길어도 그 회중이 열심히 듣고 그 설교가 끝날 때 아쉬움을 느낀다고 하자. 이 때 앞의 설교자가 이러한 수치스러운 상황을 어떻게 견뎌 낼 수 있겠는가? 이러한 일이 지금 여러분에게는 작게 보이고 또 쉽게 무시할 수 있는 일로 여겨진다면, 그것은 여러분의 경험이 부족하기 때문이다. 이러한 상황은 열정의 불을 꺼뜨리고 마음의 활동을 마비시키기에 충분하다. 오직 모든 인간적인 욕망을 물리치고, 오로지 영적인 것만을 추구하며, 시기나 명예욕이나 다른 불건전한 감정에 이끌리지 않는 사람만이 이러한 상황을 이겨 낼 수 있다. 만일 대중의 찬사라는 사나운 짐승을 잘 길들여서 그 짐승의 많은 뿔을 다 잘라 내고 아예 그것이 자라지 못하게 만들 수 있는 사람이 있다면, 그 사람은 이처럼 다양한 사나운 공격을 맞아 그것을 쉽게 격퇴하고 조용한 안식을 즐길 수 있을 것이다.

출 처

John Chrysostom, Treatise Concerning the Christian Priesthood, Book V, 1 - 6, trans. W. R. W. Stephens, A Select Library of the Nicene and Post - Nicene Fathers of the Christian Church, ed. Philip Schaff, Vol. IX (new York: The Christian Literature Company, 1889), pp. 70 - 73.

조지 허버트

George Herbert

설교하는 목사

　　조지 허버트(1593 - 1633)의 삶은 17세기 영국 영성의 전형을 보여 준다. 그는 영국 국교회의 교구 목사로서 한동안 의회 의원으로 활동하기도 했다. 또한 그는 영국에서 가장 유명한 종교 시인이다. 허버트의 우주 세계에 있어 진정한 중심은 런던의 정치 세계나 그의 고향 버머튼(Bemerton)이 아니라 그가 섬기던 교회였다. 허버트의 영성은 하나님에 대한 금욕적인 섬김과 세속적인 섬김 사이에서, 그리고 영혼의 내적 헌신과 공동체적 예배 사이에서 철저하게 균형을 유지했다. 교회 예전과 교회력, 교회 건축술은 그의 시집 『성전』의 기본 원리를 구성하고 있다. 그리고 그의 고전적인 산문 『시골 교구 목사』의 핵심적인 주제는 거룩한 일상 생활이다. 허버트의 고결한 인품을 보여 주는 많은 것들 중에서 그의 인품을 가장 잘 표현하고 있는 것은 모든 설교자를 은혜의 '창문'으로 묘사하는 허버트 자신의 시이다.

　　　　주님, 어떻게 사람이 주님의 영원한 말씀을 설교할 수 있습니까?
　　　　사람은 단지 부서지기 쉽고 모양도 일그러진 유리에 불과합니다.
　　　　하지만 주님은 이 영광스럽고 황홀한 자리를
　　　　누릴 수 있는 은혜를 그런 보잘것 없는 사람에게 주시고,
　　　　주님의 은혜의 창문이 되게 하셨습니다.

시골 교회의 목사는 쉬지 않고 설교했다. 강단은 그의 기쁨이며 그의 왕관이었다. 건강상의 이유나 특정한 교회 절기, 혹은 자신의 설교 차례가 돌아올 때 회중이 자신에게 더 집중하도록 하기 위한 경우를 제외하고는 그는 결코 설교를 쉬지 않았다. 그가 설교를 쉴 동안에는 다른 유능한 설교자들이 와서 그를 잘 세워 준다. 그들은 그의 발자국을 따라 걸으며, 그가 세워 놓은 것을 결코 허물어뜨리지 않는다. 또한 그는 그들에게 자신이 평소에 만족스럽게 전달하지 못했던 주제를 강조해 달라고 부탁한다. 이것은 "두세 사람의 증인의 입을 통해 진리가 더 명확하게 확증되도록 하기" 위해서이다.

설교할 때 그는 모든 수단을 동원해서 회중의 주의를 집중시킨다. 무엇보다도 그는 열정적으로 설교한다. 많은 사람들이 뜨거운 열정을 가지고 말하는 그의 말에 대해 들을 만한 가치가 있다고 생각하는 것은 너무나 자연스러운 일이다. 또한 그는 회중에게 부지런히 눈길을 돌린다. 그래서 회중 중에 누가 집중하고 있고 누가 집중하지 않고 있는지 늘 확인한다. 회중도 이러한 사실을 알고 있다. 아울러 그는 설교의 초점을 분명히 한다. 어떤 때는 젊은이들에게, 어떤 때는 노인들에게, 또 어떤 때는 가난한 사람들에게, 또 다른 때는 부유한 사람들에게 초점을 맞추어 "이것은 여러분을 위한 말씀입니다. 그리고 이것은 여러분을 위한 말씀입니다."라고 말한다. 구체적인 내용이 일반적인 내용보다 훨씬 더 호소력이 있기 때문이다. 또한 그는 설교 중에 가끔씩 하나님의 심판의 대행자로 역할한다. 특히 그의 교구에서 가장 가까운 곳에서 있었던 심판 이야기를 자주 언급한다. 왜냐하면 사람들은 그러한 이야기에 매우 민감하게 귀를 기울이기 때문이다. 때때로 그는 성경 본문과 관련해서 다른 사람들의 이야기나 격언을 들려 주기도 한다. 다른 사람들의 이야기 또한 사람들의 주의를 집중시키는 데 유용하며, 일반적인 권면보다도 더 오래 그들의 기억에 남기 때문이다. 권면은 아무리 열정적이라 하더라도 설교가 끝남과 동시에 기억 속에서 사라지는 경우가 허다하다. 특히 시골 사람들에게는 더욱 그렇다. 권면의 경우에는 무겁고 딱딱해서 정열이나 열정을 유도하기가 쉽지 않다. 하지만 이야기나 격언의 경우에는 사람들이 잘 기억한다. 또한 그는 종종 설교는 거룩한 것이라고 회중에게 강조한다. 그래서 어느 누구도 그가 강단에 들어섰을 때는 좋든 싫든 교회 밖으로 나가서는 안 된다고, 심판자 앞에서 경솔하게 행동해서도 안 된다고, 그렇지 않으면 하나님의 말씀이 심판하실 것이라고 경고한다.

이런저런 수단 방법을 통해 그는 사람들의 주의를 집중시킨다. 하지만 그의 설교의 가장 큰 특징은 거룩함이다. 그는 재치도 없고 학식이 풍부하지 않고 말재주도 그렇게 좋지 않다. 하지만 그는 거룩하다. 거룩함은 다음 다섯 가지를 통해 얻어진다. 첫째, 거룩함은 논쟁적인 본문이 아니라 경건하고 감동적인 본문을 선택함으로써 얻어진다. 성경 안에는 그러한 본문이 가득하다. 둘째, 거룩함은 모든 단어와 문장을 우리의 입술에 담기 전에 먼저 그것을 우리의 마음에 적시고 맛을 냄으로써 얻어진다. 모든 단어가 심중에서 우러나는 것임을 회중이 알아차릴 수 있게 진심으로 호소하고 자신이 말하고자 하는 바를 전심으로 표현해야 한다. 셋째, 거룩함은 때때로 하나님의 이름에 호소함으로써 얻어진다. 예를 들어 "오 주님! 나의 백성을 축복하시고, 그들에게 이 진리를 가르쳐 주소서." "오 나의 주님! 내가 누구의 사명을 받아 여기에 섰나이까? 나로 잠잠하게 하소서. 주님께서 친히 말씀하여 주옵소서. 왜냐하면 주님은 사랑이시기 때문입니다. 주님께서 가르치시면 모든 사람이 학자가 됩니다." 설교 중에 이러한 말을 가끔씩 집어넣으면 자연스럽게 거룩한 분위기를 자아낸다. 이 점에 있어 예언자는 존경받을 만하다. 예를 들어 이사야 64장에는 이런 말씀이 기록되어 있다. "원하건대 주는 하늘을 가르고 강림하소서." 그리고 예레미야는(10장) 황폐하게 된 이스라엘로 인해 불평하다가 갑자가 하나님께로 돌아서서 다음과 같이 말한다. "여호와여 내가 알거니와 사람의 길이 자신에게 있지 않습니다." 넷째, 거룩함은 사람들의 유익을 자주 기원하고 그 가운데 기뻐함으로써 얻어진다. 비록 자기 자신은 사도 바울과 함께 "다른 사람의 섬김 위에 자신을 전제로 드릴지라도 그들의 유익을 위해 기뻐할" 수 있어야 한다. 왜냐하면 거룩함의 표지 중에 다른 사람의 유익을 축복하고 그것을 기뻐하는 것보다 더 분명한 것은 없기 때문이다. 그리고 이 점에 있어서는 사도 바울이 매우 탁월하다. 그는 "모든 기도 중에"(롬 1:9) 로마서를 기록하였고, 에베소 성도와 고린도 교인으로 인해 "감사하는 것을 쉬지 않았다."(엡 1:16; 고전 1:4) 그리고 빌립보 교인을 위해서는 "기쁨으로 간구"하였을 뿐 아니라(빌 1:4) 사나 죽으나 혹은 그들과 함께 있건 그리스도와 함께 있건 간에 그들을 위해 분투하였다. 양 무리에 대한 그의 지극한 관심을 뺀다면 이러한 바울은 미친 사람이 분명하다. 고린도후서 또한 탁월한 서신이다. 어찌나 사랑으로 가득한지! 그는 기뻐하기도 하고 유감스러워하기도 한다. 그는 슬퍼하기도 하고 영광을 돌리기도 한다. 예루살렘에서 먼저 눈물을 쏟으신 후에 골고다에서 피를 쏟으신 위대한 목자 외에, 양 무리를 위해 이토록 지극한 정성을 다한 사람은 어디에도 없었다. 그러므로 우리는 바울의 이러한 애정어린 관심을 본받아 그것을 우리 설교 속에 녹여 내야 한다. 그렇게만 되면 설교자가 누구보다도 존경할 만하고 거룩한 존재로 비치게 될 것이다. 마지막으로 거룩함은 수시로 하나님의 현존과 위엄을 선포함으로써 얻어진다. 예를 들어 "오, 지금 우리가 무슨 일을 하고 있는지 주의합시다. 하나님께서 우리를 보고 계십니다. 그분은 제가 말해야 할 것을 말하고 있는지, 혹은 여러분이 들어야 할 것을 듣고 있는지 지켜보고 계십니다. 우리가 서로의 얼굴을 보듯이 그분은 우리의 마음을 감찰하십니다. 그분은 우리 가운데 계십니다. 우리가 여기 함께 있는 것은 그분 또한 여기에 계시기 때문입니다. 왜냐하면 그분으로 인해 우리가 여기에 서 있으며, 그분이 없다면 우리는 여기에 서 있을 수 없기 때문입니다." 그런 다음 하나님의 위엄에로 초점을 옮긴다. "하나님은 위대하고 무서운 하나님이십니다. 그분은 자비에 있어 위대하신 것같이, 심판에 있어서도 위대하십니다! 우리를 집어삼키는 것이 오직 두 가지 있는데, 하나는 불이고 다른 하나는 물입니다. 그분은 자신 안에 이 두 가지를 모두 가지고 있습니다. '그분의 목소리는 많은 물소리와 같습니다'(계 1장). 그리고 그분은 스스로 '소멸시키는 불'(히 12장)이십니다." 이러한 말은 거룩함을 드러내 보인다.

그 설교자가 성경 본문을 다루는 방식은 두 가지로 구성된다. 첫번째 방식은 먼저 본문의 의미를 쉽고 분명하게 설명한 다음, 성경 전체의 맥락을 고려하는 가운데 전체 본문으로부터 몇 가지 주제를 선별적으로 추려내는 것이다. 이것은 자연스럽고 듣기에도 좋고 위엄이 있다. 반면 두 번째 방식은 본문을 작은 부분으로 세분하는 방식으로 자연스럽지도 않고 듣기에도 좋지 않고 위엄도 없으며 다양성도 없다. 왜냐하면 서로 분리된 낱말은 성경이 아니고 사전이며, 모든 성경 안에서 똑같은 의미를 지니고 있기 때문이다.

그 설교자의 설교 시간은 한 시간을 넘지 않는다. 모든 연령층의 사람들이 그 정도가 적절하다고 생각하기 때문이다. 이 한 시간 안에 회중에게 유익을 주지 못하는 사람은 아무리 시간을 많이 준다 해도 유익을 주지 못할 것이다.

설교 후의 기도

하나님! 찬양을 받으소서. 주님은 항상 우리에게 은혜를 부어 주시는 자비로우신 아버지이십니다. 주님은 우리를 선택하시고, 부르셨으며, 그리고 의롭다 하시고, 거룩하게 하시며, 또한 영화롭게 하셨습니다. 주님은 우리를 위해 이 땅에 태어나셨으며, 우리를 위해 사시고 죽으셨습니다. 주님은 우리에게 이생의 축복과 아울러 더 나은 생의 축복을 주셨습니다.

오 주님! 주님의 축복은 포도송이에 풍족하며, 세찬 물결같이 사방에 흘러넘칩니다. 그리고 이제 주님은 우리에게 생명의 떡을 먹이셨습니다. "사람이 천사의 음식을 먹었습니다." 오 주님! 이 떡을 축복하소서. 오 주님! 이 떡이 우리에게 건강과 힘이 되어, 우리의 순종이 우리를 위해 모든 것을 내어 주신 주님의 사랑에까지 이르게 하소서. 사랑하는 아버지! 아버지의 아들 곧 우리의 유일한 구주를 인하여 구하오니 우리에게 이러한 은총을 허락하소서. 세 분이자 동시에 영화롭고 불가해한 한 분 하나님이신, 우리 구주와 아버지 하나님과 성령님께 모든 존귀와 영광과 찬양이 돌아가길 원합니다. 아멘.

출 처

George Herbert, The Temple and the Country Parson (Boston: James B. Dow, 1842 [1 652]), pp. 296 – 300, 368 – 369.

리처드 박스터

Richard Baxter

설교자 양성에 관하여

리처드 박스터(1615 - 1691)의 『참목자상』(The Reformed Pastor)은 허버트의 『시골 교구 목사』가 출판되고 불과 4년도 지나지 않아 출판되었다. 이 책은 출판되자마자 목회자의 신학과 영성을 위한 신뢰할 만한 안내서로서 많은 사람들의 인정을 받았다. 분량으로 보면 박스터의 작품이 허버트의 작품에 비해 더 방대하지만, 자기 반성적 특성은 허버트의 작품에서 더 분명하게 나타난다. 우리는 박스터의 책에서 통치권 교체 시기에 성직자 사이에 퍼져 있던 혼돈스러운 상황 인식과 거기에서 비롯되는 긴박감 같은 것을 느낄 수 있다. 박스터는 우스터에서 50여 명의 성직자들이 서명한 유명한 우스터 신앙 고백(Worcester Agreement)에 기초하여 이 책을 썼다. 성직자들은 '목회자의 잘못들'을 시정하고 교회 안에 거룩함을 회복할 것을 결의하였고, 타락한 성도에 대한 개인적 권면과 설교의 영적 갱신에 특별한 주의를 기울였다. 『참목자상』은 수세기에 걸쳐 제도권 안팎의 기독교인들에게 영향을 끼쳤는데, 필립 스펜서(Philip Jacob Spener), 필립 도드리지(Philip Doddridge), 웨슬리 형제(the Wesleys), 토마스 찰머스(Thomas Chalmers), 찰스 스펄전(C. H. Spurgeon)을 비롯하여 수많은 사람들이 이 책의 영향을 받았다.

거듭나는 체험이 없는 목사는 일반적으로 교회에 커다란 재앙을 가져온다. 아직 그리스도인으로 거듭나지도 못한 사람이 설교자로 강단에 서는 것, 아직 그리스도의 제자로 헌신하지도 않은 사람이 하나님의 제사장으로서 제단 위에 자신을 헌신하는 것, 그래서 자신이 알지도 못하는 신을 예배하고 알지도 못하는 그리스도와 알지도 못하는 영과 알지도 못하는 거룩한 삶과 알지도 못하는 하나님과의 교제 그리고 자신이 알지도 못하고 영원히 알 수도 없는 하나님의 영광에 대해서 설교하는 것은 교회에 있어 끔찍한 재앙이다. 그런 사람은 자기 마음 속에 자신이 설교하는 그리스도와 은혜를 소유하지 못한 명목상의 설교자이다.

모든 학생들은 이 점을 깊이 유념해야 한다. 많은 학생들이 하나님의 창조 세계 중 지극히 작은 부분과 열방의 다양한 언어를 익히는 데는 많은 시간을 투자하면서도, 정작 주님을 알지 못하고 마음으로 그분을 예배하지 못하고 그들을 행복하게 만들어 줄 거듭남에 대해서 전혀 모르고 있다는 것보다 더 비참한 사실은 없다. 그들은 무언가를 행하고 있지만, 결국 텅 빈 무대 위를 걷는 사람처럼 혹은 몽상가처럼 그들의 인생을 허비하고 있다. 그들은 무수한 이름과 개념을 열거하느라 혀를 바삐 움직이지만, 하나님과 성도의 삶의 관점에서 볼 때 그들은 여전히 이방인으로 남아 있다. 만일 하나님께서 친히 은혜로 그들을 깨우쳐 주신다면, 그들은 이전의 성화되지 못한 연구와 논쟁보다도 훨씬 더 진지한 사고와 연구를 수행하게 될 것이며, 이전에 자신들이 하던 모든 수고가 다만 헛된 것이었음을 고백하게 될 것이다. 그들은 하찮은 존재에 대해서는 열심히 연구하면서도, 정작 가장 중요한 존재, 곧 모든 것 가운데 모든 것이 되시는 하나님에 대해서는 고집스럽게 이방인으로 남아 있다. 하나님을 모르는 상태에서는 아무것도 바르게 알 수 없으며, 하나님을 연구하지 않은 상태에서는 아무리 위대한 목적을 가진 연구라도 제대로 수행할 수 없다. 독립된 한 음절을 따로 떼어 놓으면 아무런 의미를 가지지 못하는 것처럼, 창조 세계가 하나님과 맺은 관계를 고려하지 않는다면 우리는 창조 세계에 대해서 조금밖에 알 수 없다. 알파와 오메가를 무시하고 처음과 끝을 보지 못하고 모든 것 안에 계시며 모든 것의 모든 것이 되시는 그분을 보지 못하는 사람은 결국 아무것도 보지 못한 것이나 마찬가지이다. 모든 피조물은 그 자체로 하나의 분절된 음절이다. 하나님으로부터 분리된 상태에서 그것은 아무런 의미도 갖지 못한다. 어떠한 피조물도 실제로 하나님으로부터 분리되어 존재할 수 없다. 하나님으로부터의 분리는 곧 소멸을 의미하기 때문이다. 그리고 우리가 우리의 개념 속에서 그 존재를 하나님으로부터 분리시킨다면, 그 존재는 우리에게 아무런 의미도 전달하지 못할 것이다. 아리스토텔레스가 창조 세계에 대해 아는 지식과 그리스도인들이 창조 세계에 대해 아는 지식은 전혀 별개의 것이다. 아리스토텔레스의 물리학을 바르게 읽고 정확하게 이해할 수 있는 사람은 오직 그리스도인밖에 없다. (중략) 나는 여러분이 이 모든 말을 통해 내가 의도하는 바를 정확히 파악할 수 있기를 바란다. 창조 세계를 통해서 하나님을 바라보고 그분을 사랑하고 그분과 대화하는 것은 하나님과 바른 관계에 있는 사람이라면 마땅히 해야 할 일이다. 이것은 우리의 의무와 결코 무관하지 않으며, 우리가 이 임무를 다시 수행하도록 하는 것이 그리스도의 사역이다. 그러므로 가장 거룩한 사람은 하나님의 창조 세계를 가장 탁월하게 연구하는 사람이다. 오직 거룩한 사람만이 그것을 바르게 연구하고 알 수 있다. 하나님의 위대한 창조 세계는 그 세계 안에서 즐거움을 누리는 우리가 궁구해야 할 대상이다. 하지만 그 세계는 그 자체로 존재하지 않으며 그 세계를 만드신 분을 위해 존재한다. 만일 물리학이나 기타 과학에 대한 여러분의 연구의 목적이 궁극적으로 하나님을 추구하는 것이 아니라면 그렇게 서두를 필요가 없다. 그분의 창조 세계를 통해서 우리에게 자신을 드러내시는 하나님을 바라보고 그분을 존경하고 경외하고 예배하고 사랑하며 그분으로 인해 기뻐하는 것, 그리고 그분을 알기 위해 그분의 창조 세계를 자세히 살피고 연구하는 것, 이것이야말로 유일하게 참된 철학이다. 그 반대는 단지 어리석음이며, 하나님 자신이 그것을 어리석다고 반복해서 말씀하고 계신다. 여러분의 연구가 하나님께 바쳐지고, 그분이 그 모든 것의 핵심이 되시며, 여러분의 연구가 그 목적과 핵심 대상으로서 하나님을 향하게 되는 것, 이것이 바로 연구의 성화이다.

그러므로 나는 기독교 대학의 학생들이 구속자를 알기 전에 피조물을 연구하고, 신학을 배우지 않은 상태에서 물리학, 형이상학, 수학을 배우는 것이 위험한 결과를 가져올 수 있는 큰 잘못이라고 생각한다. (비록 자격 없는 사람의 지적이지만 용서하고 그저 이러한 지적의 불가피성을 고려해 주었으면 한다.) 누구든지 신학의 생명력을 갖지 못한 사람은 철학에 있어 어리석은 자가 될 수밖에 없다. 세속적이고 공허한 과학에 마음을 빼앗긴 사람은 정작 그들의 연구가 궁극적으로 지향하는 목적을 망각하고 있다. 즉 그들은 믿음에 관하여 잘못을 범하고 있다. 이러한 과학적 지식을 더 좋아하는 사람은 스스로 추구하고 있다고 생각하는 그 믿음을 사실상 놓치고 있다. 즉 그들은 신학이 가장 완전한 학문으로서 모든 학문의 궁극적인 목적이며 따라서 가장 마지막에, 즉 다른 모든 부수적인 학문 뒤에 위치해야 한다고 스스로를 변명한다. 하지만 이것은 그들의 위선이다.

그러므로 우리가 어떤 말이나 사물의 의미를 궁구하기 위해서는 마땅히 신학이 그 기초가 되어 연구 방향을 지도해야 한다. 만일 우리가 피조물을 연구하는 가운데 궁극적으로 하나님을 찾고 있다면, 그리고 우리가 단지 피조물 각각에 대한 단편적인 지식을 추구하지 않는다면, 선생은 그의 제자들에게 모든 창조물을 통해서 하나님을 바라볼 수 있도록 도와 주어야 한다. 하나님이 모든 연구의 시작과 중간과 마침, 그리고 모든 것이 되어야 한다. 물리학과 형이상학은 신학을 근원으로 삼아야 하고, 자연은 하나님이 자신을 계시하기 위한 목적으로 기록한 여러 책 중에 하나로 읽혀야 한다. 성경은 그 중에 가장 쉬운 책이다. 여러분은 먼저 성경 안에서 하나님과 그분의 뜻에 대해서 배워야 하며 그런 다음 즐거운 마음으로 그분의 창조 세계에 대한 연구에 뛰어들어야 한다. 그러면 여러분은 피조물 각각을 하나의 음절로 이해하고, 피조물 사이의 관계와 질서는 음절과 단어와 문장 사이의 관계로 이해하며, 하나님은 모든 것의 주제로, 그리고 하나님에 대한 피조물의 관계는 각각의 피조물이 가지는 궁극적인 의미로 이해할 수 있게 될 것이다. 또한 여러분은 그 두 가지 연구를 지속적으로 병행하여야 한다. 여러분은 더 이상 문자와 말에 매이지 말아야 하며 모든 피조물을 신성한 것으로 이해하여야 한다. 만일 여러분이 모든 피조물을 하나님 안에서 살며 기동하는 존재로 바라보지 못한다면, 여러분 스스로 무엇을 보고 있다고 생각하든지 간에 실상은 아무것도 보지 못하고 있는 것이다. 만일 여러분이 피조물을 음미하는 가운데 하나님이 모든 것이 되시고 모든 것 안에 계신다는 사실을 깨닫지 못한다면, 여러분은 스스로 무언가를 안다고 생각할지 모르나 실상은 여러분이 반드시 알아야 하는 것을 모르고 있는 것이다. 그러므로 하나님의 창조 세계를 연구하는 물리학을 그저 어린아이를 위한 예비 과정으로 생각하지 말라. 하나님의 창조 세계를 통하여 위대하신 창조자 하나님을 우리가 궁구하고 바라보고 존경하고 사랑하는 것은 거룩한 삶의 가장 고상한 영역에 속한다. 하나님의 거룩한 사람들이 이 일에 얼마나 많이 참여하였는가? 창세기의 처음과 욥기, 시편 등은 우리가 흔히 생각하는 것과 달리 물리학이 신학에 매우 가깝다는 사실을 우리에게 알려 준다.

그러므로 나는 교회의 유익을 위하고 또 경건한 선생들이 그들에게 가장 필요한 일을 잘 수행할 수 있도록 돕고자 하는 열정으로 모든 선생들이 다음의 질문을 진지하게 숙고할 것을 제안한다. 선생으로서 여러분은 다른 학문과 마찬가지로 신학의 핵심 부분을 일찍부터 부지런히 제자에게 읽어 주거나 혹은 그들로 하여금 스스로 읽도록 독려해야 하지 않겠는가? 선생이 제자를 가르칠 때 다른 학문과 함께 처음부터 신학을 함께 다루어야 하지 않겠는가? 설교를 듣는 것은 좋은 일이다. 하지만 그것만으로는 충분하지 않다. 만일 철학을 공부할 때도 강의 외에 개인적인 지도가 필요하다면, 신학을 공부할 때에도 마찬가지이다. 만일 선생이 제자에게 생명의 교리를 가르치는 것을 자신의 주된 사명으로 알고 그 교리를 그들 마음 속에 심으려고 수고한다면, 그래서 제자가 모든 지식을 그 비중에 따라 바르게 평가하게 된다면, 만일 선생이 제자의 머리뿐 아니라 가슴에도 교리를 심어 준다면, 만일 선생이 다른 교훈을 생명의 교리에 종속되는 것으로 가르친다면, 그리고 모든 철학을 신학적인 연관 안에서 가르친다면, 이것은 행복한 영혼과 행복한 교회와 행복한 국가를 만드는 행복한 길이 될 것이다. 이것은 학교 선생을 가르치는 학자의 경우에도 동일하게 적용된다. 하지만 만일 언어와 철학을 배우느라 모든 시간과 정열을 쏟고 그래서 철학을 신학처럼 가르치는 것이 아니라 신학을 마치 철학처럼, 곧 영생의 교리가 아니라 음악이나 수학만큼이나 별로 중요하지 않은 학문처럼 가르친다면, 이것은 자라나는 많은 싹을 잘라 내는 일이요, 선생의 성화되지 못한 가르침과 마찬가지로 교회를 망치는 일이다. 실로 참으로 많은 세속적인 사람들이 성령님의 신비를 가르치고 있고, 참으로 많은 무신론자들이 살아 계신 하나님에 관해 설교하고 있다. 만일 그들이 경건을 배우지 않고 철학을 배운다면, 철학이 그들의 경건의 전부가 된다 한들 무엇이 이상하겠는가? 이런 경우 그들이 유익하지 않은 공상을 좇아 예배하고, 그들 자신의 거짓된 생각을 신성시하고, 모든 신학을 철학으로 환원시킨다 한들 무엇이 이상하겠는가?

여기에 더하여 나는 젊은이의 교육을 맡고 있는 사람들, 특히 그들을 성직자로 훈련시키는 일에 관여하고 있는 모든 사람들에게 몇 가지 당부의 말을 하고자 한다. 성직자 교육을 담당하는 사람들은 먼저 하나님의 일로 시작하고 하나님의 일로 마무리해야 한다. 그리고 학생들의 마음 속에 새겨야 하는 것들을 매일 그들의 마음에다 대고 반복해서 말해야 한다. 그렇지 않으면 모든 수고가 허사로 돌아간다. 또한 하나님과 그들의 영혼의 상태와 장차 올 내세에 관하여 몇몇 뼈에 사무치는 단어를 주기적으로 반복해서 말해야 한다. 젊은이가 이러한 내용을 이해하고 마음에 품기에는 너무 어리다고 생각해서는 안 된다. 여러분이 깨닫지 못한 것을 그들은 이미 생각하고 있을 수 있다는 사실을 잊어서는 안 된다. 여러분의 열정과 부지런함, 그리고 때에 맞는 적절한 말 한 마디로 인해, 젊은이의 영혼은 물론이고 그들 주위에 있는 많은 회중이 하나님을 찬양하게 될 것이다. 여러분은 다른 어떤 사람들보다 성직자로 훈련받는 젊은이에게 유익을 끼치기에 유리한 위치에 서 있다. 그들은 상태가 더 악화되기 전에 여러분을 만났으며, 또한 다른 사람들의 말을 듣기 전에 여러분의 말을 먼저 듣게 되었기 때문이다. 만일 그들이 성직의 길로 예정되어 있다면, 여러분은 하나님을 특별하게 섬기는 일을 위해 그들을 준비시키고 있는 것이다. 그렇다면 그들이 가장 먼저 가져야 할 지식은 그들이 섬겨야 할 그분에 대한 지식이 아니겠는가? 여러분에게 훈련을 받은 젊은이가 세속적인 마음을 가지고 이 거룩하고 영적이고 위대한 사역을 감당한다고 상상해 보라. 그들의 영혼에 이 얼마나 슬픈 일인가! 또한 하나님의 교회에 이 얼마나 잘못된 일인가! 여러분의 학교에 소속된 100여 명의 학생 중에 진지하고 경험이 많고 경건한 사람은 얼마나 되는가? 만일 여러분이 그들 중 절반을 그들에게 어울리지 않는 사역의 길로 보낸다면, 그들이 교회 안에서 얼마나 어처구니없는 일을 저지르겠는가! 반면 만일 여러분이 그들을 철저하게 거룩한 사람으로 훈련시킨다면, 얼마나 많은 영혼이 여러분을 칭송하며, 또한 얼마나 많은 유익을 교회에 끼치게 되겠는가! 일단 그들의 마음이 자신들이 배우고 선포하는 가르침을 통해 구원의 감동을 경험하고 나면, 그들은 그 가르침을 진심으로 배우고, 진심으로 선포하게 될 것이다. (중략)

여러분이 은혜의 핵심 사역을 담당하고 있다는 사실로 인해 자만하지 않기를 바란다. 여러분은 여러분이 준비한 메시지를 다른 사람들에게 설교하기 전에 먼저 여러분 자신에게 설교해야 한다. (중략) 내가 내 마음을 냉담하게 내버려 두면, 나의 설교 또한 냉담해진다. 내 마음이 혼란스러울 때는 나의 설교 역시 혼란스럽다. 내가 잠시라도 설교 중에 냉담해지면 나의 설교를 가장 잘 듣는 사람들 역시 나를 따라서 냉담해지는 것을 종종 경험한 적이 있다. 나의 설교가 냉담한 때는 설교를 마친 다음 그들이 하는 기도 또한 냉담해진다. 우리는 그리스도에게 속한 어린아이들을 돌보는 사람이다. 만일 우리가 음식을 제대로 공급하지 않는다면 그들은 굶주리게 될 것이다. 그들은 우유가 부족하다는 사실을 금방 알아챈다. 우리도 그들이 자신들에게 맡겨진 여러 가지 일을 게으르게 수행하고 있는 것을 볼 때 금방 이러한 상황을 인식하게 된다. 우리의 사랑이 식은 상태에서 우리가 그들의 사랑을 다시금 불러일으킨다는 것은 불가능하다. 우리의 거룩한 열정과 경외심이 줄어들면, 이내 그것은 우리의 설교 중에 나타난다. 만일 설교 내용이 우리의 그러한 상태를 나타내 보이지 않는다면, 그 방법이 그것을 보여 줄 것이다. 만일 우리가 건강에 유해한 음식, 곧 잘못된 가르침이나 쓸모없는 논쟁을 그들에게 먹인다면, 우리의 설교를 듣는 사람들은 상태가 전보다 더 악화될 것이다. 반면 만일 우리에게 믿음과 사랑과 열정이 충만하다면, 그것이 흘러넘쳐 우리의 회중을 새롭게 만들 것이며, 다른 사람들에게서 동일한 은혜를 더욱 넘치게 만들 것이다.

출처

Richard Baxter, The Reformed Pastor (New York: T. Mason and G. Lane, 1837 [1656]), pp. 172 – 180.

필립 야콥 슈페너

Philip Jacob Spener

설교의 개혁

필립 야콥 슈페너(1635 - 1705)는 교회와 성직자의 부패를 개혁하고자 했던 조지 허버트 및 리처드 박스터와 마찬가지로, 자신이 속한 독일 루터교회의 형식주의와 관료주의를 비판하고 그것을 극복하려고 했다. 프랑크푸르트(Frankfurt)와 마인(Main)의 감독으로서 슈페너는 젊은이의 신앙 교육을 강조하고, '경건한 무리'라는 이름으로 알려진 거룩한 인격 함양을 위한 가정 모임을 신설하고, 평신도의 예배 참여를 독려하였으며, 설교와 설교 훈련의 개혁을 주장하였다. 그는 정통주의 스콜라 신학에 대해서 무미건조하고 인격 함양에 거의 도움을 주지 못한다는 이유를 들어 비판하였다. 성서일과와 독백식 설교에 대한 비판, 신앙적 주제에 대한 소그룹 토의에 대한 강조 등 독일 경건주의의 많은 부분이 오늘날 우리 그리스도인들에게 여전히 친밀하게 남아 있다. 슈페너의 제안은 모두 목회 실천적인 관심을 갖고 있었다. 예를 들면 다음과 같다. "설교의 목적은 회중의 삶 속에 믿음이 뿌리 내리고 그 열매가 결실하도록 돕는 데 있으며, 모든 설교는 이 목적을 최대한 성취하기 위해 모든 수단을 강구해야 한다." 그의 설교 프로그램의 목적은 새로운 설교 방법의 개발이 아니라 '속사람'의 갱신에 있었다. 이러한 변혁은 설교자의 영혼 안에서 먼저 이루어진 다음 비로소 회중 안에서 열매를 맺을 수 있다. 설교에 대한 다른 경건주의적 견해에 대해서 더 알고 싶은 사람이 있다면, 아우구스트 헤르만 프랑케(August Hermann Francke)의 "가장 유용한 설교 방법에 관하여 친구에게 보내는 편지"를 읽어 보라.

우 리는 우리 삶 속에서 하나님의 말씀을 보다 광범위하게 사용할 필요가 있다. 본성상 우리 안에는 선한 것이 전혀 없음을 우리는 알고 있다. 만일 우리 안에 어떤 선한 것이 있다면, 그것은 틀림없이 하나님께서 우리에게 주신 것이다. 하나님의 말씀은 이러한 목적을 성취하는 데 있어 강력한 수단이다. 왜냐하면 복음은 믿음에 불을 붙여 주고 율법은 선행의 규칙과 아울러 그 규칙을 따라 살고자 하는 많은 동기를 제공해 주기 때문이다. 하나님의 말씀이 우리 삶 속에 더욱 가까이 있으면 있을수록, 우리는 믿음의 열매를 더욱 풍성하게 맺게 될 것이다.

거의 매일 여러 강단에서 설교가 행해지고 있다는 사실은 우리 가운데 하나님의 말씀이 충분하게 공급되고 있다는 인상을 준다. 하지만 우리가 우리 실상을 보다 꼼꼼히 살펴보면, 하나님의 말씀을 보다 폭넓게 사용하자는 위의 제안이 얼마나 절박한 것인지 알게 될 것이다. 회중을 가르치기 위해 특정한 본문을 읽고 설명하는 식의 설교에 대해서 나는 비난할 생각이 전혀 없다. 나 역시도 그렇게 하고 있기 때문이다. 하지만 내가 생각하기에 이것만으로는 충분하지 않다. 우선 우리가 다 알고 있듯이 "모든 성경은 하나님의 영감으로 된 것으로 교훈과 책망과 바르게 함과 의로 징계하기에 유익하다"(딤후 3:16)고 했다. 따라서 우리가 필요한 모든 유익을 얻기 위해서는 모든 성경을 예외 없이 익혀야 한다. 만일 우리가 한 장소에서 여러 해에 걸쳐 회중에게 읽어 준 성경 구절을 다 모은다 하더라도, 그것은 우리에게 주어져 있는 성경 전체에 비추어 볼 때 지극히 작은 부분이 될 것이다. 회중은 그 나머지 부분에 대해서는 전혀 듣지 못하거나, 기껏해야 설교 중에 인용되거나 암시된 한두 구절 정도만을 더 들어 보았을 것이다. 물론 이렇게 인용되거나 암시되는 구절을 들을 때는 그 구절의 중요한 문맥에 대해서는 전혀 이해하지 못하고 들었을 것이다. 둘째, 회중은 설교자가 어떤 구절을 설명해 주는 경우를 제외하면 성경의 의미를 이해할 수 있는 기회를 거의 갖지 못하며, 설령 설명을 듣는다 하더라도 인격 함양에 필요한 만큼 그 말씀에 친숙해질 기회를 거의 갖지 못한다. 한편 집에서 홀로 성경을 읽는 것은 그 자체로 훌륭하고 칭찬할 만한 일이지만, 대부분의 사람들은 이것도 충분히 수행하지 못하고 있다.

그러므로 교회가 지정된 말씀에 대한 통상적인 설교 외에 다른 방법을 통해서라도 사람들에게 성경을 자주 많이 소개해 줄 필요가 있지 않은가 고려해 보아야 한다. 무엇보다 이것은 성경을, 그 중에서도 특히 신약성경을 부지런히 읽음으로써 가능해질 것이다. 모든 가장이 성경을 혹은 적어도 신약성경을 소지하고 다니면서 매일 가족들에게 그 책을 읽어 주거나, 혹은 가장이 글을 읽지 못한다면 다른 사람으로 하여금 읽게 하는 것은 그렇게 어려운 일은 아닐 것이다. (중략) 사람들로 하여금 개인적으로 성경을 읽도록 권면하기 위해 취할 수 있는 두 번째 방법은, 공적인 예배 가운데 일정한 시간을 정해서 별도의 설명 없이 성경을 순서대로 읽어 나가는 것이다. 이 방법은 모든 사람들, 특히 글을 전혀 읽지 못하는 사람이나 쉽게 잘 읽을 수 없는 사람들 혹은 성경책을 개인적으로 소유하고 있지 못한 사람들의 인격 함양에 크게 유익할 것이다. 사람들에게 성경 읽기를 권면하는 세 번째 방법은, 초대교회 당시 사도들이 주도한 모임을 다시 도입하는 것이다. 이것은 그렇게 어렵지 않다. 설교 메시지가 선포되는 통상적인 예배 외에 바울이 고린도전서 14:26 – 40에서 묘사하고 있는 형식의 다른 모임을 가질 수도 있다. 말하자면 한 사람의 일방적인 설교가 아니라, 은사를 받았건 받지 못했건 또한 지식이 많건 부족하건 간에 주어진 주제에 관하여 한 사람씩 자신의 경건한 의견을 나누고 다른 사람들이 이 견해에 대해 토론하는 식으로 모임을 진행하는 것이다. 물론 무질서나 다툼은 피해야 한다. 토론식의 이러한 모임을 보다 수월하게 진행하기 위해서는, 여러 명의 목사들이 함께 모이거나 혹은 한 교회 안에 하나님에 관하여 상당한 지식을 가지고 있거나 하나님에 대한 지식을 늘리고자 소망하고 있는 여러 사람들이 한 목사의 지도 아래 함께 모이는 것이 좋다. 함께 모인 사람들은 성경의 일부분을 큰 소리로 읽은 다음 각 구절의 의미에 관해 함께 토의하고 인격 함양과 관련해 어떤 도움을 줄 수 있는지 함께 찾아가야 한다. 모임 사람들 중에 누군가가 어떤 문제에 관해 충분히 만족스럽게 이해하지 못했을 경우에는, 자신의 의구심을 표현하고 더 충분한 설명을 들을 수 있는 기회를 허락해 주어야 한다. 다른 한편, 보다 학식 있는 사람들에게는 그들이 성경 각 구절을 어떻게 이해하고 있는지 표현할 기회를 보장해 주어야 한다. 이렇게 나누어진 모든 의견에 대해서는 그 각각의 의견이 성령님이 성경을 통해 의도하는 의미와 일치하는지 여부를 함께 모인 나머지 사람들이 신중하게 검토해야 하며, 특히 안수 받은 목사의 검증을 받아야 한다. 그런 다음 검증된 의견에 대해서는 교회를 위해 그것을 구체적으로 적용해야 한다. 이 모든 것은 하나님의 영광과 참석한 사람들의 영적인 성숙을 위해서, 그리고 각자 자신의 한계에 대한 인식과 더불어 이루어져야 한다. 또한 쓸데없는 간섭이나 말다툼, 자기 주장과 같은 일이 발생하지 않도록 조심해야 하며, 특히 이러한 모임을 지도하는 설교자는 이러한 일이 발생했을 경우 지혜롭게 대처해야 한다.

이러한 모임을 통해 우리는 적지 않은 유익을 기대할 수 있다. 이러한 모임을 통해 설교자는 자신의 회중이 어떠한 사람들인지 보다 구체적으로 알게 되고, 교리 및 경건과 관련해서 그들이 어떤 부분에서 약하고 또 어떻게 성숙해 가는지 가까이에서 지켜보게 되며, 뿐만 아니라 설교자와 회중 사이에 신뢰의 끈이 형성되어 후에 상호간에 최선의 유익을 가져다 줄 것이다. 동시에 사람들은 하나님의 말씀에 대해 열심을 내고 궁금한 점을 겸손하게 질문하고 그 질문에 대한 대답을 들을 수 있는 절호의 기회를 가지게 될 것이다. 평소에 회중이 목사와 사적으로 만나 대화할 용기를 갖기란 참으로 어렵기 때문이다. 짧은 시간에 그들은 개인적인 성숙을 경험하며, 가정에서 자기들의 자녀와 식솔에게 더 훌륭한 권면을 할 수 있게 될 것이다. 이러한 훈련이 결여된 상태에서는 설교만 듣고 그 메시지를 충분하게 이해하기란 거의 불가능하다. 왜냐하면 설교 도중에는 반성이나 숙고를 위한 여유 시간을 갖지 못하며, 또한 만일 설교 중에 혼자서 그렇게 숙고하는 시간을 가진다면 그 시간 동안 이어지는 많은 내용을 놓치게 되기 때문이다. 하지만 토론 중에는 이런 일이 일어나지 않는다. 다른 한편 개인적으로 성경을 읽거나 가정에서 성경을 읽을 때는 성경 각 구절의 의미와 의도에 대해 수시로 설명해 줄 수 있는 사람이 없기 때문에, 성경을 읽는 사람들이 궁금해서 알고 싶어하는 것들에 대해 충분한 설명을 들을 수 없다. 이 경우 곧 공적인 설교와 사적인 독서에 있어 각각 부족한 것은 내가 앞서 제안한 방법을 통해서 동시에 보완될 수 있다. 이 방법은 설교자나 회중에게도 그렇게 큰 부담을 주지 않으면서 동시에 바울이 골로새서 3:16에서 권면한 바 곧 "그리스도의 말씀이 너희 속에 풍성히 거하여 모든 지혜로 피차 가르치며 권면하고 시와 찬송과 신령한 노래를 부르며 감사하는 마음으로 하나님을 찬양하라"는 말씀을 성취할 수 있다. 실제로 앞서 제안한 모임 가운데 하나님을 찬양하고 참석한 사람들에게 감동을 주기 위해 노래를 부를 수도 있을 것이다.

설교를 듣는 것뿐 아니라 성경을 읽고 묵상하고 토의하는 것(시 1:2)을 포함하여 하나님의 말씀을 부지런히 가까이하는 것이 어떤 일을 개혁하는 데 있어 주요한 방법이 된다는 것은 분명한 사실이다. 그것은 지금 내가 제안한 방식을 따를 수도 있지만, 다른 적절한 방식을 따를 수도 있을 것이다. 하나님의 말씀은 일종의 씨앗으로서 우리 안에 있는 모든 선한 것이 그 말씀으로부터 자라난다. 만일 사람들이 자신의 즐거움을 위하여 생명의 책을 열심히 또 부지런히 찾도록 하는 데 성공한다면, 그들의 영적인 생활은 놀라울 정도로 건강해질 것이며 그들은 전혀 다른 사람들이 될 것이다.

우리 교회 가운데 설교가 충분히 자주 행해지지 않고 있다고 생각되는 교회는 거의 없을 것이다. 하지만 많은 경건한 사람들이 그 많은 설교를 들으면서도 무언가 부족하다고 느끼고 있다. 어떤 설교자는 회중의 이해 여부와 상관없이 자신의 학식을 자랑하기 위한 어려운 말로 설교한다. 그런 설교자는 교회 안에 그 단어의 의미를 이해하는 사람이 하나도 없는데도 불구하고 외래어를 자주 사용한다. 또한 많은 설교자가 자료를 잘 선별하고 하나님의 은혜로 잘 전개해서 듣는 사람들이 설교를 통해 생명과 관련한 유익을 얻을 수 있도록 하는 데 관심을 가지기보다는, 오히려 도입부를 잘 구성하고 단락 전환을 부드럽게 하고 개요를 튼튼하면서도 감추어 있도록 하고 설교의 각 부분을 수사학의 규칙을 따라 잘 정돈하고 적절하게 장식하는 데 더 많은 관심을 가지고 있다. 하지만 설교자의 이러한 태도는 결코 바람직하지 않다. 강단은 설교자가 자신의 기교를 과시하기 위한 자리가 아니다. 강단은 주님의 말씀을 꾸밈없이 강력하게 선포하는 곳이다. 설교는 하나님께서 사람들을 구원하는 하나의 방편이 되어야 하며, 따라서 설교의 모든 것은 이러한 목적을 지향하는 것이 마땅하다. 설교자는 소수의 학식 있는 사람들보다도 회중의 절대 다수를 구성하는 일반 백성들을 염두에 두고 설교를 준비하고 전달해야 한다.

요리문답은 기독교의 핵심적이고 근본적인 진리를 포함하고 있으며, 모든 사람들은 신앙 생활을 시작할 때 그 요리문답으로부터 믿음에 대해 배운다. 따라서 아이들을 교육할 때나 어른들을 교육할 때도, 이 요리문답을 그 단어보다도 의미에 초점을 두어 계속해서 부지런히 가르쳐야 한다. 설교자는 요리문답을 지겨워해서는 안 된다. 오히려 설교자는 기회가 닿는 한 사람들이 이미 배워 알고 있는 것을 설교를 통해 반복해서 들려 주어야 하며, 그렇게 하는 것을 부끄러워해서는 안 된다.

여기에서 필자는 설교와 관련하여 우리가 살펴보아야 할 추가적인 사항을 간략하게 짚고 넘어가고자 한다. 비록 간략하게 살피고 지나가지만 지금 내가 다룰 내용은 매우 중요하다. 그것은 우리의 기독교 신앙은 속사람 혹은 새 사람으로 이루어져 있다는 것과, 이 속사람 혹은 새 사람의 중심은 믿음이고 그 믿음은 삶의 열매을 통해 스스로를 표현한다는 것, 그리고 모든 설교는 이 속사람 곧 새 사람의 변화를 목적으로 삼아야 한다는 것이다. 한편으로 우리는 이 속사람을 향한 하나님의 고귀한 은혜를 전달함으로써 속사람의 믿음이 더욱더 강건해질 수 있도록 도와야 한다. 다른 한편으로 우리는 사람들이 외적인 악덕을 삼가고 외적인 선행을 실천하는 겉사람에만 관심을 가지도록 내버려 두어서는 안 된다. 이것은 이방인들도 할 수 있는 일이다. 우리는 그들의 마음 속에 바람직한 기초를 놓아야 하며, 이 기초에서부터 나오지 않은 모든 것은 다만 위선일 뿐임을 그들에게 보여 주어야 한다. 또한 사람들이 먼저 내면적인 것에 기초하여 실천하는 데 익숙해져서 오직 그렇게만 행동하도록 도와 주어야 한다. 그리고 그 내면의 기초를 위해 우리는 적절한 방법을 통해 그들의 마음 속에 하나님과 이웃을 향한 사랑을 일깨워 주어야 한다.

그러므로 우리는 하나님께서 말씀과 성례를 사용하실 때 그것이 속사람과 관계된다는 사실을 강조해야 한다. 하나님의 말씀을 외적인 귀로 듣는 것만으로는 충분하지 못하다. 우리는 그 말씀이 우리의 마음을 꿰뚫을 수 있도록 해야 한다. 그래서 거기에서 성령께서 말씀하시는 음성을 들어야 한다. 즉 두렵고 떨림 가운데 성령님의 인치심과 말씀의 능력을 경험해야 한다. 세례를 받는 것만으로도 충분하지 않다. 세례를 통해 그리스도로 옷 입은 속사람은 계속해서 그리스도를 입어야 하며 또한 외적인 삶을 통해 그리스도를 증거해야 한다. 외적으로 성찬에 참여하는 것으로도 불충분하다. 참으로 속사람이 복된 양식을 섭취해야 한다. 우리의 입으로 외적으로 기도하는 것으로도 충분하지 않다. 참된 기도는 속사람 가운데에서 일어나야 한다. 참된 기도가 말로 터져 나오든지 아니면 마음 속에 그냥 머물든지 간에, 하나님께서는 그 기도를 알고 응답하실 것이다. 또한 외적인 성전에서 하나님을 예배하는 것도 충분하지 못하다. 외적인 성전 안에 있든 밖에 있든 간에 속사람이 자기 자신의 성전에서 하나님을 최상으로 예배해야 한다. 다른 것들도 이와 마찬가지이다.

   기독교의 실제적인 능력이 사실상 모두 여기 속사람에게서 비롯되기 때문에, 설교 또한 전체적으로 속사람을 지향하는 것이 바람직하다. 이렇게 된다면, 사람들의 인격 함양에 있어 지금보다 훨씬 더 분명한 진전을 목도하게 될 것이다.

출 처

Phillip Jacob Spener, Pia Desideria, trans. and ed. Theodore G. Tappert (Philadelphia: Fortress Press, 1964), pp. 87 – 91, 115 – 117. Copyright ⓒ by Fortress Press 1964. Used by permission.

피베 팔머

Phoebe Palmer

여성 설교자의 위대한 군대

"친애하는 독자들이여, 놀라지 말라. 나는 지금 '여성의 권리'(Women's Rights)에 대해서 논하려고 하는 것이 아니다." 미국 감리교 출신의 복음주의자요 영적 지도자인 피베 팔머(1807 - 1874)의 책 『아버지의 약속』은 이렇게 시작한다. 팔머는 자신의 말에 충실하게 그의 책에서 페미니스트적 동기를 추구하지 않는다. 거룩한 삶에 대한 지치지 않는 열정, 혹은 (웨슬리의 표현을 따르면) '완전한 사랑'에 대한 추구로 인해 그는 노예 제도 폐지와 금주 운동, 여성의 설교권 허용 등 급진적인 운동에 관여하게 되었다. 이러한 그의 삶 배후에는 완전주의를 고집한 웨슬리와 교회를 거룩하게 만들고자 했던 슈페너를 비롯한 여러 경건주의자들이 있었다. 그리고 그의 장래에는 미국 감리교 주류에서 한 줄기가 갈려 나와 오순절주의 집단에 편입되는 사건과 관련하여 두 번째와 세 번째 축복에 대한 끝없는 논쟁이 그를 기다리고 있었다. 그리스도인이 완전해질 수 있다는 피베 팔머의 신념은 19세기 중반 미국 사회의 낙관주의적 정서와 잘 맞아 떨어졌다. 뉴욕에 있는 그의 집에서 진행된 '거룩한 인격 함양을 위한 화요 모임'에는 전세계에서 많은 방문자들이 찾아왔으며, 그가 죽은 뒤에도 그 모임은 계속되었다. 한편 그의 남편 월터 팔머(Walter C. Palmer)와 함께 그는 미국과 유럽에서 복음주의 연합을 주도했다. 그를 못마땅하게 생각하는 사람들은 개인 신앙에 대한 그의 지나친 강조가 결과적으로 성령님의 사역을 배제하고 있다고 비판했다. 하지만 그의 영향력은 미국 감리교와 거룩한 모임 안에서 1880년까지 계속되었다. 아래 글에서 팔머는 여성의 설교권을 옹호하기 위하여 성경에 근거한 치밀한 논증을 펼친다. 이 글의 마지막에 그는 '생활 그림'(A Life Picture)이라는 제목의 짧은 글을 덧붙였는데, 이 짧은 글은 강단에서 여성을 배제한 것이 교회의 중요한 자원을 낭비하고 예수 그리스도를 공격하는 것이라는 자신의 주장을 시각적으로 묘사하고 있다.

불의 혀가 하나님의 아들들에게뿐 아니라 하나님의 딸들에게도 동일하게 내려오지 않았는가? 그리고 그 효과 또한 똑같지 않았는가? 한마음으로 기도하던 남녀 제자들이 그들이 간구하던 바 그 은혜를 모두 함께 받지 않았던가? 우리가 아는 바와 같이, 하나님께서 약속하신 선물은 성령님이었다. 그리고 이 약속은 하나님의 아들들에게와 마찬가지로 전능하신 주님의 딸들에게도 동일하게 유효했다. 요엘 2장 28 – 29절을 보라. "그 후에 내가 내 영을 만민에게 부어 주리니 너희 자녀들이 장래 일을 말할 것이며 너희 늙은이는 꿈을 꾸며 너희 젊은이는 이상을 볼 것이며 그때에 내가 또 내 영을 남종과 여종에게 부어 줄 것이라" 이 말씀대로 하나님의 아들들과 딸들의 합심 기도에 대한 응답으로 성령님이 부어졌을 때, 불의 혀가 남자들에게와 같이 여자들에게도 동일하게 내려오지 않았는가? 이 질문에 대한 대답은 매우 중요하다. "마치 불의 혀처럼 갈라지는 것들이 그들에게 보여 각 사람 위에 임하여 있더니"(행 2:3) 그리고 하나님의 딸들에 대한 효과 역시 아들들에 대한 효과와 똑같지 않았는가? 오, 누가 교회 안에서 성령님의 강력한 역사를 제한하였는가? "그들이 모두 성령님의 충만함을 받고 성령님이 말하게 하심을 따라 다른 언어들로 말하기 시작하니라"(행 2:4) 강력한 힘이 전능하신 주님의 아들딸들을 사로잡았으며, 그 힘이 그들의 혀를 움직여 열정적이고 설득력 있게 확신에 찬 말을 하게 했다는 사실은 의심할 여지가 없다. 십자가에 달렸다가 부활하신 구주를 선포한 것은 베드로 한 사람이 아니다. 성령님이 말하게 하심을 따라 모든 사람이 제각기 복음 전파를 도왔다. 인간을 대행자로 하는 성령님의 이러한 연합 사역의 결과, 삼천 명에 달하는 사람이 한 날에 마음에 찔림을 받았다. 의심할 나위 없이, 남자와 여자로 이루어진 백이십 명의 제자들에 의해 이 날 새롭게 세례를 받은 무리는 두려움을 몰아내는 저 완전한 사랑의 강한 구속력 아래에 사로잡혔으며, 믿는 자의 무리는 더욱 커졌다.

그럼 이제 교회의 머리 되신 그리스도의 이름으로 한 가지 물어 보자.

성령님의 이 같은 사역은 단지 오순절 당일에만 유효하고 그 이후에는 사라지도록 의도되었는가? 그 날에 예언하게 하는 성령님이 하나님의 아들에게와 마찬가지로 딸들에게도 임했다면, 그리고 하나님의 딸들도 아들들과 마찬가지로 운집한 회중에게 성령님의 말하게 하심을 따라 말했다면, 교회의 사역자들이 지금에 와서 대체 무슨 권위로 이 은사의 사용을 제한하는가? 이 성경 구절을 읽는 오늘날의 성직자들은 왜 그들이 맡고 있는 설교의 직책을 여성에게는 개방하지 않고 그들이 증언할 기회를 주지 않는가? 다시 물어 보자. 하나님께서 주신 능력의 사용을 제한하는 데 대해서 여러분은 교회의 머리 되신 주님께 어떻게 해명하겠는가? 사도 시대와 같이 이 예언의 은사가 여성을 통해서 계속해서 사용되어 왔다면, 십자가는 훨씬 더 놀라운 일을 성취할 수 있었을 것이다. 요엘의 예언에서 확인할 수 있듯이, 이것은 명백히 종말의 특징이다. 과거에도 미리암(Miriam)이나 드보라(Deborah), 훌다(Huldah), 안나(Anna)와 같은 여선지자가 있었지만, 성령님이 하나님의 아들들뿐 아니라 딸들에게도 특별하게 부어지는 것은 종말을 위해 유보된 것으로 많은 사람들이 생각했다. 베드로는 성령님이 예외적으로 모든 제자들에게 동일하게 임하여 역사하는 장면을 보고 수많은 사람들이 놀랐다고 말한다. 이것은 선지자 요엘이 예언한 것이다. "그 때에 내가 또 내 영을 남종과 여종에게 부어 줄 것이라"

그리고 모든 사람에게 주어진 이 예언의 은사는 초대 기독교 시대 동안에 지속되었다. 말씀 사역은 사도들에게만 제한되지 않았다. 아니 당시 그들은 평신도였다. 사울의 잔혹한 박해로 인해 몇몇 사도들을 제외한 나머지 교회 전체가 예루살렘 밖으로 쫓겨나게 되었을 때, 이 흩어진 남녀 평신도는 "두루 다니며 말씀을 전하였다." 즉 십자가에 달리시고 부활하신 구주를 선포하였다. 그리고 그 결과 이 남녀 신도를 흩었던 십자가의 대적들이 오히려 그 덕에 구원을 받았으며, 구원하는 은혜를 선포하는 일에 더 열심히 동참하게 되었다.

성령님의 세례를 받은 이 남녀 신도는 그들 안에 내주하시는 성령님의 능력에 이끌림을 받아, 대적들의 잔혹한 분노를 피해 이곳 저곳 옮겨 다니면서 오히려 이 흩어짐을 복음을 전파하는 기회로 만들었다. 그래서 그들이 가는 곳마다 믿는 자가 늘어났으며, 구원받는 사람의 수가 날마다 더하여졌다. 태프트(Taft) 목사는 다음과 같은 말을 했다.

혹시 바울 서신의 두 구절(고전 14:34; 딤전 2:12)을 근거로 여자들이 교회에서 가르치거나 설교하는 것을 금해야 한다고 주장하는 사람이 있다면, 그 사람으로 하여금 로크의 글을 읽게 하라. 로크는 자신의 글에서 바울의 이 구절의 의도가 교회에서 여성이 기도하고 설교하는 것을 금지하는 데 있지 않다는 점을 입증하고 있다. 즉 여성이 성직에 합당한 자격을 갖추기만 한다면 언제든지 교회에서 기도하고 설교할 수 있다는 것이다. 바울 자신의 설명에 따르면, 예언은 '다른 사람의 덕을 세우고, 그들을 권면하고 위로하기 위하여 말하는 것이다.' 바울은 자신의 편지 가운데 어디에서도 여자들은 물론 남자들이 대중 앞에서 어떻게 기도하고 예언해야 하는지 구체적인 지침을 주고 있지 않으며, 또한 이러한 기도와 예언의 은사를 받은 여성이 교회에서 말하는 것을 금지하고 있지도 않다. 아울러 그는 고린도교회에 보내는 편지에서 다음과 같이 말한다. "사랑을 추구하며 신령한 것들을 사모하되 특별히 예언을 하려고 하라"(고전 14:1) 또한 "나는 너희가 모두 방언 말하기를 원하나 특별히 예언하기를 원하노라"(고전 14:5) 여기에서 사도 바울은 일반적인 교회를 향하여 말하고 있다. 이 구절에서 '모두'라는 단어는 모든 개인 신도들을 포괄한다. 그리고 바로 앞에서 여자들의 기도와 예언에 대한 지침을 주었기 때문에, 이 구절에서 바울의 기대는 남자들뿐 아니라 여자들에게도 해당된다고 결론을 내릴 수 있다. 분명히 '모두'라는 단어는 남자와 여자 모두를 포함한다. 그렇지 않으면 '성령님의 사역자였던' 바울의 마음이 단지 율법의 사역자였던 모세의 마음보다 더 협소했다는 말이 될 것이다. 왜냐하면 여호수아가 모세에게 와서 엘닷(Eldad)과 메닷(Medad)이 자신들의 천막에서 예언하는 것에 대해 고하고 그것을 금해 달라고 요청하였을 때, 모세는 "네가 나를 두고 시기하느냐 여호와께서 그의 영을 그의 모든 백성에게 주사 다 선지자가 되게 하기를 원하노라"(민 11:29)고 말하였기 때문이다. 여기에서 '그의 모든 백성'에는 분명히 엘닷과 메닷과 같은 사람들뿐 아니라 천막에 함께 있던 미리암(Miriams)과 드보라(Deborahs)도 포함된다.

클라크(Clarke) 박사는 로마서 16장 12절에 대해 다음과 같이 말했다.

"주 안에서 수고한 드루배나(Tryphena)와 드루보사(Tryphosa)에게 문안하라 주 안에서 많이 수고하고 사랑하는 버시(Persis)에게 문안하라" 아마도 처음 언급된 두 거룩한 여인은 권면하고 병든 자를 위문하는 등 여러 가지 일을 통해 사도들의 사역을 돕던 조력자로 보인다. 한편 버시는 이 두 사람을 능가하는 여인이었던 것 같다. 그녀에게는 특별히 "주 안에서 많이 수고했다"는 표현을 사용하고 있다. 이를 통해 볼 때, 우리는 그리스도인 여성들이 남성들과 마찬가지로 말씀 사역에 동참했다는 사실을 짐작할 수 있다. 이 소박한 시대에는 남자든 여자든 진리에 대한 지식을 소유한 모든 사람이 온 힘을 다해 그 진리를 선포하는 것이 당연하게 여겨졌다.

이 여인들이 설교하지는 않았다는 것을 입증하려고 많은 사람들이 부질없는 수고를 하였다. 기독교 교회 안에는 남자 선지자(prophets)들뿐 아니라 여자 선지자(prophetesses)들도 몇몇 있었다는 사실을 우리는 이미 알고 있다. 추측컨대 그 여인들은 다만 머리를 가린 채로 기도하고 예언하였을 것이다. 고린도전서 14장 3절에서 바울은 누구든지 예언하는 사람은 다른 사람의 덕을 세우거나 그들을 권면하고 위로하기 위해서 말한다고 했다. 어떠한 설교자도 그 이상 할 수 있는 일이 없다는 사실을 우리는 모두 인정해야 한다. 왜냐하면 덕을 세우고 권면하고 위로하는 일이 복음 사역의 궁극적인 목적이기 때문이다. 따라서 여자들이 예언했다는 말은 그들이 설교했다는 말과 동일한 의미를 가진다.

크리소스톰(Chrysostom)과 테오필락트(Theophilact)는 바울의 인사말에 등장하는 유니아(Junia)라는 이름에 주목한다. 로마서 16장 7절의 우리말 번역 성경에 따르면, "내 친척(kinsmen)이요 나와 함께 갇혔던 안드로니고(Andronicus)와 유니아에게 문안하라"라고 되어 있다. 여기에서 '친척'(kinsmen)이라는 표현은 유니아가 여자가 아니라 남자였음을 암시한다. 하지만 헬라어에 능통한 그리스인이었던 크리소스톰과 테오필락트는 유니아가 여자라고 주장했다. 따라서 이 구절은 "나의 친척(kinsfolk) 안드로니고와 유니아에게 안부를 전하라"로 고쳐 번역되어야 한다. 사도 바울은 다른 여자들의 이름도 거명하며 그들에게 안부를 전했는데, 그 중에는 주를 위해 수고한 드루배나와 드루보사, 그리고 주를 위해 많이 수고한 버시가 있었다.

또한 우리가 교회 역사를 들여다보더라도, 여자들이 사도 시대 이후에도 오랫동안 교회 안에서 두각을 나타냈다는 사실을 확인할 수 있다. 그 여인들은 경건과 수고와 고난에 있어 일반 사람들과는 구별된 사람들이었다. 기독교 신앙을 위해서 순교한 페르페투아(Perpetua)와 펠리키타스(Felicitas)의 순교 이야기를 들어 보라. 그들의 이야기는 가장 둔감한 사람들의 마음마저도 일깨운다. 그 이야기는 눈물을 흘리지 않고는 들을 수 없다. 한편 유세비우스는 필라델피아의 여선지자 포토미니아(Potominia Ammias)를 비롯하여 예수 그리스도를 향한 열정적인 사랑을 품었던 다른 여러 여성들에 대해서 말하고 있다.

대략 주후 150년경에 세상을 떠난 순교자 저스틴(Justin Martyr)은 그의 글 '유대인 트리포(Trypho)와의 대화'에서 다음과 같이 말했다.

선지자 요엘이 예언한 바와 같이, 성령님의 은사를 받은 사람들 중에는 남자와 여자가 함께 있었다. 이 사건을 통해 베드로는 유대인들이 기다리던 종말의 때가 도래했음을 알리고자 했다. 왜냐하면 이 사건은 므낫세(Manassah Ben Israel)가 말한 바 모든 현자들이 메시야 시대의 표지로 이해했던 바로 그 사건이기 때문이다.

다드웰(Dodwell)은 이레니우스(Irenaeus)에 대한 자신의 학위 논문에서 "예언하는 영의 이례적인 은사가 사도 이외의 사람들에게도 주어졌으며, 1세기와 2세기뿐 아니라 3세기에, 심지어는 콘스탄티누스 시대에 이르기까지 각양각색의 남자들과 또한 여자들에게 부어졌다."고 말하고 있다. 그러므로 우리는 시편 68장 11절의 예언이 입증되었다고 확실히 결론을 내릴 수 있다. "주께서 말씀을 주시니 소식을 공포하는 사람들은 큰 무리라" 히브리어 원문에는 "소식을 공포하는 여인들 즉 여자 복음 전도자들이 큰 무리라"고 되어 있다. 그로티우스(Grotius)는 시편 68장 11절을 다음과 같이 풀어 설명했다. "주께서 말씀 곧 풍부한 말씀을 주실 것이다. 이 일을 위해 주께서 설교하는 여성들을 따르는 대군을 불러 모으실것이다."

한 가지 가정(假定)(A Supposition)

오순절날 불 세례를 받은 형제들 가운데 하나가 이제는 핍박을 피해 예루살렘 밖으로 흩어져 두루 다니며 복음을 전하는 무리 가운데 있었는데, 어느 날 그가 동일한 능력의 은사를 받은 여자 제자를 만났다고 가정해 보자. 그런데 그 형제가 남녀가 함께 섞인 많은 회중 가운데서 그 여제자가 예수님의 복음을 전파하고 있는 것을 발견하고는 갑자기 끼여들어 남녀 회중 앞에서 그리스도를 증거할 권한이 여자에게는 없다고 이의를 제기하며 여제자의 증언을 방해했다고 상상해 보자. 그러한 방해는 비겁한 것보다 더 나쁜 짓이 아니겠는가? 만일 여제자의 증언이 이러한 훼방으로 인해 제약을 받아 결국 별다른 열매를 맺지 못하게 되었다면, 그 형제는 교회의 머리 되신 그리스도가 보시기에 중한 죄를 범하고 있는 것이 아닌가? 그 형제는 결국 사울이 교회에 대한 잔혹한 핍박 가운데 진지하였던 때와 마찬가지로 동일한 잘못을 범하고 있는 것이다. 사울은 자신이 진심으로 하나님을 섬기고 있다고 생각했다. 하지만 그의 마음이 깨우침을 받아 이 사람들을 핍박하는 가운데 자신이 하나님을 대적하였고 하나님께서 세상을 구원하시고자 계획한 통로를 거절하였다는 사실을 깨달았을 때, 바울은 자신이 이제껏 행한 잘못을 만회하기 위해 가능한 모든 수고를 다하였다. 공동의 대적을 만났을 때 여제자의 도움이 되어 주어야 할 그 형제가 오히려 구주의 사랑하시는 이 여제자의 마음을 얼마나 슬프게 만들고 그의 손을 얼마나 맥빠지게 만들었을지 우리는 어렵지 않게 짐작할 수 있다.

가장 유능하고 용감하며 자기 희생적이었던 제자들 가운데 상당수는 여자들이었다. 예수님이 이 땅에 계실 때 "많은 여인들이 그분을 따랐다." 그리고 오늘날에도 여전히 소수의 남자 제자들과는 대조적으로 많은 여자들이 그분을 따르고 있다. 성육신하신 구주를 따랐던 이 여인들은 신실하고 유능하고 경건하고 용맹스러우며 전심으로 구주를 따르고 섬기고자 자기 희생을 기꺼이 감수하지 않았던가? 마찬가지로 오늘날에도 신실하고 유능하고 용감하고 자기 희생적인 여성들이 도처에 많이 있다. 그러한 여성들이 성령님께서 말하게 하시는 대로 자신들의 입을 열어 경건한 무리들 가운데 기도하고 설교할 수 있도록 허용이 되고 또 그렇게 격려를 받는다면, 이제까지 교회가 그리스도에게 대하여 범한 잘못을 충분히 보상할 수 있을 것이다. 여기에서 '또 그렇게 격려를 받는다면'이라고 하는 표현을 주목하라. 그렇다. 격려가 반드시 필요하다. 너무나 오랫동안 강단과 출판사와 교회 공직자들의 반감으로 인해 여성들이 가진 이러한 은사를 활용하는 길이 가로막혀 왔다. 결국 회중의 마음에 바람직한 방향을 제시하고 수세기 동안 죄악에 물든 인간이 구축한 잘못된 길을 되돌리기 위해서는 허용과 격려가 함께 필요하다.

하지만 이러한 잘못을 바로잡기 위해서는 구체적인 사역의 현장을 주목할 필요가 있다. 아마도 의도적으로 잘못을 범하려고 작정한 사람은 별로 없을 것이다. 하지만 이 문제와 관련하여 비성경적인 입장을 견지함으로써 그리스도의 교회의 상당수를 차지하는 여성들을 이제껏 당혹스럽게 만들어 왔다는 사실을 인식하고 있는 사람도 거의 없다. 주 우리 하나님은 한 분이시다. 그 영광스러운 오순절에 마리아를 비롯한 여러 여인들에게 임했던 동일한 성령님의 내주하시는 역사가 오늘날에도 여전히 하나님의 딸들에게 일어나고 있다. 전능하신 주님의 딸들 중에 적지 않은 숫자가 구주의 명령에 순종하여 예루살렘에 머물렀다. 그리고 하늘로부터 성령님이 비둘기같이 그들에게 임하였으며, 마리아와 다른 여인들로 하여금 성령님의 말하게 하심을 따라 말하도록 강제하였던 그 동일한 능력이 그 여인들로 하여금 그리스도에 대해 증언하게 했다.

하지만 만일 남자 제자들 중 하나가 오순절날 불 세례를 받은 마리아 혹은 다른 여인들 중 하나를 통해 성령님께서 말씀하시는 것을 훼방하였다면 과연 어떠한 결과가 빚어졌을지 상상해 보라. 사람들이 함께 모인 자리에서 베드로나 야고보 혹은 요한이 여자들에게도 성령님이 말하게 하심을 따라 말할 권한이 있는지 의문을 제기하고, 듣는 무리 가운데 남자들이 섞여 있다는 이유로 여자들이 부활하신 주님을 선포하는 것이 가당치 않다고 주장했다고 생각해 보라. 부활의 아침 여인들을 만나 그 여인들에게 "가서 내 형제들에게 전하라"며 사명을 맡기신 주님께서 과연 그러한 훼방을 기뻐하시겠는가?

하지만 오순절에 특별하게 일어났던 일이 오늘날에도 여전히 유효하다고 말할 수 있을까? 물론이다. 상황은 지금도 여전히 동일하다. 형제들의 입장에서 볼 때 아무리 못마땅해 보인다 할지라도, 우리는 오순절에 일어났던 것과 동일한 사건이 오늘날에도 경건한 모임 안에서는 그리 특별한 일이 아니라는 사실을 잘 알고 있다. 여기서 나는 한 그리스도인 여성을 소개할 텐데, 그 여인은 특별한 은사를 받았고 세련된 감수성을 가졌으며, 문학적 교양과 풍채가 하늘의 별을 이룰 만큼 출중하다는 평가받고 있다.

생활 그림(A Life Picture)

어느 날 나는 사랑스러운 한 여인이 이 세상의 사물로부터 얼굴을 돌려 다가올 세상에 자신의 눈을 고정시키는 것을 보았다. 언제나 우리의 사랑이 되시는 예수님께서 그에게 자기 자신을 나타내 보여 주셨다. 그는 그분의 무한한 사랑에 흠뻑 매료되었다. 그는 자신이 경험한 그분의 사랑을 다른 사람들에게 증거하고 싶었다. 그는 경건한 사람들의 모임에 참석했다. 그는 마음 속에 가득 차 있는 그것을 기꺼이 말하려고 했다. 그의 마음은 다른 사람의 마음을 얻어 그들로 하여금 자신이 경외하는 그분을 사랑하도록 만들고 싶은 소원으로 가득했다. 만일 그가 세속적인 모임에 참석해서 다른 사람들이 부러워할 만한 대상을 가지고 그들을 매료시키려 했다면, 그는 대화의 주제를 이끌어 내는 데 그렇게 망설이지도 않았을 것이고 매료된 회중은 그를 자신의 마음 속에 더 가까이 가져갔을 것이며 그래서 그는 그의 사랑의 대상으로 그들을 사로잡았을 것이다. 하지만 경건한 모임에 참석한 많은 사람이 그의 형제 자매들이었음에도 불구하고, 가혹한 관습은 그의 입술을 봉해 버렸다. 그는 계속해서 중보 기도 모임을 비롯하여 각종 집회에 참석했다. 모든 모임에서 그는 자신의 마음의 가장 높은 곳에 좌정해 계신 구주의 임재와 그 능력을 느낄 수 있었다. 마침내 그는 사람에게 순종하는 것보다 하나님께 순종하는 것을 선택했다. 다시 말해 남자들이 인위적으로 만들어 놓은 관습을 깨고 한 모임 중에 용감하게 마음 속의 말을 꺼냈다. 결과가 어떻게 되었을까? 어처구니없게도 그의 돌발적인 행동과 관련한 특별 대책 위원회가 소집되었고, 그 위원회는 그에게 더 이상 그렇게 행동하지 말 것을 명령하였다. 수군거리는 소리가 여기저기에서 들려 왔다. 그의 감각은 마비되었다. 그는 자신에게 공감하는 사랑의 눈길 대신에 외면하는 눈빛과 거절하는 마음을 상대해야 했다. 이것은 단순한 공상 스케치가 아니다. 그것은 우리의 실제 생활을 그린 그림이다. 누가 이러한 사태를 초래했는가? 이러한 생활 그림이 여러분에게는 어떻게 보이는가?

거절당한 사람은 누구인가?(Was Rejected?)

내가 방금 언급한 여자 그리스도인의 감정을 한번 생각해 보라. 그 여인은 그리스도인들의 품어 주는 사랑을 신뢰하고 여러분의 교회 공동체에 자신의 몸을 내던졌다. 은혜가 그의 세련된 감수성을 앗아가 버렸는가? 아니다! 은혜는 단지 그의 세련된 감수성을 거룩한 채널에 맞추었을 뿐이다. 그리고 은혜는 그에게 순수하고 사랑스러운 모든 것에 대한 그리고 좋은 소식에 대한 보다 세련된 감각을 선사해 주었다. 이렇듯 풍부한 은사를 받았으며 온유하고 사랑이 많은 이 여인의 마음은 무엇 때문에 이토록 고통을 당하게 되었는가? 그로 하여금 구주에 대해서 기꺼이 증언하도록 한 것은 바로 그 안에 내주하시는 온유하고 사랑 많으신 구주 자신이 아니었는가? 그렇다면 교회의 머리 되신 예수님은 그의 증언을 거절한 사람들에 대해서 그들이 자신을 거절했다고 여기시지 않겠는가?

출 처

Phoebe Palmer, The Promise of the Father (New York: W. C. Palmer, Jr., 1872J, pp. 21 – 33.

P. T. 포사이드

Peter Taylor Forsyth

설교자의 권위

　　　　　스코틀랜드 회중교회의 위대한 설교자 피터 테일러 포사이드(1848 - 1921)의 메시지는 종종 '예언적'이라는 평가를 받는다. 그의 '긍정하는' 신학은 바르트(Barth) 이전 문화 기독교 시기의 천박한 자유주의 신학과 바르트 이후 '위기의 신학' 모두를 거부하였다. 그는 신약성경의 통일성의 원리로서 케리그마에 초점을 맞추었다. 그의 이 같은 시도는 다드(Dodd)의 비슷한 생각이 유행되기 오래 전의 일이다. 디벨리우스(Dibelius)와 불트만(Bultmann)이 복음서 비평을 도입하기 이전에 이미 포사이드는 "복음서를 포함한 신약성경은 그리스도의 말씀을 직접 받아 쓴 것이 아니라 그리스도에 대한 설교를 기록한 것이다."라고 썼다. 루터 이후에 그 누구도 포사이드만큼 신약성경의 케리그마적 성격을 확고하게 붙잡은 사람은 없었다. 또한 20세기를 지나는 동안 어느 누구도 포사이드만큼 열정적으로 이러한 통찰을 설교신학에 접목시키지 못했다. 거의 25년에 가까운 목회 생활을 마칠 즈음 그리고 런던 해크니 칼리지(Hackney College)의 학장이 되기 전 어느 시점에, 포사이드는 자신의 인생과 사고의 방향을 완전히 새롭게 돌이키는 영적인 회심을 경험했다. 그의 신학은 이제 하나님의 거룩하심과 십자가의 중심성에 의해 지배되었다. 그리고 하나님의 거룩하심과 십자가의 중심성은 하나님과의 도덕적인 관계를 통해 인간에게 중재되었다. 그는 자신의 이러한 생각을 그의 유명한 설교 '거룩하신 아버지'에서 간략하게 묘사하였다. 이후 그는 『예수 그리스도의 인격과 지위』, 『그리스도의 사역』과 같은 많은 책을 통해서, 그리고 1907년 『긍정하는 설교와 현대 정신』이라는 제목으로 예일 대학에서의 비처 강연(Beecher Lectures)을 통해서 자신의 신학을 보다 발전시켰다.

다소간 무모한 출발이 될지도 모르겠지만, 나는 감히 기독교의 성패가 설교의 성패에 달려 있다고 주장한다. 적어도 교회보다 성경을 더 우선시하는 일부 교단에 있어서 이것은 분명한 사실이다. 일반적인 개신교 교회에서와 같이 성경이 우선적인 권위를 갖고 있는 곳에서는 설교가 예배의 가장 두드러진 특징으로 부각된다. (중략)

앞서도 말했듯이, 설교는 기독교의 가장 독특한 제도이다. 설교는 연설과는 전혀 다르다. 강단과 연단은 전혀 성격이 다른 곳이다. 둘 중 한 곳에서는 성공하였지만 다른 곳에서는 실패한 사람들이 많이 있다. 기독교의 설교자는 그리스 연설가의 계승자가 아니라, 히브리 예언자를 계승하는 사람이다. 연설가는 영감을 불러일으키지만, 예언자는 계시를 전달한다. 혹시 그리스에서 설교자나 예언자와 유사한 직업을 찾으라고 한다면, 연설가보다는 오히려 극작가를 들 수 있겠다. 극작가는 인생의 범죄로 인한 비극과 필수불가결한 윤리, 눈에 보이지 않는 도덕의 힘 등에 대한 절실한 인식을 소유하고 있었으며 구속하고 정화하는 독특한 말투를 사용했다. 뿐만 아니라 연설에 대한 열정을 가진 사람은 바람직한 설교의 형식과 기준을 만족시키지 못하는 경우가 많다. 만일 여러분의 목적이 복음 전달이 아니라 회중의 귀를 즐겁게 하는 데 있다면, 그러한 설교는 반드시 수모를 당하게 되어 있다. 나는 회중을 즐겁게 만들고자 하는 수사학과 연설에 대해서는 더 이상 말하지 않겠다. 물론 나는 수사학과 연설을 모두 필요에 따라 적절하게 사용할 것이다. 사람들을 충동질하여 그들로 하여금 무언가를 하도록 설득시키는 것과, 다른 한편 사람들로 하여금 누군가를 신뢰하고 그 사람을 위하여 자신을 포기하게 만드는 것은 전혀 별개의 일이다. 하나는 일이라는 정치적인 영역에 관계되고, 다른 하나는 믿음이라는 종교적인 영역에 관계된다. 그리고 정치에 몰두해 있는 사람들은 설교자를 쉽게 무시한다. 일반적으로 말해서 연설가의 일은 현실 세계와 그 세계의 위기를 실제적이고 절박하게 만들어 주는 것인데 반해, 설교자의 일은 보이지 않는 세계와 보이는 세계 사이의 전반적인 위기를 실제적이고 절박하게 만들어 주는 것이다. 연설가의 현실 세계는 행동의 세계요 예술의 세계이다. 연설가는 사건과 자연과 상상력에 대해서 말한다. 그가 만일 강단에 선다면 그는 실천적인 설교자 혹은 시인 설교자로 불리게 될 것이다. 하지만 사도적 설교자의 유일한 과제는 사람들로 하여금 보이지 않는 영적인 세계를 실제적으로 깨닫게 만드는 것이다. 설교자는 회중을 충동하여 공동의 대적에 대항하도록 만드는 것이 아니라 그들의 공통된 자아에 대항해서 싸우도록 만들어야 한다. 즉 자연적인 장애물이 아니라 영적인 적을 대면하게 해야 한다. 그리고 설교자는 자연적 원천이 아니라 초자연적인 원천에 도움을 호소해야 한다. 설교자는 인생의 최종적인 목적을 성취하거나 가장 악독한 적을 대적하는 일에 있어 자연적인 자원만으로는 너무도 부족하기 때문에 초자연적인 존재로부터 특별한 도움이 필요하다는 사실을 사람들에게 말해 주어야 한다. 사람들이 구원을 필요로 한다면, 그것은 단순히 도움을 줄 수 있는 어떤 존재를 필요로 하는 것이 아니라 초자연적인 구세주를 필요로 한다. 연설가는 사람들을 격동시켜 경쟁하게 만들지만, 설교자는 그들을 구속받는 자리로 초대한다. (중략) 설교와 함께 기독교가 서고 넘어진다. 설교가 곧 복음의 선포이기 때문이다. 혹은 설교는 복음의 연장, 스스로를 선포하는 복음이라고 말할 수 있다.

이제 나는 최종적인 권위의 유일한 기관으로서 설교자에 대해 말하고자 한다.

16세기 들어 가톨릭교회가 그리스도인의 신앙과 삶에 대한 최종적인 권위의 지위를 잃어버린 이후로, 그리고 성서 비평학이 성경으로부터 그러한 최종적인 권위의 지위를 앗아간 이래로, 그리스도인의 신앙과 삶에 있어 가장 궁극적인 권위는 무엇인가 하는 문제가 서구 사회의 가장 중요한 문제 중 하나로 대두되었다. 당연히 복음은 권위 있게 선포되어야 한다. 권위에 대한 모든 도전은 사실 권위의 필요성을 더 확증할 뿐이다. 정치나 강단이나 신조에서나 교회는 할 수 있는 한 최선의 발언을 권위 있게 선포해야 한다. 하지만 근대 계몽주의 운동 전체를 단순히 되돌릴 수 없다는 사실을 받아들인다면, 교회가 자신의 권위의 영역을 더욱 명확하게 해야 한다. 말하자면 교회는 스스로 최상의 권위를 주장하지 못한다. 이것이 바로 복음주의 기독교의 정신이다. 왜냐하면 복음주의 기독교는 세상을 구원하는 그분이 또한 세상을 심판할 것이라고 선언하며, 우리를 값 주고 사신 그리스도가 우리의 양심과 삶에 있어 최상의 절대적인 권위를 가지고 있다고 설교하기 때문이다. 많은 교회의 결정적인 약점은 그 교회 가운데 권위 있는 메시지가 부재하다는 점이다. 또한 많은 교회가 하나님 나라라는 실천적인 목적을 내세워 자신의 메시지를 사회에 강요함으로써 실패를 자초한다. 우리가 우리 삶의 중심에 왕의 통치를 가져오지 않은 상태에서 천국에 대해 설교하는 것은 아무 소용이 없다. 모든 영혼의 일차적인 의무는 자신의 자유를 찾는 것이 아니라, 자신의 삶의 주인을 발견하는 것이다. 그리고 모든 교회의 일차적인 사명은 그분을 소개하고 중재하는 것이다.

설교자가 한때 최상의 권위를 구가한 적이 있다. 그는 왕에게 맞서 싸웠으며, 귀족을 자신의 설교 앞에 엎드리게 했다. 그는 정책과 관습을 결정하고 사상을 통제했다. 그러나 설교자는 그가 그렇게 누렸던 그 지위를 유지할 능력이 없다는 사실이 역사적으로 입증되었다. 설교자는 자신의 권위가 한때 그러했던 것만큼이나 드세게 몰아치는 반대 세력 앞에서 자신의 지위를 더 이상 유지할 수 없었다. 그 반작용은 오랫동안 강력했다. 그래서 오늘날에는 개인적으로 아무리 유명한 설교자의 견해라 하더라도 그 권위가 매우 실추되어 있으며 사람들로부터 무시와 조롱을 당한다. 이러한 점에서 설교는 신문 기사와 닮았다고 할 수 있다. 매일 발행되는 신문 부수는 엄청나다. 하지만 선거나 이와 비슷한 사건이 있을 때 신문에 수록된 의견은 거의 아무런 영향력도 발휘하지 못한다.

다른 한편 신문 기사와 설교 사이에는 엄청나게 큰 차이가 있다. 설교는 말씀을 가졌지만, 신문 기사는 그렇지 않다. 설교는 일관된 메시지와 거기에 근거한 진리를 갖고 있지만, 신문 기사는 어떤 것에 대해서 일관된 주장을 펴지 않고 오히려 사상과 표현의 자유를 선호한다. 설교는 자유의 원천으로서 복음을 가지고 있는 반면, 신문 기사는 복음 없이 자유만 갖고 있다. 하지만 자유는 그 자체로 결코 복음이 아니다. 자유는 단지 복음을 위한 기회일 뿐이다. 참된 복음은 자유를 주장할 뿐 아니라 그것을 창조한다. 자유는 그 자체로 복음의 산물이거나 그렇지 않으면 복음에 이르기 위한 수단이다. 그것은 결코 목적이 될 수 없다. 자유는 진화와 마찬가지로 목적이 아니다. 그것은 어떤 목적을 산출하기 위한 과정에 불과하다. 한편 그 목적은 단순히 과정 그 자체만으로는 성취될 수 없다. 자유 그 자체는 목적이 아니지만, 지향하는 목적의 가치에 상응하는 정도의 가치를 가진다. 출판의 자유가 지향하는 주된 목적은 사실 보도에 있다. 신문 기사는 사실을 보도함에 있어 자유로워야 한다. 하지만 설교는 사실뿐 아니라 말씀을 갖고 있다. 신문 기사는 정보 제공을 목적으로 하며, 기껏해야 어떤 제안을 할 뿐이다. 그것은 권위 있는 선포를 목적으로 하지는 않는다. 하지만 설교는 권위를 가지고 있다. 강단에서 선포되는 메시지는 권위를 보증하기 위한 것이다. 신문 기사는 대중이 어떻게 행동해야 하는지에 대해서 의견을 제시할 따름이지만, 설교는 행동하는 대중이 누구를 신뢰하고 누구에게 순종해야 하는지에 관한 메시지를 전한다. 신문 기자가 충고자라면, 설교자는 예언자이다. 신문 기사는 사상을 가지고 있지만, 설교는 복음, 나아가 명령을 가지고 있어야 한다.

요컨대 설교는 권위를 가지고 있어야 한다. 만일 설교자의 강단이 권위를 갖지 못한다면, 그것은 다만 하나의 단상일 뿐 설교단은 아니다. 권위를 잃은 강단은 어떤 사상을 전달할 수는 있겠지만, 설교 메시지를 전달하지는 못한다. 하지만 설교단에서 설교자는 권위를 가지고 메시지를 전달해야 한다. 그러나 이 때의 권위는 설교자의 인격에서 나온 권위나 단순히 강압적인 권위와 구별되어야 한다. 설교의 권위는 그가 증언하는 진리 명제에 있지 않다. 단순한 진리 명제의 영역에는 권위가 없다. 진리 명제는 단지 지적인 측면에 관계되는 데 반해, 참된 권위는 의지와 믿음, 결단과 헌신에 관계되는 도덕적인 개념이기 때문이다. 참된 권위는 설교자가 우리에게 믿을 것을 요구하는 명제가 아니다. 그것은 도식적인 명제와 다르다. 그것은 어떠한 견해도 아니다. 그것은 신조도 아니고 신학도 아니다. 그것은 경건이고 복음이며 하나님의 재촉이다. 우리는 신학의 영역에는 권위가 없다고 과감하게 말할 수 있다. 권위는 경건의 영역에 속한다. 교회가 보편적으로 받아들이는 신조는 큰 영향력을 가지고 있다. 하지만 그것은 엄밀한 의미에서 권위라고 볼 수는 없다. 신학의 영역에서 신념은 진리의 문제이다. 왜냐하면 신학은 단순하든 복잡하든 일종의 학문이기 때문이다. 그리고 일반적으로 학문은 어떠한 권위도 인정하지 않는다. 하지만 경건의 영역에서 신앙은 곧 믿음이다. 그것은 인격적인 관계를 의미한다. 그것은 한 인격에 대한 한 인격의 믿음이다. 그것은 그 사람에 대한 자기 헌신이다. 사람은 마음으로 믿어 구원에 이른다. 그것은 어떤 인격을 향한 인격적인 행위이다. 그것은 그 사람에 대한 신뢰이며, 그의 행위의 능력에 대한 응답이다. (중략) 그것은 권위와 순종 사이의 도덕적인 관계이다.

그러므로 강단의 권위는 인격적인 권위이다. 하지만 그것은 설교자 개인의 권위도 아니고, 그의 직무의 권위도 아니다. 설교자의 직무는 일부 몽상가들이 주장하는 것보다 훨씬 더 큰 존경을 받아 마땅하지만, 엄격한 의미에서 볼 때 스스로 권위를 주장할 수는 없다. 설교단의 인격적인 권위는 신적인 인격의 권위다. 그것은 외적인 권위이지만, 동시에 우리 안에 살아 계시며 구원하시는 하나님의 권위이다. 그분의 방문 앞에서 예언자들의 목소리는 잦아들고, 순교자의 영혼은 십자가 제단 아래에서 움츠러든다.

천국의 완벽한 조화 가운데 있는 하나님과 영혼 사이의 관계는 언제나 예배 즉 권위와 순종의 관계임에 틀림없다. 우리가 적극적으로 긍정적인 입장을 취하지 않는다면, 인간은 자기 자신에 대해 율법과 경배의 대상이 된다. 참된 권위는 우리에게 다가오지만, 우리로부터 생겨나지는 않는다. 그것은 우리 인간에게 내려와야 하며, 인간으로부터 나와서는 안 된다. 그것은 우리 인류에게 주어진 말씀이지, 우리 인류로부터 비롯된 말씀은 아니다. 우리 양심의 내용은 우리에게 내려오는 것으로, 우리 자신이 투사한 어떤 것이 아니다. 우리 자신이 투사한 것은 양심보다 더 못한 것이다. 우리가 만든 법은 우리가 폐기시킬 수 있고 우리가 세운 질서는 우리가 전복시킬 수 있기 때문이다. 여러분이 원하는 대로 양심의 자율성(autonomy)을 다루어라. 하지만 자율성에서 강세가 둘째 음절 '율'(nomos: 법)에서 첫째 음절 '자'(autos: 스스로)로 옮겨가지 않도록 주의하라. 만일 강세가 율(nomos)에 있다면, 그것은 우리 인간 이상의 존재 곧 하나님으로부터 비롯된 것이다. 만일 그렇지 않고 만일 강세가 자(autos)에 있다면, 그것은 인간이 스스로 부과한 조건으로서 언제든지 스스로 풀어 버릴 수 있는 성질의 것이다. 비록 그것이 구속적이라 할지라도 그것은 스스로에게 그것을 부과한 그 사람 외에 아무에게도 구속력을 발휘할 수 없을 것이다. 그렇다면 그것은 더 이상 양심이 아니다. 단지 지나치는 생각에 불과하다.

그렇다면 다음과 같은 질문이 제기된다. 참된 권위는 내적이고 영혼 안에 있다는 이 명제는, 근대적 진보의 가장 위대하고 확실한 성과 중 하나라고 볼 수 있지 않은가? 실로 그렇다. 그것은 근대 시대가 가져다 준 가장 크고 귀한 축복 중에 하나이다. 하지만 이 명제가 무엇을 의미하는지 여러분은 알고 있는가? 분명히 보다 내적인 것일수록 보다 외적이다. 우리가 우리의 내면의 성 안으로 후퇴하면 할수록 우리 아닌 다른 것으로부터 오는 압력, 즉 우리의 대군주의 현존을 더 크게 느낀다. 우리가 점점 더 영적인 존재가 될수록, 우리는 점점 더 하나님의 법 아래 놓이게 된다. 권위를 내면화한다는 것은 그것을 더욱 예리하게 만든다는 것을 의미하며, 따라서 그것을 더욱 강조하게 된다. 더 예리한 실재일수록 우리에게 더 지속적이고 보편적인 효과를 미치기 때문이다. 권위는 내면화될수록 더욱 외면화된다. 왜냐하면 내면화된 권위는 우리가 저항할 수 없는 권위가 되기 때문이다.

아마도 어떤 사람들에게는 '외적인' 권위보다 '객관적인' 권위라는 표현이 더 이해에 도움을 줄 것이다. 왜냐하면 평범한 사람에게 있어 외적인 것이란 자신의 몸이나 자신의 가족, 혹은 자신의 자유 의지나 자신의 개별성 바깥에 있는 것을 의미하기 때문이다. 반면 우리가 진정으로 관심을 갖는 대상은 우리 자신의 영혼 밖에, 즉 우리 자신의 인격 바깥에 있다. 우리를 고통스럽게 만드는 것은 외적인 어떤 것이 아니라, 정복되지 않은 내면, 주관주의, 개인주의, 그리고 자기 중심주의 등이다. 주관주의란 우리를 속박시킬 수 있는 힘을 외부의 사물에 부여하는 것이다. 만일 우리가 우리를 다스릴 무엇을 우리 안에서 발견하지 못한다면, 우리는 우리 주변의 사물에 굴복하게 된다. 우리에게 필요한 것은 우리의 주관주의에 대한 치료책, 즉 우리의 자기 중심주의에 대한 치료책이다. 그리고 그 치료책은 물리적으로나 제도적으로 외부에 있는 것을 통해서는 결코 발견할 수 없다. 그것은 오직 객관적이고 도덕적이고 영적인 것에서, 즉 우리의 자아 및 인류와 동질적이면서 동시에 반대편에 있는 것에서 발견된다. 객관적인 이것만이 도덕에 어떤 의미를 부여할 수 있다.

결국 하나님의 권위는 내면적이어야 한다. (여기서 우리는 이 의미를 분명히 해야 하는데, 이것은 우리 자신의 권위를 의미하지 않는다.) 내가 염려하는 것은 설교자가 따라가고 있는 대중적인 견해이다. 권위는 반드시 내면적이어야 한다. 오늘날의 설교자는 이 원칙을 받아들여야 하며, 다른 모든 왜곡과 변형을 바로잡아야 한다. 설교자의 메시지는 점점 더 내면화되어야 한다. 말하자면 설교자의 메시지는 간청하는 종의 말이 아니라 적법한 권위를 가진 사람의 강권하는 말이 되어야 한다. 그것은 무엇보다도 도덕적인 권위여야 한다. 설교자의 메시지는 단순히 얼마간의 반향이나 감상을 불러일으키는 데 만족해서는 안 되며, 행동과 순종과 희생을 요구하는 데까지 나아가야 한다.

그러므로 우리가 외적인 교회나 책에서 내적인 양심의 법정으로 권위의 자리를 옮겼다 하더라도, 즉 사람들과 사회에 대해서 우리의 영혼은 우리 자신의 것이라는 점을 분명히 했다고 하더라도, 우리의 싸움은 아직 끝난 것이 아니다. 우리는 다만 다른 지평 위에서 보다 진지하게 새로운 출발을 시작하고 있는 것뿐이다. 그리고 많은 경우 우리는 오히려 혼돈의 문, 내적인 동요의 길을 열어젖힌 것이다. 많은 경우 내면성에 대한 인정은 권위를 파괴하는 것처럼 보인다. 아마도 처음에는 상당 부분 그러할 것이다. 우리는 우리 자신으로 너무 가득 차 있어서, 다른 누군가로 하여금 우리를 다스리게 하기를 원하지 않는다. 만일 우리가 그것을 원한다 하더라도, 돌풍과 한숨과 변덕스러운 자아의 모습 속에서 확신을 갖고 목자의 음성을 분별해 낼 수 있을 만큼 자신의 내적 자아와 친밀한 사람은 거의 없다.

출 처

P. T. Forsyth, Positive Preaching and Modern Mind (New York: A. C. Armstrong, 1970), pp. 3 – 5, 41 – 50.

반 더 게스트

Hans Van Der Geest

설교자의 인격

오늘날 인격에 관한 다양한 이론을 신학적으로 적용하는 가운데 설교자는 인격에 대한 고전 수사학자의 관심과 설교자의 인격 형성에 대한 중세 기독교의 강조를 다시금 주목하게 되었다. 설교에 대한 심리학적인 평가는 비록 크리소스톰(Chrysostom)이나 박스터(Baxter), 슈페너(Spener)가 가졌던 도덕적, 신학적 깊이를 결여하고 있기는 하지만, 설교자의 효과적인 전달과 회중의 응답에 대한 통찰을 제공해 준다. 한스 반 더 게스트(1933 -)의 연구는 설교자와 회중 사이의 신뢰 관계가 가진 중요성에 초점을 맞추고 있다. 그의 연구의 결론은, 이러한 신뢰 관계는 설교 기술만으로는 형성되지 못하며 설교자의 인격적 능력을 반영할 수밖에 없다는 것이다. 반 더 게스트는 설교자 훈련을 위하여 설교자 개개인의 독특한 은사와 필요를 고려하는 실제적인 훈련 모델을 제시한다. 그의 책에 담긴 풍부한 신학적, 실천적 지혜는 200회 이상의 예배와 교인과 수많은 인터뷰에 경험적인 근거를 두고 있다. 이 예배와 인터뷰는 대부분 스위스 졸리커베르크(Zollikerberg)에 소재한 임상 목회 교육 센터(the Center for Clinical Pastoral Education, 그가 이 센터의 책임자로 있다.)의 후원 아래 이루어졌다. 그의 저서 『주님이 나에게 말씀하셨다』(Presence in the Pulpit : Du hast mich angesprochen)는 설교와 설교자가 회중에게 미치는 효과를 집중적으로 다룬 유일한 책이다. 반 더 게스트는 그의 연구에 기초해서 회중이 느끼는 효과적인 설교의 세 가지 차원을 다음과 같이 구분했다. (1) 설교자에 대한 회중의 신뢰.(이것은 대개 설교자의 전 인격에서 비롯된다.) (2) 구원 즉 하나님의 새로운 실재를 현존하게 만드는 설교의 능력. (3) 세상 속에서 그리스도인으로서 사는 삶에 대한 양육. 반 더 게스트의 『주님이 나에게 말씀하셨다』는 인격에 대한 브룩스의 강조와 설교자의 인격 훈련에 대한 슈페너의 소그룹식 접근 방법과 아주 많은 유사점을 지니고 있다. 차이점이 있다면, 그것은 반 더 게스트가 풍부한 임상 자료를 근거로 현대 설교의 건강 상태를 진단하기 위해 심리학적 범주를 사용한다는 것이다.

앞서 필자는 예배와 설교에 대한 회중의 다양한 반응을 살펴보았다. 이 과정 속에서 우리는 예배 경험의 세 가지 차원이 가시화되고 예배에 대한 반응의 다양한 측면도 계속해서 드러나는 것을 확인했다. 결국 필자는 설교학의 기본적인 내용의 상당 부분을 함께 다룰 수밖에 없었다.

예배와 설교에 대한 각각의 분석에서 우리는 설교자의 구체적인 행동양식과 그 설교자의 인격 사이의 밀접한 관계를 분명하게 확인할 수 있다. 설교자가 '나'를 너무 자주 말하거나 혹은 반대로 거의 말하지 않는다면, 혹은 설교자가 즉흥적으로 말하거나 율법적으로 설교하거나 혹은 회화적(繪畵的)으로 말한다면, 그것은 우발적인 현상이 아니다. 이러한 시청각적인 요소는 모두 설교자의 인격에 깊이 뿌리를 내리고 있다. 이러한 요소를 변화시키고 싶은 설교자가 있다면, 그는 겉으로 보이는 외적인 현상을 변화시킬 뿐 아니라, 그 이면에 보이지 않는 인격적인 뿌리까지 함께 다루어야 한다.

설교자의 바람직한 자세와 관련하여 필자는 회중의 반응과 그 반응에 대한 나의 반성을 설명하는 가운데 어느 정도 명료한 대답을 제시할 수 있었다. 주제 넘는 행동으로 보일 수 있겠지만, 필자는 여기에서 '바람직한' 설교자에 대한 정의를 시도해 보고자 한다. 이러한 시도는 예배의 기적을 하나님이 아니라 사람에게서 기대한다는 잘못된 인상을 줄 수도 있을 것이다. 하지만 지금 나의 시도는 그러한 왜곡된 인상과는 아무런 상관이 없다. '바람직한' 설교자는 다만 우리의 목표일 뿐 실제로는 존재하지 않는 인물이다. 그리고 개인적으로 나 자신이 항상 모든 측면에서 이러한 상을 만족시키고 있다고 주장하는 것도 아니다. 바람직한 설교자의 이상에 대한 글을 쓰고 읽기 위해서는 상당한 유머와 약간은 자신을 깎아내릴 수 있는 여유, 그리고 하나님의 크신 역사에 대한 온전한 신뢰가 필요하다. 그렇지 않으면 이러한 시도는 단순히 우리를 낙심케 할 뿐이다. 즉 바람직한 설교자 상(像)을 정의하려는 이 같은 시도는 우리가 지향하는 목표와 더불어 얼마간의 도움을 제공하기 위한 것이다. 이것은 자신의 소명의 삶 전체가 일종의 구속의 과정 속에 있다고 믿고 있는 사람들에게는 도움을 주겠지만, 지금 예배를 섬기고 설교를 하고 있기는 하지만 사실은 설교할 자격이 없는 사람들에게는 당혹스러움을 안겨 줄 것이다. 모든 사람이 다 설교자가 되는 것은 아니다.

필자는 이미 앞서 논한 설교자의 기본 자세의 여러 측면을 열거할 것이다. 이것은 프리츠 리만(Fritz Riemann)의 『심층심리학적 관점에서 본 설교자』에서 열거한 것과 어느 정도 병행을 이룬다. 리만은 이 책에서 설교자의 주요 형태를 네 가지로 구분하고서 각각의 장점과 약점을 기술하고 있다. 하지만 내가 볼 때 그의 분석은 지나치게 체계적이고 사변적이다. 실제로 설교자의 인격은 이러한 주요 형태로 구분되지 않는다. 다양한 형태의 특징을 동시에 강하게 보이는 사람들도 많이 있기 때문이다. 그럼에도 불구하고 필자는 리만이 설교자의 인격에 관심을 집중시켰다는 점을 높이 평가한다.

1. 소명감

하나님께서 누군가를 통해 자신의 말씀을 선포하길 원하신다고 말할 때, 이것은 선포하는 일을 수행할 사람이 그 직무를 진정으로 원하든 원하지 않든 상관없다는 것을 의미하지는 않는다. 신학적으로 볼 때, 설교자의 소명은 하나님의 부르심과 설교자 자신의 소원 사이에서 성취된다. 설교자의 관점에서 볼 때, 이것은 그가 복음을 듣고 그 복음에 사로잡혔으며 그 복음을 다른 사람들에게 선포하도록 부름받았다는 것을 그가 느끼고 있음을 의미한다. 부름받았다는 의식이 없는 설교자는 절름발이 설교자이다. 복음이 자신의 내면을 어루만졌다는 느낌과 다른 사람들 또한 그들 나름의 방식으로 이러한 경험을 해야 한다는 확신은, 그들에게 내적 동기를 제공해 준다. 그리고 이를 통해 그들은 예배를 적절하게 수행하는 데 필요한 여러 가지 선결 조건을 충족시키게 된다. 즉 이제 설교자는 회중에게 확신을 가지고 명료하게 말할 수 있게 된다. 이것은 회중의 마음속에 신뢰를 일깨우는 데 있어 필수적인 요소이다. 이러한 태도는 하나님께서 직접 말씀하셨다는 깨달음이 단순히 설교자로부터 말미암지 않고 하나님으로부터 결정적인 방식으로 비롯되었다는 사실을 보여 준다. 만일 설교자가 복음을 듣고 거기에 사로잡혔다는 것을 개인적으로 느낀다면, 그는 그러한 경험에서 비롯되는 놀라운 결과를 전달할 수 있으며 복음을 대면하여 회중에게 이와 동일한 놀라움을 불러일으킬 수 있다. 사로잡힘의 경험은 복음을 선포하게 하며, 합리적으로는 납득할 수 없는 것을 말할 수 있는 용기를 준다.

하나님이 자신에게 친히 말씀하신다는 것을 느끼는 설교자의 경험은 설교의 내용에도 영향을 준다. 하나님이 자기에게 말씀하셨다고 느끼는 설교자의 개인적인 경험은 설교와 기도의 내용을 결정하는 데 영향을 미치며, 또한 설교자가 자신의 사역을 수행함에 있어 전적으로 헌신할 수 있게 한다. 설교자와 더불어 회중 또한 그러한 진지함에 사로잡힐 것이다.

하나님이 친히 자신에게 말씀하셨다거나 혹은 하나님이 자신을 부르셨다는 이러한 느낌으로 인해 설교자는 다른 그리스도인과는 근본적으로 구별된다. 소명은 그리스도를 닮아 가는 것과 관련되는 것으로서, 반드시 목사의 직분과 관련되는 것은 아니다. 개인적이고 사회적인 다른 많은 요소가 이러한 소명에 형태를 부여한다. 그래서 어떤 사람들은 이 소명을 통해 목사라는 직업을 선택하고, 또 다른 사람들은 동일한 소명을 받고서 다른 직업을 선택한다. 넓은 의미에서 본다면, 모든 그리스도인이 복음 전도를 위해 부름을 받았다. 하지만 이 공통된 책무가 가장 명확하게 가시화되는 것은 바로 설교자를 통해서이다.

설교자가 경험하는 가장 끔찍한 고민 가운데 하나는 그가 설교를 해야 하는지 말아야 하는지에 대해 내적으로 확신이 서지 않는다는 점이다. 이러한 책무를 감당할 수 있는 영적인 에너지는 하나님이 설교 사역을 위해 자신을 부르셨다고 하는 내면적인 느낌에 의해 공급된다. 때때로 아마도 그 느낌은 깊이 숨겨져 있거나 혹은 무의식 중에 있다. 만일 이러한 느낌이 없다면 예민한 설교자의 경우 자신이 막다른 상황 가운데 처해 있다고 느낀다. 외적으로 이것은 하나님의 말씀의 실종 혹은 생명력 없는 기도로 나타날 것이다.

내가 아는 한 기본적으로 다음 두 가지 영적인 상황 아래에서 이 같은 고민이 발생한다. 첫째 상황은 설교를 해야 하는 직업을 너무 성급하게 선택한 사람들의 경우이다. 이것은 목사들에게 있어 특히나 가슴 아픈 현실이다. 만일 그들이 개인적으로 하나님의 손에 붙들려 있지 않다면, 그들의 소명의 실존은 통째로 그 기초를 상실하게 되기 때문이다. 그들의 훈련 과정은 그들에게 다른 직업의 가능성을 거의 열어 주지 못한다. 게다가 이미 가정을 꾸리고 목사로서의 생활 양식에 적응한 사람 중에 누가 전적으로 새로운 출발을 원할 것이며, 또 그렇게 할 수 있겠는가? 교회 당국자들에게는 젊은 신학생들 중에 누가 복음에 의해 개인적으로 하나님의 음성을 듣고 거기에 사로잡힌 바 되었고 누가 그렇지 않은지를 식별할 수 있는 방법이 실제적으로 거의 전무하다. 그렇게 하기 위해서는 시험보다도 학생들과 보다 심도 있는 접촉이 요구된다. 그러한 요구가 비현실적인 바람으로 남아 있는 한, 내적 동기 부여를 결여한 설교자의 이 같은 고뇌는 계속해서 반복될 것이다.

이러한 고뇌가 생기는 두 번째 상황은 첫번째 상황보다 훨씬 더 자주 발생하는 것으로 자기 자신으로부터 스스로 소외되는 경험이다. 형식적인 훈련에서 '객관적'이라는 단어는 '실존적인 영역의 회피'와 곧장 동일시된다. 신앙은 즉각 신학으로 환원되고, 이에 따라 삶은 이론으로 환원된다. 젊은 신학자들에게 있어 이것은 직업 선택의 근본 동기를 상실하게 됨을 의미한다. 그들은 교과서에서 언급되지 않는 내면의 삶에 대해 언급하는 것을 부끄러워하게 될 것이다. 한편 학생과 젊은 목사를 대상으로 한 목사 양성 과정에서 어떤 사람의 소명에 관하여 확실히 알 수 없다고 하는 이러한 일반적인 회의주의 이면에는, 종종 위대한 내적 소명이란 존재하지 않는다고 하는 자포자기한 심정이 있다.

목사직에 대한 소명과 관련하여 절대적인 확신을 가진 사람은 지극히 소수라고 필자는 생각한다. 실제로 그러한 확신조차 매우 의심스러운 것이다. 단지 내적이고 따라서 비합리적인 경험으로서 소명을 지나치게 강조하는 경건주의의 유산이 오늘날에도 여전히 많은 신학자에게 영향을 미치고 있다. 경건주의 전통에 따르면, 이러한 경험을 갖지 못한 사람은 악한 양심을 가진 사람으로 평가된다. 하지만 설교자가 복음에 의해 개인적으로 사로잡혔는가 하는 질문은 여전히 중요하다. 이러한 사로잡힘의 경험은 내적 소명과 근본적으로 같은 말이다. 많은 설교자에게 있어 목사가 되기까지의 일련의 과정은 단순히 자신의 소명 체험을 사회적으로 확인하는 과정에 불과하다. 그들이 소명 받을 당시 자신의 믿음을 다시 회복하기만 한다면, 그들은 당시의 기쁨으로 다시금 흥분하게 될 것이다. 설교자는 자신의 목회적 실존의 이러한 깊은 뿌리에 관하여 말할 수 있어야 한다. 이것은 그들이 선포하는 주님과 그들이 맺은 관계의 문제이며, 만일 이 문제에 대하여 명확하지 않다면 그들은 걷기 시작하기도 전에 절뚝거리게 된다.

2. 책임감

조화로운 성장 과정에 있는 사람들은 스스로 독립적인 존재가 되어 갈 뿐 아니라 다른 사람들에 대한 책임감을 수용하는 방법을 배운다. 책임감을 수용하는 것은 독립적인 존재가 되는 것보다 더 많은 것을 요구한다.

이것은 부모가 되는 것이 어른이 되는 것보다 더 많은 것을 요구한다는 사실과 비슷하다. 기꺼이 다른 사람들을 배려하고 또 그렇게 할 수 있는 사람만이 권위자로서 역할을 감당할 수 있다. 말하자면 신뢰를 불러일으키기 위해서는 배려하고 돌보는 태도가 필수적이다. 만일 설교자가 정신질환을 앓고 있다면 그 병증의 깊이만큼 그는 다른 사람들을 배려하는 것과 관련해서 어려움에 봉착할 것이다. 결국 무자비한 태도는 신뢰를 불러일으키기보다는 오히려 신뢰를 깎아내릴 것이다. 히스테리적인 성격 또한 어떤 일에 착수해서 그 일을 책임감 있게 수행하는 데 어려움을 가져다 줄 것이다.

선포의 내용 또한 설교자의 책임감을 요구한다. 책임감이 결여된 설교자의 설교는 겸손과 믿음과 순종이 요구되는 삶의 구체적인 영역을 회중에게 제시하지 못한다. 반면 책임감 있는 설교자가 현실적인 문제를 비현실적으로 회피하지 않고 오히려 복잡한 삶을 향해 눈을 돌린다. 책임감 있는 설교자는 성경 메시지의 구조를 명확하게 발견하려고 할 것이며, 그저 환상적인 생각에 무비판적으로 자신을 내던지지는 않을 것이다. 그는 설교를 통해 자신이 말하고자 하는 바를 명확하게 전달해 줄 수 있는 단어를 찾으려 할 것이다. 또한 그러한 설교자는 회중을 위해 현실을 너무 단순하게 만들지도 않는다. 오히려 고통이 수반된다 하더라도 회중에게 현실적인 지침을 제공한다. 이렇게 할 때 설교자는 신뢰할 만하다는 인상을 주며 안정감을 불러일으킬 수 있다.

3. 자기 자신과 대면 추구

인간의 삶은 다른 사람들의 가치관을 무비판적으로 받아들임으로써 진정한 자신과의 대면은 상실해 버릴 수 있다. 이것은 내가 받아들인 다른 사람들의 가치관과 전통을 너무도 소중하게 여긴 나머지 정작 자기 자신의 존재는 망각하게 되는 경우를 말한다. 나는 더 이상 한 사람의 인격적 존재가 되지 못하고 다른 사람의 대변인으로 전락해 버린다. 나는 내가 그러한 이상적인 기준에 부합할 때에만 나 자신을 사랑하게 된다. 나는 나의 본질적인 존재로 인해 나를 사랑하지 않는다. 하지만 그러한 상황에서 나는 다른 사람들에 대한 사랑을 진정으로 경험할 수 없다. 왜냐하면 누군가를 사랑할 수 있는 '나'라는 존재가 더 이상 없고, 다만 대변인 즉 복사본만 존재하기 때문이다. 반면 내가 나 자신을 용납할 때 나는 인격적으로 설교할 수 있다. 오직 그 때에만 나는 감히 나 자신을 보여 주고 열어 보일 수 있다.

내가 나 자신에게 도달할 수 있는 그만큼 나는 다른 사람들 가운데 깊은 체험을 불러일으킬 수 있다. 만일 내가 나를 두렵게 하는 사람들로 인해 복수심을 지나치게 강조하거나 혹은 어떤 신학 이론에 동조하기 위해 경건한 신앙을 합리화한다면, 나는 나 자신을 어떤 틀 속에 가두고 있는 것이다. 즉 예배 중에 나는 말라 가는 우물로부터 물을 긷고 있게 된다. 오직 자기 자신을 대면하려고 노력하는 설교자만이 안정적인 설교를 할 수 있다. 우리의 내면은 처음에는 일반적으로 우습고 유치하게 보이며, 사람들 앞에 자신을 내어 보이기에는 부끄럽게 생각되기도 한다. 이 때문에 강박적인 성향의 설교자는 자기 자신을 직접적으로 대면하는 것을 무척이나 고통스럽게 생각한다.

자기 자신과의 대면은 설교를 준비할 때 결정적으로 중요하다. 설교를 위한 아이디어는 오직 창조적인 불안정 가운데 생겨난다. 즉 설교자는 다른 곳에서 습득한 제한적인 생각을 무시할 수 있어야 한다. 그러한 생각은 자신의 생각을 검증할 때에만 필요하다.

설교자가 자신을 과대 포장할 때 얼마나 초라하게 되는지에 대해서는 이미 살펴보았다. 자신의 내면을 억누르는 것은 결과적으로 회중에게 대한 긍정적인 효과를 가져다 주지 못한다. 이러한 자기 억압은 우리가 그것을 원하지 않는데도 사람들에게 부정적인 결과를 가져오며, 우리가 생각하는 것보다 훨씬 더 강력한 영향을 끼친다. 그렇게 억압된 요소는 오히려 우리의 통제로부터 벗어나 악마적인 힘을 발휘한다. 모든 사람은 자신의 내면에 여러 가지 문제와 혼돈의 요소를 갖고 있다. 그것은 그 자체로 보면 나쁜 것이 아니다. 사실상 커뮤니케이션의 장애는 삶의 문제에서 비롯되기보다는 오히려 그러한 문제를 통해서 극복된다. 커뮤니케이션의 장애는 오히려 우리가 우리의 문제를 인정하지 않을 때 발생한다. 자신의 불안정성을 인정하지 않으려고 하는 설교자는 안정감 있게 설교를 추구할 것이다. 이런 경우 회중은 자신을 그 설교자와 동일시하지 못하게 되며, 결국에는 그의 설교 방식에 화를 낸다. 다른 한편 설교자의 불안정성은 회중과의 접촉점을 만들어 준다. 불안정한 설교자는 인간의 안정성에 관해 설교하는 대신 불안정한 우리를 도우시는 하나님의 약속에 관해 설교할 것이다. 자기 자신과의 접촉점을 발견하지 못하는 사람들은 비록 옳을지는 모르지만 지루하고 낯선 것을 제공하게 된다.

 설교자가 얼마만큼 자신을 드러내야 하는가에 대한 질문은 간단히 대답할 수 없다. 모든 개방성이 다 유용한 것은 아니지만, 피상적인 자기 개감은 커뮤니케이션에 거의 도움이 되지 못한다. 설교자에게는 감정적인 개방과 참여가 필요하다. 일반적으로 즉흥적으로 내뱉는 말은 그러한 자기 개방을 결정적인 방식으로 현실화한다.

 설교자는 또한 생동감 넘치는 설교를 위해서 자기 자신을 대면해야 한다. 생동감은 이해의 차원에서 결정적으로 중요한 요소이다. 진정한 생동감이 의사 전달 과정 중에 표현되기 위해서는 설교자가 자신의 내면을 들여다보아야만 한다. 자신의 진정한 자아에 도달하려고 애쓰지 않는 사람들은 다른 사람들의 이미지나 추상적인 이미지 뒤에 숨어 버리기 때문이다.

 설교자는 때때로 회중 가운데 존재하지도 않는 사람을 설교 중에 만들어 내기도 한다. 이것 또한 자기 자신과의 대면 기피로 인해 직접적으로 빚어지는 현상이다. 만일 내가 나 자신 안에 있는 갈등을 인정하지 않는 다면, 필자는 설교 중에 그러한 갈등을 정죄하며 결국 예배에 실제적으로 참여하지 못한다. 그렇게 되면 설교자의 자기 억압은 회중에게 무자비한 요구를 하는 율법주의적 태도로 나타난다. 이러한 율법주의는 설교자 자신 안에서도 여전히 해결되지 못한 문제를 무심코 드러낸다. 왜냐하면 설교자 또한 단지 무의식적으로만 그러한 문제를 다루고 있기 때문이다.

자기 자신과 대면하기를 주저하지 않고 자기 자신을 사랑하는 설교자는 예배의 감정적인 영역을 인정하고 예배자들의 감정적인 영역을 매만지는 데 별다른 어려움을 느끼지 않을 것이다.

4. 자기 자신을 내줌

다른 사람들과 함께 공동체를 추구하는 사람은 누구나 자기를 내준다. 그리고 이것은 예배를 인도하는 설교자에게 있어서도 참된 말이다. 어떤 사람들은 자신을 내주는 이러한 행위에 상당한 불편을 느낀다. 특히 삶에 대하여 강박적인 태도나 정신분열증적인 태도를 가진 사람들은 자신을 내주는 데 더 큰 어려움을 느낄 것이다. 그들은 지나치게 스스로를 제한하기 때문에 예배에 필요한 제반 조건을 충족시키지 못한다. 지성주의는 악명 높은 자기 제한의 여러 형태 중 하나이다. 지성주의에 사로잡힌 설교자는 오직 합리적인 말만 하려고 한다. 훈련받은 목사는 일반적으로 지적으로 상당히 탁월하기 하기 때문에 합리적인 말을 하는 데 있어서는 별로 위험을 감수할 필요가 없다. 즉 합리적인 말을 할 동안 설교자는 자신을 내줄 필요가 거의 없다. 하지만 예배에 참석한 사람들은 그들이 원하는 만큼의 충분한 메시지를 듣지 못하기 때문에 실망하게 된다.

신학과 신앙의 관계에 대해서 숙고하는 설교자의 수는 극소수에 불과하다. 많은 설교자가 신학과 신앙을 동일한 것으로 여기고 있는데, 이것은 내가 보기에 부끄러운 일이다. 신학은 합리적인 작업으로서 그 작업의 정당성이나 능력, 한계는 모두 지적인 영역에 국한되어 있다. 한편 신앙은 전인격을 포괄하는 실존적인 행위이다. 신학은 설교 준비와 내용 검증에 관계되지만, 강단에서 일어나는 일과는 아무 상관이 없다. "이미 신학을 배운 상태에서 신학의 풍부한 자원을 바탕으로 자신의 전인격을 새롭게 구성한 사람만이 사람들에게 직접적으로 호소하는 설교를 할 수 있다."(오토 핸들러(Otto Haendler)). 밥솥은 잔칫상에 올리지 않는다. 강단은 믿음을 가진(하지만 계속해서 불신앙에 빠져드는) 한 그리스도인이 주 예수 그리스도를 전하는 곳이며, 그분으로부터 기적을 기대하는 곳이다. 설교는 신학적인 작업이 아니고, 오히려 실존적인 커뮤니케이션 행위이다. 이것은 서기관과 달리 권위 있는 자와 같이(막 1:22) 가르치셨던 예수님의 사역 모습에 비교할 수 있다. 설교는 종종 신학에서는 허용되지 않는 일방성과 과장법을 사용한다. 신학은 시간과 장소에 대한 구체적인 언급을 결여하고 있으며, 개별 설교보다는 더 균형 잡혀 있고 일반적이어야 한다. 설교는 설교자에게 생각보다 오히려 자기 내줌을 요구한다. 그리고 이러한 자기 내줌 안에는 즉흥적인 말하기도 포함된다. 이러한 요소들이 없다면 우리는 인격적인 만남을 특징으로 하는 예배 안에서 거룩함이나 친밀함과 같은 느낌을 경험하지 못할 것이다. 물론 주님께서 친히 설교자의 부족함을 보충해 주시겠지만, 하나님으로부터 너무 많은 것을 기대하는 것은 바람직하지 않다.

열정적인 참여는 믿음의 일부분이다. 하나님의 약속은 사태를 바르게 만들 수 있는 하나님의 능력에 대한 신뢰를 요구한다. 엄격함과 율법주의는 자연스러운 기쁨이 상실된 곳에서 생겨난다. 리처드 리스(Richard Riess)의 주장에 따르면, 율법주의적인 설교는 항상 강박적인 인격을 드러내고 있다. 이 책에서 제시한 분석은 이 명제를 확증하지 않는다. 오히려 우리는 다른 형태의 인격 안에서도 율법주의를 발견할 수 있다. 자신을 내주는 설교자는 생동감 넘치는 인상을 심어 주고 효과적으로 말을 한다. 왜냐하면 그는 사람들이 오해할 것이라는 두려움에 의해 움츠러들지 않기 때문이다. 하나님께 굴복하는 가운데 발견되는 기쁨은 때때로 책임감으로부터 야기되는 중압감을 덜어 준다.

5. 신앙과 불신앙 사이의 긴장

신앙과 불신앙 중에 무엇이 더 다루기 어려운지는 판단하기가 쉽지 않다. 그리스도에 대한 신앙에 이르는 과정은 실존적인 굴복을 의미하며, 따라서 신앙을 위해서는 과거의 익숙한 많은 습관을 포기해야 한다. 의식적으로 자신의 불신앙을 인정하는 것은(이것은 좋든 싫든 모든 사람 안에서 항상 일어나고 있는 일이다.) 궁극적인 믿음과 관련하여 스스로 불안정하게 된다는 것을 의미한다. 신앙과 불신앙 모두 쉽지 않은 일이지만, 이 두 가지 모두 설교자에게는 필요한 것이다. 자신의 불신앙을 전혀 의식하지 않는 설교자는, 하나님의 명령과 약속에 대해 저항하는 다른 사람들의 태도를 진지하게 고려하지 못하며, 결국 순진한 설교를 하게 된다. 프리츠 리만(Fritz Riemann)에 따르면, 히스테리적 성벽을 가진 설교자는 다른 사람들보다 이러한 실수를 범하기 쉽다. 리만은 또한 우울증적인 기질 또한 비슷한 유의 순진한 설교를 하게 된다고 지적한다. 회중은 그들이 경험하는 유혹을 예배 가운데 접목시키지 못하며, 이 유혹을 중요하게 여기는 사람들에게는 설교자의 메시지가 귀에 들어오지 않는다. 하지만 신앙과 불신앙 사이의 긴장을 붙잡고 있는 설교자는 하나님을 향한 회중의 분노와 불평, 원망과 무감동에 대해서 말할 수 있다. 왜냐하면 설교자 자신이 그러한 것들을 자기 안에서 발견하기 때문이다. 그러한 설교자는 성경 본문과 자신을 단순히 동일시하지 않으며, 오히려 하나님의 말씀이 그분의 백성 안에서 어떤 반응을 불러일으키는지 알기 위해 실제적인 경험을 분석한다. 오직 그렇게 할 때에만 설교자는 그러한 유혹을 극복할 수 있는 길을 발견한다. 이 때 설교자는 의문을 제기하는 회중을 대표하며, 아울러 설교자가 스스로 그러한 의문 가운데 평화를 누릴 때 그는 회중이 신뢰할 만한 사람이 된다.

6. 이끄는 것과 내버려 두는 것

회중과의 훌륭한 접촉과 관련하여, 이끄는 것과 내버려 두는 것 사이에 적절한 균형을 유지하는 것은 리더십을 행사하는 사람에게 결정적으로 중요한 요소이다. 항상 이끌기만 하는 사람은 전제 군주가 된다. 이끄는 것과 내버려 두는 것이 두 가지 대조적인 태도가 균형 잡힌 조화로운 관계 속에 있을 때 그 지도력은 유망하다. 아마도 이러한 균형 잡힌 관계를 유지하는 것은 누구에나 쉽지 않을 것이다. 강박적인 설교자는 너무 강하게 이끄는 경향이 있다. 상대방에 대한 거리 두기와 존경 모두 진실한 태도의 한 부분이다. 회중 한 사람 한 사람에게 너무 개인적으로 접근하는 설교자는 회중에게 충분한 여유 공간을 남겨 두지 않는다. 반면 리더십을 충분하게 발휘하지 못해 회중으로부터 너무 거리를 유지하는 설교자는, 설교자가 회중을 진지하게 고려하고 있다거나 그들 한 사람 한 사람에게 말을 하고 있다는 느낌을 회중에게 전달해 주지 못한다.

유능한 설교자는 어떤 것은 명시적으로 말하지만 어떤 것은 다만 암시적으로만 말한다. 설교자는 어떤 부분에 있어서는 생생한 인상을 심어 주기에 충분할 만큼 정확하게 묘사해야 하지만, 또 어떤 부분에 있어서는 회중이 스스로 생각할 수 있도록 충분히 모호하게 묘사해야 한다. 회중을 즐겁게 하는 데 관심이 많은 설교자는 너무 세세하게 또 과장해서 이야기하는 경향이 있고, 반면 회중의 반응에 무관심한 설교자는 너무 불분명하게 이야기하는 경향이 있다.

7. 결정적인 방식으로 선입견 없이 책무 수행하기

우리는 예배 가운데 실존적인 문제를 다룬다. 그리고 그 문제에 있어서는 사람들 사이에 위계가 없다. 하나님 앞에서 우리 모두는 동일하게 미천한 존재들이다. 그럼에도 불구하고, 설교자는 예배를 인도하고 회중은 인도를 받는다. 이것은 설교자가 모종의 긴장 속에 들어가게 됨을 의미한다. 그 긴장 속에서 모든 사람은 동등한 자 가운데 첫번째 위치에 서 있다. 즉 그는 평범한 예배자인 동시에 공식적인 예배 인도자로서 사이의 양극성을 경험한다.

설교자가 스스로 첫째가 되기를 원하지 않을 때 자신의 직무에 충분하게 참여하지 못할 위험이 있고, 반면 자신이 회중과 동등한 존재임을 망각할 때 설교자는 뻔뻔스러워질 위험이 있다. 여기에서 적절한 균형을 발견하는 것은 설교자의 자기 정체성 발견에 있어 결정적으로 중요하다. 우울증적인 성벽을 가진 사람은 때때로 적절한 때 결정을 내리지 못하고, 반면 히스테리적인 성벽을 가진 사람은 적절하게 온유함을 유지하지 못한다.

설교자가 성경 본문과 자신을 너무 지나치게 동일시하고 마치 복음이 자신에게는 더 이상 놀랍지 않은 것처럼 생각한다면, 설교자는 뻔뻔스러워질 위험에 처한다. 설교자가 자신의 고유한 역할을 과대 평가할 때 월권의 문제가 발생한다. 특히 정치적인 설교가 이러한 유혹에 많이 노출되어 있다. 때때로 설교자가 어떤 단체나 개인을 은밀하게 비난할 때 우리는 특별한 주의를 기울여야 한다. 설령 권위주의적인 어조가 아니라 하더라도, 설교자의 공격적인 어조는 설교자가 강단을 통해 자신의 개인적인 의견을 밀어붙이고자 하는 의도를 은근히 드러내 보여 준다.

지금까지 필자는 전통적인 예배에서 회중이 기대하는 바를 충족시키기 위해서 설교자가 갖추어야 할 기본적인 자세 일곱 가지를 간략하게 다루었다. 어떤 한 개인이 이 일곱 가지 조건 모두를 만족시키기란 거의 불가능할 것이다. 하지만 실현 가능성 여부가 어떤 모델의 타당성을 결정하는 것은 아니다. 다만 어떤 모델은 우리가 지향하는 목표점으로 기능하며, 설교자는 자신이 이 모델의 어떤 측면에 더 주의를 기울여야 하는지 인식하고 있어야 한다. 설교자는 자신이 어떤 측면에서는 좀더 노력이 필요하고 또 어떤 측면에서는 지금 그대로 실천해도 무리가 없는지 스스로 판단하게 될 것이다.

예배 참석자들이 진정으로 자신에게 말씀이 선포되고 또 그 말씀이 자신을 사로잡았다고 느낄 수 있도록 만들어 주는 것은, 설교자의 설교 전달 기술이나 메시지의 내용이 아니라 설교자의 기본적인 태도이다. 예배 중에 결정적인 사건은 설교자와 회중의 관계 안에서 발생한다. 확실히 설교자 외에 다른 요소도 나름의 역할을 하지만, 설교자의 인격은 다른 무엇보다 결정적인 역할을 한다. 따라서 만일 설교자의 인격이 부정적으로 기능한다면 회중이 하나님이 자신들에게 말씀하고 있다고 느낄 가능성은 거의 없다고 볼 수 있다. 설교자의 긍정적인 자기 표현은 설교 전달 기술이나 메시지의 내용이 보다 더 효과적인 열매를 맺을 수 있게 해 준다.

8. 설교자의 능력

바람직한 설교자의 이상 안에서 우리는 설교자의 개인적인 자기 표현과 설교의 전달 방법 사이의 통일성을 발견할 수 있다. 이런 설교자가 '나'라는 표현을 사용할 때, 그것은 최근의 설교 이론을 의도적으로 따르는 것이 아니라 무의식중에 자연스럽게 발설한 것이다. 그는 책에서 읽었던 내용이 아니라 자신의 내면의 눈을 통해서 보았던 것을 생동감 있게 말로 전달한다. 눈에 보이고 귀에 들리는 그의 행동과 그의 내면의 태도는 서로 일치한다. 예배를 인도하는 그의 능력은 이중 구조를 가진다. 먼저 그는 언어 활용 능력과 예전 진행 능력 및 공간적 관계 능력을 갖추어야 한다. 다른 한편 그는 전인격적인 존재로서 열정과 진지함을 가지고 자신이 말하는 메시지 뒤에 자리하고 있다. 설교자의 사역은 물리적으로 인식 가능한 표현 형태와 직관적으로 인지 가능한 내적 참여의 동시적인 사건이다.

내가 여기에서 이중 구조라고 부르는 것은, 비록 그 구별이 이론과 반성을 위해서 필요하기는 하지만, 실제적으로는 통일된 하나로 존재한다. 우리의 문화는 인간의 심리학적 통일성을 정당하게 다루는 사고 체계를 아직까지 갖고 있지 못하다. 하지만 만일 우리가 이러한 구별이 실제로는 비현실적이라는 사실만 잊지 않는다면, 이것은 그렇게 비극적이지 않다.

설교자의 능력의 이중 구조는 설교자 양성 훈련이 두 개의 궤도를 따라 이루어져야 함을 내포한다. 설교자 훈련은 보다 일반적인 것으로 기술적이고 방법론적인 측면과 아울러 보다 개별적인 것으로 인격적인 측면을 포괄해야 한다. 설교자 개개인에 대한 훈련은 맞춤옷 형식이어야 하는데, 그 이유는 각 개인이 독특하며, 그리고 이 독특함은 설교에 필수적이기 때문이다. 만일 훈련이 하나의 궤도만 따라 진행된다면, 사태는 그렇게 낙관적이지 않다. 이러한 내용을 담은 설교학 서적은 예배와 설교의 실제적인 구성에 실제로 기여하는 바가 거의 없다. 그러한 책들은 다만 설교에 관한 학문적인 토의를 위해 사용되며, 따라서 설교자 가운데 보다 학식이 뛰어난 사람들이 그러한 책을 읽는다. 하지만 유식한 목사가 회중과 더 잘 관계하고 더 충실하게 그들에게 말씀을 전한다고 말할 수는 없다. 설교를 통해 말해야 하는 바에 대한 객관적이고 보편적인 모든 도움말은 사실상 설교자에게 충분한 도움이 되지 못하는데, 그것은 각 설교자 개인의 독특성을 고려하지 않고 있기 때문이다. 필자는 만프레드 조수티스(Manfred Josuttis)에 대해서 대체로 아주 높은 평가를 하고 있다. 하지만 설교자가 성경 비평과 주석 방법에 좀더 능통하고 개혁신학을 좀더 진지하게 연구한다면 더 훌륭한 설교를 할 수 있을 것이라고 그가 생각하고 있다는 사실과 관련하여, 나로서는 그의 이 같은 생각에 선뜻 동의할 수 없다. 여기에서 그는 설교자로서 준비되는 과정을 너무 쉽게 생각하고 있다.

게르트 오토(Gert Otto) 역시 마찬가지인데, 다만 만프레드 조수티스와 달리 그는 비효과적인 설교의 원인을 빈약한 신학에서 찾지 않고 "많은 설교자의 언어적인 무관심과 무능력"에서 찾는다.

지금 필자는 설교학에 관한 많은 논문이나 책이 의미가 없다고 말하려는 것이 아니다. 비록 방법론적인 즉 주석학적이고 체계적이고 수사학적인 제안이 그 자체로 의미를 가지지만, 이론적인 논의가 불필요하게 너무 많아서는 안 된다는 것을 지적하려는 것이다. 다시 말해 이론적이고 방법론적인 측면은 설교자의 인격적인 측면을 통해 보완되어야 한다.

한편 다른 측면, 즉 인격적이고 개인적인 측면 또한 그것만으로는 그렇게 좋은 결과를 기대할 수 없다. 우리는 훌륭한 집단 치료 과정에서 혹은 유능한 정신과 의사와의 개인적인 대화 속에서 혹은 친구나 친척과의 관계 속에서 우리 인격을 통해 대화를 나누고 관계를 맺는다. 어느 누가 이러한 인격적 관계가 지닌 고유한 가치를 부정할 수 있겠는가? 하지만 이것만으로는 설교자 훈련을 돕지 못하며, 기껏해야 지극히 작은 기여를 할 뿐이다.

설교자 양성 훈련은 두 가지 작업이 동시에 이루어질 때에만 효과적이다. 즉 설교와 예전의 훈련은, 한편에서는 신학적, 수사학적 지침과, 다른 한편에서는 개인 인격에 대한 관심 사이의 긴장 속에서 이루어져야 한다. 훌륭한 설교를 하기 위해서는 방법론적인 측면에서도 탁월할 뿐 아니라 인격적으로도 훌륭해야 한다. 이것은 터널 공사에 비유할 수 있다. 터널을 만들 때 우리는 땅을 파헤치는 것과 동시에 지지대를 세운다. 먼저 약간 파낸 다음, 그 자리에 지지대를 더 세운다. 둘 중에 하나라도 소홀히 하면 아무 소용이 없다. 설교자를 훈련시키는 것도 이와 마찬가지이다. 예배를 인도하는 설교자는 예배 중에 신학적, 수사학적 지침과 충고를 좇아 실천하는 동시에 자신의 인격을 회중에게 내보이게 된다. 회중은 그가 신학적, 수사학적 규칙을 지켰는지 지키지 않았는지에 관심을 가지는 만큼이나 그의 인격의 기본적인 태도와 마음가짐이 어떠했는지에 대해서도 관심을 가지고 있다. 즉 설교와 예전 사역은 이 두 가지 측면에서 동시에 이루어져야 한다.

설교와 예전 훈련에 있어 이것은 우리가 설교자와 신학생의 인격에 보다 많은 관심을 기울여야 함을 의미한다. 왜냐하면 방법론적, 신학적, 수사학적 충고는 시간이 지날수록 더 풍부해질 것이 자명하기 때문이다. 하지만 주석적이고 체계적인 신학에 대한 지속적인 관심과 아울러 우리는 예배 인도를 준비하는 사람들의 인격적인 측면에 더욱 큰 관심을 가져야 한다. 예배와 설교에 대한 분석을 통해 우리는 설교자의 전인격이 설교와 예배 사역에 얼마나 큰 영향을 미치는지 알게 된다. 설교자의 인격에 대해 아쉬움을 가진 사람들조차도 설교자에 대한 관심이 정당하다는 것을 인정한다는 사실을 유념할 필요가 있다.

대부분의 목사는 경험을 통해 예배와 설교가 자신의 인격과 얼마나 밀접하게 관련을 맺고 있는지 명확하게 알고 있다. 거의 대부분의 설교자는 자신을 비판하는 목소리에 매우 예민한 반응을 보이는 한편, (이것이 보다 더 중요한데) 자신의 설교를 들은 사람으로부터 진심으로 감사하는 말을 들을 때는 당황하고 방어적인 자세를 취한다. 지난 세기에 크리스천 팔머(Christian Palmer)는 "설교란 설교자의 인격을 완전히 드러낸다."고 말했다. 이론적으로 이 명제를 논박하는 사람들도 실제적으로는 실상이 이러하다는 사실을 인정한다. 많은 목사들은 자신의 정체성을 설교자로 인식하고 있다. 평균적으로 목사는 설교를 준비하는 데 일주일에 13시간 이상을 보낸다. 이 같은 통계 역시 설교가 설교자의 인격을 단적으로 표현함을 확증하고 있다. 오직 전통적인 설교 이론만이 설교자의 인격이 가진 중요성을 간과했을 뿐, 회중이나 설교자 자신은 이 사실을 분명히 인식하고 있었다.

설교자 양성 훈련이 설교자의 인격을 진지하게 다루게 되면, 자연스럽게 다음 두 가지 근본적인 질문이 제기된다. 첫째, 이러한 훈련을 책임감 있게 수행할 수 있는 사람은 누구인가? 둘째, 모든 설교자가 인격 훈련을 설교자 양성 훈련 과정 속에 편입하는 것을 원하고 있는가?

인격 함양의 과제는 결코 한 사람의 손에 맡길 수 없다. 왜냐하면 모든 사람이 고유한 약점과 편견을 가지고 있기 때문이다. 이러한 사실은 그 자체로는 전혀 문제가 되지 않는다. 하지만 이것은 우리가 인격 함양의 과제를 여러 사람들에게 위임해야 할 이유를 설명해 준다. 설교와 예전 훈련과 관련한 어떤 임상 목회 교육에 따르면, 한 사람의 지도와 감독 아래 설교자가 다른 동료와 함께 있도록 하면 이러한 문제는 자연적으로 해결된다.

출 처

Hans van der Geest, Presence in the Pulpit, trans. Douglas W. Stott (Atlanta: John Knox Press), pp. 143 – 153. English translation copyright John Knox Press, 1981. Used by Permission.

3부
설교가 가져온 소중한 사건

마르틴 루터 | Martin Luther | 선포 대(對) 도덕

조나단 에드워즈 | Jonathan Edwards | 무서운 설교

존 웨슬리 | John Wesley | 율법과 복음의 혼합

찰스 피니 | Charles Grandison Finney | 회심을 위한 설교

H.H. 파머 | H. H. Farmer | 나와 너의 만남

헨리 미첼 | Henry H. Mitchell | 송축으로서의 설교

마르틴 루터

Martin Luther

선포 대(對) 도덕

설교는 설교자 한 사람이 다른 사람들을 하나님의 복음에 연결시키는 하나의 사건이다. 말씀은 신자들의 모임에서 선포되고 회중이 참으로 들을 때 그 사명을 완수한다. 설교에 있어서, 메시지와 그 메시지의 전달 및 수용은 하나의 단일한 사건 안에 융합된다. 아마도 마르틴 루터(1483 - 1546)보다 선포된 말씀의 사건적 성격을 더 잘 이해한 사람은 없을 것이다. 루터는 "신앙은 들음의 사건"이라고 말했다. 자신의 설교 모음집 서문에서 그는 하나의 복음이 구약과 신약에서 다양한 형태로 발견된다는 점을 독자들에게 상기시키고 있다. 루터는 신약성경의 기초가 말로 선포된 설교라는 사실을 잘 알고 있었으며, '복음', '말씀', '케리그마', '설교' 등의 용어를 거의 동일한 의미로 사용하고 있다. 루터에게 있어 이러한 용어는 한결같이 예수 그리스도 안에 나타난 하나님의 복음을 구두로 선포하는 사건을 의미했다. 이 선포의 사건을 통해서 그리스도 자신이 우리에게 다가온다. "복음의 설교는 그리스도가 우리에게 다가오는 것 혹은 우리가 그에게로 이끌려 가는 것 외에 다른 것이 아니다." 아래 인용한 글에서 루터는 그리스도를 은혜의 선물로 제공하는 설교와 그리스도를 삶의 모범으로 제시하는 설교를 대조시키고 있다. 그리스도는 그의 모범이 아니라 그의 은혜를 통해서 우리에게 구원의 은혜를 가져다 준다고 루터는 말한다. 한편 그분의 은혜를 받아들이는 사람은 이제 자신의 이웃들에게 선물과 모범 혹은 (루터가 다른 곳에서 말했듯이) '작은 그리스도'가 된다.

그러므로 우리는 깨달아야 한다. 오직 한 가지 복음이 있는데, 많은 사도들이 그 복음을 다양하게 기록하였다. 바울과 베드로의 편지 하나하나는 물론이고 누가가 기록한 사도행전도 하나의 복음이다. 비록 그리스도의 모든 사역과 말씀을 기록하고 있지 않으며 어떤 것은 다른 것보다 더 짧고 더 적은 내용을 포함하고 있지만, 그 모든 기록은 각각 하나의 복음이다. 사복음서 중에서 그리스도의 모든 말씀과 모든 사역을 담고 있는 책은 없다. 또한 그럴 필요도 없다. 흔히 사람들이 어떤 왕이나 왕자에 관한 책을 쓰면서 그의 생애 중에 그가 행하고 말하고 고생한 바를 말할 때와 마찬가지로, 복음은 그리스도에 관한 이야기일 뿐이며 그렇게 되어야 한다. 그러한 이야기는 다양한 방식으로 이야기될 수 있다. 어떤 이야기는 길고, 어떤 이야기는 짧다. 그러므로 복음은 그리스도에 관하여 그가 누구이며 무엇을 행하고 무엇을 말하고 어떤 고난을 겪었는지를 이야기하는 이야기일 뿐이며, 또 그렇게 되어야 한다. 어떤 사람은 이 주제를 간략하게 묘사하고, 다른 사람은 보다 자세하게 묘사한다. 그리고 또 어떤 사람은 이런 방식으로, 다른 사람은 저런 방식으로 묘사한다.

가장 간단히 말해서, 복음은 하나님의 아들로서 우리를 위하여 사람이 되셨으며 죽으셨다가 부활하셔서 만유의 주님으로 세움받으신 그리스도에 대한 이야기이다. 바울은 그의 서신에서 이 복음을 길게 설명하고 있다. 그의 서신은 사복음서에 기록된 그 모든 기적과 사건은 전혀 언급하지 않고 있지만, 전체 복음을 적절하고 풍부하게 포함하고 있다. 이것은 로마인에게 보내는 그의 편지의 인사말에서 명료하게 잘 드러난다. 거기에서 그는 복음이 무엇인지를 다음과 같이 선언한다. "예수 그리스도의 종 바울은 사도로 부르심을 받아 하나님의 복음을 위하여 택정함을 입었나니 이 복음은 하나님이 선지자들을 통하여 그의 아들에 관하여 성경에 미리 약속하신 것이라 그의 아들에 관하여 말하면 육신으로는 다윗의 혈통에서 나셨고, 성결의 영으로는 죽은 자들 가운데서 부활하사 능력으로 하나님의 아들로 선포되셨으니 곧 우리 주 예수 그리스도시니라"(롬 1:1 - 4).

복음은 하나님과 다윗의 아들로서 죽었다가 다시 살아났으며 주님으로 인정받으신 그리스도에 관한 이야기이다. 이것이 바로 질그릇 속에 담긴 복음이다. 오직 한 분 그리스도가 계시듯이, 오직 하나의 복음이 있다. 바울과 베드로 역시 (우리가 방금 기술한 대로) 오직 그리스도만 가르쳤기 때문에, 그들의 편지는 복음 외에 다른 것이 아니다.

누가와 마태가 기술했듯이, 심지어 예언자들의 가르침조차도 그들이 그리스도에 관해 말하는 곳에서는 참되고 순수하고 적절한 복음이다. 왜냐하면 바울이 여기서 지적하고 있고 또한 모든 사람들이 알고 있듯이, 예언자들은 복음을 선포하고 그리스도에 관해 말했다. 그러므로 이사야가 53장에서 그리스도가 우리를 위하여 죽고 우리 죄를 짊어져야 한다고 말할 때, 그는 순수한 복음을 기록한 것이다. 내가 확신하건대, 복음에 대한 이러한 이해를 갖지 못한 사람이 있다면, 그 사람은 결코 성경 안에서 조명을 받지도 못할 것이며 올바른 기초를 발견하지도 못할 것이다.

한편 여러분은 그리스도를 모세처럼 여기지 않도록 주의하라. 마치 그리스도가 다른 성인들처럼 교훈하고 모범을 보여 준 것 외에 다른 아무것도 한 일이 없는 것처럼 착각하거나, 혹은 복음이 단순히 교훈과 율법의 교과서인양 오해하지 말라. 그러므로 여러분은 그리스도의 인격과 말씀과 행위와 고난을 이중적으로 이해해야 한다. 먼저 여러분이 따르고 본받아야 할 본을 보여 주기 위한 것이라고 이해할 수 있다. 사도 베드로가 베드로전서 4장에서 말하듯이, "그리스도께서 우리를 위하여 고난을 받으시고 우리에게 본을 보이셨다." 그러므로 그리스도께서 어떻게 기도하시고 금식하시고 어떻게 사람들을 도우시고 그들에게 사랑을 베푸시는지 여러분이 보게 될 때, 여러분 또한 여러분 자신과 여러분의 이웃을 위하여 그렇게 행해야 한다. 하지만 이것은 복음의 지극히 작은 일부분이요 그것만으로는 복음이라고 할 수 없다. 왜냐하면 이러한 차원에서는 그리스도 또한 다른 성인들과 마찬가지로 실질적으로 여러분에게 아무런 도움이 되지 못하기 때문이다. 그분의 삶은 그분 자신의 삶으로 남지만, 여러분에게는 아무런 유익도 끼치지 못한다. 요컨대 그리스도를 단지 모범으로만 이해하는 이 같은 시도는 그리스도인을 만들지 못하고 다만 위선자만 양산할 뿐이다. 여러분은 훨씬 높은 차원에서 그리스도를 이해해야 한다. 이것이야말로 참복음이건만, 오랫동안 이것을 전하는 설교는 아주 드물었다. 즉 복음의 핵심이자 기초는 여러분이 그리스도를 모범으로 간주하기 전에 그분을 선물로서, 즉 하나님께서 여러분에게 주셨고 이제는 여러분 자신의 소유가 된 선물로서 받아들이고 인정하는 것이다. 이것은 그리스도가 어떤 일을 행하거나 어떤 일 때문에 고통당하는 것을 여러분이 보거나 들을 때 그분의 행위와 고난을 포함하여 그리스도 자신이 여러분에게 속해 있음을 의심하지 말아야 한다는 것을 의미한다. 마치 여러분 자신이 그것을 행한 것처럼 그리고 여러분이 그리스도 자신인 것처럼 여러분은 이 기초 위에 든든히 설 수 있다. 보라, 이것이 바로 복음 곧 하나님의 측량 못할 선하심을 제대로 이해하는 것이다. 이 하나님의 선하심에 대해서는 선지자들도 사도들도 천사들도 충분히 표현할 수 없었으며, 그 깊이를 제대로 이해하고 경탄한 사람은 아무도 없었다. 이것이 우리를 향한 하나님의 사랑의 위대한 불길이며, 여기에서 우리 마음과 양심은 행복해지고 안온함을 느끼며 만족한다. 이것이 기독교 복음 선포의 참된 의미이다. 바로 이것 때문에 그러한 설교가 복음(이 용어는 독일어로 즐겁고 좋고 위로하는 메시지를 의미한다.)이라고 불리며, 또한 사도들이 '열두 메신저'라고 불린다.

보라, 만일 여러분이 그리스도를 여러분의 소유가 되기 위해 여러분에게 주어진 선물로 알고 붙잡고 또 거기에 대해서 아무런 의심이 없다면 여러분은 참된 그리스도인이다. 믿음은 여러분을 죄와 사망과 지옥에서 구속하며 모든 일을 극복할 수 있는 힘을 여러분에게 준다. 오, 누가 이 진리에 대해 충분히 말할 수 있으리요! 그런데 오랫동안 이러한 설교가 세상에서 침묵하고 있었으며 그 대신 날마다 자기 자랑이 복음을 대신했다는 사실은 너무도 유감스러운 일이다.

이제 여러분이 그리스도를 여러분의 구원의 기초와 궁극적인 축복으로 삼는다면 다른 것들은 자연스럽게 따라온다. 즉 그리스도께서 여러분을 위해 자신을 내주었다는 것을 여러분이 알게 되었듯이, 이제 여러분 또한 그리스도를 여러분의 모범으로 삼아 이웃을 섬기는 데 여러분 자신을 내주게 된다는 말이다. 보라, 여기에서 믿음과 사랑은 함께 전진하며, 하나님의 계명은 성취되고, 사람이 모든 일을 행하고 그로 인해 고통당할 때도 행복해하고 두려워하지 않는다. 그러므로 여러분은 이것을 기억하라. 선물로서의 그리스도가 여러분의 신앙에 영양을 공급하고 여러분을 그리스도인으로 만든다. 반면 모범으로서의 그리스도는 여러분의 행위를 완성하되 여러분을 그리스도인으로 만들지는 못한다. 실제로 그것은 여러분이 이미 그리스도인이 되었기 때문에 여러분 자신으로부터 발산되는 것이다. 선물과 모범의 차이가 이렇게 큰 것처럼, 믿음과 행위의 차이도 그만큼 크다. 왜냐하면 믿음은 자신으로부터는 아무것도 취하지 않고 오직 그리스도의 행위와 생명만을 소유하기 때문이다. 행위는 그 안에 여러분 자신의 무언가를 가지고 있지만, 그것은 여러분이 아니라 여러분의 이웃이 소유해야 한다.

여러분이 복음을 담고 있는 책을 펼쳐서 그리스도께서 어떻게 여기저기 찾아오시고 또 어떻게 사람들이 그분에게로 나아가는지 읽거나 듣게 될 때, 여러분은 거기에서 설교 즉 그분이 여러분에게 다가오시고 여러분이 그분에게로 나아가게 되는 통로인 복음을 파악해야 한다. 왜냐하면 복음의 설교는 그리스도께서 우리에게 오시고 우리가 그리스도에게 이끌림을 받는 것 외에 다른 아무것도 아니기 때문이다. 하지만 그분이 어떻게 행하시고 또 그분이 직접 찾아가신 사람이나 그분에게 나아오는 사람들을 어떻게 도우시는지 보게 될 때, 믿음이 여러분 안에서 이 일을 성취하고 있으며 그분이 복음을 통하여 여러분의 영혼에 이와 동일한 도움과 위로를 베푸시고 있다는 사실을 확신하고 평안히 안식하기 바란다. 여러분이 여기에 멈춰 서서 그분 자신이 여러분에게 선을 행하시게 하면, 즉 그분이 여러분에게 유익을 가져오시고 여러분을 도우신다는 것을 여러분이 믿으면, 여러분은 실제로 그것을 가지게 된다. 그 때 그리스도는 선물로서 여러분에게 주어지고 여러분의 소유가 된다.

그 후에 여러분은 이것을 모범으로 바꾸고, 이와 동일한 방식으로 여러분의 이웃을 대하고, 마찬가지로 여러분 자신을 선물과 모범으로서 이웃들에게 내주어야 한다.

우리 그리스도인들이 복음을 무시해서 그것을 제대로 이해하지도 못할 뿐 아니라, 복음 안에서 무엇을 구하고 무엇을 기대해야 하는지 우리가 성경 외에 다른 책과 주석서를 참조하고 있다는 사실은 엄청나게 부끄러운 죄이다. 사실 복음서와 사도들의 서신들이 바로 이 목적을 위해 기록되었다. 그들은 스스로 우리의 길잡이가 되기를 원했다. 그들은 구약에 기록된 모세와 예언자의 글을 통하여 어찌하여 그리스도가 강보에 싸여 말구유에 뉘여 있었는지를(눅 2:7) 우리에게 설명하려고 했다. 즉 예언자들이 그리스도를 어떻게 이해하였는지 우리에게 알려 주고자 했다. 그리스도가 누구인지, 그분이 왜 이 땅에 오셨는지, 그가 어떻게 약속되어 있는지, 모든 성경이 어떻게 그를 향하고 있는지 등과 관련해서 우리는 그들의 글을 읽고 연구함으로써 대답을 발견한다. 왜냐하면 그분 자신이 요한복음 5장 46절에서 "모세를 믿었더라면 또 나를 믿었으리니 이는 그가 내게 대하여 기록하였음이라" 말씀하셨다. 또한 39절에서 "너희가 성경을 연구하거니와 이 성경이 곧 내게 대하여 증언하는 것이니라" 말씀하셨다.

그러므로 누가 또한 자신의 복음서의 마지막 장에서 그리스도께서 사도들의 마음을 열어 성경을 이해하게 하셨다고 말하고 있다. 그리고 요한 복음 10장에서 그리스도는 자신이 곧 사람들이 드나드는 문이므로 누구든지 자기를 통하여 들어간 자에게는 문지기 곧 성령님이 문을 열어 주어 그가 초장과 축복을 발견하게 될 것이라고 선언하고 있다. 그러므로 내가 이러한 서문을 통해 여러분에게 교훈을 주고 여러분이 복음을 향하도록 하듯이, 복음 자체가 성경 안에서 우리의 안내자요 교사라는 말은 참으로 옳은 말이다.

하지만 우리는 하나님의 경건한 자녀들로서 얼마나 어리석은지 모른다. 구약성경을 연구하고 그 안에서 그리스도를 배우려는 노력을 회피하기 위해, 우리는 구약성경 전체를 아무짝에 쓸모없는 것으로 즉 이미 다 성취되었기 때문에 더 이상 타당하지 않은 것으로 단순히 치부해 버리는 경향이 있다. 하지만 구약성경 자체만 해도 성령님의 이름을 전하고 있다. 그리고 복음은 글로 기록된 말씀이 아니라, 그리스도와 사도들이 그러했듯이 성령님을 가져오는 말로 선포되는 말씀이어야 한다. 그리스도께서 아무런 글도 남기지 않으시고 다만 말씀만 하신 이유가 바로 여기에 있다. 그분은 자신의 가르침을 성경이라고 부르지 않으시고, 좋은 소식 곧 펜이 아니라 입술의 말을 통해 퍼져 가는 선포라는 의미에서 복음이라고 부르셨다.

출 처

Martin Luther, A Brief Instruction on What to Look for and Expect in the Gospels, trans. E. Theodore Bachmann, Luther's Works, Vol. 35, ed. E. Theodore Bachmann and Helmut Lehmann (Philadelphia: Fortress Press, 1960 [1521]), pp. 117 – 123. Copyright @ 1960, Fortress Press. Used by Permission.

조나단 에드워즈
Jonathan Edwards

무서운 설교

조나단 에드워즈(1703 - 1758)는 미국 식민지에서 가장 탁월한 신학자이자 부흥사였고 철학자이자 심리학자였다. 1730년대와 1740년대에 그는 뉴잉글랜드와 매사추세츠 노스햄프턴에 위치한 자신의 교구를 휩쓸고 있던 부흥의 물결이 영적으로 진정성 있는 것임을 변호해야 하는 위치에 서게 되었다. 그는 존 로크(John Locke)의 새로운 심리학을 지지대로 삼아 오랜 전통의 청교도주의를 변호했다. 그는 '각성된' 사람들, 곧 그 양심이 일깨워진 사람들의 신음과 한탄을 자생적인 충동으로 보는 대신 하나님의 개입에 대한 경험적인 표지로 이해했다. 신학적으로 보면, 그러한 공포스러운 감정은 회중이 복음을 수용하도록 준비시키기 위해서 필요하다. 설교자는 완전한 치료를 위해 '상처 깊숙한 곳'에 칼을 집어넣는 외과 의사에 비유될 수 있다. 자살을 율법적인 설교의 잠재적인 결과로 보는 에드워즈의 시각은 당시 청교도들이 주일 설교를 들으러 갈 때 얼마나 심각했을지 약간의 암시를 준다. 에드워즈는 지옥불의 설교자이기보다는 인류의 곤경에 대한 냉정한 임상의였다. 그는 자신의 가장 유명한 설교에서 인간의 곤경을 타오르는 불길 위에 매달린 거미에 비유했다.

어떤 목사들은 이미 엄청난 두려움 가운데 사는 사람들을 위로하기 보다는 오히려 그들을 두렵게 만드는 설교를 한다는 이유로 비난을 받는다. 내가 생각하기에 이러한 비난은 정당하지 못하다. 실로 만일에 목사들이 거짓된 이야기를 통해 그들을 무섭게 하거나 그들이 실제로 처한 상황보다 더 나쁜 것처럼 그것을 묘사함으로써 그들을 두렵게 했다면, 그것은 비난받아 마땅하다. 하지만 만일 목사들이 그들에게 좀더 많은 빛을 던져 주어 그들이 자신이 처한 상황의 실상을 보다 잘 이해하게 함으로써 그들을 무섭게 만드는 것이라면, 목사들의 그러한 설교는 전적으로 정당하다고 할 수 있다. 하나님의 성령께서 죄인의 양심을 크게 각성시키실 때 그들은 자신의 상황을 어느 정도 있는 그대로 바라볼 수 있게 된다. 이것은 그들의 양심에 분여된 빛에 의한 것이다. 그리고 더 많은 빛이 비친다면, 그 빛은 그들을 훨씬 더 무섭게 만들 것이다. 따라서 목사들은 죄인의 양심에 더 많은 빛을 비쳐 주고자 애쓰는 것 때문에 비난받아서는 안 된다. 다시 말해 목사들이 이미 빛나고 있는 그 빛을 차단함으로써 죄인들의 고통을 경감시켜 주지 않는다고 해서 그들을 비난해서는 안 된다.

주 예수 그리스도를 전혀 알지 못하는 사람들에게 그들이 처한 상황이 끔찍할 정도로 무서운 것이라는 사실 외에 다른 것을 말한다면, 그것은 하나님의 말씀을 설교하는 것이 아니다. 왜냐하면 하나님의 말씀은 다만 진리를 계시할 뿐인데, 위와 같은 행위는 그들을 기만하는 것이기 때문이다. 왜 우리는 실제로 비참한 상황에 처한 사람들에게 그 진리를 말하는 것을 두려워해야 하는가? 왜 그들에게 그들이 진정 두려워해야 할 바에 대해서 알려 주는 것을 피해야 하는가? 만일 그들이 회심한다면, 그들의 회심을 가능하게 하는 것은 분명히 그 빛이다. 그 죄인들이 처한 상황이 비참하고 또 그 빛이 그들에게 두려움을 안겨다 준다 할지라도, 우리가 그들을 빛으로 더 가까이 인도하면 할수록 그들은 점차 그 빛을 즐거워하게 될 것이다. 자연인이 누리는 안락함과 평화와 안식은 어두움과 무지에 근거를 두고 있다. 따라서 그 어두움이 가시고 빛이 들어오게 되면, 그들의 평화도 사라지고 그들은 두려움에 떨게 된다. 하지만 그들이 현재 누리는 안식을 지속시키기 위해서 우리가 그들을 다시 어두움 속으로 데려가야 한다는 논리는 정당화될 수 없다.

사람들이 그리스도를 끝까지 거부하고 구원 얻는 믿음을 가지지 않는 한, 그들이 아무리 각성되고 종교 생활에 있어 아무리 엄격하고 양심적이며 열심이라 할지라도, 그들은 그들 위에 임한 하나님의 진노를 피할 수 없다. 그들은 하나님의 적이며 사단의 자식이다. 성경은 회심하지 않아서 구원을 받지 못하는 사람들을 이렇게 부른다 (마 13:38; 요일 3:10). 또한 그들이 언젠가 하나님의 자비를 얻게 될 것이라는 기대도 확실하지 않다. 그들이 아무리 금식하고 간구하고 울부짖는다 하더라도 하나님은 그들에게 자비를 베푸실 의무가 없다. 그들은 구세주가 필요하다는 사실은 너무도 잘 알고 있지만 그리스도를 대적하고 하나님이 보내신 구세주를 영접하지 않음으로써 그 무서운 공포의 와중에도 하나님을 격노시키고 있는 것이다. 그들은 실상이 이러하다는 것을 듣고 보고 깨달아야 한다.

어떤 목사가 사람들에게 진리를 선포한 후 즉시 그들을 위로하지 않는다고 해서 그를 비난해서는 안 된다. 이것은 외과 의사가 상처난 부위에 칼을 집어넣어 환자가 고통스러워 비명을 지르는 데도 불구하고 상처의 뿌리에 도달할 때까지 칼을 밀어넣는 자신의 손을 멈추지 않는다고 해서 그 의사를 비난하지 않는 것과 같은 이치이다. 환자가 겁을 내어 움찔하자마자 그의 손을 빼고 상처 위에 연고를 바르고 상처의 뿌리는 건들지도 않은 채 내버려 둘 만큼 그렇게 동정적인 외과 의사는 표면적으로만 상처를 치료하게 될 것이다. 그는 "평화가 없을 때에도 평화, 평화"를 외치는 사람이다.

실제로 양심이 각성된 사람들에게는 두려움 외에 다른 것도 설교해야 한다. 우리는 그들에게 '복음'을 설교해야 한다. 그들은 구원자가 계시고,

그분은 탁월하고 영광스러우며, 죄인들을 위해 자신의 고귀한 피를 흘리셨고, 모든 방면에서 그들을 구원하시기에 충분하시다는 사실을 말해야 한다. 그들이 그분을 진심으로 영접하기만 하면 그분 또한 그들을 받아들일 준비가 되어 있다는 사실을 그들은 알아야 한다. 그들이 끔찍하게 무서운 상황 속에 있다는 것과 마찬가지로 이 복음도 진리이다. 이것이 하나님은 말씀이다. 우리는 죄인에게 먼저 그들의 처지가 얼마나 비참한지에 대해서 들려 주어야 하지만, 그와 동시에 우리는 복음이 제공하는 모든 격려와 설득을 통해 그 죄인이 와서 구주를 영접하고 그분에게 마음을 열도록 그들을 초청해야 한다. 하지만 이것은 죄인으로 하여금 그들이 지금 처해 있는 그 비참한 상황으로부터 도피하도록 그를 설득하는 것과는 다른 것이다. 이것은 죄인이 그들의 현재 상황을 실제보다 덜 비참하게 인식하도록 유도하는 것도 아니고 그들의 불안과 한탄을 경감시키려는 시도는 더욱 아니다. 그렇게 하는 것은 오히려 그들을 잠잠하게 만듦으로써 그들을 그 곤경 가운데 묶어 두는 것이며, 그들을 최대한 흥분시키지 않음으로써 그들이 거기에서 벗어나지 못하게 만드는 것이다.

  양심의 각성을 경험한 죄인은 오직 한 가지 조건 하에서 안식을 경험할 수 있다. 즉 그들이 자신의 현재 비참한 상태로부터 그리스도에게로 비상할 때에만 그들은 그분 안에서 안식을 얻을 수 있다. 하지만 그 안식은 그들이 그리스도 밖에서 가졌던 다른 것들처럼 그들의 현재 상태에서 누릴 수 있는 것은 아니다. 그들 안에 있는 어떤 것도, 즉 그들의 어떤 자격이나 기도나 과거 현재 미래의 어떤 행위도 그들에게 안식을 가져다 주지 못한다. 하지만 그러한 경우에 목사는 그들에게서 이러한 모든 그릇된 안식을 깨뜨리기 위해서 (그래서 그들의 두려움이 더욱 커진다 할지라도) 최선의 노력을 기울여야 한다. 자신이 지옥에 갈 것 같다고 생각하는 사람은 이런저런 방법으로 하나님을 자신에 대한 어떤 의무 아래 매어 두려고 한다. 비록 모든 측면에서 자신이 전적으로 완전하지 못하다는 것을 알게 되면 두려움이 더욱 커지게 되겠지만, 그럼에도 불구하고 그는 이러한 모든 무익한 시도로부터 끊어져야 한다. 자신이 익사할 위험에 처해 있다는 사실을 아는 사람은 죽음의 공포 속에서 손이 닿는 한 지푸라기라도 잡으려고 애를 쓴다. 그리고 손으로 잡았던 지푸라기가 끊어지기라도 하면 그 사람의 두려움은 더욱 커져 간다. 하지만 만일 그 지푸라기가 그를 구하기에 충분하지 않다면, 또한 오히려 그것 때문에 그를 구할 수 있는 다른 것을 그가 보지 못하게 된다면, 그의 생명을 구하기 위해서는 그 지푸라기를 제거하는 것이 마땅하다. (중략)

나는 그들의 비참함을 가장 잘 인식하고 있는 죄인에게 그들의 상황이 실제로 그들이 생각하는 것만큼, 아니 그것보다 수천 배나 더 비참하다고 말하는 것을 두려워하지 않는다. 왜냐하면 이것은 진리이기 때문이다. 어떤 사람들은 그것이 비록 진리이기는 하지만 진리라고 해서 항상 말해도 되는 것은 아니며 그렇게 되면 그 진리는 시기적절하지 못한 것처럼 보이게 된다고 말할지 모르겠다. 하지만 내가 볼 때, 그러한 진리는 그리스도께서 죄인의 양심의 눈을 열기 시작하셨을 그 때에 가장 시기적절하다. 목사들은 그리스도의 동역자가 되어야 한다. 목사들은 이러한 호기를 잘 포착해서 그것을 극대화해야 하며, 쇠가 달구어져 있을 동안에 그것을 쳐야 한다. 빛이 비추기 시작하고 모든 장애물이 제거되면, 가능한 모든 수단을 사용하여 그 일을 철저하게 마무리지어야 한다. 우리의 경험에 비추어 볼 때 이것은 상처를 가져오기보다는 오히려 정반대의 결과를 가져온다. 필자는 많은 경우에 즐거운 결과를 보았다. 또한 한탄이 참된 확신에서부터 비롯되었을 경우에는 단 한 번의 부정적인 결과도 보지 못했다.

양심의 고통 가운데 있는 죄인에게서 진리 선포를 유보해야 하는 경우가 유일하게 한 가지 있는데, 그것은 우울증의 경우이다. 여기에서 우리가 진리 선포를 유보하는 것은 그것이 그들에게 상처를 주기 때문이 아니고, 사물을 잘못 보게 하는 그들의 특이한 기질로 인해 우리가 선포한 진리가 때로 그들을 기만하고 도리어 그들을 오류로 이끌 수 있기 때문이다. 그래서 그들은 분명 진리를 듣고 그것을 수용하고 적용했는데, 그 결과는 거짓으로 드러나게 된다. 만일 우리가 진리를 선포할 때 그들의 기질과 환경에 대하여 충분한 주의와 신중을 기하면서 숙고하지 않는다면, 그들은 그 진리를 잘못 적용하게 될 것이다.

하지만 설교를 듣는 회중 무리 가운데 우울질적인 사람이 있을지도 모른다는 이유 때문에 하나님 말씀의 가장 무서운 진리를 그들 가운데 선포하는 것을 주저해서는 안 된다. 이것은 기독교 세계 안에 우울질적인 사람들이 많이 있고 또 그들이 성경에 포함된 무서운 내용을 그들의 상처에 지나치게 남용하고 있다고 해서 성경을 기독교 세계에서 배제할 수 없는 것과 같은 이치이다.

최근 뉴잉글랜드에서 행해진 무서운 설교에 대하여 제기된 끔찍한 반론 또한 필자는 그렇게 결정적인 반론은 아니라고 생각한다. 그 반론은 우울질적인 사람들 가운데 그러한 설교를 지나치게 남용하여 그것 때문에 자살한 사람이 더러 발생했다는 것이다. 각성시키는 설교에 대한 이와 같은 반론은 성경 자체에 대한 반론만큼이나 설득력이 없다. 왜냐하면 아마도 수백, 수천 명의 사람들이 종교적인 우울증 때문에 스스로 목숨을 끊었을 것이기 때문이다. 성경이 존재하지 않았다면, 또 세상이 이방인의 어두움 가운데 계속 놓여 있었다면, 이러한 죽음은 아마 발생하지 않았을 것이다. 성경은 이러한 슬픈 결과를 초래하는 계기가 되었을 뿐 아니라, 성경이 없었다면 결코 일어나지 않았을 잔혹한 박해로 인해 수천, 수백만 명의 목숨이 살해당하는 끔찍한 사건에 계기를 제공하기도 했다. 또한 많은 나라가 무죄한 피로 그 땅을 흥건히 적셨으며, 이러한 비극 역시 복음이 선포되지 않았다면 결코 일어나지 않았을 것이다. 일부 사람들이 특정한 설교를 지나치게 남용해서 자신을 상하게 했다는 것은 어떤 설교에 대해서도 정당한 반론이 되지 못한다.

모든 목사들은 다음과 같은 사실이 모든 시대, 모든 기독교 국가의 공통된 현상이라는 점을 인정한다. 즉 복음 아래 있는 사람들의 대부분은 그러한 설교를 지나치게 남용하기 때문에, 결과적으로 그러한 설교가 그들을 더 괴롭히며 정죄하고 또 자신의 영혼을 영원히 죽이게 되는 (이것은 단순히 그들의 육체를 죽이는 것보다 더 끔찍하다.) 계기를 제공하고 있다. 가능한 한 가장 생생하고 효과적인 방식으로 하나님의 말씀의 무서운 진리를 선포하는 목사들에게 이러한 자해에 대한 책임을 묻는 것은 정당하지 못하다. 마찬가지로 사람들의 마음을 굳게 하고 그들을 눈멀게 하며 그래서 결국 그들이 더 끔찍한 영벌에 처하게 된 데 대해서 이사야나 예수 그리스도를 비난하는 것도 정당하지 못하다. 왜냐하면 이것은 그들이 회중 중 다수를 염두에 두고 설교했기 때문에 빚어진 결과이기 때문이다(사 6:10; 요 9:39; 마 13:14). 비록 극소수의 사람들이 최근 들어 각성시키는 설교를 남용하여 여러 사람들이 스스로 목숨을 끊는 가슴 아픈 결과를 초래하기는 하였지만, 다른 한편으로 이 동일한 설교를 통하여 수백, 수천 명의 영혼이 영원한 죽음으로부터 구원을 얻었을 것이다.

특별히 많은 사람들을 화나게 하고 일부 목사들의 행동이 너무 지나쳐서 원성을 사게 한 것이 있는데, 그것은 그 목사들이 지옥불과 영원한 형벌에 대한 이야기를 통해 가난하고 순진한 아이들을 무섭게 한다는 것이었다. 만일 이러한 사실을 큰 소리로 불평하는 사람들이 이 나라의 일반적인 신앙 고백, 즉 모든 인간이 본성적으로 진노의 자녀이자 지옥의 상속자이며 또한 늙은이든 젊은이든 거듭나지 않은 사람은 매순간 전능하신 하나님의 진노 아래 영원한 파멸에 노출되어 있다는 것을 믿는 사람이라면, 그들의 이러한 불평과 원망은 그들이 매우 유약하며 사려 깊지 못하다는 사실을 드러낼 뿐이다. 우리 눈에는 아이들이 순진하게 보이지만, 하나님의 눈으로 볼 때 만일 그 아이들이 그리스도 밖에 있다면 결코 순진하지 않다. 그 아이들은 성숙한 어른들과 마찬가지로 가장 비참한 곤경에 처해 있다. 아이들 또한 본성상 지각이 없고 아둔하며 들나귀 같으며 각성을 필요로 하는 존재이다. 왜 우리가 이 아이들에게 진리를 숨겨야 하는가?

아이들이 너무 사랑을 받으며 자라서 자신들의 죄도 알지 못하고 또 자신들의 비참함도 깨닫지 못하고 살다가 죽었다면, 그래서 지옥에 가서야 그것을 깨우치게 되었다면, 과연 그러한 아이들이 자신들이 처한 위험을 알려 주지 않을 정도로 많은 사랑을 베풀어 준 그 부모와 다른 사람들의 배려에 대해서 정녕 감사할 수 있겠는가? 만일 자식에 대한 부모의 사랑이 맹목적이지 않다면, 그 사랑으로 인해 부모는 그들의 자식이 날마다 영원한 지옥불에 노출되어 있으며 하지만 동시에 그것을 지각하지 못하고 있다는 사실을 깨닫게 될 것이다. 자녀가 그 형벌을 피하기 위해서는 각성이 필요하며 또 그 각성은 하나님의 자녀로서 그들을 영원한 행복으로 이끌 것이 분명한데, 자녀들이 그러한 각성으로 인해 신음하며 고통스러워하는 것을 못마땅하게 생각하는 부모가 있다면 그들의 사랑은 맹목적인 것이다. 치명적인 상처를 안고 있는 아이는 어른과 마찬가지로 고통을 동반하는 외과 의사의 칼을 필요로 한다. 그러한 경우에 칼을 거두고 그 상처를 가만히 내버려 두는 것은 어리석은 동정이다. 필자는 영혼의 문제와 관련하여 아이들을 배제하지 않고 그들을 솔직하고 철저하게 다룸으로써 유쾌한 결실을 거두는 것을 많이 목도했다. 반면 그것 때문에 좋지 않은 결과가 빚어진 경우는 한 번도 보지 못했다.

출 처

Jonathan Edwards, Thoughts on the Revival of Religion in New England, 1740 to which is prefixed A Narrative of the Surprising Work of God in Northampton, Mass., 1735 (New York: American Tract Society, n.d.), pp. 244 - 252.

존 웨슬리

John Wesley

율법과 복음의 혼합

'율법적인 설교자'라는 비난을 받았던 존 웨슬리(1703 - 1791)는, 그리스도인의 한 모임에서 자신의 율법 이해와 자신의 설교 방법을 간단하게 소개하면서 이러한 비난에 응답했다. 루터나 에드워즈와 마찬가지로 웨슬리에게 있어 진정한 설교는 율법과 복음에 대한 신학적인 이해에 기초하고 있다. 웨슬리는 율법과 복음의 '혼합'을 주장하지만, 이것은 구원의 질서에 있어서 그 둘을 혼동하는 것과 구별된다. 루터는 율법과 복음을 마치 화해할 수 없는 숙적처럼 대치시킨 데 반해, 웨슬리는 율법과 복음을 인간을 향한 하나님의 선한 의지의 연속선상에 함께 위치시켰으며, 이러한 맥락에서 그는 율법의 '위로'에 대해 말할 수 있었다. 또한 루터가 율법의 권위를 죄를 깨닫게 하는 데 국한시켜 이해한 데 반해, 웨슬리는 율법의 기능을 확장시켜 믿음을 가진 영혼이 거룩함을 추구할 때 율법이 그 영혼을 각성시키고 지탱시킨다고 주장했다. 다른 곳에서 그는 '일반적인 설교 방법'이라는 유명한 글을 남겼다. 그가 말하는 일반적인 설교 방법이란 "모든 설교에서 그리스도를 초청하고 확신시키고 제시할 뿐 아니라 신자들의 인격을 성숙시키는" 설교 방법을 말한다. 율법은 그리스도를 영접한 사람을 인격적으로 성숙시키는 데 있어 핵심적인 역할을 감당한다. 칼 바르트(Karl Barth)는 만년에 "율법은 은총을 내용으로 하는 복음의 필연적인 형태이다."라고 말했는데, 이 문구는 율법이 복음을 섬긴다고 하는 웨슬리의 기본적인 입장과 일치한다.

선생님께서 지난 9월 21일자 편지에서 말씀하신 내용은 아주 중요한 것입니다. 나 또한 그 문제에 관하여 진지하게 숙고했습니다. 특히 지난 수개월 동안 그 문제를 두고 집중적으로 고민했습니다. 그래서 성급하게 거기에 대해 대답하고 싶지 않아서 좀더 고민하느라 시간이 이렇게 늦어졌습니다.

나에게 있어서 복음을 설교한다는 것은 죄인들에게 하나님의 사랑을 설교한다는 것이요, 그리스도의 생애와 죽음과 부활과 중보를 설교한다는 것이요, 또한 여기에서부터 비롯되어 참된 신자들에게 값없이 주어진 모든 축복을 설교한다는 것입니다.

한편 나에게 있어서 율법을 설교한다는 것은 산상설교에 간략하게 정리되어 있는 그리스도의 명령을 설명하고 그 명령에 대한 순종을 강조한다는 것입니다.

회개하는 죄인에게 복음을 설교하는 것은 "믿음을 낳는다"고 하는데, 이것은 분명 옳은 말입니다. 또한 그러한 설교는 "참된 신자들 안에 영적인 생명을 지탱시켜 주고 또한 증대시켜 줍니다."

아니 때때로 그것은 믿음을 가진 그들을 "가르치고 인도합니다." 그렇습니다. "믿고 있지 않는 그들에게 확신을 심어 주는 것입니다."

여기까지는 모든 사람이 동의할 것입니다. 하지만 그렇다면 신자들을 먹이고 위로하는 수단은 무엇입니까? 영적인 생명이 없는 곳에 그러한 생명을 낳듯이 그 생명이 있는 곳에서 그것을 지탱하고 증대시켜 주는 수단은 무엇입니까?

여기에서 사람들의 견해는 갈라집니다. 어떤 이들은 율법을 설교하는 것만이 그 일을 할 수 있다고 주장하고, 다른 이들은 복음을 설교하는 것만이 그것을 가능하게 한다고 말합니다. 내 생각에는 이 두 가지 입장 모두 잘못되었습니다. 내가 생각하기에, 바른 대답은 모든 설교에서는 불가능할지 모르지만 모든 장소에서 그 둘을 적당히 섞는 것입니다.

내 생각에 바람직한 설교 방법은 다음과 같습니다. 어디서든 설교를 시작할 때는 먼저 죄인들을 향한 하나님의 사랑과 죄인들이 구원받기를 원하시는 하나님의 뜻을 일반적으로 선언한 다음, 그 후에 가능한 한 가장 힘있고 가장 친근하고 가장 구체적인 방법으로 율법을 설교해야 합니다. 즉 복음을 여기저기 섞어서 마치 그 복음이 아득히 멀리 있는 것처럼 보이게 해야 합니다.

더 많은 사람들이 죄에 대해 확신을 하면 할수록, 우리는 더 많이 복음을 혼합해서 "믿음을 낳고" 죄의 권세 아래 속박된 이들을 영적인 생명으로 일으켜야 합니다. 하지만 이 일은 너무 성급하게 하려고 해서는 안 됩니다. 그러므로 율법을 완전히 생략하는 것은 바람직하지 않습니다. 그것은 우리의 설교를 듣는 사람들 중에 아직도 많은 수가 확신이 없기 때문이기도 하지만, 또한 이미 확신을 가진 사람들의 경우 자신의 상처를 너무 가볍게만 치료할 위험이 있기 때문입니다. 그러므로 우리는 오직 복음만 설교하는 것은 단지 자신의 죄에 대해 철저한 확신을 가진 죄인과 사적으로 대화할 경우에 한해서 제한해야 합니다.

만일 실로 우리가 온 회중이 그렇게 자기의 죄에 대해 확신을 가지고 있다고 생각한다면, 우리는 오직 복음만 설교해야 할 것입니다. 그리고 또한 온 회중이 새롭게 의롭게 되었다고 생각한다 해도, 우리는 그렇게 할 것입니다. 하지만 이 사람들이 은혜 안에서 그리고 그리스도를 아는 지식 안에서 성장할 때, 현명한 설교자는 그들에게 다시 복음을 설교할 것입니다. 물론 여기에서 설교자는 율법의 모든 부분은 복음의 빛 아래 가져가도록 세심한 주의를 기울여야 합니다. 또한 명령뿐만 아니라 하나님의 자녀로서 우리가 누리는 영광스러운 자유의 특권 또한 그 복음의 빛 아래 가져가야 합니다. 또한 설교자는 동일하게 주의를 기울여 이것이 하나님께서 그들을 받아들이시는 조건이 아니라 하나님께서 그들을 받아들이심으로 인해 생긴 결과라는 것을 그들에게 상기시켜 주어야 합니다. 다른 원인은 없습니다. "이 닦아 둔 것 외에 능히 다른 터를 닦아 둘 자가 없으니 이 터는 곧 예수 그리스도시라"(고전 3:11) 즉 우리가 용서받고 용납받는 것은 오직 그리스도께서 우리를 위해 행하시고 고난받으신 것 때문입니다. 그리고 모든 참된 순종은 그분을 향한 사랑에서 솟아나는 것이며, 또한 그 사랑은 그분이 먼저 우리를 사랑하셨다는 사실에 기초하고 있습니다. 그러므로 설교자는 율법의 어떤 부분을 설교하든지 간에, 그리스도의 사랑이 회중의 눈앞에서 사라지지 않도록 애써야 합니다. 그래서 그들이 그 사랑으로부터 새로운 생명과 열정과 힘을 얻어 그리스도의 명령을 좇아 살게 해야 합니다.

그러므로 설교자는 목표를 향해 정진하고 있는 사람들에게도 율법을 설교해야 합니다. 하지만 경솔하거나 퇴보하는 사람들에게는 다른 방식으로, 곧 그들이 죄를 확신하기 이전에 하던 방식으로 율법을 설교해야 합니다. 한편 열심은 있지만 마음이 유약한 사람들에게는 복음을 주로 설교해야 합니다. 동시에 그들의 다양한 필요에 따라 다양한 정도로 율법을 조금씩 섞어 넣어야 합니다.

이와 같은 방식으로 율법을 설교하면, 우리는 우리의 회중에게 그들이 영접한 바로 그분 안에서 걷는 법을 가르치게 됩니다. 또한 이러한 방법이 그들의 영적인 생명을 지탱하며 또한 증대시켜 줍니다. (선생님께서 잘못 생각하시고 계신 부분이 바로 여깁니다.) 약속뿐만 아니라 명령 또한 양식이기 때문입니다. 이 두 가지 양식은 동일하게 건강에 이로우며, 또한 동일하게 풍부한 실속을 가져다 줍니다. 또한 이 두 가지 양식은 적당하게 적용하기만 하면 직접적으로 그리고 같은 정도로 영혼에 영양과 힘을 공급합니다.

이 부분에 대해서 선생님은 거의 생각하지 못하고 있는 것 같습니다. 그래서 내가 여기에서 그것을 설명해 드리려고 합니다. 먼저 한 가지 질문을 드리겠습니다. 하나님께서 그분의 자녀에게 자신의 더 복된 율법을 더 깊이 보여 주실 때, 곧 새로운 차원의 빛을 비추어 주실 때, 마찬가지로 하나님께서 새로운 차원의 힘도 더해 주신다는 사실을 그분의 자녀 된 우리 모두가 경험하고 있지 않습니까? 이제 나는 알고 있습니다. 나를 사랑하시는 그분이 나에게 이것을 하라고 명하십니다. 그리고 지금 나는 내게 힘을 주시는 그리스도를 통하여 내가 그것을 할 수 있다고 느끼고 있습니다.

그러므로 빛과 힘은 동일한 수단을 통해 그리고 종종 동일한 순간에 주어집니다. 때때로 거기에는 공간적인 간격이 있기는 하지만 말입니다. 예를 들어 나는 "항상 은혜 안에서 설교하고 회중에게 은혜를 공급하라."는 명령을 듣습니다. 하나님은 이 명령에 더 많은 빛을 더해 주십니다. 그래서 나는 그 명령이 얼마나 높고 깊은지를 봅니다. 동시에 나는 내가 (바로 그 동일한 빛을 통해) 내가 거기에서 얼마나 멀리 떨어져 있는지 봅니다. 나는 부끄러움을 느낍니다. 하나님 앞에서 겸손해집니다. 나는 그 명령을 더 잘 지키기를 열정적으로 간구합니다. 나는 나를 사랑하시는 그분께 더 큰 힘을 달라고 기도합니다. 나는 그분께 간청을 올립니다. 결국 율법은 믿지 않는 자에게 죄를 깨우치고 믿는 영혼을 각성시킬 뿐 아니라, 믿는 자에게 양식을 전해 줍니다. 그의 영적인 생명과 능력을 지탱하고 또한 증대시켜 줍니다.

율법은 영적인 생명과 능력을 증대시켜 줄 뿐 아니라 위로도 증가시켜 줍니다. 우리가 하나님에 대하여 살면 살수록 우리가 그분 안에서 더욱 깊어지게 된다는 것은 의심할 여지가 없는 사실이기 때문입니다. 우리가 그분으로부터 더 큰 힘을 공급받을수록 우리의 위로 또한 더욱 커질 것입니다.

내가 생각하기에 이 모든 것이 다음 성경 한 구절 속에 명확하게 선언되어 있습니다.

"여호와의 율법은 완전하여 영혼을 소성시키며 여호와의 증거는 확실하여 우둔한 자를 지혜롭게 하며 여호와의 교훈은 정직하여 마음을 기쁘게 하고 여호와의 계명은 순결하여 눈을 밝게 하시도다 여호와를 경외하는

도는 정결하여 영원까지 이르고 여호와의 법도 진실하여 다 의로우니 금 곧 많은 금보다 더 사모할 것이며 꿀과 송이꿀보다 더 달도다"(시 19:7 – 10)

율법은 양식인 동시에 약입니다. 율법은 영혼을 새롭게 하고, 강건하게 하며, 또한 살지게 합니다.

지금 여기에서 나는 복음 없이 율법만 설교하라든가, 혹은 율법 없이 복음만 설교하라고 충고하는 것이 아닙니다. 둘 다 각각 적절한 순서에 따라 설교해야 합니다. 그렇습니다. 동시에 두 가지를 설교하거나, 한 번의 설교에 두 가지를 모두 담아야 합니다. 모든 조건부 약속은 바로 이러한 설교의 예라고 볼 수 있습니다. 그것은 모두 율법과 복음이 함께 혼합되어 있는 것입니다.

이러한 모델에 따라 나는 모든 설교자가 계속해서 율법을 설교해야 한다고 충고하고 싶습니다. 물론 이 율법은 복음의 정신에 접붙이고 그 정신에 의해서 조절되며 또한 그 복음의 정신과 더불어 생기를 얻은 율법입니다. 따라서 나는 모든 설교자에게 하나님의 모든 명령을 선포하고 설명하며 그 명령에 대한 순종을 요구할 것을 충고합니다. 하지만 동시에 모든 설교에서 설교자는 그리스도인에게 있어 첫번째이자 가장 큰 계명이 "주 예수 그리스도를 믿으라"는 것이라는 사실과, 그리스도는 모든 것 가운데 모든 것이 되시며 우리의 "지혜와 의와 거룩함과 구속"이 되신다는 것과, 또한 모든 생명과 사랑과 능력이 오직 그분으로부터만 나오며 그 모든 것이 믿음을 통하여 값없이 우리에게 주어진다는 진리를 선포해야 합니다. 그렇게 할 때 우리는 선포된 율법이 영혼을 깨우칠 뿐 아니라 튼튼하게 하며 또한 살지게 할 뿐 아니라 가르치며 믿는 영혼의 길잡이와 "양식과 약과 머물 곳"이 된다는 사실을 확인하게 될 것입니다.

존 다운스(John Downes), 존 버넷(John Bennet), 존 호튼(John Haughton)을 비롯하여 모든 감리교 목사들이 이런 방식으로 설교했습니다. 그런데 안타깝게도 제임스 휘틀리(James Wheatly)가 강단에 등장하면서 문제가 발생했습니다. 그는 믿음이 명확하지 않고 아마도 건전하지도 않았던 것 같았습니다. 그의 설교는 마치 존 서클링(Sir John Suckling)의 시와 같이 의미 없는 단어를 산만하게 늘어놓았고 크림처럼 부드럽고 감칠맛은 낫지만 그 속에서 깊이나 흐름은 전혀 찾아볼 수 없는 그런 설교였습니다.

하지만 (감리교 회중의 뜨거운 비난에도 불구하고) 이 사람은 가장 대중적인 설교자가 되었습니다. 그는 가는 곳마다 더욱더 찬사를 받았고, 아일랜드에도 두 번씩이나 방문했으며, 또한 그 곳에서 모라비안(Moravian) 설교자와 이전보다 더욱 친근하게 대화했습니다.

이 결과 그는 그들의 교리와 방식에 더욱더 의존하게 되었습니다. 처음에는 우리 설교자 가운데 여러 사람이 이것에 대해 불평했지만, 몇 개월 동안 눈에 띄지 않는 정도로 조금씩 사람들의 생각이 바뀌더니 결국 나라 안에 있는 거의 모든 설교자가 그와 같이 생각하고 말하게 되었습니다. (부드러운 말의 위력이란 참으로 믿기 어려울 정도입니다.)

이 사람들이 영국으로 돌아와 다른 몇몇 형제에게 자신의 사고와 말을 전염시켰습니다. 하지만 여전히 감리교 설교자 중 훨씬 더 많은 수가 처음에 그러했던 것과 동일하게 생각하며 말하고 있습니다.

이것은 분명한 사실입니다. 감리교도에게는 전혀 생소한 이 같은 설교 방식, 곧 약속에 대해서는 많이 이야기하고 명령에 대해서는 거의 이야기하지 않는 이러한 설교 방식에 대해서 선생님은 이것이 많은 유익을 가져왔다고 생각하고 있지만, 나는 이것이 많은 해악을 가져왔다고 생각하고 있습니다. 불신자에게는 물론이고 믿는 사람들에게는 더욱 그러했습니다.

나는 이러한 설교 방식이 설교자에게 많은 해악을 가져왔다고 생각합니다. 그 해악은 제임스 휘틀리뿐 아니라, 그에게서 배운 사람들 곧 데이비드 트레던(David Trathen), 토마스 웹(Thomas Webb), 로버트 스윈델즈(Robert Swindells), 존 매던(John Maddern) 등에게도 미쳤습니다. 이외에도 다른 설교자가 더 있지 않을까 나는 걱정하고 있습니다. 그들 대부분은 마치 그들만 "그리스도를 설교하고 복음을 설교하는" 양 스스로를 치켜올렸습니다. 그들은 스스로를 높이 치켜세우는 만큼 그만큼 더 깊이 다른 형제를 멸시했습니다. 그들은 자신의 형제를 "율법적인 설교자, 율법적인 소인배"라고 부르고, 또한 '박사' 혹은 '신학 박사'라고 부르며 그들을 조롱했습니다. 또한 "그 박사들을 격려하고 후원한다."는 이유로 그들의 성직자를 멸시했다. 그들은 그 성직자의 잘못을 (그것이 실제적인 것이든 추측한 것이든 간에) 대화의 주된 화제로 삼았습니다. 여기에서 그들은 함(Ham)의 정신, 그리고 고라(Korah)와 다단(Dathan)과 아비람(Abiram)의 정신을 그대로 물려받았습니다.

또한 이러한 설교 방식은 그들의 설교를 듣는 사람들에게도 엄청난 해악을 끼쳤다고 나는 생각합니다. 그들은 나를 비롯한 다른 많은 설교자가 그리스도를 설교하는 성경적인 방식을 비난하는 자신의 편견을 회중 가운데 유포시켰습니다. 결국 그 회중은 건전한 교리를 가지지 못하게 되었습니다. 그들은 더 이상 과거의 명백한 진리를 유익하게 혹은 기쁘게 듣지 못했으며, 심지어 참을성 있게 듣지도 못할 지경에 이르렀습니다.

잠시 그런 설교자의 설교를 들은 후에는, 선생님도 (다른 증인이 무슨 필요가 있겠습니까?) 나의 설교에서 선생님의 영혼에 양식이 될 만한 것을 전혀 발견할 수 없을 것입니다. 나의 설교 중에는 아무것도 선생님을 튼튼하게 하지 못할 것입니다. 신자의 어떠한 내적 경험도 발견하지 못할 것입니다. 나의 설교는 다만 황량하고 건조하게 느껴질 것입니다. 말하자면 선생님은 나의 설교나 존 넬슨(John Nelson)의 설교에 아무런 흥미도 갖지 못할 것입니다. 그런 설교는 선생님을 새롭게 하거나 건강하게 하지 못하기 때문입니다.

왜 그렇습니까? 이것이 바로 내가 주장하고 싶은 내용입니다. 소위 복음 설교자라고 하는 사람들이 그들의 설교를 듣는 사람들을 타락시켰기 때문입니다. 그들의 미각을 나쁘게 만들어서 건전한 교리를 맛있게 먹지 못하게 만든 것입니다. 그들이 회중의 입맛을 망치는 바람에 회중이 그러한 건전한 교리를 자신의 자양분으로 섭취하지 못하게 된 것입니다. 다시 말해, 그들이 계속해서 부드러운 고기를 먹이는 바람에 결국 천국의 진정한 포도주가 그들에게 싱겁게 느껴지게 된 것입니다. 회중은 그들이 계속해서 제공하는 흥분제를 먹고서 이제 자신의 모든 생명과 정신을 오로지 현재에만 집중하게 되었습니다. 이와 동시에 그들의 입맛은 파괴되었으며 결국 하나님의 말씀의 순전한 우유는 마시지도 소화하지도 못하게 되었습니다.

그러므로 내가 말하고자 하는 바는 이런 유의 설교자들이 (첫 인상과는 반대로) 생명이 아니라 죽음을 그들의 회중 가운데 유포시켰다는 사실입니다. (이것은 내가 영국과 아일랜드의 각 지역을 두루 살펴본 결과 내린 결론입니다.) 이러한 영적 흐름이 확산되자, 회중 사이에서 생명과 능력이 사라지고 영혼의 힘이나 열정 또한 희미해졌습니다. 하지만 이들을 회복시키는 것은 무척 어려운 일입니다. 왜냐하면 아직도 설교자들이 "흥분제! 흥분제!"를 외치고 있기 때문입니다. 회중은 이미 이 흥분제를 너무 많이 마신 상태에 있기 때문에, 그들에게 유익한 모든 음식의 맛을 더 이상 느끼지 못하게 되었습니다. 아니, 그들은 이러한 음식을 완전히 혐오하게 되었습니다. 그들은 그러한 음식을 (독은 아니더라도) 쓰레기로 여기게 되었습니다. 이제 그들의 뒤틀린 미각을 바로잡기 위해서 얼마나 많은 양의 쓴 음식이 필요하게 되었는지 모릅니다.

내가 최근 북부 지방에 갔을 때 상황이 바로 이러했습니다. 내가 도착하기 전 얼마 동안 존 다운즈(John Downes)는 거의 설교를 할 수 없었습니다. 그 지역의 다른 세 사람이 앞서 말한 그러한 유의 복음 설교자였기 때문입니다. 내가 속회를 둘러보러 갔을 때는 사실 숫자적으로 무척 큰 기대를 가지고 있었습니다. 하지만 대부분의 속회는 그 수가 삼분의 일로 줄어들어 있었습니다. 한 속회는 완전히 해체되었습니다. 뉴캐슬(Newcastle)

속회 안에서만 내가 전에 방문했을 때보다 100명 넘게 회원수가 줄어들었습니다. 남아 있는 속회 가운데 거의 대부분은 냉랭하고 지쳐 있고 열의도 잃고 거의 죽어 있었습니다. 이러한 복음 설교와 그리스도를 설교하는 새로운 방식의 행복한 열매가 바로 이러한 것이었습니다!

다른 한편, 나는 돌아와서 존 넬슨(John Nelson)이 주로 돌보고 있는 요크셔(Yorkshire) 지방의 속회를 돌아보았습니다. 존 넬슨은 복음을 설교하는 옛 방식을 고수하는 설교자로서, 선생님은 그의 설교에서 아무런 생명이나 양식도 발견하지 못할 것입니다. 그 속회를 둘러보는 중에 나는 그들의 영혼이 살아 있고 힘이 넘치고 열정적이며 또한 그들이 구세주 하나님을 신뢰하고 사랑하고 찬양하는 것을 목격하였습니다. 그들은 수적으로도 800 ~ 900명 가량 증가해서 거의 삼천 명에 육박하였습니다. 이들은 선생님이 맛있게 먹지도 못하고 소화시키지도 못하는 몸에 좋은 음식을 계속해서 먹은 사람들입니다. 그들은 처음부터 율법과 복음을 함께 들었습니다. "하나님께서 여러분을 사랑하십니다. 그러므로 여러분은 그분을 사랑하고 존경하십시오. 그리스도께서 여러분을 위해 죽으셨습니다. 그러므로 죄에 대하여 죽으십시오. 그리스도께서 부활하셨습니다. 그러므로 하나님의 형상 가운데 일어나십시오. 그리스도께서 영원히 살아 계십니다. 그러므로 그분과 더불어 영광 중에 살게 되는 그 날까지 하나님에 대하여 사십시오."

우리는 이렇게 설교하고 이렇게 믿었습니다. 이것이 성경적인 길이요, 감리교의 길이며, 참된 길입니다. 하나님께서 우리에게 명령하십니다. 너희는 거기서 돌이켜 좌로나 우로나 치우치지 말라!

출 처

John Wesley, "Letter on Preaching Christ," December 20, 1751, The Works of the Rev. John Wesley, A. M. Vol, XI, Third ed. (London: John Mason, 1830), pp. 480 – 486)

찰스 피니

Charles Grandison
Finney

회심을 위한 설교

찰스 피니(1792 - 1875)는 근대 부흥 운동의 아버지라고 알려져 있다. 회심 이후 그는 뉴욕 아담스(Adams)에서 하던 변호사 일을 그만두었다. 그리고 그는 공식적인 신학 훈련을 받지 않고서 일련의 부흥 집회를 인도하였다. 그리고 이것은 미국에서 제2차 대각성 운동(the Second Great Awakening)을 지속시키는 데 기여했다. 피니는 법정의 수사학과 무대의 연극을 그의 설교에 도입했으며, 이 때문에 그는 자주 "설교의 품위를 떨어뜨린다."는 비난을 받았다. 『회고록』(Memoirs)에서 그는 자신의 설교를 다음과 같이 묘사했다. "주님께서 기이한 방식으로 나를 그들 가운데 사용하셨다." "사방에서 회중이 자리에 엎드리기 시작했고, 자비를 간구하며 울부짖었다." 그의 지도 아래 부흥 설교는 대중을 설득하는 일종의 실용 학문이 되었으며, 그의 『강연(Lectures)』은 그 학문의 교과서가 되었다. 에드워즈가 부흥을 위해 성령님의 강력한 역사를 기다린 데 반해, 100년 후의 피니는 다음과 같이 말하고 있다. 부흥은 "기적이 아니고, 기적에 기초한 사건도 아니다. 그것은 정교한 수단을 적절하게 사용함으로써 발생되는 순수하게 기술적인 사건이다." 아래 글에서 피니는 "죄인은 스스로 자신의 마음을 돌이켜야 한다."는 제목의 설교에서 사용했던 나이아가라 폭포 이야기를 다시 가져온다. 이 설교는 그의 아르미니우스주의적(Arminianism) 경향을 명확하게 드러내 주며, 또한 그가 조나단 에드워즈의 정통 칼빈주의(Calvinist orthodoxy)로부터 신학적으로 얼마나 멀리 떨어져 있는지 보여 준다.

경은 죄인의 회심을 가져오는 주체를 다음 네 가지로 언급한다. 사람들, 하나님, 진리, 죄인 자신. 이 중에서 회심의 주체를 진리로 언급하는 구절이 가장 많다. 그런데 놀랍게도 사람들은 이러한 사실을 간과하고 회심을 순전히 하나님의 역사로만 보아 왔다. (중략)

하나님은 죄인의 마음을 하나님께로 돌이키실 때 진리를 효과적으로 사용하셨다. 하나님은 죄인의 마음을 돌이키시는 데 있어 적극적이고 자발적이며 강력한 주체이시다. 하지만 하나님이 유일한 주체는 아니다. 설교자를 비롯한 다른 사람들은 죄인을 회심시키는 데 있어 단지 도구일 뿐이라고 쉽게 말하는 사람들이 있다. 엄밀하게 말해서 이것은 틀린 말이다. 인간은 단순한 도구 이상의 존재이다. 진리는 단지 무의식적인 도구일 뿐이다. 하지만 인간은 그 이상이며, 회심에 있어 인간은 자발적이고 책임적인 주체이다. 인쇄된 나의 첫번째 설교에서 (여러분 중 몇몇은 읽어 보았을 것이다.) 나는 나이아가라 폭포 위에 서 있는 한 사람의 예를 들어 이러한 나의 생각을 예증한 바 있다.

"여러분이 나이아가라 폭포의 둑 위에 서 있다고 한번 상상해 보라. 당신이 절벽의 가장자리에 서 있을 때 몽상에 깊이 잠긴 한 사람이 자신이 처한 위험을 의식하지 못한 채 절벽 가장자리로 향하고 있는 것을 보게 되었다. 그가 점점 더 가까이 다가가더니 이제 그를 파멸로 이끌 마지막 발걸음을 땅에서 떼었다. 이 때 당신은 굉음을 내며 떨어지는 물소리보다 더 큰 소리로 "멈추세요!"라고 외치며 경고하는 메시지를 전달했다. 이 목소리가 그의 귓속을 파고들고, 그를 사로잡고 있던 마법에서 그를 깨어나게 했다. 이에 그는 즉각 발걸음을 돌렸다. 깜짝 놀라 창백해진 채 그는 몸을 부르르 떨며 죽음의 문턱에서 돌아섰다. 그는 기겁하고 비틀거리다 거의 졸도 지경에 이르렀다. 천천히 발을 돌려 그는 자신의 집으로 향하고, 당신은 그를 쫓아갔다. 그의 상기된 얼굴 표정으로 인해 많은 사람들이 그에게 몰려들었다. 당신이 다가서자 그가 당신을 가리키면서 "이 사람이 내 생명을 구해 주었습니다."라고 말했다. 여기에서 그는 이 일의 공덕을 당신에게 돌린다. 분명히 어떤 의미에서는 당신이 그 사람을 구했다고 할 수 있다. 하지만 사람들이 좀더 자세하게 캐물어 보면, 그는 "'멈추세요!' 라는 말이 왜 하필이면 나의 귀에 울렸을까?"라고 자문하게 될 것이다. 오, 그것은 다른 사람이 아닌 바로 자기 자신에게 생명을 가져다 주는 말이었다. 여기에서 그는 자신을 일깨워 돌아서게 한 그 말 덕분에 그가 살았다고 말한다. 하지만 여기에서 좀더 대화하다 보면, 그는 "그 순간에 내가 돌아서지 않았다면 나는 이미 죽은 목숨이 되었을 텐데!"라고 생각하게 될 것이다. 여기에서 그는 그 행위의 주체가 진실로 자기 자신이었다는 사실을 인정하는 것이다. 하지만 동시에 여러분은 그가 하나님을 찬양하는 음성을 듣게 될 것이다. "오, 놀라운 하나님의 자비여! 만일 하나님께서 간섭하지 않으셨다면, 나는 이미 이 세상을 떠난 존재가 되었을 것입니다." 이 예화에 한 가지 결점이 있는데, 그것은 하나님의 섭리만을 하나님의 유일한 간섭으로 이해한다는 것이다. 하지만 죄인의 회심에 있어서는 하나님의 섭리보다 더 큰 무엇이 작용하고 있다. 왜냐하면 죄인의 회심에 있어서는 하나님의 섭리를 통해 설교자가 "멈추세요!"라고 말하게 되는 측면도 있지만, 성령님이 친히 그가 돌아서도록 그 죄인의 내면에서 강하게 역사하시기 때문이다.

설교자가 "멈춰!"라고 외칠 뿐 아니라, 성령님이 친히 설교자의 살아 있는 음성을 통해 "멈춰!"라고 외친다. 설교자가 "죽지 않으려면 돌아서라!"고 외칠 때, 성령님은 강한 힘으로 그 죄인을 설득하여 그가 돌아서게 만든다. 따라서 우리가 이러한 회심의 원인으로 성령님이 그를 돌이키셨다고 말하는 것은 정당하다. 그것은 어떤 정치적인 주제와 관련하여 다른 사람을 설득하여 그 사람의 마음을 바꾸어 놓은 사람을 두고, 그가 그 사람의 생각을 바꾸어 놓았으며 그 마음을 돌이켰다라고 말하는 것과 같은 이치이다. 또한 진리가 그를 돌이켰다고 말하는 것도 정당하다. 어떤 사람의 정치적인 견해가 특정한 논리로 인해 변화되었을 경우 우리는 그 논리가 그의 생각을 변화시켰다고 말할 수 있다. 아울러 죄인이 회심한 원인을 그에게 동기를 제공한 살아 있는 설교자에게 돌리는 것 역시 정당하다. 이것은 어떤 변호사가 자신의 논증을 통해 판사를 설득시킨 경우에 비유할 수 있다. 마찬가지로 그 마음이 변화한 당사자에게 그 변화의 원인을 돌리는 것 역시 동일하게 정당하다. 그가 자신의 마음을 바꾸었으며 그가 회개했다고도 말할 수 있기 때문이다. 엄밀하게 말하면 이 마지막 말이 가장 참되다. 하나님께서 진리를 통해 그 사람이 돌아서도록 설득할 수는 있지만, 결국 그 행위는 다름 아닌 그 사람 자신의 행위이며, 그 돌아섬 또한 그 사람 자신의 돌아섬이기 때문이다. 다시 말하지만, 그 사람이 스스로 돌이켰으며 스스로 그 일을 행하였다고 말하는 것은 엄밀한 의미에서 참되다. 따라서 우리는 그것이 하나님의 행위라고 말할 수 있는 근거도 갖고 있지만, 동시에 그것이 그 죄인 자신의 행위라고 말할 수 있는 근거도 갖고 있다. 성령님은 진리를 통해 죄인이 회개하도록 유인하시며, 이러한 의미에서 성령님은 그 변화의 효과적인 원인이다. 하지만 실제로 돌이키는 것은 그 죄인이며, 따라서 가장 참된 의미에서 그 변화의 주체는 바로 그 죄인 자신이다. 성경을 읽는 사람들 중에 어떤 이들은 그러한 행위의 주체를 성령님으로 언급하는 구절에만 눈을 고정시키고, 그 주체를 인간이라고 하거나 그러한 행위가 죄인 자신의 행위라고 말하는 성경 구절은 무시한다. 그들이 성경을 인용하여 그것이 하나님의 행위라는 것을 입증하려고 할 때, 그들은 그러한 행위 가운데 인간은 단지 수동적이며 어떠한 의미에서도 그것은 인간의 행위로 볼 수 없다는 것을 입증했다고 스스로 생각하는 것 같다. 수개월 전에 "중생, 하나님의 능력의 효과"라는 제목의 소논문이 발표되었다. 이 논문의 저자는 회심의 역사는 성령님에 의한 것이라고 말한 다음 거기에서 논문을 마무리한다. 만일 그가 회심을 인간의 행위라고 말했다 하더라도 그것은 동일하게 참되고 합리적이며 성경적이다. 내가 설명한 그러한 의미에서 그것이 하나님의 행위라는 것을 입증하는 것은 어렵지 않았다. 그러므로 그 저자는 자신이 말한 내용에 있어서는 진리를 말했다고 볼 수 있다. 하지만 그는 반쪽 진리만을 말했을 뿐이다. 그 저자가 증명했듯이, 어떤 의미에서 회심은 하나님의 행위로 이해될 수 있다. 하지만 동시에 우리가 방금 살펴보았듯이, 다른 의미에서 우리는 회심을 인간의 행위로 이해할 수도 있다. 이 소논문의 제목 자체가 걸림돌이 된다. 그것은 진리를 말하고 있지만, 진리 전체를 말하고 있지는 않다. "회심 즉 중생은 인간의 행위이다."라는 명제에 기초하여 하나의 소논문을 쓰는 것도 가능하다. 이 또한 동일하게 참되고 성경적이며 철학적이다. 앞서 언급한 소논문의 저자는 하나님께서 회심과 중생의 일에 관여하고 계시다는 사실을 인정하고 그분께 영광을 돌리고자 하는 열심에 사로잡혀서 마음의 변화는 그 죄인 자신의 행위라는 사실을 간과하였다. 그래서 그 저자는 결국 죄인을 반역적인 손에 무기를 들고서 참호 속에 몸을 숨기고 있는 존재로, 그의 창조자의 요구를 완강하게 거부하는 존재로, 그리고 자신에게 새 마음을 심어 줄 하나님을 단지 수동적으로만 기다리는 존재로 만들어 버렸다. 그러므로 여기에서 여러분은 우리에게 새 마음을 요구하는 성경과 새 마음의 조성자는 곧 하나님이라는 주장이 서로 모순되지 않음을 확인할 수 있다. 즉 하나님은 여러분에게 스스로 새 마음을 만들라고 명령하시고 또 여러분이 스스로 그렇게 하기를 기대하고 계신다. 하나님께서 그렇게 명령하셨다면 여러분은 그 명령을 실천에 옮겨야 한다.

설교는 직접적이어야 한다. 복음의 설교는 사람에게 선포되는 설교가 되어야지, 사람에 대한 설교가 되어서는 안 된다. 목사는 자신의 회중에게 직접 말을 해야 한다. 목사는 그들에게 그들 자신에 관하여 설교해야 한다. 그들에게 다른 사람들에 관한 설교를 한다는 인상을 주어서는 안 된다. 목사가 회중에게 유익을 끼칠 수 있는 가장 좋은 방법은 회중 한 사람 한 사람으로 하여금 자신이 그 각각의 사람에게 말하고 있다는 것을 확신시키는 것이다. 많은 설교자들이 자신의 설교에서 특정인을 염두에 두고 있다는 인상을 주는 것에 대해 무척 두려워하는 것 같다. 많은 사람들이 특정한 죄에 대해서는 설교를 하지만 정작 그 죄는 죄인과는 아무런 상관이 없다. 그들이 책망하는 것은 죄인이 아니라 죄다. 그리고 그들이 설교할 때는 결코 자신의 회중 중에 누군가가 이러한 혐오스러운 죄를 범하고 있다는 사실을 자신이 가정하고 있다는 인상을 주지 않으려고 애쓴다. 하지만 이것은 복음을 설교하는 것이 아니다. 예언자나 그리스도나 사도들 중에 그 누구도 이와 같이 하지 않았다. 잃어버린 영혼을 그리스도에게 데려오는 데 훌륭하게 쓰임받고 있는 목사들 또한 그렇게 설교하지 않는다.

우리가 주목해야 할 또 한 가지 중요한 사항은, 목사는 가장 필요한 특정 주제를 반복해서 다루어야 한다는 것이다. 이 말이 무슨 뜻인지 이제 설명하려고 한다.

때때로 목사는 자기 자신의 결단을 지나치게 신뢰하는 사람들을 만나게 된다. 그들 스스로 자신들의 편의를 도모할 수 있으며, 준비가 되면 성령님과는 무관하게 점진적으로 회개하게 될 것이라고 생각하고 있다. 설교자는 그들의 생각이 성경의 생각과 얼마나 대조적인지 보여 주어야 한다. 설교자는 성령님이 침묵하시면 아무리 유능한 사람이라 할지라도 결코 스스로 회개할 수 없으며, 점차 그가 회개하기에 좋은 기회가 찾아온다 할지라도 회개하고픈 마음을 갖지 못할 것이라는 사실을 보여 주어야 한다. 이러한 실수가 만연한 것을 알게 된 목사는 그러한 실수를 드러내고 뿌리 뽑아야 한다. 그리고 그러한 잘못이 어떻게 생겨났는지 헤아리고, 그 후에 이러한 개념이 가진 오류와 어리석음과 위험을 보여 줄 수 있는 진리를 선포해야 한다.

한편 하나님의 선택과 주권에 대한 확고한 신념을 가지고서 자연스러운 흐름을 기다리는 것 외에는 다른 아무것도 할 수 있는 것이 없다고 생각하는 사람들도 많이 있다. 설교자는 이들의 생각을 거슬러서 하나님께 순종할 수 있는 능력이 그들에게 있다는 것을 알려 주고, 그들의 의무와 책임을 보여 주고, 그들이 그것을 실행에 옮김으로써 구원을 얻게 될 때까지 계속해서 그들을 압박해야 한다. 그들은 이러한 왜곡된 교리 뒤에 숨어 있다. 그들을 이 은신처에서 끌어 낼 수 있는 유일한 방법은 바로 그 왜곡된 지점에서 그들을 바로잡아 주는 일이다. 어떤 죄인이 그 몸을 숨긴 바로 그 곳에 여러분이 빛을 비추어 주지 않는다면, 여러분은 그의 마음을 움직일 수 없을 것이다. 그들이 인정하는 진리를 가지고 그 진리가 그들의 잘못된 개념과 명백히 모순된다는 점을 그들에게 설득하려 드는 것은 아무 소용이 없다. 그 죄인은 자신이 인정하는 진리가 완전하게 일관성이 있다고 가정하고 그것들 사이의 비일관성을 보지 못한다. 그러므로 논리적 모순을 통해 죄인을 설득하려는 시도는 그의 마음을 움직이지 못하며 그가 회개하도록 인도하지도 못할 것이다.

나는 뉴잉글랜드의 한 목사를 알고 있다. 그는 오랫동안 아르미니우스적인(Arminian) 설교를 들었던 회중 가운데 안착했는데, 그 회중은 대체로 아르미니우스적이었다. 그런데 이 목사는 자신의 설교에서 전혀 상반되는 주제, 즉 선택이나 하나님의 주권, 예정과 같은 교리를 강하게 강조했다. 이러한 설교가 훌륭하게 선포되었을 때 흔히 기대될 수 있는 바와 같이, 그 목사의 설교를 통해 강력한 부흥이 일어났다. 얼마 있다가 이 목사는 같은 주(州)의 다른 지역에서 초청을 받아 사역지를 옮기게 되었다. 그런데 그 곳은 앞서와는 정반대로 도덕 폐기론의 색채가 짙은 곳이었다. 그들은 선택과 하나님의 주권에 대하여 왜곡된 견해를 갖고 있었으며, 자신은 아무것도 할 수 있는 능력이 없으며 다만 하나님의 때를 기다려야 한다는 말만 되풀이했다. 이 곳에 도착한 목사는 곧장 선택의 교리를 설교하기 시작했다. 어떤 사람이 그에게 물었다. "목사님, 저 사람들이 설교 중에 깊은 잠에 빠져드는 것은 바로 이 선택 교리 때문인데, 목사님은 어떻게 해서 저 사람들에게 이 교리를 이렇게나 많이 설교할 생각을 하시게 되었습니까?" 그는 자신이 섬기는 사람들의 일반적인 견해가 어떻게 다른지에 대해서는 전혀 생각하지 않고서 다음과 같이 대답했다. "지난번 사역지에서 이 선택 교리를 통해 위대한 부흥을 경험할 수 있었거든요." 내 기억이 정확하다면, 그는 오늘까지도 그 교회에 머물러서 선택 교리를 계속해서 설교하고 있다. 아마도 그는 왜 이 교리에 대한 설교가 이전 지역에서와 달리 뜨거운 부흥의 열기를 가져오지 않을까 의구심을 갖고 있을 것이다. 이 지역의 죄인은 아마 결코 회심하지 않을 것이다. 여러분은 사물을 있는 그대로 보고, 죄인이 처한 상황을 분별하며, 바로 거기에서 그들에게 진리를 선포함으로써 그들을 그 거짓된 피난처에서 이끌어 내야 한다. 설교자가 회중이 서 있는 위치를 정확하게 알고, 그에 따라 설교하는 일은 무척이나 중요하다. (중략)

내가 사역을 시작할 무렵에는 하나님의 선택과 주권 교리에 관하여 설교하는 사람들이 너무 많았다. 내가 보기에, 그 교리는 죄인과 교회 모두에게 보편적인 은신처를 제공했으며, 이 때문에 사람들은 복음에 순종하는 것을 포함하여 아무것도 하려고 들지 않았다. 내가 어디를 가든지 거기에서 나는 이러한 거짓된 피난처를 분쇄하는 일이 반드시 필요하다는 생각을 갖게 되었다. 인간의 능력과 의무, 그리고 인간의 책임을 견고하게 붙잡는 진리에 우리가 설 때에야 비로소 부흥은 일어날 것이다. 다른 어떤 방법으로도 부흥은 일어나지 않는다. 이것이야말로 죄인을 복종케 하는 유일한 진리 묶음이다.

조나단 에드워즈(Edwards)와 휫필드(Whitefield)가 활동할 당시만 해도 상황은 이렇지 않았다. 그 때만 해도 뉴잉글랜드의 교회는 대체로 아르미니우스적인 설교를 들었으며, 모두들 자기 자신과 자신의 능력을 의지하고 있었다. 용감하고 헌신된 하나님의 두 종은 자리를 박차고 일어나 하나님의 은혜와 주권, 선택의 교리를 담대하게 선포했다. 그리고 그들은 큰 열매를 거두었다. 그들은 이 교리만 배타적으로 설교하지는 않았지만, 그 교리에 대해서 충분히 설교했다. 그 결과, 당시의 상황에서 그러한 설교로부터 부흥이 따라 일어났다는 이유로 이후의 목사들 또한 거의 맹목적으로 이 교리에 대한 설교를 계속했다. 목사들이 너무 오랫동안 그러한 주제만 강조한 결과 교회와 세상은 그 뒤에 숨어 버렸다. 그리고 하나님이 그들에게 실천하라고 요구한 바를 하나님이 친히 오셔서 행하여 주시기를 기다렸다. 결국 오랫동안 부흥은 멈추어 버렸다.

그리고 지난 수 년 동안 목사들은 그들을 그 은신처에서 끌어 내는 일에 몰두했다. 한편 오늘날 목사들이 능력과 의무를 배타적으로 강조하는 것은 회중을 과거 아르미니우스적 토대에로 회귀시켜서 결국 부흥의 지속을 기대할 수 없게 만드는 것이라는 사실을 유념할 필요가 있다. 많은 진리를 설교하고 위대한 부흥을 일으켰던 목사는 하나님의 인도 아래 있었다. 그들이 그렇게 할 수 있었던 것은 죄인을 그 은신처에서 끌어 낼 수 있었기 때문이라는 사실을 잊지 말고 기억해야 한다. 그런데 만일 그들이 동일한 진리를 계속해서 강조함으로 인해 죄인이 그들의 설교 뒤로 스스로 숨어 버린다면, 그 때는 다른 진리를 강조해서 설교해야 한다. 만일 그들이 그들의 설교 양태를 바꾸지 않는다면, 또다시 어두운 먹구름이 교회를 덮을 것이고, 그 먹구름은 새로운 목사가 일어나 죄인을 그들의 새로운 동굴에서 끌어 낼 때까지 사라지지 않을 것이다.

죄인으로 하여금 자신의 죄에 대한 책임을 느끼게 하고, 단순히 자신이 운이 없을 뿐이라는 인상을 주지 않는 것은 대단히 중요하다. 이것은 널리 퍼져 있는 잘못인데, 특히 이 주제를 다루는 인쇄된 책에서 많이 확산되어 있다. 그 책은 죄인으로 하여금 자신의 죄에 대해서보다 자신의 근심에 대해서 더 많이 생각하게 하고 자신의 처지를 범죄자의 관점에서 보지 않고 불행한 사람의 관점에서 보도록 한다. 아마도 여러분 중에 상당

수는 『아이들을 향한 타드의 강연』(Todd's Lectures to Children)이라는 제목으로 최근에 출판된 작은 책자를 읽어 보았을 것이다. 이 책은 진리를 예증하는 몇몇 부분에 있어 아주 훌륭하고 더없이 탁월하다. 하지만 그 책은 한 가지 결점을 가지고 있다. 그 예화 가운데 많은 수가 아니 대부분이 죄인의 죄책감과 관련하여 잘못된 인상을 심어 주고 있다. 즉 죄인으로 하여금 그들이 얼마나 비난받을 존재인지 느끼도록 하지 못하고 있다. 이것은 매우 안타까운 일이다. 만일 저자가 이 부분에 있어 자신의 예화를 조금만 더 보완했더라면 그래서 죄인에게 죄책감을 제대로 심어 줄 수 있었더라면, 아마도 그 책을 읽는 모든 아이들이 회심을 경험하게 되었을 것이다. (중략)

설교자는 죄인으로 하여금 그들이 할 일이 있고 그것은 회개라는 사실을 깨닫도록 해 주어야 한다. 회개는 그들 외에 다른 어떤 존재도 대신할 수 없는 일인 동시에, 그들이 마음만 먹으면 지금 당장에라도 할 수 있는 일이다. 그리고 그들은 지금 당장 그렇게 해야 한다. 그렇지 않으면, 그들은 영원한 죽음의 위험에 있게 된다.

목사는 죄인의 모든 변명을 제거하기까지는 절대로 만족하거나 안심해서는 안 된다. '무능'을 핑계 대는 것은 모든 변명 중에 가장 악질적인 것이다. 그것은 인간이 할 수 없는 일을 인간에게 요구하는 무자비한 폭군으로 하나님을 묘사함으로써 하나님을 모욕하기 때문이다. 죄인으로 하여금 그의 변명의 실체가 이와 같다는 사실을 깨닫게 만들어라. 그들로 하여금 하나님께 복종하지 않기 위해 만들어 낸 모든 변명은 하나님께 대한 반역 행위임을 분명히 알게 하라. 죄인이 자신의 손에 잡고 있는 마지막 거짓말을 찢어 던져 버리고, 하나님 앞에서 무조건적으로 정죄받을 존재임을 스스로 깨닫게 하라.

다음으로, 필자는 설교 방식에 대하여 몇 가지 조언을 하고자 한다.

먼저 설교는 대화적(conversational)이어야 한다. 설교는 이해를 돕기 위해 구어체를 사용해야 한다. 목사는 자신의 설교가 충분히 이해되기를 바란다면 마치 이야기하듯이 설교해야 한다. 오늘날 설교단에서 남용되고 있는 형식적이고 고상한 말투는 종교가 일반 사람들이 이해하기에는 너무 신비로운 어떤 것이라는 인상을 죄인에게 심어 준다. 설교자가 설교를 할 때는 변호사가 판사에게 자신의 말을 이해시키기 위해 말하는 것처럼 그렇게 말해야 한다. 변호사는 완전한 구어체를 구사한다. 고상하고 과장된 문체는 별로 유익이 되지 못한다. 목사가 설교단에서 사적인 대화를 하듯이 그렇게 회중에게 말할 때 비로소 복음은 위대한 열매를 맺게 될 것이다.

또한 설교는 비유적(parabolical)이어야 한다. 말하자면 항상 실제 혹은 가상의 사건에서 끌어 온 예화를 사용해야 한다. 예수 그리스도는 항상 이러한 방식으로 자신의 교훈을 예증하셨다. 그분은 어떤 원리를 먼저 제시한 다음 비유 즉 실제 혹은 가상의 사건에 대한 짧은 이야기를 통해 그것을 예증하거나, 그렇지 않으면 비유로부터 원리를 이끌어 내셨다. 사용 가능한 예화는 무진장 많이 있지만, 다른 사람들의 책망을 두려워하여 감히 그것을 사용하지 못하는 목사가 더러 있다. 어떤 이들은 "오, 이 설교자가 이야기를 하는구나!" 하며 힐난하기도 한다. 이야기를 하는 게 무슨 문제인가? 이것은 예수 그리스도가 설교하신 방식이다. 그리고 그것은 그분의 유일한 설교 방식이었다. 진리를 보여 주기 위해서는 실제 혹은 가상의 사실을 사용해야 한다. 수학적 증명과 같이 예화 없이도 죄인의 회심을 위해 적절한 설교를 구성할 수도 있다. 그런데 설교를 항상 그렇게만 구성해야 하는가? 목사가 예수 그리스도의 본을 따라 사실을 가지고 진리를 예증하는 것이 왜 그렇게 책망받을 일인가? 목사는 예수님을 따라 그렇게 하도록 하고, 바보들은 그들을 이야기꾼이라고 비난하도록 그냥 내버려 두어라. 설교자는 예수 그리스도와 상식을 자신의 편에 두고 있다. (중략)

설교는 반복적(repetitious)이어야 한다. 설교자가 효과적인 설교를 하기 원한다면, 그의 회중이 완전히 이해하지 못했다고 생각하는 주제를 반복해서 말하는 것을 두려워해서는 안 된다. 여기에 원고 사용의 단점이 있다. 원고를 사용하는 설교자는 자신이 기록한 내용을 따라서 곧장 설교하기 때문에, 회중이 그것을 제대로 이해하고 있는지 확인할 수 없다. 만일 그 설교자가 원고 읽기를 중단하고 회중의 표정을 살핀 다음 그들이 이해하지 못한 지점을 포착해 그것을 설명하려고 시도한다면, 그는 스스로 길을 잃고 헤매며 혼동에 빠져서 결국 헤어나지 못하게 된다. 만일 회중이 어떤 한 예화를 이해하지 못한다면, 설교자는 다음으로 넘어가기 전에 다른 예화를 가져와서 회중의 마음에 명쾌한 설명을 해 주어야 한다. 하지만 설교 원고를 작성한 설교자는 논문이나 책에서와 같이 규칙적인 일련의 틀을 따라 설교하며, 회중이 자신의 생각을 완전히 이해할 때까지 그것을 반복하는 일이 없다.

필자는 이 나라에서 가장 뛰어난 변호사 가운데 한 사람과 대화를 한 적이 있다. 그가 말하기를, 회중에게 자신을 이해시키는 데 있어 설교자가 경험하는 어려움 중에 하나는 그들이 충분히 반복하지 않는다는 것이다. "판사에게 말할 때 나는 항상 다음과 같은 생각을 염두에 두고 있네. 즉 내가 그들의 마음 속에 새기기 원하는 내용은 무엇이든지 적어도 두 번 반복하고, 종종 3 - 4회 반복하며, 경우에 따라서는 배심원들의 숫자만큼 반복해야 한다는 생각일세. 그렇지 않으면, 그들의 생각이 나를 좇아오지 못하게 되고, 결국 내가 이후에 할 말이 가진 힘을 그들이 느끼지 못하게 된다네." 심지어 이 세상의 일상사를 판정하기 위해 세워진 판사도 충분하게 반복하지 않으면 변호사의 논증을 이해하지 못하거늘, 복음 설교를 충분하게 반복하지 않고서도 사람들이 그것을 이해할 것이라고 우리가 기대한다면 이것은 얼마나 어리석은 생각인가? (중략)

설교자는 회중의 회심(conversing)을 목적으로 해야 한다. 여러분 중에 혹시 "모든 설교가 그러한 목적을 갖고 있지 않은가?" 반문할 사람이 있을지 모르겠다. 그렇지 않다. 목사의 설교는 항상 어떤 목적을 가지고 있지만, 대부분의 설교는 결코 죄인의 회심을 목적으로 하지 않는다. 만일 죄인이 그 설교를 듣고 회심한다면, 설교자 자신이 놀랄 것이다. 언젠가 필자는 이 점에 관해서 한 가지 사실을 들은 적이 있다. 동시에 사역을 시작한 두 젊은 목사가 있었다. 그 중 한 사람은 죄인을 회심시키는 데 큰 열매를 거두었고, 다른 한 사람은 전혀 그렇지 못했다. 죄인을 회심시키는 데 별로 성과를 거두지 못한 목사가 어느 날 동료 목사에게 질문했다. "도대체 너와 나의 차이는 무엇 때문에 생기는 것일까?" 그러자 동료 목사가 대답했다. "그 이유는 내가 설교 중에 너와는 전혀 다른 목적을 갖고 있기 때문이지. 나의 목적은 죄인의 회심에 있지만, 너는 전혀 다른 것을 목적으로 하거든. 너는 죄인의 회심을 그저 하나님의 주권에 맡겨 두잖아. 네가 죄인의 회심을 목적으로 삼지 않는 한 나와 같은 열매를 기대할 수는 없을 거야. 여기 내 설교 원고 중에 하나를 가져가서 그걸 가지고 네 회중에게 설교하고 결과가 어떤지 한번 관찰해 보게." 대답을 들은 목사는 동료 목사가 충고한 대로 했다. 그리고 그 설교문으로 설교를 하고 동일한 결과를 얻었다. 죄인이 울기 시작했을 때 그는 두려워졌다. 그리고 한 사람이 집회 후에 그를 찾아와 자신이 어떻게 해야 하는지 물었을 때, 그 목사는 그에게 사과하며 말했다. "나는 당신에게 상처 주는 것을 의도하지 않았습니다. 혹시 내가 당신의 감정을 상하게 했다면 용서해 주십시오." 오, 어떻게 이렇게 어처구니없는 일이 벌어질 수 있으랴!(중략)

  설교 원고 작성은 정치적 박해의 시대에 생겨났다. 이것은 사도 시대에는 알려지지 않았다. 글로 기록된 원고가 많은 유익을 가지고 있다는 것은 의심할 수 없지만, 그럼에도 그것은 결코 복음에 그 위대한 능력을 가져다 줄 수는 없다. 아마도 많은 목사가 오랫동안 원고를 사용하는 훈련을 받았기 때문에, 그러한 목사의 경우에는 원고를 버리지 않는 것이 더 낫다. 어려움은 지성의 한계가 아니라 잘못된 훈련에서 기인한다. 이러한 잘못된 습관은 "다른 사람의 글을 읽도록" 강요하는 어린 학생 시절부터 시작된다. 어린 시절 우리는 우리 자신의 언어로 그리고 우리 자신의 본성에 충실한 자연스러운 방식을 따라 우리 자신의 생각과 감정을 표현하는 법을 배우지 않는다. 대신 다른 사람의 글을 외우고 그것을 딱딱하고 형식적으로 소리 내어 읽는 훈련을 받는다. 그리고 자라서 대학과 대학원에 진학하게 되면 거기에서도 우리는 즉흥적인 말하기를 배우는 것이 아니라 글을 쓰고 그것을 암기하는 훈련을 받는다. 우리는 이와 정반대의 학습 과정을 처음부터 시도해 볼 수 있다. 어린아이에게 한 가지 주제를 주고 처음에는 생각하게 하고 그 다음에는 자신의 생각을 말하게 하는 것이다. 아마도 처음에는 그 아이가 실수할 것이다. 이러한 실수는 초보자에게는 당연한 것이다. 하지만 그 아이의 배움은 자랄 것이다. 그 아이가 처음에는 말을 잘 하지 못했을지라도, 시간이 지나면 점차 향상될 것이다. 필자는 이러한 훈련만으로도 온 인류를 회심시킬 수 있는 목사를 양성해 낼 수 있다고 생각한다.

모든 목사는 부흥 사역자가 되어야 하고, 모든 설교는 부흥 설교가 되어야 한다. 즉 모든 설교는 거룩한 인격 함양을 목적으로 삼아야 한다. 사람들은 말한다. "일부 교회 목사는 부흥 사역자가 되어 부흥 집회를 인도하도록 장려하는 것은 좋은 일이다. 하지만 다른 목사는 교회에 교리를 가르치는 목사로 남아 있어야 한다." 이상하다! 부흥이 다른 어떤 것보다 더 빨리 회중에게 교리를 가르쳐 준다는 사실을 그들은 모르고 있는가? 회중에게 교리를 가르치지 않는 목사는 결코 부흥을 일으킬 수 없다. 내가 이제껏 묘사한 설교는 교리로 가득하다. 하지만 그것은 실천되어야 할 교리다. 그리고 이것이 부흥 설교이다.

내가 제안한 설교 방식과 관련해서 종종 다음 두 가지 반론이 제기된다. 첫번째 반론은 변호사처럼 구어체(colloquial)로 설교하는 것은 강단의 위엄을 떨어뜨린다는 것이다. 사람들은 구어체의 설교를 듣고 당황스러워한다. 하지만 이러한 현상은 그것이 새로운 것이라는 사실을 의미하는 것이지, 그 자체로 부적절하다는 것을 의미하지는 않는다. 필자는 이 나라의 지도적인 위치에 있는 한 평신도가 어떤 목사의 설교에 대해서 하는 말을 들은 적이 있다. 그는 이제껏 많은 설교를 들었지만, 자신이 이해한 설교는 어떤 목사의 설교 한 편밖에 없다고 말했다. 왜냐하면 그 목사는 자신이 가르치는 교리를 자신도 믿고 있는 것처럼 즉 자신이 말하는 바를 스스로 믿고 있는 것처럼 설교했기 때문이었다. 그 평신도는 자기 평생에 이런 설교를 처음 들어 보았다. 그래서 맨 처음 이 목사가 그렇게 설교하는 것을 들었을 때 그 목사가 미쳤다고 생각했다. 하지만 결국에 그는 그 목사가 한 모든 말이 진실로 참되다는 것을 알게 되었고, 그의 영혼을 구원하는 하나님의 능력으로서 그 진리의 말씀에 굴복하였다.

강단의 위엄이란 무엇을 말하는 것인가? 강단의 위엄을 지키기 위해 강단으로 가는 저 목사를 보라. 슬픈 일이로다! 외국 여행 중에 필자는 한 영국인 선교사가 강단의 위엄을 지키기 위해 설교하는 것을 들은 적이 있다. 필자는 그 선교사가 훌륭한 사람이라고 믿었으며 그래서 강단에서 스스로 믿고 있는 것을 말할 것이라고 기대했다. 하지만 그 선교사는 강단에 올라서자마자 완벽한 자동 기계가 되었다. 즉 그는 과장하는 투로 말하고 연설조로 말하며 또 노래를 불렀는데, 회중 모두를 잠들게 하기에 충분했다. 문제는 그가 강단의 위엄을 지키고자 했다는 데 있었다.

내가 제안한 설교 방식에 대한 두 번째 반론은 이 설교가 연극(theatrical) 같다는 것이다. 런던의 주교가 유명한 연극 배우 개릭에게 다음과 같은 질문을 했다. "저 배우들은 단지 허구를 표현할 뿐인데도 회중을 감동시키고 심지어는 눈물까지 흘리게 하는데 반해, 반면 목사는 가장 엄숙한 실재를 표현하는 데도 회중으로부터 냉담한 반응을 얻게 되는 것은 무슨 이유 때문일까요?" 그러자 현명한 개릭은 다음과 같이 대답했다. "그것은 우리 배우들은 허구를 실재같이 표상하지만 목사는 실재를 허구처럼 표상하기 때문입니다." 연극 공연을 통해 배우가 의도하는 것은 무엇인가? 그는 저자의 정신과 의도에 자신을 내던져서, 저자의 감정을 자신의 것으로 만들고 그것을 느끼고 그것을 체화하며, 또 그것을 살아 있는 실재로 회중에게 전달하기 원한다. 그렇다면 설교에 있어 이러한 것을 반대하는 이유는 무엇인가? 연극 배우는 자신의 행동을 자신의 말에 맞추고, 자신의 말을 자신의 행동에 맞춘다. 외양과 손발, 태도 등 그의 모든 것은 저자가 의도하는 의미를 충분하게 표현하는 데 초점을 맞추고 있다. 이것은 또한 설교자의 목적이 되어야 한다. 만일 '연극 같다'는 표현이 감정을 가능한 한 가장 강렬하게 표현하는 것을 의미하는 것이라면, 더욱 연극 같은 설교일수록 더욱 좋은 설교이다. 만일 목사가 너무 경직되어 있고 또 성도는 너무 까다로워서 사람의 마음을 움직이고 감정을 불러일으키며 열정적인 사고의 온기를 회중에게 전달할 수 있는 최상의 방법을 연극 배우와 연극 무대로부터 배우려고 하지 않는다면, 그는 그의 산문과 원고 읽기와 경건한 모양 가꾸기를 계속해야 할 것이다. 하지만 그가 연극 배우들의 기술을 폄하하고 비난하면서 '강단의 위엄'을 지키려고 노력하는 동안 극장은 매일 밤 군중들로 가득 찬다는 사실을 우리는 기억해야 한다. 상식적인 사람들은 그러한 말하기 방식을 즐길 것이며 그 결과 죄인들은 지옥으로 내려가게 될 것이다.

출 처

Charles G. Finney, "How to Preach the Gospel," in Lectures on Revivals of Religion (New York and London: Fleming H. Revell Company, 1868), pp. 186 – 210.

허버트 H. 파머

Herbert H. Farmer

나와 너의 만남

루터나 웨슬리, 피니, 브룩스 등 위대한 설교자는 설교의 사건적 성격과 직접성을 만남이라는 형식 안에서 이해했다. 조직신학자이자 장로교 목사인 허버트 파머(1892 - 1981)는 1940년에 행한 워렉(Warrack) 강연에서 하나님의 진리를 하나님과 인간의 만남으로 보는 신학적 입장을 설교학적으로 명쾌하게 표현했다. 케임브리지(Cambridge)에 있던 존 오만(John Oman)의 기독교 인격주의로부터 깊은 영향을 받은 파머는 마르틴 부버(Martin Buber)와 함께 하나님은(그는 하나님을 종종 '무한한 인격자'라고 불렀다.) "다른 사람들을 통하지 않고는 결코 어떤 사람과의 인격적인 관계 속으로 들어가지 않으신다."고 주장했다. 이러한 인격적 만남이 설교의 형식을 취할 때는 세 가지 요소가 반드시 수반되는데, 그것은 의지와 요구와 의미 공유이다. 파머는 그의 초기 저서인 『세계와 하나님』과 『하나님에 대한 신앙』 그리고 "하나님과 인간"이라는 제목으로 예일(Yale)에서 행한 비처 강연에서 성육신과 기독교적 인격에 기초한 신학을 전개하였다. 1949년에 그는 C. H. 다드를 이어 케임브리지 대학의 신학 교수가 되었다.

내가 지금 여기에서 주장하는 바의 핵심은 다음과 같다. 우리는 설교를 인격적인 존재들 간의 상호 관계라는 맥락 안에서 이해하고 실천에 옮겨야 한다. 설교는 처음부터 끝까지 항상 인격적인 존재의 기능이다. (중략)

필자는 다음 문장으로 논의를 시작하고자 한다. 하나님의 목적이 이와 같고 하나님께서 이러한 목적에 따라 인간을 지으셨기 때문에, 그분은 다른 사람들을 통하지 않고는 결코 어떤 사람과의 인격적인 관계 속으로 들어가지 않으신다. (마지막 강연에서 행한 표현을 따라) 하나님이 '나와 너'의 인격적인 관계 속에서 나를 대면하신다면, 이 때 나와 하나님의 관계는 내가 동료들과 맺는 '나와 너'의 인격적인 관계와 항상 밀접하게 연관되어 있다. 필자는 이웃 안에서 인격적인 하나님과 관계를 맺고, 또한 하나님 안에 있는 한 인격인으로서 다른 이웃과 관계를 맺는다. (중략)

우리는 이것을 다음과 같이 표현할 수 있다. 즉 하나님께서 사람을 창조하실 때 그분은 자신과 사람 사이 그리고 사람들 사이의 인격적인 관계 구조를 창조하셨다. 이 인격적인 관계 구조는 유한한 인격의 본성, 특히 인간 본성의 궁극적인 비밀이다. 사람은 오직 그러한 인격적 구조의 일부로서 그러한 관계 속에 자리하고 있을 때에만 진정으로 사람이 된다. 만일 여러분이 어떤 사람을 그러한 관계 구조 밖으로 끄집어 낼 수 있다면(이것은 사실상 불가능하다.), 그 사람은 더 이상 진정한 인간이라고 말할 수 없다. 하나님은 먼저 인간을 창조하신 다음 그를 인격적인 존재들이 사는 세계 속에 집어넣으신 것이 아니다. 어떤 가정 주부가 밀가루 반죽을 만들어 그것을 냄비에 집어넣었을 때는 밀가루 반죽과 냄비가 서로 분리될 수 있지만, 하나님께서는 그러한 방식으로 인간을 창조하지 않으셨다. 인간으로 존재하게 된다는 것은 인격적인 존재들이 사는 이 세계 속으로 곧 다른 인격들(신적인 인격과 인간적인 인격)과의 관계 속으로 편입된다는 것을 의미한다. 인간은 이외에 다른 방식으로는 존재할 수 없다.

내가 지금까지 말한 것을 쉽게 풀어 쓰면 다음과 같다. 인간은 두 가지 관계 속에 (이 둘은 원리적으로는 서로 분리 가능하다.) 동시에 놓여 있다. 한편으로 그는 신적인 인격 곧 하나님과의 관계 속에 있고, 다른 한편으로 그는 유한한 인격들 곧 동료와의 관계 속에 있다. 이러한 생각을 뒷받침해 주는 기독교 사상을 우리는 쉽게 발견할 수 있다. 주 너의 하나님을 사랑하고 또 네 이웃을 네 자신과 같이 사랑하라는 예수님의 계명이 그 대표적인 예이다. 우리는 하나님에 대한 의무와 이웃에 대한 의무를 말한다. 여기 자주 인용되는 아우구스티누스(Augustinus)의 말이 있다. "주님은 주님 자신을 위해 우리를 지으셨습니다. 따라서 우리 마음은 주님 안에서 안식을 발견할 때까지 어디에서도 안식을 누릴 수 없습니다." 신비주의 전통은 일반적으로 (인격적인 존재들이 사는 세계를 포함하여) 세계로부터 물러날 때에만 하나님을 발견할 수 있다고 생각한다. 방금 언급한 아우구스티누스의 말도 이러한 전통을 어느 정도 반영하고 있다. 하지만 참으로 기독교적인 이해는 이 두 관계가 실제로는 결코 분리될 수 없다고 본다. 따라서 우리는 두 가지 관계가 있다고 말하기보다는 이중적인 구조를 가진 하나의 관계가 존재한다고 말하는 것이 더 낫다. 혹은 양극을 가진 하나의 인격적인 연속체가 존재한다고 말하는 것이 더 나을 것이다. 개인은 언제나 하나님 안에서 그의 이웃과 연결되어 있으며 동시에 이웃 안에서 하나님과 연결되어 있다. 이것은 그가 이러한 사실을 인식하지 못할 때도 심지어는 그가 이것을 부인할 때도 여전히 그러하다. 그리고 인간으로서 그의 독특한 정체성은 이러한 관계 속에서 발견된다. 따라서 아우구스티누스의 말은 다음과 같이 수정되어야 한다. "주님은 주님 자신과 우리들 서로서로를 위해 우리를 지으셨습니다. 우리의 마음은 상호간의 관계 속에서 또한 주님 안에서 안식을 발견하기 전까지는 어디에서도 안식을 발견할 수 없습니다." (중략)

만일 누군가가 나에게 인격적인 관계나 혹은 (부버의 표현을 쓰면) '나와 너'의 관계가 무엇을 의미하는지 좀더 자세하게 설명해 줄 것을 요구한다면, 나는 곤란함을 느낄 것이다. 왜냐하면 여기에서 우리가 지금 다루고 있는 대상은 궁극적인 존재이기 때문이다. 궁극적인 존재는 다른 어떤 존재의 관점으로도 표현할 수 없다. 만일 그것이 다른 어떤 존재의 관점에서 표현된다면, 그것은 궁극적인 존재가 아닐 것이다. 하지만 우리의 직접적인 경험을 바탕으로 조심스럽게 말한다면, 인격적인 관계란 관계의 당사자 두 사람 모두에게 중요한 어떤 상황에서 상대방을 향한 자기 의식적이고 자기 지향적인 의지가 맺는 관계라고 말할 수 있다. 여기에서 만일 여러분이 나에게 "자기 의식적이고 자기 지향적인 의지"가 무엇을 의미하는지 묻는다면 필자는 대답할 수 없다. 기껏해야 필자는 여러분 자신의 직접적인 자아 의식을 들여다보라고 말할 수 있을 것이다. 하지만 '나와 너'의 세계를 특수하게 구성하고 있는 그러한 의지들 사이의 관계에 대해서 우리는 얼마간 말할 수 있다. 즉 어떠한 자기 의식적이고 자기 지향적인 의지의 행위든 다른 의지의 행위에 의해서 어느 정도 결정되어 있으면서 동시에 어느 정도 그것으로부터 독립되어 있다. (중략)

그렇다면 어떻게 나의 의지가 여러분의 의지에 의해 결정되는 동시에 자유로울 수 있는가? 이것은 여러분의 의지가 오직 불가피한 요구로서 나에게 다가올 때 가능해진다. '불가피한 요구'라는 표현에서 두 단어는 모두 중요하다. 필자는 자유롭게 그것을 거절할 수 있다. 그것은 다만 하나의 '요구'이기 때문이다. 만일 내가 자유롭지 못하다면, 그것은 단지 '요구'가 아니라 '강제'라고 이름 붙이는 것이 정당할 것이다. 동시에 필자는 그것을 완전히 외면할 수 없다. 왜냐하면 내가 그것을 거절한다 하더라도 그러한 거절 행위 역시 여러분의 역사와 보편적인 역사의 구조 속으로 편입되기 때문이다. 만일 그 요구가 정당한 요구 즉 하나님이 창조한 인격적인 세계의 본질적인 속성에 근거한 요구라면, 그것을 거부하는 것은 끔찍한 재앙을 가져올 것이다. 부분적으로나마 여기에 구속의 문제가 자리하고 있다. 구속의 문제란 접근 불가능하고 '조작 불가능한' 의지의 세계 속에서 이미 역사의 일부로서 역사 속에서 작용하고 있는 거절된 요구를 다시 바로잡는 것과 관련된다. 그것은 '나와 너'의 세계의 찢어진 직물을 다시 회복시키는 일이다.

지금 우리가 사용하고 있는 '요구'라는 개념은 정의 불가능한 개념이다. 요구의 영향을 알기 위해서는 먼저 그것을 느껴야 하기 때문이다. 또한 그것은 다른 개념으로 분석될 수도 없다. '요구'는 '당위'라는 윤리적 개념의 기초 개념인데, '당위' 역시 분석 불가능한 개념이기 때문이다(씨즈윅(sidgwick)). 윤리적인 세계는 인격적인 세계이며 또한 역사의 세계이다. 하지만 한 가지 내가 확실하게 말할 수 있는 것은 '요구'는 오직 이해될 때에만 나의 의지를 결정할 수 있다는 사실이다. 필자는 어떤 '요구'를 자유롭게 받아들일 수도 있고 거부할 수도 있다. 하지만 내가 그것을 받아들이거나 거부하기 위해서는 먼저 그것을 이해해야 한다. 내가 여러분의 요구를 이해하지 못했다면, 필자는 여러분의 세계나 관점 혹은 의도를 전혀 이해하지 못했으며 따라서 그것을 전혀 다루지 않았다고 말할 수 있다. 여기에는 우리가 비록 서로 다른 관점에서 사물을 보지만 (다양한 요구가 가능한 것은 다양한 관점이 존재하기 때문이다.) 그럼에도 불구하고 우리는 동일한 세계에 살고 있으며 동일한 세계의 관점에서 말하고 행동할 수 있다는 사실이 전제되어 있다. 이것은 이성과 자기 의식적, 자기 지향적 인격성이 함께 한다는 말이다. 동일한 논증에 기초한 통찰과 상호 이해의 가능성과 필요성, 즉 의미 공유의 가능성과 필요성은 인격적인 세계, 곧 '나와 너'의 세계에 있어 본질적인 부분이다.

이러한 관점에서 우리는 인격적인 관계의 세계에서 말이 왜 그렇게 핵심적인 위치를 차지하는지 이해할 수 있다. 앞으로 내가 설교에 관해서 말하고자 하는 내용과 관련해서 우리는 이러한 말의 중요성을 재차 강조할 필요가 있다.

　말이란 참으로 놀랍고 유용한 것이다. 하지만 말의 지나친 친밀함 때문에 우리는 종종 말의 놀라움과 유용함을 깨닫지 못한다. 만일 시각과 청각 중에 하나를 잃어야 한다면 그 중에 어느 것을 잃어버리는 것이 더 나을까? 대부분의 사람들은 즉각적으로 청력을 잃어버리는 것이 더 낫다고 대답한다. 빛도 색깔도 없는 세상에서 영원히 산다는 것은 생각만 해도 끔찍하다. 하지만 필자는 시각을 버리고 청각을 유지하는 것이 더 현명한 선택이라고 생각한다. 왜냐하면 시각을 잃으면 아름다운 사물들의 세계로부터 단절되지만, 청각을 잃으면 인격적인 존재들의 세계로부터 단절되기 때문이다. 둘 중에 어느 것이 더 심각한 손실이며, 우리 존재의 내면 깊숙한 곳에 자리한 요새에 더 큰 피해를 가져올까? 이 질문에 대해 우리는 어렵지 않게 대답할 수 있다. 구두 언어(말)는 '나와 너'의 관계에서 핵심에 자리한다. 반면 문자 언어(글)는 불가피한 경우 구두 언어(말)를 대신하는 대체 언어에 불과하다. 인류는 그 시초부터 이 사실을 본능적으로 알고 있었던 것으로 보인다. 원시인들은 구두 언어(말)의 능력을 감지하고 있었다. 구두 언어(말)는 미신의 단계에까지 과장되기도 했지만, 많은 원시적인 개념과 마찬가지로 실재에 기초하고 있었다. 우리는 어린 시절 다음과 같은 짧은 문구를 읊조리곤 했다. "막대기와 돌은 나의 뼈를 상하게 할 수 있지만 말은 결코 나를 해하지 못할 것이다."

　이 말은 순 거짓말이다. 말은 막대기나 돌보다도 훨씬 더 예리하여 파괴적인 해를 입힐 수 있으며 사실 그러한 해를 입히고 있다. 말이 우리를 해하지 못한다고 강조해서 말하는 것은 아마도 말이 우리를 가장 해칠 수 있다는 사실을 우리가 이미 너무 잘 알고 있기 때문이다. 신약성경은 이 문제와 관련해서 보다 나은 통찰을 제시하고 있다. "이와 같이 혀도 작은 지체로되 큰 것을 자랑하도다 보라 얼마나 작은 불이 얼마나 많은 나무를 태우는가! 혀는 곧 불이요 불의의 세계라 혀는 우리 지체 중에서 온몸을 더럽히고 삶의 수레바퀴를 불사르나니 그 사르는 것이 지옥 불에서 나느니라"(약 3:5 - 6) 인격적인 관계의 세계에 있어 말의 결정적인 중요성은 여러분이 외국에 나갔는데 그 나라의 언어를 전혀 모르고 또 그 나라 사람들도 여러분의 언어를 전혀 모를 때 가장 절실하게 확인할 수 있다. 결과적으로 이러한 상황에서 여러분은 두 사람 모두 벙어리가 되는 무서운 상황에 처하게 된다. 이러한 경험은 우리에게 완전한 좌절과 외로움의 감정, 그리고 소외와 비실재의 감정이 어떠한 것인지 알려 준다.

구두 언어(말)가 '나와 너'의 관계성 안에 있는 인격적 존재들의 세계 안에서 핵심적인 지위를 차지하는 이유는 구두 언어(말)가 최고의 의사 소통 수단이기 때문이다. 다시 말해 구두 언어(말) 안에서 앞서 언급한 세 가지 요소 즉 의지와 요구와 의미 공유가 가장 높은 수준에서 하나로 통일되기 때문이다.

먼저 구두 언어(말)는 나의 의지를 결정적인 방식으로 객관화시킨다. 그리하여 나의 의지와 그 의지의 객관화된 대상으로서 구두 언어(말)는 분해할 수 없는 하나가 된다. 말하자면 나의 말이 곧 나의 의지이고 나의 의지가 곧 나의 말이 된다. 이 문장은 다소간 부정확해 보이지만, 한 가지만 더 생각하면 내가 이 문장으로 의도하는 의미를 정확하게 이해할 수 있을 것이다. 나의 의지가 물러서는 바로 그 곳에서 나의 말 또한 완전히 소멸되어 버린다. 또한 나의 의지가 나의 말을 명하는 바로 그 시간 그 장소에서 나의 말은 다시 생겨난다. 아마도 우리의 이러한 경험은 무로부터 만물을 창조하시고 보존하시는 하나님의 행위에 가장 근접한 경험이다. 인격적인 관계의 매개 수단으로서 구두 언어(말)가 문자 언어(글)보다 더 우월한 것은, 방금 살펴본 바와 구두 언어(말)는 의지에 직접적으로 의존하기 때문이다. 문자 언어(글)의 장점이 하나 있다면 그것은 언제든지 우리가 읽고 싶을 때 그것을 반복해서 읽을 수 있다는 점이다. 필자는 그저 책장에서 책을 꺼내 그것을 펴 읽으면 된다. 그 책은 10년 넘게 책장에 꽂혀 있을 수도 있지만 그렇다고 소멸되지는 않는다. 하지만 인격적인 관계의 관점에서 볼 때 이것은 오히려 가장 큰 단점이 된다. 인격적인 관계의 본질은 나의 의지 행위에 있지 않고, 말을 만들어 내고 그 말에 유일회적인 사건을 허락하는 여러분의 의지 행위에 있기 때문이다. (중략)

두 번째로 우리가 살펴볼 것은 방금 말한 내용과 불가분의 관계 속에 있는데, 그것은 요구는 구두 언어(말)를 통해 가장 완전한 형태를 취한다는 사실이다. 내가 여러분에게 말을 걸 때 나의 의지가 여러분의 의지를 요구한다. 말은 요구로 가득하다.

우선 필자는 여러분의 주목을 요구한다. 내가 만일 여러분이 나의 말을 들어 주기를 원하지 않는다면, 필자는 말하지 않을 것이다. 말을 통해 필자는 여러분에게 들어 달라고 요구한다. 만일 여러분이 들으려고 하지 않는다면, 속담이 말하듯 필자는 나의 호흡을 낭비하게 될 것이다. 내가 내 아이를 야단칠 때 그 아이가 자기 손가락으로 귀를 막는다면, 그 때 내가 경험하는 좌절감과 무력감이란 이루 말로 표현할 수 없을 것이다. 그것은 상처 입은 부모의 자존심을 넘어서는 것이다. 그것은 마치 그 아이가 일시적으로 사라지고, 두꺼운 벽 곧 아이의 자그마한 손가락보다 훨씬 더 두꺼운 벽이 나와 아이 사이를 가로막는 것과 같은 느낌일 것이다. 이것은 그 아이가 귀머거리가 되었다는 말이 아니다. 그 아이는 귀머거리가 되려고 의지했다. 아이는 나의 요구를 거부했다. 귀를 막는 행위는 다른 어떤 행위보다도 인격적인 세계의 중심부에 '자유'가 자리하고 있다는 무서운 사실을 상징적으로 보여 준다. 하나님께서 우리의 눈을 위해서는 눈꺼풀을 주셨지만 우리의 귀를 위해서는 꺼풀을 주시지 않았다는 사실을 가만히 생각해 보라. 그것은 우리가 항상 서로에게 그리고 서로의 말에 열려 있어야 한다는 것을 의미하는 것이 아닐까?

또한 필자는 나의 말을 통해 여러분의 대답을 요구한다. 나의 의지를 담고 있는 나의 말은 여러분의 의지에 전달되고, 다만 고개를 끄덕이거나 가로젓는 식의 대답이라 할지라도 여러분의 의지를 담고 있는 여러분의 대답을 요청한다. 필자는 응답을 원한다. 그것은 문을 두드리는 것이며, 여러분의 주목과 대답을 동시에 요구한다.

또한 나의 말에는 진리에 대한 요구가 내포되어 있다. 모든 인격적인 태도가 그렇듯이, 나의 말 안에도 윤리의 씨앗이 있다. 내가 여러분을 기만하기 위해 말할 때조차 필자는 나의 거짓말에 대한 여러분의 신뢰가 진심(진리)일 것을 요구한다. 나의 거짓말은 정말 그럴 듯한 이야기여야 하기 때문이다. 만일 우리 둘 모두 진리 요구를 인정하지 않는다면, 두 사람 사이의 인격적인 교제는 불가능해진다. 하지만 거짓말과 기만이 여전히 가능하다는 사실은 우리가 기계적 필연성의 세계에 살지 않고 진리를 요구하는 세계에 살고 있음을 알려 준다.

셋째로 말의 독특한 존재 이유는 의미 전달 즉 의미를 이성과 이해에 전달하는 데 있다. 말은 사상과 명제, 판단, 진리를 전달하는 데 있어 가장 좋은 매개 수단이다. 물론 말은 다양한 목적을 위해 사용된다. 말은 감정을 자극하거나 감상적인 인상을 만들어 내거나 심지어는 광고 문구와 같이 반복적인 암시를 통하여 사람들이 알지 못하는 사이에 그들의 행동을 조장하기 위해 사용될 수도 있다. 하지만 이러한 목적은 말의 고유한 특성을 드러내지 않는다. 말을 전혀 사용하지 않고도 음악은 특정한 감정을 불러일으키고, 꽃은 심미적인 인상을 만들어 내며, 강렬한 몸짓은 효과적인 설득의 기능을 한다. 말의 고유한 기능은 자의식의 판단을 가능한 한 가장 명료하게 다른 사람에게 전달하는 데 있다. 이러한 말을 통해 두 사람은 불가불 직접적으로 진리의 요구 아래 서게 된다. 만일 말이 이러한 기능은 수행하지 않고 내가 방금 언급했던 다른 여러 가지 기능만을 (감정을 자극하고, 심미적인 인상을 창조하고, 암시를 통해 청자의 의지를 움직이는 것) 수행하려고 든다면, 말의 고유하고 가장 고상한 기능을 상실하게 된다. 내가 다시 말하지만, 말의 고유하고 가장 고상한 기능은 진리에 대한 공통된 책임감 아래 한 사람의 통찰을 다른 사람에게 호소하는 형식으로 진리를 전달하는 것이다.

출 처

H. H. Farmer, The Servant of the Word (Philadelphia: Fortress Press, 1964[1942]), pp. 21 – 34. Used by Permission.

•

헨리 미첼

Henry H. Mitchell

송축으로서의 설교

      침례교 목사이자 교수인 헨리 미첼(1919~)은 흑인의 설교에 관한 한 오늘날 가장 통찰력 있는 해석자 중 한 사람이다. 다양한 책과 논문을 통해 그는 흑인이 아프리카 본토에서 가져온 유산과 그들이 미국에서 경험한 정치적, 문화적, 종교적 체험의 관점에서 흑인의 설교가 가진 독특한 정신을 탐구하였다. 그는 흑인의 설교 속에서 발견되는 자유로움과 카타르시스를 불러일으키는 드라마적 요소를 높이 평가한 반면, 백인 중산층의 설교에 대해서는 사변적이고 생명이 없다며 격렬하게 비판했다. 아래 글은 1974년에 그가 행한 비처 강연을 보충하는 내용이다. 여기에서 그는 흑인의 설교에 있어 송축의 요소가 어떻게 설교자와 회중을 함께 고양시키며, 또한 자기를 긍정하는 동시에 자기를 망각하면서 하나님을 즐겁게 누리는 경지에까지 이르게 하는지 설명하고 있다. 종교사가 멀치아 엘리아데(Mircea Eliade)의 '초의식' 개념을 바탕으로 미첼은 "아득한 과거의 실존적 상황으로부터 기원한 유산"(엘리아데의 표현)이 지금 흑인의 예배와 설교 전통 속에 체현되어 있다고 설명한다.

최고의 복음 설교는 선포와 송축을 병행하는 것이다. 그렇다면 송축이라는 용어가 무엇을 의미하는지 함께 살펴보자. 간단히 말해서 송축이란 찬양이나 즐거움을 문자와 상징과 예전을 통해 표현하는 것을 의미한다. 그것은 역사적이거나 전설적인 과거나 현재의 어떤 사건 혹은 사람과 관계될 수도 있고, 아니면 어떤 대상 혹은 신념과 관련될 수도 있다. 흑인의 설교는 그들이 처한 곤고한 환경에도 불구하고 이러한 종류의 송축을 가능케 하였는데, 이것이 흑인의 설교 정신의 일부를 구성하고 있다. 송축의 정신은 부분적으로나마 노예로 혹은 여러 가지 다른 모양으로 억압받던 흑인들이 도저히 견뎌 낼 수 없을 것 같은 그러한 상황 속에서 살아남았다는 사실에 기원을 두고 있다. 착취자는 흑인들이 고통에 대해 무지하고 둔감하기 때문에 자신들이 처한 곤경의 깊이를 알지 못할 것이라고 생각하였지만, 사실 흑인들은 그 고통의 깊이를 잘 알고 있었으며, 오히려 이러한 곤경 가운데 생동감 넘치는 전통을 발전시켰다. 그들은 이 전통을 통해 그들로 하나님을 찬양하게 하는 가운데 온갖 어려움을 이겨 내고 지속적으로 생존할 수 있었다. 그것은 피조물과 창조주 그리고 근절할 수 없는 생명의 선물의 가치를 긍정하는 세계관에 대한 극적인 표현이었다.

송축이 빠진 설교는 사실상 복음을 부정하는 설교이다. 이것을 긍정적으로 표현하면, 송축을 포함한 설교는 복음의 초의식적 보전과 복음에 대한 참된 이해와 적용에 긍정적으로 기여한다고 말할 수 있다. 이 글의 목적은 이 대담한 주장의 의미를 해명하고 이 주장을 뒷받침하는 근거를 제시하는 데 있다.

아프리카 원주민의 민담은 송축 의례를 통해 세대를 넘어 아주 정확하게 전달되었다. 대체로 환희에 넘치는 분위기 속에서 상당한 양의 지식이 젊은이들의 마음 속에 새겨졌다. 그들은 대체로 출산이나 결혼, 파종, 추수, 성인식 등과 같은 행복한 일이 있을 때 함께 모였다. 심지어 죽음을 기리는 의식에도 즐거움이 있었다. 그 결과 격언과 의례의 내용이 기억에 잘 남았고, 많은 일반 서민들이 그것을 생생하게 기억할 수 있었다. 더욱 중요한 것은 이러한 전승이 초의식에 너무도 깊이 각인되어서, 서민들이 중대한 결정을 내릴 때 그 결정을 완전히 통제하지는 못하더라도 상당 부분 좌지우지했다는 점이다. 이렇듯 흑인 종교 전통 문화에서 선조들에게 송축은 필수불가결한 중요성을 지니고 있었다. 오늘날에도 흑인 예배를 특징짓고 있는 기쁨과 송축의 요소는 억압된 게토(ghetto) 속에서 이러한 아름다움과 풍요로움이 기적적으로 살아남았다는 사실을 설명할 때 매우 중요하다.

혹시 누군가가 이것을 단지 흑인들의 강인한 인내력 때문이라고 생각하는 일이 없도록 하기 위해서, 우리는 예배 특히 설교에 있어 기쁨과 즐거움, 희열과 송축의 기능에 대해 살펴볼 필요가 있다. 우선 즐거운 분위기 속에서 전하고 수용하고 축하한 내용은 쉽게 잊어버리지 않는다. 감정과 지성의 테이프는 희열이라는 칼에 의해 가장 잘 새겨진다. 그렇게 즐거운 분위기 속에서 기록된 내용은 그렇지 않은 내용보다 더욱 쉽게 머릿속에 떠올릴 수 있으며, 영혼의 초의식적인 자료 창구에서 보다 쉽게 끌어올 수 있다. 영혼의 어두운 밤 송축의 즐거움을 다시 포착하는 것이 불가능해 보일 때도, 고감도의 신호가 그 내용을 자료 창구에서 다시 끌어낸다. 이처럼 설교에 있어 송축의 첫번째 기능은 특정한 지식 내용의 보존과 활용을 돕는 것이다.

조지 레오나드(George Neonard)의 책 제목 『교육과 희열』이 암시하듯이, 공교육에 있어서조차 즐거움은 실제적인 학습에 중요한 역할을 감당한다. 물론 즐거움은 영적인 가치나 기초를 배울 때 훨씬 더 큰 중요한 역할을 한다. 『교회 교육 방법론』이라는 책에서 필자는 다음과 같이 말한 바 있다.

소리치는 것은 때로 가식적이거나 조작적일 수 있다. 하지만 하나님의 임재는 순전한 희열이다. 하나님 앞에서 우리는 완전히 자유롭고 아무것에 의해서도 방해받지 않는다. 그리고 우리가 다른 곳에서는 대부분 숨기고 있어야 하는 우리의 실제적인 모습을 하나님은 기꺼이 용납하시고 사랑하신다. 억압과 멸시로 고통받던 어떤 흑인이 단 5분간만이라도 자신이 가치 있는 사람으로 받아들여진다는 깨달음과 기쁨을 제대로 맛본다면 다가오는 한 주간 동안 용기 있게 창조적으로 살아갈 수 있는 충분한 믿음을 소유하게 된다.

희열은 가르치면서 동시에 그 가르침을 강화한다. 흑인 전통에서 소리를 지르는 것이 항상 그러한 희열을 표현하는 것은 아니다. 오히려 희열은 언제나 깊은 감정을 동반한다. 그러한 감정은 깊은 신뢰를 가능하게 하며 초의식적인 영역에 신앙을 지울 수 없게끔 새겨 놓는다.

송축의 두 번째 기능은 종교 문화적 상황 안에서 용납되는 자유로운 표현을 통해서 자신의 인격과 정체성을 완성하고 긍정하는 것이다. 이것은 위에서 인용한 글에 언급된 바 있다. 예배 중에 소리치는 그리스도인은 자신의 실제 감정을 표현하는 가운데 하나님께 받아들여진다. 하나님의 용납은 회중을 통해서 매개되는데 그들의 문화적 관습은 성령 임재의 증거로 소리치는 행위에 높은 가치를 부여한다. 만일 회중이 소리치는 행위를 다른 관점에서 이해하였다면, 하나님의 용납을 반(反)문화적인 것으로 인식하기가 힘들었을 것이다. 그러므로 송축은 사람들이 자유롭게 자신의 깊은 감정을 표출해 내고 또한 하나님의 선하심을 찬양하는 가운데 자기 자신의 인격을 기뻐하며 받아들일 수 있도록 그 근거를 마련해 준다.

얼마 전 필자는 아마누엘(Amanuel)의 날를 기념하여 모여든 수천 명의 군중들에 의해 짓눌릴 뻔한 적이 있다. 그 무리는 애디스 아바베(Addis Ababa)에 있는 아마누엘교회(Amanuel Church)를 중심으로 시야가 닿는 데까지 사방으로 뻗어 있었다. 그들은 이디오피아(Ethiopian) 정통 교회의 크리스마스 이브를 송축하고 있었다. 언약궤를 상징하는 행렬이 교회 주위를 빙빙 돌자, 환희의 함성이 말 그대로 행복한 얼굴들의 바다 속에서 물결지어 일어났다. 그들은 대부분 끔찍한 가난으로 고생하고 있는 사람들이었다. 마르크스(Marx)는 아마도 이 기쁨을 민중의 아편이라고 불렀을 것이다. 하지만 이 민족의 종교적 선조들이 유럽인과 아랍인의 침입과 그들의 잔혹한 살상에도 불구하고 지속적으로 살아남았다는 사실을 필자는 알고 있다. 그들이 생존을 위해 은신해야 했던 황폐한 땅에서 그들은 물질적으로 풍족한 음식이 아니라 오히려 영적으로 풍요로운 축제를 통해서 살아남았던 것이다. 아마누엘의 날은 단지 9번의 작은 축제 가운데 하나에 불과하다. 하지만 그 축제 가운데 영창과 환호와 춤의 물결은 그들에게 삶의 의미와 성취를 가져다 주었으며, 이 때문에 수천 명의 사람들이 거기에 모여들었다. 이러한 목소리와 손과 발의 주인은 그 엄청난 수와(미국 사람들의 기준으로 볼 때) 급박한 물리적 필요에도 불구하고 하나님을 찬양하는 가운데 한 인격으로서 스스로를 긍정하였다.

한편 이 거대한 무리는 송축의 세 번째 기능을 예시하는데, 그것은 사람들을 공동체로 모으는 것이다. 송축은 공동체 안에서 가장 잘 성취된다. 물론 홀로 하나님을 찬양하는 것도 좋은 일이다. 하지만 하나님의 선하심을 향유하는 기쁨은 그 소식을 함께 나눔으로써 배가 된다. 여기에서 하나님의 선하심을 긍정하고 찬양 가운데 스스로를 긍정하며 아울러 동일한 선하심의 수혜자로서 다른 사람들을 기꺼이 긍정하는 많은 수의 사람들이 하나로 결합된다. 송축하는 공동체는 개인적으로 서로 알지 못하는 사람들의 모임일 수 있지만, 그럼에도 불구하고 가장 개인적인 감정을 표현할 수 있는 적절한 환경을 제공해 준다. 반대로 이러한 자유로운 감정 표현은 축제에 참여한 회중을 서로를 따뜻하게 용납하는 상징적인 공동체로 묶어 준다.

송축의 네 번째 기능은 거주할 만한 '생활 공간'을 마련해 준다는 것이다. 즉 송축은 억압과 착취의 바다 한복판에 찬양과 축제의 작은 섬을 만들어 준다. 이것은 긍정적 사고의 힘이라는 서구의 개념과 비슷해 보인다. 하지만 송축은 어떤 문제에 대하여 단지 머릿속 상상력을 활용하여 기대하고 기뻐하는 소박한 시도와는 구별된다는 점을 기억할 필요가 있다. 오히려 송축은 역경으로 가득 찬 실존의 현실에 직면하여 그 가운데 하나님을 찬양하게 할 만한 것들을 찾아 자신의 의식을 거기에 고정시키기로 엄중하게 결단하는 것이다. 영가는 이것을 다음과 같이 노래한다. "하나님 외에 나의 이 고난을 아는 사람은 아무도 없다. 하나님을 찬양하라. 할렐루야!"

본질적으로 하나님과 인생의 선함을 송축하는 설교는 회중이 기억해야 할 개념뿐 아니라 총체적인 경험도 가져다 준다. 억압받는 사람은 송축을 단지 위로하는 말로서가 아니라 사건으로 경험함으로써 절망적인 상황을 초월적으로 극복한다. 이 과정 속에서 그는 수많은 고통의 요소에 반대되는 과거의 즐거운 경험 속에서 살기로 결정하고 자신의 의식의 초점을 거기에 맞춘다. 한 영가는 의식의 초점이 옮겨 가는 과정을 다음과 같이 표현하였다. "아침에 일어나 나의 마음을 예수님에게 고정시켰다. 찬양하라, 찬양하라, 여호와를 찬양하라!" 하나님의 선하심을 송축하는 설교를 통해 회중은 자신의 마음을 다잡고 의식의 초점을 분명히 하고 자신의 생활 공간을 의지적으로 선택하며 이로써 억압된 실존의 비극을 초월하게 된다.

송축의 마지막 기능은 석의와 주해, 해설, 적용, 의미 깊은 예화 등으로 구성된 균형 잡힌 설교에 적절한 절정을 제공하는 것이다. 복음은 철두철미 기쁜 마음으로 선포해야 한다. 하지만 가장 큰 즐거움과 그 즐거움에 대한 가장 훌륭한 표현은 가르침을 마무리하고 요약한 다음 마지막에 가서 거기에 대하여 감사하고 그것을 송축할 때 자연스럽게 이루어진다. 송축 이전의 모든 것들은 이러한 절정의 순간을 향해 상승 곡선을 그리며 올라가고 송축 이후의 모든 것들은 점점 하강 곡선을 그리며 내려간다. 교향곡과 마찬가지로, 주제가 장엄하고 강력하게 진술되고 나면 이전의 모든 노력은 이제 자연스럽게 받아들여진다. 신선한 영적 통찰과 조명, 즐거운 회상, 그리고 공동체 안에서 자아의 성취 등 이 모든 것이 함께 송축의 대상이 된다.

우리가 이러한 복된 사연을 당연하게 여기고 열정도 없이 미지근하게 반응한다면, 그것은 우리가 그 복된 사연의 진가를 제대로 파악하지 못하고 또 그것을 제대로 누리지 못하고 있다는 증거다. 어떠한 복이든지, 우리가 그것을 단순한 진술의 단계에서 감사와 찬양과 송축의 단계에까지 가져가지 못한다면, 우리는 그 축복을 충분히 향유할 수 없다. 송축의 강도는 응답의 깊이와 정확하게 일치한다. 실제로 복음이 이제까지 우리가 말한 바 사람들에게 구원을 가져다 주는 하나님의 능력이라면, 어떻게 설교자 혹은 회중이 송축 외의 다른 방식으로 응답할 수 있겠는가?

그러므로 이제 우리에게 남겨진 문제는 다음과 같이 정리된다. 어떻게 하면 우리가 설교 중에 수시로, 특히 설교의 마지막에, 이러한 진정한 송축의 선물을 가능하게 만들 수 있는가?

이 어려운 질문에 대하여 우리가 첫번째로 제시할 수 있는 가장 통찰력 있는 대답은 위대한 송축은 위대한 주제를 다룰 때만 가능하다는 점이다. 지적으로 번뜩이는 기술은 단지 그 기술을 만들어 낸 사람에게만 큰 기쁨을 가져다 줄 뿐 다른 사람들에게는 그렇지 못하다. 그리고 그러한 기술의 발명가 또한 그들의 똑똑한 머리만 가지고서는 폭풍우 같은 삶의 위기를 극복하고 이겨 낼 수 없다. 미국에 사는 흑인들은 자살하고 싶은 충동을 불러일으키는 온갖 시련을 이겨 냈으며 다른 사람들이라면 쉽게 포기하였을 그러한 상황 속에서도 오랫동안 살아남았다. 이것은 그들이 그 문화의 위대한 주제를 계속해서 공급받았기 때문에 가능했다. 이 위대한 주제 중에는 선한 창조의 맥락 안에 있는 인생의 선함, 창조주의 정의와 자비, 선함, 그리고 섭리 등의 주제가 포함되어 있었다. 이러한 주제는 교인은 물론 교회에서 쫓겨난 사람들까지도 곤경에 처한 실존 상황을 초의식적인 신뢰를 통해 극복할 있는 세계관을 형성시켜 주었으며, 이것을 통해 송축을 가능하게 했다. 만일 그들이 이러한 고도의 신뢰와 의미 차원을 소유하지 못했다면, 그들은 그들에게 전혀 불가능한 안정된 삶을 위해 인생을 헛되이 낭비해 버렸을 것이다. 이러한 믿음과 문화를 긍정적으로 포용하는 가운데 그들은 아무리 힘난한 상황에 처하게 된다 할지라도 인생을 풍요롭고 자유롭게 향유하며 송축할 수 있었다. 요컨대 위대한 주제와 그 주제에 대한 확증이 송축을 낳는다.

둘째, 송축은 또한 인간 내면 깊숙이 자리잡은 필요가 충족될 때 비로소 가능해진다. 감사는 송축을 낳는데, 사람들은 자신의 울부짖음에 대해서 하나님으로부터 대답을 들을 때 자연스럽게 감사하게 된다. 이것은 진부하고 시대에 뒤떨어진 이야기로 들릴 수 있다. 하지만 거룩한 한 자매가 설교자에게 "목사님, 목사님께서 오늘 아침 저의 짐을 가볍게 해 주셨습니다."라고 말할 때 이것은 결코 사소한 일이 아니다. 이러한 응답은 좀처럼 듣기 어려운데, 그 이유는 그러한 응답을 불러일으킬 만한 설교가 그처럼 드물기 때문이다. 실로 우리가 존경하는 성인들은 이 세상의 부질없는 것들 가운데 더욱더 고립되고 소외되어 있다. 교외에서 사람들을 꾀는 유혹 또한 위대한 영적인 필요를 북돋운다. 육체적으로 더 평안해질수록 궁극적인 관심은 점점 더 커지기 때문이다. 사람들은 이전보다 더욱 불안해하며, 마침내 위대한 복음을 주신 하나님 안에서 안식을 발견하고는 하나님께 감사한다. 따라서 그들이 송축하는 것은 지극히 당연한 일이다.

셋째, 송축은 개인의 자아 성취에서 비롯된다. 흑인의 대중 문화에 있어서 이것은 설교 전통이 가진 대화적 특징을 통해 성취된다. 흑인 설교자가 "확실히 그분은 하나님의 아들이었습니다." 혹은 "확실히 주의 선하심과 인자하심이 나의 평생에 나를 따를 것입니다."라고 말할 때, 그는 '확실히'라는 말 뒤에 잠시 숨을 멈춘다. 마음에 소원을 가진 회중은 설교자가 잠시 숨을 멈춘 이 순간 마음 속으로 함께 '확실히'라고 외친다. 또는 설교자가 기도나 설교 중에 "자비를 베푸소서!"라고 외칠 때 그는 회중이 자신의 애처로운 간구에 응답해 주기를 기다리고 있다. 이른 아침 시각은 흑인 문화에서 고대로부터 중요한 의미를 지녔다. 그래서 마리아가 부활절 이른 아침에 혹은 "동이 트자마자" 무덤을 찾아갔다고 설교자가 말할 때, 문장 맨 처음에 "이른"이라는 단어를 둔다. 그런 다음 그는 잠시 말을 멈추고 회중의 반응을 기다린다. 즉 자신이 이야기를 할 때 회중이 그 이야기에 빠져들어 즐겁게 동참하기를 기다리는 것이다.

넷째, 설교할 때 진정한 송축을 촉진할 수 있는 방법 중 내가 마지막으로 제안할 수 있는 것은 요약과 송축을 적절히 매개하여 진리를 제시할 적절한 시점을 포착하는 일이다. 설교를 구상할 때 이렇듯 적절한 시점을 고려해야 한다는 필자의 제안은 많은 사람들에게 생소하게 들릴 것이다. 하지만 적절한 시점은 송축을 향한 일련의 과정에 중대한 영향을 미친다. 통상적으로 우리는 전후 관계를 논리적, 신학적, 연대기적 관점에서 많이 생각하지만, 회중의 마음에 충격을 가져다 줄 적절한 시점에 대해서는 거의 생각하지 않는다. 여기에서 적절한 시점이란 무엇을 말하는가? 그것이 설득이나 설교의 힘과 무슨 상관이 있는가?

내가 적절한 시점이라는 표현으로 의미하는 바는 감정의 속도이다. 적절한 시점을 고려한다는 것은, 복음이 전인격에 즉 초의식에 새겨져야 한다는 사실을 진지하게 받아들이는 것이다. 앞서 우리가 살펴보았듯이, 이것은 시간을 요구한다. 하지만 진리가 깊은 곳에서 천천히 움직이는 감정에 도달하여 '가라앉는' 데 걸리는 시간은 우리 마음대로 조정할 수 있는 것이 아니다. 적절한 시점에 대한 관심은 감정적인 효과에 대한 분석을 수반한다. 역으로 이 분석 결과는 자료의 배열 순서를 최종적으로 결정할 때 다양한 논리 전개 방식과 함께 활용된다. 당연히 복음은 이치에 맞아야 한다. 하지만 그것은 초의식의 차원에서 그렇게 되어야 한다. 교향악을 비롯한 다양한 예술과 마찬가지로, 무질서한 전개나 감정적인 말을 하는 것은 피해야 하며, 오히려 최종적인 진술 곧 송축과 종결부를 향해 다른 모든 자료를 조리 있게 배열해야 한다.

이와 관련해서 두 가지 극단이 있을 수 있다. 하나는 일반적으로 감정적인 효과에 대해 완전히 무지한 경우다. 이것은 지나치게 사색적이거나 또는 회의 감정 변화를 적절하게 인식하지 못하는 데서 비롯된다. 또 다른 극단은 소위 감정적인 설교자의 경우이다. 감정적인 설교자는 자신의 설교 내용은 도무지 의식하지 않고서 설교를 전달한다. 그의 주된 관심은 사람들의 마음을 움직이는 데 있고, 그가 설교 자료를 배열하는 유일한 기준은 어떻게 하면 회중의 마음을 흔들어 놓을 수 있을까 하는 데 있다.

이 양극단 사이에 사람들의 마음을 움직이면서 그들을 가르치고 또한 그들을 가르치면서 그들의 마음을 움직이는 중도의 길이 있다. 내가 확신하건대, 하나님은 자신의 사자들이 앞의 두 가지 극단 중에 하나를 선택해야 하는 곤경에 빠지는 것을 기뻐하지 않으실 것이다. 사실 그분의 부르심은 언제나 일깨우는 동시에 영감을 주는 자로 부르신다. 깊은 감정을 동반하지 않고는 참된 배움과 참된 성숙이 결코 있을 수 없고, 참된 성숙이 없이는 그리스도인의 깊은 감정이 존재할 수 없다. 설교자로서 우리에게 던져진 도전은 이 두 요소를 동시에 의식하면서 적절한 요약과 재강조를 통해 회중에게 감정적인 만족을 주는 송축을 만들어 가야 한다.

출처

Henry H. Mitchell, The Recovery of Preaching (San Francisco: Harper and Row, 1977), pp. 54 - 62. Copyright ⓒ by Henry H. Mitchell. Reprinted by permission of Harper & Row, Publishers, Inc.

4부
설교를 위한 올바른 성경 해석의 길

아우구스티누스 | Augustinus | 문자적 해석과 비유적 해석
보나벤투라 | Bonaventure | 풍부한 의미의 비전
마르틴 루터 | Martin Luther | 문자와 영
루돌프 불트만 | Rudolf Bultmann | 전제 없는 석의가 가능한가?
게르하르트 에벨링 | Gerhard Ebeling | 하나님의 말씀과 해석학
폴 리쾨르 | Paul Ricoeur | 해석학적 질문
주안 세군도 | Juan Luis Segundo | 해석학적 순환
제임스 샌더스 | James A. Sanders | 상황적 해석학
필리스 트리블 | Phyllis Trible | 페미니스트 해석학

아우구스티누스

Augustinus

문자적 해석과 비유적 설교

예수님은 공생애를 시작하시면서 이사야서의 한 구절을 가지고 설교하셨는데, 거기에서 예수님은 그 구절을 자신의 메시야적 직무에 대한 증언으로 해석하셨다. 예수님 시대 이래로 그분을 따르는 사람들은 책의 백성이었으며, 그분을 설교하는 사람들은 성경을 그들의 선포의 원천이자 규범으로 인정했다. 교부 시대에 이미 성경의 의미를 발견하는 규칙과 방법은 설교에 결정적인 중요성을 가지고 있었다. 히포(Hippo)의 아우구스티누스(354 - 430)가 교회 역사상 최초의 설교학 서적인 『기독교 교리에 관하여』를 작성했을 때, 그는 이 책을 성경 해석의 지침서로 이해했다. 그 교과서의 처음 세 권은 삼위일체와 같은 본질적인 실재와 자신을 초월하여 사물을 지시하는 기호 사이의 관계를 다루었다. 성경에 비유적인 기호가 많이 등장한다는 것은 성경 해석자에게 어려움을 야기할 수 있지만, 그 복잡한 언어적 형식 안에서 우리는 단순한 진리를 식별해 낼 수 있다. 왜냐하면 모든 성경은 하나님의 사랑의 본질을 드러내고 있기 때문이다. 구약성경에서와 같이 본질적인 가르침 혹은 교리가 베일로 가려져 있을 경우, 해석자는 보다 명확한 관련 구절을 통해 그 베일을 관통하거나 혹은 알레고리적인 해석을 통해 그 문자를 고양시켜야 한다. 알레고리적 해석 즉 비유적 해석은 많은 기능을 수행한다. 그것은 성경 전체의 신적 권위를 보호하고, 은혜와 사랑과 같은 신학적인 핵심 주제가 명확하게 드러나지 않는 곳에서도 중요한 신학적 진리를 추출해 내며, 타락으로 인해 하나님에 대한 직접적인 지식을 상실한 해석자의 영성을 개발시키는 데도 도움을 준다. 성경 해석에 대한 아우구스티누스의 논의의 상당 부분은 도나투스주의자인 티코니우스(Donatist Tyconius)의 세 번째 규칙 '약속과 율법'을 그 출발점으로 삼고 있다.

다음으로 내가 다루고자 하는 것은 은유적인 단어인데, 이 은유적인 단어의 모호성은 특별한 주의를 요구한다. 우선 우리는 이러한 비유적인 표현을 문자적으로 이해하지 않도록 주의해야 한다. "문자는 죽이는 것이지만, 영은 살리는 것이다."라는 사도의 말은 이러한 경우에도 적용된다. 비유적으로 말한 것을 마치 문자적으로 말한 것처럼 이해하는 것은 세속적인 방식이기 때문이다. 영혼의 죽음이란 문자를 맹목적으로 추종함으로써 인간을 짐승보다 낫게 만드는 지성을 육체에 종속시켜 버리는 행위를 일컫는 말이다. 문자를 추종하는 사람은 비유적인 단어를 마치 고유 명사인 양 취급하고 그 단어가 이차적으로 의미하는 바 더 중요한 의미에 대해서는 전혀 고려하지 않는다. 예를 들어 그런 사람은 안식일을 단지 7일마다 주기적으로 찾아오는 하루로만 생각한다. 그리고 희생 제사에 관해 들으면, 그는 가축의 희생과 땅의 소산을 바치는 관습적인 제사만 생각하지 그 이상 자신의 사고를 확장시키지 않는다. 이렇듯 기호를 사물로 여기고 지성의 눈을 물질적이고 피조된 것 위로 들어 올리지 못하며 영원한 빛의 조명을 받지 못하는 영혼은 확실히 비참한 노예 상태에 있는 것이다.

하지만 유대인의 경우 이러한 속박은 다른 나라들의 경우와 많은 차이가 있다. 왜냐하면 유대인의 경우 비록 일시적인 사물에 속박되어 있기는 하였지만 그들의 지성은 이 모든 사물을 통해서 유일하신 하나님을 바라보았기 때문이다. 그리고 비록 그들이 영적인 실재 자체보다는 그것을 대신하는 기호에 관심을 가지고 있었고 또 그 기호가 무엇을 가리키는지 모르고 있었지만, 그럼에도 불구하고 그들의 마음에는 그들이 이러한 속박을 통해 눈에 보이지 않는 유일하신 하나님이 기뻐하시는 일을 하고 있다는 뿌리 깊은 확신이 있었다. 사도는 이러한 속박 상태를 몽학선생의 지도 아래 있는 어린아이에 비유했다. 하지만 그러한 기호를 고집스럽게 붙잡고 있던 사람들은 그 기호가 지시하는 실재가 계시되는 때가 이르렀을 때 우리 주님을 외면했다. 그들의 지도자들은 예수님께서 안식일에 병자를 고치신 일을 가지고 그분을 고소할 이유로 삼았다. 기호가 마치 실재인양 기호에 집착하던 사람들은 이 기호를 자기네 유대인과 같은 방식으로 따르지 않는 사람을 하나님이라고 또는 하나님으로부터 온 분이라고 믿을 수 없었던 것이다. 반면 이러한 사실을 믿음으로 받아들인 사람들은 (그들 가운데서 최초의 예루살렘 교회가 세워졌다.) 몽학선생의 지도가 얼마나 큰 유익을 가져다 주었는지 분명히 보여 주었다. 즉 잠시 동안 순종적인 사람들에게 부과되었던 그 기호는 순종적인 사람들의 생각을 천지를 지으신 한 분 하나님에게로 향하게 하고 그분을 예배하게 했던 것이다. 이 사람들은 일시적이고 세속적인 제물과 형식을 통해서 하나님을 예배하였고 그래서 그것들이 가지고 있는 영적인 의미를 명확하게 파악하지 못했다. 하지만 그들은 영원하신 한 분 하나님을 경외하는 법을 배웠으며, 그러한 의미에서 그들은 영적인 실재에 매우 근접해 있었다. 이 때문에 그들은 성령님의 충만을 입을 수 있었고, 그들의 소유를 팔아 그 값을 필요한 사람들에게 나누어 주도록 사도들의 발 아래 가져갔으며, 새로운 성전으로 스스로를 성별하여 하나님께 바쳤다. 그들이 과거에 섬겨 왔던 옛 성전은 다만 이 새로운 성전의 지상적 형태에 불과한 것이었다. (중략)

어떤 의미 있는 대상을 그 의미도 모른 채 경외하는 사람은 기호에 속박되어 있는 사람이다. 다른 한편 하나님께서 제정하신 유용한 기호를 존중하는 사람은 비록 그 기호의 가치를 인정하지만, 가시적이고 일시적인 그 기호를 존중하는 것이 아니라 그 기호가 가리키는 바 그 궁극적인 대상을 존중한다. 그러한 사람은 비록 속박된 상태에서도 즉 세속적인 지성에 그러한 기호의 의미를 계시하는 것이 적절하지 않은 때에도 영적으로 자유롭다. 그는 그 기호에 속박됨으로써 도리어 그 기호의 세속성을 극복한다. 족장, 예언자, 이스라엘 백성 가운데 성령님의 도구가 되어 성경의 도움과 위로를 우리에게 가져다 준 이스라엘 사람들이 모두 이러한 유의 영적인 사람들이었다. 하지만 우리 주님의 부활을 통해 우리의 자유가 명확하게 입증된 오늘에 와서 우리는 더 이상 그러한 기호를 지켜야 한다는 무거운 압박감으로 인해 고통당할 필요가 없다. 다만 우리 주님과 사도들이 우리에게 예전처럼 그렇게 많지 않은 소수의 규례를 전해 주었다. 그리고 이 규례는 지키기에는 수월하고 그 중요성에 있어서는 가장 고귀하고 그 의식은 가장 거룩하다. 세례나 주님의 몸과 피를 기념하는 성만찬 성례전이 그 대표적인 예이다. 우리는 이러한 의식을 보자마자 그것이 무엇을 가리키는지 알고 있다. 그래서 우리는 그것을 존중하되 세속적인 속박 아래서가 아니라 영적인 자유 가운데 존중한다. 한편 문자를 추종하고 기호를 마치 그것이 의미하는 실재인 양 취급하는 것은 유약함과 속박의 표지이다. 기호를 이렇듯 잘못 해석하는 것은 오류에 이끌린 결과이다. 하지만 기호가 무엇을 의미하는지 정확하게 이해하지는 못하지만 그것이 실재 사물이 아니라 기호라는 것을 아는 사람은 더 이상 속박 아래 있지 않다. 그 기호를 잘못 해석함으로써 속박의 굴레에서 목을 끄집어 내어 도리어 오류의 소용돌이 속에 집어넣는 것보다는, 그 의미는 알지 못하지만 유용한 기호의 속박 아래 있는 것이 훨씬 더 낫다.

지금까지 필자는 은유적인 언어 표현을 문자적으로 취급하지 말아야 한다는 규칙을 이야기했다. 여기에 더하여 우리는 문자적인 언어 표현을 비유적으로 이해하지 않도록 주의해야 한다. 그렇다면 우리는 먼저 어떤 구절이 문자적이고 어떤 구절이 비유적인지 판별할 수 있는 방법을 알아야 하는데, 그 방법은 다음과 같다. 하나님의 말씀 중에 문자적으로 이해되었을 때 순전한 삶이나 건전한 교리와 무관한 구절은 모두 비유적인 것으로 이해할 수 있다. 순전한 삶은 하나님과 이웃에 대한 사랑을 가리키고, 건전한 교리는 하나님과 이웃에 대한 바른 지식을 가리킨다. 아울러 모든 사람은 자신이 하나님과 이웃에 대한 사랑과 지식에 이르렀다고 스스로 인식하는 한 자신의 양심 안에 소망을 가지고 있다. (중략)

하지만 사람은 자신의 고유한 죄성이 아니라 관습에 따라서 죄를 평가하는 경향이 있기 때문에, 종종 그 사람이 속한 나라와 시대의 사람들이 비난하는 것 외에는 아무것도 비난받을 만하다고 생각하지 않으며 또 동료들이 관습상 인정하는 것 외에는 다른 아무것도 칭찬받을 만하다거나 인정받을 만하다고 생각하지 않는 일이 발생한다. 그래서 성경이 회중의 관습에 배치되는 것을 요구하거나 혹은 관습과 배치되지 않는 것을 정죄할 때, 말씀의 권위를 인정하는 사람들은 그 표현을 비유적인 것으로 생각하게 된다. 성경은 자비 외에는 아무것도 요구하지 않고 탐욕 외에는 아무것도 정죄하지 않으며 그런 방식으로 인간의 삶을 형성해 간다. 따라서 우리는 성경이 이러한 생각과 모순된 것을 주장할 때 그것을 비유적인 표현으로 간주해야 한다. 성경은 과거와 현재와 미래의 사물에 관하여 다만 보편적인 신앙 고백 외에 다른 아무것도 주장하지 않는다. 성경은 과거에 대한 이야기이고 미래에 대한 예언이며 현재에 대한 묘사이다. 하지만 이 모든 가르침은 자비를 장려하고 확산시키며 탐욕을 근절시킨다.

필자는 자비와 탐욕이라는 말을 다음과 같이 이해한다. 먼저 자비는 하나님 자신을 위하여 하나님의 즐거움을 추구하고 또한 하나님께 복종하는 가운데 자신과 이웃의 즐거움을 추구하는 마음의 감정이다. 반면 탐욕은 하나님을 전혀 고려하지 않은 채 자신과 이웃과 다른 물리적인 사물의 즐거움을 추구하는 마음의 감정이다. 탐욕이 억제되지 않고 자신의 영혼과 육체를 부패시킬 때 우리는 그것을 악덕이라고 부르고, 그것이 다른 사람들에게 피해를 주게 될 때 우리는 그것을 범죄라고 부른다. 우리의 모든 죄는 이 두 가지 범주 안에 속한다. 하지만 악덕이 먼저 온다. 왜냐하면 악덕은 먼저 영혼을 소진시키고 그것을 빈궁하게 만든 다음, 자신에 대한 장애물을 제거하고 조력자를 구하기 위해서 쉽게 범죄로 빠져들기 때문이다. 마찬가지로 자비가 자신의 유익을 구할 때 우리는 그것을 신중함이라고 부르고, 이웃의 유익을 구할 때 우리는 그것을 박애라고 부른다.

여기에서도 신중함이 먼저 온다. 왜냐하면 아무도 자기 자신이 소유하고 있지 못한 유익을 다른 사람에게 전달해 줄 수 없기 때문이다. 탐욕의 지배가 억제되는 만큼 자비의 지배가 확장되어 간다.

따라서 성경에서 하나님이나 성인들과 관련된 모든 가혹하고 무자비한 말과 행동은 탐욕의 지배를 무너뜨리려는 시도이다. 만일 그 의미가 명확하다면 우리는 그것이 마치 비유적인 표현인 양 다른 이차적인 의미를 찾을 필요가 없다. 예를 들어 다음과 같은 사도 바울의 말을 보라.

"다만 네 고집과 회개하지 아니한 마음을 따라 진노의 날 곧 하나님의 의로우신 심판이 나타나는 그 날에 임할 진노를 네게 쌓는도다 하나님께서 각 사람에게 그 행한 대로 보응하시되 참고 선을 행하여 영광과 존귀와 썩지 아니함을 구하는 자에게는 영생으로 하시고 오직 당을 지어 진리를 따르지 아니하고 불의를 행하는 자에게는 진노와 분노로 하시리라 악을 행하는 각 사람의 영에는 환난과 곤고가 있으리니 먼저는 유대인에게요 그리고 헬라인에게라"(롬 2:5 – 9)

그러나 이것은 자신의 탐욕을 억제하려고 애쓰지만 어쩔 수 없이 그 탐욕의 파괴적인 영향력 아래 굴복한 사람들에게 하신 말씀이다. 하지만 탐욕이 한때 왕노릇하던 사람 안에서 탐욕의 지배가 전복되었을 때는 "그리스도 예수의 사람들은 육체와 함께 그 정욕과 탐심을 십자가에 못 박았느니라"(갈 5:24)는 말씀이 사용된다. 심지어 이 구절에서도 "하나님의 진노"와 "십자가에 못 박았다" 등의 표현은 비유적으로 사용되었다. 하지만 이러한 표현은 그 수가 많지 않으며 문장의 전체적인 의미를 모호하게 만들지도 않는다. 어떤 표현이 알레고리적이거나 수수께끼 같을 때 우리는 그것을 비유적이라고 부르는데, 위의 구절은 그렇지 않다. 하지만 예레미야에게 주신 다음과 같은 말씀의 경우에는 그 언어 전체가 비유적이라는 것이 의심할 나위 없이 명확하다. "보라 내가 오늘 너를 여러 나라와 여러 왕국 위에 세워 네가 그것들을 뽑고 파괴하며 파멸하고 넘어뜨리며 건설하고 심게 하였느니라"(렘 1:10)

다시 말하지만 하나님이나 그 거룩함이 우리의 모범으로 인정받고 있는 사람들의 말과 행동 중에서 성경 해석에 능숙하지 않은 사람들이 보기에 죄악된 것으로 여겨지는 그러한 것들은 대체적으로 비유적인 표현이다. 우리는 그러한 말과 행동의 감추어진 핵심 의미를 추출하여 자비를 촉진하기 위한 영양분으로 사용해야 한다. 덧없이 지나가는 대상을 주변 사람들의 관습보다도 더 자유롭지 못하게 사용하는 사람은 금욕적이거나 그렇지 않으면 미신적이다. 반면 그러한 대상을 자기 주변의 선한 사람들의 관습이 정한 경계를 넘어서 사용하는 사람은 자신이 행동하는 것 안에 더 넓은 의미를 가지고 있거나 그렇지 않으면 죄를 짓고 있는 것이다. 이 모든 문제와 관련해서 결국 비난을 받게 되는 것은 그러한 대상을 사용한다는 사실 자체가 아니라, 그것을 사용하는 사람의 탐욕이다. (중략)

예를 들어 방탕한 습관의 결과 창녀와 연합하는 것과 예언자 호세아처럼 예언의 과정 중에 창녀와 연합하는 것은 전혀 별개의 것이다. 술 취하고 음탕한 사람들의 잔치에서 벌거벗는 것이 부끄럽고 악한 일이기 때문에 욕실에서 벌거벗는 것 또한 죄라는 논리는 전혀 성립되지 않는다.

탐욕의 통치가 막을 내리면, 최상의 율법을 통하여 자비가 다스린다. 그 최상의 정의로운 율법은 하나님 자신을 위하여 하나님을 사랑하고, 또한 하나님을 위하여 자신과 이웃을 사랑하라는 것이다. 따라서 비유적인 표현과 관련하여 우리는 다음과 같은 규칙을 따라야 한다. 즉 우리는 사랑의 통치를 확립하는 해석을 발견할 때까지 우리가 읽는 말씀을 다양한 각도에서 주의 깊게 살펴보고 묵상해야 한다. 한편 문자적으로 이러한 의미를 가진 표현은 비유적이라고 생각할 필요가 없다.

만일 어떤 문장이 범죄나 악덕을 금하거나 혹은 신중함이나 박애의 행위를 요구하는 명령문이라면, 그 문장은 비유적이지 않다. 하지만 만일 그 문장이 범죄나 악덕을 강요하거나 혹은 신중함이나 박애의 행위를 금하는 것처럼 보인다면, 그 문장은 비유적인 표현이다. 그리스도께서 말씀하셨다. "인자의 살을 먹지 아니하고 인자의 피를 마시지 아니하면 너희 속에 생명이 없느니라"(요 6:53) 이것은 범죄나 악덕을 강요하는 것처럼 보인다. 그렇기 때문에 이것은 비유이며, 그 본의는 우리가 우리 주님의 고난에 동참해야 하며 또한 그분의 살이 우리를 위해 찢기시고 십자가에 달리셨다는 사실을 감사하며 기억해야 한다는 것이다. 성경은 "네 원수가 주리거든 먹이고 목마르거든 마시게 하라(롬 12:20)고 말하고 있다. 그리고 의심할 여지없이 이 말씀은 친절을 베풀라는 명령이다. 하지만 이 말씀에 이어 "그리함으로 네가 숯불을 그 머리에 쌓아 놓으리라(롬 12:20)는 명령이 나오는데, 이것은 악한 행위를 요구하는 듯한 인상을 준다. 그렇다면 이 구절은 틀림없이 비유적인 표현이다. 이 구절은 두 가지 해석이 가능하다. 하나는 상처를 주라는 뜻으로, 다른 하나는 우월성을 보여 주라는 뜻으로 풀이가 가능하다. 하지만 자비는 여러분을 박애로 다시 향하게 하며, 숯불을 회개의 불로 인한 고통으로 해석하게 할 것이다. 이러한 고통을 거쳐 그 사람의 자만심은 치유를 얻게 되고, 곤경 중에 있는 자신을 돕는 사람이 과거에 자신의 원수였다는 사실에 통곡하게 될 것이다.

또한 영적인 삶의 높은 차원에 이른 사람들 혹은 거기에 이르렀다고 스스로 생각하는 사람들은 종종 여전히 낮은 차원에 머물러 있는 사람에게 주어진 명령을 비유적이라고 생각하기도 한다. 예를 들어 독신의 삶을 서원하고 하나님 나라를 위하여 스스로 고자가 된 사람은 아내를 사랑하고 아끼라는 성경의 명령은 문자적으로 이해해서는 안 되고 비유적으로 이해해야 한다고 주장한다. 또 자신의 처녀 딸을 결혼시키지 않기로 결단한 사람은 "네 딸을 시집 보내어 네게 맡겨진 중요한 책임을 완수하라"고 기록된 구절을 비유적으로 해석하려고 시도한다. 따라서 성경 해석에 있어 또 하나의 규칙은 다음과 같이 정리할 수 있다. 즉 모든 사람에게 공통적으로 적용되는 명령도 일부 있고, 특정 계층의 사람들에게만 적용되는 명령도 있다는 사실을 인정하는 것, 다른 말로 하면 약이 몸의 전체적인 건강 상태에 작용할 뿐 아니라 각 지체의 특별히 약한 부분에도 작용한다는 것을 인정하는 것이다. 더 높은 경지에 올라설 수 없는 사람은 지금 그의 형편에 맞게 돌보아 주어야 하기 때문이다.

한편 구약성경에서 당시의 시대적 조건에 한하여 허용한 것을 비유적으로 해석하지 않고 문자적으로 이해해도 범죄나 악덕이 아니라고 해서 오늘날의 생활 습관으로 바로 가져올 수 있다는 생각은 우리가 경계해야 한다. 왜냐하면 이렇게 하려는 사람들은 예외 없이 정욕에 사로잡혀 있으며 그러한 것을 내던지려고 하는 성경 안에서 그것을 뒷받침할 근거를 찾으려고 하기 때문이다. 그리고 비참한 지경에 처한 사람은 그러한 것들이 성경에 기록된 목적이 별도로 있다는 사실을 알지 못한다. 반면 건전한 소망을 가진 사람은 성경이 이러한 일들을 기록하고 있다는 사실에서 다음과 같은 유익한 교훈을 얻는다. 즉 그들이 경멸하는 관습이라도 자비를 수반하는 것이라면 훌륭하고 유용한 것이 될 수 있고, 반면 그들이 인정하는 관습이라도 정욕으로 행하면 비난받는 것이 될 수도 있다는 것이다.

그러므로 구약성경에 기록된 거의 모든 계명은 문자적으로만 이해해서도 안 되지만 비유적으로만 이해해서도 문제가 생긴다. 이것은 독자가 그 계명을 문자적으로 이해한 경우에도 그러하고, 또한 그 계명을 기록한 저자가 아무리 칭찬을 듣는 사람이 하더라도 우리 주님의 승천 이후 하나님 명령의 관리인이 된 선한 사람들의 습관에 거리끼는 계명의 경우에도 역시 그러하다. 비유의 경우라면 해석에 맡겨야 하지만, 당시의 행동을 오늘날의 생활 습관으로 바로 가져와서는 안 된다. 왜냐하면 당시에 의무로 행했던 것 중에 상당수가 오늘날에는 정욕 없이는 행할 수 없는 것이기 때문이다.

그리고 위대한 인물이 죄를 범한 이야기를 읽게 되었을 때는 비록 그 일의 비유적 의미를 캐물어 알아 낼 수도 있지만 독자는 그것을 문자적으로 이해하여야 한다. 독자가 그렇게 뛰어난 사람들의 삶 속에도 피해야 하는 폭풍우와 슬퍼해야 하는 실패가 있었다는 것을 알게 되면, 감히 자신의 선한 행위를 자랑하거나 자신의 의로움과 비교해 다른 사람을 멸시하지 않게 될 것이다. 이 위인들의 죄를 기록으로 남긴 목적은 사람들로 하여금 언제 어디서나 다음과 같은 사도의 말에 긴장하도록 하기 위해서이다. "그런즉 누구든지 선 줄로 생각하는 자는 넘어질까 조심하라." 왜냐하면 성경의 모든 페이지는 하나님이 교만한 자를 대적하시고 겸손한 자에게 은총을 베푸신다는 진리를 명확하게 기록하고 있기 때문이다.

그러므로 우리가 이해하고자 하는 표현과 관련하여 우리가 가장 우선적으로 물어야 할 것은 그것이 문자적이냐 아니면 비유적이냐 하는 것이다. 만일 그것이 비유라는 것이 확실하다면, 우리가 1권에서 논한 사물의 법칙을 적용하여 다양한 방법을 동원해 참된 해석에 도달하는 것은 쉬운 일이다. 특히 우리가 경건의 연습을 통해 더욱 강화시킨 경험으로부터 도움을 얻는다면 이 일은 더욱 수월할 것이다. 이제 우리는 위에서 언급한 사항을 고려함으로써 어떤 표현이 문자적인지 아니면 비유적인지 분별할 수 있다.

또한 동일한 성경 말씀에 관하여 하나가 아니라 둘 이상의 해석이 가능할 경우에는 비록 저자의 의도가 밝혀지지 않았다 하더라도 성경의 다른 구절을 바탕으로 여러 해석 중 어느 것이 진리와 조화를 이루는 것인가를 보여 주기만 해도 충분하다. 만일 어떤 사람이 성령님의 통로로 사용된 저자의 의도를 포착하기 위해 성경을 연구하는 중에 그 말씀으로부터 다른 의미를 이끌어 낼 수도 있다. 그럴 경우에도, 그가 이끌어 낸 의미가 건전한 교리와 배치되지 않고 또 성경의 다른 구절의 증거를 근거로 가지고 있다면, 전혀 비난받을 이유가 없다. 아마도 본문의 저자는 바로 이러한 의미가 우리가 해석하려고 하는 말씀 속에 포함되어 있었다는 사실을 알고 있었을 것이다. 그리고 그 저자를 통해 이것을 말씀하신 성령님은 이 구절을 읽는 독자가 이렇게 해석할 것이라는 것을 예견하셨다는 것은 확실하다. 아니 성령님이 이러한 해석 또한 진리에 기초해 있다는 사실을 아시고 독자가 그러한 해석을 해야 한다고 이미 준비하셨던 것이다. 이처럼 동일한 말씀에 대한 다양한 해석이 하나님으로부터 비롯된 다른 구절의 증언과 일치되면 인정을 받을 수 있다. 성경과 관련하여 하나님이 어떻게 이보다 더 자유롭고 풍요롭게 준비를 하실 수 있었겠는가?

하지만 어떤 구절의 의미가 성경의 명백한 증거로부터 명확하게 입증되지 않는다면, 우리는 이성의 증거를 통하여 그것을 명확하게 해명해야 한다. 하지만 이것은 위험한 작업이다. 성경의 빛을 따라 걸어가는 것이 훨씬 더 안전하기 때문이다. 따라서 은유적 표현으로 인해 모호해진 성경 구절을 해석할 때는 논쟁의 여지가 없는 명확한 의미를 붙잡든지, 혹은 만일 논쟁이 일어날 소지가 있다면 동일한 성경의 다른 부분에서 얻어 낸 증언을 기초로 이 논쟁을 해결해야 한다.

출 처

Augustinus, On Christian Doctrine, Book III, selected paragraphs, trans. J. F. Shaw, A Select Library of the Nicene and Post-Nicene Fathers of the Christian Church, ed. Philip Schaff, Vol. II (Buffalo: The Christian Literature Company, 1887), pp. 559–567.

보나벤투라

Bonaventure

풍부한 의미의 비전

중세의 신학자들에게는 성경 본문이 다양한 의미를 가진다는 것이 전혀 문제가 되지 않았다. 오히려 그것은 교회에 자유롭게 부어 주시는 하나님의 풍성함을 드러내는 것으로 이해되었다. 그러므로 해석자들에게 있어 중요한 질문은 "어떤 열쇠가 보물 창고를 열 수 있는가?" 하는 것이었다. 이미 1000년 전에 오리겐은 각각의 의미를 이해하는 인간 본성의 특정 측면과 그것의 능력과 관련하여 성경의 다양한 의미 단계를 구분했다. 오리겐(Origen)은 문자주의자들은 육(flesh)으로, 성숙하는 도중에 있는 사람은 혼(soul)으로, 완전해진 사람은 영(spirit)으로 성경을 해석한다고 주장했다. 13세기 프란체스코(Franciscan) 수도회 소속의 신학자이자 추기경이요 성자였던 보나벤투라(1221 - 1274)는 삼위일체 교리의 정교한 기초 위에 자신의 성경 해석 원리를 수립했다. 이것은 오리겐의 인간학적인 모델과 대조적이다. 삼위일체 하나님이 하나의 본질 안에 세 인격으로 이루어져 있듯이, 성경은 문자적 의미의 표층 아래 세 가지 영적 의미를 가지고 있다. 아래 글에서 보다 명확하게 다루겠지만, 이 세 가지 영적인 의미는 단지 무한히 많은 의미의 씨앗일 뿐이다. 보나벤투라는 성경의 알레고리적, 도덕적(또는 모형론적), 신비적 의미에 관해 글을 남김으로써 오리겐의 정신과 존 카시안(John Cassian, 435년에 죽음)의 언어를 영구적으로 보존시켰다. 카시안은 '예루살렘'이라는 단어를 통하여 자신의 용어를 설명했다. 그에 따르면 '예루살렘'은 문자적으로는 유대인의 수도를, 알레고리적으로는 천상의 도시를 의미했다(제임스 프루스, James S. Preus). 보나벤투라는 아래 발췌문 바로 다음에 이어지는 단락에서 성경 전체를 통하여 '태양'이라는 단어가 가지는 다양한 의미를 추적하면서 에스겔의 환상에서 그가 발견한 16가지 의미를 설명한다.

"하늘 아래 있는 물은 한 곳으로 모이고 뭍은 드러나라 하시니 그렇게 되었다. 하나님께서 뭍을 땅이라 부르시고 모인 물을 바다라고 부르셨다. 그리고 이것이 하나님이 보시기에 좋았다. 땅은 풀과 씨 맺는 채소와 각기 종류대로 씨 가진 열매 맺는 과목을 내라." 성경이 가르치는 바 성경 이해의 세 번째 비전은 셋째 날의 창조에 비유된다. 창조 작업에 있어 둘째 날의 일이 첫째 날 일에 더해지고, 셋째 날의 일이 이틀 동안 이루어진 일에 더해지듯이, 처음과 두 번째 비전으로부터 세 번째 비전이 나온다. 그리고 이 비전은 앞선 두 비전보다 더 고상하고 더 위대하다. 여기에서 셋째 날의 창조를 끌어와 그것을 이 세 번째 비전과 비교하는 것은 적절하지 않다고 여길 수도 있다. 땅은 피조물 가운데 가장 낮은 수준에 있는 반면 성경은 가장 고상한 것이기 때문이다. 하지만 여기에서 둘 사이의 관계는 다음과 같이 정리할 수 있다. 하늘이 탁월하게 보유하고 있는 모든 것을 땅은 생생하게 붙잡고 소유한다. 그러므로 땅은 하늘의 영향을 받아서 가장 아름다운 많은 존재자를 산출한다.

성경 이해의 세 번째 비전은 다음 세 가지 영적인 의미 곧 '의미'와 성례전적 상징과 이것들로부터 이끌어 낸 다양한 해석과 관련된다. 모든 성경은 이 세 가지로 환원될 수 있다. 이 중 첫번째 '의미'는 영적인 의미를 뜻하는 물을 한 곳에 모으는 이미지를 통해서 우리에게 이해된다. 두 번째 성례전적 상징은 "땅은 풀을 내라"는 구절에서 나오는 땅의 많은 존재자에 의해서 지시되고 있다. 그리고 셋째 다양한 해석이란 "씨 가진 열매 맺는 과목"이라는 구절에서 씨를 통해 표시되고 있다.

한 알의 씨 안에는 울창한 숲을 이룰 만한 무한한 씨앗이 들어 있다. 하지만 하나님 외에 씨의 그러한 무한함을 헤아릴 수 있는 사람이 과연 누가 있을까? 마찬가지로 성경으로부터 우리는 무한히 많은 해석을 이끌어 낼 수 있다. 하지만 이 무한한 해석은 오직 하나님만 파악하실 수 있다. 식물로부터 새로운 씨앗이 생겨나듯이 또한 성경으로부터 새로운 해석과 새로운 의미가 생겨난다. 이 점에서 성경은 다른 모든 것들과 구별된다. 그러므로 아직까지 이끌어 내지 못한 많은 해석에 비추어볼 때, 지금까지 우리가 이끌어 낸 해석을 전부 모은다 하더라도 그것은 바닷물 한 방울에 비유할 수 있을 것이다. (중략)

에스겔은 이러한 다양성을 누구보다 명확하게 이해하고 있었다. 그는 "그 속에서 네 생물의 형상이 나타났다"고 말했다. 그리고 그 첫째는 사람의 얼굴을 가지고 있었고, 둘째는 사자의 얼굴을, 셋째는 소의 얼굴을, 넷째는 독수리의 얼굴을 가지고 있었다. 그리고 각각은 이 네 얼굴을 가지고 있었다. 잠시 후에 그들 곁에 바퀴가 나타났다. 선지자는 "바퀴의 모양과 움직임이 마치 바다와 같았으며" "마치 바퀴 안에 바퀴가 있는 것 같아 보였다"고 말한다. 그리고 계속해서 그는 "그 날개 소리를 들은즉 많은 물소리와도 같으며 전능자의 음성과도 같다"고 말한다. 이 네 생물이 성경의 저자, 특히 예언자와 복음서 기자를 의미한다는 데 대해서는 모두가 동의하고 있다. 그레고리에 따르면, 네 얼굴을 가진 두 바퀴는 구약성경과 신약성경을 가리키고, 네 얼굴은 네 가지 주요한 해석 곧 문자적, 비유적, 도덕적, 신비적 해석을 가리킨다. 그 모습이 마치 바다를 보는 것과 같다는 것은 영적인 신비의 깊이 때문이다. 마음이 자극을 받으면 그 날개 소리가 들려 온다. 그리고 모든 것이 하나님으로부터 나왔기 때문에 전능하신 분의 목소리가 울려 퍼진다. 그러므로 요한계시록에서는 "내가 하늘에서 소리를 들으니 많은 물소리와 같았다"라고 기록하고 있다. 이것은 무수히 많은 해석이 가능하기 때문이다. 또한 이러한 해석은 마치 하프 연주자의 아름다운 소리처럼 너무도 환상적인 조화를 이루고 있다. 하프 연주자의 아름다운 소리를 발하고 있다.

이렇듯 성경은 수많은 의미를 지니고 있다. 하나님의 음성은 가장 탁월한 방식으로 표현되었기 때문이다. 다른 학문은 한 가지 의미 안에 갇혀 있다. 하지만 이 성경 안에는 의미가 다양하다. 성경 안에서는 언어뿐 아니라 주제도 의미를 가지고 있다. 반면 다른 학문에서는 오직 언어만 의미를 가진다. 왜냐하면 각각의 학문 영역은 그 영역에 적절한 기호에 의해 결정되기 때문이다. 기록된 단어와 언어는 의미의 기호이다. 그리고 기록된 단어가 의미보다 더 중요하다. 의미는 균형 잡힌 상태에서 완결되어 있으며 언어 또한 그러하기 때문에, 일단 어떤 명사에 특정한 의미가 부여되고 확정되고 나면 이후에는 그 명사를 다른 의미로 사용할 수 없다.

하지만 하나님은 영혼의 근원이시며 영혼이 만들어 낸 언어의 근원이시고 또한 언어와 관련된 모든 사물의 근원이시다.

그러므로 첫번째 의미는 문자적 의미이다. 사물이 그 자체로 의미를 지니고 있기 때문에, 문자적 의미 다음에 다른 세 가지 의미가 따라온다. 하나님은 모든 피조물 가운데 자신을 드러내시면서 이 때 삼중적인 방법을 사용하신다. 즉 그것은 실체와 힘과 작용에 따른 것이다. 모든 피조물이 삼위일체이신 하나님을 표현하고 또한 그분에게 이르는 길을 보여 준다. 하나님께 이르는 길은 믿음과 소망과 사랑을 통한 것이기 때문에, 모든 피조물은 우리가 믿고 기대하고 실천해야 하는 바를 비추어 준다. 여기에 병행하여 영적인 의미도 삼중적이다. 그것은 우리가 믿어야 하는 것과 관련된 알레고리적 의미, 우리가 기대해야 하는 바와 관련된 신비적 의미, 우리가 실천해야 하는 바와 관련된(왜냐하면 사랑은 행동으로 나아가기 때문이다.) 도덕적 의미이다.

문자적인 의미는 자연적인 얼굴, 곧 사람의 얼굴을 닮았는 데 반해, 나머지 의미는 모두 상징적이다. 사자는 장엄하기 때문에 알레고리 즉 우리가 믿어야 하는 내용을 지시한다. 소는 추수를 위해 쟁기를 잡고 땅을 경작하기 때문에 소의 얼굴은 도덕적 의무를 가리킨다. 마지막으로 높이 나는 독수리는 신비적인 의미를 가리킨다.

첫번째 얼굴 즉 문자적 의미는 개방되어 있다. 그리고 두 번째 얼굴은 장엄함으로 높이 들려 있다. 세 번째 얼굴 즉 도덕적 의미는 열매를 잘 맺고, 마지막 네 번째 얼굴은 전혀 주저함 없이 태양을 바라본다.

이 네 가지는 원초적인 기원과 심오한 깊이 그리고 풍성하게 흘러넘치는 다양한 영적인 의미로 인해 "바다와 같다." 하나의 본질 안에 세 인격이 있듯이, 문자라는 하나의 표면 아래 세 가지 의미가 존재한다.

하지만 세상이 몸을 가진 인간을 섬기기도 하지만 영혼을 가진 인간을 더 특별하게 섬긴다는 사실을 우리는 주목할 필요가 있다. 또한 세상은 생명을 촉진시키는 데 기여하기도 하지만 지혜를 증진시키는 데 더욱 특별히 기여한다. 인간이 하나님 앞에 바르게 서 있었을 때는 창조된 사물에 대한 지식을 가지고 있었고 그 사물의 의미를 통하여 하나님께 나아가 그분을 찬양하고 예배하고 사랑하였다. 하지만 인간이 타락한 이후에는 지식을 잃어버렸기 때문에 피조물을 하나님께로 돌이켜 이끌어 갈 수 있는 존재가 하나도 없다. 그래서 세상이라는 책은 마치 죽고 삭제된 것처럼 되었다. 그래서 다른 책, 곧 이 세상이라는 책을 밝혀 주고 사물의 상징을 이해할 수 있게 만들어 줄 다른 책이 필요하게 되었다. 그것이 바로 성경이다. 성경은 자연이라는 책에 기록되어 있는 사물의 외형과 속성, 상징적 의미를 확증해 준다. 그래서 온 세상을 회복시킬 수 있는 능력을 가진 이 성경은 세상이 다시금 하나님을 알고 찬양하고 사랑하도록 이끈다. 그러므로 만일 여러분이 뱀은 여러분에게 무슨 의미가 있는지 혹은 무슨 쓸모가 있는지 묻는다면, 필자는 여러분에게 뱀은 온 세상보다 더욱 쓸모 있는 존재라고 대답할 수 있다. 왜냐하면 개미가 여러분에게 지혜에 대해서 가르쳐 주듯이, 뱀은 여러분에게 신중함에 대해서 가르쳐 주기 때문이다. 솔로몬은 "개미에게 가서 그가 하는 것을 보고 지혜를 배우라"고 말한다. 한편 마태는 "뱀같이 지혜롭게" 행동할 것을 명령한다.

이 네 가지 의미는 성경이라는 바다의 네 강줄기이다. 그것은 모두 바다로부터 나와서 바다로 돌아간다. 그러므로 거룩한 성경은 모든 사물에 빛을 던져 주고 그것들을 다시 하나님께로 이끌어 오며, 결국 창조 세계

의 본래적인 상태를 회복한다. (중략)

구약성경의 모든 가르침은 율법적이거나(모세의 글), 역사적이거나(역사서), 지혜를 담고 있거나(지혜문서), 예언적이다(시편과 12개의 소예언서와 4개의 대예언서). 마찬가지로 신약성경에 있는 책들 또한 율법적이거나(명령을 담고 있는 복음서), 역사적이거나(사도행전), 지혜를 담고 있거나(바울 서신을 비롯한 정경 서신들), 예언적이다(요한계시록). 서신서는 복음서 뒤에 위치하지만, 사도행전은 복음서 바로 다음에 따라온다. (중략)

율법적인 책은 그 장엄함과 권위로 인해 사자에 상응한다. 그리고 역사적인 책은 그 단순성과 및 땅을 경작하는 특성으로 인해 쟁기를 끄는 소에 상응한다. 또한 지혜 문서는 사람에 상응하고, 예언적인 책은 독수리의 얼굴에 상응한다.

율법서나 복음서에서 보듯이, 성경은 개혁을 통해 최초의 시작으로 되돌아가는 경향이 있다. 다시 말해 성경은 영원한 것을 묘사한다. 시편 말씀에 따르면 "그분은 그들에게 영원히 소멸되지 않을 의무를 부여했다"라고 했고, 집회서(Ecclesiasticus)에서는 "영원한 기초가 단단한 바위 위에 놓인 것처럼 하나님의 명령은 거룩한 여인의 마음에 그렇게 자리하고 있다"고 기록하고 있다. 이 여인이 바로 교회다. 여기에서 우리는 율법 혹은 계명은 사라져 버리는 것이라고 이해해서는 안 된다. 오히려 우리는 고향 땅에서 그것을 더욱 잘 지켜야 할 것이다. 그 계명은 구약성경 아래 있을 때와 신약성경 아래 있을 때 서로 다른 방식으로 지켜야 한다. 구약성경 아래 있을 때보다는 신약성경 아래 있는 지금 우리가 그 계명을 더욱 잘 지키고 있으며, 우리가 고향 땅에 돌아가는 그 날 지금보다 더 잘 지키게 될 것이다. 하나님은 자신이 친히 내려 주신 이 율법과 더불어 살고 계신다.

하지만 성경이 일시적인 문제를 다룰 때 그것이 과거의 문제라면 역사적이고, 그것이 현재의 문제라면 지혜와 관련되며, 그것이 미래의 문제라면 예언적이다. 그러므로 성경 안에는 계명과 모범과 기록과 계시가 있다.

그러므로 이 첫번째 의미는 네 개의 얼굴을 가지고 있다. 만일 우리가 에스겔의 순서를 따라 그 얼굴을 정한다면, 우리는 그 자체로 정확한 순서를 얻게 된다. 하지만 우리의 본성을 따라 정하려고 한다면, 우리는 가장 중요한 영원한 문제에 우리의 눈을 돌려야 한다.

신비는 위로부터 오는 것과 관련된다. 비유는 이미 이루어진 일과 관련되고, 도덕은 이제 이루어져야 할 일과 관련된다. 성 빅토르 위고(Hugh of Saint - Victor)에 따르면 신비는 믿음의 문제와 관계하기 때문에 비유의 일부이다.

그러므로 신비적인 의미 안에는 네 개의 얼굴이 있다. 그것은 하나님의 영원한 삼위일체, 본을 보여 주는 자의 지혜, 천사들의 고상함, 승리하는 교회이다. 그러므로 성경이 이러한 것에 관해 말할 때 그것은 신비의 문제를 다루고 있는 것이다.

마찬가지로 비유적인 의미 안에도 네 개의 얼굴이 있다. 첫째 얼굴은 탄생과 수난 가운데 인간을 입으신 그리스도이다. 이것은 가장 중요한 비유이다. 둘째 얼굴은 성모 마리아이다. 항상 그분은 아들과의 관계 속에서 언급되기 때문에 성경 안에는 그분에 관한 놀라운 기사가 실려 있다. 어떤 사람들은 "성경은 성모 마리아에 대해서 왜 이렇게 조금밖에 말하고 있지 않은가?" 하고 질문한다. 하지만 이것은 그렇게 중요한 문제가 아니다. 왜냐하면 사실 성경 어디나 그분과 관련되어 있기 때문에 그분에 대해서 많은 말이 있다고 할 수 있다. 또한 그분이 성경 전체와 관련되어 있다는 사실은 그분에 관하여 어떤 특별한 논문이 한 편 작성되었다는 사실보다 훨씬 더 중요하다. 비유적 의미의 세 번째 얼굴은 전투적인 교회 혹은 어머니로서의 교회이다. 교회는 성경 안에서 굉장한 찬사를 받고 있다. 네 번째 얼굴은 거룩한 성경 자체이다. 성경은 그 자체 안에 많은 것을 말하고 있으며, 이것은 바퀴와 탁자, 서로 마주 서 있는 그룹, 등잔대 등을 생각할 때 명확한 사실이다.

또한 도덕적인 의미도 네 개의 얼굴을 가지고 있다. 첫째는 영적인 은총과 능력 및 그와 같은 모든 효력이다. 둘째는 활동적이고 명상적인 영적 생활과 및 모든 생활 방식이다. 셋째는 선생이나 고위 성직자, 대제사장과 같은 영적인 지위이다. 넷째는 영적인 전쟁, 즉 악마와 세상과 육체에 대항하여 전투를 수행하는 방식이다.

출 처

Bonaventure, Collations on the Six Days, Thirteenth Collation, in The Works of Bonaventure, Vol. V, trans. Jose de Vinck (paterson, N.J.: St. Anthony Guild Press, 1970), pp. 183 – 195. Reprinted by permission of St. Anthony Guild Press.

마르틴 루터

Martin Luther

문자와 영

마르틴 루터(1483 - 1546)는 전통보다 성경의 권위를 더 우위에 둔 첫번째 사람은 아니었다. 하지만 그는 교회 전통과 성경에 대한 알레고리적 해석 사이의 상징적 관계를 가장 명확하게 이해하고 있었다. 그래서 그는 중세 시대의 지배적인 사중적 성경 해석을 거부하고, 대신 성경의 '문자적이고 일상적이고 자연스러운 의미'를 추구하였다. 루터는 특히 오리겐과 같은 사람들의 견해에 반대했다. 오리겐은 고린도후서 4장에 대한 영(the Spirit)인 해석의 정당성을 변호한데 반해, 루터는 그 구절을 율법과 복음의 관계라는 신학적인 관점에서 해석했다. 구약성경과 관련하여 실제로 영혼을 죽이는 것은 구약성경의 원초적이고 문자적인 의미가 아니라 하나님의 율법과 진노에 대한 구약성경의 계시라고 루터는 말한다. 그가 오랜 기간에 걸쳐 '지나치게 영적인' 제롬 엠저(Jerome Emser)를 인쇄물로 공박한 것도 이러한 이유 때문이다. 루터는 영적인 해석에 저항하기는 하였지만, 그렇다고 그것을 아예 포기한 것은 아니다. 그는 '감추어진 의미' 혹은 '신비'를 인정하였다. 하지만 동시에 그는 일상적인 의미보다 더 깊은 의미는 항상 성경 자체에 의해 미리 암시되어 있어야 한다는 점을 강조했다. 실제로 루터는 성경에 대한 '역사적' 해석을 전개하였는데, 이러한 해석을 통해 루터는 그리스도와 교회의 역사를 구약성경에 대한 알레고리적 해석을 위해 역으로 투사했다. 아우구스티누스의 용어를 쓰자면, 루터의 그리스도는 일련의 성경적 '기호' 가운데 하나의 본질적인 '사물 혹은 실재'가 되었다. 이러한 점에서 루터의 해석학은 19세기 역사주의와 20세기 신학적 실존주의의 두 가지 급진적인 성경 해석을 미리 보여 주고 있다.

사도 바울은 고린도후서 4장에서 "율법 조문[문자]은 죽이는 것이요 영은 살리는 것이라"고 말했다. 나의 친구 엠저는 이 구절을 성경이 이중적인 의미를 가지고 있다는 뜻으로 이해했다. 그 이중적인 의미란 겉으로 드러난 의미와 숨겨진 의미로서, 엠저는 그것을 각각 문자적 의미와 영(the Spirit)적인 의미라고 불렀다. 즉 문자적 의미는 죽이는 것이고, 영적인 의미는 살리는 것이라는 뜻이다. 엠저는 오리겐과 디오니시우스(Dionysius) 및 몇몇 다른 사람들의 가르침에 근거하여 이러한 해석을 전개하였다. 그리고 그는 자신이 핵심을 정확하게 건드렸으며 이제 교부들의 가르침까지 가졌으니 더 이상 성경의 명확한 주장을 들여다볼 필요가 없다고 스스로 생각하고 있다. 엠저는 내가 그를 본받아서 성경을 버리고 사람의 가르침을 좇기를 바라고 있다. 비록 나도 한때는 그와 동일한 오류에 빠져 있었던 적이 있지만, 이제는 결코 그렇게 하지 않을 것이다. 오히려 이 기회에 필자는 오리겐과 제롬과 디오니시우스를 비롯한 여러 사람들이 어떻게 잘못에 빠지게 되었는지, 그리고 어떻게 엠저가 모래 위에 자기 집을 짓게 되었는지를 명확하게 보여 주고자 한다. 여기에서 필자는 교부들의 가르침은 항상 성경과 비교해 보아야 하며 성경의 빛에 비추어 그 가르침을 판단해야 한다는 원칙을 분명히 할 것이다.

우선 만일 영적인 의미는 살리는 것이지만 문자적인 의미는 죽이는 것이라는 그들의 견해가 옳다고 하면, 우리는 모든 죄인이 거룩한 반면 모든 성인이 죄인이라고 고백하지 않을 수 없게 된다. 아니 그리스도 자신이 모든 천사들과 함께 살아 있는 동시에 죽어 있다고 고백해야 한다. 이러한 논리는 너무도 명백한 것이기 때문에 엠저가 자신의 거짓말하는 모든 능력을 동원하더라도 그것을 논박하지 못할 것이다. 여기에서 우리는 갈라디아서 4장에 나오는 사도 바울의 글을 예로 들어 논의를 전개해 가고자 한다. 문자적 의미로 볼 때, 이 구절은 아브라함이 두 아내 사라와 하갈을 통해 두 아들 이삭과 이스마엘을 가졌다고 말하고 있다. 그리스도와 성령 하나님, 그리고 모든 천사와 성인은 이 구절의 의미를 이렇게 받아들였다. 그들은 모두 이러한 문자적 의미가 참되다고 생각했다. 그리고 그것은 실제로도 참이다. 그렇다면 나의 친구여, 그대의 오리겐은 지금 어디에 있는가? 만일 정말로 그대가 칼집으로 싸우는 사람이 아니라 칼날로 내리치는 사람이라면, 이제 소리 높여서 그 문자적 의미가 그리스도와 성령, 그리고 모든 천사와 성인을 죽인다고 말해 보라. 엠저가 미쳐서 한 말, 즉 성경의 모든 진리는 죽이고 파괴하는 것이라는 말보다 더 불경한 말이 어디 있을 수 있겠는가?

또한 사도 바울이 해석한 대로, 아브라함은 그리스도를 의미하고 두 여인은 두 언약을 의미하며 두 아들은 두 언약의 백성을 의미한다는 것은 여러분의 말대로 영적인 의미이다. 하지만 성인들만 이러한 의미로 이해하는 것이 아니라 가장 악독한 죄인과 심지어는 지옥에 있는 악마까지도 그렇게 이해하고 있다. 나의 친구여, 이제 사람들 앞으로 나와 그대의 칼날로 치면서 모든 악마와 악한들 또한 거룩하며 성령님이 주시는 생명을 가지고 있다고 말하여 보라. 이제는 오리겐과 디오니시우스, 제롬 등 많은 사람들에게서 이러한 계교를 제거시키고 나면 그들에게 남는 것은 아무것도 없다는 사실을 그대는 이제 정직하게 고백해야 한다. 이 지점에 있어 성경이 모든 교부들보다 더 명확하지 않은가? (중략)

우리는 구약성경을 포함하여 모든 성경을 이와 같은 방식으로 해석해야 한다. 예를 들어, 유대인은 돼지와 토끼가 새김질을 하지 않는다는 이유로 그것을 먹지 못하게 했다. 이것은 문자적인 의미이다. 다윗과 모든 거룩한 예언자와 그리스도와 그분의 제자들 모두 이렇게 이해했다. 만일 그들 중 누군가가 이 명령을 이렇게 이해하지 않고 그 명령에 순종하지 않았다면, 그는 스스로 하나님을 대적하는 존재로 만들었을 것이다. 왜 문자가 그들을 죽이지 못하는가? 한편 돼지가 세속적인 가르침이나 혹은 해석자가 적용하고 싶은 다른 영적인 의미를 의미한다면, 심지어 죽을 죄

가운데 사는 사람들과 악마들 또한 그 명령을 보다 쉽게 이해할 수 있다. 그렇다면 왜 영은 그들에게 생명을 가져다 주지 않는가? 라이프치히(Leipzig)의 강한 칼을 든 기사여, 그대는 지금 어디에 있는가? (중략)

참으로 그대는 그대가 아직까지 성경에서 '영'과 '문자'의 의미를 전혀 이해하지 못하고 있다는 사실을 스스로 인정해야 한다. 그대는 그대의 길로 향하고 성경은 홀로 두는 것이 더 나을 것이다. 많은 저자의 글을 인용하고 그들이 말한 것에 기초해서 자신의 주장을 펼치는 것이 얼마나 무익한지를 보라.

게다가 사도 바울은 로마서 7장 14절에서 "우리가 하나님의 율법은 신령한 줄을 알거니와 나는 육신에 속하여 죄 아래에 팔렸다"고 말하고 있다. 본문에서 바울은 십계명 중 하나인 "탐내지 말라"는 명령을 가져와서, 능숙한 논변으로 그 동일한 영적인 율법이 어떻게 영혼을 죽이는 것이 될 수 있는가를 보여 준다. 나의 친구여, 그대는 여기에서 무엇을 할 것인가? 오, 창과 단검과 날카로운 검을 가진 그대여, 그대는 지금 어디에 있는가? 사도 바울은 여기에서 영적인 율법이 영혼을 죽인다고 말하는데, 그대는 영적인 의미가 생명을 가져다 준다고 말한다. 이리 와서 소리를 내어 그대의 기술을 보여 주어라. "탐내지 말라"는 이 명령에서 문자적인 의미는 무엇이고, 영적인 의미는 무엇인가? 그대 또한 이 명령이 문자적인 의미 외에 다른 의미를 갖고 있지 않다는 사실을 부인하지는 못할 것이다. 바울은 여기에서 육체의 악한 탐심에 대해서 말하고 있다. 하지만 그는 이 명령을 영적인 것이라 부르면서 동시에 그것이 영혼을 죽인다고 주장하고 있다. 그리고 그대 또한 성경의 문자적 의미를 읽는 것보다 오히려 시인의 이야기를 읽는 것이 더 낫다고 말한다. 바울의 생각이 바로 이와 같았다. 이 명령에서 악한 탐심에 관한 문자적 의미 이외에 다른 의미를 찾으려는 사람은 결국 아무런 의미도 발견하지 못할 것이다. 나이팅게일과 함께 이중창을 부르는 당나귀처럼, 엠저의 생각과 바울의 견해가 서로 얼마나 잘 합치되는지! 하나님의 모든 명령은 그것이 예식이나 혹은 다른 주제와 관련된다 하더라도 또한 그 크기가 크건 작건 상관없이 이와 같은 방식으로 이해해야 한다. 안타깝게도 엠저는 이 부분에서 잘못을 범했으며 자신이 어린아이보다도 성경에 대해 더 무지하다는 사실을 보여 주었다.

  아울러 그의 실수로 빚어진 이러한 잘못된 성경 해석은 거룩한 성경 전체와 자기 자신에게 수치를 안겨다 주었다. 성경 교사들의 모든 수고와 열심은 그들이 유일하게 타당한 것으로 간주하는 문자적 의미를 발견하는 것 외에 다른 목적을 가지고 있지 않다. 그래서 아우구스티누스는 "비유는 아무것도 확증하지 못한다."라고 주장한다. 즉 엠저의 '영적인 의미'는 타당하지 못하며, 다른 의미 곧 문자적 의미가 가장 고상하고 가장 훌륭하며 가장 확실한 의미라는 것이다. 요컨대 그러한 문자적 의미가 성경의 핵심이자 본질이며 기초로서, 만일 성경에서 그것을 제거해 버린다면 모든 성경은 아무것도 아닌 것이 되어 버릴 것이다. 엠저가 강조하는 영적인 의미는 어떠한 논쟁에서도 타당하지 못하다. 내가 『교황 제도에 관하여』라는 글에서 밝혔듯이, 어떤 구절의 영적인 의미를 아는 사람이 아무도 없다면, 그 의미는 조리도 없고 중요한 것도 아닐 것이다. 예를 들어 아론이 그리스도의 예표라는 사실을 아는 사람이 아무도 없다면, 그 사실은 중요하지도 않고 또한 입증될 수도 없다. 만일 성령님이 친히 새로운 해석을 계시해 주시지 않는다면 우리는 아론을 그저 일상적인 의미에서 아론으로 이해해야 한다. 혹 성령님이 새로운 해석을 주시는 경우에는 그것이 새로운 문자적 의미가 될 것이다. 바울이 히브리서에서 아론을 그리스도의 예표로 이해한 것이 대표적인 예이다.

  나의 친구여, 그대는 어떻게 그렇게 용감하게 이러한 문자적 의미가 영혼을 죽이는 것이라고 말할 수 있었는가? 성경의 문자적 의미를 읽는 것보다는 버질의 시를 읽는 것이 더 낫다고 그대가 지껄일 때, 그대는 그대 자신이 내뱉는 말의 의미도 알지 못하면서 실수만 연발하고 있는 것이다.

이것은 그대가 성경 전체를 싸잡아 비난하는 것이며, 하나님의 거룩한 말씀보다 악마의 거짓말과 꾸며 낸 이야기를 더 우선시하는 것이다. 하지만 하나님의 말씀은 그대가 끔찍한 것으로 여기고 사람들에게 멀리하라고 가르치는 그 의미 외에 다른 어떤 타당한 의미도 가지지 않는다. 나의 친구여, 테이블을 한번 뒤집어 보아라. 그러면 그대가 영적이고 살리는 것으로 알고 있었던 그 의미가 (그대가 만일 그 의미만을 고집하고 문자적인 의미는 배척해 버린다면) 실제로는 시인의 이야기와 바꾸어 버리는 것이 더 나을 정도로 무익한 것이라는 사실을 알게 될 것이다. 왜냐하면 영적인 의미는 불안정하고 성경은 그것 없이도 존재하기 때문이다. 반면 문자적인 의미가 없다면 성경은 존재할 수 없다. 이미 오래 전에 오리겐의 책을 읽지 못하도록 했던 사람들의 행동은 옳았다. 왜냐하면 오리겐은 이와 같이 불필요한 영적인 의미에 지나치게 관심을 가졌고 상대적으로 꼭 필요한 문자적인 의미를 경시했기 때문이다. 이것은 성경의 파괴를 의미하며 결코 건전한 신학자를 배출하지 못할 것이다. 오직 하나님의 말씀의 유일하고 참되고 본래적이고 원초적인 의미만이 건전한 신학자를 길러 낼 수 있다.

성령님은 천지에서 가장 쉽게 글을 쓰고 가장 쉽게 말씀을 하신다. 따라서 그분의 말씀은 한 가지 이상의 의미를 가질 수 없으며, 그 한 가지 의미는 가장 단순한 의미로서 우리가 문자적, 일상적, 자연적 의미라고 불렀던 것이다. 그분의 단순한 말씀 속에 담긴 단순한 의미가 가리키는 사물은 그 이상의 다른 무언가를 의미해야 하며 따라서 하나의 사물은 언제나 다른 것을 의미해야 한다는 명제는 단어나 언어의 문제 범위를 넘어서는 주장이다. 이 명제는 성경 밖의 다른 모든 사물에도 동일하게 적용되기 때문이다. 왜냐하면 아우구스티누스를 비롯하여 다른 모든 교사들이 한결같이 주장하는 것처럼 하나님의 모든 역사와 피조물은 하나님에 대한 살아 있는 기호이기 때문이다. 하지만 이것은 성경 곧 하나님의 말씀이 한 가지 이상의 의미를 가지고 있다는 뜻은 아니다.

살아 있는 사람을 그린 그림은 사람을 표현한다. 여기에는 설명하는 말이 필요 없다. 하지만 그대는 이것 때문에 '그림'이라는 단어가 이중적인 의미, 곧 그림을 뜻하는 문자적 의미와 살아 있는 사람을 뜻하는 영적인 의미를 가지고 있다고 말하지는 않을 것이다. 마찬가지로 성경 안에 묘사된 사물은 더 많은 의미를 가지고 있지만, 그 때문에 성경이 이중적인 의미를 가지고 있는 것은 아니며, 오직 그 단어가 제시하는 한 가지 의미만을 가지고 있다. 물론 우리는 사변적인 지성을 가진 사람들이 그 한 가지 의미를 넘어 사물의 다양한 의미를 추적해 가는 것을 허용할 수 있다. 다만 여기에는 오리겐이 그러했던 것처럼 그 사람들이 너무 멀리 혹은 너무 높이 나아가지 않도록 주의해야 한다는 단서가 붙는다. 하지만 단어의 단순한 의미 안에 머무르는 것이 훨씬 더 확실하고 안전하다. 그것은 모든 지성인에게 실제적인 목초지와 적절한 거주지를 제공한다. (중략)

지각 있는 많은 사람들이 '문자'를 비유적 표현으로 잘못 이해하는 실수를 범하였는데, 아우구스티누스도 그 중에 한 사람이다. 예를 들어 내가 "엠저는 어리석은 당나귀"라고 말했다고 가정해 보자. 단순한 사람들은 이 말을 듣고서 엠저가 실제로 길쭉한 귀와 네 발을 가진 당나귀라고 이해할 것이다. 그렇다면 그 사람은 문자에 기만당한 것이 될 것이다. 내가 정말 말하고 싶었던 것은 비유적인 표현을 통해 엠저가 정말이지 돌머리라는 사실이었다. 비유적 표현은 많은 학교에서 연구하는 주제 중 하나이다. 그것은 헬라어로는 스키마타(schemata)라고 불리고, 라틴어로는 피구라이(figurae)라고 불린다. 그 이유는 그대가 보석으로 몸을 장식하듯이 비유적 표현은 언어로 장식하는 것이기 때문이다. 성경은 그러한 비유적 표현으로 가득한데, 그 중에서도 예언서가 특히 그러하다. 누가복음 3장에서 세례 요한과 예수님은 유대인을 "독사의 자식들"이라고 부른다. 그리고 사도 바울은 골로새서 2장에서 유대인을 "개"라고 부른다. 시편 109편에는 "주님의 자녀들의 이슬이 아침의 태에서부터 나올 것이다"라고 기록되어 있고, 또한 "하나님께서 시온으로부터 강한 막대기를 보낼 것이다"라고 말하고 있다. 이것은 그리스도의 자녀들이 태어난다는 것을 의미한다. 또한 이것은 어머니의 태에서 물리적으로 태어나는 것을 의미하지 않고, 하늘로부터 내리는 이슬과 같이 인간의 행위 없이 기독교 교회부터 태어나는 것을 의미한다. 뿐만 아니라 마태복음 5장에서 그리스도는 "너희는 이 땅의 소금이요 세상의 빛이라"고 말씀하신다. 하지만 이것은 바울이 '문자'라는 표현으로 의미한 것이 아니다. 이것은 학교에서 배우는 문법 연구에 속하는 것이다.

  만일 그대가 스스로 겸손해질 수 있고 또 나를 경멸하지 않을 수 있다면, 나는 그리스도인으로서 나의 원수에 대한 의무를 성실하게 이행할 것이며 하나님께서 내게 주신 선물을 그대에게 나누어 줄 것이다. 이 문제와 관련해서 나는 그대가 이제껏 많은 교사들에게서 배운 것보다 더 훌륭한 교훈을 그대에게 줄 수 있을 것이다. (이것은 나를 자랑하기 위해서 하는 말이 아니다.) 만일 그대가 만일 아우구스티누스의 『영과 문자에 관하여』를 읽었다면 그렇지 않을 수도 있겠지만, 아마 그런 일은 없을 것이다. 아우구스티누스 외에 다른 모든 교사들은 그대에게 바른 가르침을 주지 못할 것이다. 그대는 전체 성경 안에서 오리겐과 제롬을 따라 그대가 영적인 의미라 부른 것과 일치하는 어떠한 표현도 발견하지 못할 것이다. 사도 바울은 그것을 신비, 비밀, 숨겨진 의미라고 불렀고, 초기 교부들은 그것은 신비적인 의미 혹은 알레고리라고 불렀다. 바울도 갈라디아서 4장 24절에서 알레고리(개역개정판에서는 "비유"로 번역했다. - 역주)라는 표현을 사용했다. "방언을 말하는 자는 영으로 비밀(혹은 신비)을 말한다"라고 기록하고 있는 고린도전서 14장 2절 말씀에서 우리가 보듯이, 성령께서 그 비밀을 비롯하여 문자와 모든 은사들을 주셨지만, 그럼에도 불구하고 그것은 "영"은 아니다. 하지만 이것을 이해하지 못한 일부 사람들은 성경이 사중적 의미 곧 문자적, 알레고리적, 신비적, 모형론적 의미를 가지고 있다고 주장했다. 하지만 이것은 아무런 근거도 없는 주장이다.

그러므로 바울은 '문자' 라는 단어를 전혀 다른 뜻으로 사용하고 있기 때문에 '문자적 의미' 라는 이름은 잘못 붙여진 것이다. 차라리 그것을 '문법적, 역사적 의미' 라고 부르는 것이 훨씬 낫다. 고린도전서 14장에서 바울이 부른 것처럼 그것을 '화자가 말하고자 하는 의미' 라고 부르는 것도 괜찮을 것 같다. 왜냐하면 구두 언어의 의미는 모든 사람이 이해할 수 있기 때문이다. 아브라함이 두 아내를 통하여 두 아들을 가졌다는 말씀을 들었을 때 바울은 그 말씀 그대로 그 의미를 받아들였으며, 성령님이 친히 그리스도와 두 언약과 두 백성에 관한 숨겨진 의미를 계시해 주시기 전까지는 그 언어가 지시하는 것을 넘어 더 이상 생각하지 않았다. 이렇듯 숨겨진 의미를 바울은 '비밀'(혹은 신비)이라고 부른다. 이것은 비록 창세기 2장에서 성경의 문자가 남자와 여자에 대해서 말하고 있지만, 바울이 에베소서 5장 32절에서 그리스도와 교회가 한 몸 안에서 연합하는 것을 '비밀'(혹은 신비)이라고 부른 것과 마찬가지이다. 하지만 어떤 사람들이 행해 왔고 또 지금도 행하고 있는 것처럼 모든 사람이 신비를 만들어 낼 수는 없다는 점에서 상당한 주의가 요구된다. 내가 『교황 제도에 관하여』에서 말했듯이, 성령님이 친히 말씀하시거나 혹은 성경을 통해 그 신비를 입증할 수 있어야 한다.

그러므로 고린도후서 3장 6절에서 사도 바울이 말한 "율법 조문(혹은 문자)은 죽이는 것이요 영은 살리는 것이라"는 말씀은 이러한 의미에서 이중적인 의미, 곧 영적인 의미와 문자적인 의미에 들어맞는다. 엠저의 머리가 철학과 신학에 완벽하게 맞아떨어지듯이 말이다. 오리겐과 제롬을 비롯하여 많은 교부들이 이 본문을 이와 동일한 방식으로 해석했는지에 대해서는 지금 여기에서 다루지 않을 것이다. 그들이 유대인과 이단자를 배척하기 위해서 다른 구절 또한 동일한 방식으로 해석했다는 것은 잘 알려져 있으며, 또한 쉽게 입증될 수 있다. 하지만 그것 때문에 우리가 그들의 잘못을 덮어 버려서는 안 된다. 즉 여기에서 우리는 불결한 짐승들이 그렇게 하는 것처럼 그들이 발견한 모든 것을 무조건적으로 삼켜 버려서는 안 된다. 만일 우리가 교부들의 사역과 가르침을 분별하지 못한다면, 결국 존경받는 교부들이 인간으로서 실수한 부분에서는 그들을 따르고 반대로 그들이 잘 행한 일에서는 그들을 떠나는 우를 범하게 된다. 나는 이것을 오늘날 교부들 중에 가장 존경받는 사람들의 교훈과 삶으로부터 쉽게 입증할 수 있다.

이제 문자와 영에 관한 본문을 자세히 살펴보자. 이 본문에서 사도 바울은 하나의 단어를 두 가지 의미로 이해하고 있다. 오히려 두 가지 별개의 설교 혹은 사역이 있다고 선언하고 있다. 그 중 하나는 구약성경의 설교 혹은 사역이고, 다른 하나는 신약성경의 설교 혹은 사역이다. 구약성경은 문자를 설교하지만, 신약성경은 영을 설교한다. (중략)

사도 바울이 두 개의 글판과 두 종류의 설교에 대해서 말하고 있다는 것은 분명하다. 모세의 글판은 돌로 된 것으로 거기에는 하나님의 손가락으로 새겨진 율법이 있었다(출 20장). 반면 그리스도의 글판 혹은 그리스도의 편지는 바울이 여기에서 표현한 대로 그리스도인들의 심장이며, 거기에는 모세의 돌판과 달리 문자가 아니라 복음 설교와 사도들의 사역을 통하여 성령님이 새겨져 있다. 이것은 무엇을 의미하는가? 문자는 하나님의 율법과 명령 외에 다른 것이 아니다. 그리고 그것은 모세를 통하여 구약성경에 주어졌고 아론의 제사장직을 통하여 가르치고 선포되었다. 그것이 '문자'라고 불리는 이유는 그것이 돌판과 책에 문자로서 기록되었기 때문이다. 그것은 여전히 문자로 남아 있으며, 결코 명령 외에 혹은 그 이상의 다른 아무 의미를 갖지 못한다. 율법은 우리에게 도움이나 은총을 주지 않고 다만 사람이 결코 하고 싶지 않은 것 그리고 실제로 사람이 할 수 없는 것을 사람에게 요구하고 명령할 뿐이다. 이 때문에 어떠한 사람도 율법으로 인해 더 나아지지 않으며 오히려 더 나빠질 뿐이다. 하지만 하나님의 은총으로서 성령님은 마음에 힘과 능력을 주며 새로운 사람을 창조하여 하나님의 명령을 사랑하는 사람으로 자라가게 하시고 또 자신이 행하여야 할 바를 기쁨으로 행하게 하신다.

이 영은 어떠한 문자로도 담을 수 없다. 영은 율법과 같이 돌이나 책에 먹으로 기록할 수 있는 것이 아니다. 그것은 아무런 다른 수단도 사용하지 않으시는 성령님에 의해 오직 마음에 생생하게 직접 새겨진다. 이에 사도 바울은 이것을 모세의 돌판과 구분하여 그리스도의 편지라고 불렀다. 그것은 먹으로 기록되지 않고 성령님으로 기록된다. 이 영 즉 은혜에 의해서 사람은 율법이 명하는 바를 행하며 그것을 만족시킬 수 있다. 이렇게 해서 그는 그를 죽이는 문자로부터 자유로워지며 성령님의 은혜를 통하여 살아가게 된다. 살아 계신 성령님의 이 같은 은혜를 소유하지 못한 사람은 비록 모든 율법을 지킴으로써 겉으로는 훌륭한 모습을 보여 준다 할지라도 이미 죽은 사람이다. 이러한 이유로 인해 사도 바울은 율법에 대해서 그것이 사람을 죽이고 아무도 살리지 못하며, 은혜가 그 사람을 자유롭게 하고 그에게 생명을 가져다 주지 않는 한 율법은 그를 영원히 죽음의 굴레에 매어 둔다고 말하고 있는 것이다.

이것이 바로 두 개의 사역이다. 구약성경에서 제사장과 설교자와 사역자는 오직 하나님의 율법만을 다룬다. 그들은 아직까지 영과 은혜에 대하여 공개적인 선포를 하지 않는다. 하지만 신약성경에서는 모든 설교가 그리스도를 통해 우리에게 주어진 은혜와 영을 다루고 있다. 신약성경의 설교는 하나님의 순수한 자비에 의지하여 모든 사람들에게 그리스도에 관해 증언하는 것 외에 다른 것이 아니기 때문이다. 그래서 신약성경의 설교는 그분을 믿는 모든 사람이 하나님의 은혜와 성령님을 받을 뿐 아니라 그것을 통해서 모든 죄의 용서함을 받고 모든 율법을 성취하게 되며 결국에는 하나님의 자녀가 되어 영원한 구원을 누리게 하는 것을 목적으로 한다. 그러므로 여기에서 사도 바울은 신약성경의 선포를 영의 사역이라고 부른다. 이것은 율법에 의해 짐을 지고 죽음을 당하고 거기에서 은혜를 갈망하게 된 모든 사람들에게 하나님의 영과 은혜를 제시하는 사역이다. 반면 그는 율법을 문자의 사역이라고 부르는데, 이 사역은 오직 문자 즉 율법만을 제시하는 사역이다. 이것은 생명을 산출하지도 못하며 율법을 성취하게 만들지도 못한다. 율법의 요구는 어떠한 사람도 만족시킬 수 없다. 따라서 그것은 계속해서 문자로 남게 되며, 문자로서 사람을 죽이는 일 외에 다른 아무런 일도 수행할 수 없다. 다시 말해, 그것은 사람이 마땅히 해야 하지만 결코 행할 수 없는 일을 그에게 보여 준다. 이를 통해 그 사람은 자신이 하나님 앞에서 수치스럽고 이미 죽은 존재라는 사실을 깨닫게 된다. 하나님의 명령은 사람이 지킬 수 없지만 지켜야 하는 것이기 때문이다. (중략)

여기에서 사도 바울은 우리가 그리스도와 하나님의 은혜 그리고 신약성경을 바르게 이해할 수 있도록 탁월한 가르침을 베풀고 있다. 그것은 다음과 같이 요약할 수 있다. 즉 그리스도께서 우리 죄 가운데 들어오셔서 십자가 위에서 자기 몸으로 그 죄를 감당하심으로 그 죄를 소멸하셨으며 이 일을 통해 그분을 믿는 모든 사람이 죄 사함을 받았다. 그리고 하나님의 율법과 사람을 죽이는 문자를 만족시킬 수 있는 은혜를 받아 마침내 영원한 생명에 참여하는 자가 되었다는 것이다. 보라, 이것이 바로 문자가 아닌 영의 사역이 의미하는 것이다. 그 사역은 곧 영을 설교하고 은혜를 설교하고 정당한 면죄부를 설교하고 그리스도를 설교하는 것 곧 신약성경을 설교하는 것이다.

이제 우리는 모든 계명이 우리를 죽음으로 인도한다는 사실을 알게 되었다. 왜냐하면 영과 은혜가 아닌 다른 모든 것은 죽음을 의미하며 따라서 심지어 하나님의 명령조차도 죽음을 의미하기 때문이다. 그러므로 알레고리나 비유를 영적인 것으로 생각하는 것은 끔찍할 정도로 무식한 잘못이다. 그러한 것은 모두 문자 안에 포함되며 결코 생명을 주지 못한다.

은혜를 수용할 수 있는 것은 오직 마음뿐이다. (중략)

오직 율법만이 설교되고 구약성경에서와 같이 문자가 강조되며 여기에 성령님의 설교가 뒤따르지 않는 곳에는 다만 생명 없는 죽음과 은혜 없는 죄와 위로 없는 근심만 존재한다. 그러한 설교는 짓눌리고 사로잡힌 양심을 만들어 내며 사람들을 그들의 죄 안에서 절망하고 죽게 만든다. 결국 사람들은 이러한 설교를 통하여 영원히 저주받게 된다. 이러한 일은 오늘날에도 여전히 잔혹한 궤변가에 의해서 행해지고 있다. 그들은 그들의 신학 대전과 신앙 고백을 통해서 사람들을 통회와 고해와 참회와 고행으로 몰아치며 괴롭힌다. 그들은 스스로 말하듯이 선행을 가르치고 건전한 교리를 설교하지만, 고통 중에 있는 양심을 위해 단 한 번도 성령님과 그리스도를 내세우지 않는다. 이로 인해 이제 그리스도는 모든 세상에서 낯선 존재가 되었으며 복음은 모서리에 자리하게 되었고 신약성경의 모든 사역은 억압받게 되었다. (중략)

출 처

Martin Luther, "...Answer to the Superchristian, Superspiritual, and Superlearned Book of Goat Emser of Leipzig," Works of Martin Luther, Vol. III (philadelphia: Muhlenberg Press, 1930), pp. 346 – 360.

루돌프 불트만

Rudolf Bultmann

전제 없는 석의가 가능한가?

성경 해석에 있어서 종교개혁 시대와 근대 사이에는 하나의 혁명이 자리하고 있다. 근대 해석학은 전통적인 해석 규칙의 기능에 관한 문제와 더불어 이해에 대한 신학적, 철학적 문제를 포괄하기에 이르렀다. 오늘날 해석학이 묻는 질문은 다음과 같이 정리된다. 설교자와 해석자는 어떻게 20세기를 사는 오늘날 독자들이 고대 본문의 세계에 들어가서 그들에게 낯선 것들을 전유하도록 그들을 도울 수 있는가? 루돌프 불트만(1884 – 1976)은 신약성경 해석자에게 이 같은 질문을 제기하였을 뿐 아니라 학자로서 자신의 삶을 이 문제에 대답하는 데 헌신하였다. "신약성경과 신화"라는 제목으로 1941년에 발표된 논문에서 그는 자신의 유명한 비신화화 프로그램의 윤곽을 제시하였는데, 논문이 발표된 이후 이 비신화화 프로그램은 오랫동안 신학적 논쟁의 초점이 되었다. 불트만의 의도는 그를 비판하는 사람들이 주장하는 것처럼 신약성경의 가르침을 폐기하는 것이 아니었다. 오히려 그는 철학적, 문학적, 실존론적 비평을 통해 신약성경의 본래적인 핵심을 추출해서 새로운 시대에 맞게 그것을 재해석하려고 시도했다. 이러한 기획 아래 불트만은 하이데거의 철학을 차용하여 인간 실존의 선이해 구조를 해명했다. 하지만 비본래적인 실존에서 인간을 구원해 낼 수 있는 힘을 가진 것은 오직 십자가에 달리신 분에 대한 케리그마밖에 없다. 불트만은 실존론적 해석학을 전개하는 가운데 이러한 해석학이 근대 설교를 보다 이해 가능하게 만들 것이라는 소망을 가지고 있었다. 그는 슐라이어마허로부터 순수하게 객관적인 해석은 불가능하다는 사실을 배웠으며, 또한 루터로부터 해석자는 궁극적으로 역사적 증거가 아니라 신앙을 통해 스스로를 정당화해야 한다는 것을 배웠다.

전제 없는 석의가 과연 가능한가? 만일 여기에서 '전제 없는'이란 말이 '석의의 결과를 전제하지 않는'이란 의미로 이해된다면 우리는 이 질문에 대하여 긍정적인 대답을 해야 한다. 이러한 의미에서 전제 없는 석의란 가능할 뿐 아니라 필수적으로 요구되는 작업이다. 하지만 다른 의미에서 보자면 전제 없는 석의란 하나도 없다. 왜냐하면 주석자는 백지상태로 본문에 접근하지 않으며, 오히려 특정한 질문과 질문을 제기하는 특정한 방식을 가지고서 즉 본문의 주제와 관련해서 사전에 나름대로 어떤 생각을 가지고서 본문에 접근하기 때문이다.

석의가 그 결과를 전제하지 않아야 한다는 의미에서 (다른 말로 선입견을 갖지 않아야 한다고 말할 수도 있다.) 전제를 갖지 않아야 한다는 요구는 다음과 같이 풀어 설명할 수 있다. 이 요구는 우선적으로 모든 알레고리적 해석을 거부해야 한다는 것을 의미한다. 필로(Philo)가 희생 제물은 흠이 없어야 한다는 율법 조항에서 스토아(Stoic) 철학의 무감정의 현자 개념을 발견했을 때, 분명히 그는 본문이 실제로 말하는 바를 들은 것이 아니라 본문으로 하여금 이미 자신이 알고 있던 바를 말하도록 했다. 이와 같은 지적은 바울이 신명기 25장 4절의 말씀을 회중이 복음 설교자의 생계 유지를 도와야 한다는 뜻으로 해석한 것이나(고전 9:9), 바나바의 편지에서(고전9:7) 아브라함의 종 318명을(창 14:14) 그리스도의 십자가에 대한 예언으로 해석한 것에도 동일하게 적용된다.

하지만 알레고리적 해석이 배제되는 곳에서조차 석의가 선입견에 의해 이끌리는 경우가 종종 발생한다. 예를 들어 복음서 기자인 마태와 요한이 예수의 수제자였기 때문에 그들이 전해 준 예수님 이야기와 그분의 말씀은 역사적으로 정확한 것이라고 전제할 때 이런 일이 발생한다. 이런 경우 우리는 (예를 들어) 성전 청결 사건이 예수님의 공생애 기간 중 두 번 발생했다고 생각해야 한다. 왜냐하면 마태는 이 사건은 예수님의 수난 직전 예루살렘에서 보낸 마지막 주간에 발생한 것으로 기록하고 있지만, 요한은 그 사건이 예수님의 사역 초기에 발생한 것으로 기술하고 있기 때문이다. 특히 예수님의 메시야 의식과 관련하여 선입견을 배제한 석의의 문제는 중요하게 부각된다. 복음서 주석은 예수가 메시야였으며 또한 자신이 그러한 존재라는 것을 스스로 의식하고 있었다고 하는 교의학적 전제 아래에서 이루어져야 하는가? 아니면 이 질문은 그냥 열린 채로 두어야 하는가? 대답은 명확하다. 그러한 메시야 의식은 역사적인 사실의 범주에 속하며 역사적인 연구를 통해서만 그 역사성이 검증될 수 있다. 그리고 만일 역사적인 연구를 통해 예수님이 자신을 메시야로 알고 있었다는 사실이 개연성이 있는 것으로 밝혀진다 해도 이 때의 결과는 다만 상대적인 확실성만을 갖게 될 것이다. 왜냐하면 역사적인 연구는 어떤 결과에 대해서도 절대적인 타당성을 부여할 수 없기 때문이다. 모든 종류의 역사적인 지식은 이러한 논의에 종속되어 있으며, 따라서 예수님 스스로 자신이 메시야임을 알고 있었는가 하는 질문은 항상 열려 있는 질문이다. 교의학적 선입견 아래에서 이루어지는 모든 석의는 본문이 말하는 것을 듣지 않으며 다만 본문으로 하여금 자신이 듣고 싶어 하는 것을 말하게 한다.

우리는 선입견이 배제된 석의라는 의미에서 전제 없는 석의의 문제를 다루는 것과 이와는 다른 의미에서 이 문제를 제기하는 것을 구별해서 이해해야 한다. 두 번째 의미에 동일한 문제를 고찰할 때 우리는 무전제의 석의는 있을 수 없다고 말해야 한다. 모든 주석자는 고유한 편견과 습관, 은사와 약점 등 자신의 개별성에 의해 영향을 받는다. 따라서 무전제의 석의란 존재하지 않는다고 주장하는 것은 원칙적으로 아무런 의미도 없다. 여기에서 말하는 주석자의 '개별성'이란 주석자 스스로 본문이 말하고자 하는 주제 외에는 다른 아무것에도 관심을 갖지 않는 그러한 듣기 방식을 터득함으로써 스스로 배제시켜야 하는 대상이기 때문이다. 하지만 유일하게 폐기되지 않는 한 가지 전제가 있는데, 그것은 본문에 질문을 제기하는 역사적 방법이다. 실제로 역사적인 문헌에 대한 해석으로서 석의는 역사학의 한 부분이다.

본문이 문법 규칙과 단어의 의미 규칙에 따라 해석되어야 한다는 원칙은 역사적 방법에 속하는 것이다. 그리고 이것과 관련해서 역사적인 석의는 본문의 개별적인 형식에 대해서도 탐구해야 한다. 예를 들어 공관복음서에서 예수님의 말씀은 요한복음에 기록된 예수님의 말씀과 전혀 다른 형식을 가지고 있다. 하지만 여기에 더하여 주석자가 다루어야 하는 또 다른 문제가 있다. 단어의 의미와 문법 그리고 형식에 집중하다 보면, 우리는 모든 본문이 그 시대와 역사적 배경의 언어를 가지고 말하고 있다는 사실을 관찰하게 된다. 이 사실은 모든 주석자가 반드시 알고 있어야 한다. 그러므로 주석자는 본문의 언어가 속한 역사적이고 시대적인 조건을 알아야 한다. 다시 말해 신약성경의 언어를 바르게 이해하기 위해서는 "셈족의 언어가 신약성경의 헬라어를 어디에서 얼마만큼이나 규정하고 있는가?" 하는 날카로운 질문을 먼저 다루어야 한다. 또한 이 질문에 제대로 답하기 위해서는 묵시 사상과 랍비 문헌, 쿰란 문서를 비롯하여 헬레니즘 종교의 역사를 연구할 필요가 있다.

이와 관련해서는 굳이 예를 들 필요가 없겠지만 한 가지만 언급하고 넘어가려고 한다. 신약성경의 '프뉴마'(pneuma)라는 단어는 독일어로 '가이스트'(Geist: 영혼)라고 번역되었다. 이 같은 번역은 19세기 주석자가 (특히 튀빙겐 학파(Tubingen school)에서) 신약성경을 고대 그리스로 거슬러 올라가는 관념론의 기초 위에서 해석하도록 하는 데 결정적인 영향을 미쳤다. 이러한 해석 경향은 1888년 궁켈(Hermann Gunkel)이 신약성경의 '프뉴마'(pneuma)라는 단어가 실상은 영혼과는 전혀 다른 것, 즉 하나님의 기적적인 능력과 행동 양식을 의미한다는 사실을 지적하기 전까지 계속되었다.

역사적인 방법은 역사가 하나의 통일체라는 전제를 가지고 있다. 다시 말해 역사는 하나의 폐쇄된 결과의 연속체로서 그 연속체 안에서 개별적인 사건은 일련의 원인 및 결과와 연결되어 있다는 것이다. 하지만 이것은 역사의 과정이 자연 법칙에 의해 결정된다거나 혹은 사람들의 자유로운 결단과 행동이 역사적인 사건 과정에 영향을 미칠 수 없다는 것을 의미하지는 않는다. 하지만 자유로운 결단 자체도 원인이 없다면 즉 동기가 없다면 일어날 수 없다. 그리고 역사가의 임무는 바로 그러한 행동의 동기를 알아 가는 것이다. 모든 결단과 모든 행동은 고유한 원인과 결과를 가지고 있다. 이러한 맥락에서 역사적인 방법은 이것들 사이의 관계를 밝혀 내는 것이 원칙적으로 가능하며 따라서 전체 역사 과정을 하나의 폐쇄된 통일체로 이해하는 것 또한 원칙적으로 가능하다고 전제한다.

역사의 이 같은 폐쇄성은 역사적 사건의 연속체가 초자연적이고 초월적인 능력의 개입에 의해 단절될 수 없으며 따라서 이러한 의미에서 '기적'이란 있을 수 없다는 것을 의미한다. 그러한 기적은 그 원인이 역사 안에 존재하지 않는 사건이 될 것이다. 예를 들어 구약성경의 기사는 하나님이 역사 안에 간섭하시는 것을 이야기하고 있지만, 역사학은 하나님의 그러한 행위를 증명할 수 없으며 다만 그것을 믿는 사람들이 있다는 것을 인식할 뿐이다. 역사학은 그 자체로 그러한 믿음은 환상이며 하나님은 역사 안에서 행동하지 않으신다고 주장하지 못한다. 하지만 과학으로서 역사학이 그러한 기적을 인식하지 못하며 그것을 신뢰할 수 없다는 것 또한 분명하다. 역사학은 어떤 역사적 사건을 그 사건의 역사에 내재적인 원인과 결과의 관점에서 이해한다. 하지만 그러한 역사적 사건 안에서 하나님의 행위를 식별하는 것은 각 개인의 자유로운 결단에 의한 것이며, 여기에서 역사가가 할 수 있는 일이란 각 개인의 그러한 자유로운 결단을 그냥 내버려 두는 것이다.

역사학이 모든 역사적인 문서를 다룰 때는 항상 이와 같은 방법을 따른다. 만일 우리가 성경을 역사적으로 이해하고자 한다면, 성경도 여기에서 예외가 될 수 없다. 이러한 지적에 반대하여 성경의 글이 의도하는 바가 역사적인 문서라기보다는 오히려 신앙의 확증과 선포라고 말하는 것은 의미가 없다. 그것이 아무리 확실하다 하더라도, 성경의 기록이 그 자체로 이해되기 위해서는 먼저 역사적으로 해석되어야 한다. 왜냐하면 성경은 먼 과거의 우리에게 낯선 세계상의 개념을 가지고 낯선 언어로 이야기하고 있기 때문이다. 간단히 말해서, 성경은 번역되어야 하는데 이러한 번역 작업은 역사학의 과업에 속한다.

하지만 우리가 번역에 대해 말할 때 그 즉시 해석학적인 문제가 제기된다. 번역한다는 것은 이해를 가능하게 만든다는 것을 의미하고, 이것은 역으로 이해를 전제한다. 역사를 원인과 결과의 연속체로 이해하는 것은 개별적인 역사적 현상을 연관시키는 효과적인 힘을 이해하는 것이다. 그러한 힘의 예를 들면, 경제적인 필요, 사회의 긴급 사태, 권력을 위한 정치 투쟁, 인간의 열정, 사상, 이념 등이 있다. 그러한 요소에 대한 가치 평가는 역사가마다 다르다. 그리고 통일된 관점에 도달하고자 노력하는 과정 중에서 각각의 역사가는 어떤 특수한 문제 제기 방식과 어떤 특수한 관점에 의해 인도를 받는다.

이것은 다음의 조건만 갖춘다면 역사적 재구성의 오류 가능성을 의미하지는 않는다. 그 조건은 전제된 관점이 선입견이 아니고 질문을 제기하는 하나의 방식이어야 하고, 또한 역사가가 자신의 질문 제기 방식이 일방적이며 다만 특정한 관점으로부터만 그 역사적 현상 혹은 본문에 도달한다는 사실을 스스로 의식하고 있어야 한다는 것이다. 질문을 제기하는 특정한 방식이 유일한 방식으로 간주될 때 그 역사적 재구성은 거짓으로 드러난다. 모든 역사를 경제사로 환원하는 경우가 그러한 예가 될 수 있겠다. 역사적인 현상은 다양한 측면을 가지고 있다. 종교개혁과 같은 사건은 교회사의 관점에서뿐 아니라 정치사, 경제사, 철학사의 관점에서도 바라볼 수 있다. 신비주의의 경우에는 교회사적 관점 외에 그것이 예술사에서 가지는 의의의 관점에서도 바라볼 수 있다. 하지만 역사를 이해하기 위해서는 언제나 질문을 제기하는 특정한 관점을 전제해야 한다는 사실 또한 분명하다.

하지만 여기에 더하여, 역사적 현상을 상호 연관시키는 효과적인 힘은 연관된 그 각각의 현상이 그 자체로서 이해될 때에야 비로소 이해 가능하다. 이것은 주제 자체에 대한 이해가 역사적인 이해에 속한다는 것을 의미한다. 국가나 정의에 대한 개념이 없는 사람이 어떻게 정치사를 이해할 수 있겠는가? (하지만 이 개념은 그 자체로는 역사적인 산물이 아니고 관념이다.) 경제와 사회가 일반적으로 의미하는 바 그 개념을 갖지 못한 사람이 어떻게 경제사를 이해할 수 있겠는가? 종교와 철학이 무엇인지 전혀 알지 못하는 사람이 어떻게 종교사와 철학사를 이해할 수 있겠는가? 예를 들어 루터 당시에 가톨릭교회에 저항한다는 것이 실제로 무엇을 의미하는지 이해하지 못한 사람은 95개 조항의 반박문을 비텐베르크 성벽에 붙인 루터의 행위를 이해할 수 없다. 우리는 인간과 인간의 행동 가능성을 이해하지 못한다면 역사 속에서 행동하는 사람들의 결정을 이해할 수 없다. 요컨대 역사적인 이해는 역사 자체의 주제와 역사 안에서 행동하는 사람들에 대한 이해를 전제한다.

하지만 이것은 또한 역사적인 이해가 항상 해석자와 본문이 (직·간접적으로) 표현하는 주제 사이의 관계를 전제하고 있다는 사실을 의미한다. 이러한 관계는 해석자가 서 있는 실제적인 삶의 자리에 근거하고 있다. 음악과 관련을 맺고 있는 사람만이 음악을 다루는 본문을 이해할 수 있듯이, 오직 어떤 국가와 사회 안에 살고 있는 사람만이 과거의 정치적 사회적 현상과 그 역사를 이해할 수 있다.

그러므로 석의는 언제나 본문의 주제에 대한 '삶의 연관'에 기초한 그 주제에 대한 특정한 이해를 전제하고 있다. 이러한 의미에서 전제 없는 석의는 존재하지 않는다고 말할 수 있다. 필자는 이러한 이해를 '선이해'라고 부른다. 선이해는 관점의 선택만큼이나 선입견을 거의 수반하지 않는다. 역사적 재구성은 주석자가 자신의 선이해를 확정된 이해로 간주할 때만 거짓으로 판명되기 때문이다. 하지만 '삶의 연관'은 본문이 관심을 갖고 있는 주제에 우리가 관심을 가지고 있고 그것이 우리에게 또한 문제가 되는 경우에만 즉 그것이 우리에게 중요한 의미를 지닐 때만 진정한 연관이 된다. 역사에 관한 논의를 통하여 과거는 다시 살아나게 되며 역사를 알게 되는 과정 중에 우리는 우리 자신의 현재를 알게 된다. 왜냐하면 역사적인 지식은 동시에 우리 자신에 대한 지식이 되기 때문이다. 역사를 이해하는 것은 우리가 중립적이고 비참여적인 방관자로서 그 역사를 마주 대하여 서지 않고 스스로 역사 안에 참여하여 그것에 대한 책임을 공유할 때에야 비로소 가능해진다. 자기 자신의 역사성으로부터 발생한 역사와의 이러한 만남을 우리는 실존적인 만남이라고 부른다. 역사가가 자신의 실존 전체와 더불어 역사에 참여하기 때문이다.

역사에 대한 이러한 실존적인 연관은 역사 이해를 위한 근본 전제이다. 이것은 역사 이해가 역사가의 개인적인 기호에 의존하고 모든 객관적인 의미를 상실하고 있다는 의미에서 그것이 '주관적인' 것이라는 의미는 아니다. 반대로 그것이 의미하는 바는 오직 실존적으로 살아 움직이는 주체만이 객관적인 내용에 있어서 역사를 정확하게 이해할 수 있다는 것이다. 다시 말해, 자연 과학에 있어서는 타당성을 가지는 주체 – 객체의 도식이 역사적 이해에 있어서는 타당하지 않다는 뜻이다.

지금까지 우리가 말한 내용은 중요한 통찰을 포함하고 있다. 그것은 역사가가 역사적인 현상에 접근할 때 전제하고 있는 선이해와 마찬가지로 역사적인 지식 또한 결코 완결된 혹은 확정된 지식이 될 수 없다는 것이다. 만일 역사적 현상이 중립적으로 관찰 가능한 사실이 아니고 특수한 질문을 가지고 그 현상에 접근하는 살아 있는 사람들에게만 자신의 의미를 열어 준다면, 그 현상은 그것이 현재 상황 속에서 우리에게 말을 건넨다는 점에서 언제나 이해 가능하다. 참으로 문제 제기 그 자체는 역사적 상황으로부터, 현재의 요구로부터, 현재 안에 주어진 문제로부터 발생한다. 이러한 이유 때문에, 역사적 연구는 결코 완결되지 않으며 항상 전진해 나가야 한다. 물론 역사적인 지식의 항목 중에는 확정적인 지식으로 간주될 수 있는 것이 일부 존재한다. 말하자면 연대기적으로나 논리적으로 확정할 수 있는 자료이다. 예를 들어 시저의 암살이나 루터의 95개조 반박문 공시 등이 여기에 속한다. 하지만 연대기적으로 확정 가능한 이러한 사건이 역사적인 사건으로서 어떠한 의미를 지니고 있는가 하는 점은 명확하게 확정될 수 없다. 그러므로 어떤 역사적 사건에 대해서 그것이 실제로 무엇인지 이해하는 것은 오직 미래에만 가능하다고 우리는 말해야 한다. 이러한 의미에서 우리는 어떤 역사적 사건의 미래가 그 사건에 포함되어 있다고도 말할 수 있다.

또한 역사적 지식의 항목은 확정된 지식으로서가 아니라, 다가오는 세대의 선이해를 명확히 하고 확장시키는 방식으로 후대로 전해질 수 있다. 하지만 그렇게 될 때 그 항목은 다가오는 세대의 비판을 피할 수 없다. 오늘날 우리는 두 차례의 세계 대전이 가지는 의미를 추측할 수 있는가? 추측할 수 없다. 왜냐하면 역사적 사건의 의미는 언제나 미래에 가서야 비로소 확정된다는 명제가 여전히 유효하기 때문이다. 다시 말해 오직 역사가 종말에 이르렀을 때에야 비로소 역사적 사건의 의미가 명확하게 드러날 수 있다.

이러한 분석이 성경 주석에 대하여 가지는 함축된 의미는 무엇인가? 그것은 다음 5가지 명제로 정리할 수 있다.

(1) 성경 주석은 다른 모든 본문 해석과 마찬가지로 선입견을 배제해야 한다.
(2) 그러나 석의 작업에 전제가 전혀 없는 것은 아니다. 역사적인 해석으로서 석의는 역사 비평적 연구 방법을 전제하고 있기 때문이다.
(3) 뿐만 아니라 여기에는 성경의 주제에 대한 주석자의 '삶의 연관'과

선이해가 전제되어 있다.
(4) 이러한 선이해는 닫혀 있지 않고 열려 있다. 그래서 본문과의 실존적인 만남과 해석자의 실존적인 결단이 있을 수 있다.
(5) 본문에 대한 이해는 결코 확정적이지 않고 항상 열려 있다. 왜냐하면 성경의 의미는 모든 미래에 새롭게 자신을 드러내기 때문이다.

처음 두 가지 명제에 대해서는 앞서 이미 많이 다루었기 때문에 여기에서 더 이상 논의할 필요는 없을 것이다.

하지만 세 번째 명제와 관련하여 우리는 주석자의 선이해가 인간의 삶 속에 살아 계신 하나님에 관한 질문 속에 그 기초를 두고 있다는 사실을 주목할 필요가 있다. 이것은 주석자가 하나님에 관하여 가능한 모든 것을 알아야 한다는 것을 의미하지 않는다. 그것은 다만 그가 하나님에 관한 실존적인 질문에 의해 움직여야 한다는 것을 의미한다. 이 때 그의 의식 안에서 이러한 질문이 실제로 취하고 있는 형식은 크게 문제되지 않는다. 질문의 실제 형식에는 다음과 같은 것이 있을 수 있다. 구원, 죽음으로부터의 도피, 항상 요동하는 운명 속에서의 확실성, 수수께끼 같은 세상 한 가운데에서의 진리 등이다.

네 번째 명제와 관련하여 우리는 본문과의 실존적인 만남이 '예' 뿐 아니라 '아니오'에 이를 수도 있으며, 신앙을 고백하는 데 이를 수도 있지만 불신앙을 표현하는 데 이를 수도 있다는 사실을 유념해야 한다. 왜냐하면 주석자는 본문 안에서 하나의 요구를 대면하기 때문이다. 다시 말해 본문 안에서 주석자는 수용하거나 (자신에게 주어지도록 허용하거나) 거절할 수도 있는 어떤 특정한 자기 이해를 만나며, 여기에서 주석자는 결단의 요구에 직면하기 때문이다. 하지만 '아니오'라고 응답할 경우에도 이해는 합법적인 대답 곧 본문의 질문에 대한 진정한 대답이 될 수 있다. '아니오'라는 응답 또한 실존적인 결단이기 때문에 논증에 의해 배격될 수 없다.

마지막으로 다섯 번째 명제와 관련하여 우리는 본문이 실존을 향하여 말하기 때문에 결코 확정적인 방식으로 이해되지 않는다는 사실을 간단히 지적할 수 있겠다. 해석이 출현하는 근원으로서 실존적인 결단은 전수되지 않으며 항상 새롭게 현실화되어야 한다. 물론 이것은 성경 주석에 있어 연속성이 존재할 수 없다는 것을 의미하지는 않는다. 체계적인 역사 비평적 연구 결과가 비록 항구적으로 비판적인 검증의 대상이 된다 하더라도 후대에 전수될 수 있다는 사실은 두말할 필요도 없다. 실존적으로 전개된 석의에 있어서도 그것이 다음 세대를 위한 지침을 제공하는 한 연속성이 존재할 수 있다. 바울의 이신칭의 교리에 대한 루터의 이해가 바로 그 대표적인 예가 될 수 있겠다. 가톨릭 주석서에 관한 대화 가운데 이신칭의 교리에 대한 이 같은 이해가 지속적으로 새롭게 성취되어야 하듯이, 모든 진정한 석의는 스스로 지침이 될 뿐 아니라 동시에 항상 새롭게 그리고 독립적으로 답해야 하는 질문이 된다. 주석자는 역사적인 존재로서 성경 말씀을 자신의 구체적인 역사적 상황 속에 하시는 말씀으로 들어야 한다. 다시 말해 그는 과거의 말씀을 항상 새롭게 이해해야 한다. 그가 누구이며 인간은 어떤 존재이고 하나님은 어떤 분이신지에 대해서 성경은 그에게 항상 새롭게 말할 것이다. 그리고 그는 과거의 말씀을 항상 새로운 개념으로 표현해야 할 것이다. 따라서 우리는 성경은 곧 그것의 과거이자 그것의 미래라고 말할 수 있다.

출 처

Rudolf Bultmann, "Is Exegesis Without Presuppositions Possible?" From Existence and Faith: Shorter Writings of Rudolf Bultmann. Copyright ⓒ 1960 by Meridian Books, Inc. Reprinted by arrangement with New American Library, New York, N.Y., pp. 289-296.

**게하르트
에벨링**

Gerhard Ebeling

하나님의 말씀과 해석학

오랫동안 취리히(Zurich) 대학에서 신학 교수로 봉직했던 게하르트 에벨링(1912 -)의 해석학적 사고는 그의 스승인 루돌프 불트만과 더불어 본회퍼와 루터로부터 많은 영향을 받았다. 불트만과 마찬가지로 해석학에 대한 에벨링의 관심은 무엇보다도 설교와 직접적으로 연결되어 있었으며, 본회퍼의 동료였던 에른스트 푹스(Ernst Fuchs)를 좇아 성경의 언어를 비종교적인 용어로 '번역하려고' 시도했다. 또한 루터와 마찬가지로 그는 인간 존재를 조명하고 설득하고 화해시키는 데 있어 하나님의 말씀이 가진 효과적인 능력을 확신하고 있었다. '신(新)해석학'이라는 용어는 종종 에벨링과 관련되어 언급된다. 전통적인 해석학은 탐구의 대상 즉 성경 본문을 통제하려고 했다. 하지만 에벨링은 하나님의 말씀을 역동적인 전달 행위로 이해한다. 하나님의 말씀은 해석자의 통제 아래 들어오는 수동적이고 정적인 존재가 아니고, "살아 있고 활력이 있으며 좌우에 날선 어떤 검보다도 예리하고 마음의 생각과 뜻을 판단한다."(히 4:12) 말씀의 본질은 해석학적이다. 즉 해석자는 말씀을 이해하려고 하지 않고 말씀을 매개로 하여 인간 실존을 이해하려고 한다. (폴 리꾀르(Paul Ricoeur)는 이 과정을 '주체의 고고학'이라는 용어로 표현했다.) 설교는 과거를 발굴하고 거기에서 오늘날의 적용을 이끌어 내는 데 만족하지 못할 것이다. 석의, 주해, 적용의 전통적인 해석 과정은 해석자 혹은 설교자가 본문을 '완성하는' 새롭고 확장된 해석학에 의해 대체된다. 그리고 기록된 말씀은 자유를 얻어 본래적인 모습 곧 선포된 말씀으로서의 지위를 회복한다.

하나님의 말씀이라는 개념의 정확한 신학적 정의가 어떠하든지 간에 그것은 발생하고 있는 어떤 사건 즉 성경 본문에서 설교에 이르는 운동을 지시한다. (물론 여기에서 '설교'는 일반적인 선포를 함축하고 있는 의미에서 사용되고 있다.) 하나님의 말씀에 대한 첫번째 정의로서 본문에서 선포에 이르는 이러한 운동을 지적하는 것만으로도 충분할 것이다. 왜냐하면 기독교 전통에 따르면 사실상 여기에 하나님의 말씀이라는 개념이 주로 위치하고 있기 때문이다. 여기에서 우리는 다음과 같은 질문은 잠시 제쳐놓고 있다. 즉 선포를 강요하는 성경 말씀 혹은 성경 말씀 위에 기초한 선포가 다른 것과 달리 특별히 하나님의 말씀으로 구별되는 이유는 무엇인가? 어떤 형태의 하나님의 말씀이 어느 정도까지 성경을 능가하는가? 본문과 설교의 관계 밖에서 하나님의 말씀을 발견할 수는 없는가? 기독교적 확신에 따르면, 이 모든 질문에 대한 대답은 본문에서 설교에 이르는 이 운동과의 관련 속에서만 참으로 알려질 수 있다. 하지만 하나님 말씀의 개념 정의를 위해 이 운동을 출발점으로 선택하는 것은 결정적으로 중요하다. (중략)

만일 하나님의 말씀이 성경 본문에서 선포에 이르는 말씀 사건으로 이해된다면, 이제 문제는 그러한 사건이 바르게 일어날 수 있도록 해석학이 도움을 줄 수 있는가 하는 것이다. 여기에서 우리는 즉시 다음과 같은 의심을 하게 된다. 하나님의 말씀 사건이 도대체 학문적인 방법으로부터 도움을 받을 수 있는가? 그러한 해석학적 접근은 하나님의 말씀이라는 개념뿐 아니라 거기에 상응하는 성령님의 개념에도 파괴적인 결과를 가져오는 것이 아닌가? 하지만 하나님의 말씀 사건에서 해석학의 기여하는 바와 관련하여 이보다 조금 덜 과격한 다음과 같은 의문도 제기될 수 있다. 해석학은 오직 과학적 기준에 부합하는 주해만을 다루지 않는가? 그러한 주해를 다룰 때도 이미 잘 알려진 바와 같이 상당한 방법론적인 어려움이 뒤따른다. 본문에 대한 학문적인 주해가 설교를 선행한다면, 해석학 또한 설교와 관련하여 나름의 의미를 가질 수 있다. 그러나 여전히 다음과 같은 질문이 남아 있다. 학문적인 주해가 설교에 기여하는 바는 무엇이며, 학문적인 주해와 설교 중의 주해를 구별시켜 주는 것은 무엇인가? '실천적인' 것으로 설교 중의 주해를 학문적인 주해와 대조시키고 엄격한 해석학적 관점에서 그것을 배제시키는 것, 다시 말해 (설교가 아무리 본문 주해를 많이 포함하고 있다 하더라도) 적용으로서의 설교와 학문적인 주해를 구별하고 설교는 본질상 주해가 아니라고 주장하는 것이 과연 적절한가? 이러한 시도는 하나님의 말씀 사건을 일반적인 언어 사건으로부터 고립시키는 위험을 갖고 있지 않은가? 이것은 하나님의 말씀 개념에 대한 해석학적 정당화가 가능할 때에만 그 개념을 사용할 수 있다는 것을 전제하고 있는 말이 아닌가? 하지만 '해석학'은 무엇을 의미하는가? 우리는 무엇보다도 먼저 해석학이란 개념을 보다 정확하게 해명할 필요가 있다.

통상적인 견해에 따르면, 주해 과정 자체로서 석의와 주해 이론으로서 해석학은 날카롭게 구분된다. 그리고 이러한 구별은 말로 된 문장이 주해의 대상으로서 주해를 요구한다는 것을 가정하고 있다. 다양한 종류의 담론에 따라 다양한 특수 해석학으로부터 일반 해석학이 분리되어 나온다. 물론 여기에서 특수 해석학은 일반 해석학의 포괄적인 틀을 벗어나지 않는다.

해석학에 대한 이러한 통상적인 견해는 여러 측면에서 수정을 요구한다. 계몽주의가 발흥할 무렵, 거룩한 해석학(hermeneutica sacra)과 세속적인 해석학(hermeneutica profana)을 구별하였던 정통주의의 도식은 '일반 해석학과 특수 해석학의 구별'이라는 전혀 다른 표현에 의해 대체되었다. 성경을 다른 책과 다르게 해석해서는 안 된다는 기본적인 명제는 오직 하나의 해석학만을 허용하며 해석학적 문제에 대한 신학의 모든 특수한 논의를 배제하는 것처럼 보인다. 하지만 이것은 일반 해석학의 명제가 가진 무미건조함과 추상성으로 인해 구체적인 주제에 적용되고 연관되는 다양한 특수 해석학이 도입되는 것까지 배제하지는 않는다. 다만 여기에는 이러한 다양한 특수 해석학이 일반 해석학에 종속되어 있어야 하고 거기에서부터 파생되어 나와야 한다는 조건이 붙는다. 실제로 최초의 근대 해석학은 거의 전적으로 이러한 종류의 특수 해석학 형태에서부터 발전하였다. 그리고 이러한 특수 해석학의 발전에 있어 신학은 고전 문헌학 및 법률학과 함께 두드러진 역할을 수행했다. 해석학의 어떤 한 분야의 원리가 점증하는 해석학적 전문화의 원리로서 작용했다고 말할 수도 있다.

신학에 있어서 이것은 특수하게 신학적인 해석학은 비록 사라졌지만 전문화의 다양한 정도에 따라 신학 안에 다양한 해석학이 생겨나게 되었음을 의미한다. 예를 들어 성경 해석학이나 신·구약 해석학이 분화되어 나왔고, 또한 (그 필요가 이미 오래 전부터 인식되어 왔던) 성경 각 책에 대한 특수한 해석학이 요구되고 있다. 여기에서 우리는 그러한 극단적인 전문화가 아직까지 완전하게 실현되지 않았다는 것과 또 성경 해석학이나 신·구약 해석학이 성경의 신학적인 위엄으로 인해 모두 신학적인 해석학이라는 인상을 준다는 사실 때문에 이러한 사태의 실제적인 속성을 오해하거나 착각하지 않도록 주의해야 한다. 엄밀히 말해서 신학적 해석학과 같은 것은 없다. 해석학의 모든 영역의 분화는 다양한 문학 장르의 관점에서만 정당화될 수 있으며 신학과 같이 보편적이지 않은 특수한 인식론적 원리에 기초해서 이루어질 수 없다고 여겨졌다. 이에 따라 신학에서 해석학은 성경 해석학과 같이 명확한 개별 학문의 방법론이 되었으며, 아울러 해석학과는 전혀 무관한 교의학으로부터 그러한 개별 학문을 구별시키는 경계가 되었다.

이와 대조적으로 오늘날 역사신학과 조직신학이 해석학적 문제에 손을 대고 있으며 해석학이 더 이상 신학의 개별 분과 학문의 방법론이기를 그치고 신학 전체의 방법론으로 확장되었다는 사실은 상당 부분 슐라이어마허의 영향 때문이다. 해석학 이해를 가능하게 하는 조건에 관한 이론으로 보았던 그의 선구자적인 견해는 일반 해석학과 특수 해석학 사이의 관계를 다음과 같이 이중적으로 이해했기 때문이다.

첫째, 특수 해석학은 그 분야의 독특한 점을 상세하게 해명해야 한다. 슐라이어마허(Schleiermacher) 자신이 여기에서 제시하고 있는 구체적인 견해는 오늘날의 관점에서 볼 때 시대에 뒤떨어진 것이 분명하다. 하지만 그의 기본적인 통찰은 여전히 유효하다. 오늘날 불트만이 강하게 주장하고 있듯이 질문 과정 중에 사람들이 추구하는 대상의 차이가 결국 해석학적 영역을 분화시키는 결과를 가져온다는 주장은 해석학적 문제의 이러한 측면을 보다 명료화하기 위한 첫번째 단계라고 할 수 있다. 이 첫 단계는 발전될 가능성이 있으며 또한 확실히 더 발전될 필요가 있다. 이러한 견해는 소위 거룩한 해석학(hermeneutica sacra)으로 회귀하지 않고서도 신학 전반에 관련되는 해석학을 말할 수 있는 가능성을 열어 준다. 이러한 해석학은 특수하게 신학적인 접근을 기초로 하여 신학에서 석의적인 이해뿐 아니라 교의적인 이해에까지도 적용되는 신학적 이해의 구조와 기준을 산출한다. 이것은 반드시 이해에 관한 일반적인 이론과 입증 가능한 연관 속에서 이루어져야 한다. 하지만 이 연관의 속성은 어려운 문제를 제기한다.

둘째, 해석학의 역사에 있어 슐라이어마허의 또 다른 의의는 무엇보다도 '해석학'이라는 단어가 놀랄 만큼 확장된 의미에서 사용되고 있다는 사실에서 확인할 수 있다. 해석학은 이제 과거에는 그것과 전혀 무관했던 학문들 즉 심리학과 같이 본문이 아니라 현상을 다루는 학문 안에서도 이야기되고 있다. 뿐만 아니라 슐라이어마허로부터 딜타이(Schleiermacher via Dilthey)를 거쳐 하이데거(Heidegger)에 이르기까지 해석학의 발전 과정은 이해에 관한 이론으로서 해석학의 개념이 인문 과학의 기초를 놓는 방향으로 전개되고 있으며, 그것이 심지어 철학의 본질이 되었다는 것을 보여 준다. 이제 해석학은 고전적인 인식론을 대체하였고, 근본 존재론은 해석학으로 대체되었다.

따라서 오늘날에는 신학 바깥에서도 해석학이 문헌학적이고 역사 기술적인 해석학의 오래 되고 좁은 한계를 뛰어넘고 있으며 그 깊이의 한계를 다시 가능하고 있다. 그러므로 오늘날 해석학적인 문제는 신학과 철학과 만나는 자리가 되어 가고 있다. 그리고 그 만남은 언제나 공감과 대조를 동시에 수반한다. 이러한 사실은 어떻게든 거룩한 해석학(hermeneutica sacra)과 세속적인 해석학(hermeneutica profana)을 구분하던 과거로 다시 회귀하지 않으면서도 신학적인 해석학에 대해 이야기할 수 있는 지점이 있다는 점을 다시 한 번 확증한다.

해석학을 본문 주해에 관한 이론으로 여겼던 통상적인 견해는 최근 현상 역시 주해의 대상이 될 수 있다는 사실을 인정하면서 일부 수정되었다. 이러한 사고를 더 진전시킨다면 우리는 실존의 언어적 성격에 관련되고 따라서 넓은 의미에서 '본문' 안에 포함되는 현상만을 주해의 대상으로 한정시켜야 한다. 그렇게 되면 해석학은 여전히 언어 사건에 관계된 것으로 남을 것이다. 하지만 이제 일반적인 견해에 맞서 주장해야 하는 것은 그것과 다른 것이다.

해석학이 언어 사건과 관련되는 이유에 대해서 말로 표현된 문장이 이해의 문제를 제기하기 때문이라는 견해가 일반적으로 당연하게 받아들여지고 있다. 해석학의 필요가 언어 사건 안에서 이해의 어려움으로부터 주로 발생한다 하더라도, 그럼에도 불구하고 말씀과 이해 사이의 관계와 해석학의 근본적인 구성 요소에 대한 기본적인 파악을 위해 이러한 상황을 준거점으로 삼는 것은 바람직하지 않다. 이해에 대한 피상적인 견해는 문제 상황을 거꾸로 전복시키기 때문에 오히려 그러한 견해를 완전히 역전시킬 필요가 있다. 이해의 영역에 있어서 주된 현상은 언어에 '대한' 이해가 아니라, 언어를 '통한' 이해이다. 말은 실제로 이해의 대상이 아니다. 즉 그것은 이해의 문제를 제기함으로써 그 문제의 해결을 위해서 주해와 이해의 이론으로 해석학을 요구하지 않는다. 오히려 말은 이해를 열어 주고 매개하는 것, 즉 어떤 것을 이해 가능하게 하는 것이다. 말 자체가 해석학적 기능을 가지고 있는 것이다.

이것은 언어 사건의 본성에 관하여 더 깊은 통찰을 제공해 준다. 커뮤니케이션으로서 말은 약속이다. 말이 현존하지 않고 부재하는 것을 지시할 때, 약속이 부재하는 것을 제시할 때, 다시 말해 말을 통해 화자가 맹세하고 자신을 다른 사람에게 내주며 그 사람 안에 믿음을 일깨움으로 그 사람에게 미래를 열어 줄 때, 말씀은 가장 순수한 약속이 된다. 인간 본성에 유익을 가져다 주기 위한 필연적 조건으로서 하나님, 말씀, 믿음, 미래의 결합은 실증주의적 관점에서 받아들일 수 있는 일종의 우연한 조합이 아니라 하나의 거대하고 일관된 복합체로서 이해되어야 한다.

그리스도인은 복음 안에서 이러한 언어 사건이 발생한다고 고백한다. 죽이는 율법과 마찬가지로 복음은 언제나 하나님으로부터 나와서 어리석은 사람에게 이르는 언어 사건과 구원론적으로 연관되어 있다. 하지만 바로 그러한 이유 때문에 우리는 오직 복음의 빛 안에서만 하나님의 말씀이 실제로 무엇을 의미하며 또한 율법이 하나님의 말씀으로부터 얼마나 멀리 있는지를 이해할 수 있다. 하나님의 말씀은 어떠한 이유에서도 그 말씀에 대한 본질적인 정의에 대해서 무관심한 형식적 개념으로 환원되어서는 안 되기 때문이다. 하나님의 말씀은 다양하지 않고 단일하다. 그것은 사람을 신자, 곧 하나님을 자신의 미래임을 고백하고 그분이 절대적으로 필요한 분이시라는 것을 확신함과 동시에 그분의 복되고 참된 말씀은 자신을 동료들로부터 실망시키지 않는 사람으로 만든다는 것을 확신하는 일이다.

하나님의 말씀 선포가 왜 성경에 호소하며, 왜 성경이 설교의 본문이 되는지 그 이유에 대해서는 여기에서 다룰 필요가 없을 것이다. 다만 결론적으로 필자는 그러한 일이 어떻게 일어나는지, 어떤 의미에서 성경이 설교의 본문이 되는지, 따라서 본문과 설교는 서로 어떤 관계에 있는지를 설명하고자 한다.

일단 다음과 같은 질문으로 시작해 보자. 성경 본문의 목적은 무엇인가? 성경 본문의 목적은 어떻게든 특히 설교를 위해 보존되고 읽히고 전수되는 데 있다. 물론 여기에서 우리는 구약성경과 신약성경의 본문을 구분해야 하고, 동시에 구약과 신약 각각의 경우에도 선포를 목적으로 하는 명료성의 정도 차이에 따라 본문을 구분해야 한다. 개별 본문의 목적에 대한 물음을 정경 자체에 대한 물음으로 바꿀 수 있다. 이제 물음은 정경이 설교 본문 모음집을 목적으로 한다고 주장하는 것은 정경의 본래적인 의도를 정당하게 다루는 것인가 하는 것이다. 하지만 이러한 문제 제기는 개별 본문의 고유성을 무시하는 부정적인 결과를 가져올 수 있다. 성경 안에 기록된 모든 본문이 그 자체로서 설교 본문이라고 전제해서는 안 된다. 설교 본문이 되려면 좌우간 하나님의 말씀을 선포하는 일을 도와야 한다. 한편 우리가 그 본문을 선포해야 한다고 말하는 것은 옳지 않다. 사실상 그런 식으로 직접적이고 권위적인 목적을 가진 본문은 상대적으로 많지 않을 뿐 아니라, 이러한 표현 방식 자체가 또한 근본적으로 잘못되어 있다. 왜냐하면 우리가 선포해야 하는 것은 성경 본문이 아니기 때문이다. 우리가 선포해야 하는 것은 하나님의 말씀 곧 그분의 단일한 말씀이며, 하나님의 많은 말씀 즉 여러 다양한 본문이 아니다.

이 부분을 좀더 자세하게 살펴볼 필요가 있다. 만일 우리가 하나님의 말씀이 가진 말의 특징을 진지하게 고려한다면, 우리가 전수받은 본문을 하나님의 말씀이라고 지칭하는 것은 불합리하다. 그것은 그 내용이나 그것이 기록된 말씀이라는 사실을 우리가 업신여겨서가 아니라 진정으로 우리가 그 내용과 그 사실을 존중하기 때문이다. 이것은 과거에 행한 선포와 관련되고 따라서 (그것이 만일 바른 선포였다면) 하나님의 말씀의 과거 사건에 관련된다는 점에서 모든 설교 본문에 전적으로 타당한 진리이다. 하나님께서 직접 말씀하시는 형식은 여기에서 기준이 될 수 없다. (기독교인들이 예언자를 모방하는 것을 제외하면) 예수와 더불어 "그러므로 주께서 말씀하셨다."는 표현 형식은 사라져 버렸다고 하는 사실은 중요한 의미를 지닌다. 이 사실은 하나님의 말씀에 대한 교리와 관련하여 마음 속에 새겨 둘 필요가 있다. 하지만 성경 본문이 과거에 행한 선포의 경우라면, 우리는 그 본문에 대해서 다음과 같이 말할 수 있다. 즉 그 본문의 목적은 그 본문을 향하여 열린 귀를 가지고 그 본문에 동의하고 거기에 호소하는 가운데 설교자가 그 본문의 선포를 계속해서 이어 가는 것이다.

그러므로 본문에서 설교에 이르는 과정은 과거에 일어났던 선포가 지금 여기에서 다시 일어나는 선포가 되어야 한다는 특징을 가진다. 본문에서 설교로의 이러한 운동은 성경으로부터 선포된 말씀으로의 운동이다. 따라서 여기에서 요구되는 과제는 기록된 말씀을 선포된 말씀으로 전환시키는 것, 즉 본문이 지금 다시 하나님의 말씀이 되도록 만드는 것이다. 일반적으로 그러한 사건은 단순한 반복을 통해서는 일어나지 않는다는 것은 분명한 사실이다. 만일 주해라는 개념을 우리가 이 과정에도 적용할 수 있다면, 그것은 본문을 말씀으로 해석하는 문제라고 우리는 말할 수 있다.

하지만 여기에서 '주해'라는 개념을 적용하는 것은 문제가 있지 않은가? 이러한 의구심은 사실 정당하다. 하지만 여기에서 우리는 매우 주의해야 한다. 본문에서 설교에 이르는 움직임은 해석학적 과정이기 때문이다. 즉 이 움직임은 그 과정 속에서 상당 부분 이해하는 사건인 동시에 이해를 가져오는 사건이다. 본문으로부터 설교에로의 움직임이 본문이 제기한 해석학적 문제의 영역 안에 포함되지 않는다고 주장하는 것은 분명히 잘못된 것이다. 만일 본문의 목적이 그것을 통해 한번 선포되었던 것을 이후에도 계속해서 선포되도록 만드는 것이라면, 그 본문이 요구하는 해석학적 과업은 우리가 설교로 시선을 전환할 때 뒤에 남겨지는 것이 아니다. 오히려 그 때에야 비로소 그 과업은 가장 충분한 성취에 이른다. 신학적 해석학의 문제는 선포의 과업을 배제하는 한 이해될 수 없을 것이다. 신학적 해석학의 문제는 선포의 과업을 포함할 때 비로소 결정적으로 그 정상에 오르게 된다. 왜냐하면 만일 우리가 성경 본문을 설교를 통해 우리에게 전달되는 것으로 여기지 않는다면, 그 본문을 바르게 이해할 수 없기 때문이다. (중략)

만일 주해가 역사적인 이해의 과업에 집중하는 것을 의미한다면, 설교 자체는 본문 주해가 아니라고 말할 수 있다. 오히려 설교는 현재적 사건과 관계된다. 왜냐하면 어떤 본문을 하나의 본문으로 이해한다는 것은 과거에 일어났던 선포로서 그 역사적 여건 안에서 그것을 이해한다는 것을 의미하기 때문이다. 물론 설교는 본문의 역사적인 이해를 위한 진지한 노력을 전제하고 있다. 그렇지 않으면 어떻게 설교가 그 본문에 호소할 수 있겠는가? 그리고 설교는 또한 특정한 상황에 따라 다소간 본문에 대한 명시적인 해석을 포함한다. 하지만 설교 그 자체는 과거의 선포로서 성경 본문에 대한 주해가 아니고, 그 자체로 현재의 선포이다. 그리고 이것은 설교가 본문의 '실행'이라는 것을 의미한다. 설교는 본문의 목적을 실행에 옮긴다. 설교는 본문이 선포한 것을 다시 선포하는 것이다. 그리고 이와 함께 해석학적 방향은 역전된다. 주해를 통해 이해에 도달한 본문은 이제 설교를 통해서 이해에 이르러야 한다. 즉 본문은 하나님 앞에 서 있는 현재적 실재 즉 근본적인 미래성 안에 있는 현재적 실재를 이해할 수 있도록 도와 준다. 다시 말해 설교를 통해 본문은 현재적 실재에 대한 이해를 돕는 해석학적 도구가 된다. 이러한 사건이 근본적으로 일어나는 곳에서 진정한 말씀이 선포되며, 사실상 이것은 그 자체로 하나님의 말씀을 의미한다.

출처

Gerhard Ebeling, Word and Faith (Philadelphia: Fortress Press, 1963), pp. 311 – 318, 327 – 331. Copyright ⓒ Fortress Press. Used by permission.

폴 리꾀르

Paul Ricoeur

해석학적 질문

　　　폴 리꾀르(1913 -)의 사상은 다방면에서 설교 이론을 풍요롭게 하였다. 은유에 관한 그의 독창적인 작품은 설교에 있어 예화의 파생적 성격과 은유의 창조적 특성 사이의 차이를 보다 명확하게 이해하는 데 도움을 주었다. 이야기와 구조주의에 대한 그의 작품은 설교에 있어 이야기를 선포의 강력한 수단으로 새롭게 평가하는 데 든든한 기초를 제공해 주었다. 또한 상징을 우주 안에 뿌리 내리고 있는 것으로 이해하는 그의 상징 이론은 설교에 있어 교리와 경험 이면에 자리하고 있는 원형을 표현하고자 하는 시도를 불러일으켰다. 하지만 리꾀르가 설교 이론과 직접적인 대화를 시작하는 곳은 해석학 분야에서이다. 어떠한 요약적인 진술도 그의 복잡한 해석학적 철학을 정당하게 다룰 수 없을 것이다. 불트만과 마찬가지로 리꾀르의 해석학 연구는 해석자와 해석되는 대상 사이의 관계를 포함하고 있다. 또한 불트만에게서 그러하듯이, 리꾀르에게 있어서도 해석학은 인간의 이해에 관한 학문 이외에 다른 것이 아니며 철학 자체와 등가물로 간주된다. 두 사람은 모두 해석학을 원 저자의 정신 혹은 삶의 경험에 대한 탐구로 보는 19세기의 통상적인 견해를 거부하였다. 불트만과 리꾀르는 모두 그들의 최종 분석에서 본문의 힘과 권위에 대해서 다루었다. 리꾀르는 자신의 책 『해석 이론』에서 다음과 같이 말한다. "본문의 의미는 본문 뒤에 있지 않고, 본문 앞에 있다. 그것은 감추어져 있는 어떤 것이 아니라, 계시되는 어떤 것이다. 우리가 진정으로 이해해야 하는 것은, 담화의 최초 상황이 아니고, 담화가 지시하는 가능한 세계이다." 아래 글은 그의 논문 "불트만에 대한 서문"에서 인용하였다. 여기에서 리꾀르는 기독교가 해석학과 관계하는 세 가지 방식을 개관하고 있다.

해석학적인 문제는 기독교 안에 항상 존재해 왔던 것이지만, 오늘날의 해석학적 질문은 우리에게 새로운 것처럼 여겨진다. 이러한 상황은 무엇을 의미하는가? 이러한 역설적 상황은 어떻게 설명할 수 있을까?

기독교 안에는 언제나 해석학적 문제가 있어 왔다. 왜냐하면 기독교가 선포로부터 출현하기 때문이다. 기독교는 예수 그리스도 안에서 하나님 나라가 결정적인 방식으로 우리에게 도래했다고 하는 근본적인 설교와 더불어 시작한다. 하지만 이 근본적인 설교, 이 말씀은 글을 통해서 즉 성경을 통해서 우리에게 다가온다. 만일 근본적이고 기초가 되는 사건에 대해 증언하는 최초의 말씀이 계속적으로 동시대적인 것으로 남아 있으려면, 이 말씀이 계속해서 살아 있는 말씀으로 회복되어야 한다. 만일 일반적으로 해석학이 (딜타이(Dilthey)의 표현을 따라) 기록된 본문 안에 고정된 삶의 표현에 대한 이해라고 한다면, 해석학은 성경과 성경이 지시하는 바 곧 케리그마 사이의 고유한 관계를 다룬다.

글과 말씀 사이의 그리고 말씀과 사건과 그 의미 사이의 이러한 관계가 바로 해석학적 문제의 핵심이다. 하지만 이러한 관계 자체는 오직 일련의 해석을 통해서만 드러난다. 이 해석이 해석학적 문제의 역사를 구성한다. 아울러 기독교가 계속적인 성경 읽기와 이 성경을 살아 있는 말씀으로 다시 변환할 수 있는 능력에 의존하는 한, 이러한 해석은 기독교 자체의 역사마저도 구성한다. 한편 소위 기독교의 해석학적 상황이 가진 어떤 특징은 우리 시대에 와서야 비로소 인식되었다. 해석학적 문제를 근대적인 문제로 만드는 것이 바로 이러한 특징이다.

이제 이러한 해석학적 상황을 역사적인 방법보다는 보다 체계적인 방법을 통해 도표로 만들어 보자. 여기에서 우리는 세 가지 계기를 식별할 수 있는데, 이 세 가지는 비록 동시성을 내포하고 있지만, 역사적으로는 연속적으로 발전되었다.

해석학적 문제는 맨 처음 한 가지 질문에서 생겨났는데, 그 질문은 최초의 기독교 세대를 사로잡았고 종교개혁 시대까지 신학의 전면에 부각되었던 질문이다. 그것은 이런 질문이다. "두 성경 사이의 혹은 두 언약 사이의 관계는 어떠한가?" 여기에서 기독교적 의미의 알레고리 문제가 형성된다. 실로 그리스도 사건은 유대인의 성경을 해석한다는 의미에서 유대인의 모든 성경과 해석학적으로 연관되어 있다. 그러므로 그리스도 사건이 그 자체로서 해석되기 전에(여기에 우리의 해석학적인 문제가 있다.) 이미 그 사건은 이전부터 존재하던 성경에 대한 하나의 해석이다.

이 상황을 보다 잘 이해해 보자. 정확히 말해서 처음부터 두 가지 언약, 두 가지 성경이 있었던 것은 아니다. 오직 하나의 성경과 하나의 사건이 있었을 뿐이다. 그리스도 사건은 유대교의 질서 전체를 마치 오래 된 글자처럼 오래 전의 것처럼 보이게 만들었다. 하지만 여기에 해석학적인 문제가 있다. 그것은 이 새로운 것이 오래 된 문자를 순수하고 간단하게 대체해 버린 것이 아니기 때문이다. 오히려 이것은 과거의 문자와 모호하게 연관되어 있었다. 이 새로운 것은 성경을 폐지하지 않고 그것을 완성한다. 그것은 물을 포도주로 바꾸듯이 성경의 문자를 영으로 바꾼다. 그러므로 과거의 성경 안에서 의미의 전환을 유도함으로써 우리는 기독교적인 사실을 그 자체로 이해하게 된다. 이러한 전환 자체가 바로 최초의 기독교 해석학이다. 이것은 옛 언약의 문자 즉 역사(이 두 단어는 동의어이다.)와 그리스도 사건 이후에 복음이 계시하는 영적인 의미 사이의 관계 안에 이미 완전히 포함되어 있다. 그러므로 이 관계는 알레고리적인 용어로 아주 잘 표현될 수 있다. 이것은 스토아 철학자나 필로의 알레고리를 모방할 수도 있고, 육과 영, 그림자와 참된 실재 사이의 대립이라는 유사 플라톤적인 언어를 차용할 수도 있다. 하지만 여기에서 문제가 되는 알레고리는 기본적으로 전혀 다른 성질의 것이다. 그것은 과거 질서에 속한 사건, 사물, 사람, 제도가 새로운 질서에 속한 것과의 관계 속에서 어떠한 모형론적 가치를 가지는가 하는 문제이다. 사도 바울이 이러한 기독교 알레고리를 만들어 냈다. 아브라함의 두 아내인 사라와 하갈 그리고 그들의 가계에 대한 바울의 해석에 대해서는 모두가 알고 있다. 이와 관련하여 갈라디아서에서 바울은 다음과 같이 말하고 있다. "이것들은 비유로[알레고리로] 말한 것이다"(갈 4:24) 여기에서 '알레고리'라는 단어는 문법학자가 사용하는 알레고리라는 단어와 단지 문자적인 유사성만을 갖고 있다. 문법학자들의 알레고리에 대해서 키케로는 "어떤 것을 말함으로써 다른 것을 이해하도록 만드는 것"이라고 말한다. 이방인의 알레고리는 신화와 철학을 화해시킴으로써 결국 그 둘을 신화로 환원시키는 데 사용된다. 하지만 바울의 알레고리는 자신의 알레고리에 의존하고 있는 터툴리안과 오리겐의 알레고리와 마찬가지로 그리스도의 신비로부터 분리시킬 수 없다. 스토아 철학과 플라톤 사상은 단지 언어만을 제공하며 거기에서 지나치면 의혹을 불러일으킬 위험이 있다.

그러므로 기독교적 질서 안에 해석학이 있다. 왜냐하면 케리그마가 과거의 성경을 다시 읽는 것이기 때문이다. 마르시온에서 영지주의에 이르기까지 복음을 구약성경과의 해석학적 결속으로부터 분리시켜 내려고 했던 당시 흐름에 정통 신학이 필사적으로 저항했다는 사실을 우리는 주목할 필요가 있다. 왜 그러했는가? 그리스도 사건을 그 자체의 통일성 안에서 선포하고 따라서 그것을 구약성경 해석의 모호함에서부터 건져 냈다면 일이 더 간단해지지 않았을까? 왜 기독교 설교는 구약성경을 다시 읽는 일에 스스로를 구속시킴으로써 해석학적인 길을 택하였을까? 왜 그리스도 사건을 돌연한 사건으로 묘사하지 않고 과거의 모호한 의미를 완성하는 사건으로 묘사했을까? 그 사건 자체는 '약속'과 '성취'라는 의미 연관 속에 들어감으로써 시간적인 밀도를 가지게 된다. 이러한 방식으로 역사적인 연관 속에 들어감으로써 그 사건은 또한 이해 가능한 연관 속에 들어간다. 두 성경 사이에 대조가 이루어지고, 이 대조는 또한 동시에 전환을 통하여 조화를 이룬다. 이러한 의미 연관은 과거의 성경에 대한 재해석을 거치는 이러한 우회로를 통하여 케리그마가 이해 가능한 연결망 안으로 들어간다는 것을 입증한다. 시간을 입음으로써 그것은 의미를 입는다. 자기 자신을 옛 것에서 새 것으로의 전환이라는 관점에서 이해함으로써 그 사건은 스스로 관계 속에서 나타난다. 성경에 대한 주석이자 주석자인 예수 그리스도 자신은 성경 이해의 길을 열어 줌에 있어 로고스로서 현시된다.

기독교의 근본적인 해석학이 이와 같다. 그것은 구약성경에 대한 영적인 이해와 일치한다. 물론 영적인 의미는 신약성경 자체이다. 하지만 구약성경을 해석하는 이러한 우회로를 거치기 때문에 "신앙은 외침이 아니고" 이해이다.

해석학적 문제의 두 번째 뿌리 또한 바울과 관계된다. 이 문제가 완숙한 단계에 이른 것은 최근에 이르러서야 비로소 이루어졌고, 어떤 관점에서 보면 오직 근대인들 특히 불트만에게서 그렇게 되었다고 할 수 있지만, 그럼에도 불구하고 이것은 근본적으로 바울적이다. 해석학적 문제의 두 번째 뿌리는 성경에 대한 해석과 삶에 대한 해석이 서로 상응하며 상호 조정된다는 것이다. 사도 바울이 말씀을 듣는 자들에게 그리스도의 수난과 부활의 빛 아래서 자기 실존의 변화를 해석할 것을 권면했을 때, 그는 기독교 해석학의 두 번째 양태를 창조하고 있었다. 그러므로 옛 사람의 죽음과 새로운 피조물의 탄생은 십자가와 부활절 승리의 표지 아래에서 이해된다. 하지만 그 두 가지 사이의 해석학적 연관은 이중적인 의미를 가지고 있다. 그리스도의 죽음과 부활은 또한 인간 실존에 대한 이러한 주석을 우회하여 새로운 해석을 부여받기 때문이다. 그리스도의 의미와 실존의 의미 사이에 이미 상호간에 서로를 해석하는 '해석학적 순환'이 존재하고 있다.

우리가 성경과 실존의 상호 해석의 폭에 대해 알게 된 것은 성경의 '네 가지 의미' – 역사적, 알레고리적, 도덕적, 신비적 – 에 대한 드 뤼벡(de Lubac)의 탁월한 작품 때문이다. 중세 해석학은 옛 언약에 대한 단순한 재해석과 두 성경 사이의 모형론적 상관성을 넘어서고자 했다. 그리고 경건한 읽기를 통한 신앙에 대한 이해와 전체로서의 실재 즉 신적이고 인간적이며 역사적이고 물리적인 실재 전체에 대한 이해 사이의 일치를 추구하였다. 이제 해석학의 과제는 교리와 실천과 신비에 대한 묵상의 측면에서 본문 이해를 확장시키는 것이다. 결과적으로 그것은 기독교 체계 안에서 의미에 대한 이해와 실존 및 실재에 대한 전반적인 이해를 일치시키는 것이다. 요컨대 이렇게 이해된 해석학은 기독교적 실존의 전체 질서와 동연 관계에 놓이게 된다. 여기에서 성경은 모든 것에 대한 사고를 촉진시키는 즉 세계에 대한 전반적인 해석을 감추고 있는 무진장한 보물 창고로 여겨진다. 이것은 해석학적이다. 왜냐하면 문자가 토대로 기능하고 석의가 그 도구가 되며 또한 은폐된 것이 드러난 것에 관계하는 방식으로 다른 의미가 첫번째 의미와 관련되기 때문이다. 성경에 대한 이해는 이런 방식으로 (문학적, 수사학적, 철학적, 신비적) 문화의 제반 요소를 끌어안는다. 성경을 해석하는 것은 성경의 의미를 거룩한 의미로 설명하는 것인 동시에 세속 문화의 잔여를 이러한 이해 안에 포섭하는 것이다. 성경이 제한된 문화 현상으로 남지 않기 위해서는 본문에 대해 설명과 신비에 대한 탐구를 일치시켜야 한다. 따라서 두 번째 의미의 해석학이 가진 목적은 신비의 전체적인 의미가 분과 학문의 부분적인 의미와 일치하도록 만드는 것이다. 즉 다양한 지식을 그리스도의 신비에 대한 지식과 일치시키는 것이다.

중세 시대에 일반적으로 받아들여진 성경의 '네 가지 의미' 중에 '도덕적 의미'도 포함된다. 이것은 알레고리적 의미를 우리 자신과 우리의 도덕에 적용시킨 것을 뜻한다. '도덕적 의미'는 해석학이 좁은 의미에서의 석의를 넘어서는 것임을 보여 준다. 해석학은 본문의 거울에 비추어 삶을 해석하는 것이기 때문이다. 알레고리의 기능은 오래 된 문자 안에서 새로운 복음을 발견하는 것이다. 하지만 복음이 이같이 매일매일 새로운 것 즉 지금 여기에서 새로운 것이 아니라면 그 새로움은 이내 사라져 버린다. 실제로 도덕적 의미의 기능은 성경에서 도덕적 교훈을 이끌어 내거나 역사를 도덕적으로 교화시키는 것이 아니다. 도덕적 의미의 기능은 그리스도 사건과 속사람 사이의 일치를 확증하는 것이다. 그것은 영적인 의미를 내면화하고 그것을 실제 삶 속에 구현하며 (성 베르나르(Saint Bernard)의 말대로) 그 의미가 '오늘 우리에게까지' 확장된다는 것을 보여 주는 것이다. 도덕적 의미의 진정한 역할이 알레고리 뒤에 위치하는 이유가 바로 이 때문이다. 알레고리적 의미와 우리의 실존 사이의 이 같은 일치를 잘 표현해 주는 것 중에 하나가 거울의 은유이다. 왜냐하면 도덕적 의미는 우리의 실존을 그리스도와 일치되게 해석하는 것이기 때문이다. 우리는 여전히 해석에 대해서 말할 수 있다. 그 이유는 한편으로 성경 안에 포함된 신비가 우리 경험을 통해 명확해지고 그 신비의 현실성이 우리 경험 안에서 확증되기 때문이고, 다른 한편으로는 우리가 말씀의 거울에 비추어 우리 자신을 이해하기 때문이다. 본문과 거울 사이의 관계는 해석학에 있어 기본적인 것이다. 이것이 기독교 해석학의 두 번째 차원이다.

기독교 내의 해석학적 문제의 세 번째 뿌리는 근대에 이르러서야 비로소 충분하게 인식되고 이해되었다. 그것은 일반 역사학과 문헌학으로부터 차용한 비평 방법을 성경 전체에 적용하면서 가능해졌다. 여기에서 다시 우리의 처음 질문으로 되돌아가 보자. "어떻게 해석학적 문제는 오래된 문제이면서 동시에 근대적인 문제인가?" 실제로 이 세 번째 뿌리는 소위 기독교의 해석학적 상황 자체와 관련되어 있다. 다시 말해, 그것은 기독교 케리그마의 근본적인 구조와 관련된다. 사실 우리는 복음의 증언적 성격으로 돌아가야 한다. 케리그마는 본질적으로 어떤 본문에 대한 해석이 아니다. 그것은 한 인격에 대한 선언이다. 이러한 의미에서 하나님의 말씀은 성경이 아니라 예수 그리스도이다. 하지만 이러한 케리그마가 증언과 이야기의 형식으로 표현되었으며 곧이어 공동체의 가장 초기 신앙고백을 포함하고 있는 본문 안에서 표현되었다는 사실에서부터 문제가 계속해서 발생하고 있다. 이러한 본문이 해석의 첫번째 단계를 은폐하고 있기 때문이다. 우리는 더 이상 그리스도를 직접 목격한 증인들이 아니다. 우리는 그 증인의 말에 귀를 기울여 듣는 사람들이다. 우리의 믿음은 들음에서 났다. 그러므로 우리는 단지 귀를 기울임으로써만 그리고 그 자체가 이미 해석인 본문을 해석함으로써만 믿을 수 있다. 요컨대 구약성경뿐 아니라 신약성경에 대한 우리의 관계도 해석학적인 관계이다.

이러한 해석학적 상황은 처음 두 가지와 마찬가지로 근본적인 것이다. 왜냐하면 두 번째 세대부터 시작해서 줄곧 복음은 증언으로서, 새로운 문자로서, 새로운 성경으로서 제시되었기 때문이다. 이 새로운 성경은 글모음집의 형식으로 과거의 성경에 덧붙였으며 이렇게 모인 글은 시간이 지나 '성경 정경' 안에 수록되었다. 따라서 오늘날 우리의 해석학적 문제의 원천은 케리그마가 또 하나의 성경이라는 사실에 있다. 앞서 말한 대로, 분명히 이것은 새롭긴 하지만 그럼에도 불구하고 하나의 성경이다. 즉 그것은 새로운 성경이다. 그러므로 신약성경 또한 해석되어야 한다. 신약성경은 구약성경에 대한 해석일 뿐 아니라 동시에 삶과 실재 전반을 위한 해석이다. 또한 그것은 그 자체로 해석되어야 할 하나의 본문이다.

하지만 해석학적 문제의 이 세 번째 뿌리 곧 해석학적 상황 자체는 어쩐 일인지 기독교 내의 해석학의 다른 두 가지 기능에 의해 가려져 왔다. 즉 신약성경이 구약성경을 해석하는 데 사용되는 한 그것은 절대적인 규범으로 간주되었다. 그리고 그것은 여전히 그 문자적인 의미가 다른 모든 의미 단계(알레고리적, 도덕적, 신비적)를 구성하기 위한 기초로 사용되는 한 절대적인 규범으로 남아 있다. 하지만 사실은 그러한 문자적 의미 자체가 이해되어야 하는 본문이고 해석되어야 하는 문자이다.

여기에 대해 좀더 살펴보자. 언뜻 보기에 이 세 번째 문제는 우리가 속한 근대의 산물인 것처럼 즉 최근에 와서야 비로소 발견할 수 있었던 것처럼 보인다. 그 이유에 대해서는 내가 이후에 말하겠지만, 이것은 옳다고 할 수 있다. 하지만 내가 언급할 이 이유는 우리를 다시 어떤 근본적인 구조로 회귀시키는데, 이 근본 구조는 비록 최근에야 발견되었지만 사실은 처음부터 존재하던 것이었다. 이러한 발견은 그것이 문헌학과 역사학과 같이 성경에 대한 비평적 학문의 반동을 반영한다는 점에서 근대의 산물이라고 볼 수 있다. 전체 성경을 호머의 『일리아드』나 소크라테스 이전 사상가의 글처럼 읽게 되면, 그 즉시 성경의 문자가 비(非)신성화되고 성경은 단지 인간의 말로 나타나게 된다. 또한 인간의 말과 하나님의 말씀 사이의 구분선은 더 이상 신약성경과 성경의 다른 책 사이에 위치하지 않으며, 심지어 신약성경과 우리 문화의 다른 책 사이에도 그어지지 않는다. 이제 그 구분선은 신약성경의 가장 핵심에 위치한다. 신자들에게 있어 신약성경은 해석을 필요로 하는 모종의 관계를 감추고 있다. 그 관계란 하나님의 말씀으로 이해되고 받아들여진 것과 인간의 말로 들리는 것 사이의 관계를 말한다.

이러한 통찰은 과학적인 정신의 결실이며 이러한 의미에서 최근의 수확이다. 하지만 우리는 반성을 통해 복음의 최초의 해석학적 상황 안에서 이 같은 발견이 지연된 것과 관련한 오래 된 이유를 발견한다. 앞서 우리는 이 상황에 대해 복음 자체가 하나의 본문, 하나의 문자가 되었다고 말했다. 하나의 본문으로서 복음은 그것이 선포하는 사건으로부터 어느 정도의 거리를 표현하고 있다. 이 거리는 시간이 흐름에 따라 점점 더 커져가면서 최초의 증인과 그 증언을 듣는 모든 사람들을 구별한다. 우리가 속한 근대는 단지 나의 삶의 자리와 최초 증인의 본래적인 삶의 자리 사이의 거리가 이제는 상당하다는 것을 의미한다. 물론 이 거리는 단지 공간적인 거리를 가리키는 것은 아니다. 무엇보다도 그것은 시간적인 거리이다. 하지만 그 거리는 처음부터 주어져 있었다. 최초의 거리는 이미 그리스도 사건의 증인과 회중 사이에 위치한다.

그러므로 그 사건에 대하여 과학적이고 역사적인 문화 속에 위치한 20세기 사람이 느끼는 거리감은 그 동안 너무 짧아서 감추어져 있었던 최초의 거리를 드러내 보여 준다. (이 최초의 거리는 이미 초기의 근본적인 신앙을 구성하고 있었다.) 이 거리는 오늘날에 와서 단지 보다 명시적으로 드러난 것뿐이다. 특히 양식사 학파(Formgeschichte school)가 여기에서 중요한 몫을 감당했다. 양식사 학파의 연구를 통해 우리는 신약성경 안에 수록된 증언이 개인에 의한 자유로운 증언이 아니라, 이미 신앙 공동체 안에 즉 공동체의 예배와 설교와 신앙 고백 안에 자리하고 있는 증언이라는 것을 알게 되었다. 성경을 해석한다는 것은 사도 공동체의 증언을 해석한다는 것을 의미한다. 우리는 그 공동체의 신앙 고백을 통해서 그 신앙의 대상과 연결된다. 그러므로 그 공동체의 증언을 이해함으로써 나는 그 증언을 통해 나를 부르는 음성으로서 케리그마 곧 '좋은 소식'을 동일하게 듣는다.

지금까지 논의는 해석학이 그리스나 라틴 교부, 중세 사상가, 종교개혁자에게서 가지지 못했던 의미를 우리 근대인에게는 가지고 있다는 사실, 즉 '해석학'이라는 단어의 발전 자체가 해석학의 '근대적' 의미를 지시한다는 사실을 보여 준다. 하지만 해석학의 이러한 근대적 의미는 단지 발견일 뿐이다. 그것은 복음의 시초부터 비록 감추어져 있기는 했지만 계속 존재했던 해석학적 상황을 드러낸 것이다. 우리가 개관했던 해석학의 처음 두 가지 고대 형태가 기독교의 해석학적 상황에서 보다 근본적인 세 번째 형태를 은폐하는 데 기여했다는 것은 역설적인 주장이 아니다. 우리가 속한 근대의 의미와 기능은 오늘날 우리 문화를 과거의 문화로부터 분리시키는 거리를 매개로 하여 시초부터 이러한 해석학적 상황 속에서 독특하고 특별했던 것을 드러내는 데 있다.

출처

Paul Ricoeur, The Conflict of Interpretations (Evanston: Northwestern University Press, 1974), pp. 381 – 388. Copyright ⓒ Northwestern University Press. Used by Permission.

주안 루이 세군도

Juan Luis Segundo

해석학적 순환

주안 루이 세군도(1925 -)는 자신의 해방신학에서 해석자의 해석학적 '위치'에 결정적인 중요성을 부여한다. 세군도는 몬테비데오에서 출생했으며 자신의 인생과 사역에 있어 대부분의 시간을 우루과이에서 보냈다. 그는 그의 고향에서 대학 교수가 아니었다. 그는 가톨릭 평신도 공동체에 대한 정치적 박해의 상황 아래서 자신의 신학을 전개하였다. 세군도는 해석학적 순환 개념을 더욱 확장시켜서 슐라이어마허가 말한 원저자와의 심리학적 유사성이나 불트만이 주장한 철학적 신학적 선이해보다 더 많을 것을 그 속에 포괄한다. 세군도에게 있어 해석학적 순환은 본문을 읽는 해석자가 속한 사회적, 정치적 환경과 거기에 수반되는 이데올로기를 포함한다. 그러한 환경이 성경 구절의 의미를 결정할 수 있는 잠재력이 있다는 사실을 이제는 더 이상 비밀로 두어서는 안 된다. "가난한 자들은 성경을 부자들과 다르게 읽는다." 이것은 어네스토 카데날(Ernesto Cardenal)이 『솔렌디나메에서의 복음』(The Gospel in Solentiname)에서 극적으로 표현한 명제이다. 이러한 사회적 실재는 '이데올로기 의혹'을 요청하며, 이 의혹은 역으로 신학과 석의를 꼼꼼하게 검토할 것이다. 새로운 의혹의 해석학은 국적에 관계없이 모든 설교자들에게 다음과 같은 여러 가지 질문을 제기한다. 19 - 20세기 독일 신학계로부터 전수된 역사 비평 방법 안에는 어떠한 문화적 편견이 수반되고 있는가? 우리들의 설교는 얼마만큼이나 이데올로기 문제를 감추고 있으며 우리의 집단 안에 암암리에 퍼져 있는 사회 정치적 가치를 얼마나 포함하고 있는가? 이러한 가치에 의해 배제되고 소외되는 집단이나 개인은 누구인가? 우리의 설교는 경제적 위치나 정치적 입장이 우리와 다른 국외자와 소외된 회중의 필요를 정당하게 반영하고 있는가?

우리는 닭과 달걀 이야기와 같은 추상적인 이야기에서부터 논의를 시작할 수 없다. 그래서 필자는 일생 생활 이야기에서부터 출발해서 그러한 기초 위에서 해방신학자들의 태도를 다른 신학자들의 태도로부터 구분해 내는 것이 과연 가능한가 하는 문제를 고찰하고자 한다.

필자는 나의 과거와 현재의 경험을 통해 신학이란 그 동안 일어났던 모든 변화에도 불구하고 계속해서 자율적으로 익혀야 하는 것이라는 사실을 깨닫게 되었다. 그리고 이러한 사실은 존경을 받을 미래의 신학 교수에게만 타당한 것이 아니다. 그것은 신학을 오직 실제적인 삶의 문제를 직면했을 때에만 사용하는 평범한 사람들에게도 동일하게 기대되는 사실이다.

신학의 이 같은 자율성을 이야기할 때 필자는 기독교 교회의 오랜 전통을 염두에 두고 있다. 기독교는 성경의 종교다. 기독교는 한 권 혹은 (여러분이 원한다면) 여러 권으로 된 책의 종교다. '바이블' 이라는 단어가 바로 책을 의미하기 때문이다. 이것은 신학이 그 자체로 성경을 떠나서는 존재할 수 없음을 의미한다. 신학은 계속해서 그 책으로 돌아가서 그것을 재해석해야 한다. 신학은 적어도 그 첫번째 의미에 있어서는 결코 인간과 사회에 대한 해석이 아니다.

신학은 한 권의 책에 매여 있기 때문에 과거로부터나 혹은 과거 이해를 돕는 학문으로부터 스스로 독립되어 있다고 주장하지 않는다. (이러한 학문의 예로는 일반 역사, 고대 언어와 문화 연구, 성경의 양식사, 성경의 편집사 등이 있다.) 다른 한편, 신학은 암시적으로나 혹은 명시적으로 현재를 다루는 학문으로부터 스스로 독립되어 있다고 주장한다. 예를 들어 스킬레벡스(Schillebeeks)와 같은 진보적인 신학자는 신학이란 하나님의 말씀을 오늘날의 현실에 적용하는 것 외에 다른 것이 아니기 때문에 결코 마르크스주의적인 의미에서의 이데올로기가 될 수 없다는 결론에 이른다. 그는 아마도 하나님의 말씀이 적용되는 인간의 현실이 오늘날의 이데올로기적 갈등을 철저하게 제거한 청결한 실험실 안에 있다는 순진한 생각을 하고 있는 듯 보인다.

한편 해방신학자는 반대편 끝에서 출발한다. 해방신학자는 신학을 포함하여 사상을 수반하는 모든 것이 비록 무의식의 단계에서라 할지라도 현존하는 사회적 상황과 밀접하게 연관되어 있다는 의혹을 갖고 있다.

그러므로 전통적인 학문적 신학자와 해방신학자의 근본적인 차이는 후자가 신학의 모든 단계에서 과거를 열어젖혀 주는 분과 학문과 현재에 대한 설명을 도와 주는 분과 학문을 결합시켜야 한다고 느낀다는 데 있다. 신학을 산출하고 그것을 정교히 하는 과정 속에서, 다시 말해 하나님의 말씀을 그것이 지금 여기에 있는 우리에게 선포되고 있는 것으로 해석하는 작업 속에서 신학자는 이 같은 필요를 느껴야 한다.

과거와 현재 사이의 이 같은 연관이 없다면 결국 해방신학도 없는 것이다. 결국 여러분은 해방을 다루는 신학은 가질 수 있을지 모르지만, 그 신학의 조야한 방법론은 어디에선가 치명적인 결과를 가져올 것이다. 그리고 그것은 결국 더 깊은 차원의 억압 기제에 의해 다시 흡수되어 버릴 것이다. 그러한 억압 기제 중 하나로 우리는 해방의 용어를 현재 상태의 일상적인 언어로 통합시키려는 경향을 들 수 있다.

이 책에서 필자는 하나님의 말씀을 다루면서 과거와 현재를 관련시키려는 모든 시도는 나름대로 특수한 방법론을 가지고 있어야 한다는 것을 보여 주려고 한다. 다소 허세 부리는 듯하지만, 필자는 이 특수한 방법론에 '해석학적 순환'(hermeneutic circle)이라는 이름을 붙였다. 일단 예비적으로 우리는 해석학적 순환을 다음과 같이 정의할 수 있다. 해석학적 순환이란 우리가 속한 오늘날의 개인적, 사회적 현실 속에서 계속되는 변화에 상응하여 성경에 대한 우리의 이해 또한 계속적으로 변화한다는 것을 가리킨다. '해석학적'이란 '해석과 관계되어 있음'을 의미한다. 그리고 이러한 해석의 순환적 성격은 매순간 새로운 현실로 인해 우리는 하나님의 말씀을 항상 새롭게 해석해야 하고, 거기에 따라 현실을 변화시켜야 하며, 그 후에 다시 돌아와 우리가 변화시킨 그 상황에 맞추어 하나님의 말씀을 다시 새롭게 해석해야 하는 과정이 반복된다는 사실에서 기인한다.

'해석학적 순환'이라는 용어는 엄밀히 말해서 성경 특히 신약성경을 해석할 때 불트만이 사용한 방법을 가리키는 말이다. 얼핏 보기에 여기에서 필자는 이 용어를 보다 덜 엄밀하게 사용하는 것처럼 보일 수도 있다. 하지만 여기에서 필자는 여러분에게 불트만보다 필자가 훨씬 엄밀하게 '해석학적 순환'이라는 용어를 사용한다는 사실을 보여 주고 싶다. 이와 관련해서는 독자 여러분이 직접 판단하실 수 있을 것이다. 하지만 우선은 필자가 의미하는 바를 구체적인 용어로 보다 상세하게 기술하는 것이 필요할 것이다.

필자가 생각하기에, 우리가 만일 신학에서 해석학적 순환을 가지고자 한다면 두 가지 선결 조건이 만족되어야 한다. 첫번째 선결 조건은 현재 상황으로부터 발생된 질문이 충분히 중요하고, 충분히 일반적이며, 충분히 근본적이어서, 우리가 삶과 죽음, 지식, 사회, 정치, 세계 일반에 대한 우리의 관습적인 이해를 바꾸어야겠다는 강한 동기를 만들어 낼 수 있어야 한다는 점이다. 이러한 종류의 변화만이 혹은 적어도 이러한 것들과 관련한 우리 사상과 가치에 대한 강한 의혹만이 우리를 신학적인 차원에까지 끌어올리며, 또한 신학을 우리 현실에까지 내려오게 해서 스스로 새롭고 결정적인 질문을 묻게 만들 수 있을 것이다.

선결되어야 할 두 번째 조건은 첫번째 조건과 밀접하게 연관되어 있다. 만일 신학이 성경에 대한 관습적인 이해를 바꾸지 않고도 새로운 질문에 응답할 수 있다고 스스로 가정한다면 그 즉시 해석학적 순환은 종식될 것이다. 아울러 우리의 성경 해석이 문제와 더불어 변화하지 않는다면 그 문제는 응답되지 않은 채 남게 될 것이다. 그렇지 않으면 과거의 보수적이고 아무 쓸모없는 대답이 주어지게 되어 상황은 더욱 악화될 것이다.

해석학적 순환이 없다면 즉 앞서 언급한 두 가지 선결 조건이 만족되지 않은 경우, 신학은 항상 보수적인 사고 방식과 보수적인 행동 양식이 될 것이다. 신학의 보수성은 신학의 내용이 아니라 신학이 우리의 현실 상황을 판단하기 위한 즉각적인 기준을 결여하고 있다는 사실에서 비롯된다. 따라서 신학은 단순히 현존하는 상황을 재가하거나 거부하는 구실이 되어 버린다. 왜냐하면 오늘날의 상황은 이미 오래 된 과거의 지침 혹은 규범에 딱 맞아떨어지지 않기 때문이다.

필자가 느끼기에, 라틴 아메리카의 가장 진보적인 신학은 해방에 대해서 이야기하는 것보다 해방시키는 존재가 되는 것에 더 많은 관심을 가지고 있다. 다른 말로 하면, 해방은 내용과 관련되기보다는 우리 삶의 구체적인 현실 상황에 직면하여 신학할 때 사용 가능한 방법과 관련되기 때문이다.

이 장에서 필자는 해석학적 순환을 형성하는 네 가지 모범적인 시도를 소개하고자 한다. 하지만 그에 앞서 그러한 순환을 위한 두 가지 선결 조건을 반복해서 말하는 것이 현명할 것이라고 필자는 생각한다. 그 두 가지 조건은 첫째는 심오하고 풍부한 질문과 우리의 현실 상황에 대한 의혹이고 둘째는 동일하게 심오하고 풍부한 성경에 대한 새로운 해석이다. 이 두 가지 선결 조건은 역으로 우리의 순환 가운데 있어야 할 네 가지 결정적인 요소를 포함하고 있다. 첫째, 우리가 현실을 경험하는 방식이 이데올로기 의혹을 가능케 해 주어야 한다. 둘째, 우리의 이데올로기 의혹을 일반적으로는 이데올로기적 상부 구조 전체에 그리고 특수하게는 신학에 적용시켜야 한다. 셋째, 신학적인 현실을 새롭게 경험하는 방식이 있어서 우리의 주석적인 의혹 즉 성경에 대한 일반적인 해석이 중요한 자료를 고려하지 않았다고 하는 의혹을 가능하게 해 주어야 한다. 넷째, 우리는 우리가 활용할 수 있는 새로운 요소와 함께 새로운 해석학, 즉 우리 신앙의 원천이 되는 성경을 새롭게 해석하는 방식을 가지고 있어야 한다.

출 처

Juan Luis Segundo, Liberation of Theology, trans. John Drury (Maryknoll, N.Y.: Orbis Books, 1976), pp. 7 - 9. Copyright ⓒ Orbis Books. Used by permission.

제임스 샌더스

James A. Sanders

상황적 해석학

최근의 해석학 연구를 통해 설교자는 성경 해석을 위한 철학적, 정치적, 이데올로기적, 성해방적 렌즈에 관심을 가지게 되었다. 제임스 샌더스(1927 -)는 해석의 외부 상황이 가진 중요성을 과소 평가하지 않으면서도 리꾀르(Ricoeur)와 마찬가지로 정경 자체 안에 작용하고 있는 내적인 해석학을 회복하도록 설교자를 격려한다. 샌더스는 캘리포니아에 소재한 클레어몬트(Claremont) 신학교에서 중간기와 성서학 분야를 가르치는 교수로서 성경 안의 해석과 재해석의 다양한 층에 주목하면서 이것을 교회의 지속적인 해석 활동에 대한 증거 자료로 제시한다. 설교자는 본문을 오늘날의 상황에 적용할 때 종종 원저자가 전해 받은 전승을 다루는 것과 크게 다르지 않은 과정 속에 관여하게 된다. 우리와 성경의 연속성은 성서 시대로부터 미래에까지 확장되는 연속적인 해석의 과정 속에 우리가 참여하고 있다는 사실에 근거한다. 성경은 보석 즉 무시간적인 진리를 담은 보석 상자가 아니라 신앙과 삶과 해석을 위한 패러다임이다. 두 가지 신학적인 원리가 설교자의 본문 해석을 지도한다. 첫째는 예언자적 비판의 원리인데, 이것은 하나님의 창조적인 자유 곧 모든 사람과 제도 위에 계신 하나님의 자유를 강조한다. 두 번째 원리는 구성적 해석학의 원리로서, 이것은 하나님께서 자신을 특정한 백성과 결속시키는 언약적 사랑의 원리를 말한다. 샌더스는 오늘날의 문화 속에서는 예언자적 비판의 원리가 더 필요하다고 생각하고 있지만, 그는 하나님의 말씀에 대한 충실한 해설을 위해서는 이 두 가지 원리가 모두 필요하다는 점을 분명히 한다. 샌더스의 용어는 심판과 약속, 율법과 복음 등 루터의 어휘를 생각나게 하며, 아울러 성경에 기초한 설교에 있어 신학적 틀의 필요성을 강조한다. 아래 글은 자신의 설교 모음집에 대한 저자의 서문에서 발췌한 것이다.

해석학은 크게 두 종류로 나누어진다. 그 중 한 가지는 석의 도구를 수반하는 해석학이다. 이 석의 도구는 성경 시대로 되돌아가 성경의 저자가 그것을 기록할 때의 원래적인 의미를 회복하려는 시도 속에서 성서학자가 지난 200여 년에 걸쳐 발전시킨 것이다. 이것은 "어떤 본문을 해석하는 사람이 원래적인 맥락에서 그것을 이해하기 위해 따라야 할 원칙과 규칙과 기술"이다. 문헌학과 고고학은 물론 모든 성경 비평 즉 본문 비평, 자료 비평, 양식 비평, 전승사 비평, 편집 비평, 정경 비평 등이 여기에 포함된다. 이러한 도구는 지난 200여 년에 걸쳐 개발되고 다듬어졌으며 지금도 계속해서 발전하고 있다. 이것은 고대의 본문과 고대의 맥락에 초점을 맞추고 있다.

하지만 오늘날 대부분의 사람들이 해석학을 말할 때 마음 속에 먼저 떠오르는 것은 이러한 의미의 해석학이 아니다. 우리는 오늘날 신학교의 수업이나 성서학자들의 모임과 같이 구약성경이나 신약성경을 주석하는 것으로 명확하게 확정된 곳을 제외한 다른 곳에서도 이 용어를 접하게 되는데, 이 때 이 용어는 일반적으로 두 번째 부류의 해석학을 가리킨다. 여기에서 해석학은 어떤 생각이나 사건을 한 문화적 맥락으로부터(고대의 본문으로부터) 다른 문화적 맥락으로(오늘날 우리 시대로) 번역하는 시도를 가리킨다. 이러한 해석학은 고대의 저자와 오늘날의 해석자 모두 그들이 그 속에 살았던(혹은 살고 있는) 문화에 의해 조건지워져 있다는 사실에 대한 정당한 인식에 기초하고 있다. 고대 본문의 본래의 모습을 최대한 존중하고 보존하면서 동시에 오늘날 회중이 그 본문을 제대로 들을 수 있게 하려면, 일종의 전환 열쇠 즉 하나를 다른 것으로 변환시키는 작업이 필요하다.

그러기 위해서 우리는 먼저 본문의 그 본래적인 맥락 안에서 이해해야 한다. 이 작업은 처음 언급했던 부류의 해석학이 수반하는 과학적 석의 도구를 필요로 한다. 그런 다음 우리는 그 본문을 우리들 자신의 맥락에서 이해해야 한다. 이것은 두 번째 부류의 해석학과 관련된다. 전자의 일을 수행할 수 있는 전문적인 능력을 갖춘 사람의 수는 얼마간 제한되어 있다. 하지만 우리는 그들이 수고하여 거둔 열매를 교회 안팎의 출판사가 출간해 낸 다양한 책과 주석서를 통해서 활용할 수 있다. 오늘날 교회가 신학교를 지원해야 하는 여러 가지 이유 중 하나는 훈련된 신학자를 지원하기 위함이다. 이러한 학자는 일반적으로 신학교에서 가르치는 일을 하고 있다. 이러한 지원을 통해 그들이 계속적으로 연구하게 하고 또한 그들의 전문 지식을 일반 목사, 교사, 교회의 일반 성도가 활용할 수 있게 그 연구 결과를 출판할 수 있도록 환경을 조성해 주어야 한다.

국내외적으로 살펴보아도 이 두 가지 종류의 해석학에 모두 능숙한 사람은 그리 많지 않다. 실제로 학자와 주석자 사이에는 이분법적인 태도가 크게 확산되어 있으며, 이로 인해 사람들은 이 두 가지 작업을 동시에 수행할 수 있는 사람은 아무도 없다고 생각하기에 이르렀다. (중략)

부분적인 영향이긴 하지만 이러한 이분법적인 사고로 인해 때때로 성서학자는 두 번째 종류의 해석학을 그들만의 전문가 집단 바깥에 있는 사람들에게 내맡겨 버렸다. 루돌프 불트만은 이러한 경향을 벗어나는 예외적인 인물 중에서 주목할 만한 사람이다. 그는 위대한 신약성경 학자이면서 동시에 두 번째 종류의 해석학을 발전시키는 일에 자신의 학문 여정의 상당 부분을 헌신했다. 그의 제자들 중 많은 훌륭한 학자가 그의 작업을 계속해서 이어 갔다. 그들은 불트만의 견해에 일부는 공감하고 일부는 공감하지 않았지만, 결국에 신약성경의 메시지를 오늘날에도 강력하고 또 적절하게 만들 수 있는 새로운 해석학 곧 근대 계몽주의에 근거한 타당한 해석학을 산출하기 위해 노력하였다는 점에서 불트만의 연장선상에 있었다. 하지만 소수 성서학자의 이 같은 노력을 제외하면 두 번째 종류의 해석학과 관련한 대부분의 작업은 철학자와 신학자에 의해 수행되었다. 그리고 그들은 모두 근대의 사고 형태로부터 그들의 해석학을 이끌어 내고 그것을 성경에 적용시키는 경향이 있다. 이로 인해 고대의 사고를 오늘날의 사고 형태로 전환하는 수단으로서의 해석학과 고대의 사고를 수용하는 오늘날의 사고 형태 사이에 얼마간의 혼동이 있었다.

언어학자는 고대의 본문을 번역한 결과로서 오늘날의 '수용하는 언어'를 말한다. 이와 마찬가지로 우리는 해석학을 통해 고대의 사고 형태를 변환한 결과로서 오늘날의 '수용하는 사고 형태'를 말할 수 있다. 한편 성경 해석을 위해 우리가 사용할 수 있는 타당한 해석학은 성경의 경험 자체에서부터 파생되어 나와야 하며 외부에서부터 주입되어서는 안 된다. 이것은 이 책에서 다루는 논제의 일부를 구성한다.

우리가 앞서 말한 첫번째 종류의 해석학 곧 성경 시대로 되돌아가 원저자의 본래적인 기록 의도를 파악하기 위해 지난 200여 년 간 발전시킨 학문적 도구는 이미 상당한 정도의 발전을 이루었다. 이러한 발전으로 인해 우리는 어떤 구절의 본래적인 의도를 발견하는 것은 물론이고 많은 경우 성경 저자가 사용했던 해석학까지도 확인할 수 있는 단계에 이르렀다. 이것은 근대 성경 비평이 발전하기 이전에는 전혀 불가능한 일이었다. 아니 성경 비평이 그 도구를 상당한 정도로 개선시킨 최근에 이르러서야 비로소 이러한 일이 현실적으로 가능하게 되었다. 이러한 도구는 여전히 실험과 개선을 필요로 하고 있다. 때로 이 도구는 우리를 넘어지게 만들기도 한다. 특히 그것이 그 자체로서 목적이 될 때 이 도구는 우리를 저버린다. 하지만 이것을 통해 이제 우리는 많은 구절 안에서 (훨씬 더 오래 된 전승을 동시대화한) 고대의 해석학을 확인할 수 있게 되었다.

오늘날 성경 연구에 있어 새롭게 강조되는 내용 중에 가장 유익한 것은 어떤 성경 구절에 대한 연구를 시작하면서 성경 저자가 자신의 논증이나 논지를 전개하기 위해 끌어들인 더 오래된 전승을 인용하거나 암시하게 된 것이다. 신약성경 안에는 가끔씩 구약성경 구절을 통째로 인용한 부분이 있는데, 신약성경 기자는 이렇게 인용하는 과정 중에 자신의 논증에 적합하게 본문 중 일부를 수정하거나 변경시켰다. 때때로 신약성경 기자는 우리가 가지고 있는 것과는 다른 구약성경의 본문을 사용하였고, 반면 후대의 저자는 상당히 자주 새로운 목적에 맞추어 더 오래 된 본문을 수정하였다. 어떤 경우에는 후대의 저자가 친숙한 구약성경 구절이나 주제 혹은 개념을 사용하면서 구약성경의 전승을 자신의 논증 속에 단순히 끼워 넣기도 했다. 일단 그러한 관련성을 확인하기만 하면, 우리는 후대의 저자가 고대의 전승을 초대교회의 문제 상황에 적절하게 만들기 위해 그 본문을 어떻게 수정하였는지 검토하는 작업을 시작할 수 있다. 더 오래 된 전승을 이렇게 다시 표현하는 일은 이미 구약성경 시대부터 존재하고 있었다. 주전 6세기 중반 이후에 기록된 것으로 추정되는 대부분의 유대교 문헌은 그보다 더 오래 된 전승의 용어나 어조로 작성되어 있다. 성경 저자가 인용하거나 암시한 전승에 대하여 어떠한 해석학을 사용했는지 확인하기 위해서는 그 저자가 글을 쓰던 고대 상황에 대해서 가능한 한 많이 알아야 하며 이를 통해 저자가 독자로 삼았던 회중이나 공동체의 관심사를 가능한 한 소상히 재구성해 낼 수 있어야 한다. 이 작업은 항상 가능하지도 않을 뿐더러 가능하다 해도 그 정확성은 상당히 떨어진다. 하지만 이 작업을 수행하기 위한 도구가 있으며 그 도구는 지금도 개선되고 있다.

성경은 이와 같이 기록되지 않은 해석학으로 가득하다. 성경은 이미 그 자체로 다시 표현된 전승이 가득 차 있기 때문이다. 신약학은 최근까지도 신약성경 안에 들어 있는 구약성경에 대해 별로 큰 관심을 기울이지 않았다. 어떤 학자는 신약성경의 많은 귀중한 공간이 구약성경을 인용하는 데 낭비된 것으로 인해 아쉬움을 토로하는 듯 보였다. 이러한 현상은 신약성경이 구약성경을 대치했다고 하는 확신에서 비롯된 것이다. 이러한 확신은 수세기에 걸쳐 많은 지역에서 지속되었다. 이제 우리는 고대 본문의 해석학적 문제에 관심을 집중함으로써 우리가 얻을 수 있는 정보가 무엇인지 알고 있다. 우리 가운데 어떤 사람들은 그런 식으로 기록에 남지도 않은 성경 자체의 해석학이 성경에서 명시적으로 진술하는 것만큼이나 교회나 회당에 그렇게 중요한 것인지 의문을 제기한다. 이러한 질문에 대한 대답은 부분적으로 성경의 존재론 곧 성경의 본성에 대한 개인의 견해에 의존한다. 만일 어떤 사람이 성경을 지혜의 원천으로 즉 오늘날에도 여전히 유통 가능한 고대 보석을 담아 둔 보석 상자로 이해한다면, 위의 질문에 대한 대답은 '아니오'가 될 것이다. 반면 성경을 오늘날의 관용어구와 동사에 역동적으로 적용되어야 하는 하나의 패러다임으로 이해하는 사람이 있다면, 그 대답은 거의 '예'가 될 것이다. 성경을 하나의 패러다임으로 이해한다면, 자연스럽게 우리는 어떻게 정경 문헌 자체 안에서 성경 저자가 그들보다 이전의 전승을 그 시대에 역동적으로 적용시켰는지 알고 싶어지기 때문이다.

여기에서 다음과 같은 질문이 제기될 수 있다. 왜 우리가 과거로 되돌아가 그들이 기록한 의도를 다시 발견하는 수고를 감내해야 하는가? 융통성이 있다는 것은 정경의 본성에 속하는 것이 아닌가? 그렇다면 왜 우리는 그 때 당시에 그 본문이 어떻게 기능하고 또 무슨 의미를 지니고 있었는지 알아 내려고 스스로를 괴롭히지 않고 그저 그 본문을 지금 우리를 위해 직접적으로 읽을 수 없다는 말인가? 오늘날 아주 똑똑하고 분별력 있는 사람들 가운데 이렇게 말하는 사람이 더러 있다. 그들은 스스로를 구조주의자라고 칭하는 성경 해석자의 새로운 집단이다. 그들은 성경 비평을 못마땅하게 생각한다. 그들은 어떤 구절이 언제 어떻게 처음 만들어졌으며 또 무슨 목적을 가지고 있었는지 상관하지 않으며, 오직 그 본문의 전체적인 구조에 초점을 맞춘다. 어떤 이들은 성경 저자들 자신은 그들이 인용한 전승이나 성경의 원래적인 의미에 대해 말하지 않았다고 지적한다. 이것은 어느 정도 타당한 지적이다. 일반적으로 그들은 다만 전승된 본문을 거의 직접적으로 그들 자신의 시대를 위해 해석하였다. 몇 가지 흥미로운 예외가 있기는 하지만, 대체로 그들은 전승된 본문 안에서 직접적으로 가치를 찾았으며, 그 본문이 최초에 기록될 당시의 의미나 의도를 재발견해서 그것을 그들의 시대에 적용한 것이 아니다.

전승된 자료의 원래적인 의미를 발견하려는 시도는 계몽주의 이후 시대의 일반적인 특징이다. 우리는 성경 비평이 어떤 구절의 가장 최초의 의미 안에서만 권위를 발견하려는 경향 가운데 너무 지나치게 나갔다고 생각할 수도 있다. 이러한 점에서 본다면 성경 비평은 다소간 골동품 수집에 가까웠다. 성경 비평을 통해서 우리는 어떻게 어떤 하나의 전승이 그것이 암시하거나 인용되는 여러 곳에서 각기 다른 여러 가지 의미를 가지게 되었는지 그 다양성을 이해할 수 있는 길을 확보하게 되었다. 그리고 가장 원초적인 의미가 권위를 가진 유일한 의미는 아니라는 사실을 또한 이해할 수 있게 되었다.

하지만 그렇다고 해서 오늘날 우리가 우리 상황에서부터 직접적으로 읽어 낸 의미 또한 권위를 가진 유일한 의미라고 말할 수 없다. 오히려 만일 본문을 읽는 과정 중에 철저한 주석적인 작업이 병행되지 않는다면, 예레미야나 예수님이 무엇을 말씀하셨는지 혹은 최초의 회중은 그 말씀을 어떻게 이해했는지 우리는 전혀 이해하지 못하게 될 수도 있다. 성경의 사상가나 저자의 원래적인 취지와 의미는 성경 자료가 보존되어 우리에게 전해지기까지의 과정을 가능하게 했다. 성경에 기록된 글 중에 처음부터 놀라운 권위로 기록되어 기록되자마자 여러 신앙 공동체에 의해 받아들여진 글은 하나도 없다. 최초의 사상가가 말한 내용은 기억하고 또 전해 내려올 만큼 소중한 가치를 지니고 있었다. 오늘날 우리는 좀더 복잡한 사고를 가지고 있으며, 이로 인해 우리는 어떤 사람이 전달하고자 했던 의미와 그 곳에 함께 있던 사람들이 그 사람의 말을 듣고 이해했던 의미는 전혀 별개의 것이라는 사실을 알고 있다. 따라서 어떤 사람이 자료를 보존한 이유와 최초의 세대가 그것을 가치 있다고 생각했던 이유는 전혀 다를 수 있다. 즉 성전이 무너지기 이전 예루살렘에서 바룩(Baruch)이 예레미야가 한 말을 이해한 것과 그로부터 10년이나 20년 뒤 포로로 잡혀 간 사람들이 그 말을 되뇌면서 이해한 것은 전혀 별개의 것이다. 어떤 본문을 이해함에 있어 상황이라는 요소는 결정적으로 중요하다. 고대 본문의 원래적인 의미를 발견하기 위해서는 그 본문을 읽는 오늘날의 상황을 인식하는 일이 중요하다. 우리는 우리 자신의 필요에 대해 알고 있어야 하며, 또한 그러한 필요가 우리가 고대의 본문에 대하여 우리의 질문을 제기할 때 어떤 역할을 하는지에 대해서도 인식하고 있어야 한다.

학자는 그 누구보다도 이러한 사실과 관련해서 자기 자신의 한계를 인식할 필요가 있다. 지난 200년간에 걸친 성경 비평의 역사를 간략하게 개관하는 것은 이러한 점에서 유익할 것이다. 이제 우리는 18세기나 19세기 혹은 20세기 초 학자들의 흥미를 끌었던 질문이 그들이 본문을 이해하는 방식에 어떤 영향을 미쳤는지 잘 알고 있다. 학자들의 작업에 있어 그 관심사와 방법이 어떻게 변했는지 역사를 앎으로 해서, 우리는 지금 우리 자신은 어떤 질문을 하고 있는지, 그리고 우리는 어떤 방법을 사용하고 있는지 의식하게 된다. 우리는 오랫동안 이러한 해석학적 과정의 진화에 대해 의식하지 못하고 있었다. 이러한 자기 비판에 대한 관심은 지식사회학이라는 새로운 학문의 발전과 병행하여 최근에야 비로소 생겨났다. 지난 200년에 대한 역사적 개관을 통해서 우리는 근대 학문이 계몽주의 이전 더 이른 시기의 학문과 연속선상에 있다는 사실을 발견하게 되었다. 우리는 모든 인간이 우리 시대의 시대 정신으로부터 자유롭지 못하다는 사실을 깨닫게 된 것이다. 또한 이러한 역사적 개관을 통해서 우리는 자신의 세대가 진리에 대한 특별한 권리를 가지고 있으며 역사가 자신의 시대에 어느 정도 완성에 이르렀다는 데 대해서 모든 세대가 이런저런 방식으로 의식하고 있었다는 사실을 확인한다. 한편 지식사회학의 발전과 더불어 오늘날의 우리는 우리들이야말로 이러한 과거의 경향으로부터 자유롭게 되었으며 진리를 주장할 수 있는 특별한 위치에 서 있다고 생각할 수 있는 위험에 직면해 있다.

우리는 모두 우리가 본문에서 읽어 내고 싶은 것을 그 본문 속에 집어넣어 읽을 수 있다. 우리가 성경 비평을 주의 깊게 사용하기만 한다면, 그것은 성경의 남용을 피할 수 있는 최고의 방편이 될 수 있다. 우리가 모두 인간이라는 인식에도 불구하고 지난 200여 년에 걸쳐 학자들은 고대인의 사고와 이해를 상당한 정도로 재발견할 수 있는 도구를 발전시켜 왔다. 아마도 문학과 관련한 학문 영역 중에 성경 비평보다 더 꼼꼼하고 신중한 분야는 없을 것이다. 이 분야에서 활동하고 있는 대부분의 사람들은 유대교나 이슬람교나 기독교 등 각기 자신이 속한 전통의 특정한 종파적 배경 안에서 자신의 정체성을 인식하고 있으며, 이 때문에 성경 비평에 매우 신중을 기하며 우가리트 문서나 호머(Homer) 혹은 헤로도투스(Herodotus)를 연구할 때보다도 더욱 주의를 기울이기 때문이다. 사실 교회나 신학교 안에서 몇몇 사람들이 불평하고 있는 것은 우리가 너무 지나치게 신중하다는 것이다. 즉 우리가 우리의 방법과 도구를 가지고 성경을 과거에 묶어 두는 경향이 있으며, 거의 골동품 수집광이 되었다는 것이다.

그럼에도 불구하고 이렇게 발전된 도구는 매우 중요한 가치를 지니고 있다. 이 도구는 오늘날 성경의 맥락 안에서 어떤 구절의 본래적인 의도를 발견하는 데 사용된다. (이것은 단지 어떤 '본문'을 최초로 말하거나 기록했을 때의 의미뿐 아니라, 그 이후에 성경의 전 역사에 걸쳐 새로운 세대와 상황 속에서 그 본문이 의미했던 바를 밝히는 것까지 포함한다.) 또한 우리가 성경의 저자나 사상가 자신의 해석학을 찾아 내는 데 있어서도 이 도구는 절대적으로 필요하다. 그들이 어떤 전승을 그들과 같은 시대의 것으로 만들 때마다 그들은 해석학을 사용했다. 이제 성경학자가 이러한 해석학에 대한 연구를 시작해야 할 때가 이르렀다. 그리고 이 연구 작업을 수행하기 위해서는 성서학자가 가장 오래 된 본문이 그 후대의 상황 속에서 어떻게 기능했는지 파악하기 위해 개발했던 그 모든 도구를 사용할 수밖에 없다. 이것을 위해서는 고대 본문을 이해하는 것뿐 아니라, 성경 사상가의 말을 실제로 들었던 최초의 신앙 공동체의 상황과 필요를 이해하는 것도 필요하다. 우리는 성경에 대한 문학 비평(즉 자료 비평, 양식 비평, 전승사 비평, 편집 비평 등)과 더불어 역사 비평(즉 문헌학, 고고학, 종교사, 인류학, 일반 역사학 등)에 대한 연구도 소홀히 해서는 안 된다. 우리는 본문뿐 아니라 상황에 대해서도 연구해야 한다. 이렇게 할 때 비로소 우리는 성경 전체에 보이지 않게 숨어 있는 이러한 해석학을 식별할 수 있게 된다. 성경 자체의 내적인 해석학에 대한 연구와 관련하여 우리가 활용할 수 있는 문헌 자료는 아직까지 그렇게 많지 않지만, 점점 늘어 가고 있는 추세이다.

해석학은 신학이고 신학은 해석학이다. 아주 오래 된 이러한 통찰의 지혜는 성경 혹은 정경 해석학 연구에 거의 직접적으로 적용될 수 있다. 다시 말해 어떤 사람이 성경의 어떤 구절을 이해할 수 있게 만드는 결정적인 빛은 하나님, 혹은 (본회퍼의 용어를 따른다면) 실재, 혹은 (여러분이 원한다면) 진리에 대한 독자의 역동적인 견해에 의해 결정된다는 것이다. 하나님에 대해 생각할 때 어떤 사람들은 하나님의 자유를 강조하고, 또 어떤 사람들은 출애굽 사건이나 그리스도 사건과 같은 위대한 구원 행위의 결과 만들어진 언약 안에서 주어진 약속에 대한 하나님의 신실함, 곧 하나님의 은혜를 강조한다.

한편에서는 하나님은 하나님이시며 따라서 인간 상황 안에 새로운 요소를 자유롭게 창조하실 수 있고 또 그분이 선택한 백성에게조차 놀라운 이적을 행하실 수 있다는 주장을 고수한다. 장 칼뱅(John Calvin)은 하나님의 이러한 측면을 '기이한 일'라고 말했다(사28:21 참고). 즉 하나님은 자유롭게 자기 자신의 뜻을 따라 행하시며, 이것이 그의 신실한 백성들에게도 놀라움을 안겨다 줄 수 있다는 것이다. 하나님의 자유는 창조주로서 그분의 역할에 고유한 속성이다. 창조주로서의 그분의 역할은 창조 사건 이후에 폐기된 것이 아니라 여전히 그분의 지속적인 역할로 남아 있다. 다른 한편에서는 구속자로서 하나님의 역할을 강조하고, 선택적으로 구속받은 백성을 향하여 혹은 모든 창조 세계를 향하여 하신 약속에 대하여 하나님께서 신실하시다는 것을 역설한다. 즉 하나님의 은혜는 그분이 오래 참으시고 신뢰할 만한 분이라는 사실을 강조한다.

온 세상과 온 인류의 창조자로서 하나님의 자유와 관련된 해석학은 예언적 비판의 해석학이라고 부를 수 있다. 한편 특정한 공동체나 집단의 구속자로서 하나님의 은혜와 및 약속에 대한 신실함과 관련된 해석학은 구성적 해석학이라고 부를 수 있다. 전자는 만물의 창조자로서 하나님의 역할을 강조하고, 후자는 특정한 집단의 구속자로서 하나님의 역할을 강조한다. 전자는 창조 교리에 초점을 맞추고, 후자는 구속 교리에 집중한다. 다른 교리나 견해는 대체로 이 둘 중 어떤 것을 더 강조하느냐에 따라 영향을 받으며, 기독교 사상의 역사는 전자와 후자를 번갈아 가면서 강조했던 것 같다. 선택 교리와 교회론, 섭리 이해, 종말론 등은 만물의 보편적인 주권자로서의 하나님에 초점을 맞추느냐 혹은 특정 집단의 구속자로서의 하나님에 초점을 맞추느냐에 따라 그 색깔이 입혀졌다. 전자의 해석학은 하나님 중심적이고, 후자의 해석학은 그리스도 중심적이다.

사실상 성경 자체의 다원성은 부분적으로 성경이 이 두 가지 강조를 긴장 가운데 유지하고 있다는 사실에서 기인한다. 우리는 고도로 복잡해진 성경 비평의 도구를 사용해서 창세기 1장의 자료와 2장의 자료가 서로 다르다는 것을 입증할 수 있다. 이를 통해 우리는 두 본문 사이에 밖으로 드러나 보이는 모순점(예를 들어 인간 창조가 창세기 1장에서는 가장 마지막에 이루어진 것으로 기술되고 있지만, 2장에서는 가장 처음에 이루어진 것으로 보도되고 있다.)을 이해하는 데 도움을 얻는다. 여기에서 우리는 어떤 훌륭한 편집자가 이러한 명백한 불일치에도 불구하고 두 본문을 서로 병치시켜 놓았다는 사실을 주목하게 된다. 그리고 그의 이러한 시도는 후대의 신앙 공동체가 그것을 수용하고 또 가치 있는 것으로 여겨 다음 세대로 넘겨 줌으로써 지지를 얻었다. (이러한 지지 세력 중에 가장 최근에 등장한 것이 바로 정경 비평이다.) 그렇다면 이렇게 병렬적으로 나열된 이 두 본문은 무엇을 말하고 있는가? 이것은 하나님은 위엄 있게 초월적으로 존재하시는 분이며 동시에 자기를 낮추시어 내재적으로 존재하시는 분임을 말하고 있다. 이 두 가지 하나님 이해는 서로를 배척하지 않는다. 전통적으로 이 두 가지 상반되는 견해를 동시에 주장하는 것을 역설이라고 불렀다. 하지만 성경이 시종일관 하나님에 대한 이러한 두 가지 그림을 제시하고 있다는 사실은 주목할 만하다. 예를 들어 성경은 하나님을 말씀을 통해서 세상을 창조하신 위엄이 넘치는 분으로 묘사하는 동시에, 마치 목자같이 아담과 하와를 돌보시는 자상한 분으로 묘사하고 있다. 이 두 가지 그림은 성경 전체에 걸쳐 번갈아 가면서 계속해서 등장한다.

이 둘을 조화롭게 혼합해서 하나님을 위엄에 찬 목자 이미지로 그리려는 모든 시도는 실패한 것처럼 보인다. 반대로 정경은 전자를 배타적으로 강조하거나(집회서) 후자를 배타적으로 강조하는(요한복음) 크고 작은 문학 작품으로 구성되어 있다. 그래서 역설이라는 단어가 사용되었다.

한편 둘 중 하나는 배제하고 다른 하나만을 강조하려는 여러 시도도 역시 실패했다. 배타적이고 그리스도 중심적인 즉 구원론적인 하나님 이해는 종파적인 해석학으로 빠질 위험을 가지고 있다. 즉 하나님께서 우리를 위해 이러이러한 일을 행하셨고 다른 누구에게도 하지 않은 약속을 우리에게 하셨기 때문에 하나님은 우리 하나님이시며, 따라서 모든 사람은 우리 교회에 참여해야 한다는 식의 주장을 하게 된다. 또는 하나님의 용서하시는 은혜를 너무 강조하다 보면 윤리의 기초가 완전히 붕괴되는 결과가 빚어지기도 한다. 기독교 교리 안에서 구원의 확신은 틀림없이 옳은 것이다. (이것은 유대교에서도 마찬가지이다.) 하지만 자신의 백성을 심판하시는 하나님의 자유와 긴장 관계를 상실하고 그것만 부각될 경우, 그저 값싼 은혜, 즉 어떤 학자가 이름을 붙였듯이 감상적인 사랑만 남게 된다.

다른 한편 포괄적이고 하나님 중심적인 이해 즉 하나님을 만백성의 보편적 주권자로서 또한 하나님에 대한 그분의 행동에 대한 사람들의 기대로부터 자유로운 분으로서 보는 하나님 이해는 하나님을 변덕스럽고 신뢰할 수 없는 분으로 만들어 버릴 위험을 안고 있다. 또한 여기에서도 윤리의 기초는 상실된다.

이 두 가지 중 하나만 옹호하거나 혹은 그 둘을 반반씩 대충 혼합하려고 시도하는 대신 그 둘을 긴장 관계 속에 유지하는 것, 이것이 바로 성경의 입장이다. 왜냐하면 신자 공동체가 처하게 되는 여러 가지 상황 중에는 하나님의 자유가 가져다 주는 도전을 들어야 할 상황도 있고, 하나님의 은혜의 위로를 들어야 할 상황도 있기 때문이다. 하나님의 말씀은 고통 중에 있는 사람들을 위로하고 평안히 거하는 사람들을 고통스럽게 만든다고 하는 옛말이 의미하는 바가 바로 이것이다. 만일 어떤 성경 구절이나 전승을 가지고 (도전을 들어야 할 사람에게 하나님의 은총을 강조함으로써) 잔인한 사람을 위로하거나 혹은 (위로와 격려를 받아야 할 사람에게 하나님의 자유를 강조함으로써) 희미하게 타고 있던 심지를 완전히 꺼 버린다면, 이것은 중대한 잘못을 범하는 것이다. 사실상 어떠한 구절이든 어떠한 해석학적 입장을 취하느냐에 따라 다르게 해석될 수 있다. 즉 예언적 비판의 해석학을 따라 그 구절에서 하나님의 자유를 읽어 낼 수도 있고, 구성적 지지의 해석학을 따라 하나님의 은혜를 읽어 낼 수도 있다. (중략)

예언적 비판의 원리를 가지고 본문을 적용할 때 우리가 사용할 수 있는 첫번째 해석학적 기술은 역동적 유비이다. 이 방법에 따르면 우리는 본문 속에서 오늘을 사는 다양한 사람들을 역동적으로 표상하고 있는 사람이

나 인물을 찾아야 한다. 역동적인 유비란 우리가 본문 속에 있는 다양한 사람들과 스스로를 동일시함으로써 동일한 본문을 다양한 방식으로 읽을 수 있다는 것을 의미한다. 예를 들어 누가복음 4장에 기록된 예수님의 나사렛 설교 장면을 읽으면서 만일 우리가 항상 우리 자신을 예수님과 동일시한다면, 우리는 이 단락의 마지막 절(눅 4:30)을 읽으면서 예수님이 어떻게 이 성난 군중을 피해 나올 수 있었을까 하고 의아해하게 될 것이다. 얼마나 놀라운 일인가! 하지만 만일 우리가 그 본문을 다시 읽으면서 우리 자신을 회당 안에 있던 선한 백성들이나 혹은 예수님의 친척들이나 고향 친구들과 동일시하고 그분이 그들을 얼마나 심하게 모욕하였기에 그들이 그분을 그렇게 모질게 대했는지 알게 된다면, 우리는 마지막 30절을 읽을 때 전혀 다른 질문을 하게 될 것이다. 이 불한당 같은 사람이 어떻게 그 곳을 빠져나왔을까?

이것은 신성모독과 전혀 다르다. 누가는 예수님이 왜 십자가에 달리시게 되었는지를 우리에게 설명하기 위해 자신의 복음서의 상당 부분을 할애하고 있다. 누가에 따르면, 예수님께서 십자가에 달리신 이유는, 예수님의 설교와 메시지가 당시 선하고 책임감이 강한 장로들 곧 바리새인들을 너무 심하게 공격했기 때문이다. 이제 그 도전은 우리의 것이다. 우리는 역동적으로 그분의 말씀을 우리 자신을 위한 말씀으로 듣는다. 예수님 당시에 바리새인들이 그러했듯이, 오늘날 우리들도 하나님에 관하여 너무 많은 것을 가정하고 그것을 당연하게 생각하고 있다. 아마도 우리는 하나님의 모습을 우리 마음에 맞게 고치고, 그분을 우리의 뜻과 우리가 가장 잘 알고 있는 것에 대한 보증인으로 전락시켜 버렸는지도 모른다. 예언적 비판은 이러한 일에 대한 경악으로 가득 차 있다(사 28:21). 예언적 비판은 하나님께서 이스라엘 백성의 특별한 구원자이며 그리스도 안에 현존하신 하나님이실 뿐 아니라 온 세상과 만백성의 창조자로서 자신의 뜻대로 자유롭게 행하시는 분임을 강조한다.

어떤 본문은 오늘을 위해 읽고 해석하는 데 있어 역동적 유비의 기술과 밀접히 관련되어 있는 것이 있는데, 그것은 고대의 '회상'의 원리이다. 이 원리에서 역동적 유비의 기술이 나왔다. 성경적으로 볼 때, 회상한다는 것은 이야기 속에 있는 과거 믿음의 조상들과 자신을 동일시하면서 이스라엘의 과거 전승을 떠올린다는 것을 의미한다. 유대교 회당에서는 매주 일정한 분량씩 성경을 읽어 일년 동안 토라 전체를 읽는다. 이러한 관습을 통해 유대인은 자신이 누구인지를 기억하게 된다.『지붕 위의 사기꾼』이라는 제목의 연극을 보면, 그 첫 장면에서 테브야(Tevya)가 유대인의 삶에 있어 전통의 기능을 다음과 같이 노래한다. 유대인은 그들이 어디에 있든지, 어떤 위기 시대를 살고 있든지, 지배 문화에 동화하라는 유혹을 받을 때든지, 혹은 너무나 평안해서 정체성 인식이 쉽게 사라져 버리는 시대이든지, 전통 중에서도 기본적인 토라를 낭송하며 그들이 유대인임을 상기한다. 토라 속에 기록된 이야기는 유대인에게 그들이 "애굽으로부터 나온 백성"(출1:1), 곧 애굽에서 해방된 노예 민족이라는 것을(출애굽기 12장과 여호수아 24장) 지속적으로 상기시켜 준다. 수세기를 전해 내려오면서 여기에는 전혀 변화가 없다. 유월절 전례문 하나하나가 이것을 강조하고 있다. 회상이 정체성을 형성한다.

  결과적으로 그들은 기본적인 토라 이야기를 낭송하면서 하나님의 자비와 행적을 회상한다. 그것은 창조로부터 선택, 애굽 노예 생활로부터의 구원, 광야에서의 인도, 삶과 사회를 형성하는 방법에 관한 시내산 율법, 그리고 약속의 땅에 들어서기까지 하나님께서 행하시고 말씀하신 것에 대한 이야기를 들려 주고 있다. 신실한 사람들은 그들이 살고 있는 상황이 바뀐다 할지라도, 또한 그들이 팔레스타인 안에 살든 밖에 살든, 이 문화 속에 있든 저 문화 속에 있든, 어떤 위협 속에 처하든, 또 고통 중에 있건 평안한 가운데 있건 간에, 하나님의 이 같은 역사를 회상함으로써 자신이 누구인지 깨닫는다.

마찬가지로 그리스도를 회상한다는 것은 신약성경을 따라 그리스도인에게 있어 토라 이야기의 절정이 무엇인지, 또 하나님께서 그리스도 안에서 무슨 일을 행하셨는지 들려 준다는 것을 의미한다. 그리스도께서 마지막 만찬에서 제자들에게 명령하셨듯이, "이 예를 행하면서 그분을 기념한다(회상한다)"는 것은 빵과 잔을 함께 받으면서 그 이야기를 들려 준다는 것을 뜻한다. 이렇게 행하는 것은 말하자면 시간과 공간의 장벽을 허물어뜨리는 것이다. 유대인들은 노예로부터 해방되던 그 날을 회상하며 최초의 구원받은 노예와 자신을 동일시하는 가운데 시간을 초월하는 경험을 한다. 마찬가지로 그리스도인은 성만찬을 통해 그리스도와 그분의 제자들의 현존을 경험하며, 뿐만 아니라 수세기에 걸쳐 교회를 지켜 왔던 모든 성인과 순교자의 현존도 경험한다. 시간이 초월되고 그래서 "구름같이 허다한 증인들"(히 12:1)이 현존하는 가운데 교회는 수세기를 가로질러 스스로의 정체성을 확인한다. 뿐만 아니라 공간 역시 초월된다.

오늘날의 전투적인 교회는 그들의 모임 장소와 예배당의 벽을 초월하는 경험을 하며, 그리스도의 살아 있는 몸의 편재적 속성을 동시적으로 의식한다. 성만찬 가운데 이러한 경험이 화체(가톨릭)나 '실제적' 임재(루터교)에 의한 것인지, 아니면 참여하는 자의 믿음과 성령님의 직접적인 행위(종교개혁 좌파)에 의한 것인지에 관한 교회사의 모든 논쟁은 이러한 고대의 개념으로부터 기원한다.

유월절이나 성만찬에서 예배를 드리고 이야기를 다시 들려 주는 맥락 가운데 회상은 강력한 전통 양식이다. 이스라엘 백성과 그리스도 안에서 행한 하나님의 역사를 회상하는 것은 환경이 우리를 어떠한 상황으로 몰고 가든 그리고 "우리가 어디에 있든" 상관없이 우리가 누구인지 새롭게 의식하게 만든다. (중략)

이것은 이야기를 읽음으로도 가능하다. 하지만 단지 고대의 어떤 민족에게 있었던 사건의 이야기로 읽어서는 안 된다. 이야기 속에 등장하는 인물이 우리의 정체성 인식을 위해 최상의 거울이 된다는 사실을 알고 그들과 스스로를 동일시함으로써 역동적으로 그 이야기를 읽어야 한다. 지혜 문서와 지혜 전승을 제외하고 나면 우리는 성경 안에서 도덕적인 모범을 거의 발견할 수 없다. 성경을 정직하게 읽어 보면, 얼마나 많은 성경의 인물이 오늘날 우리와 마찬가지로 제한되어 있고 결점으로 가득 차 있는지 알게 된다. 성경의 약 75퍼센트 정도가 "하나님의 섭리는 인간의 잘못과 죄를 통해 역사한다."고 하는 신학 명제를 입증하고 있다. 성경은 위대하거나 흠이 없는 모델, 성자라는 말이 성경 시대 이후 가졌던 의미대로 완벽한 사람의 모습을 제공하고 있지 않다. 성경 안에는 실로 우리가 따를 만한 모델이 거의 없다. 예외가 있다면 기껏해야 구약성경에서 창조와 이스라엘 백성 가운데 행하신 하나님의 역사와, 신약성경에서 그리스도 안에서 행하신 하나님의 역사를 들 수 있을 것이다. 성경의 인물은 모두 우리가 같았다! 아브라함과 사라는 겁에 질린 나머지 거짓말을 했으며(창 12:13; 18:15), 또한 하나님의 약속 혹은 그들 자신의 귀를 믿을 수 없었을 때 웃음을 터뜨렸다(창 17:17; 18:12). 우리의 조상 야곱은 거짓말쟁이이자 찬탈자였다(창 27:19). 요셉은 밉살스러운 개구쟁이였다(창 37:10). 그리고 모세는 살인자요 도망자였다(출 5:12 – 15).

세 공관복음서에서 묘사하고 있는 제자들의 모습 역시 동일한 명제를 따르고 있다. 그들은 의심이 많고 또 때로는 어리석은 것처럼 그려지고 있다. 유다가 예수님을 배반하는 기사와 베드로가 예수님을 부인하는 사건 그리고 모든 제자들이 언쟁하고 잠자고 도망하는 사건은 모두 동일한 장면에서 이야기되고 있다(눅 22:3 – 62). 우리가 우리의 형제 요셉을 종으로 내다 팔았을 때 하나님께서는 우리의 악한 행동을 이후의 우리의 구원으로 바꾸셨다(창 50:20)는 사실을 우리가 깨닫게 되면, 우리는 또한 우리가 그리스도를 가이사에게 팔아 넘겼을 때 하나님께서 그것을 우리의 구원으로 만드셨다는 사실도 깨닫게 된다. 이제 우리는 유다 역시 최후의 만찬에서 같은 식탁에 앉아 있었으며 동일한 빵과 잔을 받았다는 사실로 인해 하나님께 감사하게 된다. 만일 그가 거기에 없었더라면, 나 또한 그 식탁으로 나아갈 수 없을 것이다. 배반의 사건 한가운데서 하나님의 가장 놀라운 은혜가 드러났다. 우리가 그분을 배반하던 그 날 밤, 그분은 우리에게 빵을 떼어 주셨다.

우리는 정직하게 성경을 읽을 필요가 있다. 그리고 성경의 많은 부분에서 하나님이 우리의 인간성과 연약함과 한계를 기꺼이 취하셔서 그것을 그분의 목적을 성취하는 과정 속에 엮어 넣으시기 원하시는 분으로 묘사되고 있다는 사실을 인식해야 한다. 하나님의 은혜는 우리의 한계로 인해 무효화되지 않는다. 또한 심지어 노예 노동력에 대한 람세스(Ramses)의 절박한 필요나 자신의 권력과 지위를 잃을까 염려하는 헤롯의 두려움도 하나님의 은혜를 무효화하지 못한다. 바로의 군대가 도망치는 노예들을 뒤쫓지 않았던가? 헤롯이 군대를 보내어 베들레헴에 있던 아기들을 학살하지 않았던가? 이러한 질문에 대한 대답은 '역사' 속에 있지 않다. 그 대답은 바로의 기병이나 헤롯의 검도 하나님을 훼방하지 못한다고 하는 신학 명제 안에 있다. 그리고 이것이 현실이다. 오늘날 하나님의 은혜를 훼방할 수 있는 것을 어디에서 찾아볼 수 있는가? 현대의 람세스나 느부갓네살(Nebuchadnezzar) 혹은 헤롯이나 빌라도가 그러한 자유와 그러한 은혜를 능가하는 어떤 일을 할 수 있겠는가?

마지막으로 오늘날 성경을 교회의 책으로 읽고 이해할 수 있는 최상의 방법은 성경을 보물 주머니나 보석 상자로 보는 것이 아니라 일종의 패러다임(paradigm)으로 이해하는 것이다. 패러다임이란 어떤 언어에 있어 명사나 동사가 기능하는 형태를 말한다. 성경은 1200년에서 1500년 정도의 시간 간격을 두고 기록되었다. 이로 인해 성경은 서로 다른 다섯 번의 문화적 시대를 포괄하며 또한 각 문화의 관용어구와 은유를 반영하고 있다. 하지만 우리는 성경이 전체적으로 오늘날 믿음의 공동체 안에서 일종의 패러다임으로 기능한다고 이해해야 한다. 그것은 먼저 하나님의 행동과 말을 표시하는 동사와 명사의 패러다임이고, 다음으로 이것에 기초하여 우리 시대와 우리 상황에서 우리의 행동과 말을 표시하는 동사와 명사의 추정된 패러다임이다. 동사가 유한한 형태와 어형 변화, 서법, 양식, 다양한 기능을 가지고 있듯이, 정경으로서의 성경은 하나님의 활동의 동사와, 그것을 기초로 하여 우리의 활동의 동사를 지시한다. 정경으로서 성경은 신실한 사람들이 "우리는 누구이며 무엇을 해야 하는가?"라는 질문을 진지하게 던질 때 그들에게 말을 건네는 일종의 패러다임이다. 이 질문들에 대한 대답은 그러한 질문을 던지는 사람들이 처한 상황에 적절한 믿음의 패러다임(정체성)과 순종의 패러다임(생활 스타일) 안에서 발견된다. 우리 시대에 그리고 우리의 상황 안에서 그 패러다임을 재연하는 방법은 무수히 많다. 그 대표적인 예로 우리는 예전과 연극, 춤, 설교, 무엇보다도 그 패러다임에 대해 숙고하는 가운데 사는 삶 등을 들 수 있다.

출 처

James A. Sanders, God Has a Story Too (Philadelphia: Fortress Press, 1979), pp. 7 – 17, 20 – 25. Copyright ⓒ by Fortress Press 1979. Used by permission.

필리스 트리블

Phyllis Trible

페미니스트 해석학

필리스 트리블(1932 -)은 유니온 신학교에서 성문서(Sacred Literature)를 가르치는 교수다. 1978년에 출판된 『하나님과 성의 수사학』이라는 책을 통해 그는 페미니스트적인 관점에서 의혹의 해석학이라는 개념을 더욱 확장했다. 구약성경이 비록 가부장적 문화를 반영하고 있기는 하지만, 그것은 또한 '반(反)문학' 즉 전통 속에서 선별된 여성이 차지한 중요성과 신성의 여성적 특성을 암시하는 글을 포함하고 있다. (신성의 여성적 특성 같은 경우에는 대부분의 번역 과정에서 모호해진다.) 페미니스트 해석학은 성경의 남성적 틀을 오늘날의 성경 이해를 위한 규범으로 받아들이지 않는다. 하지만 그것은 이러한 틀을 시대에 뒤떨어지고 낡은 것으로 폐기하는 데 만족하지 않는다. 페미니스트 해석학은 성경을 성경의 역사적 맥락 가운데 위치시키며, 경직된 문자주의에서 벗어나 오늘날의 메시지 전유로 나아가는 운동의 근거를 본문 안에서 찾는다. 의혹의 해석학과 마찬가지로 페미니스트 해석학은 '행간을 읽으며' 본문이나 고대의 공동체 속에 매몰되어 버린 잠재적인 해방의 메시지를 주변 인물과 우연적인 것처럼 보이는 사건 속에서 찾으려고 한다. 이러한 역동적인 해석학의 과정은 설교자에게 새롭고 더 큰 요구를 한다. 설교자의 배경이나 사회적 지위가 본문의 감추어진 메시지를 폐기해 버릴 수도 있기 때문이다.

가 부장적인 토양에서 태어나 자란 성경은 남성적 이미지와 언어로 가득하다. 수세기 동안 해석자는 이러한 남성적 언어를 연구하고 활용하여 신학을 구성하고 교회와 회당과 학교의 외형과 내용을 형성하였으며, 남성과 여성으로 구성된 사람들에게 그들이 누구이며 그들의 역할은 어떠하고 그들이 어떻게 행동해야 하는지에 관해서 교훈하였다. 이렇듯 성경과 성 차별주의의 결합 그리고 신앙과 문화의 결합은 너무도 조화로워 보였으며, 오직 소수의 사람들만이 여기에 대해서 이의를 제기했다.

하지만 지난 십 년 사이에 페미니즘이라는 이름으로 도전이 밀려왔고, 그 도전은 쉽게 사라지지 않았다. 여성 혐오주의라는 관점에서 문화를 비판하는 페미니즘은 현재 상황을 비판하고 심판을 선언하며 회개를 요청하는 예언자적 운동이다. 이러한 해석학적 경향은 본문과 해석자에 대한 새로운 이해를 산출하기 위해 다양한 방식으로 성경의 소원함, 복잡함, 다양함, 동시대성과 접촉하였다. 따라서 필자는 성경에 나타난 여성을 연구하는 세 가지 접근 방법을 개관하려고 한다. 이러한 관점은 신구약 중간기와 신약 시대의 문헌에도 적용할 수 있지만, 여기에서는 히브리 성경에 초점을 맞추었다.

페미니스트가 처음 성경을 연구했을 때는 그 강조점이 여성에 적대적인 경우를 상세히 전달하는 데 있었다. 주석자는 이스라엘 공동체 안에서 여성이 차지하는 지위에 주목했다. 부모의 눈에 여자아이는 남자아이보다 덜 달가운 존재로 여겨졌다. 그 여자아이는 어머니 곁에서 가까이 머물렀지만, 아버지가 그의 삶을 통제했으며 그러한 통제는 아버지가 그를 다른 남자에게 시집 보낼 때까지 계속되었다. 만일 누군가가 그를 학대하고 괴롭히는 것을 이 두 남성 권위 중 하나가 허락했다면, 그는 아무 말 없이 복종해야 했다. 따라서 롯은 남자 손님을 보호하기 위해 자기 딸들을 소돔 사람들에게 내주었으며(창 19:8), 입다(Jephthah)는 자신의 어리석은 맹세를 지키기 위해 딸을 희생 제물로 바쳤다(삿 11:29-40). 그리고 암논(Amnon)은 그의 이복 누이 다말(Tamar)을 강간했으며(삼하 13장), 에브라임(Ephraim) 산지에서 온 레위인은 다른 남자들과 함께 자신의 첩을 배신하고 강간하고 살해하고 그녀의 몸을 토막 내는 일에 동참했다(삿 19장). 남자와 여자를 포함하고 있는 모든 이야기가 이렇게 끔찍한 것은 아니지만, 그럼에도 불구하고 이야기체 문헌은 히브리 여자들이 태어나서 죽을 때까지 남자에게 종속되어 있었다는 사실을 명확하게 보여 준다.

그러한 이야기가 보여 주고 있는 현실에 대해서 법전 자료는 더욱 상세하게 말해 준다. 여자는 남자의 재산으로 정의되었으며(출 20:17; 신 5:21), 자신의 몸조차 마음대로 할 수 없었다. 남자는 자신의 동정의 문제는 가만히 내버려 두면서 동정녀와 결혼하기를 기대하였다. 결혼 후 처녀의 표적을 보여 주지 못하는 아내는 자신의 아버지와 남편의 명예를 욕보인 것으로 간주되었다. 게다가 여자는 이혼할 권리가 없었으며(신 24:1-4), 대부분의 경우 사유 재산도 가질 권한이 없었다. 여자는 제사장직에서 배제되었으며, 남자보다 훨씬 더 부정한 것으로 여겨졌다(레 15장). 심지어 여자의 화폐 가치조차 남자보다 낮았다(레 27:1-7).

이러한 페미니스트적 관점이 성경 안에 나타난 여성의 열등과 종속과 학대에 대하여 풍부한 증거를 드러내 보여 주었다는 것은 분명한 사실이다. 하지만 이러한 접근은 전혀 다른 결론에 이르렀다. 어떤 사람들은 성경적 신앙이 너무나도 여성을 혐오하고 있기 때문에 더 이상 소망이 없다며 그것을 포기한다. (이러한 판단은 종종 그 증거를 이스라엘 문화의 관점에서 평가하는 데 실패한다.) 어떤 이들은 반셈주의(anti-Semitic)를 뒷받침하기 위해 이러한 자료를 사용하는데, 이것은 옳지 못한 일이다. 또 다른 사람들은 성경이 어떠한 영속적인 권위도 갖고 있지 않으며 따라서 언제든 기각할 수 있는 역사적인 문서로 이해한다. 한편 성경과 성경 주석자가 정당하다고 주장하고 있는 여성에 대한 남성의 지배를 맹목적으로 따르는 사람들도 있다. 또 다른 사람들은 여성에 적대적인 구절을 결정적인 하나님의 말씀으로 보지 않고 본문과 해석자가 보다 탁월한 방법을 제공해야 한다고 주장하기도 한다.

성경을 이해하는 페미니스트의 두 번째 접근 방법은 첫번째 방법을 수정하면서 나온 것이다. 어떤 페미니스트는 성경 안에서 가부장제에 대한 비판을 분별해 낼 수 있다고 주장하며, 당대 문화에 도전하는 그러한 전통을 재발견하고 그것을 회복시키는 데 집중한다. 이것은 이제까지 간과되어 왔던 본문을 부각시키고 친근한 본문을 재해석하는 작업을 포함한다. 그 동안 무시된 구절 중 하나님을 여성으로 묘사하는 구절에 대한 연구가 가장 두드러진다. 시편 기자는 하나님을 산파라고 묘사한다(시 22:9-10).

오직 주께서 나를 모태에서 나오게 하시고
내 어머니의 젖을 먹을 때에 의지하게 하셨나이다

바로 다음 문장에서는, 하나님이 아이가 태어날 때부터 그 아이를 돌보는 어머니로 묘사된다

내가 날 때부터 주께 맡긴 바 되었고
모태에서 나올 때부터 주는 나의 하나님이 되셨나이다

비록 이 시는 하나님과 여성을 정확하게 일치시키는 데 이르지는 못하였지만, 하나님의 행위가 여성적인 이미지로 반영되고 있다. 여기에서 시편 기자는 다만 암시적으로 말했지만, 신명기 32장 18절은 이것을 명시적으로 표현하고 있다.

너를 낳은 반석을 네가 상관하지 아니하고

너를 내신 하나님을 네가 잊었도다 [개역개정]

"너를 낳으신 하나님"이라는 표준개역성경(RSV)의 번역이 정확하기는 하지만 너무 무미건조하다는 인상을 준다. 우리는 하나님을 출산의 고통 가운데 있는 한 여인에 비유한 이 충격적인 묘사를 강조할 필요가 있다. 원문의 히브리어 동사는 이러한 의미를 정확하게 표현하고 있다. (한편 예루살렘 성경에서는 동일한 구절을 "너의 아버지 되신 하나님을 네가 잊었도다"라고 번역하고 있는데, 이것은 전적으로 잘못된 번역이다. 얼마나 부끄러운 일인지!) 우리는 하나님을 여성적 이미지로 묘사하는 또 다른 경우를, 히브리어 어근 rahum(라훔)을 통해 표현되는 자궁의 은유에서 찾아볼 수 있다. 이 단어는 단수 형태에서는 여성에게 고유한 신체 기관을 의미하고, 복수 형태에서는 하나님과 인간의 깊은 동정심을 함축한다. 자비로우신(rahum) 하나님은 어머니이신 하나님이다(예를 들어, 렘 31:15-22을 보라.) 하지만 수세기 동안 번역자와 주석자는 이러한 여성적 이미지를 무시하였으며, 이것은 하나님과 남자와 여자 모두에게 끔찍한 결과를 가져왔다. 하나님의 여성적인 이미지를 다시 천명하는 가운데 우리는 오랫동안 우리의 신앙을 좀먹었던 남성 우상 숭배를 자각하게 된다.

전통적인 해석은 하나님에 대한 여성적 이미지를 소홀히 다루었을 뿐 아니라, 여성들 특히 가부장적 문화에 도전하는 여성들을 무시해 왔다. 이와 반대로 페미니스트 해석학은 이러한 인물을 부각시킨다. 출애굽기에 기록된 단편적인 여성의 이야기 모음이 그 대표적인 예이다. 이제까지 학자들은 모세의 출생을 열망하였기 때문에 그가 출현하기까지의 이야기(출 1:8-2:10)는 대체로 그냥 지나쳐 버렸다. 하지만 페미니스트는 이 이야기에 주목한다. 바로에 대적했던 첫번째 사람은 모세가 아니라 두 여종이었다. 그 여인들은 갓 태어난 사내아이를 죽이라는 명령을 거부했다. 그들은 어떤 남성으로부터도 도움이나 조언을 받지 않고 스스로 판단하여 행동했으며 압제자의 의도를 좌절시켰다. 십브라(Shiphrah)와 부아(Puah)라는 두 여인의 이름은 역사 속에 기억되었다. 반면 그 당시 바로 왕의 정체는 너무 철저하게 망각되어서, 헤아릴 수 없이 많은 박사 학위 논문의 단골 주제가 되었다. 이 두 여인이 시작한 일을 다른 히브리 여인들이 계속해서 이어 갔다.

"그 여자가 임신하여 아들을 낳으니 그가 잘생긴 것을 보고 석 달 동안 그를 숨겼으나 더 숨길 수 없게 되매 그를 위하여 갈대 상자를 가져다가 아기를 거기 담아 나일강 가 갈대 사이에 두고 그의 누이가 어떻게 되는지를 알려고 멀리 섰더라"(출 2:2-4) 조용하고 은밀하게 도전이 시작된다. 그 도전은 자신의 아들과 자신의 동생을 구하고자 하는 어머니와 딸의 도식으로 전개된다. 그리고 바로의 딸이 강둑에 나타났을 때 이 행동은 더욱 확대된다. 공주는 시녀에게 그 상자를 가져오라고 명하여 그것을 가져다가 열어 보았다. 그녀는 거기에서 울고 있는 아기를 보고는 그 아기가 히브리 사람의 아기라는 것을 알고도 자신의 품에 그 아기를 안았다. 바로의 딸이 이스라엘의 딸들과 함께 손을 잡은 것이다. 바로 왕에 대한 자식으로서의 신의가 깨지고, 계급차가 허물어지며, 인종적 정치적 차이가 초월되었다. 누이가 멀리서 이 장면을 보고는 용기를 내어 완벽한 계획을 제안한다. 즉 아이를 돌볼 히브리 유모를 소개한 것인데 사실은 그 아이의 친어머니였다. 인간적인 측면에서 보자면 출애굽 신앙은 여성의 행위로부터 시작되었다. 신학자가 무시해 왔던 여인이 바로 억압적인 구조에 도전한 첫번째 사람들이었다.

이 두 번째 접근 방법은 그 동안 소홀히 다루어 왔던 여성을 회복시킬 뿐 아니라, 창세기 2-3장의 창조 이야기에 등장하는 최초의 여자로부터 시작해서 우리에게 친숙한 여인을 새롭게 해석한다. 전통적인 해석과 달리 최초의 여자는 남자의 조력자나 남자에게 종속된 존재로 창조된 것이 아니다. 사실 히브리어 단어 '에제르'(ezer) 즉 돕는 자는 (우리말 성경 창 2:18에서는 "돕는 배필"로 번역되어 있다. -역주) 대부분의 경우 우월성을 함축하고 있으며(시 121:2, 124:8, 146:5; 출 18:4; 신 33:7, 26, 29), 따라서 이 여인에 대해서 전혀 다른 문제를 제기한다. 하지만 여기에 동반하는 "– 에 어울리는" 즉 "– 에 상응하는"이라는 문구는 (우리말 성경에서는 "–을 위하여"라고 번역되어 있다. 역주) 우월성에 대한 함축을 완화시켜 여자와 남자 사이의 상호성을 구체화시킨다.

뿐만 아니라, 뱀이 여자와 이야기할 때(창 3:1 – 5) 복수형의 동사를 사용하는데, 이것은 그 여자를 한 쌍의 인간을 대표하는 대변인으로 만든다. 이것은 가부장적 문화에서는 거의 상상하기 어려운 일이다. 그녀는 신학에 대해 지적으로 논하면서 순종해야 하는 일에 대해 하나님이 하신 것보다 더 엄격하게 말한다. "동산 중앙에 있는 나무의 열매는 하나님의 말씀에 너희는 먹지도 말고 만지지도 말라 너희가 죽을까 하노라"(창 3:3) 나무에 손을 대지 않는다면 그 열매를 먹을 수도 없다. 여기에서 그 여자는 "율법의 둘레에 울타리"를 치고 있는 것이다. 이것은 그 여자의 랍비 선생들이 하나님의 율법을 보호하고 안정적인 순종을 도모하기 위해 개발한 조치이다.

따라서 우리는 첫번째 여자가 신학자요 도덕가요 해석자요 랍비였다는 사실을 권위 있게 말할 수 있다. 그는 가부장제의 전형적인 형태에 도전하면서 그 동안 교회와 회당과 대학이 여성들에 관하여 가르쳐 왔던 바를 뒤집어놓는다. 마찬가지로 뱀의 유혹 중에 "자기와 함께 있는"(창 3:6, 많은 번역이 이 중요한 구절을 생략하고 있다.) 남자는 도덕적으로 우월한 존재가 아니라 오히려 탐심에 눈먼 사람이었다. 분명히 이 이야기는 전통적인 해석에는 낯선 두 가지 견해를 제시하고 있다. 페미니스트 해석학은 이 여인에 대한 이야기를 통해 하나님의 여성적 이미지에 새로운 활기를 가져온다.

하지만 여자들과 관련된 반(反)문학의 이런저런 발견은 비록 흥미롭기는 하지만 성경의 남성적 편견을 제거하지는 못한다. 다른 말로 하면, 이 두번째 관점은 첫번째 접근 방법이 가져다 준 증거를 부인하거나 무시하지 않으며 대신 변두리 신학으로 기능한다.

세 번째 접근 방법은 성경의 공포스러운 이야기를 다시 회상하며 말하는 가운데 착취당하는 여성에 대한 공감적 읽기를 시도한다. 첫번째 관점이 역사적으로 그리고 사회적으로 여성 혐오의 사례를 상세하게 기술하는 것이라면, 이 세 번째 관점은 그러한 증거를 시적으로 그리고 신학적으로 전유하는 것이다. 동시에 그것은 그러한 사례를 계속해서 찾아 나간다.

레위인의 첩이 배신당하고 강간당하고 살해당하고 몸이 토막나는 장면을 기록하고 있는 사사기 19장이 두드러진 예가 될 것이다. 베냐민 지파의 불량배들이 여인의 주인과 "관계하기"를 원했을 때, 그는 자기 대신 자신의 첩을 그들에게 내던졌다. 밤새도록 그들은 그녀를 강탈하였고, 아침이 되어서야 그 여인은 그의 주인에게 돌아왔다. 하지만 그 주인은 아무런 동정심도 보여 주지 않고서 그녀에게 일어나 가자고 말한다. 여인이 아무런 대답이 없다. 독자들은 여인이 혹시 죽은 것은 아닌지 의아해한다. 어쨌든 그 주인은 여인의 몸을 나귀에 싣고 여행을 계속한다. 주인이 집에 당도했을 때, 그는 첩의 시체를 토막 내어 그 각각을 이스라엘 지파들에게 보내고, 베냐민 사람들이 (자신의 첩이 아니라) 자신에게 행한 악행에 대하여 징벌하는 전쟁을 호소한다.

이 이야기의 결론부에서 이스라엘은 이 일에 대해 "생각하고 상의한 후에 다시 말하기"(삿 19:30)로 결정한다. 실로 이스라엘은 무차별적인 폭력으로 이 일에 응답한다. 대규모 학살이 잇따른다. 한 여인이 당한 강간과 살인 그리고 그녀의 토막 난 몸이 수백, 수천 명의 여인들에게 유사한 범죄를 가져온다. 하지만 해설자(혹은 편집자)는 다르게 반응한다. 그는 사사 시대의 무정부 상태를 대신하는 왕정 체제를 통해 정치적 해결을 시도할 것을 제안한다(사12:25). 이러한 해결책은 결국 실패한다. 다윗 왕 시대에는 이스라엘에 왕이 있었음에도 불구하고 암논이 다말을 강간한다. 그렇다면 "생각하고 상의한 후에 다시 말하자"는 제안이 오늘날 우리 귀에 들려 올 때 우리는 이 고대의 공포 이야기를 어떻게 듣고 있는가? 페미니스트적 접근은 독자들의 반응에 주의하면서 첩의 입장에서 그 이야기를 재해석한다. 그래서 그 이야기를 여인의 고통과 죽음을 기억하라는 요청으로 해석한다.

마찬가지로 입다가 자신의 딸을 희생 제물로 바친 기사 또한 사사 시대 여자아이의 무력함과 학대를 상세하게 기술하고 있다(삿 11장). 어떠한 해석도 그를 번제로부터 구할 수 없으며 그 아버지의 어리석은 맹세를 누그러뜨릴 수도 없다. 하지만 우리는 그 아버지를 고발하는 가운데 그와 자매 됨을 주장하는 데까지 나아갈 수 있다. 따라서 입다의 딸 이야기를 다시 말할 때, 우리는 그가 자신의 생애 마지막 두 달간 찾아가 자신의 죽음으로 인해 함께 애곡했던 이스라엘의 딸들(삿 11:37)을 강조한다. 그리고 우리는 후자를 주목하고, 그 과정 중에 새로운 해석을 찾는다.

입다의 딸 이야기는 다음과 같이 끝을 맺는다. "딸이 남자를 알지 못하였더라 이것이 이스라엘에 관습이 되어 이스라엘의 딸들이 해마다 가서 길르앗 사람 입다의 딸을 위하여 나흘씩 애곡하더라"(삿 11:39 - 40) 하지만 여기에서 동사 '되어'가 여성형이기 때문에(히브리어에는 중성이 없다.) 우리는 본문을 다음과 같이 읽을 수 있다. "비록 딸은 남자를 알지 못하였지만 그럼에도 불구하고 그 딸은 이스라엘에 전통(관습)이 되었다. 해마다 이스라엘의 딸들이 가서 길르앗 사람 입다의 딸을 위하여 나흘씩 애곡하더라." 이러한 번역을 통해서 우리는 과거의 이야기를 새로운 방식으로 이해할 수 있다. 이름도 알려지지 않은 그 처녀가 이스라엘에서 전통이 되었다. 왜냐하면 그가 자신의 생애 마지막 시간을 함께 보냈던 여자들이 그가 쉽게 잊히는 것을 용납하지 않았기 때문이다. 그들은 살아 있는 기념비를 세웠다. 여성의 입장에서 그러한 공포의 이야기를 해석하는 것은 분명히 성경의 가부장제에 도전하는 또 다른 방식이 될 수 있다.

지금까지 필자는 성경에 등장하는 여성을 연구하는 페미니스트적 접근 방식 세 가지를 개관하였다. 첫번째 관점은 고대 이스라엘에서 여성의 열등, 종속, 학대를 조사한다. 이러한 맥락 안에서 두 번째 관점은 그 자체가 가부장제에 대한 비판이 되는 반(反)문학을 발굴한다. 세 번째 접근 방법은 이 두 가지를 적절히 활용하면서 여성에 대한 공포의 이야기를 동정적으로 다시 이야기한다. 이 세 가지 관점은 서로 엮어져 있지만 또한 서로 구분할 수 있다. 이 중 어떤 관점을 더 강조할지는 해석자가 처한 상황과 그의 재능과 관심에 따라 달라진다. 뿐만 아니라, 페미니스트 해석학은 그 작품 속에 다양한 방법론과 분과 학문을 포괄하고 있다. 고고학, 언어학, 인류학, 문학 비평, 역사 비평 등 이 모두가 각각 기여하는 바가 있다. 과거가 현재를 알려 줄 때 과거에 대한 이해는 더욱 깊어 간다.

마지막으로 성경에 등장하는 여성을 주제로 접근하는 방식에는 이 소고의 해석학에서 다룬 것보다 더 많은 관점이 존재한다. 예를 들어 필자는 여기에서 성 차별적인 번역의 문제에 대해서는 거의 언급하지 않았지만, 사실 이것은 많은 남녀 학자로부터 진지한 주목을 받고 있다. 하지만 필자가 지금까지 말한 것으로도 페미니스트 해석학이 다양한 방식을 통해 고금(古今)의 해석에 도전할 수 있다는 것을 보여 주기에는 충분할 것이다. 아마도 언젠가 창조의 선함이라는 성경적 주제에 기초하여 성경적인 여성 신학이 출현하게 될 것이다. 동시에 사라와 하갈, 나오미(Naomi)와 룻, 두 명의 다말, 그리고 수많은 다른 증인의 신앙이 이러한 노력을 격려하고 축복할 것이다.

출 처

Phyllis Trible, "Feminist Hermeneutics and Biblical Studies," Copyright ⓒ 1982 Christian Century Foundation. Reprinted by permission from the February 3 – 10, 1982, issue of The Christian Century.

5부
설교의 뿌리 **수사학**

아우구스티누스 | Augustinus | 수사학의 사용

베이스본의 로베르토 | Robert of Basevorn | 설교의 구성 장치

프랑수아 페넬롱 | Francois Fenelon | 자연스러운 커뮤니케이션

존 브로더스 | John Broadus | 수사학과 설교학

아모스 와일더 | Amos N. Wilder | 복음의 언어, 새로운 언어

조셉 사이틀러 | Joseph Sittler | 상상력의 역할

프레드 크래독 | Fred B. Craddock | 이야기 : 거리 두기와 참여하기

아우구스티누스
Augustinus

수사학의 사용

수사학이란 설득적인 담화의 이론과 실천을 말한다. 수사학은 문자 언어와 구두 언어를 모두 포괄하는 고대의 기술이다. 초창기 교회는 고전적인 수사학이 동반하고 있는 이방적인 사상과 관념으로 인해 교회 안에서 수사학을 사용하는 것이 정당한가 하는 문제를 두고 고심하였다. 아우구스티누스(354 - 430)는 설교의 수사학에 대한 기독교적 접근 방법을 수립함으로써 이러한 고민의 해결에 도움을 주었다. 그는 다음과 같이 질문한다. "소피스트는 (sophists) 수사학으로 중무장하고 우리를 공격해 오는데 왜 그리스도인은 비무장 상태로 있어야 하는가?" 하나님이 (또한 교회가) 모든 진리의 주인이라는 그의 주장은 기독교적 문화 형성의 토대를 놓았으며, 여전히 그리스도인의 자유의 원리로서 기능을 발하고 있다. 『기독교 교리에 관하여』라는 책의 제4권에서 그는 키케로의 광범위한 원리를 재진술하면서 그것을 설교 이론으로 전환시킨다. 아우구스티누스는 회중, 발성, 리듬, 문체 등에 대하여 표준적인 지침을 제시한다. 하지만 그는 이 모든 것을 성경의 유일한 권위 아래 종속시킨다. 아우구스티누스에게 있어 성경은 설교자를 위한 이론적인 교과서일 뿐 아니라 수사학 교과서이다. 그는 여러 본문(갈 4:21 - 26; 롬 12:1; 고후 6:2 - 10)에 대한 상세한 수사학적 분석과 함께 장엄체와 완만체와 진술체에 대해서 상세하게 설명한다. 아우구스티누스는 그의 설교 및 설교 이론을 통하여 서구 교회가 초창기 설교의 혼란스러움과 전문적인 웅변의 지나침 사이의 중도의 길을 걸어가게 했다. 그는 고전 수사학을 분별 있게 수용하여 그것을 기독교의 진리 주장과 결합하였으며, 이를 통해 교회 역사상 최초이자 거의 1000년 동안 유일한 설교 수사학 이론을 산출했다.

우선 필자는 이 서문을 통해서 내가 세속적인 학교에서 배우고 또 가르쳤던 수사학의 규칙을 여기에 내놓을 것이라고 생각하고 있는 독자의 기대를 허물어뜨리고, 오히려 나에게서 그러한 것을 기대하지 말라고 말하고자 한다. 그것은 그러한 규칙이 쓸모없기 때문이 아니라 그 유용성이 어떠하든지 간에 그러한 규칙은 다른 곳에서 배워야 한다고 생각하기 때문이다. 하지만 그러한 규칙은 다른 선한 사람에게 우연히 배울 여유가 생길 수 있다면 그 기회를 이용하는 것이 좋을 것이다.

만일 수사학의 기술이 진리는 물론 거짓을 강화하는 데에도 유용하다면, 누가 감히 진리를 수호하는 사람이 거짓에 대항하여 비무장으로 있어야 한다고 말할 수 있겠는가? 거짓말로 상대방을 설득하려는 사람들은 화제를 어떻게 끌어오는 것이 회중의 마음을 열어 그들로 하여금 자신의 말을 경청하게 만들 수 있는지 알고 있다. 그런데 진리의 수호자들은 이러한 기술에 대해 전혀 무지해도 괜찮다고 어떻게 말할 수 있는가? 전자의 사람들은 자신의 거짓말을 간결하고 명료하고 그럴 듯하게 말할 수 있는데, 후자의 사람들은 듣기에 거북하고 이해하기 어렵고 받아들이기도 쉽지 않게 진리를 말해도 된다는 말인가? 전자의 사람들은 치밀한 논리로 진리를 거스르고 거짓을 변호할 수 있는데, 후자의 사람들은 진리를 변호하지도 못하고 거짓을 배격하지도 못한다면 이것이 바람직한 상황인가? 전자의 사람들은 회중의 마음에 그릇된 견해를 주입하면서도 자신의 말재간으로 회중을 무섭게도 하고 그들의 마음을 녹이기도 하고 기운을 북돋우기도 하며 그들을 선동하기도 하는데 반해, 후자의 사람들은 진리를 변호하면서도 나태하고 형식적이며 사람들을 졸리게 만들어도 된다는 말인가? 도대체 어떤 사람들이 이처럼 어리석은 생각을 하는가? 유창한 말솜씨가 양편 모두에게 유용하고 또 참과 거짓 모두를 강화하는 데 크게 기여할 수 있다면, 악한 사람들이 사악하고 무가치한 목적을 성취하고 나아가 불의와 오류를 실행하기 위해서 그것을 사용할 때 선한 사람들은 진리의 편에서 그것을 활용하기 위해 연구하지 않아도 된다고 어떻게 말할 수 있는가?

하지만 유창한 말솜씨와 관련한 이론과 규칙에 대해서는 (적절한 나이가 되고 적당한 시간적 여유가 생긴 다음에) 내가 쓴 책 외에 다른 책을 통해서 배워야 할 것이다. 여기에 더하여 많은 어휘를 익히고 여러 가지 수사학적 장치를 사용하는 법을 철저하게 훈련하고 습관화시킨다면, 여러분은 소위 말하는 유창함 혹은 달변이라는 경지에 이르게 될 것이다. 로마의 달변가들은 이 기술을 빨리 배울 수 없는 사람은 결코 그것을 제대로 익힐 수 없다고 말한다. 이 말의 진실성 여부는 그렇게 중요하지 않다. 비록 둔한 지성을 가진 사람이 우연히 이러한 기술을 완전히 습득할 수 있다 하더라도, 필자는 그것이 나이 든 사람들이 시간을 내어 배울 필요가 있을 만큼 그렇게 중요하다고는 생각하지 않는다. 그저 젊은이들이 거기에 관심을 가지는 것만으로도 충분하다. 하지만 젊은이들 중에서도 교회를 섬기기 위해 준비하는 사람들 모두에게 이러한 기술이 필요한 것은 아니다. 단지 더 긴급하고 중요한 다른 일로 인해 분주하지 않은 젊은이들만 거기에 관심을 가져도 크게 문제는 없을 것이다. 한편 민첩한 지성과 열정을 가진 사람은 달변의 규칙을 배우는 것보다 달변가의 글을 읽고 그들의 말을 귀 기울여 들음으로써 더 수월하게 달변에 이를 수 있다. 이 일을 위해서 우리는 안전한 권위의 장소에 고정되어 있으면서 우리에게 커다란 유익을 가져다 주는 정경 외에 많은 다른 교회 서적을 활용할 수 있다. 재능 있는 사람은 굳이 달변에 이르려는 의도 없이 주제에 집중하여 그 책을 읽는다 하더라도 자기도 모르는 사이에 저자의 달변 중 일부를 배우게 될 것이다. 이와 같이 재능 있는 사람이 여기에 더하여 경건과 신앙의 기초 위에 형성된 생각을 글로 쓰거나 받아쓰고 또한 그 생각들을 말로 표현하는 것까지 스스로 연습한다면 달변의 경지에 더욱 가깝게 다가서게 될 것이다. 하지만 이러한 재능이 없는 사람들은 수사학의 규칙을 이해하지도 못할 것이다. 혹시 각고의 노력을 기울여 그것을 조금 이해하게 되었다 할지라도 그러한 이해가 실제로 그들에게 아무 도움이 되지 못할 것이다. 수사학의 규칙을 배워서 유창하고 고상하게 말하는 사람들조차도 그 규칙을 주제로 이야기하는 경우를 제외하면 실제로 말을 할 때 항상 그러한 규칙을 지키려고 생각하지는 않는다. 실제로 이 두 가지 곧 말을 잘 하는 것과 동시에 말을 잘 하기 위해서 말을 하는 동안 그 규칙을 생각하는 것을 동시에 할 수 있는 사람은 거의 없다. 이 두 가지를 동시에 하려면 우리가 말하려는 내용이 우리의 의식 속에서 떠나지 않게 유의하면서 동시에 그것을 수사학의 규칙에 맞게 말하려고 생각하고 있어야 하기 때문이다. 반면 달변가는 그러한 규칙을 어디에서 배웠든지 아니면 전혀 그것을 접해 보지 못하였든지 간에 자신이 말을 할 동안에는 그 규칙이 달변에 도움을 줄 것이라고 의식하지 않는다. 그럼에도 불구하고 그들의 말 속에서 우리는 달변의 규칙이 활용되고 있는 것을 종종 발견한다. 그들이 말을 잘 하기 때문에 이 규칙을 구현하는 것이지, 그들이 말을 잘 하기 위해서 이 규칙을 의도적으로 사용하는 것은 아니다.

　아이들은 다른 사람들이 하는 말을 들으면서 단어와 표현을 배운다. 이것이 아이들이 말을 배우는 유일한 방법이다. 마찬가지로 우리가 어떠한 수사학적 기술도 배우지 않았다 하더라도 그저 달변가의 말을 듣고 또 가능한 그것을 모방한다면 그것만으로도 우리는 말을 잘 하게 될 것이다. 수사학적 기술을 접한 적도 없지만 그것을 배운 많은 사람들보다 더 말 잘 하는 사람들을 우리는 많이 알고 있다. 반면 달변가의 연설이나 논쟁을 읽거나 듣지 않고서도 말 잘 하는 사람은 아무도 없다. 만일 어떤 젊은이가 정확한 언어를 구사하는 사람들 가운데 살면서 성장한다면, 그 젊은이는 말의 정확성을 가르치는 문법을 배울 필요가 없다. 그 젊은이는 이미 정확한 말에 익숙해져 있기 때문에 자기가 듣고 있는 상대방의 말 속에서 (비록 그 잘못의 문법적 명칭은 모르겠지만) 잘못된 점이 무엇인지 지적할 수 있고 또 그러한 잘못을 피해서 말할 수도 있다. 이것은 도시에서 자란 사람이 비록 문맹이라 할지라도 시골 사람들의 잘못된 행동을 지적할 수 있는 것과 같은 이치이다.

그렇다면 옳은 것을 가르치고 그릇된 것을 논박하며 이를 통해 적대자를 회유하고 경솔한 자를 책망하며 무지한 자에게 지금 일어나고 있는 일과 장차 일어날 것 같은 일에 대해 말해 주는 것은 성경을 해석하고 가르치는 사람 곧 참된 신앙의 수호자이자 거짓을 반대하는 사람의 마땅한 의무이다. 따라서 일단 회중이 마음을 열고 집중해서 배울 준비를 갖추면 (그가 단순히 회중의 이러한 상황을 발견했든지 아니면 자신이 회중을 그렇게 만들었든지 간에) 그 상황에 적절한 모든 방법을 동원해서 남은 과업을 성취해야 한다. 만일 회중이 가르침을 필요로 한다면 이야기를 통해 충분히 설명해 주어야 한다. 또한 의심스러운 점에 대한 명확한 해명을 필요로 한다면 추론과 증거 제시의 방법을 사용해야 한다. 한편 회중이 이미 알고 있는 것을 부지런히 실천에 옮기도록 감정적으로 동기 부여하기 위해서는 즉 그들의 감정이 그들이 인정하는 진리와 조화를 이루도록 만들기 위해서는 간청과 비난, 권면과 책망 등 감정을 일깨울 수 있는 모든 수단을 사용해야 한다.

내가 지금까지 언급한 이러한 모든 방법은 거의 모든 사람들이 항상 사용하고 있는 것들이다. 하지만 어떤 사람들은 이 방법을 거칠고 투박하고 딱딱하게 사용하는 반면 다른 이들은 이 방법을 섬세하고 고상하고 열정적으로 사용한다. 이러한 점에서 볼 때, 내가 지금 말하고 있는 작업(설교)은 비록 유창하게는 말하지 못하더라도 지혜롭게 논증하며 말할 수 있는 사람, 다시 말해 유창하게 말할 수 있다면 더욱 많은 유익을 가져다 주겠지만 설령 그렇지 못하다 하더라도 회중에게 유익을 가져다 줄 수 있는 사람이 수행해야 한다. 다른 한편 우리는 바르지 못한 말을 유창하게 쏟아 내는 사람을 조심해야 한다. 즉 가치도 없는 말로 회중을 즐겁게 만들고 단지 유창한 말로 회중을 설득시키는 사람일수록 더욱 조심해야 한다.

수사학의 기술을 배워야 한다고 강조하는 사람들도 이러한 생각에 동의하며 다음과 같이 말한다. "유창하지 않은 지혜는 국가에 별로 도움이 되지 않지만, 반면 지혜롭지 못한 유창함은 종종 파괴적인 해악을 가져오며 결코 아무런 도움이 되지 못한다."(키케로, Cicero) 유창한 말솜씨의 원리를 가르치는 사람들이 진리 곧 빛의 아버지로부터 내려오는 하늘의 지혜를 알지 못하면서도 진리의 요구를 못이겨 이와 같이 고백한다면, 하물며 그분의 고상한 지혜의 자녀이자 사역자인 우리들이야 더욱 그러해야 하지 않겠는가? 사람은 성경 지식이 늘어나는 만큼 지혜롭게 말하게 된다. 이것은 성경을 많이 읽거나 많이 암기함으로써 되는 것이 아니라, 성경을 바르게 이해하고 성경의 의미를 주의 깊게 상고함으로써 가능해진다. 왜냐하면 성경을 읽으면서도 그것을 멸시하는 사람이 있기 때문이다. 그들은 성경을 읽고 그 말씀을 기억하지만 그 의미를 아는 것은 소홀히 여긴다. 우리는 이런 사람들보다 오히려 성경 말씀을 많이 기억하지는 못하지만 마음의 눈으로 성경의 핵심을 볼 수 있는 사람을 더 높이 평가해야 한다. 하지만 이 두 부류의 사람들보다는 자신이 원할 때 그 말씀을 암기해서 되풀이할 수도 있고 동시에 그 의미를 정확하게 이해하는 사람이 더 훌륭하다는 것은 자명하다.

따라서 유창하지 못하더라도 지혜롭게 말해야 하는 사람일수록 더욱 성경 말씀을 기억 속에 간직하고 있어야 한다. 왜냐하면 이런 사람은 자신의 말에 힘이 없다는 것을 더욱 깊이 깨달을수록 자신이 하고 있는 말을 성경 말씀에 근거하여 입증하기 위해 성경의 풍부한 자원으로부터 끌어다 써야 하기 때문이다. 또한 자신의 말은 설득력이 약하다 할지라도 위대한 사람들의 확증하는 증언을 통해서 도움을 얻을 수도 있다. 비록 어설픈 말솜씨로 인해 듣는 사람을 기쁘게 하지 못할 때에도 그가 제시하는 증거가 그 부족함을 메워 줄 수 있기 때문이다. 하지만 만일 지혜롭게 말하면서 동시에 유창하게 말하고 싶어하는 사람이 있다면(이 두 가지를 동시에 할 수 있는 사람은 확언컨대 정말 크게 사용될 것이다.) 그런 사람은 수사학을 가르치는 선생들과 함께 시간을 낭비하지 말고 유창하게 말하는 사람의 글을 읽고 그들의 말을 듣고 스스로 그들을 따라하는 훈련을 하는 것이 더 낫다. 물론 그가 모방하려는 사람은 유창할 뿐 아니라 또한 지혜롭게 말한다는 칭찬을 정당하게 받는 사람이어야 한다. 유창하게 말하는 사람은 즐거움을 주고, 지혜롭게 말하는 사람은 유익을 가져다 주기 때문이다. 성경은 많은 유창한 사람들이 아니라 "많은 지혜로운 사람들이 세상에서 복된 사람들"(지혜서 6:24)이라고 말한다.

여기에서 아마도 다음과 같은 질문을 하는 사람들이 있을지도 모르겠다. "최고의 권위를 가진 정경의 영감된 글을 기록한 저자는 단지 지혜롭기만 했는가, 아니면 유창하기도 했는가?" 이것은 나와 또 나와 같은 생각을 하는 사람들에게는 아주 쉬운 질문이다. 내가 성경 저자를 이해하는 바에 따르면, 이들보다 더 지혜로울 수 없고 또한 이들보다 더 유창할 수도 없다. 또한 내가 감히 말하건대, 이 저자가 말하는 의도를 참으로 이해하는 사람은 그들이 다른 방식으로는 그것을 제대로 말할 수 없었을 것이라는 점 또한 인정한다. 젊은이들에게 보다 잘 어울리는 유창함이 따로 있고, 노인들에게 더 걸맞은 유창함이 따로 있다. 말하는 사람의 인격에 어울리지 않는 유창함은 실제로 유창한 것이라고 말할 수 없다. 마찬가지로 최고의 권위를 정당하게 주장하는 사람들 곧 하나님의 영감을 받은 사람들에게 어울리는 종류의 유창함이 별도로 존재한다. (중략)

하지만 성경의 저자가 그들의 유창함을 통해서 나에게 말할 수 없는 기쁨을 줄 때 그것은 그들이 이방의 웅변가나 시인과 함께 공유하는 어떤 것 때문이 아니다. 필자는 그들이 우리가 흔히 말하는 통상적인 유창함을 사용한 방식에 더욱 감탄하고 있다. 그들은 그들 고유의 유창함으로 통상적인 유창함을 사용하기 때문에 그들의 말 속에 통상적인 유창함이 있는지 없는지는 눈에 잘 띄지 않는다. 왜냐하면 통상적인 유창함을 비난하거나 그것을 화려하게 사용하는 것 모두 그들에게는 어울리지 않기 때문이다. 그들은 통상적인 유창함을 피하지도 않았으며(즉 그것을 정죄한 것이 아니다.) 동시에 그것을 탁월하게 수행하지도 않았다(즉 그것을 화려하게 드러낸 것도 아니다.) 때때로 어떤 성경 구절이 우리가 통상적으로 말하는 그러한 유창함을 드러내 보이는 경우가 있는데, 이 때 사용된 단어는 화자가 열심히 찾아 낸 것이기보다는 즉흥적으로 사용한 것처럼 보인다. 그것은 마치 지혜가 자신의 집 곧 지혜자의 마음 속에서 걸어나오는 것 같다. 다시 말해 유창함이 지혜를 따르는 것은 수행원이 주인에게 꼭 붙어 그를 따르는 것에 비유될 수 있다.

  사실 가르침에 있어서 훌륭한 말솜씨의 기준은 사람들로 하여금 그들이 되고 싶어하지 않는 존재가 되게 하거나 그들이 하기 싫어하는 것을 하게 만드는 데 있지 않고 모호한 것을 명확하게 만드는 데 있다. 비록 이 가르침이 어눌한 말투로 베풀어진다 하더라도, 그 가르침은 적어도 소수의 학생들 즉 아무리 거친 형태로 제시되는 가르침이라 할지라도 무엇이든지 배우고자 애쓰는 소수의 열심인 학생들에게 유익을 줄 수 있다. 그리고 이 소수의 학생들은 자신의 배움의 목적을 달성했을 때 진리가 가져다 주는 큰 즐거움을 맛볼 것이다. 말을 사랑하기보다는 말 속에 담긴 진리를 사랑하는 것이 훌륭한 지성의 중요한 특징 중 하나이기 때문이다. 황금 열쇠를 갖고 있으면서도 만일 그 열쇠가 우리가 열고 싶은 문을 열지 못한다면, 그것이 무슨 소용이 있겠는가? 혹은 닫힌 문을 여는 것이 우리가 원하는 전부인데, 만일 나무 열쇠가 그 문을 열 수 있다면 우리가 무슨 이의를 제기하겠는가?

  비슷한 맥락에서 위대한 연설가 키케로는 다음과 같이 말했다. "말을 잘 하는 사람은 다른 사람들을 가르치고 즐겁게 하고 설득하기 위해서 말해야 한다." 여기에 더하여 그는 "가르치는 것은 필수이고, 즐겁게 하는 것은 장식이며, 설득하는 것은 승리다."라고 말한다. 이 세 가지 중에서 맨 처음 언급된 꼭 필요한 가르침은 우리가 말하는 내용에 의존하고, 다른 두 가지는 우리가 그것을 말하는 방식에 의존한다. 그러므로 가르치는 것을 목적으로 말하는 사람은 자신의 말이 완전히 이해되지 않았을 경우 자신이 해야 할 말을 다 했다고 생각해서는 안 된다. 왜냐하면 그가 말한 내용이 자신에게 이해되었을지는 모르지만, 그것을 이해하지 못한 사람에게는 전혀 말했다고 볼 수 없기 때문이다. 반면 그가 한 말을 상대방이 이해했다면 그는 어떤 방식으로 말을 했든지 간에 자신이 하고자 한 말을 했다고 볼 수 있다. 한편 상대방을 또한 기쁘게 하고 설득하려고 한다면, 자신의 생각을 아무렇게나 이야기해서는 그러한 목적을 이룰 수가 없다. 이러한 목적을 성취하기 위해서는 말하는 방식에 관심을 기울여야 한다. 상대방의 주의를 집중시키기 위해서는 그를 즐겁게 해야 하고, 상대방이 특정한 행동을 하도록 만들기 위해서는 그를 설득해야 한다. 여러분이 달콤하고 고상한 말을 하면 그는 즐거워하고, 여러분의 약속이 그의 마음을 사로잡거나 여러분의 위협이 그를 무섭게 한다면 그는 설득당한다. 만일 상대방이 여러분이 정죄하는 것을 물리치고 여러분이 추천하는 것을 사랑한다면, 만일 여러분이 슬픈 일을 말할 때 그가 슬퍼하고 여러분이 기쁜 일을 이야기할 때 그가 즐거워한다면, 만일 여러분이 동정의 대상으로 제시한 사람들을 그가 불쌍히 여기고 여러분이 두려워하고 피해야 할 사람으로 지적한 사람들을 그가 피한다면, 그것은 여러분이 상대방을 즐겁게 하고 설득했기 때문이다. 이처럼 유창하고 효과적인 말솜씨가 어떻게 상대방의 마음을 움직이는지 그 이유를 굳이 다 열거할 필요는 없을 것이다. 말을 유창하게 잘 하는 사람은 상대방이 해야 하는 일을 직접적으로 말하지 않으면서도 상대방이 스스로 해야 한다고 생각하고 있는 그 일을 행하도록 그를 독려한다.

하지만 만일 상대방이 자신이 해야 하는 일이 무엇인지 아직 모르고 있다면, 우리는 그를 설득하기 전에 당연히 먼저 가르쳐야 한다. 어떤 사람들의 경우에는 그들의 의무만 가르치고 그들의 마음을 움직이기 위해 어떠한 유창한 말을 사용하지 않아도 스스로 자신의 의무를 다한다. 하지만 다른 사람들은 자신이 마땅히 해야 할 일을 알면서도 행하지 않는다. 이런 경우에는 그들의 마음을 움직이는 설득의 과정이 반드시 필요할 경우도 있다. 그러므로 가르치는 것은 필수적인 일이다. 사람들이 이미 알고 있는 일에 대해서는 그 일을 행하거나 행하지 않는 것이 그들 자신의 손에 달려 있다. 하지만 우리는 그들이 모르고 있는 일을 행하는 것 또한 그들의 마땅한 의무라고 말할 수는 없다. 마찬가지 원리에서 설득은 필수적이지 않다. 왜냐하면 설득은 항상 요구되는 일은 아니기 때문이다. 예를 들어 어떤 사람이 자신을 가르치거나 자신에게 즐거움을 주는 사람의 말에 순순히 동의하고 따를 경우에는 굳이 설득이 필요하지 않다. 이러한 이유에서 설득하는 것은 일종의 승리라고 말할 수 있다. 왜냐하면 설득은 어떤 사람이 가르침을 받고 즐거워하면서도 그 가르침에 동의하지 않을 때 비로소 요구되는 일이기 때문이다. 만일 이 세 번째 목적에서 실패한다면 처음 두 가지 목적을 성취한 것은 대체 무슨 소용이 있겠는가? 또한 즐거움을 주는 것도 필수적인 일은 아니다. 왜냐하면 말하는 과정에서 진리가 명확하게 언급된다면(이것이 가르침의 참된 기능이다.), 굳이 진리를 말하는 방식이 듣는 사람에게 즐거움을 주어야 할 필요는 없기 때문이다. 하지만 진리가 꾸밈없이 단순하게 표현되었을 때 그것은 그 자체가 진리라는 이유만으로도 즐거움을 준다. 한편 거짓말의 경우에도 그것이 거짓으로 밝혀질 때 종종 즐거움의 원천이 된다. 물론 참으로 우리에게 즐거움을 주는 것은 그 거짓말 자체가 아니라 그것이 거짓임을 보여 주는 진리의 말이다.

    그러므로 말을 통해 선을 독려하기 원하는 사람은 가르치고 즐거움을 주고 설득하는 이 세 가지 목적 중 어느 하나도 가볍게 여겨서는 안 된다. 앞서 우리가 말한 대로, 그런 사람은 회중들이 이해하고 즐거워하고 또한 순종의 준비된 마음으로 들을 수 있도록 기도하고 애써야 한다. 그가 이 일을 고상하고 적절하게 수행할 때 비록 회중의 동의를 얻어 내지 못한다 할지라도 그는 말솜씨가 뛰어나다는 평가를 정당하게 받을 수 있다. 로마의 탁월한 달변가 역시 가르치고 즐거움을 주고 마음을 움직이는 이 세 가지 목적을 마음에 두고서 다음과 같은 세 가지 지침을 말하고 있다. "말 잘 하는 사람이란 사소한 일은 잔잔한 어조로 말하고, 평범한 일은 부드러운 어조로 말하고, 위대한 것은 장엄한 어조로 말할 수 있는 사람이다." 위에서 언급한 세 가지 목적과 관련하여 이 문장을 다음과 같이 고쳐 쓸 수 있겠다. "말을 유창하게 잘 하는 사람은 교훈을 주기 위해서는 잔잔한 어조로 사소한 일을 말하고, 즐거움을 주기 위해서는 부드러운 어조로 평범한 일을 말하고, 마음을 움직이기 위해서는 장엄한 어조로 위대한 일을 말할 수 있는 사람이다." (중략)

하지만 위대한 일에 대해서 말할 때 반드시 장엄한 어조로 말할 필요는 없다. 반면 가르칠 때에는 잔잔한 어조를 사용하고, 칭찬하거나 책망할 때에는 부드러운 어조를 사용해야 한다. 한편 어떤 일을 해야 하는데 그것을 하기 싫어하는 사람에게 말할 때에는 힘있게 그리고 그 사람의 마음을 움직이기에 가장 적절한 방법을 써서 위대한 일에 대해 말해야 한다. 때때로 한 가지 중요한 주제에 대해서 시각을 달리하여 이 세 가지 방법 모두를 사용해야 하는 경우도 있다. 즉 그 주제에 대해 가르칠 때는 잔잔하게 말하고, 그 주제의 중요성에 대해서 강변할 때는 온화하게 말하고, 또한 진리에 반대하는 사람을 강권하여 그 주제를 받아들이도록 할 때는 강한 어조를 말해야 한다. 예를 들어, 난해한 삼위일체 교리를 가르치는 사람이 잠잠하게 말하지 않고 다른 식으로 말해서 사람들에게 그 진리를 어떻게 이해시킬 수 있겠는가? 이런 경우 우리는 증거 대신 미사여구를 찾아서야 되겠는가? 삼위일체와 관련하여 회중이 가르침을 받아 무언가 배우기보다는 오히려 어떤 행동을 취하려 마음이 움직인다면, 과연 우리가 말을 잘 한 것이라 할 수 있겠는가? 반면 우리가 하나님의 성품과 그분의 위대한 역사를 찬양할 때는 아름답고 장엄한 언어 영역이 우리 앞에 펼쳐져야 한다. 누가 그분을 찬양하는 일에 완벽할 수 있을까? 어느 누구도 하나님께 합당한 찬양을 올려드릴 수 없지만, 또한 그분을 어떤 식으로든 찬양하지 않는 사람도 아무도 없다. (중략)

결국 어디에서 어떤 특정한 어조를 사용할 것인가를 결정하는 것이 중요한 문제로 제기된다. 예를 들어 장엄한 어조로 말할 때도 그 도입 부분에서는 부드럽게 말하는 것이 대체로 바람직하다. 또한 장엄한 어조를 사용해야 할 대목에서 자신의 판단에 따라 잔잔한 어조로 말 할 수도 있다. 이렇게 함으로써 마치 빛이 비추이는 곳이 어두운 배경으로 인해 더 밝게 보이듯이 장엄한 어조로 말하는 부분이 상대적으로 더 장엄하게 두드러지기 때문이다. 한편 말의 어조나 글의 문체가 어떠하든지 간에 곤란한 질문이 제기되어 해결을 요구할 때는 정확한 분별을 위해 잔잔한 어조를 사용해야 한다. (중략)

어떤 설교자가 반복해서 격찬을 들었다고 해서 그가 항상 장엄한 어조로 말한다고 생각해서는 안 된다. 왜냐하면 잔잔한 어조로 정확한 분별을 선보였을 때나 혹은 부드러운 어조로 아름다움을 묘사했을 때도 이와 같은 찬사를 받을 수 있기 때문이다. 한편 장엄한 어조는 종종 강렬한 인상을 주어 오히려 회중을 잠잠하게 만들면서 그들의 눈물을 자아낸다. 내가 마우리타니아의 가이사랴(Caesarea in Mauritania)에서 경험했던 한 가지 일화를 예로 들어 보겠다. 그 곳은 매년 정기적으로 카테바(Caterva)라고 불리는 내전이 일어나는 곳이었다. 그 곳 사람들은 두 분파로 나뉘어 있었는데, 이 분열의 골은 동료 시민들 사이에서뿐 아니라 이웃과 형제와 부모 자식 사이에도 깊이 자리잡고 있었다. 그들은 돌로 무장하고 매년 특정한 계절이 돌아오면 전쟁을 벌여 닥치는 대로 서로를 죽였다. 이러한 싸움은 여러 해 동안 지속되었다. 필자는 단호하고 열정적인 연설을 통해 그들의 마음과 삶 속에 자리잡고 있는 난폭하고 만성적인 악을 뿌리 뽑으려고 했다. 그러던 어느 날 필자는 내가 원하던 결과를 얻게 되었다. 그것은 내가 그들로부터 찬사를 받았을 때가 아니라 오히려 내가 그들의 눈물을 보았을 때였다. 칭찬은 그들이 배우고 기뻐했다는 것을 보여 주지만, 눈물은 그들이 설복되었음을 보여 준다. 내가 그들의 눈물을 보았을 때, 아직 확증된 것은 아니지만 이 끔찍하고 야만스런 관습이 드디어 종식되었다는 확신을 가질 수 있었다. (이 관습은 수 세대를 거슬러 올라가는 선조들의 시대로부터 전해 내려온 것이었으며, 마치 적군처럼 그들의 마음을 포로로 잡고 있었다. 아니 그들을 완전히 사로잡고 있었다고 말할 수 있다.) 필자는 설교를 마친 직후 그들에게 하나님을 찬양하고 그분께 감사하라고 말했다. 그리스도의 은혜와 함께 그 끔찍한 싸움이 더 이상 벌어지지 않은 지도 벌써 8년이 넘게 지났다. 필자는 이와 비슷한 경우를 이외에도 많이 보았다. 사람들이 어떤 지혜로운 사람의 힘찬 언변을 통해 실제적인 영향을 받았을 때에는 박수갈채를 보내기보다 오히려 탄식하고 심지어는 눈물을 보이며 결국 삶에 변화를 가져온다.

잔잔한 어조 역시 많은 사람들의 삶에 변화를 가져온다. 하지만 그 변화는 사람들이 모르던 것을 가르쳐 주거나 혹은 사람들이 믿을 수 없다고 생각하던 것을 이해시키는 정도의 변화이다. 즉 사람들이 해야 하는 것을 알면서도 하기 싫어하는 것을 하게끔 만들지는 못 한다. 사람들의 완고한 마음을 깨뜨리기 위해서는 강한 어조의 말이 필요하다. 부드러운 어조를 사용하더라도 적절한 칭찬과 책망을 통해 우리는 이와 비슷한 결과를 얻을 수도 있다. 즉 사람들은 자신을 칭찬하거나 책망하는 사람의 유창한 말에 즐거움을 얻기도 하지만, 동시에 칭찬받는 삶을 살거나 혹은 비난을 초래하는 삶을 살지 않으려고 결단하기도 하기 때문이다. 하지만 그러한 말을 듣고 기뻐했다고 해서 결과적으로 모든 사람이 자신의 습관을 바꿀 것이라고 기대해서는 안 된다. 반면 장엄한 어조의 말을 듣고 마음이 동한 사람은 그렇게 행동하며, 잔잔한 어조의 말을 듣고 가르침을 받은 사람은 이전에는 몰랐던 진리를 알거나 믿게 된다.

이상 말한 내용을 바탕으로 우리는 다음과 같이 결론을 내릴 수 있다. 방금 마지막에 언급한 두 가지 어조 곧 장엄한 어조와 잔잔한 어조를 통해 우리가 도달할 수 있는 두 가지 목적은 지혜롭게 그리고 유창하게 말하기를 열망하는 사람들에게는 가장 본질적인 요소이다. 반면 부드러운 문체의 경우에는 상대방을 즐겁게 하는 것 자체로는 적절한 목적이라고 볼 수 없다. 하지만 우리가 말해야 하는 내용이 유익하고 유용하지만 회중이 이미 그 내용을 잘 알고 있고 또 그것을 행하려는 마음을 갖고 있어서 더 이상 그들을 가르치거나 설득할 필요가 없을 경우, 이러한 아름다운 어조가 효과를 발휘할 수 있다. 즉 사람들이 어떤 가르침에 더 순종적으로 응답하게 만들거나 혹은 그것을 더욱 견고하게 붙잡게 할 때는 부드러운 어조가 여전히 효과적이다. 결국 말을 잘 한다는 것은 앞서 말한 세 가지 어조 중 어떤 어조를 취하건 간에 설득을 목적으로 설득력 있게 말한다는 것을 의미한다. 다시 말해 말을 잘 한다 해도 만일 설득에 성공하지 못한다면 결국 목적을 성취하지 못한 것이라고 말할 수 있다.

출처

Augustinus, On Christian Doctrine, Book IV, selected paragraphs, trans. J. F. Shaw, A Selected Library of the Nicene and Post–Nicene Fathers of the Church, ed. Philip Schaff, Vol. II (Buffalo, 1887), pp. 574–577, 583, 586–587, 593–594.

베이스본의 로베르토
Robert Of Basevorn

설교의 구성 장치

베이스본의 로베르토의 생애와 관련해서 우리는 그가 1322년에 『설교의 형식』이라는 제목의 훌륭한 글을 썼다는 사실 외에 아는 바가 거의 없다. 그의 이름도 그가 자신의 글에서 소제목의 이합체식 글자 조합을 통해 자신의 이름을 밝히고 있기 때문에 겨우 우리에게 알려져 있다. 이 글에서 그는 파리와 옥스퍼드의 설교 방식을 다루면서 자신의 폭넓은 식견을 드러내 보이고 있다. 로베르토의 작품은 중세에 고도로 발전된 장르인 아스 프라이디칸디(ars praedicandi) 즉 설교 구상과 구성을 위한 지침서를 대표한다. 13 - 14세기에 이러한 지침서가 많이 출간되었다. 이 지침서는 '주제' 설교 혹은 '대학' 설교에 대해 기술하고 있는데, 이러한 설교의 복잡한 구성은 아마도 아우구스티누스(Augustinian)나 키케로(Ciceronian) 식의 수사학보다는 스콜라주의의 아리스토텔레스 논리학으로부터 직접적인 영향을 받은 것 같다. 전형적인 지침서는 설교를 여섯 부분으로 구분한다. (1) 주제문: 성경 인용, (2) 주제 도입: 주제문 도입과 뒤이은 기도, (3) 설교의 목적에 대한 설명과 함께 주제 반복, (4) 주제의 대지 구분(일반적으로 셋으로), 그리고 각 대지를 '입증하는' 다양한 종류의 '권위' 제시, (5) 주제의 세부 구분, (6) 각 대지에 대한 부연 설명. 주제를 세밀하게 분할하는 것은 중세의 통상적인 관행이었다. 3대지 개요는 르네상스 고전주의에 의해서 일부 수정되고 종교개혁자들에 의해 배격되기도 했지만 여전히 많은 설교자가 자주 사용하고 있는 설교 구성 방법이다.

이제 주의 깊은 설교자들이 그들의 설교에 어떤 구성 형태를 사용하는지 함께 살펴보자. 우선 가장 꼼꼼하게 구성된 설교에는 특별히 다음 22가지의 장치가 사용되고 있다. 주제문, 회중 환기, 기도, 도입, 주안점(한국 교회에서는 일반적으로 대지라고 함 – 역자 주) 구분, 주안점 진술, 주안점 입증, 부연 설명, 여담, 전환, 상응, 일치, 우회적 전개, 복잡화, 통일, 결론, 어조, 억양, 적절한 몸동작, 암시, 각인, 적절한 유머, 주제 강조 등. 이 중 처음 15가지는 설교 중 한 번 혹은 많아야 두세 번 정도 적절한 위치에 삽입된다. 그 다음 5가지는 설교 중 거의 어느 곳에나 집어넣을 수 있다. 그 다음 유머는 두세 곳에서 아주 드물게 사용해야 한다. 마지막에 언급된 주제 강조는 설교 내내 언급해야 한다. 이 모든 것이 함께 어우러져 설교를 고상하게 꾸미기 때문에 우리는 이것을 설교 구성의 장치라고 부를 수 있다. 아마도 여기에 나열한 것보다 더 많은 장치가 있을 수 있지만, 결국 이 22가지로 환원된다.

주제문을 훌륭하게 작성하기 위해서는 다음 조건을 만족시켜야 한다. 첫째, 주제문은 교회 절기와 어울려야 하며, 충분히 이해 가능해야 하며, 변하거나 부패하지 않는 성경 본문에 기초해야 하고, 세 가지가 주안점으로 구성되거나 혹은 세 가지 주안점으로 환원 가능해야 하며, 이 세 가지 사이에는 충분한 일치가 있어야 한다(적어도 모음의 일치라도). 예를 들어 만일 어떤 설교자가 대강절에 즈음하여 설교를 한다면 "오소서, 주 예수여."와 비슷한 주제문을 만들어야 한다. 혹은 성탄절에 즈음하여 설교를 준비한다면 "하나님의 은혜가 나타났다."와 같은 주제문이 적절하며, 주현절에 즈음하여 설교를 준비한다면 "위대한 표적이 나타났다."와 같은 주제문이 적절하다. 또한 설교자는 이 주제문이 위의 나머지 조건을 동시에 만족시키고 있는지 확인해야 한다.

성인을 기념하는 축일에 있어서도 마찬가지이다. 설교자는 자신이 설교하고자 하는 성인과 관련하여 특별히 강조하고 싶은 사실이 무엇인지 숙고해야 한다. 예를 들어 사도 야고보의 경우 필자는 그가 십자가에 오랫동안 매달려 있으면서도 믿음을 포기하지 않았다는 사실에 특히 주목한다. 이것은 그가 단지 육체적으로 십자가에 못 박혔을 뿐 아니라 오히려 영적으로도 그리스도에게 붙박여 있었다는 것을 보여 준다. 따라서 우리는 그의 동료 사도가 말한 내용을 야고보 사도 자신에게서 발견한다. "내가 그리스도와 함께 십자가에 못 박혔나니"(갈 2:20) (중략)

또한 이러한 설교 방식에 있어서는 주제문이 오직 세 가지 주안점으로 구성되거나 혹은 세 가지 주안점으로 환원 가능하게 구성되어야 한다. 이것은 삼위일체의 관점에서 그리고 세 겹으로 된 줄이 가장 끊기 어렵다는 이유에서 그렇다. 하지만 내가 생각하기에 이렇게 해야 하는 더 큰 이유는 정해진 설교 시간을 지키기에 편하기 때문이다. 즉 설교에서 너무 많은 수의 주안점을 다루다 보면 듣는 사람들이 지루해하고, 너무 적은 수의 주안점을 다루게 되면 설교 시간이 너무 짧아지기 때문이다.

주제문이 굳이 세 개의 주안점으로 구성되지 않더라도 그것과 등가적이면 괜찮다고 덧붙인 이유는 주제문 안에 쪼갤 수 없는 단어나 혹은 쪼개서는 안 되는 단어가 포함되어 있을 수 있기 때문이다. 즉 전치사나 접속사 혹은 다른 모든 단어 안에 포함되어 있는 일반적인 단어의 경우가 그러하다. 예를 들어 "의로운 자가 환난으로부터 구원을 얻었다."라는 주제문이 있다면, 여기에서 '- 로부터'나 '- 었다' 등은 더 이상 쪼갤 수 없는 단어이다. (중략)

구성하는 주안점이 많아도 그것을 셋으로 구분할 수만 있다면 주제문으로서 별 무리가 없다. 성수태고지일이나 성탄절 전야 혹은 성탄절 당일에, 그리고 성탄절 이후 8일 이내에 있는 첫번째 주일, 그리고 할례 축일에 각각 다음과 같은 주제문을 작성했다고 생각해 보자. "하나님이 그 아들을 보내사 여자에게서 나게 하시고 율법 아래 나게 하신 것은 율법 아래 있는 자들을 속량하려 하심이니"(갈 4:4-5 참고) 이 문장은 모두 17개의

(영어) 단어로 구성되어 있지만, 전체 문장은 세 부분으로 나눌 수 있다. 따라서 우리는 이 단어가 세 가지 사실을 다루고 있다고 말할 수 있다. (1) 교부들은 이 문장에서 "자비롭게 넘쳐나는 숭고함"을 주목했다. 왜냐하면 "하나님이 그 아들을 보내셨다" 말하고 있기 때문이다. (2) 또한 이 문장은 "덕스럽게 드러나는 겸손"이 어떻게 구원을 가져다 주는지 보여 준다. 왜냐하면 "그 아들을 여자에게서 나게 하시고 율법 아래 나게 하셨다"고 말하고 있기 때문이다. (3) 마지막으로 이 문장은 "풍부하게 확장되는 효과"가 어떻게 비롯되는지 보여 준다. 왜냐하면 "율법 아래 있는 자들을 속량하려 하심이다" 말하고 있기 때문이다.

하지만 주제문을 이렇게 세 개의 주안점으로 나눌 때, 우리는 주안점의 각 부분이 주제문의 각 부분에 적절하게 상응하는지 확인해야 한다. 예를 들어 교부들은 "하나님이 그 아들을 보내셨다"는 표현을 "자비롭게 넘쳐나는 고상함"으로 이해했다. 여기에서 우리는 '하나님이' – '고상함', '그 아들을' – '자비롭게', '넘쳐나는' – '보냈다' 사이의 상응을 확인할 수 있다. 다시 말해 첫번째 주안점의 세 부분이 주제문의 세 부분에 상응하며 이로써 주제문의 권위가 주안점의 권위를 확증한다. 하지만 이렇듯 많은 단어로 구성된 주제문이 세 개의 주안점으로 적절하게 구분되고 상응의 원리를 만족시키는 경우가 별로 없다.

이제까지 우리는 설교를 구성하는 첫번째 장치인 주제문 작성에 대해 살펴보았다. 설교의 두 번째 장치는 회중의 주의를 사로잡는 것이다. 설교자는 하나님의 뜻을 따라 할 수 있는 한 듣는 사람들의 마음을 사로잡아야 한다. 그래서 그들이 자신이 하는 말을 기꺼이 듣고 또 그것을 마음에 간직하게 만들어야 한다. 회중의 마음을 사로잡는 방법은 여러 가지가 있다. 그 첫번째 방법은 창의적이고 흥미로운 이야기로 설교를 시작하는 것이다. 즉 주제와 관련된 어떤 흥미로운 일이나 사람에 대한 이야기를 적절하게 끌어올 수 있다. 예를 들어 예수님의 승천이나 성모 승천과 관련하여 주제문을 "땅에서 샘이 솟아난다."라고 작성했다고 하자. 설교자는 제럴드(Gerald)의 책에 나오는 시칠리아(Scicilia)의 어떤 샘에 관한 흥미로운 이야기로 자신의 설교를 시작할 수 있다. 그 샘은 붉은색 외의 다른 색깔의 옷을 입은 사람이 그 샘에 다가올 때는 아무런 반응도 보이지 않다가, 붉은 옷을 입은 사람만 나타나면 물이 갑자기 솟아나는 기이한 샘이다. 그 샘이 바로 그리스도다. 집회서는 그분에 대해서 "하나님의 말씀은 지혜의 샘"이라고 기록하고 있다. 그분과 함께 고난을 받고 그분의 수난의 피로 붉게 물든 사람, 내면적으로 그분을 묵상하는 데 전념하고 "네 옷이 왜 붉으냐?"고 하는 이사야의 말을 숙고하는 사람이 곧 그분에게 "붉은 옷을 입고 다가가는" 사람이다. 이런 사람은 생수 곧 은혜를 발견한다. 그분이 피를 흘리셨을 때 땅이 진동하고 돌이 쪼개져 나갈 만큼 그분의 피의 공덕이 너무도 크기 때문이다. 만일 우리 마음이 그 땅보다 더 메마르거나 그 돌들보다 더 굳어 있지 않다면, 우리 마음은 하나님의 말씀이 선포될 때 더욱 진동하고 찢어지게 될 것이다. 한편 사람들에게 잘 알려지지 않은 사실을 사용하는 방법도 있다. 예를 들어 왜 눈은 한 가지 색깔만 갖고 있지 않은지 그 원인을 설명하면서 회중의 흥미를 유도할 수 있다. 만일 눈이 한 가지 색깔만 가지고 있다면 눈은 오직 그 색깔만 지각할 것이며, 따라서 이 세상에 존재하는 색깔만큼 많은 감각 기관이 필요하게 될 것이다. 설교자는 이러한 논리를 죄인들, 그 중에서도 특히 탐욕스럽고 약삭빠른 사람들에게 적용할 수 있다. 즉 이런 사람들은 하나님의 말씀이나 그 말씀이 초래하는 결과를 전혀 인식하지 못하는데, 그것은 그들이 하나님의 말씀과 정반대되는 것에 의해 완전히 사로잡혀 있기 때문이다.

회중의 마음을 사로잡는 두 번째 방법은 무서운 이야기나 일화를 들어 그들을 두렵게 만드는 것이다. 이것은 유명한 자크 드 비트리(Jacques de Vitry)가 사용한 방법이다. 그는 하나님의 말씀 듣기를 한사코 거부하던 한 사내의 이야기를 했다. 마침내 그 사람이 죽어 그 시신이 교회에 안장되었을 때, 그 곳 사제는 교구민들이 함께 한 자리에서 일반적인 관습을 따라 죽은 사람의 덕을 기리는 말을 시작했다. 그 때 갑자기 성가대석과 회중 사이에 그리스도의 형상이 나타나더니 나무에 못 박혀 있던 자신의 손을 그 못과 나무에서 떼어 내어 그 손으로 그 죽은 시체의 귀를 틀어막았다. 마치 죽은 사람이 자신을 위한 기도를 듣기 싫어한다는 것을 넌지시 암시하는 것 같았다. 그 사람은 죽기 전에도 설교자를 통해 선포되는 그리스도의 말씀을 듣는 것을 싫어했다. 이와 동일한 주제에 대해 그리스도께서 마음이 완고한 죄인에게 나타나신 다음과 같은 이야기도 사용할 수 있다. 그리스도께서 자신의 옆구리에서 취한 피가 흥건한 손을 내밀어 보이시며, "네가 그렇게도 완악한 마음으로 물리치던 이 피가 마지막 심판의 날 너를 거슬러 증언할 것이다."라고 말씀하셨다. 그 후에 그 죄인은 자신이 그 피에 흥건히 젖은 채 무덤에 묻히는 환상을 보았다. 그 중 어떤 사람들이 회개하고 자백하자 이내 그 피가 깨끗이 사라졌다고 한다. 이 두 번째 예화는 모든 설교에 마음을 닫았던 한 여인의 간증을 듣고 나서 내가 다시 고쳐 쓴 것이다. 그 여인이 증언한 바에 따르면, 그리스도께서 그녀에게 나타나 그 여인의 손을 자신의 옆구리에 난 상처에 가져가시고는 다음과 같이 말씀하셨다. "네가 거절했던 이 피가 네가 돌이키지 않는 한 네 악덕을 인하여 영원히 너에게서 씻기지 않을 것이다." 그녀의 고백에도 불구하고 그 피는 여전히 그녀에게서 떨어지지 않았다. 마침내 그녀가 모두에게 숨겨 왔던 큰 죄를 고백했을 때 비로소 그 피가 사라졌다는 것이다. 이와 같이 무서운 이야기로 설교를 시작하는 것은 회중의 관심을 집중시키는 데 매우 효과적이다.

회중의 마음을 사로잡는 세 번째 방법은 악마가 하나님의 말씀과 그 말씀을 듣는 것을 항상 방해하려고 애쓰고 있다는 예화나 일화를 소개하는 것이다.

회중의 마음을 사로잡는 네 번째 방법은 하나님의 말씀을 듣는 것이 예정의 확실한 증거가 된다는 사실을 말해 주는 것이다. 이와 비슷하게 하나님의 말씀을 기꺼이 들으려고 하는 사람에게는 풍성한 열매나 회개하고 싶은 마음 등이 자연스럽게 따라온다는 사실을 지적할 수도 있다.

회중의 마음을 사로잡는 다섯 번째 방법은 설교자의 목적이 회중의 회심에 있다는 것을 분명히 하는 것이다. 하지만 이러한 목적을 알린 다음 회중에게 간청하는 식으로 설교를 해서는 안 된다. 먼저 그들에게 하나님의 사랑과 죄악의 두려움과 하나님의 명예에 대해서 알려 주어야 한다. 그렇지 않으면 오히려 하나님의 명예를 손상하는 일이 발생할 수도 있다. 그런 후에 설교자는 죄 용서에 적합한 마음가짐으로 회중을 이끌고 가야 한다. 이러한 죄 용서는 하나님의 말씀을 듣는 사람에게 주어진다. 그리고 회중의 상황에 따라 그들의 주의를 끌 수 있는 모든 수단을 강구해서 설교해야 한다.

출 처

Robert of Basevorn, The Form of Preaching, trans. Leopold Krul O.S.B. in James J. Murphy, ed., Three Medieval Rhetorical Arts (Berkeley, Los Angeles, London: University of California Press, 1971), pp. 132 – 133, 138 – 139, 145 – 148. Reprinted by permission.

프랑수아 페넬롱

Francois Fenelon

자연스러운 커뮤니케이션

아우구스티누스의 『기독교 교리에 관하여』라는 책이 "수사학을 새롭게 시작했다." 는 평가를 받았다면, 프랑수아 페넬롱(1651 - 1715)의 『대화』는 최초의 근대적 수사학을 선보이고 있다. 후일 깡브레(Cambrai)의 대주교가 된 페넬롱은 플라톤과 키케로의 모델을 좇아서 A, B, C로 지칭되는 세 인물 사이의 대화 형식을 통해 설교에 대한 자신의 견해를 변증법적으로 제시하고 있다. A라는 인물은 피터 라무스(Peter Ramus)의 신(新)스콜라주의를 반대하는 페넬롱의 입장을 대변한다. 100년 전 라무스는 수사학의 전통적인 과제에 포함되어 있던 연구(invention)와 구성 혹은 배열(disposition)을 변증법에 넘겨 주고, 수사학을 단순히 화려하고 유창한 말솜씨로 환원시켰다. 여기에 대해서 페넬롱은 라무스주의가 17세기 프랑스 강단에 미친 부정적인 영향을 지적하고 비난했다. 단순히 화려한 말솜씨는 위그노(Huguenots)를 설득하고 선교하는 일에 관심을 가지고 있었던 페넬롱과 같은 설교자들에게 아무런 도움이 되지 못했다. 페넬롱은 수사학과 설교의 통전성을 회복하려는 노력 속에서 평범한 말투를 강조하고 회중이 가장 자연스럽게 진리를 이해할 수 방식으로 성경을 해석하고 적용하도록 설교자를 독려했다. 인위적으로 짜맞춘 형식적인 설교는 복음의 목적을 성취할 수 없다고 그는 생각했다. 페넬롱의 방법에 따르면, 메시지는 단순히 드러나지 않고 논리적으로 전개되어야 한다. 이러한 그의 제안은 근대의 '귀납적인 설교'에는 미치지 못하지만 17세기 실험 과학의 점증하는 압력으로부터 영향을 받은 것이 분명하다. 페넬롱의 수사학은 경험과 사고와 담화 사이의 관계에서 일어난 포괄적인 혁명의 한 부분이었다. 미리 결정된 이성의 구조나 혹은 다른 어떤 '권위'에 대한 의존은 더 이상 유효하지 않았다.

A: 선생님, 안녕하세요? 선생님께서 자주 저를 데려가 들려 주고 싶어 하시던 그 목사님의 설교를 이번 주에도 듣고 오셨나요? 개인적으로 저는 저희 교구 목사님의 설교에 만족하고 있어요.

B: 저는 저희 교구 목사님의 설교에 완전히 매료됐어요. 선생님, 선생님은 그분의 설교를 듣지 않은 만큼 그만큼 많은 것을 잃어버리신 거예요. 저는 그분의 사순절 설교 중 하나라도 놓치지 않으려고 아예 자리를 하나 세내었지요. 정말이지 그분은 탁월한 설교자예요. 선생님도 그분의 설교를 한번 듣고 나면, 다른 목사님들의 설교가 못마땅하게 보일 거예요.

A: 그렇다면 저는 그분 설교를 듣지 않도록 주의해야겠네요. 저는 설교자 한 사람 때문에 다른 설교자들을 못마땅하게 여기게 되는 것을 원치 않거든요. 전 오히려 제가 하나님의 말씀을 더 사랑하고 또 그 말씀 안에서 기뻐할 수 있도록 저를 고무시켜 주는 사람이 더 좋아요. 그래서 언제든지 하나님의 말씀을 들을 마음의 준비가 되어 있었으면 좋겠어요. 하지만 선생님께서 말씀하셨듯이, 저는 그런 좋은 설교를 듣지 못해 너무 많은 것을 잃어버렸고 반면 선생님은 그 좋은 설교를 듣고 많은 것을 가졌으니까 선생님께서 저의 부족한 부분을 채워 주시면 되겠네요. 선생님은 친절하니까 기억하고 계신 것 중에 일부만이라도 저에게 반복해서 들려주실 수 있으시겠죠?

B: 제가 여기에서 설명한다 해도 그분의 설교를 제대로 전달할 수는 없을 거예요. 그분의 설교에는 제가 기억 못 하는 아름다운 장치들이 수백 가지가 넘거든요. 선생님께 그분의 설교를 제대로 설명하려면 그분과 같은 설교자가 한 명 필요할 거예요. (중략)

A: 하지만, 잠깐만요! 그분의 구상이나 논증, 실천적 교훈, 혹은 그 설교의 본론을 구성하고 있는 핵심 진리 중에 선생님의 마음 속에 남아 있는 게 전혀 없나요? 혹시 설교에 집중하지 않으신 건 아니죠?

B: 물론, 아니에요! 저보다 더 집중해서 그리고 더 즐겁게 듣는 사람은

아마 아무도 없을 거예요.

A: 그럼, 왜 설명을 못 해 주시겠다는 거예요? 선생님은 제가 선생님께 더 간절하게 애원하고 매달리길 바라시는 거예요?

B: 알겠어요. 그럼, 한번 들어 보세요! 제가 기억하고 있는 것만 들려 드릴게요. 본문은 시편 102편 9절이었어요. 그 구절은 다음과 같이 말하고 있어요. "나는 재를 양식같이 먹었다." 재(灰)의 수요일을 맞아 이보다 더 독창적인 본문을 어떻게 찾을 수 있겠어요? 목사님은 이 본문에 근거해서 어떻게 이 날에 재가 우리 영혼의 양식이 되어야 하는지를 설명해 주셨어요. 목사님은 서론에서 세상에서 가장 창의적인 방법으로 아르테미시아와 그녀의 남편의 재에 관한 이야기를 끌어오셨어요. 이어서 성모송 '아베 마리아'로 전환하는 대목은 그야말로 환상이었습니다. 그 다음 이어지는 주제의 주안점 구분도 아주 감동적이었어요. 무슨 내용인지 선생님도 들으시고 나면 제 말에 동의하실 겁니다. 그 내용은 다음과 같았어요. "이 재는 회개의 표시이지만 동시에 행복의 원리입니다. 그것은 우리를 겸비하게 만드는 것처럼 보이지만, 실은 영광의 원천입니다. 죽음의 상징처럼 보이지만, 사실은 불멸에 이르게 하는 치료약입니다." 이 단락을 목사님은 다양한 형태로 반복하셨어요. 그리고 매번 반대 명제를 사용하셔서 거기에 새로운 빛을 던져 주셨어요. 설교의 나머지 부분도 앞부분 못지않게 잘 다듬어져 있고 화려했어요. (중략)

A: 지금까지 선생님이 들려 주신 그 설교에 대해서 제 생각을 말하려니 조금 걱정이 되네요. 선생님은 높이 평가하셨는데, 제가 그것보다 낮게 평가하는 것 같아서….

B: 오늘은 그런 걱정 안 하셔도 돼요. 그저 호기심에서 선생님에게 설교 평을 부탁드린 건 아니니까요. 이 문제와 관련해서 제가 바른 생각을 가질 필요가 있다고 판단했거든요. 저뿐 아니라 다른 사람들을 위해서라도 솔직한 생각을 말씀해 주세요. 저 또한 직책상 설교해야 할 경우가 종

종 있거든요. 주저하지 말고 말씀해 주세요. 제 생각과 다르다고 망설이지도 마시고요. 또 내가 충격을 받을까 걱정하지도 마세요.

A: 그럼, 원하시는 대로 제 솔직한 생각을 말씀드릴게요. 선생님께서 들려 주신 내용만 들어 보아도 그 설교는 상당히 잘못된 것 같아요.

B: 어떤 점에서 그렇죠?

A: 말씀드릴게요. 본문의 적용이 잘못되어 있고 세속사의 이야기를 유치하고 비도덕적인 방식으로 끌어들이고 또한 도처에 화려함이라는 잘못된 겉치레만 가득한 설교를 두고 과연 훌륭한 설교라고 말할 수 있을까요?

B: 분명히 그럴 수 없죠. 하지만 제가 보기에, 제가 앞서 말씀드린 설교는 선생님이 말씀하시는 그런 유의 설교는 아닌 것처럼 보이는데요.

A: 조금만 더 들어 보세요. 그러면 제가 말하는 내용에 동의하시게 될 겁니다. 설교자가 "내가 재를 양식같이 먹었다."는 성경 구절을 자신의 설교 본문으로 선택했을 때, 본문과 이 날의 의식 사이에 단순히 단어가 일치한다는 사실을 확인하는 것만으로 만족해도 되는 겁니까? 본문을 주제에 관련해 적용하기 전에 먼저 본문의 참된 의미에 대한 설명으로 시작해야 하는 것 아닙니까?

B: 물론 그렇죠.

A: 또한 본문이 그 속에 자리한 문맥과 시편의 전체적인 구성을 철저하게 살펴보아야 하지 않았을까요? 자신의 해석이 본문 단어의 참된 의미와 일치하는지 먼저 검토한 후에 그것을 회중에게 하나님의 말씀으로 선포해야 하는 것 아닙니까?

B: 물론 그렇고말고요. 그런데 어떤 점에서 그 설교가 그렇지 못했다는 거죠?

A: 그가 다윗이든 아니든 간에 시편 102편의 저자는 이 구절에서 자신의 불행에 대해서 말하고 있습니다. 그는 적들이 자신을 잔인하게 짓밟고

먼저 구덩이에 내동댕이쳤으며 이로 인해 자신은 땅에 엎드려 재로 만든 빵을 먹고 눈물 섞인 물을 마시게 되었다고 말하고 있습니다. 여기서 그는 시적 은유를 사용하고 있습니다. 다윗이 아들 압살롬으로 인해 그의 왕좌에서 쫓겨나 고생할 때 그가 했던 불평과 그리스도인들이 재를 머리 위에 뒤집어쓰고 죽음에 대해 묵상하면서 스스로 세상 즐거움을 절제하는 겸비 사이에 대체 무슨 공통점이 있습니까? 그 목사님은 성경 안에서 다른 본문을 대신 선택할 수는 없었던 것일까요? 예수 그리스도와 사도들과 예언자들은 우리 인간에게 연약함을 가져오는 죽음과 무덤의 재에 대해서 전혀 언급한 적이 없었다는 말입니까? 성경 안에는 이 진리를 담고 있는 감동적인 문구가 수없이 많이 있지 않습니까? (중략)

B: 선생님, 너무 흥분하신 것 같군요. 하지만 설교자가 이 본문의 문자적인 의미를 활용하지 않은 것은 분명하지만, 그럼에도 불구하고 제가 보기에 이 본문에 대한 설교자의 해설은 썩 괜찮았던 것 같은데요.

A: 개인적으로 저는 어떤 말을 듣거나 읽으면 그 말 속에 어떤 아름다운 것이 있는지 찾아보기 전에 먼저 그 말이 참인지 여부를 알기 원해요. 여하튼 그럼 설교의 나머지 부분에 대해서 이야기해 보죠.

C: (갑자기 끼여들면서 – 역자 주) 설교의 나머지 부분도 본문 선정이나 마찬가지였어요. 그렇게 무서운 주제에 대해서 멋진 말을 하는 것이 무슨 유익이 있을까요? 진지하고 엄숙하게 말하면서 오직 무서운 죽음에 대해서만 생각하게 만들어야 하는 순간에 아르테미시아(Artemisia)의 슬픔이라는 세속적인 이야기를 끌고 와서 회중을 재미있게 만드는 것은 또한 무슨 유익이 있을까요?

B: 이제 보니, 선생님은 그러한 경우에 반짝이는 재치를 달가워하지 않는가 보군요. 하지만 이런 재치도 발휘하지 못하게 한다면, 어떻게 유창한 설교가 가능하겠어요? 모든 설교자를 단순한 선교사로 만들려고 하시는 거예요? 물론 선교사의 단순함은 배우지 못한 사람들에게는 꼭 필요한 거

죠. 하지만 교양 있는 사람들은 보다 예민한 귀를 가지고 있고 따라서 그들의 수준에 맞게 설교할 필요도 있어요.

A: 선생님, 전혀 엉뚱한 말씀을 하시는군요. 다시 본론으로 돌아가 이 설교가 얼마나 잘못되었는지 한번 살펴보도록 합시다. 방금 저는 주제의 주안점 구분에 대해서 말하려던 참이었어요. 내가 어떤 점에서 동의하지 못하는지 선생님은 이해하실 거라는 생각이 들어요. 자, 어떤 사람이 자신의 설교의 전체 주제를 세 가지 주안점으로 구분하고 있다고 합시다. 우선 주안점 구분이 완성되면 각각의 주안점은 간단하고 자연스러워야 합니다. 그리고 각 주안점의 내용은 이미 주제 안에 모두 담겨 있어야 합니다. 또한 주제가 그 세부 내용을 정돈하고 그것을 순서대로 배열하도록 해야 합니다. 그리고 배열 순서는 자신에게 쉽게 기억될 뿐 아니라 듣는 사람도 그 내용을 잘 기억할 수 있도록 해야 합니다. 마지막으로 주안점 구분은 주제와 주제의 각 부분이 얼마나 위대한지 보여 주어야 합니다. 그런데 여기 선생님의 교구 목사님의 주안점 구분은 처음부터 여러분의 감탄을 자아내려고 애를 씁니다. 즉 여러분 앞에 수수께끼 같은 말 세 마디를 던지고는 노련한 손놀림으로 회중이 곡예사의 움직임을 지켜 볼 때까지 기다립니다. 이런 태도를 두고 유용하고 중요한 무언가를 여러분에게 가져다 주려고 하는 진지한 태도라고 말할 수 있습니까? (중략)

B: 선생님은 지금 여러 번이나 순서에 대해서 언급하셨는데, 도대체 그 순서란 것이 주안점 구분 외에 다른 무엇을 의미한다는 말씀입니까? 이와 관련해서도 혼자만의 독특한 생각을 가지고 계신 건가요?

A: 물론 이 주제에 대해서 저 혼자 이런 생각을 가지고 있는 건 아니에요. 다른 주제에 대해서도 마찬가지고요.

B: 정말이요?

A: 그럼요. 이왕 이 주제에 대해서 말을 꺼냈으니, 상당수의 연설가들이 채택하고 있는 배열 순서가 얼마나 많은 결점을 가지고 있는지 말씀드

릴게요.

B: 순서를 아주 좋아하시는 걸 보니, 주안점 구분 또한 별로 싫어하지는 않으시겠네요.

A: 아니요. 저는 주안점 구분에 대해서는 결코 찬성할 수 없어요.

B: 왜요? 주안점 구분이 설교에 질서와 체계를 가져다 주지 않나요?

A: 종종, 아니 대체로 주안점 구분은 그것이 있어야 할 적당한 자리에 위치하고 있지 않아요. 그래서 설교의 흐름을 방해하고 재미없게 만들죠. 주안점 구분은 설교를 이등분하거나 삼등분함으로써 당연히 산출해야 할 결과를 방해합니다. 이렇게 되면 진정한 의미에서 설교의 통일성은 사라져 버립니다. 이것은 마치 둘 혹은 세 편의 서로 다른 설교를 자의적인 끈으로 느슨하게 묶어 둔 것과 같습니다. 즉 만일 어떤 설교자가 대강절 기간에 꼼꼼하게 수립한 계획을 좇아 설교한다면 그저께 설교와 어제의 설교, 그리고 오늘 설교는 하나의 큰 담화의 본론을 구성하고 있다고 말할 수 있습니다. 그 각각의 설교의 세 가지 주안점이 함께 모여 하나의 설교를 구성하고 있는 것도 이와 마찬가지 이치입니다.

B: 그렇다면 선생님의 생각에 순서란 무엇을 말하는 것입니까? 전혀 주안점 구분이 없는 설교는 너무 혼란스럽지 않을까요?

A: 혹시 선생님은 데모스테네스(Demosthenes)와 키케로의 연설이 선생님이 속한 교구 설교자의 설교보다 더 혼란스러웠다고 생각하세요?

B: 잘 모르지만, 그런 것 같지는 않아요.

A: 너무 많이 양보하는 것 같다고 해서 걱정하지는 마세요. 이 위대한 사람들의 열정적인 연설은 오늘날의 설교처럼 그렇게 주안점을 구분하지 않았어요. 이들뿐 아니라 우리가 자주 이야기했던 소크라테스와 또 다른 고대의 연설가들도 이러한 주안점 구분 방식을 전혀 채택하지 않았어요. 교부들은 그런 방식이 있다는 것조차 모르고 있었지요. 교부 중 마지막에 등장한 성 버나드는 이따금씩 주안점 구분에 주의를 기울였어요. 하지만

그도 결코 그러한 구분을 따르거나 자신의 설교를 형식적으로 구분하는 일은 하지 않았어요. 오랫동안 설교는 주안점 구분 없이 존재했습니다. 주안점 구분은 스콜라 학자들의 영향을 받아 아주 최근에야 도입되었지요.

B: 나도 스콜라 학자들이 유창한 말솜씨와 관련해서 잘못된 모델을 제공하고 있다는 사실은 알고 있어요. 그런데 그렇다면 고대 사람들은 어떤 형태의 담화를 사용했나요?

A: 방금 거기에 대해 말하려던 참이었어요. 과거에는 담화를 형식적으로 나누지 않았어요. 하지만 서로 구분해야 하는 주제의 경우에는 주의를 기울여 각 주제를 적절한 위치와 순서에 순차적으로 배열하였답니다. 그래서 그 순서를 차근차근 따라가다 보면 회중이 깊은 인상을 받도록 의도하였지요. 종종 어떤 생각의 경우 그것을 담화의 서두에 제시한다면 별로 중요하지 않은 것처럼 보이지만, 담화의 마지막에 회중이 다른 논증을 들은 후에 그 생각을 제대로 평가할 수 있는 준비가 된 상태에서 그 생각을 들려 주면 결정적인 효과를 얻을 수 있어요. 종종 적절한 위치에 있는 한 단어가 설교 전체의 진리를 가장 선명하게 보여 주기도 합니다. 이러한 이유 때문에 때때로 담화의 마지막에 이를 때까지 진리를 베일 속에 감추어 둘 필요도 있어요. 키케로는 이렇게 주장했지요. 어떻든 증거가 순차적으로 등장해야 합니다. 첫번째 증거는 두 번째를 준비하고, 두 번째 증거는 첫번째를 더욱 확증해야 합니다. 우선 서두에서 주제 전체에 대한 일반적인 견해를 소개하고, 솔직하고 겸손하면서도 호소력 있는 도입을 통해 그 주제에 대해 듣는 사람들이 호감을 가질 수 있도록 만들 필요가 있습니다. 그런 다음 설교자는 자신의 일반적인 원리를 차례로 내놓아야 합니다. 그 다음에는 관련된 사실을 단순 명료하게 이야기하는 말투로 진술하면서 나중에 다시 활용할 부분을 특별히 강조해 둡니다. 원리가 맨 처음 등장하고, 그 다음에 사실들이 나오고, 그런 다음에 여기에서부터 자신이 도달하고자 하는 결론을 이끌어 내야 합니다. 추론을 전개할 때에는

그 순서를 주의 깊게 배열해서 듣는 사람들이 그 증거를 잘 기억할 수 있게 해야 합니다. 이 모든 것을 통해 담화가 점진적으로 발전하는 방향으로 전개되도록 해야 하고, 그래서 듣는 사람들이 진리의 점증하는 무게를 느낄 수 있도록 해야 합니다. 바로 여기에서 설교자는 모종의 감정을 불러일으키기 위해 생생하고 충격적인 수사학적 은유와 반전을 사용해야 합니다. 또한 회중으로부터 특정한 감정을 이끌어 내기 위해서는 감정 사이의 상호 관계에 대해 잘 알아 둘 필요가 있습니다. 즉 처음에 가장 쉽게 자극할 수 있는 감정은 어떤 것이고, 그 감정은 다른 어떤 감정을 일으키는 데 도움이 되며, 최종적으로 가장 효과적인 결과를 얻어 내기 위해서는 어떤 감정이 필요한지 등에 대해서 알아 두어야 합니다. 그리고 설교는 마지막에 언급한 그러한 감정을 불러일으키면서 끝을 맺어야 합니다. 설교의 마지막 부분에서 앞에서 이야기한 논의를 반복적으로 요약하는 것은 종종 유익합니다. 즉 몇 개의 문장 속에 설교자의 모든 힘을 집약하고 그가 이제껏 말한 내용 중에 가장 호소력 있고 설득력 있는 내용을 회중 앞에 다시 새로운 방식으로 내놓는 것이죠. 하지만 지금까지 제가 말한 순서를 무조건적으로 따라갈 필요는 없습니다. 각 주제마다 어울리는 순서가 다르고 또 예외적인 경우도 발생하기 때문이죠. 키케로가 알려 준 이런 식의 담화 전개 형태는 헤아릴 수도 없이 많이 있을 수 있어요. 하지만 담화를 항상 세 부분으로 나누는 설교는 이런 방식을 따를 수 없습니다. 물론 각 주안점의 전개 형태에서도 마찬가지고요. 담화의 순서는 반드시 필요합니다. 하지만 그 순서는 담화의 시작 부분에 명시적으로 드러내 보여서는 안 됩니다. 키케로에 따르면 가장 훌륭한 담화는 거의 항상 그 순서를 감추고 있습니다. 즉 듣는 사람이 그것을 인식하지 못하게 하면서 담화를 전개시켜 가는 것이죠. 심지어 그는 (내 기억이 정확하다면) 말하는 사람은 자신의 논증의 숫자까지도 감추어야 한다고 말했습니다. 그 논증이 말하는 사람의 마음 속에서 실제로 구분되어 있다 하더라도 그 숫자를 세지 않도록 해야 한다는 말입니다. 결국 담화에 있어 명확하게 나누어진 주안점 구분이 반드시 필요한 것은 아닙니다. 하지만 고인의 분별력이 사라진 오늘날에는 담화의 서두에서 미리 그 순서를 이야기하고 각 주안점마다 잠시 멈추지 않으면 사람들은 담화의 순서를 전혀 깨닫지 못합니다.

C: 하지만 주안점 구분이 듣는 사람의 이해력과 기억력을 도울 수 있지 않습니까? 주안점 구분을 하는 이유는 바로 이런 실제적인 목적 때문이지요.

A: 주안점 구분은 설교자의 기억을 돕습니다. 하지만 주제 간의 자연적이고 연속적인 순서를 따라가는 것이 더 효과적입니다. 또 별도의 메모를 필요로 하지도 않고요. 주제 간의 실제적인 연관성이 생각의 흐름을 가장 잘 인도하기 때문이죠. 반면 주안점 구분의 경우에는 그것을 공부한 사람들이나 혹은 교육을 통해 그러한 방식에 친밀해진 사람들에게만 도움을 줄 수 있어요. 회중의 상당수가 설교의 다른 부분보다 주안점 구분을 더 잘 기억한다면, 그것은 주안점 구분이 더 자주 반복되었기 때문이에요. 하지만 일반적으로 말해서 단순하고 실천적인 내용이 가장 잘 기억됩니다.

출 처

Francois F?n?lon, Three Dialogues on Pulpit Eloquence, trans. Samuel J. Eales (London: Thomas Baker, 1901[1717]), pp. 1 – 9, 95 – 102.

존 브로더스

John Broadus

수사학과 설교학

  존 브로더스(1827 - 1895)는 침례교 설교자이다. 그는 버지니아의 연합군 군목으로 있었으며 교회 지도자로서 루이빌에 있는 남침례신학교 설교학 교수로 다년간 봉직했다. 그가 쓴 설교학 교과서는 1870년에 처음 나왔는데 이후 반세기가 넘도록 권위 있는 작품으로 인정받아 널리 사용되었다. (이 책은 1889년까지 14판이 인쇄되었다.) 브로더스는 남침례교에 소속된 사람으로서는 처음으로 예일에서 비처 강연을 했다. 그는 '수사학의 위험'에 대해서 경고하였다. 하지만 그의 설교학은 아리스토텔레스, 롱기누스(Longinus), 키케로, 호레이스(Horace)의 수사학에 대해서 잘 알고 있었으며, "설교학은 수사학의 한 분야 혹은 인접 학문이다."라고 하는 잘못된 이해를 지속시키는 데 일조했다. 이러한 견해는 수사학을 표현 방식과 전달에 제한시킨 라무스의 사고를 반영하고 있는데, 보다 심각한 것은 이러한 견해로 인해 설교학과 성서신학 사이의 분리가 더욱 고착화되었다는 사실이다.

기교의 관점에서 보면 설교는 일종의 기술이다. 어떠한 기술이든 몸이나 마음의 필요한 힘을 창조할 수도 없고 그것을 공급할 수도 없다. 하지만 기술은 그 힘을 개발하고 개선하며 그 힘을 사용해서 최선의 유익을 얻을 수 있도록 도와 준다. 담화의 구성과 전달에 있어 능숙해지는 것이 수사학의 목적이다.

정확히 말해서 수사학의 규칙은 귀납적으로 얻어진 것이다. 소위 현자라는 사람들은 때때로 어떤 일반적인 원리에서부터 그러한 규칙을 이끌어 낸 듯이 말을 한다. 그들은 일반적인 원리에 근거해서 우리가 어떻게 말해야 하는지 이야기하려고 한다. 하지만 그 규칙은 사실상 어떤 사람이 정말 말을 잘 할 때 그 사람이 말하는 방식을 주의 깊게 관찰함으로써 얻어진 결과이다. 가끔씩 우리는 이 규칙을 무시해야 하는 경우를 발견한다. 하지만 이것은 '수사학의 규칙'을 무시함으로써 인위적인 족쇄와 울타리를 걷어치우고 있는 것이 아니라 단지 그 때에 한하여 특정한 이유 때문에 일반적으로 가장 좋다고 여겨지는 그 길에서 잠시 벗어난 것이다. 이렇게 수사학의 규칙을 잠시 어기는 것은 실제로 그럴 만한 상황이 발생했느냐 그리고 그 상황에 얼마나 적절한 말을 만들었느냐에 따라 현명한 결단일 수도 있고 현명하지 못한 결단일 수도 있다. 한편 우리는 지혜로운 사람들이 종종 그 규칙에 대해서는 아무것도 알지 못하면서도 이 규칙에 정확하게 일치하게 말하는 경우를 발견한다. 이것은 그들이 단지 상식적인 사람들이 일반적으로 말하는 방식을 따라 말하고 있다는 것을 보여 줄 뿐이다.

우리가 규칙이라고 부르는 것은 다만 어떤 원리를 표현하는 한 형태에 불과하다. 규칙은 그 원리를 간략한 형태로 만들어 쉽게 기억하고 쉽게 적용할 수 있도록 만든다. 하지만 아무리 적절하게 형성된 규칙이라 하더라도 그것이 표현하는 그 원리만큼 융통성이 있을 수는 없다. 그러므로 어떤 규칙을 범하면서 동시에 그 근본적인 원리에는 실제로 순응하는 많은 경우가 존재할 수 있다. 원리는 각 경우의 특수한 조건에 스스로를 맞추어 적응시킬 수 있지만, 반면 규칙은 그렇게 할 수 없기 때문이다. 이러한 사실은 어떤 화자가 수사학의 규칙을 철저하게 무시하고서도 강력한 효과를 내는 많은 경우를 설명해 준다. 한편 일상적인 규칙을 벗어남으로써 생겨난 일종의 충격 때문에 이러한 효과가 발생하기도 한다. 이것은 맷돌이 멈추었을 때 잠자던 방앗간 주인이 깨어나는 것과 유사하다. 또 어떤 경우에는 비록 화자가 특정 규칙을 어기기는 했지만 그럼에도 불구하고 다른 측면에서 뛰어나기 때문에 강력한 효과를 생산하기도 한다.

수사학은 내용, 선택, 적응, 배열, 표현 등과 관련된다. 하지만 무엇보다도 내용 자체가 가장 중요하다. 데모스테네스는 말하기에 있어 첫째도, 둘째도, 셋째도 전달이라고 말했다. 사실 그는 내용의 우선적인 중요성을 당연하게 생각하고 있었다. 자신이 말하고자 하는 주제와 관련해서 데모스테네스보다 더 철저하게 그 주제에 정통한 사람은 이제껏 아무도 없었다. 하지만 전달은 그에게 있어 특별히 어려운 문제였다. 전달에 약했던 그는 초기에 많은 좌절을 경험했으며, 엄청난 고생을 하고서야 비로소 탁월한 경지에 이를 수 있었다. 따라서 그는 주제에 대한 충분한 지식의 필요성은 당연히 전제하고 상대적으로 전달의 중요성을 더 많이 강조했다. 따라서 설교자가 가장 염두에 두어야 하는 것은 경건과 지식과 하나님의 은혜이다. 기교는 그것이 아무리 귀중하다 해도 이러한 것들에 비하면 아무것도 아니다. 하지만 수사학을 익히다 보면 이러한 사실을 잊어버리게 된다. 대화나 신문을 통해서 설교자가 다른 설교자의 설교에 대해서 논평한 것을 들여다보면 대부분의 논평이 전달되는 메시지의 문제는 도외시하고 전달과 전달자에 국한된 내용만을 담고 있다. 이것은 참으로 비통한 일이 아닐 수 없다. 별로 생각이 깊지 못한 청취자나 독자는 이러한 논평을 듣거나 읽고서 설교자가 자신의 기교를 자랑하고 웅변가로서의 명성을 얻는 데만 혈안이 되어 있다는 잘못된 결론에 도달할 수도 있다.

　우리가 모두 다 알고 있듯이 의식적인 모방도 있고 무의식적인 모방도 있다. 무의식적으로 따라 하는 것은 그렇게 비난할 만한 일이 아니다. 하지만 그것도 유해할 수밖에 없으며, 꼼꼼한 자기 점검을 통하여 몰아내야 할 미묘한 악이다. 왜냐하면 모방하는 사람은 특히 어떤 사람의 장점보다는 그 사람의 단점을 더 쉽게 모방하기 때문이다. 훌륭한 설교자의 탁월한 장점은 균형이 잘 잡혀 있는 반면, 그가 잘못하는 단점은 눈에 두드러지게 돌출되어 있다. 이 때문에 잘못된 점이 더 쉽게 무의식적인 모방을 조장한다. 한편 누군가를 의식적으로 모방하려는 사람은 예외 없이 피상적인 관찰자가 될 수밖에 없다. 왜냐하면 자신이 존경하는 어떤 설교자에게서 가장 많이 발견되는 점을 그가 가진 능력의 비결이라고 생각하고서 그것을 따라 하려고 하기 때문이다. 또한 많은 탁월한 점들이 균형 있게 조화를 이루고 있는 것을 모방하기보다는 눈에 띄는 하나의 잘못을 흉내 내기가 더 쉽다.

　그렇다면 학교에 다니는 것은 모방의 위험을 가중시키는가? 아니, 그런 일은 거의 없다. 한편으로는 너무 민감하고 다른 한편으로는 너무 바보 같아서 쉽게 모방하는 위험에 빠지는 사람은 어디에 있든지 모방할 누군가를 발견한다. 모든 지역에는 얼마간 뛰어난 설교자가 있고, 주변의 다른 설교자들은 그를 모방하는 것처럼 보일 수도 있다. 이렇게 모방하는 사람들이 많이 모인 공동체에서는 모방의 대상이 되는 사람이 더 소수이고 더 많이 알려져 있으며, 따라서 더 많은 주목을 끈다. 이 소수의 사람들은 함께 모인 사람들에게 모방의 위험과 해악을 지적할 수 있고, 따라서 의식적인 모방의 경우에는 철저하게 삼가고 무의식적인 모방의 경우에는 그것을 의식하는 즉시 시정할 수 있다. 또한 일반 대학교보다 신학교가 더 큰 모방의 위험을 갖고 있는 것도 아니다. 그렇지만 여전히 어떤 사람들은 이러한 잘못에 쉽게 빠져든다. 또한 수개월에 걸쳐 일 주일에 여러 번씩 같은 사람의 말을 듣게 되는 경우에는 예외 없이 누구나 그 사람의 독특한 점을 따라하지 않도록 스스로 조심해야 한다.

가식적인 표현은 아니지만 인위적인 표현을 많이 사용하는 사람들이 있다. 비록 선한 동기로 그러한 표현을 사용한다 하더라도 그러한 사람들은 사실 잘못된 판단을 하고 있다. 모든 연설에 있어서 특히 설교에 있어서는 비록 서툴더라도 자연스럽고 진심어린 말이 가장 고상한 인위적인 말보다도 더 효과적으로 목적을 성취하기 때문이다. 연설 중에 인위적인 표현을 자주 사용하는 것은 매우 큰 위험을 안고 있다. 인위적인 표현을 자주 사용하다 보면 새롭고 낯선 환경에 대해서 두려움을 느끼기 쉽다. 말 타는 것이 익숙하지 않은 사람은 먼저 안장에 자연스럽게 앉아서 편안함을 느끼는 것을 배워야 하듯이, 모든 연설가들은 자연스럽게 말하는 법을 배워야 한다. 즉 의도적으로 인위적인 표현을 사용하는 것을 삼가야 할 뿐 아니라, 무의식중에라도 그러한 표현을 사용하지 않도록 스스로 조심해야 한다. 다른 사람들에게 유익을 주고자 하는 뜨거운 열정 가운데 자신을 잊어버리는 것, 이것이야말로 자연스러워지기 위한 최고의 방법이다. 따라서 설교자는 결코 단지 연습삼아 설교해서는 안 된다. 이것은 필연적으로 인위적인 표현을 많이 사용하도록 부추기는 결과를 가져온다. 젊은 시절 처음 설교를 시작할 때는 진심어린 설교를 해야 한다. 젊은 시절 최초의 설교는 평생의 설교 습관을 형성하는 데 있어 결정적인 영향을 미치기 때문이다. 만일 동료 학생들과 선생들만 앞에 두고서 설교해야 하는 경우가 생긴다면, 반드시 그 회중의 종교적인 필요에 들어맞는 주제를 선택해야 하며 또한 그들에게 유익을 주고자 하는 간절한 마음과 기도하는 마음으로 설교해야 한다. 학생들로 하여금 수업 중에 설교를 하도록 시키는 것은 일반적으로 긍정적인 결과보다는 부정적인 결과를 더 많이 가져온다. 따라서 가급적 그렇게 하지 않는 것이 좋다. 오히려 학생들이 실제로 일반 회중을 대상으로 설교할 수 있는 기회를 마련해 주거나 그렇지 않으면 아예 시키지 않는 것이 낫다. 차라리 토론 모임이 더 유익하며 생생한 관심을 불러일으킬 수도 있다.

설교와 관련해서 특히 설교의 전달과 관련해서, 수사학적 기술 습득을 위한 우리의 노력은 대체로 부정적인 차원에 머물러야 한다. 우리는 일반적인 원리와 화자의 빈번한 실수와 잘못을 힘써 알아야 한다. 그런 다음 우리는 이러한 원리의 지도를 받으며 또한 우리가 잘못을 범할 때마다 시정하려고 노력해야 한다. 처음부터 목표를 높이 설정하고 거기에 스스로 맞추어 가는 시도는 그렇게 현명한 방법이 아니다. 만일 어떤 사람이 향나무가 참나무보다 더 아름답다고 생각하고서 자신의 참나무를 손질하여 향나무 모양으로 만들고 향나무의 색깔로 그 나무를 물들인다면, 그 결과는 참으로 우스꽝스러울 것이다. 어린 향나무는 향나무로 자라게 하고, 어린 참나무는 참나무로 자라게 해야 한다. 다만 그 종에 있어 최고의 나무가 될 수 있도록 그 줄기를 바로잡고 그 가지를 치고 그것을 개량해야 한다. 마찬가지로 연설을 통해서 항상 여러분의 실제적이고 자연스러운 모습이 드러나도록 하는 것이 좋다. 물론 여기에 스스로를 개발하고 시정하고 개선시키려는 여러분의 끊임없는 노력이 덧붙여져야 한다.

그리스어 호밀리아(homilia)는 대화, 상호간의 이야기, 즉 친근한 담화를 의미한다. 그리스의 문필가 포티우스(Photius, 9세기)는 크리소스톰의 창세기 주해 설교 모음집에 대해서 그 책이 비록 강화(講話)라는 이름을 갖고 있지만 실상은 호밀리(homilies) 즉 대담에 훨씬 더 가깝다고 말한다. 포티우스에 따르면, 크리소스톰은 마치 자기 앞에 있는 회중을 보고 이야기하듯이 질문하고 대답하고 약속하는 형식의 표현을 매우 자주 사용한다. 또한 크리소스톰의 설교는 강화의 형식을 갖추고 있지 않다. 라틴어 세르모 (sermo: 여기에서 설교(sermon)라는 단어가 나왔다.) 역시 대화, 대담, 토의와 같은 의미를 지니고 있다. 초기 그리스도인들이 그들의 공적인 가르침을 (데모스티네스와 키케로의 연설에 붙여진) 강화라고 부르지 않고 대화 혹은 친근한 담화라고 불렀다는 사실은 시사하는 바가 크다. 호밀리(homily)라는 이 단어로부터 기독교 설교에 관한 학문이나 기술 혹은 설교의 준비와 전달을 다루는 모든 글을 뜻하는 호밀레틱스(homiletics)이라는 용어가 파생되었다. 즉 설교학은 수사학의 한 분야 혹은 인접 학문이라고 말할 수 있다. 인간의 본성에 근거를 둔 말하기의 근본 원리는 수사학과 설교학에 동일하게 적용된다. 따라서 우리는 설교학을 특정한 말하기에 적용된 수사학이라고 말할 수 있다. 하지만 엄밀히 말해서 설교는 세속적인 담화와는 많이 다르다. 그 내용의 주요 원천, 직접적이고 간결한 말투, 피안적(彼岸的) 동기 등에 있어서 설교는 다른 담화와 구분된다. 물론 설교의 이 같은 독특한 특성이 설교학을 수사학과는 전혀 다른 학문으로 만들지는 않는다. 하지만 설교를 배우는 학생과 현장의 설교자는 설교의 이러한 독특성을 항상 염두에 두고 있어야 한다.

출 처

John Broadus, A Treatise on the Preparation and Delivery of Sermons (New York: A. C. Armstrong & Son, 1889[1870]), pp. 25 – 31.

아모스 와일더

Amos N. Wilder

복음의 언어, 새로운 언어

아모스 와일더(1895 -)가 비록 간접적이지만 매우 독창적인 방식으로 설교학에 기여하였다. 와일더는 1963년 은퇴하기 전까지 하버드 대학교에서 신학 교수로 재직했으며, 윤리학, 종말론, 미학 분야의 연구와 '당황스러운 은혜'를 비롯한 시 작품으로 많이 알려져 있다. 기독교와 수사학에 관한 그의 연구는 기독교 메시지의 내용과 그 문학적 형식 사이의 불가분리한 연관을 입증함으로써 과거의 문학 비평적 접근을 넘어서고 있다. 와일더는 신약성경 학자와 설교자에게 본문 이해에 있어 어떻게(how)라는 질문이 무엇(what)이라는 질문만큼이나 중요하다고 가르쳤다. 그의 작품은 다방면에서 설교자에게 유익한 조언을 제공한다. 설교는 비의적(秘議的)이거나 피안적(彼岸的)인 용어를 필요로 하지 않는다. 와일더에 따르면, 신약성경의 언어는 통속적이며 일상적인 일종의 서민 예술(Kleinliteratur)이며, 특이하게도 미래적이고 종말론적으로 정향되어 있다. 신약성경의 특징 중 하나는 묵시적 긴박감에서 비롯된 간결한 문체이다. 특히 신약성경의 대화, 이야기, 시(詩)에 초점을 맞춘 와일더는 복음의 기초가 구두 - 청취의 구조라는 사실을 설교자들에게 상기시켜 주며 초대교회 설교의 능력을 회복할 것을 교회에 도전하고 있다.

오늘날 사람들은 다양한 측면에서 언어의 문제에 관심을 가지게 되었다. 근대 과학 기술의 발달은 세계를 점점 더 작게 만들고 과거에는 낯설고 멀리 있다고 생각했던 민족들에게 우리를 더 가까이 다가서게 만들고 있으며, 이에 따라 우리는 더 많은 외국어를 익혀야 하는 상황에 처하게 되었다. 하지만 그것은 단지 다양한 외국어의 문제만은 아니다. 오늘날 우리는 심지어 모국어 안에서 의사 소통의 어려움을 의식하게 되었다. 과거에는 친숙하던 단어가 이제는 많은 사람에게서 그 의미를 상실하거나 혹은 동일한 단어가 사람들마다 각기 다른 의미를 가지고 있다. 또한 다양한 삶의 영역에서 모호하고 진부한 표현이 명확한 표현을 대체하고 있다. 우리가 의미의 문제와 씨름하는 것은 비단 근대 예술의 영역에 국한되지 않는다. 오늘날 철학이 무엇보다도 언어 문제에 매달려 있고 사회 과학이 광고의 수사학에 관심을 가지고 있으며 교회가 커뮤니케이션의 과제를 진지하게 고려하고 있다는 사실은 전혀 놀라운 일이 아니다. 이러한 상황에서 대중 연예나 광고와 같이 대중에게 호소하기 위해서는 농담이나 이미지, 리듬과 같은 초보적인 자극이 일반적인 언어보다 더 효과적이다. 우리는 지금 옛 언어가 죽고 새 언어가 탄생하는 시기를 지나고 있다. 이것은 인간 본성과 문화의 원초적인 특징 중 하나이다. 단어를 다시 유의미하게 사용하는 법을 배우기 위해서는 먼저 벙어리가 되어야 한다. 이러한 갈등이 가장 극명하게 드러나는 곳이 바로 근대 시(詩) 분야이다.

이러한 모든 정황을 고려할 때, 오늘날 교회의 주된 관심이 의사 소통에 있다는 사실은 별로 놀랍지 않다. 오늘날 많은 사람들이 설교자를 꺼진 마이크에다 입술을 대고 말하는 사람에 비유하고 있다. 사방으로부터 우리는 기독교 메시지에 대한 근대적 이해, 고대 관념과 이미지의 현대적 재번역, 효과적인 의사 전달 매체의 재발견 등이 필요하다는 말을 듣고 있다. 이러한 시점에서 초대교회 담화의 형태와 방식을 연구하고 거기에서 우리가 배울 수 있는 것은 무엇인지 살펴보는 작업은 상당히 가치 있는 일이다.

그러므로 지금 우리의 우선적인 관심은 초기 그리스도인들이 무엇을 말했는가 하는 것보다도 그들이 그것을 어떻게 말했는가 하는 데 있다. 하지만 이러한 구분은 잘못된 것이다. 실제로는 이 둘을 나눌 수 없으며 단지 나누어서 볼 수 있을 뿐이다. 여기에서 우리는 신약성경에 기록된 글의 형식과 문체와 관련된 모든 것에 관심을 가지고 있다. 이러한 의미에서 우리는 문학적 접근을 하고 있다고 말할 수 있다. 다른 말로 이것을 신약성경의 문학적 형식과 장르에 관한 연구라고 부를 수도 있겠다. 하지만 여기에서 우리는 그러한 글뿐 아니라 그 글 배후에 있는 구두 언어도 함께 다루어야 한다. 즉 초기 그리스도인들이 어떻게 글을 썼는가 하는 문제와 더불어 그들이 어떻게 말하고 이야기했는가 하는 문제도 함께 다루어야 한다. 그러므로 우리의 주제를 '초기 그리스도인의 수사학'이라고 부르는 것이 더 적절할 것이다. '수사학'이라는 용어가 부정적인 의미를 함축하고 있는 것은 사실이지만, 이 용어는 기록된 담화와 구두 담화를 동시에 포괄할 수 있는 이점을 가지고 있다. (중략)

나사렛 예수와 그분의 최초 제자들은 새롭고 강력한 말 곧 세속인의 말을 가지고 당대의 말과 글의 세계 속으로 그리고 그 침묵 속으로 뛰어들었다. 안디옥의 이그나티우스(Ignatius)는 이것을 다음과 같이 표현했다. "예수 그리스도, 하나님의 아들, 침묵으로부터 발설되는 그분의 말씀."(Ad Magn. 8:2) "그분은 거짓말하지 못하는 입술이며, 아버지께서 그 입술을 통하여 참되게 말씀하셨다."(Ad Rom. 8:2)

세속적인 단계에서 이 새로운 말이 얼마나 의미심장한 것이었던가를 주목하라. 여기 인간의 말 속에 새로운 역동성이 생겨났다. 우리는 존 키이츠가(John Keats) 말한 "형언할 수 없는 기품을 지닌 엘리자베스 여왕의 목소리"를 떠올릴 수 있다. 하지만 우리는 이것보다 더 나은 유비를 찾을 수도 있다. 그것은 심연에서 뿜어져 나오는 강력한 힘을 지닌 말씀의 문제이기 때문이다. 우리는 이것을 극장 안에 갑자기 공포가 확산되거나 혹은 거리에서 폭동이 일어났을 때 그 중에 한 사람이 일어나 권위 있게 압도하는 말로써 사람들을 진정시키는 경우에 비유할 수 있겠다. 하지만 이스라엘의 이 새로운 말은 이후 고대 사회로 확장되어 간 새로운 의미 세계를 개시하였다. 여기에서 우리는 이것을 단테가 라틴어가 아니라 오히려 자국어를 통해 유럽의 정신 문화에 끼친 영향에 비유할 수 있겠다. 또한 우리는 아더 림보(Arthur Rimb)가 그의 책 『작은 배』(Bateau ivre)를 쓴 이후 잇따라 일어난 연쇄적인 결과를 생각할 수도 있다. 그 책의 새로운 상징적인 언어는 이후 근대 시어의 역사에 결정적인 영향을 미쳤다.

이러한 관점에서 우리는 복음의 발생을 '말씀 사건'이라고 불렀던 에른스트 푸취스(Ernst Fuchs)의 의도를 이해할 수 있다. 말씀 사건(Sprachereignis)은 단지 새로운 종교적 가르침을 의미하지 않고, 인간 의식의 새로운 차원 곧 언어와 상징에 있어 신기원을 열어젖히는 새로운 출발을 뜻한다. 또한 그는 복음이 이스라엘과 고대 세계에서 신화의 갱신을 대표했다고 말한다. 사도 시대에 이르러서도 언어의 새로운 확장은 새로운 형식의 옷을 입었다.

푸취스 교수의 말을 더 인용해 보자. "원시 기독교는 그 자체가 일종의 언어 현상이다. 원시 기독교가 '복음서'라는 새로운 문학 형식을 통해 불후의 작품을 남긴 것도 바로 이러한 이유 때문이다. 요한계시록과 사도들의 서신 문학은 실로 세로운 말이 만들어 낸 작품이었으며, 이 새로운 말은 그것이 접촉하는 모든 것을 변화시켰다." (Zur Frage nach dem historischen Jesus, p. 261)

여기에 더하여 그는 신약성경 안에서 이방인의 수사학에 직접적으로 동화된 것을 확인할 수 있는 곳은 극히 일부에 불과하다고 말한다. 예를 들어 목회 서신과 정경 이후의 저작에서인데, 이 시기는 이미 교회 제도가 확립되기 시작한 때였다.

물론 초대교회는 언어의 새로운 형태뿐 아니라 삶의 새로운 양태도 가져왔으며, 저술뿐 아니라 예전에 있어서도 새로운 형태를 산출했다. 우리는 다른 종교에 대해서도 이와 같이 말할 수 있을 것이다. 하지만 선포된 말과 기록된 말은 기독교 신앙에서 근본적인 역할을 감당한다. 우리는 이러한 사실의 배경을 구약성경 안에서 확인할 수 있다. 이스라엘의 종교는 봄(시각)의 종교이기보다는 들음(청각)의 종교이다. 심지어 하나님의 행동조차도 예언자는 그분의 말씀이라고 말한다. 하나님을 보고 살 수 있는 사람은 아무도 없지만, 우리는 그분의 말씀을 통하여 그분을 안다. 반대로 열방의 신들은 벙어리이고, 그들의 보이는 형상은 말을 하지 못한다. 시편 115편 7절은 우리에게 "그들은 목구멍이 있어도 작은 소리조차 내지 못한다"고 말하고 있다. 성경 전체를 통하여 계시는 무엇보다도 말하고 듣는 것, 기록하고 읽는 것, 대화와 낭독, 돌판과 두루마리와 양피지와 동일시되는 반면, 가시적인 예술품의 형상과는 동일시되지 않는다. 환상조차도 글로 옮겨진다. 하박국 2장 2절에는 "묵시(환상)를 기록하라"는 구절이 등장한다. 그리고 계시록 1장 11절에는 "네가 보는 것을 두루마리에 써라"는 말씀이 나온다. 실로 환상을 본 계시록의 저자가 목소리 곧 "작은 두루마리"를 보고 그것을 먹었더니 그의 입에서 "꿀같이 달았다"고 말할 때(계 10:10), 그는 마치 감각을 혼동하고 있는 듯 보인다. 물론 여느 종교와 마찬가지로 기독교 또한 나름의 거룩한 행동과 장면, 거룩한 장소와 시간, 거룩한 예술품과 물건을 가지고 있다. 하지만 그것들이 거룩한 것은 오직 말씀하시는 하나님과 연관되어 있기 때문이다.

다양한 종교와 다양한 기독교 공동체를 각각 청각 혹은 시각 이미지에 부여하는 우선권에 따라 분류하는 일은 매우 흥미로운 작업이다. 한편으로 우리는 말이나 대답과 관계되는 종교를 만나고, 다른 한편으로는 환상과 황홀경 혹은 형체 변형과 관계되는 종교를 만난다. 신약성경은 모든 감각을 동원해서 하나님 이해에 대해 말한다. 그것은 듣는 것, 보는 것 외에도 만지는 것과 냄새 맡는 것까지 포함한다. 이 중 마지막 후각적인 요소는 향이나 아름다운 향기의 형태로 나타난다. 하지만 이 중에서도 가장 두드러진 것은 들음 곧 청각의 양태다. 영이 환상에 도취될 수도 있지만, 사람이 신앙의 말씀을 듣는 것은 마음을 통해서이며, 믿음을 고백함으로써 구원에 이르는 것은 입술을 통해서이다(롬 10:8 – 10). 즉 시각적인 표상이 하나님의 말씀이라는 의미에서 그 자체로 문자화되었을 경우를 제외하면, 언어가 시각적인 표상보다도 더 근본적이다. (중략)

이러한 관점에서 볼 때, 복음에 있어 말의 의미가 언제나 감정적인 측면을 통제했다는 사실은 의미심장하다. 말의 의미 아래 시각적, 심리적인 현상이 모두 종속되어 있었다. 그리고 복음의 언어는 선포된 말일 뿐 아니라 인격적인 의사 전달이며, 직설법의 형태뿐 아니라 명령법의 형태도 취하고, 삼인칭뿐 아니라 이인칭과 일인칭으로도 표현되며, 선포일 뿐 아니라 또한 대화였다.

그러므로 우리는 기독교가 역사적으로 항상 문학 예술에 특별한 관심을 기울였다는 사실을 이해할 수 있다. 이것은 다른 종교가 시각 예술이나 음악과 춤에 특히 주목했던 것과 대조적이다. 기독교는 성경의 종교이며, 이러한 사실은 기독교 문화 전체에 심원한 영향을 미쳤다. 기독교가 고대 수사학과 건축, 회화, 조각 등 고전 문화의 유산을 물려받을 때, 기독교 스스로 그러한 다양한 예술과 관련을 맺었으며, 이후 변화하는 상황 속에서 그것을 계속해서 활용했다는 것은 분명한 사실이다. 하지만 기독교 신앙은 근본적으로 시각 예술이나 촉각 예술보다도 청각 예술과 스스로 관계했다는 사실 또한 여전히 타당하다. 기독교인이 그림을 그리거나 조각하거나 춤을 추거나 노래를 부를 때 그들은 그 모든 활동을 특정한 성경 본문과 관련지었으며, 하나님과 인간 사이의 원형적인 대화와 관련시키려고 했다.

문학 예술 분야만 놓고 보더라도(물론 많은 종교 전통 또한 문학을 통해 자기 표현의 완결에 이르렀다.) 교회와 다양한 시기의 특정한 기독교 문화가 선호하는 특별한 문학 장르가 있었다. 에리히 아우에르바하(Erich Auerbach)는 성경의 이야기체 형식과 성경 이후 기독교 문학의 독특한 형식과 문체를 연구하고 또한 그것을 고전 시대 문학과 비교했다. 마르틴 자렛 케르(Martin Jarrett-Kerr)는 서양 문학의 다양한 시대에 걸쳐 기독교로부터 영감을 받은 문학 작품 속에 독특한 형태가 발견된다고 주장하며 그 주장을 다양한 예를 들어 입증하였다. 또한 우리는 소설이라는 문학 양식이 비록 근대 시대에 이르러서야 비로소 발전되긴 했지만 인간과 사회에 대한 기독교적인 세계관이 전제되어 있는 세계에서만 가능한 문학 형식이었다고 말할 수 있다.

결국 우리의 분석은 예수님을 비롯하여 가장 초기 그리스도인들의 언어가 가진 한 가지 특징을 반복해서 되돌아보게 된다. 그들의 언어는 소박하고 학문적이지 않았으며 즉흥적이고 상황과 직접적으로 맞닿아 있었다. 그들의 언어는 미래의 어느 시점을 염두에 두고 하는 말이 아니었다. 그들의 말은 역동적이고 현실적이며 직접적이었고 나중이라는 것을 고려하지 않았다. 그들의 말은 요리문답이나 암송을 위해 체계적으로 정리된 말이 아니었다. 그들은 처음부터 그리고 상당히 오랫동안 얼굴과 얼굴을 맞대고 말로 하는 살아 있는 의사 소통을 경험하고 있었다. 복음은 이러한 심오한 차원에서 말의 자유를 의미했다. 그들은 어떤 신조를 마음 속에 담아 두지 않았다. 왜냐하면 상황이 발생하면 우리가 무엇을 말하고 어떻게 증언하며 어떻게 변론할지 성령께서 가르쳐 주실 것을 믿었기 때문이다. 초기 그리스도인은 이러한 의미에서 자유를 주시는 하나님의 관대하심을 누리며 살았다. 결과적으로 복음의 언어는 신선하고, 그 형식은 새롭고 유동적이었다. 에른스트 푸취스가 말한 대로, 복음의 언어에는 햇빛과 바람과 비의 자유로움이 있었다.

심지어 초대교회가 남긴 글의 형식조차도 구두 언어가 시초에 가졌던 근원적인 역할을 마음 속에 둘 때 더욱 잘 이해된다. 구두 언어를 통한 의사 전달이 보다 융통성이 있고 보다 인격적이며 보다 구체적이다. 기독교의 담화는 그것이 비록 글로 기록되었을 때도 이러한 특징을 고스란히 가지고 있다. 우리가 아는 한, 그리스도는 간음한 여인이 붙잡혀 왔을 때 "몸을 굽혀 손가락으로 땅에 쓰신" 일 외에는 단 한 글자도 쓰지 않았다. 세속적인 표현을 쓰자면, 예수님은 마치 세계가 노래하듯이 말씀을 하셨으며 자신의 말을 기록한다고는 전혀 생각하지 않으셨다. 조금 딱딱하게 말하면, 예수님이 말씀을 선포하시기만 하고 글을 기록하지는 않으셨다는 사실은 신학적으로도 중요한 의미를 가지고 있다. 우선 말하는 것은 글 쓰는 것보다 더욱 직접적이며, 따라서 우리는 그분에게서 이러한 직접적인 의사 소통을 기대할 수 있다. 하나님은 이 예수님을 통하여 공개적으로 자신의 백성과 위대한 논쟁을 벌이셨다. 이러한 논쟁의 절정은 재판 사건이었다. 재판 가운데 양편은 서로를 직접적으로 대면한다. 이것은 예수님의 달란트 비유나 혹은 양과 염소의 비유에서 묘사된 것과 같다. 예수님은 글을 쓰는 사람이 아니라 일종의 목소리였으며, 서기관이 아니라 전령이었다. 그분은 세례 요한과 달리 광야에서 경고의 메시지를 발하는 사람이 아니라 시장과 성전에서 외치는 파수꾼이었다. 예수님의 이러한 행동은 하나의 표지였다. 여기에서 우리는 고대 예언자의 행위 예언을 생각하게 된다. 그 중 어떤 예언자는 조만간 노예로 잡혀 갈 것을 예고하는 표시로 벌거벗고 다녔으며, 다른 예언자는 얼마간 벙어리로 지냈다. 이스라엘 전통을 살펴보면, 하나님의 종으로서 예언자는 하나님이 글로 기록하라고 명령하지 않으시면 비록 곁에 서기관이 있다 할지라도 결코 글을 남기지 않았다.

    예수님이 즉흥적으로 말씀을 선포하시는 일에 자신을 제한하셨다는 사실은 가정과 상업과 사유 재산과 같은 모든 문화적인 결속을 부인하신 그분의 삶의 일부분이었다. 또한 이것은 "여행을 위하여 지팡이 외에는 양식이나 배낭이나 전대의 돈이나 아무것도 가지지 말며, 신만 신고 두 벌 옷도 입지 말라"(막 6:8-9)고 교훈하신 예수님의 교훈의 연장선상에서 이해될 수 있다. 이러한 태도는 예수님께서 관여하신 위기 속에서 참으로 중요한 의미를 가진다. 예수님과 그 시대 사람들에게 있어서 역사는 끊어져 있고 시간의 흐름은 단절되어 있으며 연속성이란 개념은 찾아볼 수 없었다. 글을 쓰는 행위는 연속성과 미래를 전제하고 있다. 예수님의 말씀은 지금 곧 마지막 때를 위한 말씀이었다. 예수님의 모든 계시는 현재에 초점을 맞추고 있었다. 이러한 분석은 귄테르 보른캄(Gunther Bornkamm)이 『나사렛 예수』에서 제기한 주장과 일치한다. 당시의 유대교는 뒤로 입법자 모세와 그 언약을 되돌아보고 있었고 앞으로 구원의 때를 내다보고 있었다. 이러한 가운데 예수님의 동시대인들은 현재를 잃어버리고 있었다. 이 때 예수님께서 아주 철저하고 현실적인 방식으로 하나님의 의지와 그분의 약속을 현재로 가지고 오셨다. 이러한 상황에 적합한 것은 오직 살아 있는 목소리밖에 없다.

푸취스 교수는 예수님께서 아무것도 기록하지 않으셨다는 사실에 더하여 심지어 바울도 글을 쓰는 것을 꺼려했다고 주장한다. 또한 바울이나 혹은 신약성경의 다른 기자가 글을 쓰거나 받아쓰게 할 때도 그들의 말은 독특한 특징을 가지고 있었다. 왜냐하면 글로 기록된 작품 속에도 말의 깊이와 자유가 여전히 스며들어 있기 때문이다. 글을 쓰는 사람의 목소리는 상당한 정도로 곧 말하는 사람의 목소리였다.

바울은 글을 쓰는 것을 꺼려했으며 글을 쓸 때도 미래로 확장된 역사적 관점 같은 것은 갖고 있지 않았다. 바울은 자신을 마지막 날에 추수하는 사람으로 이해했으며, 또한 시편 16편에서 인용한 "그 소리가 온 땅에 퍼졌고 그 말씀이 땅 끝까지 이르렀다"(롬 10:18)는 말씀처럼 자신이 세계에 임박한 위기를 말로 전하는 전령이라고 생각했다.

바울은 글을 쓸 때 항상 함께 있지 못하다는 사실을 안타까워했으며 동시에 다시 만날 날을 간절히 고대했다. 이러저러한 환경적 여건 때문에 얼굴과 얼굴을 맞대고 대화할 수 없을 때 그는 괴로워했다. 갈라디아 교회에 편지할 때 그는 "내가 이제라도 너희와 함께 있어 내 언성을 높이려 함은 너희에 대하여 의혹이 있음이라"(갈 4:20)고 쓰고 있다. 이렇듯 그는 글을 쓸 때조차 직접 말로 간청하고 도전하는 듯한 어투를 사용한다. 복음의 본성 그 자체로 인해 바울은 극적인 직접성을 내포하는 표현 방식을 사용한다. 글 쓰는 사람보다는 말하는 사람의 기교와 리듬, 가상의 대화, 상호간의 공방이 있는 법정이나 교회 재판 상황의 설정, 쓴 글을 읽고 이해하라기보다는 듣고 보라는 식의 도전, 질문과 감탄과 맹세 등 이 모든 것이 이러한 표현 방식에 속한다.

예수님의 말씀으로 되돌아가 보자. 이미 우리 모두가 아는 대로 그분의 말씀과 행적은 기억 속에서 전해지고 이야기되었다. 복음서에서 우리는 "그 때에 분봉왕 헤롯이 예수의 소문을 들었다"(마 14:1)라든가, 혹은 "그의 소문이 온 수리아에 퍼졌다"(마 4:24)는 등의 구절을 발견한다. 하지만 여기에서 우리는 한편으로 필연적으로 확산된 예수님의 생생한 말씀과, 다른 한편으로 그분이 하신 말씀을 형식적으로 암송한 것이나 기록한 것을 구별해야 한다. 어떤 학자들은 예수님이 마치 서기관처럼 제자들의 요리문답을 위해 자신의 말과 행적을 암기하도록 그들을 가르치셨다고 주장한다. 예수님의 말씀의 상당 부분이 시적이고 형식적인 구조를 가졌다는 점에서 그들의 논증은 그럴 듯해 보인다. 심지어 그들은 예수님께서 병행구와 유음(類音), 교차 대구 및 서기관의 독특한 말하기 방식 등 암기를 돕는 다양한 방법을 사용하셨다고 주장한다. 하지만 이러한 주장은 예수님과 유대 교사 사이의 근본적인 차이를 간과하고 있다. 즉 예수님은 유대 교사와 달리 종말론적 사고를 하고 있었으며, 따라서 제자들을 가르치실 때 다가올 새로운 세대를 위해 적합한 학습 방법을 가지고 가르치시지 않았다. 또한 예수님은 유대 교사와 달리 아주 긴박한 어조로 자기 앞에 있는 회중에게 임박한 위기에 대해서 말씀하셨다. 예수님의 말씀이 비길 데 없이 적절한 형태를 가지고 있다는 것은 사실이지만, 이러한 형식적인 완전함은 암기를 돕는 것과 무관하다. 오히려 이러한 형식적인 완전함은 그 순간에 가장 효과적인 의사 전달을 표현할 뿐이다. 그분의 말씀과 비유가 기억되고 회자되었으며 종종 아주 정확하게 기억되었다는 것은 자연스러운 일이다. 그분의 표현이 너무나 명확하고 불가피하기 때문이었다. 하지만 여기에서도 복음을 새롭게 전달하는 것은 서판 위에 글을 쓰는 것이 아니라 마음에 글을 새기는 일이다. 복음은 암송을 해 복사한 책이 아니라 생명을 주는 좌우에 날선 말씀이다.

출 처

Amos N. Wilder, Early Christian Rhetoric (Cambridge, MA: Harvard University Press, 1964, reissue, 1971), pp. 1 – 2, 9 – 15. Copyright ⓒ President and Fellows of Harvard College, 1964, 1971. Reprinted by permission.

조셉 시틀러

Joseph Sittler

상상력의 역할

조셉 시틀러(1904 -)는 1959년에 행한 비처 강연에서 설교에서 가장 경시된 차원 중 하나인 상상력에 대해서 강의했다. 시틀러에게 있어 상상력은 본문을 재구성하거나 표현을 바꾸는 것 이상을 의미했다. 상상력의 기능 중 한 가지는 각 본문의 신학적인 내용과 수사학적인 방법을 결합함으로써 후자의 불가피한 중요성을 보여 주는 것이다. 설교 수사학에 관한 시틀러의 글은 비록 성경적이고 문학적인 접근 방식보다는 신학적인 접근 방식을 채택하고 있기는 하지만, 근본적으로 아모스 와일더의 문제 의식을 공유하고 있다. 신학적으로 보면, 그는 창조 질서와 생태학에 대한 오늘 우리 세대의 열정적인 관심을 선도했다. 인간은 자연과 은혜가 중첩된 영역에서 충만한 삶을 영위하기 때문에, 우리는 종교적 상상력을 두 영역에 모두 적용해야 하며, 혹시 이러한 시도를 통해 이제껏 소중하게 가꿔 온 균형과 확신을 상실하게 된다 하더라도 그렇게 해야 한다. 시틀러는 설교자들에게 상상력에 대한 명쾌한 정의를 제공한다. "상상력이란 저자가 하나님의 말씀에 대하여 증언한 대로 그 말씀의 구원하는 능력이 독자 안에서 재연되는 과정이다." 에벨링은 해석학적 관점에서 이와 유사한 지적을 한다. 에벨링에 따르면 설교자는 "본문을 수행한다." 즉 본문으로 하여금 그 원래적인 의도를 청자 안에서 실현하도록 한다. 시틀러는 아우구스티누스가 시작한 접근 방법을 모델로 삼는다. 그리고 그는 바울을 수사학의 표준으로 이해한다. 하지만 그는 우리에게 선별된 구절 가운데 드러난 바울의 스타일을 모방하라고 권면하지 않는다. 오히려 그는 설교자들에게 언어를 통해 형태와 색조와 문체가 부여된 대로 바울의 신앙을 상상하라고 충고한다.

여기에서 상상력은 단지 사물이나 개념을 비현실적으로 혼합함으로써 담화에 신선한 놀라움을 가져오는 그러한 마음의 활동을 지칭하지 않는다. 또한 상상력은 별스러운 기질을 가진 사람이 우연히 재능을 발휘하여 생산해 낸 무엇도 아니다. 오늘날 설교는 흥미를 돋우는 본문의 극적인 재구성으로 가득하다. 다시 말해 성경의 인물, 사건, 진술에 대하여 매력적으로 보일지 모르지만 억지스럽고 무책임하며 자의적인 해석으로 넘쳐난다. 어떤 고약한 사람은 이러한 현실이 설교자를 정의하고 있다고 주장할지 모르겠지만, 이 같은 현실은 상상력에 대한 정의와는 아무런 상관이 없다.

상상력은 그 정확한 의미에서 부가적인 어떤 것이 아니라, 불러 내는 어떤 것이다. 그것은 흥미를 자극하는 것이 아니라 무언가를 지각하는 것이다. 상상력의 기능은 장식하고 꾸미는 것이 아니고 식별하는 것이다. 어떤 사물의 새로운 특질을 지각할 때뿐 아니라, 이제까지 알려지지 않았던 사물 사이의 관계를 발견할 때 우리는 상상력을 활용한다. (중략)

일반적인 종교적 담화뿐 아니라 특수한 기독교적인 담화 역시 상상력과 관련하여 본질적으로 동일한 것을 필요로 한다는 사실을 긍정하게 될 때, 우리는 설교에 있어 상상력의 역할을 정의하는 데 보다 가까이 다가서게 된다. 자연 세계 안에 은혜의 성육신을 통하여 드러난 하나님의 핵심적인 계시에 비추어 볼 때, 이 두 가지 중요한 요소 곧 자연과 은혜를 포괄하는 모든 담화는 필연적으로 변증법적이어야 한다. 상상력이란 이렇듯 범주를 초월하고 융합하는 환상과 언어, 곧 하나님의 자기 현시의 확인에 적합한 환상과 언어를 지칭하는 이름이다.

기독교 복음의 '능력과 진리'는 하나님과 인간 사이의 깨진 관계에 대한 결정적인 폭로의 차원에 위치한다. 일단 인간이 자연적인 피조물이지만 동시에 자연적인 것에 만족할 수 없다는 사실과 또한 인간이 은혜의 대상이지만 동시에 자연적인 것 안에서 은혜를 향유해야 한다는 사실을 인정하고 나면, 모든 적절한 신학적 진술은 항상 양면적이고 변증법적이어야 한다는 결론이 자연스럽게 따라 나온다. 신학적 진술은 항상 칼날 위를 걸으며 자연과 은혜의 양극을 조화롭게 융합해야 한다.

만일 기독교 의사 소통의 이 같은 이중성이 지나친 단순화나 진부함 혹은 도덕주의로 인해서 상실되거나 희석되어 버린다면, 아마도 그것은 발언할 기회를 얻을 수는 있겠지만 대체로 진리를 놓쳐 버리게 될 것이다. 우리가 신앙의 단순한 용어를 구사할 때도 그 신앙 내용의 다양한 차원이 드러날 수 있도록 해야 한다. (중략)

설교 본문이 바울의 편지 중 하나에 등장하는 구절이라고 가정해 보자. 그런데 바울의 글은 그 내용과 문체가 너무 밀접하게 결합되어 있기 때문에, 그가 말하고자 하는 생생하고 인격적인 내용을 이해하기 위해서는 먼저 그가 말하는 스타일을 알고 그것에 의해서 상상력이 자극을 받아야 한다. 이것을 다르게 말할 수도 있겠지만, 리처드 크로너(Richard Kroner)의 곧 "상상력은 추상적인 사고가 서로 구별하는 요소의 원초적인 통일성을 유지한다."는 명제를 바울의 문체에 구체적으로 적용하여 그것을 검증함으로써 더 많은 유익을 얻을 수 있을 것이다.

성경 전체를 통틀어 로마서 8장만큼 다양하고 중요한 개념이 밀도 있게 압축적으로 함께 엮어져 있는 구절은 아마도 없을 것이다. 이처럼 복잡한 것을 하나로 통일시키는 것 즉 당혹스러울 만큼 다양하고 강한 목소리로부터 화음을 만들어 내는 것, 이것은 해부하고 분석하는 지성으로서는 감당할 수 없는 어려운 작업이다. 하지만 우리는 바울에 대해서 많은 것을 알지 못해도 이 글을 쓴 사람이 스스로 혼동 가운데 있지 않다는 것을 알 수 있다. 그의 마음은 비록 그 내용과 전개 과정에 있어 복잡하기는 하겠지만, 그렇다고 해서 경구로 혼돈스럽게 뒤죽박죽되어 있지는 않다. 따라서 과제는 이 구절 안에서부터 바울의 결정적인 동기 즉 눈에 보이지는 않지만 모든 요소를 결합시키는 핵심 요소를 찾아 내는 것이다. 여기에서 상상력은 결정적인 역할을 한다. 즉 바울 당시 사람들이 자신의 들뜬 마음과 열정적인 마음을 표현해 내는 방식에 친숙해지기만 한다면, 상상력은 기묘한 방식으로 지성을 교묘하게 피해 가는 바울의 핵심 사상을 정확하게 이해하게 우리를 돕는다.

다시 말하지만, 로마서 8장에는 단순히 분석적인 지성만으로는 관통할 수 없는 마음 상태가 작용하고 있다. 그 산문은 앞을 향하여 기울어져 있고 열정적이고 활기가 넘치며, 데이스만(Deissmann)이 지적했듯이 험준한 절벽이 이어지는 듯한 인상을 준다. "그의 말은 거꾸로 놓인 물병에서 물이 균일하지 않게 분출되어 나오는 것같이 그렇게 표출되어 나온다."는 표현이 바울의 산문의 특징을 잘 드러내고 있다. 우리의 상상력을 동원하여 바울의 글의 이러한 독특성을 우리의 경험 속에서 발견되는 유사한 증거와 비교해 보면, 무엇 때문에 바울이 그렇게 글을 쓰게 되었는지 훨씬 더 쉽게 이해할 수 있다. 그리고 우리가 그것을 이해하게 된다면, 이 특수한 경우에 있어 우리가 첫번째 명제에서 상상력에 부여한 가치 곧 인지적 명료성을 확인하게 될 것이다. 이러한 활기는 본성이 어떤 목표점에 도달할 때마다 나타내 보이는 바로 그러한 감정이 아닌가? 말이 마지막 커브를 돌고 나서 결승선을 향해 곧장 직진해서 달려갈 때 새로운 역동성으로 달린다. 이러한 생동감은 단지 이기고자 하는 욕구 때문에 생기는 것은 아니다. 오히려 그것은 보다 근본적인 것, 즉 기쁨과 안도의 결합, 길고 고된 과업이 이제 거의 마무리되었다는 갑작스러운 깨달음에서부터 생겨난다. 정교한 음악 작품은 마지막 부분에 가서 그 흩어진 부분을 한 곳에 모아서 힘있게 절정으로 달려간다. 마이티 버크(Mighty Burke)가 그의 설득의 마지막 단락에 '이르렀을' 때, 그는 마지막 말을 권위 있게 내뱉기 위해서 자신의 모든 사고력과 언어 구사 능력을 결집시킨다.

통과했다는 것, 막바지에 이르렀다는 것, 계속되는 일의 고된 과정이 이제 곧 '마무리될' 것을 깨달았을 때 우리는 모두 비슷한 감정을 느낀다.

한때 필자는 어떤 가게에서 일한 적이 있다. 거기에서 내가 하는 일은 전기 드릴을 가지고 가로 세로 4인치 각목에 일정한 간격으로 구멍을 뚫는 것이었다. 처음 3.5 인치를 뚫을 때는 속도도 더디고 둔탁한 소리가 들렸다. 그러다가 갑자기 기계가 속도를 내고 드릴용 날이 목재의 끝부분을 잘라내고 나서 돌면서 윙윙 시원한 소리를 낼 때 나무조각이 떨어져 나간다. 이와 같이 4인치 목재든, 교향악이든, 달리는 말이든, 마음의 작용이든, 모든 '도착', 모든 완성은 이와 같은 특징을 공유하고 있다. 여러분은 마음의 작용이 그 작업을 마무리할 때 이와 같은 특징을 나타내 보이지 않는 경우를 본 적이 있는가? 마찬가지로 바울은 로마서 8장에서 자신의 글이 일종의 '도착' 지점에 이르렀음을 스스로 지각하고 있었던 것이다. 34절까지 기운 왕성한 바울의 마음은 (어떤 정상인의 마음 속에서 함께 있던 것과 비교도 할 수 없을 정도로) 강력하고 복잡한 사상과 행동과 천상의 이적으로 인해 이리저리 뒤엉키고 전환된다. 그의 언어는 그의 사고와 마찬가지로 강력하고 뒤엉켜 있고 긴장해 있다. 하지만 항상 앞으로 기울어져 있고 구멍을 내고 있다. 자신의 위대한 주제의 딱딱한 표면을 뚫기 위해 구멍을 내는 작업을 하고 있는 것이다. 이제 35절에 가서 그는 놀라운 긍정을 선포함으로써 "자신의 음악의 절정에 이른다." "그런즉 이 일에 대해서 우리가 무슨 말 하리요 만일 하나님이 우리를 위하시면 누가 우리를 대적하리요"(롬 8:31) 그런 다음 바울은 감당할 수 없는 기쁨을 노래하면서 8장을 마무리한다.

여기에서 상상력은 주석 작업 가운데 각 개별적인 부분에 대한 연구만으로는 결코 성취할 수 없는 것을 제공해 준다. 왜냐하면 상상력을 통해서 우리는 이 8장이 논증이 아니라 찬양이고, 단순한 나열이 아니라 연속체이며, 또한 단순한 질서가 아니라 유기체임을 이해하기 때문이다. '도상에 있는' 의미는 오직 화려한 결론을 장식하는 영적인 찬양의 정점에서부터 비로소 이해가 가능해진다. 이것은 서로 무관하면서 동등한 여러 가지 생각들이 열정으로 인해 수사학적으로 연속적으로 나열되면서 절정에 다다르는 것과는 다르다. 오히려 이것은 갈등 속에 있는 사람이 영혼의 모든 고통과 의심과 애매함을 관통하여 승리의 길을 개척하는 은혜의 주권적 섭리이다. (중략)

바울이 말하고자 하는 내용과 그의 독특한 문체에 깊이 몰두할 경우 우리는 상상력이 어떻게 작용하여 설교자로 하여금 저자의 의도를 보다 생생하고 충분하게 전달할 수 있게 하는지 이해할 수 있다. 말하자면 상상력이란 저자가 하나님의 말씀에 대하여 증언한 대로 그 말씀의 구원하는 능력이 독자 안에서 재연되는 과정이다.

문체의 독특성은 침투하는 말씀으로 인해 혼에 새겨진 격심한 변증법을 반영한다. 비논리적인 도약, 무의식중에 갑작스럽게 이루어지는 수정과 모순 등 이와 같은 것은 작문 선생에게는 고통을 가져다 주지만, 설교자에게는 신학적인 빛을 안겨다 준다. 자연 종교를 가진 사람들은 자신의 상황에 대해서 깔끔하게 해명할 수 있다. 그리고 은혜로 아름다워진 자녀는 하나님 안에 사는 자신의 삶을 아마도 침착하게 묘사할 수 있을지 모른다. 하지만 바울의 편지는 자연과 은혜의 교차로에 서 있다. 그 편지는 "그리스도 안에 있는 사람"의 한량없는 안식과 육체와 땅에 속한 사람의 끔찍한 현실주의 사이의 팽팽한 긴장 가운데 있는 사람의 말이다. "오호라, 나는 곤고한 자로다. 그러므로 이제 더 이상 정죄함이 없다." "나는 여러분이 나를 어떻게 생각하든 상관하지 않는다. 나는 여러분이 나를 평가하는 말로 인해 곤혹스러워하고 있다." 동일한 한 사람이 이 역설적인 말을 동시에 내뱉고 있는 것이다. 두려움과 떨림으로 너희 구원을 이루라. 누구도 스스로 구원을 이룰 수 없으며 또한 그럴 필요도 없다. 하나님께서 너희 안에서 역사하고 계시기 때문이다.

설교는 자연과 은혜에 동시에 속한 실존이 경험하는 고통스러운 평화가 단지 단편적인 문장으로만 말할 수 있는 것을 완전한 명제로 표현하려고 해서는 안 된다. 하나님께서 따로따로 떼어 놓으신 것을 설교자가 유쾌한 마음으로 함께 결합해서는 안 된다. 바울이 적극적인 긍정의 능동태 구문을 그치고 수동태 구문으로 전환할 때, 그 때는 우리도 바울과 함께 멈추어 서야 한다. 하나님 말씀의 구원하는 능력은 우리가 당황하며 멈추어 서는 바로 그 곳에서 역사한다. 문법이 깨지는 곳에서 은혜가 뿜어져 나온다.

"나는 알고 있다."고 바울은 말한다. 그런 다음 자신이 알고 있는 것에 대해서, 그것을 어떻게 알게 되었는지에 관해서, 그리고 그러한 지식이 어떠한 종교적 확신에서 비롯되었는지에 대해서 반성한다. 그러다가 갑자기 바울은 주장을 멈추고 "오히려, 내가 알려졌다."라고 말한다.

"나는 사랑한다."고 바울은 말한다. 그런 다음 그는 그가 어떻게 해서 그렇게 말할 수 있는 지점에 도달하게 되었는지, 어떤 놀랍고 기막힌 사건 때문에 그것이 가능하게 되었는지 반성한다. 그리고는 "이 하나님의 아들이 나를 사랑하사 자기를 버리셨다."는 것을 기억하면서 능동태를 끝맺는다.

"나는 용납한다."고 바울은 말한다. 그런 다음 반성이 이어진다! 반성 중에 그는 모든 건전함의 창조자가 되시는 거룩하신 분의 용서하시는 열정적인 사랑과, 사람들 가운데 모든 용납을 가능하게 하시는 하나님의 측량할 수 없는 용납을 기억한다. 수동태는 능동태를 파괴하고 또한 별도의 고유한 형태로 능동태를 재창조한다. 그리스도인들의 삶은 이 거룩한 자유의 축 위에서 회전한다. 그리고 이 축의 한쪽 끝은 하나님의 용납하시는 자비에 닿아 있고, 다른 한쪽 끝은 궁극적인 용납을 필요로 하는 사람에게 닿아 있다.

수동태의 힘이 능동태의 영역을 이렇게 변화시키는 것은 단편적으로 흩어져 있는 바울의 증언에 있어서뿐 아니라 바울이 자연 세계 및 역사와 맺고 있는 관계 전체를 이해하는 데 있어서도 핵심적이다. 이러한 변화와 관련하여 빌립보서의 마지막에 위치한 유명한 구절은 특히 시사하는 바가 크다. "끝으로 형제들아 무엇에든지 참되며 무엇에든지 경건하며 무엇에든지 옳으며 무엇에든지 정결하며 무엇에든지 사랑받을 만하며 무엇에든지 칭찬받을 만하며 무슨 덕이 있든지 무슨 기림이 있든지 이것들을 생각하라"(빌 4:8)

이 단락은 서신의 전체 논증을 요약하는 부분에 위치하는데 어딘가 어색하다. 마치 바울이 자신이 앞서 기록한 내용을 잊어버렸거나 자신이 그렇게 열정적으로 주장하였던 바를 제쳐두었거나 혹은 갑자기 그의 맹렬하고 거룩한 눈빛을 다정하고 누그러진 미소로 대체한 것처럼 보인다. 앞서 1 - 3장에서 그는 종교와 도덕과 문화가 가진 모든 확신과 견고함을 산산이 부숴 버리지 않았던가? "또한 내가 모든 것을 해로 여김은 내 주 그리스도 예수를 아는 지식이 가장 고상함을 인함이라 내가 그리스도를 위하여 모든 것을 잃어버리고 배설물로 여김은 그리스도를 얻고 그 안에서 발견되려 함이니 (중략) 내가 그리스도와 그 부활의 권능과 그 고난에 참여함을 알고자 하여 그의 죽으심을 본받아 어떻게 해서든지 죽은 자 가운데서 부활에 이르려 하노라"(빌 3:8 - 11)

그리고 나서 갑자기 전환이 일어난다. 이제까지 그리스도인의 믿음 충만한 삶을 성육신과 부활 사건과 관련지어 열변을 토하던 바울은 갑자기 갖가지 개인적인 권면의 여담 후에 유쾌하고 자비로운 덕담으로 넘어간다. "끝으로 형제들아 무엇에든지 참되며 무엇에든지 경건하며 무엇에든지 옳으며 무엇에든지 정결하며 무엇에든지 사랑받을 만하며…."

어조에 있어서 이러한 변화는 어떤 결정적인 전환을 의미하지는 않는다. 사실상 그것은 전혀 전환이 아니다. 이것은 단지 자신의 눈을 중심에서 주변부로 돌린 것뿐이다. 즉 중심에 있는 신앙이 일종의 복음적 휴머니즘으로 성숙한 것이다. 이것은 기독교의 기본적인 역설을 수사학적으로 표현한 것이다. 넓은 곳에 이르는 것은 좁고 집중된 길을 통해서이며,

아름다움과 자비로움과 정의로움에 이르는 길은 거룩의 아름다움과 은혜의 자비로움과 판단의 정의로움과 더불어 시작하는 길이다. 진정한 자애로움은 완전한 인간의 특징이다. 그리고 이 완전한 인간은 두 번째 아담인 새로운 인간 안에서 주어졌다. 이 두 번째 아담은 겟세마네 동산에서 순종함으로 에덴 동산에서 하나님과 자기 자신에게 신실하지 못했던 첫 번째 아담을 회복시켰다.

  바울의 문체에 대한 이같이 간략한 분석은 우리의 당초 주장을 입증하기에 충분할 뿐 아니라 더 미묘한 많은 것들을 가르쳐 준다. 여기에 대해서는 차후에 논의할 예정이다. 하지만 이것만으로도 문맥에서 떨어져 나온 본문 혹은 짧은 구절을 가지고 설교하는 오래 된 관습에 의문을 제기하기에 충분하다. 이러한 관습은 복음서에 적용될 경우에도 상당히 위험을 무릅써야 하지만, 바울 서신에 적용될 경우에는 필연적으로 재앙을 초래한다. 세계의 다른 문학 작품에서는 그 유래를 찾아볼 수 없을 정도로 바울이 쓴 글은 그가 쓴 모든 글의 조명 아래서만 바르게 이해될 수 있다. 외관상 체계가 없는 듯이 보이는 그의 언어는 그 중심에 있어 체계가 잡힌 그의 열정에 의해 내적으로 조정되고 질서가 잡혀야 한다. 그리고 바울은 이러한 열정이 수동태라는 것을 확언한 첫번째 사람이다. 그 열정은 그의 것이 되기 전에 먼저 하나님의 것이다. 그리고 그 열정은 오직 하나님의 것이다. 왜냐하면 하나님의 열정이 겟세마네 동산에서 역사적 사실이 되었기 때문이다.

출 처

Joseph Sittler, The Ecology of Faith (philadelphia: Fortress Press, 1961), pp. 46 – 48, 53 – 59. Copyright ⓒ by Fortress Press, 1961. Used by permission

프레드 크레독

Fred B. Craddock

이야기: 거리 두기와 참여하기

프레드 크레독(1928 -)은 조지아 주의 애틀란타에 위치한 캔들러(Candler) 신학교에서 설교와 신약성경을 가르치는 교수이다. 『간접적인 방식으로 복음 듣기』라는 제목의 그의 책은 1978년에 행한 비처 강연에 토대를 두고 있다. 크레독의 설교 방법은 수사학의 전통적인 관심 분야인 주제, 구상, 회중 분석 등을 통합하고 있다. 크레독은 이 중 마지막 회중 분석에서부터 출발하여 설교에 대한 귀납적 접근의 필요성을 입증한다. 그는 귀납적 접근이 탐구와 발견의 기회를 제공하는 일상적인 대화에 보다 잘 들어맞는다는 믿고 있다. 3주안점(3 대지)의 연역적 설교는 사고와 대화의 근본적인 운동을 방해한다. 연역적 설교는 너무 빨리 너무 많은 것을 말한다. 게다가 기독교의 메시지에 대하여 둔감해진 문화에서는 단순히 명제를 선언하는 것만으로는 의사 전달이 이루지지 않는다. 우리 시대 사람들은 더 이상 복음에 귀를 기울이지 않는다. 그들은 복음을 간접적으로 들어야 한다. 이와 유사한 관심이 수사학자인 페넬롱(Fenelon)과 경건주의자 슈페너(Spener), 그리고 포스딕(Fosdick)에게서 발견된다. 하지만 의사 소통의 관점에서 간접적인 담화에 대한 가장 심오한 근대 이론가는 키에르케고르(Kierkegaard)이다. 크레독은 키에르케고르의 다음 글을 자신의 책『간접적인 방식으로 복음 듣기』의 제사(題詞)로 삼는다. "기독교 세계 안에는 정보가 너무도 풍부하다. 오직 아쉬운 것은 한 사람이 다른 사람에게 그 정보를 직접적으로 전달할 수 없다는 사실이다."

내가 여기에서 주장하고 싶은 것은 교회 학교와 예배당 안에서 회중이 간접적으로 복음을 듣는 경험이 자연스러우면서도 효과적이고 때로는 삶을 변화시키는 역동성을 가져오기도 한다는 사실이다. 그리고 이것은 연구 주제로도 적합하기 때문에 책상머리에서 설교 강단으로 옮겨 가는 것도 그렇게 어색하지 않다. 논의는 회중의 관점에서 시작되었다. 그것은 설교자의 준비나 혹은 전달해야 하는 내용의 전체 구성과 더불어 시작된 것이 아니다. 이유는 간단하다. 설교의 출발점은 회중이기 때문이다. 하지만 상황이 항상 이러했던 것은 아니다. 우리가 앞서 살펴본 대로, 비판적인 학문 공동체에서는 객관성과 역사적 정직성을 상실하는 것을 두려워하기 때문에 어떤 주제를 연구하거나 그 연구 결과를 보고할 때 듣는 사람이나 읽는 사람의 존재를 의식하지 않는 것이 당연하다. 그렇게 하지 않으면, 듣는 사람의 필요나 상황이 그 탐구에 변수로 작용하여 결과에 영향을 미칠 수도 있기 때문이다. 말하자면 회중은 실험실이나 도서관에서 행해지는 일을 방해하는 존재로 인식되었다. 반면 교회 학교나 예배당에서 회중은 결코 방해자가 아니다. 실험실에는 설비와 공식이 필수적이고 도서관에는 책이 그러한 것처럼, 교회 학교와 예배당에 적합한 일 곧 커뮤니케이션을 위해서는 회중이 필수적인 구성 요소이다. 교사나 설교자는 커뮤니케이션이라는 목적을 위하여 존재하는 종과 도구이다. 이 목적에 맞추어 주제가 형성되고 결정된다.

  들음의 경험은 우리가 본문을 석의하고 신학적으로 성찰한 다음에야 비로소 고려하는 이차적인 사안이 아니다. 이러한 사실은 우리의 과제 수행에 있어 결정적으로 중요하다. 회중은 처음부터 함께 있다. 성경을 비롯하여 모든 기독교 전통은 그것을 먼저 들은 사람을 통해 우리에게 전해져 왔다. 또한 우리도 그것을 듣고 다른 듣는 사람들에게 그것을 전해 준다. 우리가 그 전통을 갖게 되었을 때 거기에는 들음과 메시지의 청취 가능성의 흔적이 있다. 그리고 우리가 그것을 말할 때 우리는 그것을 들려 줄 수 있다는 것을 전제한다. 우리가 회중에게 이토록 주목하는 것은 회중이 듣고 싶어하는 것을 들려 주기 위해서가 아니다. 또한 그것은 설교자로서 어떻게 성공할 수 있는가를 알려 주는 서문도 아니다. 회중에 대한 관심은 단지 적절한 주제 선정과(이 주제는 회중으로부터 나온다.) 설교 정황 파악을 (효과적으로 들려 주기 위해서) 위한 것이다.

필자는 들음의 경험이 의사 소통 사건에 있어 핵심적인 고려 사항이며 설교자의 상상력과 감정과 인지력을 사용해야 하는 첫번째 과제라는 점을 지적하면서 논의를 시작했다. 그런 후에 필자는 '간접적으로 듣기' (overhearing)라고 불리는 듣는 자세의 특징을 '거리' 와 '참여' 의 두 가지 요소로 구성되었다고 묘사했다. 또한 '거리' 라는 용어의 의미를 재규정하기 위해서 필자는 거리가 의사 소통 사건에 있어 메시지와 회중에게 매우 귀중한 가치를 가지고 있다는 사실을 강조했다. 메시지와 관련해서 거리는 역사로서 메시지의 객관성, 전통으로서 메시지의 연속성, 메시지를 듣는 나 이전에 그리고 나와 별개로 존재하고 있던 말씀으로 메시지의 본래의 모습을 보존한다. 다른 말로 하면, 메시지와 회중 사이의 거리는 메시지의 내용적 특성과 독립성에 대한 이해를 가능하게 한다. 이러한 특징은 설득하고 주의를 환기시키는 메시지의 능력에 손상을 가하기보다는 오히려 그 능력을 강화시킨다. 필자는 내가 귀 기울여 듣기 시작할 때 비로소 즉석에서 서둘러 지어 내는 메시지에는 별로 관심이 없다. 이러한 메시지는 그 엉성한 형식과 피상적인 내용에 대해서 상황에 대한 적절성을 핑계 댄다. 오히려 필자는 내가 듣는 것과 상관없이 고유한 생명과 힘을 가지고 있는, 미리 준비된 메시지에 훨씬 더 호감을 가지고 있다. 즉흥적으로 이루어지는 교훈과 권면의 말을 하는 사람들은 적절성을 아주 중시하여 메시지를 전달하면서 동시에 다음에 할 말을 준비한다. 그들은 대부분 선한 의도를 가지고 있다. 필자는 그들에 대해 빈정거리고 싶은 마음이 없다. 나의 학생들 중에도 성서일과를 낭독하는 것과 사전에 설교 계획을 수립하는 것에 대해 반감을 가진 사람이 더러 있다. 그 학생들은 "아직 1월인데 다가올 6월에 적절한 주제가 무엇일지 알 수 있는 사람이 어디에 있는가?"라고 반문한다. 그들의 지적은 일견 타당하고 또 한편에서 보면 훌륭하다. 하지만 이러한 지적은 복음이 우리 밖에 있다는 사실 곧 말씀의 원천이 듣는 사람에게 있지 않다는 사실과 긴장 관계를 유지할 때만이 그 가치를 유지한다. 이것을 필자는 '거리'(distance)라고 부른다. 이것은 복음을 간접적으로 듣는 경험에 있어서 필수적인 요소이다. 거리는 회중에게 다음과 같이 말한다. "여러분은 지금 여러분이 듣지 않는다 해도 상관없이 계속될 만큼 중요한 이야기를 듣고 있습니다."

한편 거리는 회중에게 메시지를 들으면서 그 메시지를 수용할지 거절할지 숙고할 수 있는 여유를 제공해 준다. 회중의 한 사람으로서 필자는 얼마간의 자유와 여유를 가져야 한다. 내 앞에 놓인 문제가 궁극적으로 중요한 문제라면 더욱 그래야 한다. 하지만 하나님의 말씀으로 무장하고 자신이 선포하는 메시지의 절박성과 중요성을 인식하고 있는 많은 설교자가 회중에게 조금의 여유도 주지 않고 말씀으로 계속해서 그들을 밀어붙여야 한다고 생각하는 경향이 있다. 한편 회중 가운데 재치 있는 사람은 이러한 설교자의 몰아치는 메시지 선포에 대항하여 효과적인 반격을 전개한다. 즉 설교자의 문법과 목소리 혹은 논리와 옷차림에서 흠집을 찾아 내거나, 설교자의 실제 동기에 대해서 의문을 제기하거나, 상상력을 발휘하여 설교자가 혹시 어두운 과거를 가졌거나 혹은 지금 이 순간 불의한 일에 관여하고 있는 것은 아닌지 의아해하거나, 산만한 몸동작을 하거나, 혹은 전구나 나무에 달린 끈, 안경 쓴 사람과 같은 것의 숫자를 헤아림으로써 그 사람은 설교자의 선포를 무력화시킨다. 이외에도 회중이 부정적으로 반응할 수 있는 방식은 수도 없이 많다. 만일 여러분이 이러한 설교자를 만났을 때 할 수 있는 일의 목록을 작성해 본다면, 내가 정리한 것보다 훨씬 더 길 것이다.

　복음을 간접적으로 듣는 경험에 있어 두 번째 요소는 참여다. 즉 회중이 메시지의 화제나 위기, 결정, 판단, 약속 등에 자유롭게 참여하는 것이다. 참여란 회중이 거리를 극복한다는 것을 의미한다. 하지만 이것은 설교자가 모든 가능한 상황을 염두에 두고 말했기 때문이 아니라 설교를 듣는 사람이 메시지의 내용 중에서 자신의 경험이나 생각과 비슷한 것을 발견했기 때문에 가능한 것이다. 여기에는 인간 경험이 일반적으로 유사하다는 전제가 그 밑바닥에 깔려 있다. 인간 경험이 대체로 유사하기 때문에 우리는 의사 소통을 할 수 있다. 그런데 많은 설교자가 이러한 사실을 인정하지 않고 있으며 어떤 경험에 대해서 그것이 마치 회중에게는 낯선 것인 양 설명해 주는 것을 자신의 의무로 알고 있다는 사실은 놀랄 만한 일이다. 만일 설교자와 회중이 함께 교회 안에서 졸고 있는 한 노인을 발견했다면 긴 설명은 불필요하다. 혹시 약간의 설명은 필요할 수도 있겠지만 긴 설명은 아무 소용이 없다. 설교자가 말하는 이야기와 설교를 듣는 사람의 개인적인 이야기는 어떤 지점에서 반드시 교차해야 한다. 그렇지 않으면 회중은 절망한다. 반면 그 두 이야기가 정확하게 일치한다면, 설교를 듣는 사람은 지루해하거나 의심하거나 방어 자세를 취한다. 물론 회중이 자신의 설교를 간접적으로 듣기를 원하는 설교자는 설교 중에 회중과 어느 정도 거리를 유지할 것이다. 하지만 단어나 표현, 심상, 세부 묘사에 있어서는 회중이 그 이야기 속에 '들어와' 자신의 경험과 동일시하며 참여할 수 있는 어떤 지점 혹은 계기를 열어 주어야 한다. 그렇지 않으면 회중은 거리를 극복할 수 없고, 결국 의사 소통은 단순히 정보 공유나 특정 주제에 대한 강연을 넘어서지 못하게 된다. (중략)

　회중에게 있어 의미란 의사 전달의 마지막에 주어지는 결과물이 아니고 들음의 경험과 동시적이라는 사실을 우리가 확신한다면, 가장 바람직한 목표는 '회중이 메시지를 삼켜 버릴' 수 있도록 메시지를 전달하는 것이다. 여기에서 우리는 수사학과 변증법을 구분한 플라톤으로부터 약간의 도움을 얻을 수 있다.

수사학은 회중을 만족시키며, 수사학적 말하기가 끝난 다음 그것을 들은 사람은 "참 훌륭한 연설이었다."라고 말한다. 수사학은 하나의 연설로서 확정 가능한 실재이며 형식과 내용을 갖추고 있고, 따라서 말한 그대로 혹은 인쇄되고 출판된 대로 반복될 수 있다. 반면 변증법은 회중을 불안하게 만들어 그들의 생각이나 가치관 혹은 삶의 방향을 전환시키는 것을 목적으로 한다. 그러한 목적은 변증법 자체를 대가로 지불해야 비로소 성취된다. 변증법적 말하기는 회중 가운데 어떤 경험을 불러일으킴과 동시에 스스로 소멸되어 버린다. 변증법적 말하기의 앞부분은 여러분을 그 다음 부분으로 이끌어 준다. 그런데 그 다음 부분은 여러분이 앞부분에 대한 흥미를 상실하거나 포기하도록 만든다. 변증법적으로 효과적으로 말했다면, 회중은 메시지의 앞부분 내용에 대해 흥미를 잃거나 혹은 그것을 거부할 것이다. 왜냐하면 단어와 문장과 이미지는 변화하는 관점과 가치관을 따라 회중을 움직여 가고 그 소임을 다한 후에는 소멸해 버리기 때문이다. 그 말은 진리를 진술하거나 어떤 교리에 관한 주장을 전개하기 위해 구성된 것이 아니다. 변증법은 말이 끝난 다음 '훌륭한 연설'이었다는 평가를 듣는 것을 목적으로 하지 않고 듣는 사람이 변화되고 바뀌는 것 혹은 적어도 영혼 속에 오래 잠들어 있던 낡은 개념을 새롭게 경험하도록 돕는 것을 목적으로 한다. (중략)

회중의 경험을 유도하는 가장 효과적인 방법은 은유이다. 은유는 이미 알려져 있는 것을 아름답게 장식하는 것이 아니라 희미하게 알려져 있는 것을 "더욱 분명하고 확실한 지식에 이르게 하는 수단"이다(Phillip Wheelwright). "은유란 겉으로는 다르게 보이는 것들 사이에 존재하는 유사성을 언어로 인식하는 것이다."(Brian Wicker, The Story -Shaped World, p.15) 말하자면 은유란 긴장을 산출함으로써 이미 친숙한 것을 새롭고 신선하게 바라볼 수 있게 만든다. 어떤 사람들은 은유가 부정확하고 기만적이며 자의적이라는 이유로 그것을 거부한다. 예를 들어 그들은 왜 "구름이 회색빛이다."라고 명확하게 직설적으로 말하지 않고 대신 구름을 슬프다고 묘사하는지 의문을 제기한다. "은유를 사용하는 것 즉 예를 들어 '변덕스러운' 날씨나 '장엄한' 산악 혹은 '무자비한' 태양 등을 말하는 것은 단지 사물에 불과한 것을 부적절하게 의인화된 의미나 도덕적인 의미로 더럽히는 것이다."(Wicker, p.2). 하지만 이러한 반론은 실증적이고 수치화가 가능하고 정확하게 묘사하는 언어만 유일하게 타당하고 정당한 언어라고 여기는 그릇된 생각을 전제하고 있다. 아울러 언어의 주요 기능이 사람의 지성을 일깨우고 지식의 한계에까지 그 지성을 이끌어 가며 새로운 각도에서 세계를 바라보게 하고 과거의 예상을 깨뜨리는 새로운 윤곽을 제시하는 것이라는 사실을 망각하고 있다. 의사를 전달하는 사람이 은유를 사용하는 것은 창조적인 상상력의 행위이다. 이것은 은유를 듣는 행위를 통해서 완성된다. 은유를 듣고 이해하는 것 또한 동일하게 창조적인 상상력이 요구되는 행위이다. 예수님의 비유의 핵심에 바로 이러한 은유가 있다.

하지만 허구적인 언어는 꼼꼼한 구성을 통해 신중하게 사용하지 않으면 기껏해야 회중의 귀를 즐겁게 하는 데 그칠 수 있다. 의사 소통의 절정은 듣는 사람의 경험에 영향을 미치는 것이다. 만일 회중이 간접적으로 듣기를 원한다면, 거기에 가장 잘 어울리고 또한 가장 효과적인 언어 구조는 이야기이다. 이야기를 들을 때 사람들은 자연스럽게 간접적으로 듣는 자세를 취하게 된다. 이야기는 어느 정도 거리를 둔 상태에서 들으며 또한 그 거리를 지속적으로 유지한다. 왜냐하면 이야기는 그 자체의 흐름을 따라 전개되며, 단지 우연히 듣는 사람과 연계되는 것처럼 보이기 때문이다. 하지만 이야기는 듣는 사람이 그 이야기의 전개와 갈등과 결단에 참여하도록 끊임없이 그를 부르며 초청한다.

최근 신학적 논의에서 '이야기'와 '설화'에 대해 너무나 많은 사람들이 글을 쓰고 말을 했기 때문에, 여기에서 내가 간접적인 듣기의 역학을 가능하게 하는 이야기 구조를 통해 의미하는 바는 무엇이고 의미하지 않는 바는 무엇인지 해명할 필요가 있다고 생각한다.

첫째, 필자는 기독교 담론에서 이야기가 합리적인 논증을 대체해야 한다고 생각하지 않는다. 합리적인 논증은 의사 소통을 지속적으로 자기 비판적으로 만들 뿐 아니라 운동 선수같이 건강하게 유지하며, 비판적인 반성이 결여되었을 때 발생할 수 있는 감상적인 생각을 차단한다. 우리는 교리나 역사 혹은 신학적 반성의 주제를 회피하기 위해 이야기나 설화를 사용하려는 모든 시도를 항상 경계할 필요가 있다. 교회에서 우리는 일화를 소개하거나 예화를 이야기하는 것 외에도 다른 많은 말을 한다. 키에르케고르의 애독자 가운데 어떤 사람들은 그가 한 이야기를 너무 좋아한 나머지 합리적인 개념화의 가능성과 그 필요성에 대한 그의 주장을 잊어버리고 있다. 다른 한편 "이야기를 말하고 듣는 것은 우리 사회에서는 비과학적인 것으로 간주된다."는 이유로 논증이나 논거를 우선시하고 이야기를 무시하는 것 역시 복음 사역에 치명적인 결과를 가져올 수 있다. 만일 이야기가 비판적 사고 이전 단계에 머물러 있다는 이유를 대며 신학의 영역에서 내쫓아 버린다면, 신학은 단지 상징이나 용어를 서로 관련시키는 작업은 되겠지만 더 이상 경험으로부터 자양분을 공급받지 못하게 될 것이다. 만일 신학이 인간 경험을 변화시킨다는 관점에서 그러한 경험에 대한 비판적인 반성을 하지 않는다면, 대체 신학은 무엇을 하는 것인가?

둘째, 내가 이야기 형식을 제안하는 것은 설교자가 일반 문헌의 본문을 주석하고 해석해서 거기에서부터 종교적인 의미를 도출해 내고 또한 이것을 바탕으로 이 본문을 기독교 의사 소통의 내용으로 삼는 것이 정당하다는 것을 입증해야 한다는 주장과 별개의 것이다. 명시적으로든 암시적으로든 기독교 전통과 그 시대의 일반 문헌 사이에 오고갔던 대화를 연구하는 것이 매우 가치 있는 일임에는 틀림없다. 하지만 기독교적인 의미를 찾아 내기 위해 일반 문헌을 꼼꼼히 조사하는 일은 부차적인 일이다. 그것은 '적절한' 개념을 찾아 풍부한 문학 세계를 탐구하면서 기독교 신앙의 토대가 되는 문헌을 배척하는 것이다. 우리 가운데 많은 사람들은 '의미'와 해석 곧 예술을 길들여서 그것을 내용으로 환원시키고 그런 다음 내용을 적용하는 해석에 지쳐 있다. 따라서 그저 여러분을 이야기와 함께 가만히 내버려 둘 필요가 있다. 여러분이 그 이야기를 간접적으로 들을 수 있게 내버려 두고 그 이야기와 여러분이 자유롭게 움직일 수 있는 여유를 보장해 주어야 한다. 그리고 여기에는 성경 이야기도 포함된다.

셋째, 내가 말하는 이야기 구조를 말할 때 그것은 강연이나 설교가 단지 성경 속에 나오는 긴 이야기 부분을 그냥 읽거나 암송하는 것으로 이루어져야 한다는 것을 의미하는 것이 아니다. 이러한 생각은 고대 본문이 하나의 언어, 지역, 문화, 시대에서 다른 언어, 지역, 문화, 시대로 단순하게 그리고 무비판적으로 전달될 수 있다는 가정을 하고 있다. 성경 본문은 항상 교회를 매개로 하여 역사 속에서 전해져 온다. 그리고 교회에 맡겨진 과제는 성령 안에서 가르침과 설교를 통하여 성경의 목소리를 살아 있는 목소리로 유지하는 것이다. 하지만 앞서도 말했듯이 본문을 직접 말하고 듣는 것은 그것을 말하는 사람이나 듣는 사람에게 다른 무엇으로 대체할 수 없는 가치를 지니고 있다. 폴 리꾀르(Paul Ricoeur)는 본문을 순진하게 읽는 것이 어떤 가치를 지니고 있는지 통찰력 있게 기술하고 있다. 리꾀르에 따르면, 이러한 순진한 읽기는 본문이 우리의 능력과 본능을 자극하게 만든다. 이러한 읽기 다음에는 두려워하거나 주저하지 말고 본문을 비판적으로 검토해야 한다. 마지막으로 우리는 이차적 순진함을 가지고 본문으로 되돌아와 본문이 이야기와 담화로서 가진 특성을 다시금 회복해야 한다. 리꾀르 이전에 이미 키에르케고르가 즉흥성 – 반성 – 즉흥성의 삼중적 방법을 주장한 바 있다.

마지막으로 이야기 구조를 통해서 내가 제안하고자 하는 것은 강연이나 설교가 긴 이야기나 일련의 예화 모음이 되어야 한다는 것이 아니다. 실제로 그러한 형식이 특정한 메시지에 적합할 때도 있지만, 모든 강연이나 설교가 반드시 이야기 형식을 갖출 필요는 없다. 의사 소통은 이야기 비슷하게 진행하면서도 동시에 시나 논쟁, 일화, 유머, 석의적 분석, 주석 등 다양한 내용을 포함할 수 있다. 이야기 비슷하다는 것은 스스로를 더 큰 공동체 생활에 묶어 주는 영역을 가지고 있다는 것을 의미한다. 곧 메시지가 회상과 희망을 가지고 있음을 뜻한다. 이야기 비슷하다는 것은 지적, 감정적, 의지적 측면 중 한 가지 측면만을 배타적으로 다루지 않고 그 모든 측면을 균형 있게 다룬다는 것을 의미한다. 또한 그것은 한 장소에서 다른 장소로 움직인다는 의미를 내포하고 있으며, 또한 이러한 운동이 그 자체적으로 진행되며 따라서 듣는 사람의 존재는 이러한 과정에 있어 본질적인 요소가 아니라는 것을 의미한다. 말하자면 이야기 비슷하다는 말은 듣는 사람들과 나란히 생각한다는 것을 의미한다.

이야기는 사건을 요약하지 않으며, 주석이나 적용과의 관계를 요약하지도 않는다. 듣는 사람 중에 누구도 그런 것을 간접적으로 듣지 않는다. 이야기는 사건을 재생산하고 재창조하며, 그 가운데 인물이 성장하고 사건이 전개되며, 이야기하는 사람은 이야기하는 중에 그것을 다시 경험한다. 이렇게 다시 경험하는 것은 이야기하는 가운데 감정적이고 상상적인 힘의 원천이 된다. 감정과 상상력은 말하는 사람의 편에서 선택적으로 덧붙일 수 있는 것이 아니다. 뿐만 아니라, 이야기는 처음에서 끝으로 움직여 간다. 이야기는 나태한 귀를 위해 결코 반대 방향으로 움직이지 않는다. 마지막으로 이야기는 이야기되는 내용의 속도를 가장 정확하게 재창조할 수 있게끔 적정한 속도에 따라 움직인다. 때로는 느리게, 때로는 빠르게, 때로는 천천히 거닐기도 하고, 때로는 달리기도 한다.

여기에서 잠시 내가 방금 언급한 것과 관련하여 이 작업이 얼마나 어려운지 잠시 이야기하고자 한다. 예를 들어 아브라함이 이삭을 제물로 바치는 이야기를 회중에게 들려 줄 때 수풀 속에 갇혀 있던 어린 양에 관한 부분으로 곧장 돌진하지 않기란 그렇게 쉬운 일이 아니다. 키에르케고르는 설교자가 수풀 속에 어린 양이 있다는 행복한 사실을 너무 서둘러 말해 버리거나 처음부터 이 사실을 이야기해서 듣는 사람들의 긴장을 완화시키거나 혹은 이야기 사이사이에 수풀 속에 곧 어린 양이 출현할 것이라는 약속을 삽입하고 있는 것에 대해 가끔씩 불만을 토로했다. 물론 우리는 모두 그 이야기가 그렇게 마무리된다는 것을 알고 있다. 하지만 만일 우리가 이 마무리 부분에서 아브라함의 길고 고된 여정의 끝에 찾아오는 미소를 제대로 포착하지 못한다면, 이 때 아브라함의 믿음은 더 이상 믿음으로 보이지 않게 된다. 그 믿음은 두려움과 떨림이 없으며 듣는 사람의 순례 여정으로부터 멀리 떨어져 있다. 모리아산에 이르기까지의 고된 여정을 다시 창조하는 이야기는 절대적으로 순종하는 믿음 안에서 일어나는 복잡 미묘한 감정을 다시 경험한다. 그리고 그 이야기를 듣는 사람들은 그러한 믿음을 소유하게 되기를 소원하기도 하고 불가능하다고 생각하며 절망하기도 한다. 말하자면 회중은 그러한 믿음을 희구하면서 동시에 두려워하며, 추구하면서 동시에 무서워한다. 이렇게 되었을 때, 이러한 감정은 이야기 중에 어린 양이 드디어 나타나는 순간 아브라함의 말할 수 없는 기쁨과 감사 속으로 흘러들어갈 수 있다.

마찬가지로 부활절 이야기 또한 예수님의 순례 여정에 대한 진정한 이해를 저해시키거나 혹은 예수님을 따른다는 것이 실제적으로 무엇을 의미하는지 깨닫지 못하게 만들 수도 있다. 물론 부활절 사건이 있었고, 초대 그리스도인은 그 경험에 기초하여 과거를 회상하고 미래를 기대하였다. 하지만 부활절 이야기가 이야기 속으로 너무 빨리 혹은 너무 쉽게 들어오게 되면, 예수님의 사역이 마치 연극 대본을 따라 리허설을 하는 것처럼 보이게 만들며 제자들이 실제로 승리한 것처럼 만들 수 있다. 장례식장에서 어떤 목사는 유족이 자신의 눈물로 인해 죄책감을 느끼게 만드는 경우를 종종 볼 수 있다. "여러분은 부활을 믿지 않습니까?" 너무나 가혹한 말이다! 부활절은 눈물을 흘리고 있는 사람들을 위한 것이다. 기독교 신앙은 부활이 못 자국을 지운 것이 아니라 오히려 그것을 영속적인 것으로 만들었다고 선포한다. 많은 강단에서 부활절 이야기를 너무 빨리 꺼내 놓는 바람에 마치 예수님의 무덤은 긴 동굴이 아니라 짧은 터널이었던 것처럼 보이게 만들었다. 많은 교회에서 거행되는 부활절 행사는 사실상 아무런 의미가 없다. 왜냐하면 아무도 실제로 죽지 않았기 때문이다. 무엇이 문제인가? 이야기를 잃어버렸다는 것이 문제이다. 역사적으로 교회는 지혜롭게도 수난으로부터 성(聖)금요일, 부활절, 기다림, 오순절에 이르는 이야기를 중시했다. 그런데 성(聖)금요일 예배가 만족스럽지 못하다고 해서 생략해 버리고 오순절이 학기가 종료되고 방학이 시작된 이후에 찾아온다는 이유로 생략해 버린다면 어떻게 되겠는가? 부활절에 예배를 세 번 드림으로써 그것을 만회할 수 있다고 생각하는가? 그렇지 않다. 이야기를 상실했기 때문이다.

사람들이 그들을 위해 준비된 많은 강연이나 설교를 들을 때보다도 어떤 이야기를 간접적으로 들을 때 더 오래 집중하는 이유는 아마도 이야기가 삶 자체의 본성을 공유하고 있기 때문이다. 이야기의 형식과 삶의 형식이 서로 맞아떨어지기 때문이다. "우리는 이야기 가운데 꿈을 꾸고 이야기 가운데 공상에 잠기며 이야기를 통해 회상하고 기대하고 소망하고 절망하고 신뢰하고 의심하고 계획하고 수정하고 비판하고 건설하고 한담하고 배우고 미워하고 또 사랑한다."(Wicker,p.47). 전통적인 모든 집단은 고유한 공동체 이야기를 가지고 있다. 사람들은 그 이야기 속에서 삶을 영위하며 그 이야기를 통해서 자기 자신은 물론 서로서로에게 그들의 사회적, 형이상학적 관계를 설명해 준다. 이야기의 연대기는 그 이야기에 참여하는 사람들을 특정한 시간과 장소에 위치시킨다. 사람들이 이야기를 읽고 또 듣는 이유는 그 이야기와 그 이야기를 듣는 모든 사람들에게 공통된 시간 속을 움직이는 경험을 통해서 우리가 살아 있으며 다른 사람들의 경험과 관계 맺고 그 경험에 참여하며 그 경험을 전유함으로써 우리 삶을 확장시킬 수 있다는 것을 우리가 확인할 수 있기 때문이다. 이야기가 우리를 혼란스럽게 만들거나 우리에게 충격을 준다 해도 이러한 사실은 여전히 참되다. 만일 누군가가 나 자신의 개인적인 이야기를 위한 맥락을 제공할 수 있을 만큼 충분한 기억과 충분한 소망을 가지고 충분히 굉장한 이야기를 나에게 들려 준다면, 필자는 흥미를 가지고 듣게 된다.

이것이 바로 그리스도인이 말하는 이야기이다. 메시지의 구조가 이야기라고 하는 사실은 매우 중요하다. 이야기는 그 구조를 통해서 질서와 의미를 제공한다. 따라서 이야기의 형태와 순서의 불가결한 중요성에 대해서는 아무리 강조해서 지나치지 않다. 예를 들어 그 형태를 논리적인 추론 형태로 바꾸어 보라. 여기에서 메시지의 내용이 바뀌는가 하는 것은 여전히 논의할 여지가 남아 있는 질문이다. 하지만 중요한 것은 이야기로서의 메시지의 기능이 이제 상실되었다는 사실이다. 혼돈에서 질서로 그리고 기원에서 종국으로 이동하는 움직임은 깨져 버렸으며, 그러한 움직임을 대신하여 몇몇 개념과 논증이 들어섰다.

이와 관련하여 우리는 성경에서 몇 가지 모델을 발견할 수도 있다. 자리에서 뜨지 않고 마가복음 전체를 읽는 경험을 가져 보라. 복음서의 이야기 형식을 따라 의미 있는 행동을 통과하고 위기 속으로 들어가며 죽음을 통과하고 열린 미래로 움직여 보라. 혹은 사도행전을 읽어 보라. 우리는 사도행전의 영향력을 그 메시지뿐 아니라 메시지의 형식에서도 찾을 수 있다. 메시지를 역사로 내놓음으로써 독자는 하나님의 미래를 향한 의미심장한 갈등에 참여하게 된다. 이야기는 그것이 들려 주는 바를 실제로 가져오는 데 이바지한다. 즉 이야기는 수난과 치유와 구원을 매개해 준다.

이러한 가치는 이야기 과정 바깥에서 그것에 관해 토의하는 자리에서가 아니라 실제적으로 이야기를 들려 주는 과정 속에서 자연스럽게 생겨난다.

출 처

Fred B. Craddock, Overhearing the Gospel (Nashville: Abingdon Press, 1978), pp. 120 – 123, 129 – 130, 134 – 140. Copyright ⓒ 1978 by Fred B. Craddock. Used by permission of the publisher.

6부
설교를 듣는 회중

대(大) 그레고리 | Gregory the Great | 다양한 회중
조나단 에드워즈 | Jonathan Edwards | 각성된 사람의 내적 갈등
필립스 브룩스 | Phillips Brooks | 회중
드 부와 | W. E. B. Du Bois | 흑인 민중의 신앙
해리 에머슨 포스딕 | Harry Emerson Fosdick | 개인 상담으로서의 설교
헬무트 틸리케 | Helmut Thielicke | 스펄전 설교의 세속성

대(大) 그레고리

Gregory The Great

다양한 회중

고대 수사학은 회중 분석에 별로 관심이 없었다. 연설의 종류를 결정하는 것은 상황 곧 법정이나 정치나 예배의 상황이었다. 아리스토텔레스가 그의 저서 『수사학』 제2권에서 듣는 사람 안에 다양한 감정을 불러일으키는 것에 대해서 검토한 바 있지만, 아리스토텔레스와 아우구스티누스 모두 '혼합된 회중'의 문제에 대해서는 아무런 언급도 하지 않았다. 실로 이 문제는 기독교에 독특한 문제였다. 즉 이것은 예배의 회중 안에 존재하는 지적, 사회적, 경제적 다양성이 야기하는 문제이다. 이러한 다양성과 이질성에 대해서 처음으로 말한 사람은 대(大) 그레고리(540-604)였다. 그는 로마 감독으로 선출된 직후인 591년에 『목회 지침』(Pastoral Rule)이라는 책을 저술했다. 크리소스톰의 『사제직에 관하여』와 마찬가지로, 이 책은 주교의 책임 특히 설교와 목양의 책임에 대해서 이야기하고 있다. 이 책에서 그는 수사학적 이론보다 목사 한 사람이 많은 양 떼를 실제적으로 돌보는 실천적인 측면에 더 주목한다. 그리고 "하나의 교훈, 다양한 권면"이라는 제목 아래 그는 먼저 36쌍의 서로 상반된 특징을 가진 회중 목록을 열거한 다음 각각의 쌍에 적합한 짧은 설교문을 제시한다. 그러므로 『목회 지침』의 이 부분은 그의 표현대로 "다양한 필요를 모두 그리고 그 각각을 만족시키기 위해" 고안해 낸 일종의 설교 예문이다.

이제까지 우리는 목사가 어떤 인격의 사람이 되어야 하는가에 대해 알아보았다. 이제 여기에서는 목사가 어떤 방식으로 가르쳐야 하는가에 대해서 살펴보자. 우리가 존경하는 그레고리 나지안젠(Gregory Nazianzen)이 이미 오래 전에 가르쳤듯이, 다양한 필요가 하나로 환원될 수 없다면 단 한 가지의 권면만으로는 그 모든 필요를 만족시킬 수 없다. 왜냐하면 어떤 사람에게는 유익을 주는 것이 종종 다른 사람들에게는 해를 끼치기도 하기 때문이다. 예를 들어 어떤 동물에게 영양을 공급하는 한 풀잎은 다른 동물에게는 치명적이다. 말(馬)을 침착하게 만드는 부드러운 치찰음 소리는 강아지를 흥분시키는 자극제가 된다. 한 가지 질병을 경감시키는 어떤 약이 다른 질병을 악화시키기도 한다. 튼튼한 사람에게는 생기를 더해 주는 빵이 유아에게는 지극히 해롭다. 그러므로 교사는 회중의 다양한 필요를 모두 그리고 그 각각을 만족시키기 위해서 회중의 특성에 자신의 담화를 맞추어야 한다. 하지만 그렇다고 해서 일반적인 교육 방법을 벗어나서는 안 된다. 능숙한 연주자는 조화로운 선율을 만들어 내기 위해 다양한 방식으로 하프를 탄다. 하나의 채로 하프의 줄을 타지만, 한 가지 방식이 아니라 다양한 방식으로 줄을 타기 때문에 아름다운 음악을 연출할 수 있다. 마찬가지로 자비라는 한 가지 덕목을 모든 사람에게 심어 주고자 하는 교사는 회중의 마음을 만질 때 하나의 교훈에 기초를 두어야 하지만, 그렇다고 해서 단 한 가지 권면 방식만을 사용하면 안 된다.

설교 기술에 갖추어야 할 다양한 요소

아래에 언급되는 사람들을 훈계할 때는 서로 다른 방식을 사용해야 한다.

남자와 여자.
가난한 사람과 부한 사람.

기뻐하는 사람과 슬퍼하는 사람.

성직자와 일반 백성.

종과 주인.

지혜로운 사람과 어리석은 사람.

뻔뻔한 사람과 유약한 사람.

건방진 사람과 유약한 사람.

친절한 사람과 시기하는 사람.

순진한 사람과 위선적인 사람.

건강한 사람과 병든 사람.

천벌을 두려워하여 결백하게 사는 사람과 죄 가운데 너무 둔감해져서 천벌로도 고칠 수 없는 사람.

지나치게 말이 없는 사람과 지나치게 말이 많은 사람.

게으른 사람과 성급한 사람.

온유한 사람과 열정적인 사람.

겸손한 사람과 교만한 사람.

완고한 사람과 변덕스러운 사람.

탐욕스러운 사람과 금욕적인 사람.

자비롭게 자신을 내주는 사람과 다른 사람의 소유를 뺏으려고 안달하는 사람.

다른 사람의 물건을 강탈하지도 않고 또한 자신의 물건을 내주는 데도 관대하지 않은 사람과 자신의 물건을 잘 내주면서 동시에 다른 사람의 물건을 강탈하길 즐기는 사람.

불화 가운데 있는 사람과 평화 중에 있는 사람.

갈등을 좋아하는 사람과 평화를 만드는 사람.

거룩한 율법의 말씀을 바르게 이해하지 못하는 사람과 그것을 바르게 이해하고 있지만 그것에 관해 교만하게 말하는 사람

훌륭하게 설교할 수 있는 능력을 갖추었지만 두려움이 많고 겸손이 지나친 사람과 설교하기에는 부적합한 사람인데도 경솔하게 설교를 하려고 드는 사람.

일시적인 것들과 관련하여 그들이 바라는 대로 성공하는 사람과 이 세상의 것들을 무척이나 갈망하지만 불행한 일을 당해 고생으로 지친 사람.

결혼한 사람과 결혼하지 않은 사람.

육체적인 관계를 경험한 사람과 그것을 전혀 알지 못하는 사람.

자신의 행위의 죄를 뉘우치는 사람과 자신의 생각의 죄를 뉘우치는 사람.

자신의 잘못된 행실을 몹시 슬퍼하면서도 그것을 버리지 못하는 사람과 잘못된 행실을 버리지만 그것을 슬퍼하지 않는 사람.

그들이 행하는 율법에 어긋난 일조차 찬양하는 사람과 잘못된 것을 비난하면서도 그것을 피하지 못하는 사람.

갑작스러운 분노에 사로잡힌 사람과 의도적인 범죄에 빠진 사람.

사소한 율법을 자주 어기는 사람과 작은 죄는 조심하면서 가끔씩 큰 죄에 빠지는 사람.

선한 일을 아직 시작조차 안 한 사람과 시작한 선한 일을 아직 완전히 끝내지 못한 사람.

은밀하게 악을 행하면서 공적으로는 선을 행하는 사람과 자신이 행하는 일은 숨기면서도 공적으로 행하는 어떤 일에 있어서는 자신이 악을 행한 것으로 여겨도 가만히 내버려 두는 사람.

하지만 사람들의 목록을 모아 이렇게 길게 열거하고서도, 만일 우리가 그 각각에 적합한 훈계 방법을 어떤 방식으로든 제시하지 못한다면, 무슨 유익이 있겠는가?

남자와 여자를 훈계하는 방식은 달라야 한다. 왜냐하면 남자에게는 더 무거운 명령이, 여자에게는 상대적으로 더 가벼운 명령이 주어지기 때문이다. 또한 남자에게 어떤 일에 대한 동기를 부여하기 위해서는 큰 일이 필요하지만, 여자의 경우에는 사소한 일로도 그들의 생각과 행동을 변화시킬 수 있다.

젊은이와 노인에 대해서 우리는 다르게 훈계해야 한다. 대개의 경우 젊은이를 개선시키기 위해서는 엄격한 충고가 필요하지만, 노인으로 하여금 더 선한 행실을 하도록 만들기 위해서는 부드러운 충고만으로도 충분하다.

가난한 사람과 부유한 사람을 훈계하는 방법

가난한 사람과 부유한 사람을 훈계할 때에는 서로 다른 방식을 사용해야 한다. 가난한 사람에게는 시련을 당한 그들을 평안하게 위로해 주어야 하지만, 부유한 사람에게는 교만해지지 않도록 그들 마음 속에 두려움을 불러일으켜야 한다. 가난한 자에 대해서는 주님께서 선지자를 통하여 다음과 같이 말씀하신다. "두려워하지 말라 네가 수치를 당하지 아니하리라"(사 54:4) 곧이어 주님은 그들을 달래면서 말씀하신다. "너 곤고하며 광풍에 요동하여 안위를 받지 못한 자여"(54:11) 그리고 다시 그들을 위로하면서 말씀하신다. "내가 그들을 혹독한 가난에서 건져 내었다." 반면 부유한 자들에 관해서 바울은 그의 제자들에게 다음과 같이 말한다. "네가 이 세대에서 부한 자들에게 명령하여 마음을 높이지 말고 정함이 없는 재물에 소망을 두지 말게 하라"(딤전 6:17) 여기에서 우리는 겸손한 바울이 부유한 사람들에 관해 언급하면서 "간청하라"고 말하지 않고 "명령하라"고 말하고 있다는 사실을 주목할 필요가 있다. 왜냐하면 부족한 점에 대해서는 동정을 베풀어야 하지만, 교만한 점에 대해서는 어떠한 칭찬도 합당하지 않기 때문이다. 그러므로 그러한 사람들에게 바른 말을 할 때는 그들이 덧없는 사물들로 인해 거만한 생각을 품지 못하도록 더 바르게 명령해야 한다. 이러한 자들에 관해 주님은 복음서에서 이렇게 말씀하신다. "화 있을진저 너희 부요한 자여 너희는 너희의 위로를 이미 받았도다"(눅 6:24) 왜냐하면 그들은 영원한 기쁨이 어떤 것인지 알지 못하고 그로 인해 현재의 풍요한 삶에서 위안을 얻고 있기 때문이다. 그러므로 혹독한 가난 가운데 고통받고 있는 사람들에게는 위안을 가져다 주어야 하고, 일시적인 영광이 주는 위안에 둘러싸여 있는 사람들의 마음 속에는 두려움을 불러 일으켜야 한다. 가난한 자에게는 그들이 눈에 보이지 않는 부(富)를 소유하고 있다는 사실을 알게 해야 하고, 부유한 자에게는 그들이 결코 눈에 보이는 재산을 지켜 낼 수 없다는 사실을 깨닫게 해야 한다. 하지만 대개의 경우 사람들의 인격은 그들이 속한 계층을 역전시킨다. 다시 말해 겸손한 자는 부유하게 되고, 교만한 자는 가난하게 된다. 그러므로 설교자의 혀는 즉시 이러한 회중의 삶에 적응해야 한다. 곧 가난한 사람들이 그들에게 닥친 가난으로 인해 절망하지 않게 할 뿐 아니라 그들 속에 있는 교만에 대해서는 더욱 단호하게 책망해야 한다. 또한 부유한 자들이 그들의 풍요로움으로 인해서 자만하지 않도록 할 뿐 아니라 그들의 겸손을 보다 자상하게 격려해 주어야 한다. (중략)

하지만 때때로 이 세상에서 권세를 가진 사람을 꾸짖을 때는 먼저 그들이 직접 관계되지는 않았지만 그의 잘못과 유사한 어떤 일을 찾아야 한다. 그런 다음 그 권세가가 자신과 유사한 잘못을 저지른 다른 사람에 대해서 바른 판단을 선언할 때, 바로 그 때 우리는 적절한 방법을 통해서 그 사람의 잘못을 책망해야 한다. 그리하여 일시적으로 얻은 권세로 인해 마음이 들떠 있는 사람이 책망하는 사람에 대하여 자신의 권세를 내세우지 못하도록 해야 한다. 즉 자기 자신의 판단으로 인해 교만한 목이 꺾이고 자기 입술의 선고에 매여 자신을 방어하려는 시도를 포기하게 만들어야 한다. 선지자 나단이 다윗 왕을 책망하기 위해 나아왔을 때, 그는 한 가난한 사람이 어떤 부자에 대하여 제기한 소송을 이야기한 다음 왕의 판단을 구했다(삼하 12:4 - 5). 이것은 왕이 먼저 선고를 내린 이후에 자신의 범죄에 대한 이야기를 듣게 하기 위해서 즉 왕이 자기 자신을 정죄하며 내린 올바른 판결을 스스로 반박할 수 없도록 의도된 것이었다. 그러므로 이 거룩한 선지자는 죄인과 왕을 동시에 생각하면서 절묘한 순서로 자신의 말을 이어 갔다. 그는 먼저 왕이 자신의 말에 구속되게 만든 다음, 그제서야 비로소 왕의 잘못에 대해 직접적으로 책망하였다. 그는 잠시 동안 자신이 염두에 두고 있는 사람이 실제로 누구인지 감추고 있었다. 그러다가 때가 이르렀을 때 갑자기 그를 책망하기 시작했다. 만일 그가 처음부터 명시적으로 그 왕의 죄를 책망할 의도를 가지고 있었다면, 그 효과는 훨씬 더 줄어들었을 것이다. 하지만 처음에 유사한 상황을 도입함으로써 자신이 감추고 있는 책망의 칼날을 더욱 날카롭게 만들었다. 그는 외과 의사로서 병든 환자를 찾아갔다. 그는 치료를 위해서는 환자의 종기를 잘라 내야 한다는 사실을 알고 있었지만, 환자의 인내심에 대해서는 의심하고 있었다. 그래서 그는 수술용 칼을 자기 옷 안에 숨겼다가, 어느 순간 갑자기 꺼내어 들고는 그 종기 속으로 그것을 집어넣었다. 환자가 그 칼을 보고 나서 칼을 몸에 대는 것을 거부하지 못하도록 하기 위해서, 환자가 칼을 보기 전에 먼저 칼날을 몸으로 느끼게 한 것이다.

기뻐하는 사람과 슬퍼하는 사람을 훈계하는 방법

기뻐하는 사람과 슬퍼하는 사람을 훈계할 때는 서로 다른 방식을 사용해야 한다. 기뻐하는 사람에게는 징벌에 뒤따르는 슬퍼하는 일을 제시해야 하지만, 반면 슬퍼하는 사람에게는 천국에서 약속된 즐거운 일을 이야기해 주어야 한다. 기뻐하는 사람에게는 위협하는 거친 말을 써서 그들이 진정 두려워해야 하는 바를 알려 주어야 하고, 반면 슬퍼하는 사람에게는 그들이 기대해도 좋은 즐거운 상급이 어떤 것이 있는지 들려 주어야 한다.

기뻐하는 사람에게 주님은 다음과 같이 말씀하신다. "화 있을진저 너희 지금 웃는 자여! 너희가 애통하며 울리로다"(눅 6:25) 반면 슬퍼하는 사람에게는 다음과 같이 말씀하신다. "내가 다시 너희를 보리니 너희 마음이 기쁠 것이요 너희 기쁨을 빼앗을 자가 없으리라"(요 16:22) 하지만 어떤 사람은 환경이 아니라 자신의 기질 때문에 기뻐하거나 슬퍼한다. 그러한 경우에 우리는 어떤 기질이 어떤 결점과 연관되어 있는지 알아야 한다. 대체로 기뻐하는 사람은 음란에 가까이 다가서 있고, 반면 슬퍼하는 사람은 분노에 가까이 다가서 있다. 그러므로 우리는 모두 자신이 자신의 특정한 기질 때문에 어떻게 고통받고 있는지 알아야 하며, 뿐만 아니라 그러한 기질과 관련하여 자신을 짓누르는 더 악한 것은 무엇인지 숙고해야 한다.

일반 백성과 고위 관리를 훈계하는 방법

일반 백성과 고위 관리를 훈계하는 방법은 달라야 한다. 일반 백성의 경우에는 그들의 종속된 지위가 스스로를 억압하지 않도록 해야 하고, 고위 관리의 경우에는 그들의 우월한 지위가 그들을 교만하게 만들지 않도록 해야 한다. 일반 백성은 그들에게 내려진 명령을 충실하게 수행하도록 해야 하며, 고위 관리는 정당한 것 이상을 명령하지 않도록 해야 한다. 일반 백성은 겸손하게 복종하게 해야 하며, 고위 관리는 온유하게 다스리게 해야 한다. 일반 백성에 관해서(여기에서 이 구절은 물론 비유적으로 이해해야 한다.) 바울은 다음과 같이 말한다. "자녀들아 주 안에서 부모에게 순종하라" 한편 고위 관리에 관해서는 다음과 같이 말한다. "아비들아 너희 자녀를 노엽게 하지 말라"(골 3:20 –21) 일반 백성에게는 눈에 보이지 않는 재판관의 눈을 의식하며 내적으로 자신의 생각을 다스리는 법을 가르쳐 주어야 하며, 고위 관리에게는 그들에게 위탁된 사람들에게 외적으로 선한 행실의 모범을 보여 줄 수 있는 방법을 일러 주어야 한다. 고위 관리는 그들이 잘못을 범할 경우 여러 번 죽어 마땅하다는 사실을 알아야 한다. 왜냐하면 이러한 잘못을 통해 그들은 그들에게 속한 백성에게 파멸의 길을 알려 주게 되기 때문이다. 고위 관리는 자신의 악행으로 인해 혼자 죽음에 이르지 아니하고 자신의 악한 모범을 통해 다른 많은 영혼을 파멸에 이르게 함으로써 그 영혼에게 또한 죄를 범하게 되기 때문에, 죄를 짓지 않도록 스스로 더욱 조심하여야 한다. 일반 백성의 경우 그들이 그들 자신의 힘만으로는 의무를 다할 수 없을 때는 그들을 너무 엄격하게 처벌해서는 안 된다. 반면 고위 관리가 그들에게 속한 백성의 잘못으로 인해 판단받도록 해서는 안 된다. 일반 백성은 자기 외에 다른 사람들을 돌보는 일로 인해 애쓸 필요가 없으므로 자기 자신을 단속하는 일에 더욱 열심을 내도록 그들을 훈계해야 한다. 하지만 고위 관리들에게는 다른 사람들에 대한 의무를 수행하되 자기 자신의 의무를 소홀히 하지 않고 자기 자신을 돌아보는 일에 열심을 내고 그들에게 위탁된 사람들을 돌볼 때 게으름을 피우지 않도록 훈계해야 한다. 자신을 돌볼 여유를 가진 일반 백성에게 성경은 다음과 같이 말한다. "게으른 자여 개미에게 가서 그가 하는 것을 보고 지혜를 얻으라"(잠 6:6) 반면 고위 관리에 대해서는 다음과 같이 말한다. "내 아들아 네가 만일 이웃을 위하여 담보하며 타인을 위하여 보증하였으며 네 입의 말로 네가 얽혔으며 네 입의 말로 인하여 잡히게 되었느니라"(잠 6:1-2) 왜냐하면 이웃을 위하여 담보하는 것은 자기 자신의 행동을 담보로 다른 사람의 영혼을 떠맡는 것이기 때문이다. 또한 타인을 위하여 보증하면 그 마음이 이전에는 없었던 책임감으로 인해 염려에 매이게 되기 때문이다. 이로 인해 그는 자신의 말에 얽히게 되며 자신의 말로 인하여 잡히게 된다. (중략)

그러므로 다른 사람들을 다스리는 지위에 있는 사람들에게는 그들이 파수꾼의 눈을 가지고 자신의 내면과 주변을 유심히 살피도록 권면해야 한다. 즉 그들이 천상의 생물이 되도록 격려해야 한다. 천상의 생물은 안

밖에 수많은 눈을 가지고 있는 것으로 묘사되고 있다. 마찬가지로 다른 사람들을 관리하는 위치에 있는 사람 또한 안팎으로 많은 눈을 가지고 있어야 한다. 그래서 내적으로는 내면의 재판관을 기쁘게 하려고 노력하는 동시에 외적으로는 삶의 모범을 보여 줌으로써 다른 사람들의 잘못을 지적하고 시정할 수 있어야 한다.

일반 백성의 경우에는 그들이 우연히 자신의 상전이 어떤 비난받을 만한 일을 행하는 것을 보았을 때라도 그 상전의 삶에 대해 섣불리 정죄하지 않도록 그들을 훈계해야 한다. 왜냐하면 상전의 잘못에 정당하게 지적한다 하더라도 그로 인해 백성들이 교만해지고 결국 더 깊은 심연에 빠져들게 되기 때문이다. 그들은 그들의 상전의 잘못을 생각할 때 그 상전에 대하여 너무 무례하게 굴어서는 안 된다. 그 상전의 행동이 지나치게 나쁜 경우일지라도 스스로 조심하여 하나님을 두려워함으로 그들을 존경하고 그들에게 복종해야 하는 멍에를 지지 않겠다는 말을 하지 못하도록 그들을 타일러야 한다.

뻔뻔한 사람과 유약한 사람을 권면하는 방법

뻔뻔한 사람과 유약한 사람을 권면하는 방법도 서로 달라야 한다. (중략)
뻔뻔한 사람의 행실을 고칠 수 있는 가장 좋은 방법은 그들이 스스로 잘했다고 믿고 있는 일에 대해서 그것이 잘못되었다는 것을 보여 주는 것이다. 그렇게 하면 그들이 스스로 영광을 얻었다고 생각하는 바로 그 지점에서 그들은 유익한 혼동을 경험한다. 하지만 때때로 자신이 뻔뻔함이라는 악덕을 행하고 있다는 사실을 의식하고 있지 못하는 사람의 경우, 이것과 동일한 악덕을 보다 명시적으로 범하고 있는 다른 사람이 그 잘못으로 인해 악평을 듣는 것을 보여 주기만 하면, 그들은 스스로 당혹스러워 하면서 더 신속하게 자신의 잘못을 고치게 된다. 즉 직접적으로 훈계하는 것이 아니라 간접적으로 둘러 책망하는 것이다. 이를 통해 그들은 자신이 이제껏 잘못 알고 행동하고 있었다는 사실을 깨닫게 될 것이다.

하지만 다른 한편 유약한 사람의 경우에는 그들이 가진 장점을 그들과 함께 찾아봄으로써 즉 그들의 어떤 점에 대해서는 우리가 질책하지만 다른 점에 대해서는 칭찬으로 포용함으로써 보다 쉽게 그들을 선한 행실로 인도할 수 있다. 잘못에 대한 책망은 그들의 부드러운 마음을 짓누르지만, 칭찬의 말은 그 부드러운 마음을 격려해 준다. 그들의 선한 행실을 언급하는 것은 대개의 경우 그들에게 많은 유익을 가져다 준다. 그리고 그들이 혹시 잘못을 범한 경우에는 그 잘못이 이미 저질러진 것인 양 그들을 정죄하지 않으면서 동시에 그런 잘못은 범해서는 안 된다는 점을 그들에게 단단히 일러 준다면, 이 또한 그들을 훈계하는 훌륭한 방법이 된다. 우리가 호의를 보여 주면 그런 사람은 우리가 옳다고 인정하는 바를 더욱 잘 수행할 것이며, 우리가 나쁘다고 정죄하는 일과 관련하여 우리의 따뜻한 충고는 이런 유약한 사람에게서 아주 효과적인 열매를 거둘 것이다.

출 처

Gregory the Great, The Book of Pastoral Rule, Part III, 1 – 3, 8, trans. James Barmby, A Selected Library of Nicene and Post – Nicene Fathers of the Christian Church, Vol. XII (New York: The Christian Literature Company, 1894), pp. 24 – 29.

조나단 에드워즈
Jonathan Edwards

각성된 사람의 내적 갈등

조나단 에드워즈(1703 - 1758)는 대각성 부흥 운동을 설명하고 변호하기 위해서, 1735년 매사추세츠 노스햄프턴(Northampton)에서 있었던 『하나님의 놀라운 역사에 관한 이야기』라는 글을 썼다. 이 글에서 그는 '각성된' 사람의 복잡한 심리를 묘사하고 있다. 이 책에서 그는 평생 동안 먼지를 뒤집어쓰고 자신의 죄에 대해 통곡하는 것을 생각하는 일이 즐겁다고 말한 한 여인의 이야기와 매일 하루의 일정 시간을 옷장에 들어가 지옥에 대해서 묵상하면서 보낸 푀베 바틀렛(Phoebe Bartlett)이라는 4살짜리 아이의 유명한 일화도 소개하고 있다. 이 책은 찢어지는 목소리를 가진 한 도회지 사람의 이야기로 시작해서 "성령께서 점차 물러가셨다."라는 내용으로 끝을 맺는다. 에드워즈의 심리학은 모든 행동의 원천으로서의 '감정'에 초점을 맞추고 있다. 진정한 부흥의 경우에는 그러한 감정이 성령의 초자연적인 역사에 의해서 영향을 받아 증폭된다. 하지만 그러한 감정이 종교적 행동에 있어 결정적으로 중요하기 때문에 사단 또한 감정을 중심으로 거짓된 형상과 종교적인 망상을 지어 낸다. 에드워즈는 각성의 경험 중에 일부 '불순한' 요소가 있다는 사실을 알고 있었지만, 대체적으로 그것은 '하나님의 역사'로 인정될 수 있다고 평가했다. 듣는 사람의 감정적 반응과 회심의 증거로서 그것의 정당성에 관한 질문은 설교에 관한 오늘날의 논의에서도 지속되고 있다. 말씀을 듣는 사람의 가장 적절한 반응 형태는 어떠한 것인가? 이 책은 이 질문에 대해서 답하고 있지는 않지만, 조나단 에드워즈가 설교하고 사역했던 사람들을 짓누르고 있던 사회적 환경의 압력과 그들의 내적인 갈등에 대해서 많은 것을 말해 주고 있다.

이제 필자는 각성된 사람들의 모습에 대해서 설명하고자 한다. 그 모습은 그 사람들의 수만큼이나 아주 다양하다. 그럼에도 불구하고 우리는 그 가운데 어떤 유사점이 있다는 사실을 발견할 수 있다.

일반적으로 사람들이 처음으로 각성되는 것은 자신의 비참한 본성의 모습과 영원한 파멸이라는 당면한 위험 그리고 속히 이러한 상태에서 벗어나 더 나은 상태에 들어가는 일이 매우 시급하다는 사실 등을 인식하는 가운데 이루어졌다. 이전에 아무런 걱정도 생각도 없이 살던 사람들은 이 순간 자신의 과거 삶이 패망에 이르는 길에 얼마나 깊숙이 들어가 있었던가를 자각하게 되었다. 어떤 이들은 다른 사람들의 회심에 대한 소식을 듣거나 혹은 이런저런 모임에서 사람들이 하는 어떤 이야기를 듣고서 마치 화살이 그들의 심장을 관통한 것인 양 갑자기 양심에 찔림을 받아 상대적으로 급작스럽게 확신에 이르렀다. 다른 이들은 각성을 보다 점진적으로 경험했다. 처음에 그들은 사려 깊게 숙고하다가 마음 속으로 더 이상 지체하지 말고 현재 주어진 기회를 활용하는 것이 가장 좋고 가장 현명한 길이라는 결론에 도달하게 되었다. 그런 다음 그들은 확신을 얻는 것을 목적으로 각성에 가장 도움이 되는 것을 진지하게 묵상하기 시작했다. 그 결과 그들은 더 큰 각성에 이르게 되었고 결국에는 그들 안에 좌정하신 성령님을 통해 자신의 비참함에 대한 자각이 그들을 사로잡게 되었다. 한편 이러한 놀라운 체험 이전에 자신의 구원에 대하여 어느 정도 종교적 관심을 가졌던 사람들은 특이한 방식으로 각성을 경험하였다. 그들은 이전에 그들이 구원을 찾던 그 더디고 둔한 방식으로서는 결코 목적을 성취할 수 없었다는 사실을 깨닫고서 더욱 격렬한 방식으로 하나님 나라를 소망하게 되었다.

사람들이 처음 이러한 각성을 경험하게 될 때 두 가지 결과가 빚어졌다. 첫번째 결과는 각성한 사람들이 그 즉시로 자신의 죄악의 습관을 끊어 버렸다는 것이다. 다소 우유부단한 사람들의 경우에는 이전의 죄악과 방탕한 삶을 버린 다음 그러한 잘못을 다시 범할까 두려워하였다. 하나님의 성령이 한 마을에 기적적으로 역사하기 시작하면 일반적으로 사람들은 이전의 말다툼이나 험담, 다른 사람들의 일에 참견하는 일 등을 그쳤다. 그리고 그 즉시 술집이 텅 비었고, 사람들이 집에 머무르는 시간이 늘어났다. 꼭 필요한 일이나 종교적인 이유가 아니면 외출을 삼가고, 많은 점에서 매일매일이 안식일같이 여겨졌다. 그리고 두 번째 결과는 각성의 결과 사람들이 구원의 수단 곧 독서, 기도, 묵상, 성찬, 경건회 등에 열심히 참여하게 되었다는 것이다. 그들은 "우리가 어떻게 하여야 구원을 얻을까?" 하며 부르짖었다. 그들의 휴식 장소도 이제는 술집에서 목사의 사택으로 바뀌었다. 과거에 사람들이 술집을 찾았던 것보다 더 많은 사람들이 이제 목사의 집을 찾아 그 집을 가득 메웠다.

하나님의 용서와 용납에 대하여 확신할 만한 증거를 얻기 전까지 사람들이 경험하는 두려움과 근심의 정도는 사람마다 아주 다양했다. 어떤 이들은 처음부터 다른 사람들보다 더 큰 확신과 소망을 가지고 있었다. 또 다른 이들은 동일한 상황에서도 다른 이들이 마음으로 근심하는 것의 대략 10분의 1정도만 근심했다. 또 어떤 이들은 하나님이 자기를 싫어하신다고 느끼고 또 스스로 파멸의 큰 위험에 처해 있다고 의식했으며, 그래서 밤에 잠을 이룰 수 없었다. 많은 사람들이 고백하기를, 그들이 잠자리에 누울 때면 그러한 끔찍한 상황에서 잠자고 있다는 생각에 두려움에 사로잡혔고, 잠이 들었을 때도 그러한 공포로부터 자유롭지 못했으며, 잠에서 깨어날 때는 두려움과 고통과 근심이 여전히 그들의 영혼을 떠나지 않고 있었다. 사람들의 마음에 깊숙이 자리잡은 근심은 그들의 육체에도 고통스러운 결과를 가져왔으며 생리적인 활동에 장애를 가져왔다.

그들의 마음 상태와 주변 환경에는 많은 차이가 있었지만, 대체로 구원에 점점 더 가까워질수록 사람들이 자신의 비참함을 깨닫고 느끼는 고통은 점점 더 커져 갔다는 사실은 비슷했다. 때때로 그들은 자신을 완전히 정신 나간 사람으로 생각하고, 하나님의 영이 자신을 떠났으며 이제 자신은 준엄한 심판에 넘겨졌다고 생각하고 두려워한다. 하지만 그들은 그러한 두려움 가운데 다시 한 번 구원의 확신을 가지게 되길 진심으로 갈망하고 있었다.

이처럼 이해할 만하고 정당한 근거를 가진 두려움과 마음의 고통 외에도 사람들은 종종 불필요한 생각으로 인해 고통을 받았다. 이러한 생각은 아마도 사단이 그들을 괴롭히고 그들의 길을 훼방하기 위해 손을 쓴 것으로 여겨진다. 때때로 우울증이 나타나기도 했다. 이러한 우울증은 유혹자 사단의 구미에 가장 잘 맞는 것처럼 보이는데, 유혹자는 이것을 이용해 유익한 결과에 이르는 도상에 각종 힘든 장애물을 설치한다. 우리는 이러한 사람들을 어떻게 다루어야 하는지 잘 모르고 있다. 이러한 사람들은 그들에게 나쁜 것이라고 일러 준 대부분의 것을 실제로 자신에게 불리하게 적용시킨다. 그리고 그것이 마음의 실제적인 부패를 반영하는 것이 아니라면, 울적한 기분만큼 악마가 잘 다룰 수 있는 것은 없을 것이다.

하지만 각성의 과정 중 다른 시간에서보다 이 특별한 축복의 시간에 이러한 혼돈스러운 감정이 훨씬 적게 나타났다는 사실을 우리는 주목할 필요가 있다. 분명히 이전에 그러한 어려움에 깊이 관여한 바 있던 많은 사람들이 지금은 이상하게도 자유를 만끽하고 있는 듯 보였다. 과거에 오랜 기간 이런저런 기이한 유혹과 유익하지도 않고 해롭기만 한 근심으로 끔찍한 고통을 경험했던 어떤 사람들은 그들이 구원의 유익을 향해 진보하는 것을 가로막고 있던 과거의 걸림돌을 뛰어넘고 그들의 마음 속에 확신을 가지고 이후에 성공적으로 자신의 삶을 영위해 갔다. 아마도 사단은 하나님의 영이 이제는 물러가게 하려는 이 황홀한 시간의 마지막까지 억류되어 있었던 것 같다.

위대한 각성을 경험하고 있던 사람들 중에 상당수가 스스로 자신이 아직 각성되지 못했고 여전히 비참하고 마음이 완고하며 지각 없는 피조물로서 지옥의 가장자리에서 잠들어 있다고 생각하며 마음에 근심했다. 각성의 필요성과 자신의 상대적인 완고함에 대한 인식은 그들의 각성이 진척됨에 따라 점점 더 커지며, 결국 그들이 가장 분별 있는 그 때 그들의 모습은 스스로에게 가장 지각 없는 것처럼 보였던 것이다. 어떤 경우에 사람들은 자신이 처한 비참한 곤경과 위험을 너무 크게 의식하여 자칫 스스로 파멸에 이르기 직전까지 가기도 했다. 하지만 그들은 어느 때보다 더 특별한 이 시간에 자신의 지각 없음과 아둔함을 가장 철저하게 인식하고 있다고 고백했다.

사람들은 때때로 절망의 나락에까지 이르며, 그들의 영혼에 새벽이 찾아오기 직전 세상은 그들에게 칠흑같이 어두운 밤처럼 느껴진다. 드문 경우지만, 자신의 죄에 대한 하나님의 진노를 느끼는 사람도 있었다. 그들은 하나님의 분노에 압도되었으며 자신의 죄를 자각하고 크게 울부짖었다. 동시에 그들은 하나님께서 이렇게 죄 많고 비참한 존재들을 이 땅에 살도록 내버려 두셨다는 사실과 하나님께서 당장에 자신을 지옥에 보내지는 않았다는 사실을 의아하게 생각했다. 그리고 때로는 그들의 죄과가 그들의 얼굴 정면에 비치어 하나님께서 당장에 자신을 지옥에 보낼 것이라는 생각에 극도의 공포를 경험하기도 했다. 하지만 통상적인 각성의 경험에서는 근심이 그렇게까지 심하지 않았다. 어떤 이들에게 있어서는 그들이 위로에 가까이 다가설 때 이러한 공포가 이전처럼 그렇게 심하지 않은 것처럼 보인다. 그들의 확신이 여기에서 그렇게 크게 작용했다고는 생각되지 않으며, 오히려 그들은 자신의 마음 더 깊숙한 곳에서 부패가 만연하고 죄 가운데 죽어 있는 자신의 모습으로 더욱 철저하게 인식하였던 것 같다.

부패한 마음은 확신의 시간에 다다랐을 때 다양한 모습으로 자신을 드러낸다. 때때로 그것은 적군이 격동시킨 것과 같은 큰 갈등 속에서 나타난다. 이것은 그 마음 속에 살고 있던 사단이 당황하고 화난 뱀같이 자신의 실력을 행사하고 있는 것처럼 보인다. 그러한 상황에 처하게 되었을 때 많은 사람들은 경건한 사람들 특히 최근에 회심한 것으로 생각되는 가까운 동료나 친구들을 향하여 강한 시기심을 느꼈다. 어떤 사람들은 하나님을 대적하는 마음을 느끼기도 하고, 하나님이 사람을 대하시는 방식 특히 자신을 다루시는 방식에 대해 불만을 품기도 했다. 우리는 공적이든 사적이든 그렇게 시기하는 생각을 가장 멀리해야 한다고 강조했다. 왜냐하면 그러한 시기심을 내버려 둔다면 비록 하나님의 영이 그 때문에 격노하여 그 사람을 내버리지는 않겠지만 자칫하면 하나님의 영을 소멸시킬 수 있기 때문이다. 그리고 그러한 시기심이 널리 퍼지고 있는데도 사람들이 거기에 상응하여 적절한 노력을 기울이지 않았다면, 이것은 그들의 영혼에 큰 해악을 끼칠 것으로 생각했다. 하지만 사람들이 자신의 마음 속에 그러한 사악함이 있는 것을 보고 많이 두려워하고 있을 경우에는 하나님이 그 악을 통해 그들에게 선을 가져다 주셨으며, 이것을 기회로 삼아 그들에게 그들 자신의 절망적인 죄성을 확실히 깨닫게 해 주셨고, 또한 그들을 모든 자기 확신에서부터 구출해 내셨다. 하나님이 사람을 다루시는 일반적인 방식에서 볼 때, 하나님의 영의 사역은 대체로 사람들에게 하나님의 주권적인 능력과 은혜에 대한 절대적인 의존과 또한 중보자의 보편적 필요성을 확신시키는 데 있는 것처럼 보였다. 이것을 위해 하나님의 영은 사람들로 하여금 그들이 하나님이 보시기에 얼마나 사악하고 죄가 많은지 그리고 그들 자신의 의가 얼마나 오염되어 있고 또한 불충분한지를 깨닫게 했다. 즉 인간은 결코 스스로를 도울 수 없으며, 따라서 하나님이 그러한 사람들과 그들이 행한 모든 일을 거부하시고 그들을 영원히 내던지신다 하더라도 하나님은 전적으로 의롭고 정의로우시다는 점을 사람들이 더욱 명확하게 인식하게 했다. (물론 사람들이 이러한 확신에 이르는 방식은 각기 독특하고 매우 다양하다.)

사람들이 자기 마음의 부패함과 사악함에 대해서 점차적으로 더 확신하게 될수록, 스스로가 보기에 자신의 모습은 더 나아지기보다는 점점 더 악화되고 완고해지고 무지해지고 절망적일 정도로 더 사악해진다고 느낀다. 사람들은 그로 인해 거의 낙심할 지경에 이르며, 종종 그들이 선(善)에 가장 가까이 다가서 있을 그 때 스스로 가장 멀리 떨어져 있다고 생각한다. 사람들이 하나님의 영의 역사를 통해 자신의 죄성을 자각할 때 종종 자신이 다른 사람들과 다르다고 생각한다. 즉 그들의 마음은 자신이 모든 사람 중에 가장 악한 사람이며 자신만큼 악했던 사람 중에 하나님의 자비를 얻은 사람은 아무도 없었다는 생각에 금방이라도 절망할 것 같은 지경에 이른다.

출 처

Jonathan Edwards, Thoughts on the Revival of Religion in New England, 1740, to which is prefixed a Narrative of the Surprising Work of God in Northampton, Mass., 1735 (New York: American Tract Society, n.d.). pp. 28 – 34.

필립스 브룩스

Phillips Brooks

회 중

필립스 브룩스(1835 - 1893)의 설교 이론은 여러 가지 측면에서 미국 내의 자유주의 전통 특히 인간 본성에 대한 자유주의의 낙관주의적 견해를 대변하고 있다. 19세기에서 20세기로 넘어가는 전환점에서 예일의 신학자 루이스 브래스토우(Lewis Brastow)는 브룩스에 대해서 다음과 같은 글을 남겼다. "그는 9세대에 걸쳐 발전된 청교도 전통에 있어서 만발한 꽃과 같다. 한편으로 그는 청교도 전통으로부터 인간의 가치에 대한 깊은 이해, 인간의 발전 가능성에 대한 긍정적인 평가, 개인 영혼의 고귀함에 대한 인식, 개인 영혼의 지극한 행복을 위한 열정적인 헌신 등을 물려받았다. 이것은 그의 고상한 관념론의 원천이 되었으며, 이후 당대에서는 찾아보기 힘든 낙관주의로 그를 이끌어 갔다."(Representative Modern Preacher, p.195). 브룩스의 이러한 고상한 관점은 언제나 상식과 현장 목회자로서 현실을 바라보는 그의 안목에 의해 균형이 잡혔다. 운집한 회중의 "이상적이고 영웅적인" 속성에 대해 이야기한 후에 브룩스는 냉정하게 "이것은 착각이다."라고 부연했다. 회중을 인류의 축소판으로 보는 그의 견해는 많은 설교가 가진 국지주의적인 한계에 균형과 폭을 더해 준다. 그가 역으로 설교자의 근원과 현실 감각을 강조한 것은 근본적으로 성육신에 대한 그의 자유주의적 이해에 기초를 두고 있다. 인간을 인간이 도달할 수 있는 가장 높은 단계에까지 끌어올리기 위해 예수께서 인간 본성을 입으셨듯이, 마찬가지로 설교자도 그의 회중이 자신의 보다 고상한 본성을 인식하고 그것을 활용할 수 있도록 그들을 도와 줌으로써 그들을 고양시키는 일에 진력한다.

지 금까지 필자는 설교자와 설교에 대해서 이야기했다. 오늘은 여러분에게 회중에 대해서 이야기하려고 한다. 설교자가 '나의 회중'을 말할 때 우리는 그 말 속에 담긴 몇 가지 함의를 주목할 필요가 있다. 설교자에게 있어 이 회중은 나머지 사람들과 구별되어 보인다. '나의 회중'은 유럽, 아시아, 아프리카, 아메리카, 바다의 섬들에 거주하고 있는 나머지 모든 인류와 구별되는 특정한 사람들이다. 어떤 목사는 자신의 교구에 도착하는 그 순간부터 이러한 표현을 사용하기 시작한다. 아무리 어리고 또 아무리 미숙한 목사라 할지라도 당장에 인류 공동체의 한 부분을 소유하고 주인 의식을 가지고 그것을 붙잡는다. 이와 동시에 그는 자신의 회중에 대하여 몇 가지 허구적인 가정을 한다. 그는 당연히 회중은 자신이 하는 말 자체의 가치와는 상관없이 자신의 말을 무조건적으로 존경하는 마음으로 듣는다고 생각한다. 그는 위엄 가득한 목소리로 "내가 나의 회중에게 말한다."고 이야기한다. 마치 회중이 자신의 가르침을 받을 때는 다른 지성인이 그들의 선생의 말을 듣는 것과는 전혀 다른 기초 위에 서 있는 것처럼 생각한다. 또한 그는 자신의 회중이 다른 사람들과 달리 자신에게 어떤 특별한 감정을 갖고 있다고 생각한다. 그는 자신의 회중의 재산은 물론 그들의 지성까지도 다소 신비적인 방식으로 자신의 요구에 종속되어 있다고 생각한다. 그래서 자신이 그러한 재산과 지성의 유용한 용도를 발견하고 회중에게 그것을 말하면 당장에라도 그들이 그것을 자신에게 건네 줄 것으로 기대하고 있다. 그리고 회중이 아무리 명민하다 하더라도 (다른 사람들에게는 너무도 당연한) 자신의 보잘것 없는 지혜에 완전히 압도된다고 그는 상상한다. 어떤 목사가 자신의 회중에게 말하는 방식이 너무나 부자연스러워서 그 회중 각각의 이름을 물어 보고 그들이 우리가 아는 사람이라는 것을 알게 되었을 때, 우리는 매우 놀라움을 느낀다. 회중은 평범한 삶을 영위하며 평범한 기준을 가지고 사람들과 사물을 판단하고 여느 집단에서와 마찬가지로 다양한 개성과 특징을 가진 사람들이다. 그런데 목사는 이런 사람들을 그들이 자신과 맺은 독특한 관계를 이유로 다른 사람들로부터 분리시키고 구별하며 그들을 '나의 회중'이라고 부른다.

내가 생각하기에, 성직자 생활에서 비현실성의 상당 부분은 자신의 회중에 대하여 목사가 가지는 이러한 느낌에서 비롯된다. 내가 알고 있는 성직자 중에는 스스로 책임감을 느끼지 않는 다른 사람들 앞에서는 솔직하고 꾸밈없고 기탄없이 말하지만, 자신의 교구민을 만날 때는 허구의 외투를 걸치는 사람이 많이 있다. 그런 사람들은 낯선 사람들을 만났을 때 경건과 신학과 관련하여 자신도 모르는 것이 많고 의심하고 있는 질문도 많고 교회가 가진 신앙의 어떤 점에 대해서 자신은 그것이 구원에 있어 그렇게 중요하지 않다고 생각하고 있으며 또한 교회 정책 중에 어떤 것은 현명하지 못한 것이라고 생각한다는 등 거침없이 말을 쏟아 낸다. 마치 외양간 울타리 밖에 있는 늑대나 혹은 이웃집 양에게 이야기하듯이 그들은 이 모든 말을 자유롭게 쏟아 낸다. 하지만 자신의 양 떼 앞에서는 항상 평정을 유지하고 모든 것이 잘 진행되고 있다고 말하며 그 양들이 자신의 나약하고 조심스러워하는 태도를 보지 못하게 한다. 그 결과 때때로 교구민들은 자신의 교구 목사보다 다른 교구 목사를 더 신뢰하고 그들의 곤란한 문제와 어두운 경험을 가지고 그들에게 거리낌없이 말해 주는 다른 목사를 찾아간다. 그들은 자신이 찾아간 목사의 교구민이 아니었기 때문에, 그 목사 또한 자유로이 그들에게 말한다.

지금까지 우리가 그 위험 요소에 관해서 살펴본 이러한 생각의 원인이 무엇인지 지적하는 것은 쉬운 일이다. 그러한 생각의 부정적인 측면은 권력에 대한 욕망에 있다. 다른 한편 그러한 생각의 긍정적인 측면은 걱정하고 염려하는 책임감에 있다. 이러한 책임감은 설교자가 그 회중에 대하여 더 진실한 애정을 갖게 될수록 더욱 커진다. 이것은 그 부정적인 측면 곧 편파성과 질시에서뿐 아니라 그 긍정적인 측면 곧 헌신적인 사랑에 있어서도 거의 부모의 사랑에 비견된다. 하지만 설교자가 자신의 회중을 바라보는 관점에는 이것 외에도 다른 요소가 존재한다. 여기에 대해서 여러분이 유심히 관찰하고 깊이 생각하라고 권면하고 싶다. 그것은 사람들을 개별적으로 바라볼 때 그들 각자가 가지는 특성과 사람들이 한 곳에 운집했을 때 그들이 집단적으로 가지는 특성 사이의 차이를 인식하는 방식과 관련된다. '나의 회중'이라는 이 표현에 담긴 어조의 실제적인 의미가 바로 이것이다. 목사에게 회중은 전혀 새로운 종류의 단일체이다. 따로 떨어진 개인으로 존재할 때는 존재하지 않던 어떤 것이 회중 가운데에는 존재하며, 개인에게는 존재하지 않던 어떤 것이 집단 속에는 존재하며, 또한 부분 가운데서는 존재하지 않던 어떤 것이 전체 속에는 존재한다. 목사가 자신의 생각 안에서 그 회중을 특별한 사람들로 분류하고, 새로운 공동체 곧 자신의 회중으로서 그들을 자신의 손에 붙잡을 수 있는 것도 바로 이러한 이유 때문이다.

이러한 생각이 부분적으로는 타당하다는 사실을 부정할 수는 없다. 목사의 사역을 감싸고 있는 이러한 생각의 근저에는 한 가지 원리가 있다. 그것은 많은 사람들이 특별한 목적을 위해 모여서 특정 시간 동안 공통된 관심사에 몰입한다면 그들 중 누구도 개인적으로 갖고 있지 않는 새로운 특징이 출현하게 된다. 만일 여러분이 군중에게 연설하는 연사가 된다면 그것을 느낄 수 있다. 무리를 이루고 있는 각 개인을 상대로 얼굴과 얼굴을 맞대고 이야기하라면 도저히 할 수 없는, 때로는 지나치게 대담하고 때로는 지나치게 단순한 말을 여러분은 망설이지 않고 그 군중을 향해 내뱉을 것이다. 만일 어떤 다른 사람이 군중에게 연설하고 있을 동안 여러분이 관객이 되어 그 군중을 유심히 관찰한다면, 여러분은 이와 동일한 것을 느끼게 될 것이다. 어떤 사람이든 가급적이면 보여 주고 싶지 않거나 느끼고 싶지 않은 어떤 감정의 물결이 그 대중 가운데 흐르고 있는 것을 여러분은 보게 될 것이다. 은둔자 베드로가 십자군 원정에 동참할 것을 부추기는 한 사람과 함께 앉아 있는 장면을 상상해 보라. 하지만 지금까지 말한 모든 것은 오늘날 뉴잉글랜드에 사는 우리 회중 한 사람 한 사람에게는 그렇게 타당해 보이지 않는다. 지금 이 땅에 사는 모든 사람들은 자신의 개성을 지키려고 하며, 그 개성이 다수의 특성에 함몰되도록 그냥 내버려 두지 않는다. 하지만 이 땅에 사는 우리는 인간이며, 우리 가운데서도 인간 본성의 보편적인 법칙이 작용하고 있다. 이것은 자연의 법칙으로서 모든 사람이 다 알고 있다. 아서 헬프스(Arthur Helps)는 다음과 같이 말한다. "이상하게 들릴지 모르겠지만, 어떤 대중 집회든 그 수가 40 – 50명을 넘어가면, 그 집회에 참여한 모든 사람들은 그 집회 속에서 일종의 유쾌하고 천진난만한 요소를 지니게 되고, 각 사람들은 때로 초등학교 시절 가지고 있던 밝고 개구쟁이 같은 본성을 드러낸다." 캐닝(Canning)은 종종 하나의 통일체로서의 일반 대중이 그 가운데서 가장 미각이 뛰어난 사람보다 훨씬 더 훌륭한 미각을 가지고 있다고 말하곤 했다. 매컬리(Macaulay)는 캐닝의 이러한 말에 상당히 공감을 표시했다.

회중 곧 사람들의 모임이 가진 새로운 특징을 구성하는 요소는 어떠한 것이 있는가? 내가 방금 인용한 두 가지 예를 통해 우리는 그 중 두 가지 요소를 추측해 볼 수 있다. 즉 첫째는 자발성과 자유의 요소이고, 둘째는 더 높은 수준의 사고와 미각의 요소이다. 다른 요소에는 어떤 것이 있는지 확인하는 것도 어렵지 않다. 개인보다 회중이 수용성이 더 크다는 것은 분명한 사실이다. 회중 속에서는 적대적인 감정을 불러일으키던 많은 원인이 제거된다. 화내던 성향도 잠잠해진다. 논증에 대한 자신감은 사라지거나 혹은 아무도 자신의 논증을 듣지 않는다는 사실에 의해 교정된다. 왜냐하면 논증은 단 한 마디 말로 끝날 수 없고, 한 사람의 조용한 영혼 안에서 지속되어야 하는 것이기 때문이다. 여러분이 회중 속에 구별되지 않고 섞여 있어서 여러분이 양보하는 것을 곁에 있는 사람이 알아채지 못할 때 여러분은 더 쉽게 양보한다. 여러분이 굴복시켜야 하는 검이나 정복해야 하는 깃발이 없을 때 여러분은 더 어렵지 않게 굴복할 수 있다. 게다가 우리가 그 가운데 서거나 앉아 있는 조용한 군중이 우리에게 얼마나 이상적이고 영웅적인지 우리는 모두 이미 경험하였다. 우리는 그 군중이 선입견 없이 듣고 이기적이지 않고 고상하게 응답하고 있다고 느낀다. 그래서 우리는 그러한 대중의 힘에 의해 우리의 최상의 상태에까지 고양된다. 하지만 이것은 착각이다. 아마도 이 조용한 무리에 속한 각 개인은 초라하게 생각하고 느끼고 있지만, 주변 사람들이 고양되어 있음을 느끼면서 각 개인 또한 스스로 고양됨을 경험한다.

  이것은 회중의 특성 중에서 긍정적인 측면이다. 그것은 소위 적절한 반응을 산출한다. 이러한 긍정적인 가치를 떨어뜨리는 부정적인 측면이 있는데, 그것은 회중의 무책임함이다. 회중은 신속하게 느끼지만 더디게 결단한다. 반면 회중을 구성하는 사람들을 한 사람씩 따로 떼어 놓고 보면, 그들은 그들의 보다 고상한 본성에 대한 논증과 호소에는 더디게 느끼지만, 일단 그들이 확신을 하고 마음이 움직이게 되면 그들의 양심을 일깨우고 행동의 필요성을 인식시키는 것은 비교적 쉬운 일이다. (중략)

  회중과의 대면 속에서 여러분은 일반적인 인간 본성에 더욱 가까이 다가선다. 여러분은 인간 본성을 가장 포괄적인 의미에서 이해하게 된다. 각 개인의 특이한 점은 모두 사라지고 이제 단지 인간으로서의 인간만 여러분 앞에 남는다. 이것은 설교자에게 있어 크나큰 유익이다. "어떤 한 사람을 특별하게 아는 것보다는 일반적인 사람을 이해하는 일이 더 수월하다."고 라 로케푸코(La Rochefoucauld)는 말한다. 만일 여러분이 군중을 대상으로 설교할 때 그들을 일반적인 존재로 보지 않고 각 개인을 특별한 존재로 본다면, 즉 한 사람 한 사람이 모두 자신에게 고유한 개성을 가지고 거기에 앉아 있다고 생각한다면, 여러분은 어떻게 설교할 수 있겠는가? 내가 보기에, 어떤 설교자의 설교가 효과적이지 못한 것은 그들이 인간 본성에 대하여 이처럼 보다 폭넓고 일반적인 시야를 갖추지 못했기 때문이다.

필자는 모든 설교자가 가끔씩 자신이 전혀 알지 못하는 회중 대상으로 설교할 필요가 있다고 생각한다. 이것은 설교자로 하여금 그들이 인간 일반을 상대로 설교하고 있음을 다시금 상기시키며, 그들이 설교하는 진리의 폭과 깊이를 유지할 수 있도록 도와 준다. 항상 동일한 사람을 상대로 사역하고 그래서 자신이 사역하는 사람들의 사정을 세세하게 알고 있는 사람은 그의 설교가 점점 더 협소해지는 것을 방치하기 쉽다. 그는 세상 일반을 시야에서 놓쳐 버리기 쉽다. 마치 만유인력이 자신의 집 안에서 특별한 공사를 할 때만 작용하는 양 생각하듯이 복음에 대해서도 동일한 오류를 범하게 된다. 내가 볼 때 목사가 수많은 사소한 걱정거리로 인해 안달하고 마음이 상했을 때, 얼굴도 알지 못하는 회중을 찾아가 그들에게 설교하는 것보다 더 그 목사의 원기를 북돋워 주는 것은 없다. 그가 설교를 시작하기 전에 그 회중 앞에 서서 그들을 쭉 둘러보는 순간, 그는 자신이 인류 전체를 대면하고 있다는 느낌을 받는다. 이 때 그는 그의 소명이 얼마나 고귀하고 그의 책임이 얼마나 큰지 새삼 깨닫게 된다. 이것은 우리가 여행할 때 때로 이름도 들어 보지 못한 어떤 큰 도시를 방문했을 때 느끼는 감정과 비슷하다. 그 도시에는 사람들이 살고 있지만 내가 아는 사람은 하나도 없다. 집과 상점과 교회, 은행, 우체국, 일, 즐거움 등 이 중에서 나와 개인적인 관계를 맺고 있는 것은 아무것도 없다. 이것이 일반적인 사람들의 삶이다. 그리고 이것은 종종 우리가 개별적으로 알고 있는 사람들의 삶 속에서 잃어버린 어떤 엄숙함을 우리에게 가져다 준다. 낯선 강단에 서서 전부 낯선 사람들로 구성된 회중을 대할 때 우리는 종종 이와 비슷한 것을 경험한다.

하지만 이런 일이 너무 자주 반복되어서는 안 된다. 모르는 도시만 찾아서 돌아다니는 여행이 지속되면, 인간 본성에 대한 우리의 감각은 약화되거나 심지어는 파괴되어 버린다. 원칙적으로는 자기 자신의 회중에 대한 지식을 중심에 두고 가끔씩 전혀 낯선 사람들로 구성된 회중에게 설교함으로써 자신의 회중과의 지나치게 배타적인 관계를 피하는 것이 가장 현명하다고 생각된다. 역사상 가장 위대한 설교자의 상당수가 그들이 사역했던 곳 혹은 그들이 평생에 걸쳐 살았던 곳과 떨어질 수 없이 연관되어 있다는 사실은 우리가 주목할 만하다. 많은 경우 마치 그 장소가 그들 존재의 한 부분이었던 양 그 곳 이름이 그들의 이름 속에 들어가 있다. 콘스탄티노플의 크리소스톰(Chrysostom), 히포의 아우구스티누스, 플로렌스의 사보나롤라(Savonarola), 키더민스터의 백스터(Baxter), 럭비의 아놀드(Arnold), 브라이튼의 로버트슨(Robertson), 글래스고우의 찰머스(Chalmers) 등. 우리가 사는 뉴잉글랜드에도 역사적으로 유명해져서 어떤 사람과 그와 연관된 장소, 혹은 어떤 장소와 그와 연관된 사람을 생각하게 만드는 이름이 있다. 어디를 가든 사역자는 자신의 임지가 있어야 한다. 때때로 예수님의 제자들이 우리 앞에 나타날 때, 마치 그들의 목회 방법이 오늘날 우리의 목회 방법과 전적으로 유리된 듯이 보이기도 한다. 하지만 그들도 그들 나름의 목회지를 가지고 있었다. 에베소에 있던 사도 바울을 생각해 보라. 같은 도시에 있던 사도 요한을 생각해 보라. 예루살렘에 있던 사도 야고보를 생각해 보라. 성육신은 신성을 일반적인 인간 본성 안에 가져온 것이 아니다. 성육신은 어떤 특정한 사람들의 공동체 안으로, 특정한 국가와 특정한 민족, 특정한 가정 안으로 신성을 가져왔다. 마찬가지로 인간 본성에 열매를 맺기 원하는 사람은 자기 자신을 사람들이 사는 특정한 장소에 뿌리내려야 하며, 어떤 특별한 한 곳에서 살기 위해서 그 땅의 소산을 거두어들여야 한다. 성직자가 자신의 회중을 통해 인류 전체에 닿아 있다는 것을 항상 느끼고 있을 때 그의 삶은 비길 데 없는 유익을 얻게 된다. 과거의 오랜 목회 경험은 인간 본성에 대한 깊은 이해와 사람들과의 친밀하고 풍성한 관계를 가져다 줄 것이다. 이를 바탕으로 우리는 다음 세 가지 규칙을 요약해 낼 수 있다. 필자는 여러분이 이것을 기억하고 또 하나님이 허락하시는 모든 지혜를 가지고 활용하기 바란다. 첫째,

가능한 한 적은 수의 회중을 가지라. 둘째, 여러분의 회중을 가능한 한 철저하게 파악하라. 셋째, 그 회중을 통해 인간 본성을 이해할 수 있을 만큼 여러분의 회중을 가능한 한 폭넓게 그리고 깊게 이해하라.

출 처

Phillips Brooks, Lectures on Preaching (New York: E. P. Dutton & Company, 1907[1877]), pp. 180 – 190.

> W. E. B.
> 드 보이스
>
> Du Bois

흑인 민중의 신앙

오늘날 미국의 흑인 회중에게 있어 가장 중요한 현실은 노예 시절의 유산과 백인 사회에서의 소외라는 지속적인 문제 상황이다. 드 보이스(1868 - 1963)는 이러한 소외를 '베일'로 묘사했다. 그리고 인종을 갈라 놓는 이 베일을 제거하는 일에 학자로서 자신의 전 생애를 바쳤다. 그는 피스크와 베를린, 하버드에서 수학했으며, 하버드에서 박사 학위를 받았다. 그리고 수 년간 애틀란타 대학교에서 사회학을 가르쳤다. 그는 폭넓은 연구와 긴 생애 그리고 정의와 진리를 향한 지칠 줄 모르는 꾸준한 열정을 통해 19세기 말과 20세기 초에 흑인의 계몽을 선도한 선구적인 지성인이었다. 그는 흑인의 역사와 문화는 물론 흑인의 종교에 대해서도 연구하고 많은 작품을 남겼다. 그 중에서 일련의 '단편들'을 모아 『흑인 민중들의 영혼』이라는 제목으로 출판했다. 처음에 그는 이 책의 출판을 주저하였는데, 막상 출판된 이후에 이 책은 드 보이스에게 세계적인 명성을 가져다 주었다. 이 책은 1903년에 초판이 나온 이래 25판이 넘게 인쇄되었다. 비록 생애 말기에 가서 제도화된 교회를 거부하기는 했지만, 그는 흑인 민중의 종교와 그들의 영성이 가진 진가를 헤아리고 있었으며, 또한 오늘날 미국 흑인의 문화와 관습의 근저에 놓인 종교적인 모판에 대해서 잘 이해하고 있었다. 그는 미국에서 인종 차별주의에 진저리를 느끼고 가나로 이주했으며, 1963년 8월에 그 곳에서 사망했다. 아래 글에서 그는 흑인 설교가 최초로 등장했을 때의 전원적인 분위기와 오늘날 설교자가 그 속에서 씨름하고 있는 도회지의 모호한 분위기를 묘사하고 있다. 또한 몇몇 단락에서 그는 흑인 민중 예배의 독특한 분위기를 잘 포착하고 있으며, 그것을 설교자, 음악, 열광이라는 세 가지 관점에서 요약하고 있다. 순응주의와 급진주의 사이에서 갈라진 현대 흑인의 곤경에 대한 그의 노년의 분석은 오늘날 흑인 교회에 여전히 빛을 비추어 주고 있다.

어느 캄캄한 주일 밤, 내가 기숙하는 집에서 멀리 떨어진 어떤 시골 마을에서 있었던 일이다. 우리가 자주 거닐던 통나무집에서 옆으로 빠지는 길을 따라 바닥이 돌로 가득한 시내를 거슬러 올라간 다음 밀밭과 옥수수밭을 지나치면, 들판 너머에서 희미하게 율동적인 운율의 노래가 들려 오는 것을 들을 수 있었다. 그 노래는 부드러우면서도 감격적이고 힘이 넘쳤으며, 음이 솟아올랐다가 구슬프게 가라앉았다. 당시 필자는 시골 학교 선생이었다. 동부에서 온 지 얼마 되지 않았고, 그 때까지 남부 흑인들의 부흥 집회를 한 번도 본 적이 없었다. 버크셔에 살았던 우리는 오래 전 수포크에 살던 사람들만큼 그렇게 경직되거나 형식적이지는 않았다. 하지만 우리의 예배는 매우 조용하고 가라앉아 있었다. 만일 그 곳에서 어떤 목사가 사나운 비명과 함께 설교를 마치거나 어떤 사람이 큰 목소리로 "아멘"을 외치면서 기도 중간에 끼여들었다면 어떤 일이 벌어졌을지 필자는 상상할 수 없다. 내가 앞서 말한 시골 마을의 높은 언덕 위에 위치한 작고 소박한 교회를 찾아갔을 때, 무엇보다 나에게 충격을 주었던 것은 거기 함께 모인 흑인 민중들을 사로잡고 있는 극도의 흥분 상태였다. 눈에 보이지 않는 무서운 기운이 공중에서 나를 붙잡는 것처럼 느껴졌다. 마치 무녀의 광기나 귀신들림이 노래와 말에 공포스러운 현실을 가져오는 것 같았다. 육중한 몸의 흑인 설교자가 몸을 흔들고 떨었으며, 말씀이 그의 입술에 밀어닥쳤다가 거침없이 우리에게로 쏟아져 내렸다. 사람들은 신음소리를 내고 몸을 떨었으며, 볼이 수척한 다갈색 피부의 한 여성이 내 옆에서 갑자기 공중으로 몸을 뛰었다가 영혼이 떠나는 것같이 날카로운 비명을 내질렀다. 그리고 사방에서 통곡과 신음과 고함소리가 들려 왔다. 이러한 광경은 일찍이 내가 한 번도 경험해 보지 못한 것이었다.

   남부의 깊숙한 산림 속에서 벌어진 흑인들의 부흥 집회의 이 같은 열정을 직접 목격하지 못한 사람들은 흑인 노예의 종교적인 감정을 다만 어렴풋하게 짐작만 할 것이다. 내가 묘사한 것에 따르면 그 광경이 기이하고 우스꽝스럽게 보이겠지만, 실상 직접 보게 되면 그것은 무시무시하다. 이러한 노예 종교를 특징짓는 세 가지 요소가 있는데, 그것은 설교자와 음악과 열광이다.

(1) 설교자는 미국이라는 토양에서 아프리카 흑인들이 발전시킨 가장 독특한 인물이다. 그는 지도자이면서 정치가이며 연설가이면서 '보스' 고, 정책 결정자이면서 이상주의자이다. 또한 그는 스무 명이든 천 명이든 사람이 모인 곳에서는 언제나 그 중심에 있다. 그는 능숙하면서도 속이 깊어 신중하고, 재치가 있으면서도 원숙한 재능을 가지고 있다. 이러한 이유 때문에 설교자는 흑인 사회에서 탁월한 지위를 얻었으며 현재도 그 지위를 유지하고 있다. 물론 16세기 서인도 제도에서 19세기 뉴잉글랜드에 이르기까지 그리고 미시시피 강변에서 뉴올리언스와 뉴욕과 같은 도시에 이르기까지 설교자의 스타일은 시간과 장소에 따라 다양하다.

(2) 단조의 선율을 가진 흑인들의 음악은 애처로우면서도 율동적이었다. 많은 사람들의 풍자와 비난에도 불구하고, 이 음악은 여전히 인간의 삶과 갈망에 대한 가장 독창적이고 아름다운 표현으로 남아 있다. 이 음악은 처음 아프리카 숲 속에서 출현했는데, 노예로서 비극적인 삶을 거치면서 편곡되고 번안되면서 더욱 강렬해졌다. 그러다가 법과 채찍의 억압 아래서 그 음악은 인간의 슬픔과 절망과 희망을 실로 진실하게 표현하기에 이르렀다.

(3) 마지막으로 열광 혹은 '함성'은 주님의 성령이 임하여 사람들을 사로잡고 초자연적인 기쁨으로 그들을 황홀하게 만드는 현상을 말한다. 이것은 흑인 종교를 구성하는 마지막 본질적인 요소이다. 사람들이 앞의 두 가지보다 이것을 더 열렬하게 믿는다. 열광의 표현 방식은 조용하고 침착하게 열중하거나 잠잠히 읊조리고 신음하는 것에서부터 과격한 육체적 표현에 이르기까지 아주 다양하다. 특히 마지막 육체적 표현의 경우에는 발 구르기, 비명 지르기, 큰 소리로 외치기, 앞뒤로 돌진하기, 팔을 과격하

게 흔들기, 울다가 웃고 웃다가 울기, 환상 보기, 기절 등이 있다. 이러한 현상은 역사상 전혀 새로운 것이 아니고 델포이와 엔돌의 종교만큼이나 오래 된 것이다. 이러한 것이 흑인들에게 너무 강력한 위력을 발휘했기 때문에, 오랜 세대에 걸쳐 많은 사람들은 하나님의 이 같은 가시적인 현현이 없다면 눈에 보이지 않으시는 하나님과의 참된 교제도 있을 수 없다고 확고히 믿었다.

지금까지 말한 것이 노예 해방의 시점까지 발전해 온 흑인들의 종교적 삶의 특징이다. 이러한 특징은 흑인들이 처한 독특한 환경 속에서 그들의 고상한 삶을 표현해 주고 있기 때문에, 흑인들의 삶의 발전 과정을 사회학적으로나 혹은 심리학적으로 연구하는 사람들에게는 매우 흥미로운 주제이다. 아프리카의 미개인들에게 노예 제도는 무엇을 의미했을까? 세계와 인생에 대한 그들의 태도는 어떠했는가? 그들에게는 무엇이 선하고 무엇이 악한 것처럼 보였을까? 하나님인가, 악마인가? 그들은 무엇을 갈망하고 무엇을 위해 분투했으며, 또한 무엇 때문에 가슴앓이하고 실망했는가? 이러한 질문에 정확하게 대답하기 위해서는 황금 해변의 이교(異敎)에서부터 제도화된 시카고의 흑인 교회에 이르기까지 흑인 종교가 점진적으로 변화하고 발전해 온 과정에 대한 연구가 반드시 선행되어야 한다.

뿐만 아니라 비록 노예이기는 했지만 수백만에 이르는 흑인들의 종교적인 성숙은 동시대인들에게도 강력한 영향을 끼쳤다. 미국의 감리교와 침례교가 오늘과 같은 모습에 이르게 된 데에는 회심한 수백만의 흑인들의 고요하지만 강력한 영향력이 있었다는 사실을 부인할 수 있는 사람은 거의 없다. 특히 이러한 현상은 남부 지방에서 더욱 두드러지며, 이러한 이유로 해서 남부의 신학과 종교 철학이 북부에 비해 상당히 뒤쳐져 있다. 또한 남부의 가난한 백인들은 흑인들의 종교적 사고 방식을 순진하게 모방했다. 많은 복음 성가가 미국 교회를 휩쓸면서 우리의 음악 감각을 거의 망쳐 놓았는데, 이 복음 성가는 대게 흑인 찬양의 선율을 모방하면서 변조한 것이다. 다시 말해 흑인 음악의 영혼은 빼고 그 몸만 취하여 만든 곡이라고 말할 수 있다. 이상 살펴본 바와 같이, 흑인 종교에 대한 연구는 미국 흑인들의 역사 연구에 있어 결정적인 부분일 뿐 아니라 미국의 역사 연구에 있어서도 아주 흥미로운 부분이다.

오늘날 흑인 교회는 미국 흑인들의 삶의 사회적 중심에 위치하며, 아프리카 사람들의 특징을 가장 잘 표현하고 있다. 버지니아의 한 작은 도시에 있는 한 전형적인 흑인 교회를 예로 들어 보자. 그 교회의 이름은 '제일침례교회'이다. 이 교회의 예배당은 벽돌로 지은 건축물로서 조지아 주의 목재로 아름답게 마무리 손질이 되어 있으며, 500명 이상이 들어가 앉을 수 있을 만큼 공간도 넓다. 예배당 안에는 양탄자가 깔려 있고, 작은 오르간이 하나 있으며, 창문은 스테인 글라스로 되어 있다. 바닥에는 회중들이 앉을 수 있는 긴 의자가 놓여 있는 넓은 공간이 있다. 이 건물이 바로 천 명을 웃도는 흑인 공동체의 중심에 자리잡은 생활 공간이다. 교회 모임은 물론이고, 주일 학교, 두서너 개의 보험 회사, 여성 단체, 비밀 조직, 각종 대중 집회 등 다양한 모임이 여기에서 이루어진다. 주중에는 이 곳에서 대여섯 번의 정규적인 예배 외에 연회, 만찬, 강연 등이 열린다. 사람들은 여기에서 상당히 많은 금액의 돈을 모으고 또 지출하며, 할 일 없는 사람들을 위해 일자리를 찾아 주고, 낯선 사람들을 소개하고, 각종 소식을 알리고, 자선을 베푼다. 이 곳은 사회적, 사상적, 경제적인 중심인 동시에 엄청난 영향력을 가진 종교적인 중심이다. 주일마다 두 차례에 걸쳐 타락과 죄와 구속과 천국과 지옥과 영벌에 대해 열정적으로 설교하고, 매년 곡식을 거두고 나서 부흥 집회를 가진다. 이 공동체에 속한 사람들 중에 회심하지 않고 반항하는 사람은 거의 드물다. 이러한 공식적인 종교 이면에는 도덕을 실제적으로 보호하고 가정 생활을 건강하게 만들며 선하고 옳은 것에 대한 최종적인 권위를 가진 교회가 자리하고 있다.

결국 흑인들을 색깔 편견과 사회적 조건으로 소외시킨 그 대단한 세상이 오늘날 흑인 교회 안에서 마치 소우주처럼 재형성되어 있음을 우리는 볼 수 있다. 대도시에 위치한 흑인 교회도 이와 비슷한 경향을 나타내고 있으며, 많은 점에서 더욱 두드러진다. 필라델피아의 벧엘교회는 등록 교인수가 천백 명을 넘는 대형 교회다. 그 교회의 예배당은 500명을 한 번에 수용할 수 있으며, 건물 가치만 해도 10만 달러에 달한다. 그리고 그 교회의 1년 예산은 5천 달러에 이른다. 교회 치리는 한 명의 담임 목사와 그를 돕는 여러 명의 교구 목사, 실행 위원회와 입법 위원회와 재정 위원회, 그리고 세금 수금원 등에 의해서 이루어진다. 그리고 입법을 위해서는 전 교인이 함께 모인다. 또한 소그룹 지도자가 인도하는 세분화된 작은 그룹이 있고, 시민군 조직도 갖추고 있으며, 이 밖에 24개의 부수적인 단체가 교회에 소속되어 있다. 교회의 활동이 이와 같이 거대하고 광범위하기 때문에, 이러한 조직을 다스리는 목사는 세상에서 가장 영향력 있는 흑인 지도자에 속한다.

이러한 교회는 사실상 사람들이 모여 사는 국가와 비슷하다. 이러한 관점에서 우리는 남부 지방에서 미국 국적을 가진 흑인들이 적어도 명목상으로는 모두 교회의 일원이라는 흥미로운 사실을 이해할 수 있다. 물론 정기적으로 등록하지 않는 사람도 더러 있고, 일부 소수의 사람들은 예배에 규칙적으로 참석하지도 않는다. 하지만 실제적으로 세상으로부터 소외된 흑인들은 어떤 사회적 중심을 가져야 하며, 이들에게 있어 그 중심은 흑인 교회이다. 1890년에 실시된 인구 조사에 따르면, 이 나라 안에 있는 흑인 교회의 수가 거의 2만 4천에 이르렀다. 그리고 그 교회에 등록된 교인 수는 2백50만 명을 넘었다. 또한 흑인 가운데 28명 중에 10명 꼴로 교회에 소속되어 있었으며, 일부 남부 주(州)에서는 2명 중 1명이 교회에 등록한 것으로 드러났다. 이뿐 아니라 교인으로 등록되지 않은 사람들 중에도 교회의 여러 가지 활동에 참석하고 참여하는 사람이 상당수에 달했다. 이 나라 전체에서 보자면, 평균적으로 60개의 흑인 가정마다 하나의 조직화된 흑인 교회가 있고, 일부 주(州)에서는 40개의 흑인 가정마다 그러한 교회가 있었다. 재산 가치로 따지자면, 각 교회는 평균적으로 천 달러에 이르고, 전체적으로는 거의 2천6백만 달러에 달한다.

이것이 바로 노예 해방 이후 흑인 교회가 이룩한 장족의 발전상이다. 여기에서 한 가지 질문이 제기된다. 이러한 사회적 역사의 다음 단계는 무엇이었으며, 오늘날의 경향은 어떠한가? 우선적으로 우리가 알고 있어야 하는 것은 흑인 교회와 같은 그러한 기관은 특정한 역사적 기초가 없었다면 존재할 수 없었다는 사실이다. 흑인의 사회적 역사가 미국에서부터 시작하지 않았다는 사실을 상기할 때 거기에서 우리는 그러한 기초를 발견할 수 있다. 그들은 특정한 사회적 환경에서 출현했다. 즉 그들은 아프리카에서 일부다처제의 씨족 중심의 삶을 살았으며, 족장의 지도력과 사제의 강력한 영향력이 그 사회를 지배하고 있었다. 그들의 종교는 자연을 숭배하는 종교였으며, 선하고 악한 주변의 보이지 않는 힘에 대한 깊은 믿음을 가지고 있었고, 주술과 희생 제사를 통해 예배를 드렸다. 이러한 그들의 삶을 근본적으로 바꾸어 놓은 첫번째 계기는 노예 제도와 서부 인디언들의 설탕밭이었다. 조직화된 대규모 농장이 씨족과 부족을 대체했으며, 백인 주인이 족장을 대체하면서 더 크고 더 독재적인 힘을 행사했다. 강제 노역이 오래 지속되면서 그들의 일상이 되었고, 과거의 혈연과 친족 관계의 끈은 모두 사라지고 가족 대신 일부다처제 혹은 일처다부제가 새롭게 등장했다. 이러한 가운데 종종 혼잡한 성관계가 이루어지기도 했다. 이것은 그야말로 끔찍한 변화였다. 하지만 이러한 변화 가운데서도 과거 공동체 생활의 흔적 중 일부가 여전히 존속했다. 그 중 가장 대표적인 유산은 사제 즉 주술사였다. 이들은 일찍이 집단 농장에 나타났으며, 병든 자를 치료하고 미지의 존재를 설명하고 슬퍼하는 자를 위로하며 불의에 대해 초자연적 보복을 집행하였다. 이들은 강탈당하고 억압당하는 백성들의 갈망과 실망과 분노를 거칠지만 생생하게 표현했다. 노예 제도의 제한된 한계 내에서이기는 했지만 흑인 설교자는 이렇듯 시인과 의사와 판사와 사제로서 등장했다. 그리고 그들의 지도 아래 아프리카계 미국인의 최초의 기관인 흑인 교회가 탄생했다. 처음에 이 교회는 기독교적이지도 않았고 명확하게 조직화되지도 않았다. 오히려 이 교회는 각 집단농장의 구성원이 가지고 있던 이교도적인 의식을 마구 섞어 둔 것이었다. 거칠게 말하자면, 이들의 종교는 부두교였다. 주인과 선교사의 노력이 흑인들의 편하게 살고자 하는 동기와 어우러져 이러한 의식이 기독교적인 외양을 갖추게 되었다. 많은 세대가 지나서야 비로소 흑인 교회는 기독교 교회가 되었다.

이 교회와 관련하여 우리는 두 가지 특징적인 사실을 주목해야 한다. 첫째, 이 교회는 그 믿음에 있어서 거의 모두 침례교와 감리교였다. 둘째, 이 교회는 사회적 제도로서 일부일처로 구성된 흑인 가정보다 수십 년 이상 일찍 등장했다. 그 시초부터 이 교회는 집단 농장에 제한되어 있었고, 주로 일련의 고립된 단위로 구성되어 있었다. 비록 후에 이주의 자유가 어느 정도 허용되기는 했지만 이러한 지리적인 한계는 여전히 중요했으며, 결국 탈중심적이고 민주적인 침례교 신앙이 노예들 사이에 확산되는 하나의 계기를 제공했다. 동시에 침례라는 가시적인 의례는 그들의 신비적인 기질에 강하게 호소했다. 오늘날에도 여전히 침례교는 백오십만 정도의 교인을 확보하고 있으며 흑인들 사이에서 수적으로는 가장 규모가 크다. 규모에 있어 두 번째는 이웃한 백인 교회와 연계하여 조직된 교회였다. 이 교회는 주로 침례교나 감리교와 연결되었으며, 일부는 감독제교회나 다른 교회와 연결되기도 했다. 감리교가 여전히 두 번째로 큰 교단을 구성하고 있으며, 교인 수는 대략 백만 명에 달한다. 대표적인 이들 두 교단의 신앙은 감정과 열정을 중시한다는 점에서 특히 노예 교회에 잘 어울렸다. 오늘날 감독제교회와 장로교회가 보다 지적인 계층에서 그 수를 더해 가고 있고 또한 가톨릭교회가 일부 지역에서 진전을 보이고 있기는 하지만, 일반적으로 말해서 침례교와 감리교를 제외한 나머지 교단에서는 흑인들의 참여가 상대적으로 미미하거나 대수롭지 않았다고 평가할 수 있다. 한편 북부 지방에서는 노예 해방 이후 혹은 그 이전부터 흑인 교회가 자의 혹은 타의에 의해서 백인 교회와 연합하였다. 침례교회는 독립 교회가 되었지만, 감리교회는 감독의 지도를 위해 일찍부터 연합해야 했다. 결국 이러한 상황은 세계에서 가장 큰 흑인 조직인 '아프리카 감리교회'를 탄생시켰으며, 또한 '시온 교회'와 '유색 감리교회'를 비롯하여, 다른 교단 내에서도 다양한 흑인 협의 기구와 흑인 교회가 출현하게 되는 배경을 제공했다.

우리가 주목해야 할 두 번째 특징은 흑인 교회가 흑인 가정보다 더 오래 되었다는 사실이다. 이것은 이 공산주의적 기관 곧 흑인 교회와 그 구성원의 도덕 의식 안에서 불합리하게 보이는 많은 것들을 설명해 준다. 특별히 이러한 특징을 통해 우리는 이 기관이 다른 곳에서는 찾아볼 수 없는 한 백성의 독특한 내면의 윤리적 삶을 표현하고 있다는 사실을 깨닫게 된다. 그럼 이제 이 교회의 외형적이고 물리적인 발전에서 눈을 돌려 이 교회를 구성하고 있는 사람들의 보다 중요한 내면적이고 윤리적인 삶에 주목해 보자. 흑인들이 종교적인 존재라는 사실에 대해서는 이미 여러 번 지적했었다. 그들은 깊은 감정적 본성을 지닌 존재로서 본능적으로 초자연적인 것을 향하고 있다. 열대 지방의 풍부한 상상력과 자연에 대한 예리하고 정교한 이해를 가진 이 흑인들은 아프리카에서 미국으로 이주한 이후 각종 신과 악마 그리고 요정과 마녀가 활동하고 있는 세계 속에 살았다. 이러한 낯선 영향력이 가득한 세상에서 그들은 선한 것은 애원하며 구하고, 악한 것은 달래며 누그러뜨리려고 했다. 그리고 노예 상태는 악한 세력이 그들을 눌러 이겼음을 의미했다. 혐오스러운 지하 세계의 모든 세력이 그들을 삼키려고 달려들었으며, 다른 한편 그들의 마음에는 반항과 복수의 정신이 가득 찼다. 그들은 이교주의의 모든 자원을 활용해서 이

위기에 대처했다. 귀신 축출과 마술은 물론이고, 야만적인 의식과 주문, 피의 제사, 심지어는 인신 제사를 동반하는 신비스러운 숭배까지도 서슴지 않았다. 또한 무시무시한 자정에 축제를 열고 신비적인 주문을 외웠다. 이러한 가운데 여자 마법사와 부두교의 사제는 흑인들의 집단 생활에서 핵심적인 위치를 차지하게 되었다. 특히 글자를 모르는 흑인들의 삶에 있어서는 이러한 모호한 미신의 기질이 더욱 심화되고 강화되었다. 그것은 오늘날에도 마찬가지이다.

몹시 사나운 탈주 노예들과 덴마크에 이주한 흑인들을 비롯하여 일부 흑인들의 성공적인 반란에도 불구하고, 노예 주인들의 지칠 줄 모르는 정력과 더 우월한 힘에 눌려 흑인들 사이에서 반항 정신은 점차 누그러졌다. 18세기 중반에 이르면 흑인들은 새로운 경제 구조의 최하층에 위치하게 되고 속으로만 불평 섞인 말을 중얼거릴 뿐이었다. 이러한 상황에서 그들은 무의식중에 새로운 삶의 철학을 수용하였다. 그들이 새롭게 배우게 된 기독교의 수동적인 복종의 교리만큼 이러한 그들의 삶에 어울리는 것은 없었다. 노예 주인들은 일찍부터 이러한 사실을 알고 있었으며, 그래서 일정한 한계 내에서 기독교의 포교 활동을 적극 지원하였다. 흑인들을 억압하고 착취하는 구조가 지속됨에 따라 그들을 가치 있는 노예로 만드는 덕성이 더욱 강조되었다. 따라서 그들의 정중한 태도는 굴종적인 태도로 바뀌었고, 도덕적인 힘은 유순한 순종으로 타락했으며, 아름다운 것을 절묘하게 이해하던 그들의 천성은 고통을 말없이 참아 내는 능력으로 바뀌었다. 흑인들은 이 세상의 즐거움을 상실한 대신 내세에서 제공될 즐거움을 간절히 사모하게 되었다. 신원하시는 주님의 영은 그들에게 이 세상의 슬픔과 핍박 가운데 참고 인내하며, 주님께서 그 흑인 자녀들을 고향으로 불러들이실 그 위대한 날을 기다릴 것을 요구하였다. 이 주님의 날이 그들을 위로하는 꿈이 되었다. 그들의 설교자는 반복해서 다음과 같이 설교했으며, 시인 또한 이렇게 노래했다.

자녀들아, 주님께서 나타나실 때에
우리들은 모두 자유하게 될 것이다!

노예제 폐지 운동이 시작되고 자유로운 흑인 계층이 한층 높아짐에 따라 새로운 변화가 찾아왔다. 우리는 종종 남북 전쟁 이전에 노예 신분에서 해방된 자유민의 영향을 무시하는 경향이 있다. 그들의 수가 적었을 뿐 아니라 이 나라의 역사에 있어 그들이 차지하는 비중도 낮았기 때문일 것이다. 하지만 우리는 그 자유민이 내적으로 즉 흑인 사회 안에 많은 영향을 미쳤다는 사실을 잊어서는 안 된다. 그들은 흑인 사회 안에서 윤리적, 사회적 지도자들이 되었다. 필라델피아와 뉴욕, 뉴올리언스 등을 중심으로 함께 모여 있던 많은 자유민은 가난과 게으름 속으로 빠져 들어갔지만, 모두가 그렇게 된 것은 아니었다. 일찍이 자유로운 흑인 지도자들이 등장했으며, 그들은 뜨거운 열정과 함께 노예 제도에 대한 비판적인 의식을 소유하고 있었다. 그들에게 있어 자유는 단지 꿈이 아니라 이제는 현실이었다. 그들의 종교는 더욱 음울해지고 동시에 더욱 강렬해지고, 복수의 어조가 그들의 윤리 안으로 기어들어왔으며, 그들은 임박한 종말을 노래했다. 그들은 '주님의 오심'을 죽음 저편이 아니라 죽음 이편과 관련지었으며, 바로 지금 여기에 도래할 일로 여기고 소망했다. 탈주한 노예들과 억압할 수 없는 토론을 통하여 자유를 향한 이 같은 열망이 여전히 속박되어 있던 수백만의 흑인들을 사로잡았다. 그리고 이 자유는 그들의 삶의 유일한 이상이 되었다. 흑인 시인들은 새로운 선율로 노래했으며, 때때로 용기를 내어 다음과 같이 노래 부르기도 했다.

오 자유, 오 자유, 나는 자유하리라.
비록 지금은 노예로 억매여 있지만,
나의 무덤 속에 묻히기 전에

나는 나의 고향 나의 주님께 돌아가

그 곳에서 주님 주시는 자유를 누리리라.

오십 년간 흑인 종교는 이렇게 변화하였으며 노예제 폐지의 꿈과 스스로를 연계시켰다. 결국 북부의 백인에게는 과격한 일부 사람들의 주장이었고 남부 백인에게는 무정부주의적 구상이었던 노예제 폐지의 꿈이 흑인 세계에서는 하나의 종교가 되었다. 마침내 노예 해방이 이루어졌을 때, 해방 노예들에게는 마치 주님이 문자적으로 도래한 것처럼 여겨졌다. 군인들이 행군하는 소리, 전쟁터의 피와 먼지, 사회 대격변기의 혼란과 소용돌이 등은 이전에 찾아볼 수 없었던 만큼 그들의 열정적 상상력을 자극하였다. 그들은 이 회오리바람 앞에 말도 않고 미동도 않고 가만히 서 있었다. 여기에서 그들은 무엇을 해야 했던가? 이것은 주님께서 하시는 일이고 또한 그들의 눈에 기이한 일이 아닌가? 그들은 그들에게 닥친 새로운 현실로 인해 환희하고 다른 한편 당혹해하면서 새로운 이적을 기다리고 서 있었다. 하지만 얼마 후 불가피한 반동의 시대가 온 국가를 휩쓸었으며 결국 오늘의 위기를 초래했다.

오늘날 흑인 종교의 위기 상황을 정확하게 진단하기란 어려운 일이다. 먼저 우리는 흑인들이 이 거대한 근대 국가와 밀접한 관계 속에서 생활했으며 불완전하지만 이 국가의 정신적인 삶을 얼마간 공유했다는 사실과, 또한 이로 인해 그들이 오늘날 미국을 움직이고 이는 모든 종교와 윤리적인 힘으로부터 필연적으로 영향을 받았다는 사실을 기억할 필요가 있다. 하지만 이러한 문제와 운동은 그들이 당면한 사회적, 정치적, 경제적 지위의 문제로 인해 희미하게 되거나 왜소하게 되었다. 그들은 계속해서 '흑인 문제'를 다루어야 한다. 그 문제 가운데 살고 움직이고 존재해야 하며, 그 빛과 어두움의 관점에서 다른 모든 문제를 해석해야 한다. 이 문제와 더불어 여성의 지위, 가정 유지, 자녀 양육, 부의 축적, 범죄 예방 등 그들의 내적 삶의 특수한 문제가 따라온다. 이 모든 것은 지금이 윤리적인 혼돈과 종교적인 자기 반성, 지적인 불안의 시대임을 보여 주고 있다. 모든 흑인 미국인은 한편으로는 흑인으로서 다른 한편으로는 미국인으로서 이중적인 삶을 살아야 한다. 그들은 19세기의 새로운 흐름의 영향을 받으면서도 동시에 여전히 15세기의 소용돌이 속에서 몸부림치고 있다. 여기에서부터 그들의 고통스러운 자의식과 우울한 인간 이해, 자기 확신에 치명적인 도덕적인 망설임 등이 생겨난다. 색깔이라는 베일 안의 세상과 그 밖의 세상이 모두 변화하고 있고 또 급속하게 변화하고 있기는 하지만, 동일한 속도로 또 동일한 방식으로 변화하고 있는 것은 아니다. 이것은 필연적으로 이상하게 왜곡된 영혼과 특유한 의혹과 당혹감을 가져온다. 이중적인 사고, 이중적인 의무, 이중적인 사회 계급을 가진 이러한 이중적인 생활은 이중적인 언어와 이중적인 이념을 불러일으키며, 또한 사람들의 마음을 허영이나 반역, 위선적인 태도나 반역적인 태도 중에 하나로 유혹한다.

　이렇듯 다소 어정쩡한 단어와 문구가 오늘날 흑인들이 직면하고 있는 특이하고 역설적인 윤리적인 정황을 가장 잘 묘사하고 있다. 그리고 이것은 그들의 종교 생활에 스며들어 있으며 또한 그것을 바꾸고 있다. 그들은 지금 그들의 권리와 그들이 가장 소중히 여기는 이념이 짓밟히고 있다고 느끼고 있으며, 대중의 양심이 그들의 정당한 호소를 더욱 외면하고 있을 뿐 아니라, 여기에 더하여 편견과 탐욕과 원한의 반동적인 세력들이 날마다 더 힘을 더해 가고 지지 기반을 넓혀 가고 있다는 사실을 인식하고 있다. 이러한 상황 속에서 흑인들은 진퇴양난의 궁지에 빠져 있다. 어떤 이들은 스스로의 무능력을 의식하면서 비관적인 태도를 취하며, 증오심과 복수심을 가지게 된다. 그리고 그들의 종교는 예배가 아니라 불평과 저주이고, 소망보다는 탄식이며, 믿음보다는 냉소이다. 다른 한편, 다른 부류의 사람들은 더욱 약삭빠르고 더욱 기민하고 더욱 비뚤어져서 반(反)

흑인 운동이 가진 힘과 명확하게 대비되는 자신들의 무력함을 인식하고, 자신들의 힘을 기르려는 노력에 있어 윤리적인 고려를 전혀 배제한다. 결국 사상과 윤리적인 헌신에 있어 두 가지 큰 흐름이 서로 화해하지 못한 채 흐르고 있다. 하나는 무정부주의의 위험을 가지고 있고, 다른 하나는 위선의 위험을 안고 있다. 한편에는 하나님마저도 저주하고 죽을 각오가 되어 있는 흑인들이 있고, 다른 한편에는 정의를 배신하고 힘 앞에 겁쟁이가 되는 흑인들이 있다. 한편에는 요원하고 아마도 실현 불가능한 이념에 헌신하고 있고, 다른 한편에서는 목숨이 먹는 것보다 더 중요하고 몸이 입는 것보다 더 소중하다는 것을 망각하고 있다. 하지만 결국 이것은 이 시대의 고통스러운 몸부림이 흑인들에게 전이된 것이 아니겠는가?

오늘날에는 두 개의 흑인 집단이 각각 이러한 서로 다른 윤리적 경향을 대변한다. 북부에 있는 한 집단은 급진주의적 경향이 있고, 남부에 있는 다른 집단은 위선적으로 타협하는 경향이 있다. 이러한 점에서 남부 백인들이 과거의 흑인들 곧 초창기 복종과 겸손의 종교 전통을 상징하는 솔직하고 정직하고 소박한 늙은 종을 잃어버린 것을 두고 한탄하는 것은 어느 정도 이해할 만하다. 비록 항상 게으르고 참된 인간성이 갖추어야 할 많은 요소를 결핍하고 있기는 했지만, 적어도 그 당시 흑인들은 열린 마음을 가지고 있었고 충성스러웠으며 또한 진실했다. 오늘날 그런 흑인들은 사라져 버렸다. 하지만 그들이 사라진 걸 두고 누구를 비난하겠는가?

이들을 사라지게 한 건 바로 그 사실로 인해 아쉬워하는 사람들이 아닌가? 기만은 약한 자가 강한 자에 대해서 자신을 보호하는 자연스러운 방어 수단이다. 남부 지방의 원주민은 그들을 정복한 사람들에 대하여 이러한 방어 수단을 활용했다. 오늘날에는 그 지역의 흑인 노동자들이 남부 주민들에 대하여 양날을 가진 이 동일한 무기를 사용하고 있다. 얼마나 당연한 일인가! 이미 오래 전 덴마크의 베시와 낫 터너의 죽음은 물리적인 방어 수단이 흑인들에게는 별로 소망이 되지 못함을 입증해 주었다.

정치적인 방어 수단은 점점 더 유효성을 상실하고 있고, 경제적인 방어 수단은 여전히 부분적으로만 효과적이다. 하지만 당장 손에 잡히는 방어 수단이 있는데, 그것은 기만과 아첨과 아부와 거짓말이다. 이것은 중세 소작농들이 사용했던 것과 동일한 것이며, 수세기에 걸쳐 흑인들의 인격에 그 흔적을 남겼다. 오늘날 남부 지방의 흑인 젊은이들 가운데 출세하고 싶어하는 사람은 솔직하게 드러내 놓고 말하거나 정직하게 자기 주장을 고집해서는 안 된다. 오히려 날마다 자중하고 스스로 조심하고 공손하고 교활해져야 한다. 그런 사람은 아첨할 줄도 알고 싹싹해야 하며, 가벼운 모욕에 대해서는 참고 미소로 응답할 수 있어야 하고 잘못된 것을 보면 눈을 가려야 한다. 그들은 많은 경우에 이러한 기만과 거짓말이 개인적으로 많은 유익을 가져다 준다는 사실을 알고 있다. 그들의 실제 생각과 실제 포부는 속으로만 읊조려야 한다. 그들은 다른 사람들을 비난하거나 불평해서는 안 된다. 성장 과정 중에 있는 이 젊은이들은 충동이나 용맹, 용기 대신 인내와 겸손과 기민함을 몸에 익혀야 한다. 이러한 자기 희생을 통해서만 경제적인 길이 열리며 아마도 평화와 약간의 번영도 가능해진다. 그렇지 않으면 반란이나 이주 혹은 범죄만이 있을 뿐이다. 이러한 상황은 미국의 남부 지방에만 특별한 것은 아니다. 미개발된 인종의 사람들이 근대 문화를 공유할 권리를 얻기 위해서 취할 수 있는 방법이 이것 외에 다른 것이 있는가? 문화를 위해 지불해야 하는 값이 곧 거짓말이다.

다른 한편, 북부 지방에서는 흑인들의 급진주의를 강조하는 경향이 있다. 반항적인 기질로 인해 남부 지방에서 보장해 주는 최소한의 기본 권리를 포기하고 북부 지방에 올라온 흑인들은 치열한 경쟁과 유색 인종 차별로 인해 평범한 삶을 살기도 어려운 땅에 서 있는 자신의 모습을 발견하고 있다. 동시에 그들은 학교와 잡지, 토론과 강연 등을 통해서 지적으로 도전을 받고 깨달음을 얻는다. 오랫동안 갇힌 상태에서 위축되어 있던 영혼이 새롭게 발견한 자유 안에서 갑자기 팽창하고 있다. 급진적인 불평,

급진적인 해결책, 신랄한 위협 혹은 분노에 찬 침묵 등 놀랍게도 모든 것이 다 극단적이다. 어떤 사람은 가라앉고, 어떤 사람은 올라간다. 범죄자들과 호색가들은 교회를 떠나 도박장과 매음굴로 향하고 시카고와 볼티모어의 슬럼가를 가득 채운다. 좀더 나은 계층의 흑인은 백인은 물론 다른 흑인의 집단 생활로부터도 스스로를 분리시켜 나름대로 상류 계층을 형성한다. 이 계층은 교양은 있지만 비관적이며, 이들의 날카로운 비판에는 가시가 들어 있지만 아무런 탈출구도 제시하지 못한다. 그들은 남부 흑인들의 굴종과 비굴함을 경멸하지만, 가난하고 억압받고 있는 소수가 그 주인과 더불어 생존할 수 있는 다른 방안을 제시하지는 못한다. 그들이 살고 있는 시대의 흐름과 기회를 예리하게 깊이 잘 이해하고 있는 그들의 영혼은 그들이 처한 운명 앞에서 비통함을 느낀다. 이러한 고통이 자연스럽고 또 정당하다는 사실이 그 고통을 더욱 강화하고 더욱 미치게 만든다.

수백만에 달하는 남부와 북부의 흑인 대중들은 지금까지 내가 설명한 두 가지 극단적인 윤리적 태도 사이에서 요동하고 있다. 그들의 종교적인 생활과 활동은 그들 내부에서 이루어지고 있는 이러한 사회적 갈등에 함께 참여하고 있다. 그들의 교회는 냉정하고 세련된 신자들의 집단으로 분화되고 있다. 이 집단은 피부색을 빼면 유사한 백인 집단과 거의 구별할 수 없다. 즉 이제 교회는 정보와 재미를 찾는 교인에게 만족을 주는 거대한 사회 기구와 경제 기구로 분화되고 있으며, 흑인 세계 안팎에서 생겨나는 유쾌하지 않은 질문에 대해서는 조심해서 피해 간다

하지만 이러한 현상 이면에는 깊은 종교적인 감정이 흑인들의 마음 속 깊이 조용하게 자리잡고 있다. 이들의 영혼은 과거에 길을 인도하던 별을 잃어버렸지만 지금 이 위대한 밤에 새로운 종교적 이상을 찾고 있다. 언젠가 각성이 일어날 때 천만 영혼 속에 갇혀 있던 열정이 거침없이 펼쳐지며 위대한 목표를 향하여 다시 비상할 것이다. 그리고 자유와 정의와 권

리와 같이 인생을 살 만하게 만드는 이 모든 것이 "오직 백인만을 위해" 존재하던 죽음의 그림자가 드리워진 그 계곡에서부터 벗어나게 될 것이다.

출 처

W. E. B. Du Bois, The Souls of Black Folk (Chicago: A. C. McClurg and Company, 1903), pp. 189 – 206.

해리 에머슨 포스딕

Harry Emerson
Fosdick

개인 상담으로서의 설교

해리 에머슨 포스딕(1878–1969)은 많은 사람들이 인정하는 20세기 미국에서 가장 위대한 설교자이다. 그는 뉴욕 시에 위치한 리버사이드교회에서 1926년부터 1946년까지 목사로 섬겼고, 1915년에서 1926년까지 유니온 신학교에서 실천신학 교수로 있었다. 리버사이드교회의 설교단을 통해서 그리고 20여 권에 달하는 그의 저서를 통해서 그는 미국에서 자유주의의 대중적인 목소리를 대변하는 사람이 되었다. 비록 그는 설교에 관한 책을 집필하지는 않았지만, 설교에 관해 그가 쓴 여러 글과 또 그의 설교로부터 우리는 그의 설교 방법을 추측할 수 있다. 포스딕은 주해 설교와 주제 설교를 모두 거부했다. 그에 따르면, 주해 설교는 성서주의로 빠질 위험이 있고, 주제 설교는 주관주의로 흐르는 경향이 있기 때문이다. 반면 그는 '설계 방식'의 설교를 제안했는데, 이러한 방식을 통해 그는 설교와 목회 상담을 결합하려고 했다. 그는 다음과 같이 기록하고 있다. "훌륭한 설교는 벌어진 간극에 다리를 만들어 이어 주는 토목 공사 작업에 비유될 수 있다. 즉 훌륭한 설교란 한편에 있는 영적인 유익 곧 그리스도의 측량할 수 없는 풍요함을 다른 편에 있는 개인의 삶에 실제적으로 전달해 주는 설교다." 화자, 메시지, 회중이라는 아리스토텔레스의 용어를 사용해서 말하자면, 포스딕의 설교 방법은 항상 회중의 경험과 상황에서부터 출발한다. 브룩스와 마찬가지로 포스딕은 인간 본성을 깊이 연구했으며 또한 곤경에 처한 개인으로 구성된 회중을 상상하며 그 개인의 곤경이 매 설교에 과제를 던지고 있다고 생각했다. "불구가 된 인생", "인생에서 최선이 아닌 차선에 대처하는 방법", "버스를 잘못 탔을 때", "거룩한 것과 세속적인 것은 분리될 수 없다" 등 그의 설교 제목은 그의 설교가 얼마나 실천적으로 정향되어 있었는지를 여실하게 보여 준다.

개인 상담과 설교의 관계는 쌍방향적이다. 어떠한 설교자든지 설교 중에 회중이 실제적으로 처한 상황에 대해서 이야기하고 또 그들이 묻는 질문이 무엇인지, 그들의 문제가 무엇인지를 알고 있다는 사실을 분명히 한다면, 반드시 사람들이 그를 개인적으로 찾아온다. 또한 지성과 통찰력을 겸비하여 개인적인 상담을 실천하는 목사의 설교는 그 내용과 형식, 통찰력과 영향력에 있어 남달리 효과적이다. 바람직한 설교자는 필연적으로 개인 상담가가 되며, 반면 바람직한 개인 상담가는 설교에 가장 필요한 자질 중 일부를 갖추게 된다.

이것은 탁월한 개인 상담가가 되지 않으면 탁월한 설교자가 될 수 없다거나 혹은 그 역이 성립한다는 말이 아니다. 은사는 사람마다 다르다. 분명히 설교를 못 하는 상담 전문가가 있고, 또한 내가 장담하지는 못하겠지만 개인 상담을 거의 혹은 전혀 하지 못하는 유능한 설교자가 있을 수도 있다. 하지만 개인 상담과 설교의 관계에 대한 우리의 진술은 부정적이지 않고 긍정적이다. 적어도 우리들 가운데 어떤 사람들의 사역에서는 이 두 가지 기능이 상호 분리될 수 없을 만큼 밀접하게 연관되어 있다.

나의 경험에 대한 솔직한 고백은 내가 지금 말한 바를 보다 확실하게 보여 줄 수 있을 것이다. 내가 처음 사역을 시작했을 때만 해도 필자는 어떻게 설교해야 하는지 모르고 있었다. 나의 첫 교인들이 그 설교를 어떻게 견뎠는지 나로서는 도저히 짐작할 수 없다. 기억을 더듬어보면, 초창기 설교 사역과 관련하여 좌절하고 당혹스러워하던 나를 곤경에서 건져 내는 데 도움을 준 요소가 몇 가지 있었다. 하지만 그 중에서도 한 가지 요소가 특히 두드러지게 부각되는데, 그것이 바로 개인 상담이다. 아마 지금 내가 개인 상담에 있어 나의 첫번째 성공적인 경험을 지나치게 강조하고 있는 것처럼 들릴지 모르겠지만, 분명히 그 경험은 나에게 결정적인 영향을 미쳤다.

어느 날 교회에서 가장 지체 높은 집안의 한 청년이 알코올 중독증에 걸린 상태로 나에게 도움을 요청했다. 당시 필자는 '만일 그리스도의 복음이 이 청년을 구원하는 데 효과적인 능력을 발휘하지 못한다면, 대체 어디에 소용이 있는가.'라고 생각하며 그 청년을 향하여 간절한 마음을 품었던 것으로 기억한다. 수개월에 걸친 만남과 내적 갈등이 성공적으로 마무리되었을 때, 그리고 그 청년이 나에게 "목사님께서 아시는 분 중에 혹시 하나님을 믿지 않는 사람이 있다면 저에게 보내 주세요. 제가 그분에게 복음을 전할게요!"라고 말했을 때, 설교학 수업 시간에는 전혀 배우지 못했던 어떤 일이 나의 설교 가운데 일어났다. 이것이 바로 설교가 마땅히 맺어야 할 그러한 종류의 열매였기 때문이다. 이후 필자는 설교 중에 실제적인 문제를 다룰 수 있었고, 개인의 필요에 직접적으로 이야기할 수 있었다. 이렇게 설교하자 여기저기에서 몇몇 사람들이 변화되는 결과가 빚어졌다. 그 날 이후에 필자는 설교하기 위해 강단에 오를 때마다 속으로 다음과 같이 기도하는 습관이 생겼다. "오늘 모인 회중 가운데 내가 말하고자 하는 메시지를 간절히 필요로 하는 사람이 있다면, 오 하나님, 그들의 필요를 만족시킬 수 있도록 나를 도와 주소서!"

개인 상담은 다소 틀에 박혀 있고 그래서 단조롭고 지루한 면도 있지만, 동시에 항상 우리를 전율시키는 측면도 가지고 있다. 개인 상담에서는 실제적인 문제가 제시되고 또한 그것이 실제적으로 해결된다. 복음이 역사한다. 우리는 우리 눈앞에서 기적이 일어나는 것을 본다. 인생이 바뀌고, 가족이 구원을 얻으며, 고귀한 젊은이가 인생 행로를 틀어 바른 길에 들어서고, 자살하려던 사람이 사회에 유쾌하고 유용한 일원이 되고, 또한 인생이 무로부터 와서 무로 소멸되며 아무런 의미도 없다고 생각하던 사람이 기독교 신앙을 받아들이고 "마음이 새롭게 되어 변화를 받는다." 상담실에서 일어나는 이러한 경험은 (때때로 거의 믿기 어려운 중생의 체험도 일어난다.) 그 상담가가 설교단에 올라설 때 중대한 결과를 가져온다.

우선 개인 상담은 설교자의 통찰력을 더욱 비상하게 만든다. 그는 개인 상담을 통하지 않았더라면 결코 알 수 없는 인간 본성에 관한 많은 사실을 깨닫게 된다. 신경착란에 관한 책이 유용하기는 하지만, 이제 그는 그 책에서 말하는 바를 직접 보고 알게 된다. 신문이 그에게 소식을 전해 주지만, 이제 그는 그 소식이 전하는 사람들의 실제적인 삶을 접하게 된다. 이제 그는 자신의 설교를 듣는 사람들의 삶 속에서 실제적으로 일어나고 있는 일에 대한 통찰을 얻게 된다. 이 통찰은 설교의 가장 기본적인 요소 중 하나로서 이것이 빠진 설교는 무익한 시도만을 반복할 뿐이다.

다음으로 개인 상담은 그리스도의 복음과 그 복음의 효과적인 능력에 대한 설교자의 확신을 더욱 깊게 만든다. 이제 그는 좌절과 세상에 대한 절망, 지독한 죄, 두려움, 그리고 자기 중심주의로부터 빚어지는 끝없는 재앙 등을 친근하게 대면한다. 그리고 그 속에서 변화의 기적이 일어나는 것을 본다. 변화의 기적은 일어날 수 있다. 단지 성경이 그렇게 말하고 있고 또 그렇게 믿는 것이 정통적이기 때문이 아니다. 그가 그것을 직접 목격했고 진리와 능력이 그 일을 행하는 것을 자신이 직접 매개자로서 도왔기 때문이다. 이러한 체험만큼 강단에 나아가는 설교자에게 확신을 더해 주는 것은 없다. 설교자는 이제 설교가 집단을 대상으로 한 개인 상담이 될 수 있다고 생각하며 또한 이 아침에 누군가의 인생이 완전히 바뀔 수 있다는 확신을 가지고 강단에 올라선다.

뿐만 아니라 개인 상담은 설교자의 마음을 설교의 주제에 대한 집착에서부터 돌이켜 설교의 목적에 대한 의도적인 관심으로 전환시킨다. 언젠가 스코틀랜드의 한 유명한 설교자가 예배를 마친 다음 그의 설교에 감동한 한 친구로부터 인사를 받았다. 그 친구가 감탄하며 말했다. "오늘 설교 정말 훌륭했어." 그러자 설교자가 대답했다. "설교가 어떤 결과를 가져왔는데 그래?" 친구는 이 질문에 당황했다. "설교가 무슨 결과를 가져왔냐고?" 어떤 주제에 대해서 해롭지 않게 논하는 설교가 얼마나 많은지 헤아릴 수가 없다. 그러한 설교는 지적이고 사려 깊고 또 잘 전달되었겠지만, 어떤 특정한 목적을 성취하려는 의도적인 동기는 결여하고 있다. 상담 경험을 가진 목사라면 이런 식으로 설교하지 않을 것이다. 그는 항상 명확하고 계획적인 의도를 가지고 강단에 올라선다. 위대한 진리를 들어올릴 때 그는 항상 그 진리를 어디엔가 내려놓을지 생각하고 있다. 그는 항상 어떠한 특정한 목적을 염두에 두고 자신의 설교 주제를 선정한다. 그는 자신의 설교를 통해서 누군가 인생의 다메섹 도상을 체험하기를 기대한다.

필자는 지금 개인 상담이 그 자체로 훌륭한 설교자를 만들어 낼 수 있다고 말하는 것이 아니다. 분명히 그렇게 할 수 없다. 하지만 개인 상담은 우리 시대가 절실하게 필요로 하는 설교의 어조와 경향과 의미에 대해서 어느 정도 도움을 줄 수 있다.

오랜 사역 기간에 걸쳐 필자는 우리에게 친숙한 두 가지 설교 형태를 관심을 가지고 지켜보았다. 그 중 첫번째 형태는 주해 설교로서, 성경 본문과 그 본문의 역사적 배경, 문맥에서 가지는 논리적인 의미, 저자의 신학과 윤리 안에서 그 본문이 차지하는 위치 등을 해명한 다음, 마지막에 가서 거기에서 추출된 진리를 회중들에게 적용하는 설교 형태이다. 탁월한 설교자가 이러한 설교 형태를 통해서 효과적인 결실을 맺을 수 있다는 사실은 두말할 필요도 없다. 하지만 이러한 설교 형태는 결정적인 문제를 가지고 있다. 성경 구절로부터 시작해서 그 구절에 대한 역사적 해설과 주해에 설교 시간의 대부분을 보낸다는 것은 사람들이 주일 아침 교회에 나올 때에 그들이 그 케케묵은 본문의 의미에 주로 관심을 가지고 있다는 가정을 전제하고 있다. 하지만 나의 경험에 비추어 볼 때 상황은 그와 정반대이다. 이미 오래 전에 필자는 비꼬는 투로 다음과 같은 글을 쓴 적이 있다. "사람들이 교회에 찾아올 때 여부스 족속에게 도대체 어떤 일이 일어났는가 알아 내는 데 간절한 마음을 가지고 있다고 생각하는 사람들은 오직 설교자들뿐이다."

주해 설교 형식에 반발하여 주제 설교자들이 등장하였다. 그들은 주제 선정을 위해 현대인의 일반적인 삶과 특히 신문을 연구하였다. 그들은 본문 분석에 집중하지 않고, 오히려 오늘날 모든 사람들이 생각하고 있는 주제를 다루려고 했다. 필자는 이러한 주제 설교자들을 반신반의하는 마음으로 지켜보았다. 시간이 지나면서, 그들은 강단을 연단으로 또한 설교를 강의로 바꾸었으며, 새롭고 흥미로운 주제를 찾기 위해 애를 썼다. 또한 그러한 주제를 찾은 다음에는 그 주제에 대한 새롭고 흥미로운 생각을 찾기 위해 개인적으로 더욱 많은 노력을 기울였다. 본문에 기초하여 거기에서 출발하는 대신 그들은 현대인들이 관심을 갖고 있는 문제에 대한 그들 나름의 의견에서부터 출발했다. 종종 그들의 이러한 시도는 적절한 성경 본문보다도 회중의 실제적인 관심과 필요로부터 훨씬 더 멀리 떨어져 있곤 했다. 따라서 현명한 사람들이라면 이러한 경향에 반대하여 과거 수 세기에 걸쳐 본문을 보존하는 일이 가치 있는 일로 여겨졌다는 역사적 사실을 근거로 제시하며 본문의 우월한 가치를 용감하게 주장하였을 것이다. 여부스 사람들에게 무슨 일이 일어났는가를 배우기 위해서 사람들이 교회를 찾는 것이 아니듯이, 마찬가지로 신문과 잡지와 라디오에서 일주일 내내 다루어 온 주제에 대해서 한 강사가 자신의 견해를 피력하는 것을 듣기 위해 사람들이 교회를 나오는 것도 아니다.

예수님은 주로 개인을 상대하셨으며, 그 일을 위해 군중에게 말씀을 전하셨다. 예수님의 이러한 본은 우리 세대가 필요로 하는 설교에 대한 제 3의 접근 방법을 알려 주는 것이 아닐까? 여하튼 이러한 발견은 내가 뜻하지 않은 행운이었다. 육신에 온갖 곤경과 문제를 가진 사람들이 교회를 찾아온다. 설교는 그러한 필요 곧 회중석을 꽉 메우고 있는 죄와 부끄러움, 의심과 염려의 문제를 다루어야 한다. 설교가 출발해야 하는 출발점은 사람들의 실제적인 문제이다. 이것이 설교를 에세이나 주해 혹은 강의와 구별되게 만드는 설교만의 독특한 특성이다. 모든 설교는 당혹스러운 마음, 괴로운 양심, 어지러운 삶 등의 문제를 정면에서 건설적으로 다루는 일을 주된 과업으로 삼아야 한다. 사람들의 실제적인 어려움을 다루면서 거기에 빛을 던져 주고 그 어려움을 극복할 수 있는 힘을 주는 설교라면, 반드시 유익한 열매를 거둘 수밖에 없다. 실력이 월등하게 뛰어나지 않다 하더라도 그렇게 사람들에게 도움을 주는 설교자는 공동체가 그에게 마땅히 기대할 권리가 있는 그러한 유익을 그들에게 나누어 주고 있다. 그가 비록 다수를 상대로 설교하고 있지만, 그 때에도 그는 그 무리를 개인으로 상대하며, 따라서 여전히 개인 상담가로 남아 있다.

물론 이상 언급한 설교에 대한 세 가지 접근 방법이 상호 배타적인 것은 아니다. 우리가 복음의 진리를 개인적인 필요와 관련시켜 적용시키려고 할 때 우리는 성경의 위대한 본문을 사용해야 하며, 따라서 그 본문에 대한 주해는 설교의 핵심을 이루게 될 것이다. 한편 우리가 사람들의 개인적인 곤경의 문제를 보다 진지하게 다루려고 할 때는 일상 생활의 배후에서 어렴풋이 보이거나 혹은 그 전면에까지 침투해 있는 사회적, 경제적, 국제적 문제를 직접적으로 다루어야 한다. 그럼에도 불구하고, 우리가 마치 개인 상담을 시작하는 것처럼 강단에 올라설 때 설교는 더욱 심오한 영향을 발휘하게 된다.

이러한 접근 방법을 추천하면서 거기에 따르는 위험 요소를 지적하지 않는다면 그것은 정당하지 못한 일이 될 것이다. 필자는 이러한 접근 방법을 경험 많은 사역자들이 모인 곳에서 한번 소개한 일이 있다. 그 때 필자는 이 방법을 잘못 사용하여 빚어진 부정적인 사례를 아주 많이 수집할 수 있었다. 그 중 어떤 설교자는 실제적인 문제를 너무 구체적으로 다루려고 하다가, 결국 회중 가운데 한 사람이 설교자가 지금 자신의 이야기를 하고 있다는 것을 알고서는 당혹스러워한 적이 있다. 또 어떤 설교자는 실천적인 관심이 너무 지나쳐 너무 뻔한 문제를 다루어서, 결국 평범한 설교를 하게 되고 또 영원한 복음 진리를 그 문제에 관련시키는 데 실패하였다. 또 어떤 설교자는 회중이 피부로 느끼는 필요를 다루려고 혈안이 되었다가, 결국 피부로 느끼지는 못하지만 더 중요하고 실제적인 필요를 잊어버리게 되었다. 또 어떤 설교자는 설교 중에 다루어야 하는 문제를 사적이고 심리적인 문제에 국한시킴으로써 단지 아마추어 심리 치료사가 되어 버렸다. 또 어떤 설교자는 사람들을 돕는 일에 너무 신경을 쓴 나머지 병든 영혼을 돌보는 자상한 간호사로 전락했으며, 우리 세대가 들어야 하는 하나님의 진리의 준엄하고 우레 같은 예언자적 선포를 생략해 버렸다. 어떠한 설교 방법이든 서투른 솜씨로 다루면 그 방법을 오히려 망칠 수 있다.

내가 생각할 때, 설교를 집단을 대상으로 한 개인 상담으로 만들려는 시도 가운데 발견되는 가장 흔하고 또 가장 안타까운 위험은 설교자의 시야가 제한된다는 사실이다. 만일 어떤 설교자의 사적인 상담의 영역이 신경 질환에 거의 제한되어 있다면 그의 강단 역시 대체로 그러한 사실을 반영하게 될 것이다. 매주일 그는 사람들에게 염려와 불안을 어떻게 극복할 수 있는지 그리고 마음의 평화를 어떻게 하면 얻을 수 있는지 말하고 있을 것이다. 그는 자신의 장기를 지겹도록 활용하여 신경증 환자로 구성된 회중의 관심을 끌게 되고, 결국 강단에서 설교를 통해 신경증을 치료하는 전문의가 될 것이다. 이것은 참으로 안타까운 일이다. 우리는 "모든 부류와 모든 조건의 사람들"에게 설교해야 한다. 하지만 어떠한 사역자도 자신의 개인 상담 안에 그들 모두를 포함할 수 없다. 따라서 설교자는 상담실에서의 자신의 개인적인 경험을 넘어서야 한다. 인간의 필요에 대한 통찰을 얻기 위해 다른 방법을 강구하고, 그것을 활용해야 한다. 성경과 마찬가지로, 그의 시야 또한 개인적이고 사회적인 인간의 삶 전체와 복음의 메시지 전체를 아울러야 한다.

설교에 대한 접근 방법은 어떠한 것이든 오용될 가능성이 있다. 그럼에도 불구하고, 어떤 목사가 그리스도의 진리와 그 능력이 행할 수 있는 어떤 기적이 개인 영혼에 관련되어 있다는 사실을 깨닫고 그러한 창조적이고 변혁시키는 일에 설교가 한 가지 수단이 될 수 있음을 확신하면서 강단에 올라설 때, 이 날은 사역자의 인생에서 매우 감격적인 날이다. 더 이상 그는 주일에 단지 종교에 대해서 강연하지 않는다. 그는 벌어진 간극에 다리를 만들어 이어 주는 토목 공사 작업에 관여하고 있다. 즉 한편에 있는 영적인 유익 곧 그리스도의 측량할 수 없는 풍요함을 다른 편에 있는 개인의 삶에 실제적으로 전달해 주는 과업을 수행하고 있다.

이 점에 있어서 과거의 설교자는 우리에게 많은 교훈을 준다. 그들은 최선을 다해 원하는 결과를 얻었다. 그들의 설교는 배심원을 향한 호소였으며, 그들이 원하는 판결을 얻어 내었다. 그들은 사람의 마음을 움직이는 강력한 동기가 어디에 있는지 알고 있었으며, 거기에 호소함으로써 결정적인 효과를 얻었다. 반면 오늘날 우리 설교자들은 심리학에 관하여 우리 선조들보다 더 많은 이야기를 하면서도, 대체로 볼 때 상대적으로 그것을 잘 활용하지 못하고 있다.

개인 상담의 경험이 목사의 설교에 힘을 실어 주듯이, 설교 또한 이전에는 생각하지 못했던 기회 곧 사람들을 개인적으로 도울 수 있는 기회를 목사들에게 열어 준다. 설교를 평가하는 가장 좋은 기준 중에 하나는 설교가 끝난 후에 설교자를 개인적으로 면담하고 싶어하는 사람들이 얼마나 되느냐 하는 점이다. 여기저기서 들어오는 심방 요청을 다 감당할 수 없다고 판단하여 개인적으로 나와 면담하고 싶어하는 사람들을 위해 상담 시간을 정했던 그 날, 필자는 그 날은 결코 잊을 수 없다. 상담 시간이 있던 첫 날, 필자는 거의 까무러칠 뻔했다. 14명이나 되는 사람들이 자신의 순서를 기다리고 있었기 때문이다. 그것도 벌써 한 세대 전, 그러니까 개신교 교회 내에서 개인 상담소가 아직 발전하지 않았을 때의 일이다. 오늘날 우리 교회는 이러한 필요를 충족시켜 가는 과정 중에 있다. 이것은 우리 중 많은 목사가 오랫동안 전혀 상상하지도 못했던 일이다. 유감스럽게도 어떤 목사는 이러한 필요가 정당하다는 것을 인식하지 못했다. 그들은 자신의 교인 안에 그러한 필요를 불러일으키지 않았다. 그들의 설교는 굶주리고 고통스러워하는 영혼으로 하여금 그들을 개인적으로 찾아오고 싶어하도록 만들지도 않았다. 오늘날 개신교 내에서 가장 기대할 만한 운동 중에 하나는 설교와 개인 상담을 긴밀하게 연결시켜 가는 문제이다. 설교가 필연적으로 개인 상담으로 이어지고, 개인 상담이 설교에 힘과 효과를 더해 주고 있다.

요한 웨슬리는 통상적으로 2천 명의 회중을 대상으로 설교했다고 알려져 있다. 분명히 그는 다수의 군중에게 설교했다. 하지만 웨슬리는 언제나 지칠 줄 모르는 개인 상담가였다. 그가 조직한 모든 '속회'는 개인을 돌보고 감독하는 것에 초점을 두고 있었다. 웨슬리의 설교가 가진 힘은 그의 설교 습관과 경험에 있어 이러한 요소를 빼고 나면 설명하기가 쉽지 않다. 존 넬슨이 웨슬리의 설교를 처음 들은 것은 무어필드에 모인 수많은 회중 앞에서 웨슬리가 설교할 때였다. 넬슨이 이 설교를 듣고 나서 다음과 같은 글을 남겼다. "그가 입을 열었을 때, 나는 그의 말 전부가 나를 겨냥하고 있다는 느낌을 받았다."

출 처

Harry Emerson Fosdick, "Personal Counseling and Preaching," Pastoral Psychology (March 1952), pp. 11–15. Reprinted in Harry Emerson Fosdick's Art of Preaching, ed. Lionel Crocker, 1971. Courtesy of Charles C. Thomas, Publisher, Springfield, Ilinois.

헬무트 틸리케

Helmut Thielicke

스펄전 설교의 세속성

헬무트 틸리케(1908 - 1986)가 찰스 스펄전(C. H. Spurgeon)의 설교 이론에 대한 주석을 썼다는 사실은 어느 정도 이해할 만하다. 왜냐하면 스펄전과 마찬가지로 틸리케의 설교 정신 역시 '세속성' 즉 기꺼이 듣는 사람의 언어로 말하려고 하는 태도에 있기 때문이다. 또한 스펄전과 마찬가지로 틸리케 역시 다양한 사회 계층의 사람들로 가득 찬 함부르크의 한 대형 교회에서 정규적으로 설교했다. 게다가 틸리케가 초기 루터교의 설교자요 교회 공직자로서 갱신을 추구했던 필립 야콥 슈페너와 많은 공통점을 지니고 있다는 점 역시 스펄전과 비슷하다. 스펄전과 틸리케는 모두 전쟁으로 황폐화된 독일 사회를 대상으로 설교했으며, 둘 모두 기성 교회와 주류 신학이(스펄전에게는 정통주의 신학, 틸리케에게는 실존주의 신학) 기독교 신앙의 실천적이고 복음적인 성격을 경시한다고 날카롭게 비판하였다. 틸리케는 여러 권으로 된 윤리학 서적인『신학적 윤리학』과 교리학 서적인『복음적 신앙』을 통해서 유럽 복음주의를 주도하는 신학자가 되었다. 하지만 미국인들에게 그는 신학적인 통찰력과 생생한 표현을 자신의 설교에 도입한 설교자로서 더 많이 알려져 있다. 틸리케는 자신의 설교에서 율법과 복음에 대한 전통적인 루터교의 강조를 그렇게 엄격하게 본문에 적용시키지 않는다. 오히려 그에게 있어서 하나님의 심판과 은혜라는 주제는 설교자가 하나님의 말씀과 생생하고 개인적인 대화를 나누는 가운데 자연스럽게 생겨났다. 틸리케의 가장 대중적인 작품으로는『하늘에 계신 우리 아버지』,『기다리시는 아버지』,『허무주의』,『세상의 시작』,『교회의 문제점』등이 있다.

스펄전의 설교가 가진 세속성을 신학적으로 평가함에 있어 나에게 중요하게 여겨지는 요점은 다음 세 가지로 압축된다.

첫째, 스펄전은 자신의 메시지를 가지고 세상 속으로 뛰어들어 그 세상의 분위기 속에서 모습을 드러냄으로써 사람들이 서 있는 바로 그 곳에서 그들을 만나려고 하는 복음의 원초적인 의도를 성취하고 있다. 결국 예수 그리스도의 성육신의 의미와 의도는, 폴 틸리히가 잘 표현했듯이, 하나님께서 '역사적 현실의 조건 속에' 나타나셔서 '자신의' 백성과 연대함으로써 그 현실의 압력에 자신을 종속시키셨다는 사실 즉 하나님께서 인간 편에 계신다는 진리를 뜻하기 때문이다. 그분의 백성은 하나님을 위해 특별히 구별해 둔 거룩한 곳 성전에 나아갈 필요가 없다. 그들은 하나님을 만나기 위해서 특별한 금욕적인 수행을 하거나 영적인 느낌으로 비상하거나 자신의 몸을 정결히 하거나 혹은 다른 영적인 수련을 할 필요가 없다. 그들은 그들의 시장에서 그리고 그들의 대로와 산울에서 그들의 주님을 만난다. 말하자면 하나님께서 우리를 만나기 위해 오신다. 하지만 이 모든 곳에서 하나님은 여전히 '전적인 타자'로 존재하신다는 것은 분명하다. 그분은 인간의 신조 안에 갇혀 있으실 수 없다. 신적 본성과 인간적인 본성을 하나의 사고 체계 안에서 '함께 사고하려고' 모든 시도가 실패했다는 사실이 하나님의 이 같은 접근 불가능성에 대해 증언하고 있다. (중략)

스펄전이 단어와 소리와 문장을 통해 복음의 한쪽 측면 곧 인간을 향해 정향된 측면만을 말하고 따라서 거기에 수반된 '인간적 본성'만을 강조하였을 때 그는 분명 편향적이었다. 이것은 순수 예전주의자들이 적어도 선포 '방식'에 있어서 정확히 신적인 본성을 지향하고 있는 것에 비견될 수 있다. 내가 이렇게 스펄전의 편향성을 의도적으로 강조하는 이유는 내가 스펄전을 한 치의 흠도 없는 복음적인 설교의 전형적인 모범으로 보고 있다는 인상을 주지 않기 위해서이다. 내가 볼 때, 그리스도 안에서 신성과 인성이 연합하였다는 역설적 진리는 그에 상응하는 긴장 즉 한편으로 전통에 대한 예전적인 결속과 다른 한편으로 설교에 있어서 역사적인 직접성의 병렬과 병존 사이의 긴장과 상호 균형을 이루어야 한다. 하지만 역사적으로 볼 때, 두 본성 교리에 있어 신성과 인성 사이의 균형과 마찬가지로 이 둘 사이의 균형 역시 결코 성취된 적도 없고 완성된 적도 없다. 역사적으로 보면, 신성과 인성의 연합이라는 이 신비를 말로 표현하는 것은 언제나 신성과 인성을 각각 표현하는 명제 사이의 상호 작용을 통하여 이루어졌다.

이 점을 염두에 두면, 우리가 살고 있는 시대는 스펄전의 '세속적인' 설교를 통해 제공되는 교정제를 특별히 필요로 한다는 생각을 하게 된다. 왜냐하면 우리 시대의 편향성은 우리가 위에서 말한 예전적인 측면 곧 현실 도피적인 경향에 있기 때문이다. 설교학적 질문에 많은 관심에도 불구하고 우리 시대는 설교의 세속성에 대해서 잊어버렸다. 설령 우리가 그 세속성을 우리 과제의 한 부분으로 인정하였다고 하더라도 디트리히 본회퍼(Dietrich Bonhoeffer)의 신학적 원리에 대한 보편적인 존경은 이를 반영하고 있다. 우리는 여전히 거기에서 성공적이지 못하였다.

세속적인 설교를 위한 이러한 기획이 번번이 실패하였다는 사실은 단순히 우리가 적절한 언어를 사용하지 못했다는 의미에서 기술적인 실패를 의미할 뿐 아니라 무언가 그보다 더 깊은 이유가 있음을 암시한다. 왜냐하면 이러한 세속적인 언어를 사용했다 하더라도 (우리는 농담과 선정적인 말투를 사용하는 설교와 명상을 여기저기에서 들어보았다.) 우리가 정말 세속적인 설교라고 인정할 만한 그러한 설교를 했다고 말할 수 있는 경우는 거의 없기 때문이다. 반대로 그러한 설교를 들을 때면 우리는 다소간 안타까운 감정을 느끼게 된다. 즉 그러한 설교는 친근해지기 위해 계획된 전술적인 시도인데, 이러한 시도 자체가 설교의 주제에 적합하지 않고, 그 내용이 그 말하는 방식으로 인해 왜곡되기 때문이다.

따라서 아무리 훌륭한 기술이라 하더라도 우리가 그 기술로 신학적인 내용의 결핍을 보충할 수 없다는 것은 분명한 사실이다. 그리고 만일 그러한 기술이 신뢰할 만한 도구로 사용되기 위해서는 그 기술이 '세례를 받고' 종이 되어야 한다. 이러한 신학적인 결핍은 하나님께서 우리를 만나기 위해 오신다고 하는 복음을 우리가 시야에서 놓쳐 버렸기 때문에 빚어진 결과이다. 우리는 성탄절의 기적을 잊어버렸다. 그리고는 어리석게도 '기독교라는 종교'를 대중화시키고 또 그것이 가진 무기로 세속화를 공격함으로써 잃어버렸던 것을 회복하려는 부질없는 시도에 몰두하고 있다. 우리가 베들레헴에서 있었던 기적의 '내용'을 신학적으로 명확하게 설명하지 않는 한, 삶에 근접한 설교 언어에 도달하려는 모든 노력은 환영으로 남을 것이다. 오직 우리가 먼저 하나님의 세속성을 이해하고 "하나님이 세상을 이처럼 사랑하셨다"는 말씀을 새롭게 이해할 때에야 비로소 설교의 세속적인 '방법'이 '우리에게 덧붙여질' 것이다.

하나님의 세속성이라는 이 교리에 관하여 스펄전은 우리에게 다음 두 가지 방식으로 가르침을 준다. 첫째는 그가 이 교리에 대해서 한 말을 통해서이고, 둘째는 그가 자신의 회중을 대한 방식을 통해서이다. 그는 단지 세속적인 방식으로 말한 데 그치지 않고, 그의 회중과 함께 세상 속으로 들어갔다. 실제로 그는 그가 성직자 대학에서 가르치는 학생들과 함께 고속 도로로, 산울로, 시장으로 들어갔다. 그는 런던에서 가장 음침한 거리와 빈민가에서 모습을 나타냈으며, 길거리에 있는 아이들을 불러모았다. 내가 아는 한, 그가 이렇게 할 때 그는 결코 회중의 특수한 상황에 맞추어 특별한 설교를 하지 않았다. 성직자 대학의 학생에게나 어떤 교회의 '성숙한' 회중에게나 혹은 노동자와 상인과 귀족과 중산층 사람이 한데 섞여 있는 자신의 교회의 큰 예배당에서나 그는 항상 동일한 스타일로 설교했다. 진정한 세속성은 언제나 동일한 것으로 남을 수 있다. 왜냐하면 산울이나 대로변이나 지하실이나 헛간이나 그 삶은 모두 동일하며, 죄와 고통과 죽음의 권세는 어디에서나 동일한 질문을 제기하기 때문이다. 오순절날 거기에 모인 모든 무리가 "자기 자신의 방언으로" 하나님의 기이한 행적을 찬양하는 것을 우리는 듣는다.

둘째, 세속적인 설교 스타일은 또한 다른 측면에서 증언하는 힘을 가지고 있다. 오직 자신이 말하고자 하는 내용에 친숙하고 그것을 잘 아는 사람만이 그것에 대해 자연스럽게 대화하는 투로 말할 수 있다. 이렇게 전해지는 메시지는 전달하는 사람의 인격의 일부로 드러나기 때문에, 그 메시지가 신빙성이 있고 신뢰할 만하다는 인상을 주며, 또한 회의적인 사람들에게는 들을 만한 가치가 있다는 인상을 심어 준다. 우리는 세상 사람들이 우연히 한 말 속에 포함되어 있는 일상적인 증언이 종종 '전문적인' 증인이 주의를 기울여 준비한 합리적인 말보다도 더 큰 영향을 미친다는 사실을 진지하게 생각할 필요가 있다.

이와 관련해서 오해할 소지가 있기 때문에 잠시 거기에 대해서 논하고 내가 본디 하고자 했던 이야기로 다시 돌아가고자 한다. 어떤 사람들은 이렇게 자연스러운 흐름을 따라 세속적으로 말하는 것이 세상에 대한 '타협'을 의미하며 따라서 메시지의 본질적인 부분에 속하는, 기분을 상하게 하고 충격을 주는 일을 피하고 있다고 생각한다. 사실은 그와 정반대이다. 강단에서 가장 위대한 일에 대해서 말할 때, 심지어는 그리스도께서 죽은 자 가운데서 살아나셨다는 진리에 대해서 말할 때조차, 우리는 판에 박힌 교회 용어를 지루하게 반복하는 것 외에 더 이상 설명하지 않고도 전통적인 학구적인 언어를 사용해서 그것을 큰 소리로 외칠 수 있다. 언어적 가현주의는 어느 누구의 감정도 해치지 않는다. 그것은 누구와도 의미 있는 접촉을 하지 못하기 때문이다. 그 결과는 마치 "저 멀리 터키에서 민족 간 분쟁이 일어나고 있다."는 보도가 들려 오는데, 나는 이 모든 일에서 초연하게 물러나 '평화와 평화의 시대'를 위해 나의 행운의 별들을 축복하고 평안히 '나의 맥주를 들이키는' 것에 비견된다(『파우스트』참고). 이것은 결코 내가 나에 대한 사형 선고나 나에 대한 사죄의 선언을 들을 때와 같이 그렇게 결정적인 순간이 아니다. 심지어 "이것은 너와 상관이 있어!"라는 상투적인 말조차도 비록 모종의 감정을 동반한다 하더라도 만일 메시지 자체가 본래부터 폭발력이 없고 또 발화점에 도달하지 못한다면 아무런 효과도 내지 못한다.

그 역도 또한 참이다. 만일 어떤 사람이 예수님의 비유 외에 더 이상 다른 아무것도 말하지 않는다면, 그것도 날씨나 병문안이나 혹은 다음 선거에 대해서 말하듯이 그렇게 말한다면, 그가 말하는 내용이 우리의 일상생활의 친근한 영역에 있기 때문에 충격을 불러일으킨다. 그 말은 사람들이 서 있는 바로 그 곳에 이른다. 따라서 이런 방식으로 사람들에게 스스로를 맞추고 그들을 만나기 위해 그들이 서 있는 곳으로 나아가는 사람만이 상대방으로부터 자신의 성실한 증언에 대한 열매를 거둔다.

물론 이것은 설교 내용에 있어 듣는 사람들의 기대에 순응하는 것과는 전혀 다른 종류의 타협이다. 히틀러 치하의 '독일 그리스도인들'은 기독교와 현대 이데올로기의 종합을 고통도 피해도 없이 이루어 냄으로써 그러한 내용상의 타협을 수행했다. 사람들이 처한 바로 그 곳에서 그 사람들에게 도달하려고 하는 목적에 의해 그들이 이끌려 진정한 적응을 수행했더라면 그 결과는 아주 많이 달랐을 것이다. 아마 다음과 같이 전개되었을지도 모른다.

그 당시 베를린 종합 운동장에서 열린 거대한 대중 집회 중 하나를 상상해 보라. 한 나치 연사가 기독교를 맹비난하는 과격한 연설을 장황하게 늘어놓는다. 그 때 어떤 사람이 제 발로 뛰어오르며 연사의 말을 거스르는 고백 곧 "그리스도는 메시야다!"라고 소리쳤다고 하자. 아마도 그 옆에 있던 사람들은 약간 놀란 표정으로 그를 올려다보았을 테지만, 그 이상 다른 아무 일도 벌어지지 않았을 것이다. 하지만 다른 한 사람이 "예수 그리스도는 유일한 주님이시며 누구든지 자신의 권력으로 하나님이 되고자 하는 자는 가짜 구세주인 아돌프 히틀러와 함께 지옥에 던져지게 될 것이다."라고 외쳤다면, 아마도 그는 군중들에 의해 그 몸이 갈기갈기 찢겨졌을 것이다.

실제로 두 사람은 같은 내용을 말했다. 그리스도가 메시야라고 말한 사람은 암시적으로 이 땅의 모든 존재는 상대적이라고 말한 것이며, 따라서 히틀러와 그의 지지자들에 대한 심판을 선언하였다. 하지만 그는 베일로 가리고 비밀스럽게 이 일을 수행했다. 왜냐하면 그는 교회의 용어로 비밀스럽게 말했기 때문이다. 하지만 다른 사람은 거기에 함께 있던 사람들의 언어와 의식에 맞춘 용어를 사용하여 그것을 말했다. 그는 명확한 용어로 말했다. 이러한 이유로 인해서, 오직 이러한 이유 때문에, 그는 소요와 분노를 불러일으켰다. 분노는 사람들이 그것을 이해하지 못했다는 표시가 아니고 오히려 그것을 너무 잘 이해했거나 혹은 그것을 이해해야 한다는 사실을 두려워하기 때문에 발생한 증상이다.

셋째, 세속적인 말하기는 화자 자신이 소유하고 있는 것을 듣는 사람에게 주는 것이기 때문에 신뢰할 만하다. 화자의 소유라는 것이 그가 스스로 얻어 낸 것이 아니라 외부에서 그에게 수여된 재산의 축적이라는 사실을 굳이 여기에서 덧붙여 말할 필요는 없을 것이다. 하지만 이제 과거의 낯선 것 곧 그의 바깥에서 주어진 선물이 친숙한 것 곧 그의 소유가 되었다. 그리고 이것은 세속적인 설교에 합법성을 부여해 준다. (오늘날 사람들은 선전으로 인해 공적인 담화를 회의적인 시선으로 바라보게 되었다. 그런데 세속적인 설교는 이러한 선전과 정반대된다.)

일반적으로 선전을 조장하는 사람은 전문적인 광고 모델들이다. 그들은 팔려고 내놓은 상품이 마가린이든 음료수든 무엇이든 상관없이 자신의 좋은 의견을 내놓는다. 이러한 상품을 추천하는 그의 확신에 찬 말투는 그가 텔레비전에서 하는 말을 듣거나 그의 광고를 읽는 사람들의 회의적인 생각을 바꾸지 못한다. 사람들은 그가 돈을 받았기 때문에 그렇게 말할 수밖에 없다는 사실을 잘 알고 있다. 그들은 또한 그의 확신에 가득 찬 말투가 사실상 자연스럽게 우러나온 것이 아니라 신경 체계에 영향을 주기 위한 목적을 가지고 여러 가지를 혼합시킨 칵테일이라는 사실을 알고 있다.

하지만 전문적인 광고 모델은 하나의 극단적인 예이고, 이러한 어투는 다양한 변이 형태로 존재하며 우리 주변에서 쉽게 발견된다. 어떤 집단의 결정을 대변하고 자신의 '사적인' 의견이 그것과 전혀 다르다 하더라도 그것을 옹호하는 그 집단의 대변인도 여기에 포함된다. 또 다른 부류의 사람으로 우리는 회사의 관리인을 들 수 있다. 그는 자기 자신을 위해 행동하지 않고 주주들의 입장을 대변한다. (중략)

전문적인 광고업주와 어떤 집단의 대변인 그리고 회사 관리인들에게 대표적으로 나타나는 이러한 언어 형태는 단순히 한 순간의 고립된 현상이 아니고 그 이상이다. 또한 여러 가지 이유로 인해서 스펄전의 시대와 비교해 볼 때 오늘날 그러한 말투가 엄청난 비율로 늘어났다. 이 때문에 우리 시대의 사람들은 모든 형태의 공적인 담화 곧 "다른 사람의 방식으로 말하는 것"은 무엇이나 불신하게 되었다는 사실은 어느 정도 이해할 만하다. 따라서 자연스럽게 그들은 교회가 말하는 것도 역시 불신한다. "목사는 당연히 그렇게 말해야 한다."는 이 말은 사람들이 자기 자신을 방어하고 메시지의 요구를 자신으로부터 멀리 두려고 할 때 사용하는 무서운 말이다.

왜 사람들은 심리 치료사의 상담실은 찾아가면서 목사의 연구실은 거의 찾아오지 않는 것일까? 왜 사람들은 목사에게 자신을 의탁하지 않고 그 대신 신문이나 잡지의 '상담란'을 담당하는 편집자에게 글을 쓰는 것일까? 그 이유는 분명하다. 즉 목사는 특정 기관의 고용인이고, 목사를 고용하고 있는 그 기관의 교리 규정은 모든 사람들이 훤히 내다볼 수 있는 곳에 우뚝 서 있는 기념비같이 공개되어 있기 때문에 혹은 공개되어 있는 것처럼 보이기 때문에, 사람들은 목사가 이러한 기관의 고용인으로 무슨 말을 '해야' 하는지 이미 다 알고 있다. 혹은 자신들이 다 알고 있다고 스스로 생각하고 있다. 당연히 목사는 '죄를 반대해야' 한다. 따라서 일단 설교자가 어떤 문제를 '죄'로 규정한 다음 자신에게 위탁된 어떤 일을 편견 없이 처리하는 것은 거의 불가능하다. 당연히 그는 이혼을 반대하고, 유부남의 연애를 반대하며, 부모를 존경하지 않는 것을 반대한다. 그러므로 그는 예외적인 경우를 평가할 능력이 없다. 따라서 그는 진정한 위기 즉 실제적인 갈등과 경계선상의 상황을 인식하지 못한다. 그도 한 '인간'으로서 그러한 것들을 이해할 수 있을지는 모르지만, 그가 그 문제에 대해서 개인적으로 가진 생각을 나에게 감히 털어놓지는 못한다. 왜냐하면 그의 직무가 바로 그가 속한 기관의 집단적인 의지를 단순히 전달하는 것이기 때문이다. 그리고 그 의지는 교리적으로 고정되어 있다. "목사는 당연히 그렇게 말해야 한다."

이러한 그릇된 편견이 – 이것은 참으로 그릇된 편견이다! – 기독교의 이야기를 듣고 그것을 이해하고자 하는 사람들의 자발적인 의지를 얼마만큼이나 꺾어 놓았는지 우리로서는 거의 짐작할 수 없다. 하지만 만일 우리가 그들의 이러한 태도를 좀더 유심히 들여다본다면, 엄밀히 말해서 이것은 메시지 자체에 화를 내는 것이 아니라는 사실이 명확해진다. 왜냐하면 그들은 아직까지 그 메시지를 들어 보지도 못했기 때문이다. 오히려 여기에서 다시 그들의 분노는 설교 '방식'에 대한 반응에서 비롯된다. 우리가 만일 신조 용어를 사용하여 메시지를 제시하고 비인격적인 어조로 그것을 표현한다면, 그 메시지에 대한 불신은 더욱 커질 것이다. 왜냐하면 이러한 용어와 어조는 여기에서 말하고 있는 사람이 그 사람 자신이 아니라는 것과 또한 그는 단지 다른 사람의 목소리를 그대로 되뇌는 사람일 뿐이라는 인상을 더욱 강하게 암시하기 때문이다.

그런데 여기에서 다시 목사들이 자기 정당성을 주장하는 일이 더욱 수월해진다. 결국 증인의 사명은 자기 자신을 드러내는 것이 아니고 자신은 증언 뒤로 물러서고 초연하고 객관적인 어조로 그 증언만을 제시하는 것이라고 그들은 말한다.

하지만 이것은 완전히 잘못된 생각이다. 사실 증인은 물러서지 않는다. 오히려 그는 앞으로 나아온다. (만일 어떤 사람이 자신을 마치 프리마돈나처럼 전면에 부각시키고서 단지 자신을 드러내기 위한 수단으로서 메시지를 남용하는 경우가 발생한다면, 그것은 지금 여기에서 말하고자 하는 것과 전혀 다른 것이며 그것과 아무런 상관도 없다.) 증인은 단순히 신조를 낭독하지 않는다. 그는 고백한다. 그는 이 고백을 '자신의' 고백으로서 고백한다. 즉 자신이 개인적으로 그것을 자신의 고백으로 삼았으며 이제 자기 자신이 그 고백 안에 있다고 그는 고백한다. 만일 그렇지 않다면 선조들은 한때 "자신들의 믿음을 고백했지만" 오늘날 우리 기독교 세대는 단지 "그들이 고백했던 것을 믿기" 위해 많은 갈등을 하고 있다고 말한 알렉산더 슈바이처(1808-1888)의 말을 믿고서, 우리는 그 문제 자체로부터 초연함을 유지하여야 할 것이다. 오직 증인이 스스로 전면에 나올 때만 사람들은 그를 신뢰할 만하고 들을 가치가 있는 사람으로 인정할 것이다.

물론 증인이 이렇게 전면에 나올 때 일인칭 단수 표현이나 자서전적 어조가 반드시 필요한 것은 아니다. 하지만 설교자의 개성은 그 사람의 설교 가운데 분명하게 인식되며, 설교자는 설교 중에 자신의 개성을 표출하는 것을 부끄러워하지 않는다. 그 증인이 가진 나름의 개성 있는 어조는 그 자체로 증언이 일부를 이룬다. (중략)

이것은 왜 '도구'라는 용어가 증언이 의미하는 바에 대하여 단지 불완전하고 불확실한 은유에 지나지 않는지를 설명해 준다. 누구도 감히 그렇게 하는 사람은 없겠지만, 만일 이 도구의 이미지를 문자적, 절대적인 의미에서 취한다면 증인과 대변인 사이에는 아무런 차이도 없어질 것이다. 대변인 또한 도구이기 때문이다. 하지만 증인은 자기 나름의 어조와 개성을 통해 자신을 드러낸다. 단지 그가 무언가에 대해 증언하고 있다는 사실뿐만 아니라 그것을 증언하며 '옹호하는' 사람이 바로 자신이라는 사실 또한 그 사람을 특징짓기 때문이다. 단지 도구라면 자신을 사용하는 사람이 누구인지 전혀 모르고 또한 자신이 사용되는 목적이 무엇인지도 알지 못한다. 하지만 증언하는 사람은 자신을 사용하는 사람이 누구이며 또한 자기가 봉사하는 목적이 무엇인지를 의식적으로 그리고 의도적으로 파악하고 이해하는 체질을 가지고 있다. 그러므로 증인은 자신이 자신의 증언에 대하여 스스로 책임지는 사람이라고 고백한다(벧전 3:15 참고).

내가 만일 바르게 이해하고 있다면, 스펄전이 '형식주의'에 대해서 그렇게 강하게 반발했던 이유는 바로 증언의 개인적 특성에 대한 이러한 본능적 직감 때문이었다. 이러한 인식 때문에 그는 설교하는 주체가 설교자가 아니라 교회 기관이라는 오해와 설교자의 개인적인 입장이 그가 말하는 내용과 다를 수도 있다는 오해를 불식시키기 위해 자신만의 길을 걸어갔다.

하지만 그 자체로 증언을 구성하는 이러한 '개성 있는 어조'는 대체 어떻게 생겨나는 것인가? 그것은 설교자의 세속적인 말투와 그의 직접적이고 자연스러운 발성을 통해서 생겨난다. 비록 성경 구절이나 신조라고 하더라도 주어진 문장을 단순히 낭독하거나 암송하는 것만으로는 이렇게 말할 수 없다. 모든 문장은 번역과 개작과 실현을 필요로 한다. 설교의 전달 과정에서 이와 같은 동화와 전유의 행위를 통해 메시지를 매개하는 설교자는 그 메시지의 일부가 된다. 메시지는 설교자에게 자신의 흔적을 남기고 또한 스스로 그 설교자 나름의 개인적인 흔적을 나누어 가진다. (중략)

이단의 위험을 감수하는 사람만이 진리를 얻을 수 있다. 훌륭한 형식을 위태롭게 하고 훌륭한 양식의 한계에까지 가 보는 모험을 하는 사람만이 (물론 이러한 모험은 예외적인 것으로 머물러야지 그 자체로 일상적인 것이 되면 곤란하다.) 메시지의 내용을 효과적으로 전달할 수 있다. 보호되지 않은 말은 전혀 하지 않고 '안전하게' 있는 사람은 "돌을 일으켜 아브라함의 자손이 되도록" 만드실 수 있는 그분을 무시하고 있다. 자기를 보호하려는 이 같은 열심은 성령님으로부터 주어진 것이 아니라, 육신의 염려에 기초를 두고 있다. 증인은 무언가 모험을 해야 하며 그분이 베어 내실 때 날아가 버리는 나무 조각을 두려워해서는 안 된다. 징계와 딱딱한 적용의 경우에는 증인이 말을 시작하기 전에 미리 살펴야 한다. 하지만 일단 말을 시작하고 나면, 주저하지 말고 자신을 자유롭게 드러내는 모험을 해야 한다. 주저하거나 주춤하는 사람은 참된 증인이라고 볼 수 없다.

스펄전이 설교와 관련하여 도전한 모험을 고찰할 때는 지금까지 말한 모든 것을 함께 고려해야 한다. 그의 설교를 읽고 그가 행한 일을 들을 때, 교의학자와 성서 주석학자와 (설교학 교육을 담당하는) 실천신학 교수는 종종 푸른색 펜을 사용하게 될 것이다. 그리고 심미주의자는 종종 붉은색을 볼 것이다. 또한 예전주의자의 얼굴은 붉게 달아오를 것이다. 왜냐하면 언제나 제사장들과 레위인들은 단순하게 편견 없이 다른 사람의 말을 듣는 일에 매우 애를 먹기 때문이다. 그뿐 아니라, 그들은 또한 강도 만난 사람들 곧 불신으로 인해 귀가 부식되어 더 이상 들을 수 없는 사람들, 이렇게 해서 목자 없는 양으로 전락된 사람들을 지나치는 것을 아주 쉽게 생각한다.

그러한 비평가들은 스펄전 안에서 잃은 양을 찾아 산을 기어오르다가 가시와 날카로운 돌 때문에 그 옷이(예복을 포함하여) 헤어져 누더기 옷이 되어도 만족해하는 목자의 모습을 보아야 한다. 겉만 보면 이러한 목자는 예전과 예배보다도 크로스컨트리 경주를 위한 훈련으로 더 바쁜 것 같다. 이 땅이 설교자의 옷장에 그 흔적을 남기지 않고서는 세속적인 설교란 불가능하다. 이 옷장에는 상자에서 방금 꺼낸 것 같은 옷은 하나도 없다. 그리고 때때로 그의 목소리는 너무 많이 노래를 불러서 거칠고 쉬어 있다. 신약성경의 목자들 역시 이와 같이 거칠고 일손이 재빠른 사람들이었다.

출 처

Helmut Thielicke, Encounter with Spurgeon, trans. John W. Doberstein (Philadelphia: Fortress Press, 1963), pp. 29 – 41. Copyright ⓒ Fortress Press. Used by permission.

7부
설교 사역의 주인공
성령님

장 칼뱅 | John Calvin | 성령님의 내적 증거
찰리 해든 스펄전 | Charles Haddon Spurgeon | 성령님과 설교 사역
프랭크 바틀먼 | Frank Bartleman | 오순절교회의 설교
루돌프 보렌 | Rudolf Bohren | 말씀의 수여자이며 선물인 성령님

장 칼뱅

John Calvin

성령님의 내적 증거

설교에 있어 성령님이 하시는 일에 대해 포괄적으로 글을 쓴 사람은 거의 찾아보기 힘들다. 영감 교리는 성경을 기록함에 있어 성령님의 역할을 확증하며, 오랫동안 설교자들은 설교의 '영감'과 전달을 위해 성령님을 의지했다. 헬무트 틸리케는 해석학적 과제에 있어 성령님의 매개적 역할을 주장했다. 틸리케에 따르면 성령님은 '위대한 해석자'로서 성경을 해석하는 사람이 과거의 낯선 것에서부터 오늘날의 상황에까지 움직여 가도록 한다. 유능한 설교자이자 신학자요 교회개혁자인 장 칼뱅(1509 - 1564)은 성경 해석과 "그리스도의 은혜를 수용하는 방식"에 있어 성령님의 중요성을 강조했다. 성경의 권위 문제와 관련하여 성령님의 내적 증거는 교회의 권위를 능가하며 이성의 논증 또한 압도한다. 오직 성령님의 역사를 통해서만 성경은 자증적인 것으로 이해된다(『기독교강요』, I, vii). 아래 발췌 글에서 칼뱅은 먼저 믿음을 위해 말씀이 가지는 중요성을 이야기한다. 하지만 말씀은 불신앙과 대면하며 오직 성령님의 조명하는 능력을 통해서만 이러한 불신앙을 극복하고 우리 마음 속에 하나님의 목적을 성취한다. 성령님은 선택의 신비를 보증하는데, 칼뱅은 이것을 '십자가의 심연'이라고 불렀다. 이 표현은 아우구스티누스를 연상시킨다. 칼뱅에게 있어 성경 해석과 설교의 과제는 밀접하게 연결되어 있다. 이 두 과제에 있어 성령님의 증거 사역은 설교를 준비하고 전달하는 것뿐 아니라 그 설교가 성령 하나님의 지속적인 활동의 맥락 속으로 수용되는 것까지의 전체 과정에 두루 관여하고 있다.

만일 우리의 무지함이나 완고함 때문에 방해받지만 않는다면, 하나님의 말씀의 이같이 단순하고 형식적인 증명만으로도 믿음을 불러일으키기에는 실로 충분하다. 하지만 우리의 뒤틀린 기질로 인해 우리의 지성은 결코 하나의 진리를 인정하지 못하며 또한 우리의 아둔함으로 인해 우리는 그 진리의 빛을 분별하지 못한다. 그러므로 성령님의 조명이 없다면 말씀은 아무런 효과도 거두지 못한다. 하지만 성령님이 조명하실 때 믿음은 인간의 이해력을 훨씬 능가한다. 단지 지성이 성령님으로부터 조명을 받는 것으로는 충분하지 않으며 그 마음 또한 성령님의 능력을 통해 강해지고 지지를 받아야 한다. 이 점에 있어 스콜라 학자들은 한결같이 잘못을 범하고 있다. 그들은 믿음을 논할 때 그것을 단지 이해하고 동의하는 것으로만 간주하고 마음의 신뢰나 확신에 대해서는 전혀 언급하지 않는다. 그러므로 지성이 깨우침을 받아 하나님의 진리를 이해하게 된다는 점에서 또한 마음이 이 진리 위에 확고히 세워진다는 점에서, 믿음은 하나님의 탁월한 은사다. 성령님은 우리의 믿음을 불러일으키실 뿐 아니라 또한 그 믿음이 자라게 하시며 천국에 이르기까지 우리를 인도하시기 때문이다. "우리 안에 거하시는 성령님으로 말미암아 네게 부탁한 아름다운 것을 지키라"(딤후 1:14)고 바울은 말한다. 성령님이 우리에게 주어지는 것은 믿음의 들음을 통해서라고 바울이 말한 것은 지금 여기에서 주장하는 내용과 모순되는 것이 아니다. 만일 성령님의 은사가 오직 한 가지만 있다면, 믿음의 창시자이자 원인인 성령님을 믿음의 결과라고 말하는 것은 불합리한 주장이 될 것이다. 사도 바울이 하나님께서 다양한 은사를 통해 그분의 교회를 더욱 아름답게 만드시고 또한 그러한 은사를 통해 믿음의 진보와 완전에 이르기까지 교회를 이끌고 계신다고 말할 때, 그는 이러한 은사의 원인을 믿음에서 찾고 있는 것이 아니다. 오히려 믿음은 우리가 이러한 은사를 받을 수 있도록 우리를 준비시켜 준다. 믿음을 부여받은 사람 외에는 누구도 그리스도를 믿을 수 없다는 주장에 대해서 세상 사람들은 이것을 지나친 역설이라고 생각한다. 하지만 이러한 생각은 부분적으로 하나님의 지혜의 깊이와 높이를 고려하지 못하고 또한 그분의 신비를 이해하지 못하는 인간의 지극한 아둔함 때문에 발생되고, 부분적으로는 믿음의 핵심 줄기인 마음의 견고하고 확고한 일관성을 고려하지 않기 때문에 발생된다.

바울이 고린도후서 3장에서 말한 대로 만일 사람의 뜻을 사람의 속에 있는 영 외에 어느 누구도 알지 못한다면, 어떻게 사람이 하나님의 뜻을 확신할 수 있겠는가? 또한 우리가 현재 우리 눈앞에 있는 문제에 관하여 하나님의 진리를 확신하지 못한다면, 어떻게 우리가 아무도 보지 못하고 아무도 인식하지 못하는 일들에 관해 주님께서 약속하신 것에 대해 더 큰 확신을 가질 수 있겠는가? 여기에서 인간은 자신의 총명을 완전히 상실했기 때문에, 하나님의 학교에서 성숙하기 위한 첫번째 단계는 자신의 총명을 포기하는 일이다. 말하자면 인간의 총명은 우리가 하나님의 신비를 발견하는 것을 오히려 방해한다. 그 신비는 오직 어린아이들에게만 계시된다. "육에 속한 사람은 성령님의 일들을 받지 아니하나니 이는 그것들이 어리석게 보임이요 또 그것들을 알 수도 없나니 그러한 일은 영적으로 분별되기 때문이라"(고전 3:14) 그러므로 성령님의 도움은 필수적이다. 아니 여기에서는 오직 성령님만이 효과적인 영향력을 발휘할 수 있다. "누가 주의 마음을 알았느냐 누가 그의 모사가 되었느냐"(롬 11:34) 하지만 "성령님은 모든 것 곧 하나님의 깊은 것까지도 통달하신다"(고전 2:10) 그리고 성령님은 통하여 "우리는 그리스도의 마음을 가진다"(고전 2:16) 주님은 말씀하신다. "나를 보내신 아버지께서 이끌지 아니하시면 아무도 내게 올 수 없으니 아버지께 듣고 배운 사람마다 내게로 오느니라 이는 아버지를 본 자가 있다는 것이 아니니라 오직 하나님에게서 온 자만 아버지를 보았느니라"(요 6:44-46) 그러므로 우리가 성령님의 이끌림을 받지 않을 때는 결코 그리스도에게 나아갈 수 없지만, 마찬가지로 우리가 성령님의 이끌림을 받을 때는 우리의 지성과 마음 모두 우리 자신의 이해력으로 도달할 수 있는 곳보다 더 높은 곳에까지 들려 올라간다. 성령님에 의해 조명을 받으면, 우리의 영혼은 그 영광이 눈부실 정도로 찬란한 천상의 신비를 묵상할 수 있는 새로운 눈을 부여받게 된다. 그러므로 성령님의 빛에 조명된 인간 지성은 이전에는 결코 맛보지도 못했던 하나님 나라와 관련된 것들로 인해 즐거워하게 된다. 엠마오로 내려가던 두 제자는 그리스도께서 친히 천국의 신비에 대해 탁월하게 말씀해 주셨음에도 불구하고 아무런 깨달음도 얻지 못했다. 다만 그분이 그들의 눈을 열어 성경을 이해하게 하셨을 때야 비로소 그들은 깨닫게 되었다. 즉 그들은 하나님의 입술로부터 친히 가르침을 받았음에도 불구하고 진리의 성령님이 오셔서 그들이 귀로 들은 가르침을 그 마음에 심어 주셔야 했다. 하나님의 말씀은 그 말씀을 듣는 모든 사람에게 비취는 태양빛과 같다. 하지만 그 태양빛도 눈먼 자들에게는 아무런 소용이 없다. 이러한 관점에서 우리 모두는 본성적으로 눈이 먼 사람들이다. 그러므로 내면의 선생인 성령님이 빛을 비추어 주심으로 그 길을 예비하지 않는다면, 그 말씀은 우리의 지성을 뚫고 들어오지 못한다.

 이 책의 앞부분에서 우리는 부패한 본성에 관해 다루면서 사람들이 믿음을 가질 수 없다는 주제를 길게 다루었다. 따라서 여기에서 필자는 동일한 내용을 반복해서 독자들을 지치게 하고 싶은 마음은 없다. 앞의 내용을 간략하게 요약하는 것만으로도 충분할 것이다. 즉 신앙 그 자체는 우리가 본성적으로 소유하고 있는 것이 아니며 성령께서 우리에게 주시는 것인데, 바울은 그것을 "믿음의 마음(영)"(고후 4:13)이라고 불렀다. 그래서 그는 데살로니가 사람들을 위해 기도하면서, "하나님이 모든 선을 기뻐함과 믿음의 역사를 능력으로 이루게 하시기를"(살후 1:11) 간구했다. 여기에서 바울은 믿음을 하나님의 "역사"와 또 "모든 선을 기뻐함"이라고 말함으로써 믿음이 인간 행위의 결과일 수 없음을 분명히 하고 있다. 또한 바울은 여기에서 만족하지 않고 믿음이란 하나님의 능력의 징표라고 덧붙인다. 바울이 고린도교회에 편지하면서 믿음이 "사람의 지혜에 있지 아니하고 다만 하나님의 능력에 있다"(고전 2:5)고 말할 때, 그는 외적인 기적에 관해 말하고 있다. 하지만 하나님을 알지 못하는 자들은 그러한 기적을 볼 수 있는 눈을 갖지 못했기 때문에, 여기에서 바울은 그가 다른 곳에서 언급한 내적인 표징을 또한 암시하고 있다고 볼 수 있다. 하나님은 이 특별한 선물을 통해 자신의 자비하심을 더욱 분명하게 드러내 보이시기 위해서 이 선물을 모든 사람들에게 무차별적으로 수여하지 않으시고 고유한 권한을 가지고 원하는 자들에게만 이 선물을 나누어 주셨다. 우리는 이러한 사실에 대한 증거를 이미 살펴보았다. 이러한 증거에 대한 신실한 해설가인 아우구스티누스는 다음과 같이 말한다.

우리 구주께서 "나를 보내신 이가 이끌지 아니하시면 그리고 나의 아버지께서 허락하지 아니하시면 아무도 내게 올 수 없다"고 말씀하신 것은 믿음의 행위가 인간의 공로로 인한 것이 아니라 하나님의 은사라는 진리를 우리에게 가르쳐 주기 위해서였다. 놀라운 사실은 두 사람이 같은 말씀을 듣지만 한 사람은 멸시하고 다른 사람은 믿고 따른다. 멸시하는 자는 말씀을 멸시한 책임을 그 자신에게 돌리게 하고, 믿고 따르는 자는 그 믿음을 자신의 공로로 돌리지 못하게 해야 한다. 다른 곳에서 아우구스티누스는 다음과 같이 말한다.

어찌하여 믿음이 한 사람에게만 주어지고 다른 사람에게는 주어지지 않았는가? 필자는 이 질문에 대해 대답하는 것이 부끄럽지 않다. 이것이 바로 십자가의 심연이다. 우리가 그 깊이를 헤아릴 수 없는 하나님의 심오한 판단으로부터 우리의 모든 능력이 생겨난다. 내가 할 수 있다는 사실은 내가 알고 있지만, 내가 어떻게 할 수 있는지는 내가 알지 못한다. 오직 이 모든 일이 하나님께로부터 온 것임을 알고 있을 뿐이다. 하지만 왜한 사람만 그렇고, 다른 사람은 그렇지 않은가? 이것은 내가 감당할 수 없는 질문이다. 그것은 십자가의 심연이자 깊이이다. 필자는 경외하는 마음으로 그것을 찬양할 수는 있지만, 논쟁을 통해 그것을 입증할 수는 없다.

이제 남은 것은 지성이 흡수한 것을 마음에다 옮겨 붓는 일이다. 우리가 하나님의 말씀을 믿음으로 받게 되면, 그 말씀은 단지 우리 뇌의 표면에서 떠다니지 않고 우리 마음 중심에 깊이 뿌리를 내리고 견고한 요새를 구축하여 모든 유혹의 공격을 물리친다. 지성이 바른 이해에 도달하는 것이 성령님의 조명을 통해 가능하다면, 마음의 이러한 확증에 있어 성령님의 능력은 더욱 현저하게 부각된다. 마음의 불신이 지성의 무지함보다 더 크고 또한 마음에 확신을 심어 주는 일이 지성을 이해에 이르게 하는 일보다 더 어렵기 때문이다. 그러므로 성령님은 우리가 이전에 우리의 지성으로 받아들였던 약속의 확실성을 우리의 마음 속에 마치 인(印)처럼 확증해 주신다. 사도 바울은 "그 안에서 너희도 진리의 말씀 곧 너희의 구원의 복음을 듣고 그 안에서 또한 믿어 약속의 성령님으로 인치심을 받았다"(엡 1:13)고 말한다. 바울은 여기에서 신자들의 마음이 마치 도장으로 한 것같이 성령님에 의해 인치심을 받았다는 것을 보여 주려고 한다. 성령님이 우리에게 복음을 확증해 주신다는 의미에서 바울은 성령님을 "약속의 영"이라고 불렀다.

출 처

John Calvin, Institutes of the Christian Religion, trans. John Allen (Philadelphia: Presbyterian Board of Christian Education, n.d.[1813]), Vol. I, Bk. III, pp. 33 – 36, pp. 636 – 640.

찰스 스펄전

Charles Haddon
Spurgeon

성령님과 설교 사역

       30년 넘게 독학으로 공부한 침례교 설교자 찰스 스펄전(1834 - 1892)은 런던에 위치한 그의 메트로폴리탄 천막 교회에서 매주 6,000명에 달하는 사람들의 넋을 사로잡았다. 그는 소위 '설교의 시대'에 등장한 '강단의 왕자' 중 가장 으뜸이었다. 그는 또한 1857년에 설립된 목회자 대학에서 다년간 설교학을 가르쳤다. 그는 설교자를 돕기 위해 수많은 책을 출간했으며, 또한 시편 주석서인 『다윗의 보화』를 집필했다. 이 책은 그의 주저에 속한다. 그의 설교는 이야기, 일화, 자연으로부터의 예화, 직유, 파토스, 유머, 풍자 등 온갖 종류의 수사학적 기교로 가득하다. 그는 이 분야에 있어 노련한 달인이었다. 그의 명성과 설교에 있어 그의 놀라운 재능에도 불구하고 (또한 강단에서 순전한 기쁨을 느끼는 그의 천성은 말할 것도 없고), 스펄전은 설교의 과제에 대해서 항상 두려움의 감정을 가지고 있었던 것으로 보인다. 인쇄된 설교문을 통해 우리가 그 설교자에 대해 무언가를 알아 낼 수 있는 설교자는 극히 소수인데, 스펄전은 이것이 가능한 위대한 설교자 중 한 사람이다. 스펄전 자신은 '완벽한 설교자'이지만, 성령님에 관한 아래 발췌문은 신학적인 완전함을 의도하고 있지 않다. 성령님은 이 설교자의 탁월한 능력에 대한 경건한 각주가 아니다. 스펄전에 따르면, 설교 준비의 고된 작업과 설교 전달의 들뜬 기분 사이에는 성령님의 임재로 인한 고요함이 있다. 설교가 연기에서 사역으로, 또한 설교자가 연기자에서 말씀의 종으로 변화되는 것은 다름 아닌 성령님의 임재를 통해서이다.

이제 우리 주제의 핵심을 다룰 차례다. 우리 설교자들에게 있어 성령님은 절대적으로 필수적이다. 성령님이 빠진 우리의 사역은 단지 이름뿐인 사역이다. 우리는 사제직을 모든 하나님의 자녀들에게 속한 것보다 더 큰 것이라고 주장하는 것이 아니다. 하지만 우리는 옛적에 하나님의 감동을 받아 그분의 말씀을 선포하고, 죄를 책망하며, 하나님을 변호했던 사람들의 계승자들이다. 만일 예언자의 영이 우리 가운데 함께 하지 않는다면, 우리가 입고 있는 성직자 예복은 단지 사람들을 기만하는 옷이 될 것이다. 만일 하나님의 영이 우리 가운데 함께 하지 않는다면, 우리는 자격 없는 자로서 감히 주님의 이름으로 말하였기 때문에 정직한 자들로부터 배척을 받아 그들의 모임에서 내쫓기는 것이 마땅하다. 우리는 우리 스스로를 그리스도이신 예수님을 위한 대변인으로, 곧 이 땅에서 그분의 증언을 계속 이어 나갈 사명을 위임받은 자로서 인식하고 있다. 하지만 하나님의 성령께서 그리스도이신 예수님과 그분의 증거 사역 가운데 언제나 함께 계셨으며, 만일 그분이 우리 가운데 함께 계시지 않는다면 우리는 그분과 달리 하나님으로부터 보냄을 받지 않은 것이 분명하다. 세계를 회심시키는 위대한 사역은 오순절에 불타는 혀와 강한 바람과 더불어 시작되었다. 이 두 가지는 성령님의 임재에 대한 상징이다. 그러므로 만일 우리가 성령님 없이 성공할 수 있다고 생각한다면, 우리는 오순절의 질서를 따르고 있는 것이 아니다. 만일 우리가 예수님께서 약속하신 성령님을 받지 못한다면, 우리는 예수님께서 맡기신 사명을 수행할 수 없다.

여기 있는 형제들 중에는 우리가 성령님을 받아 영감의 경지에 이를 수 있다는 망상에 빠진 사람이 없을 줄로 필자는 알고 있다. 하지만 오늘날 말썽을 일으키고 있는 어떤 분파의 사람들은 이러한 어리석음에 빠져 있다. 그들은 자신들의 모임이 '성령님의 주재' 아래 있다고 주장한다. 하지만 나는 성령님의 주재라는 개념에 관련하여 성경 안에서 그러한 용어나 혹은 그러한 사상을 전혀 발견할 수 없었다. 오히려 내가 신약성경에서 발견한 것은 유별나게 은사를 많이 받고, 말하기를 좋아하며, 분쟁 가운데 있던 고린도교회에 관한 것이었다. 하지만 바울이 이들에 관하여 "내가 너희 중에 아무에게도 세례를 베풀지 않은 것을 하나님께 감사한다"(고전 1:14)고 말했듯이, 나 또한 우리 중에는 그러한 생각을 가진 사람이 없다는 사실로 인해 주님께 감사한다. 그 분파에 속한 사람들은 영감이라는 특별한 은사를 받았으며, 오류가 전혀 없는 무오류의 경지에 도달한 것은 아니지만 거기에 근접한 것처럼 보인다. 만일 여러분 중에 혹시 그들의 모임에 함께 참석했던 사람이 있다면 필자는 다음과 같은 질문을 그분에게 던져 보고 싶다. 천상의 주재 아래서 설교한 사람들이 하나님의 말씀의 평범한 설교자, 곧 (한 영이 다른 영의 영향 아래 있고 한 정신이 다른 정신의 영향 아래 있듯이) 스스로 성령님의 영향 아래 있다고만 생각하는 설교자보다도 여러분의 덕성을 더욱 교화시켰다고 생각하는가? (중략)

우리는 어디에서 성령님의 도움을 구할 수 있을까? 아마도 다음 몇 가지 정도의 대답을 생각해 볼 수 있겠다.

첫째, 성령님은 지식의 영이다. "그가 너희를 모든 진리 가운데로 인도하실 것이다"(요 16:13) 이 때문에 우리는 그분의 가르침을 필요로 한다.

다른 사람들을 가르치는 선생으로서 우리는 먼저 가르침을 받고 배울 필요가 있다. 준비도 없이 강단에 올라가는 습관은 용서받을 수 없는 행동이다. 이것보다 더 효과적으로 우리의 직무와 우리 스스로를 더 격하시킬 수 있는 행동은 없다. 언젠가 리치필트의 감독이 어떤 지역을 방문하여 하나님의 말씀을 열심히 연구해야 할 필요성에 대해서 강연한 적이 있다. 그 강연이 끝난 후에 그 지역의 한 교구 목사가 그 감독에게 자신은 그의 가르침에 동의할 수 없다고 말하면서 다음과 같이 고백했다. "대기실에 있을 때 나는 무엇에 관해 이야기해야 할지 전혀 생각이 없지만, 그래도 강단에 올라가 설교합니다. 그리고 이것을 아무렇지도 않게 생각하고 있습니다." 그러자 그 감독이 대답했다. "당신의 교구 위원들도 나에게 당신과 같은 생각을 가지고 있다고 말하는 것으로 보아, 당신이 그걸 예사로 생각해도 문제는 없습니다." 우리가 가르침을 받지 않는다면, 어떻게 가르칠 수 있는가? 우리가 먼저 생각하지 않았다면, 어떻게 다른 사람들을 생각하게끔 유도할 수 있는가? 우리는 하나님의 말씀을 대하여 홀로 서서 그 말씀을 연구할 때, 성령님의 도움을 필요로 한다. 성령님은 천국 보물 창고의 열쇠를 가지고 계시며, 우리가 생각하는 것 이상으로 우리를 풍요롭게 만들어 주실 수 있다. 그분은 가장 신비로운 교리의 단서를 갖고 계시며, 우리를 진리의 길로 인도하실 수 있다. 그분은 청동으로 된 문을 조각조각 박살내고 또한 철로 된 빗장을 부숴 버리고, 은밀한 곳에 감추어진 보물을 우리에게 가져다 주실 수 있다. 만일 여러분이 원문을 연구하고 주석을 참고하며 또 깊이 묵상한다 하더라도, 성령님에 대한 간절한 간구를 소홀히 여긴다면, 여러분은 별다른 유익을 얻을 수 없을 것이다. 하지만 여러분이 다른 도움을 받을 길이 막혀 있다 하더라도 (아마 여러분은 그렇지 않을 것이라고 나는 생각한다.) 여러분이 성령님의 가르침을 겸손하게 의지하면서 그분을 기다린다면, 하나님의 뜻의 많은 부분을 깨닫게 될 것이다.

성령님은 우리에게 특별히 소중한 존재이다. 왜냐하면 우리들의 설교의 핵심 주제인 주 예수 그리스도의 인격과 사역에 대해서 우리에게 가르침을 주기 때문이다. 그분은 그리스도에게 속한 것들을 취하여 우리에게 그것을 보여 준다. 설령 그분이 교리나 계명에 관련된 것을 가졌다 하더라도, 우리는 그러한 은혜와 도움에 기뻐했을 것이다. 하지만 그분은 특히 그리스도에게 속한 것들로 인해 기뻐하시고 또한 십자가에 초점을 맞추어 거룩한 빛을 비추어 주시기 때문에, 우리 증언의 핵심이 이렇게 하나님의 조명을 받는다는 사실에 우리는 즐거워하며, 또한 그 빛이 우리 사역의 나머지 모든 영역에까지 스며들 것을 확신한다. 그러므로 우리는 다음과 같은 기도로 성령님의 역사를 간구하며 기도하자. "오 성령님, 하나님의 아들을 우리에게 계시하시고, 또한 우리에게 아버지를 보여 주소서."(중략)

둘째, 성령님은 지혜의 영이라 불리며, 우리는 그러한 능력을 가진 그분을 몹시 필요로 한다. 왜냐하면 지혜가 수반되지 않은 지식은 위험할 수 있기 때문이다. 지혜란 우리가 알고 있는 바를 바르게 사용하는 기술이다. 하나님의 말씀을 바르게 분별하는 것은 그 말씀을 충분히 이해하는 것만큼이나 중요하다. 왜냐하면 자신이 명확하게 이해한 복음의 일부분만을 지나치게 강조함으로써 왜곡된 기독교를 제시하는 사람들이 더러 있기 때문이다. 그들의 이러한 잘못은 그들이 전하는 복음을 듣는 사람들에게 해를 가할 뿐 아니라, 그들이 다시 왜곡된 복음을 전하는 결과를 가져온다. 사람의 코는 얼굴에서 가장 돌출된 부위다. 하지만 우리가 그 코를 아주 크게 그려서 눈과 입을 비롯하여 몸의 다른 지체들이 별로 드러나지 않게 만들 수도 있다. 이렇게 그린 그림은 초상화가 아니라 풍자화이다. 마찬가지로 복음의 중요한 특정 교리를 너무 지나치게 강조한 나머지 진리의 나머지 부분을 흐리게 만들 수도 있다. 이러한 설교는 더 이상 자연스러운 아름다움을 가진 복음이라고 할 수 없으며, 오히려 진리의 풍자화라고 말하게 된다. 성령님은 여러분에게 제물을 가르는 제사용 칼을 사용하는 법을 가르쳐 주실 것이다. 또한 그분은 여러분에게 고귀한 향료를 얼마만큼씩 섞어야 아름다운 향기를 발하기에 적절한지 알려 주실 것이다. 경험이 많은 설교자는 한결같이 이것이 얼마나 중요한지 잘 알고 있으며, 따라서 이러한 것을 소홀히 하려는 충동에 저항한다. 그런데 슬픈 사실은 우리들의 설교를 듣는 사람들 중 어떤 이들은 하나님의 온전한 뜻을 들으려고 하지 않는다. 그들은 특별한 교리만을 선호하고, 그 밖에 다른 교리에 관해서는 우리가 침묵하기를 원한다. 설교를 다 듣고 나서 "마지막에 잡동사니 같은 의무 목록만 열거하지 않았더라면 아주 좋았을 텐데."라고 말한 스코틀랜드의 어떤 여자와 같은 사람들이 많이 있다. 이러한 형제들은 위로하는 대목 곧 약속과 교리만을 좋아하고, 반면 거룩한 실천에 대해서 다루는 것을 몹시 거북스럽게 생각한다. 우리는 하나님의 충성된 종으로서 정사각형의 복음을 그들에게 전해 주어야 하며, 그 중에 어느 한 변도 빠뜨려서도 안 되고 어느 한 변만을 지나치게 강조해서도 안 된다. 이것을 위해서는 많은 지혜가 필요하다. 우리 중에 이 같은 지혜를 필요한 만큼 충분하게 가진 사람이 과연 있는지 필자는 여러분에게 진지하게 물어 보고 싶다. 우리는 모두 변명할 여지가 없는 어떤 편향성과 정당화될 수 없는 어떤 경향에 사로잡혀 있다. 이제 그것을 찾아 제거시키자. 어떤 본문을 고의적으로 스쳐 지나간 기억을 떠올려 보자. 만일 그 이유가 단지 우리가 그 본문을 이해하지 못했기 때문이라면 그러한 행동은 어느 정도 정당성을 가질 것이다. 하지만 그 이유가 그 본문을 이해하고도 그 본문이 가르치는 바를 말하고 싶지 않아서였다면, 혹은 그 본문이 계시하는 어떤 결함이나 선입견이 우리 자신이나 혹은 우리의 설교를 듣는 사람들 가운데 있었기 때문이었다면, 이러한 죄스러운 침묵은 이제 종식되어야 한다. "오, 우리 주님의 성령님이시여, 우리가 현명한 청지기로서 우리 주님의 가족들에게 적절한 분량의 고기를 내놓기 위해서는 성령님의 가르침이 필요합니다."

이것이 전부는 아니다. 비록 우리가 하나님 말씀을 바르게 분별하는 법을 알고 있다 하더라도, 우리가 그 시기와 모인 사람들에게 가장 적합한 진리를 선별하는 데도 지혜가 필요하다. 또한 그 교리를 전달하는 어조와 방식에 있어서도 동일한 분별력이 요구된다. 인간의 책임에 대해서 설교하는 형제들 중에 상당수가 지나치게 율법주의적인 설교 방식으로 인해 은혜의 교리를 사모하는 많은 사람들을 거북스럽게 만들고 있다는 사실을 필자는 잘 알고 있다. 다른 한편, 설교 중에 하나님의 주권을 너무 강조하는 바람에 인간의 자유 의지를 믿고 있는 사람들을 모두 칼빈주의 진영에서 몰아낸 것도 우려할 만한 일이다. 우리는 한 순간도 진리를 숨겨서는 안 된다. 하지만 불필요한 갈등이나 불쾌감이 생기지 않도록 하면서 동시에 진리를 전혀 보지 못하는 사람들을 점진적으로 깨우치고 또한 연약한 형제들은 복음의 충만함 가운데로 이끌도록 설교하는 지혜가 우리에게 필요하다. (중략)

셋째, 우리가 지식과 및 진리의 적절한 비율을 선택할 수 있는 지혜를 가진 이후에, 마치 제단 위의 핀 숯이 우리 입술에 닿은 것같이 우리가 하나님의 진리를 자유롭게 전달하기 위해서도 성령님이 필요하다. "이것이 네 입에 닿았도다"(사 6:7) 제단 위의 핀 숯으로 인해 물집이 생긴 입술을 가진 사람의 설교가 어찌나 영광스러운지! 그는 자신의 영혼 속에서뿐 아니라 그가 말하는 그 입술 위에서도 진리의 불타오르는 능력을 느낀다. 그 때 그들의 말이 얼마나 전율하는지 유심히 살펴보라. 방금 전 기도 모임에서 기도하던 형제들 중 두 사람의 목소리가 떨리고 또 그 몸까지 전율하는 것을 보지 못하였는가? 이것은 단지 그들의 마음만 만진 바 되지 않고 그들의 입술까지 만진 바 되었으며 따라서 그들의 말이 그 영향을 받았기 때문이다. 형제들아, 우리가 입을 열어 우리 주님을 찬양할 때도 우리는 성령님을 필요로 한다는 사실을 명심하라. 만일 그렇지 않다면 우리는 힘있게 말하지 못할 것이다.

형제들아, 우리가 말할 때 우리의 감정을 부추기는 데도 또한 우리는 성령님을 필요로 한다. 여러분은 모두 설교하는 동안 여러분의 다양한 마음 상태를 의식하고 있을 것이다. 그 중에 어떤 마음 상태는 우리의 몸이 처한 다양한 조건 때문에 결정된다. 독감은 명확한 목소리로 말하기 어렵게 만들 뿐 아니라 우리의 사고 흐름마저 얼어붙게 만든다. 나의 경우를 예로 들자면, 필자는 똑똑한 목소리로 말할 수 없을 경우에는 명확하게 생각할 수도 없으며, 목소리와 함께 내용도 귀에 거슬리게 된다. 또한 위장과 몸의 다른 모든 기관도 마음에 영향을 미친다. 하지만 내가 말하고자 하는 것은 이런 것이 아니다. 우리는 몸 상태와 관계없이 마음 상태의 변화를 의식하고 있기 때문이다. 여러분의 몸이 동일하게 건강할 때도, 어떤 날에는 마치 수레를 제거한 바로의 기병들처럼 마음이 무겁게 느껴지고, 또 어떤 때는 마치 '고삐 풀린 망아지'처럼 그렇게 자유롭다고 느끼지 않는가? 어제는 가뭄에 말라비틀어질 것 같던 여러분의 마음이, 오늘은 이슬을 맞아 빛나기도 한다. 성령님이 이 모든 일에 관여하신다는 사실을 모르는 사람이 어디 있는가? 성령님의 역사는 때때로 우리를 우리 자신 밖으로 완전히 끌어내기도 한다. 그러한 때 우리는 설교의 처음부터 끝까지 "내가 몸 안에 있었는지 몸 밖에 있었는지 나는 모르거니와 하나님은 아신다"(고후 12:2)고 말하게 될 것이다. 다른 모든 것은 잊혀지고, 오직 가장 포괄적인 진리만 손 안에 있다. 만일 내가 천국에 들어갈 수는 없지만 영원히 지속될 나의 마음 상태를 선택할 기회만 나에게 허용되었다고 가정한다면, 필자는 내가 복음을 설교하는 중에 때때로 느끼는 그러한 마음 상태를 선택할 것이다. 그러한 마음 상태 가운데 천국이 미리 예시되고 있기 때문이다. 이러한 때 필자는 마음을 어지럽히는 모든 영향으로부터 자유로워지고, 위엄 있는 하나님의 임재를 의식하고 그분을 예배하며, 모든 재능을 최대한 즐겁게 활용하며, 영혼의 모든 생각과 능력을 집중하여 즐겁게 주님의 영광을 묵상하고, 듣는 무리에게 우리 영혼이 사랑하는 그분을 높이 찬양하며, 또한 우리 동료를 향하여 가장 순수한 사랑의 마음을 가지고 그들을 위해 하나님께 간구하게 된다. 이러한 마음 상태에 비견될 만한 것이 어디 있겠는가? 하지만 슬프게도 우리는 이러한 이상에 도달할 때도 있지만, 그 상태를 유지할 수는 없다. 우리는 또한 옥에 갇혀 설교하는 것, 즉 헛수고하는 것이 무엇인지 알고 있기 때문이다. 우리는 사역 중에 일어나는 모든 거룩하고 행복한 변화의 원인을 우리 영혼 가운데 역사하시는 성령님의 사역에서 찾을 수 있다. 내가 확신하건대, 성령님은 그렇게 역사하신다. 종종 믿음이 없는 사람들이 여기에 대해서 의심을 제기할 때면, 나는 단호하게 그들의 의심을 허공에다 내던져 버린다. 왜냐하면 내가 주님의 이름으로 말하고 있을 때 나는 내 안에서 역사하는 어떤 힘을 명확하게 의식하기 때문이다. 그 힘은 말 잘 하는 사람의 개인적인 힘을 무한히 초월하며, 또한 내가 세속적인 강연이나 연설을 할 때 느끼는 흥분에서 비롯된 힘을 훨씬 능가하게 된다. 내가 주님의 이름으로 말할 때 느끼는 힘이 이러한 힘과는 완전히 다르기 때문에, 그것이 정치가의 열정이나 연설가의 열심과는 전혀 다른 단계 혹은 차원에 있다는 것은 거의 확실하다. 우리가 하나님의 힘을 종종 충분히 경험하고 힘있게 설교하게 되기를 기원한다.

넷째, 성령님은 또한 설교를 성별하는 기름으로서 활동하신다. 이것은 단지 입술에서 나오는 말뿐 아니라 설교 전체의 전달과 관련된다. 성령님은 여러분이 여러분의 주제를 느끼고 그것을 통해 전율하도록 만드실 수 있다. 그렇게 되면 여러분은 땅이 꺼질듯이 내려앉거나 혹은 독수리 날개에 올라탄 듯 비상하게 될 것이다. 또한 성령님은 여러분이 설교의 주제뿐 아니라 설교의 목적까지도 느끼게 만드시며, 그 결과 여러분은 사람들을 회심시키는 일과, 또 그리스도인들을 그들이 아직 알지 못했던 더 높은 삶으로 고양키는 일을 열망하게 된다. 동시에 여러분은 또 다른 감정, 곧 여러분이 전달하는 진리를 통해 하나님께서 영광을 받으시기 원하는 간절한 소망을 느끼게 될 것이다. 그리고 여러분은 여러분이 설교하고 있는 그 사람들에 대한 깊은 동정심을 가지게 될 것이다. 그들 중 어떤 이들에 대해서는 그들이 너무 무지하다는 사실에 여러분은 안타까워할 것이며, 또 다른 이들에 대해서는 그들이 지식은 많지만 그것을 거부했다는 사실로 인해 여러분은 슬퍼하게 될 것이다. 여러분은 어떤 사람들의 얼굴을 보고서는 '여기에 이슬이 맺히고 있구나.' 하면서 조용히 읊조리고, 고개를 돌려 다른 사람들의 얼굴을 보고서는 그들이 마치 길보아의 이슬 없는 산처럼 여겨져 슬퍼할 것이다. 이 모든 것은 여러분이 설교하는 동안에 일어나는 일이다. 우리가 얼마나 많은 생각을 동시에 할 수 있는지 쉽게 말할 수는 없다. 나 스스로 그것을 한 번 헤아려 본 적이 있었는데, 그 때 나는 동시에 혹은 적어도 1초 동안 내 머리 속에 8가지 생각이 공존하고 있었다. 나는 온 힘을 다해 복음을 설교하는 중이었다. 그 때 나는 거의 실신 직전에 있는 한 숙녀의 모습을 의식하지 않을 수 없었다. 그래서 그 숙녀를 위해 창문을 열어 환기를 시켜 줄 형제를 찾고 있었다. 동시에 나는 첫번째 단락에서 빠뜨린 예화 하나를 생각하고 있었으며, 두 번째 주안점의 전개 형태를 구상하고 있었다. 또한 어떤 집사가 나의 책망을 깨달았을까 염려하고 있었으며, 또 다른 집사가 위로하는 메시지를 듣고 위로를 얻기를 기도하고 있었으며, 또한 동시에 내가 선포하는 진리로 인해 개인적으로 즐거워하며 하나님을 찬양하고 있었다. 어떤 사람들은 네 얼굴을 가진 천상의 그룹을 설교자의 상징으로 이해한다. 나 역시 네 얼굴을 가진 형상에 대해 전혀 거부감을 갖고 있지 않다. 거룩한 성령님은 우리의 정신 상태를 여럿으로 만들 수 있으며, 많은 경우 우리에게 우리의 본성적인 모습을 가져다 주실 수 있다. 성령께서 우리를 얼마나 크게 만드실 수 있으며 또 얼마나 위대하게 우리를 고양시키실 수 있는지, 나로서는 감히 추측할 수가 없다. 확실한 것은, 성령님은 우리가 구하는 것이나 우리가 생각하는 것 이상으로 넘치도록 풍성하게 행하시게 된다.

출 처

Charles Haddon Spurgeon, Lectures to My Students, 2nd series (London: Passmore and Alabaste, 1887), pp. 3-10.

프랭크 바틀먼

Frank Bartleman

오순절교회의 설교

칼뱅과 에드워즈 및 그들의 계승자들은 성경 해석과 설교와 회심에 있어 성령님의 역할을 별개로 구별하였다. 하지만 웨슬리는 영적인 완성을 강조하였으며, 이것은 유럽과 아메리카에서 성결 운동을 불러일으켰다. 성결 집단은 '제2의 복'으로서 성화를 강조하였다. 이러한 성결 운동의 결과로 생겨난 분파 중 하나인 미국의 오순절주의는 참된 그리스도인의 세 번째 명확한 표지로서 글로살리아(glossalia) 곧 '방언'을 역설하였다. 오늘날 오순절교회는 1906년에서 1909년까지 3년에 걸쳐 로스앤젤레스 시내의 아주사 거리에서 있었던 부흥 집회를 통해 태동하였다. 지역 신문은 '수상한 방언의 바벨탑'이라는 표제 아래 이 부흥 집회에 대하여 부정적인 기사를 실었으며, 많은 사람들이 오순절교회 안에 다양한 인종이 섞여 있다는 사실에 분개하였다. 하지만, '아주사'는 전세계 오순절주의자의 살아 있는 성지가 되었다. 순회 설교자이자 종교 잡지 기자였던 프랭크 바틀먼은 아주사 거리의 부흥 집회에 대한 기사를 썼다. (1906년 캘리포니아에서 발생한 지진으로 인해 달아오른) 이 부흥 운동의 전염성과 흥분 상태를 직접 목격하고 쓴 그의 기사는 미국 종교사에서 고전적인 문서에 속한다. 오순절주의는 설교에 있어 성령님의 직접성을 믿으며, 또한 아래 글에서 알려 주듯이 영적인 능력을 다양한 형태의 육체적 표현의 관점에서 묘사한다.

로 스앤젤레스에서 어느 저녁에 있었던 일이다. 필자는 맨리 형제의 천막 집회에 찾아갔다. 하지만 그 예배에 참여할 생각은 전혀 없었다. 필자는 맨 뒷좌석에 앉았다. 그런데 돌연 성령님이 나에게 강하게 임했다. 필자는 일어나 말을 했고, 하나님의 능력이 회중 가운데 임했다. 온 무리가 그 얼굴을 땅에 대고 엎드렸다. 그 곳에서의 예배와 기도는 세 시간 동안 계속되었다. 많은 사람들이 구원을 얻었으며, 모든 사람들이 하나님으로부터 도움을 얻은 듯 보였다. 그것은 성령님의 위대한 역사였다. 사람들은 지금과 달리 그 때는 그렇게 반항적이지 않았다. 그들은 성령님이 그들의 계획을 깨뜨리며 역사하시는 것을 기꺼이 환영했다. 하지만 광신적인 영들의 방해는 그렇게 많지 않았다. 그 곳에는 하나님을 향한 진정한 갈망이 있었다. 거의 매일 밤, 나는 그와 같은 집회에 참석했다. 주님은 계속해서 성령님을 부어 주셨다. (중략)

　어느 날 저녁 성결 집회에서 주님은 나에게 내가 설교하기를 원하신다고 말씀하셨다. 하지만 나는 숲에 들어가 집회를 위해 중보 기도하려고 애를 썼다. 그럼에도 불구하고 주님은 "나는 네가 설교하기를 원한다."고 다시 말씀하셨다. 나는 그분에게 저 사람들이 나를 가만히 내버려 두지 않을 것이라고 말씀드렸다. 그들 자신이 설교할 기회를 얻고 싶은 열망에 사로잡혀 있었다. 게다가 그들 중 절반 가량은 나를 두려워하고 있었다. 내가 그들 교파의 일원이 아니었기 때문이다. 하지만 주님은 "설교하라!"고 말씀하셨다. 어쩔 수 없이 나는 만일 주님께서 그 날 밤 다른 모든 사람들의 입을 다물게 하신다면 순종하겠노라고 말씀드렸다. 이렇게 책임을 주님께 미뤄 두고서 나는 집회로 발걸음을 향했다. 메시지 시간이 찾아왔다. 그들은 서로서로 쳐다보았지만, 모든 사람들의 혀가 꽁꽁 묶여 있었다. 나를 쳐다보다는 사람은 아무도 없었다. 성령님이 나에게 임했고, 나는 발로 껑충 뛰어올랐다. 하나님이 나의 영혼에 능력을 넘치게 부어 주셨다. 메시지는 마치 과녁을 향해 나아가는 화살처럼 그분으로부터 곧장

선포되었다. 집회 장소가 진동했다. (중략)

필자는 내가 처음으로 참석했던 '아주사' 집회에 관한 기사를 써 보냈다. 거룩한 두 사람이 '방언'으로 말을 했다. 그 말과 더불어 많은 복된 사연이 함께 부어졌다. '아주사'에서 하나님이 역사하시고 있다는 소문이 삽시간에 사방으로 번져 나갔다. 다양한 계층의 사람들이 그 집회에 몰려들었다. 많은 사람들은 호기심을 가지면서도 믿지 않았고, 어떤 사람들은 더욱 하나님을 갈망하게 되었다. 각종 신문은 이 집회를 조롱하고 비난하기 시작했으며, 결과적으로 우리를 위해 무료 광고를 많이 실어 준 셈이 되었다. 그래서 더 많은 사람들이 모여들었다. 악마가 또 한 번 자기 꾀에 넘어간 사례이다. 외부의 핍박은 그 사역에 전혀 해를 가할 수 없었다. 우리가 가장 두려워해야 하는 것은 우리 속에 있는 악한 영들의 역사였다. 심지어는 신령주의자와 최면술사도 찾아와 보고 자신의 힘을 시험해 보려고 했다. 또한 온갖 사기꾼과 괴짜들이 찾아와 그 사역에서 한 자리를 얻으려 했다. 우리가 가장 두려워했던 것이 바로 이러한 것이었다. 하지만 이것은 새로운 사역에는 언제나 따라오는 위험이다. 다른 곳에서는 그러한 위험을 찾아볼 수 없다. 이러한 상황은 우리가 극복하기 어려운 많은 것에 대한 두려움을 자아냈다. 또한 이러한 두려움은 성령님의 사역을 상당히 훼방했다. 많은 사람들이 사단에게 사로잡힐지도 모른다는 두려움에 하나님을 구하는 것조차 두려워하게 되었다.

'아주사' 사역의 초창기에 우리는 우리가 방주를 안정시키려고 할 때마다 주님께서도 일하던 것을 멈추신다는 사실을 알게 되었다. 우리는 사람들이 악한 자들의 일에 너무 많은 관심을 가지지 못하게 했다. 두려움이 따랐다. 우리는 다만 기도할 뿐이었다. 그러면 하나님께서 승리를 주셨다. 기도를 통하여 하나님은 우리와 함께 계셨으며, 우리는 그분을 의지할 수 있었다. 지도자들의 경험은 제한되어 있었고, 기이한 일은 대적자의 모든 강력한 방해에도 불구하고 계속되었다. 하지만 그 이적은 하나님의 역사

였다. 그것은 신비였다. (중략)

아주사 거리 사역 중에 어떤 사람이 말을 하고 있을 때, 갑자기 성령님이 회중에게 내려오시곤 했다. 그럴 때면 하나님께서 친히 제단에 우리를 초대하셨다. 마치 전쟁에서 전사한 사람들처럼 집집마다 사람들이 쓰러지거나, 혹은 다 함께 제단에 달려가 하나님을 찾았다. 이러한 광경은 종종 쓰러진 나무 숲을 연상시켰다. 그러한 장면은 우리가 연출할 수 없는 것이었다. 이 당시 강단에 설 사람이 미리 정해져 있는 경우를 나는 전혀 보지 못했다. 하나님께서 친히 그들을 부르시고 세우셨다. 그리고 설교자는 언제 그만두어야 하는지 알고 있었다. 그가 말하면 우리 모두는 순종했다. 성령님을 훼방하거나 그분을 슬프게 하는 일은 무시무시한 일로 여겨졌다. 모든 장소가 기도로 흠뻑 젖었다. 하나님은 그의 거룩한 성전에 계셨다. 하나님의 임재의 영광이 그 곳에 머물렀다. 어떤 사람들은 밤중에 건물 너머로 그 영광을 실제로 보았다고 말했다. 나는 그것을 의심하지 않는다. 그 곳에서 두 구획의 거리를 가려면 꼭 한 번 이상 멈추어서 갈 힘을 달라고 하나님께 간구했다. 주님의 현존은 너무나 실제적이었다. (중략)

8월 16일 오후 메이플에서 있었던 일이다. 그 날 성령께서 '방언'을 통해서 나에게 나타나셨다. 당시에 나를 포함하여 7명의 사람이 함께 있었다. 그 날은 평일이었다. 간증과 찬양의 시간 이후 만물이 고요한 중에 나는 마루를 천천히 걸으며 내 영으로 하나님을 찬양하고 있었다. 그 때 갑자기 내 영혼 속에서(나의 육체적인 귀를 통해서가 아니라) 내가 알지 못하는 언어로 어떤 큰 음성이 들리는 것 같았다. 이후에 나는 그와 비슷한 음성을 인도에서 들은 적이 있다. 잠시 후 나는 나의 의지와 전혀 무관하게 나 자신의 발성 기관을 통해 동일한 음을 발음하고 있었다. 그것은 방금 전 내가 내 영혼 속에서 들었던 그 표현을 정확히 동일하게 반복하는 것이었다. 그것은 마치 완벽한 언어처럼 보였다. 나는 외부에서 듣는 사람이나 마찬가지였다. 나는 완전히 하나님 앞에 굴복하였으며, 마치 하나님의 시내에 있는 것처럼 나는 그저 그분의 의지에 따라 움직였다. 나는 스스로 나의 입술을 제어할 수도 있었다. 하지만 사람들을 위해 그렇게 하지 않았다. 천국의 기쁨이 함께 있었다. 그 때의 경험을 정확하게 묘사하는 것은 불가능한 일이다. 그것은 경험하지 않고서는 이해할 수 없다. 내가 스스로 말하려고 하는 노력은 전혀 없었으며, 어떠한 사소한 내적 갈등도 없었다. 그 경험은 매우 성스러웠으며, 성령님은 마치 바람의 신 아이올로스가 하프를 타듯 나의 발성 기관을 통해 연주했다. 나의 입술을 통해 터져 나오는 모든 말이 나에게는 굉장히 놀라웠다. 나는 사실 '방언하는' 것을 갈망해 본 적도 없었다. 나의 자연적인 이성으로는 그것을 이해할 수 없었기 때문에, 오히려 나는 방언을 두려워하고 있었다.

당시 나는 내가 무슨 말을 하고 있는지 알고 싶은 마음이 없었다. 그것은 자연적인 이성이나 이해의 영역 밖에 있는, 순수한 영혼의 소리 같았다. 나는 실로 '이마에 인치심을 받았으며' 나 자신의 자연적인 지성의 모든 활동을 중단했다. 이후에 나는 책을 출판하면서 이 경험을 다음과 같은 글로 표현했다.

"내가 이러한 최고의 경험을 할 수 있도록 성령께서 나 자신과 다른 사람들을 위한 기도 가운데 나를 점진적으로 준비시켜 오셨다. 나는 하나님께 가까이 다가갔으며, 나의 영혼은 철저히 순복하였다. 이윽고 나는 의지적으로 말하려는 모든 시도를 포기하게 되었으며, 무기력함을 절대적으로 의식하면서 자연적인 모든 자아 행위로부터 정화되었다." (중략)

'방언을 말하는' 경험 가운데 나는 자기포기의 절정에 이르렀다. 이것은 예배 중에 성령님이 일하실 수 있는 새로운 통로를 열어 주었다. 그 때부터 성령님은 새로운 방식으로 나를 통해 흘러가기 시작했다. 메시지가 내가 이전에는 전혀 알지 못했던 방식으로, 곧 즉흥적인 영감과 조명을 통해 주어지곤 했다. 이것은 참으로 놀라운 일이었다. 여기에는 압도하는 힘이 함께 따랐다. 오순절 교회에서 세례는 완전한 자기포기, 성령님에 의해 완전히 사로잡힘, 즉각적인 순종의 마음을 가지게 됨을 의미한다. 이러한 체험 이전에도 수 년 동안 나는 예배 중에 하나님의 능력을 많이 경험했다. 하지만 이제 나는 성령님을 민감하게 느끼고 거기에 굴복하게 되었으며, 이것을 통해 하나님은 새로운 방식과 통로를 통해 일하셨으며, 훨씬 더 강력하고 직접적인 결과를 가져오셨다. 또한 나는 이전에는 전혀 알지 못했던, 그분의 주권 곧 그분의 목적과 행동에 대한 새로운 계시도 받았다. 그제야 나는 하나님에 대해서 내가 관심이 부족하고 행동이 느리다고 원망하던 때가 바로 내가 믿음 안에서 그분에게 굴복함으로써 그분이 나를 통해 그분의 주권적이고 전능한 의지를 실현할 수 있도록 해야 했던 때라는 사실을 깨닫게 되었다. 나는 이러한 나 자신의 어리석은 행동과 또 그분의 주권적인 돌봄과 그분의 소원에 대한 계시를 받고서는 겸손의 먼지를 뒤집어썼다. 내가 그분을 예배하는 가운데 가지고 있던 소원이 그분이 나에게 대해 가지고 있던 큰 소원과 관심과 목적에 비추어 볼 때 지극히 작은 것이었다는 사실을 알게 되었다. 내 안에 있는 모든 좋은 것, 모든 좋은 생각과 모든 좋은 행동이 다 그분으로부터 온 것이었다. 허드슨 테일러가 그러했듯이 나 또한 하나님께서 나에게 요구하시는 바는 그저 그분과 함께 가서 그분이 친히 목적하시고 소원하시는 바를 행할 때 그분을 돕는 일이라는 것을 깨달았다. 이러한 계시를 통해 나는 내가 지극히 작은 존재임을 깨달았으며, 또한 나의 지난 잘못된 생각을 고칠 수 있었다. 그분은 내가 이 땅에 태어나기 훨씬 이전부터 존재하셨고 또한 그분의 영원한 목적을 수행하고 계셨으며, 내가 세상을 떠난 이후에도 오랫동안 그러하실 것이다. (중략)

초대교회는 이러한 분위기, 즉 성령님의 사역과 초자연적 은사와 능력 앞에서 자기를 포기하는 분위기 속에서 성장했다. 우리의 지혜로는 이러한 경지에 도달할 수 없다. 오, 우리가 그리스도의 마음을 충만하게 받기 위해서는 바보가 되고 우리 자신이 아무것도 아니라는 것을 알아야 한다. 그리고 오직 성령께서 언제나 우리를 가르치고 인도하시도록 해야 한다. 이것은 쉬지 않고 '방언'으로만 말해야 한다는 뜻이 아니다. '세례'는 전혀 '방언'이 아니다. 우리는 성령님의 조명과 자기 포기 가운데 거하면서 동시에 우리의 일상 언어를 사용할 수 있다. 성경은 '방언'으로 기록되지 않았다. 하지만 비록 항상 그렇게 사는 사람이 거의 없다 하더라도 분명한 것은 우리는 언제나 성령님 안에서 살 수 있다는 사실이다. 오, 자기 포기의 깊이여, 모든 자아가 사라졌도다! 성령님이 우리에게 가르쳐 주시고 또한 나누어 주시는 것 외에는 우리가 아무것도 아는 것이 없고 아무것도 소유한 것이 없다는 사실을 인정하라. 여기에 바로 능력 곧 하나님의 능력이 예배 사역을 통해서 나타나게 되는 참된 비결이 있다. 순수한 영이신 하나님 외에는 아무것도 남겨진 것이 없다. 자기 자신의 능력에 대한 모든 신뢰와 기대는 사라지고 없다. 이제 우리는 그분의 호흡으로 생명을 유지한다. 오순절에 불었던 그 바람은 곧 하나님의 호흡이었다(행 2:2). 하지만 우리가 더 이상 무엇을 말할 수 있을까? 방언은 경험하지 않고는 이해할 수 없다. 설명될 수 있는 성질의 것이 아니다. 방언 없이도 우리는 분명히 이전에 어느 정도 성령님을 경험했다. 역사가 이러한 사실을 증언한다. 교회는 타락 이후 비정상적으로 변했다. 하지만 우리는 초대교회에서 그러했듯이, 방언 없이는 오순절 교회의 세례를 받을 수 없다. 사도들은 그것을 갑작스럽게 그리고 충만하게 받았다. 오직 단순한 믿음과 자기 포기만이 그것을 받을 수 있다. 인간의 이성은 방언 안에서 온갖 종류의 결점과 외견상의 어리석음을 발견할 수 있다.

  나는 처음에 대략 15분 정도 '방언'으로 말을 했다. 그러자 직접적인 영감은 당분간 사라졌다. 이후에도 나는 때때로 방언을 했다. 하지만 결코 그것을 되풀이하려고 시도하지는 않았다. 방언은 하나님의 주권에 속한 것이었기 때문이다. 그것을 모방하려는 시도는 어리석은 일일 뿐 아니라 하나님을 모독하는 행위이다. 그러한 경험 이후에는 주님께 대한 완전한 자기 포기의 상태에 대한 의식, 나 자신의 행위나 마음씀에서부터 떠난 완전한 안식에 대한 의식이 남았다. 그러한 경험은 나에게 하나님의 전적인 주권과 그분의 임재에 대한 의식을 남겼다. 이것은 다른 어떤 것보다도 더 거룩한 경험이었다. 어리석게도 많은 사람들이 이러한 경험을 우습게 보고 소홀히 다루었다. 결국 그들은 성령님 안에 거하는 삶을 지속할 수 없었으며, 또한 많은 다른 사람들의 걸림돌이 되었다. 이것은 엄청난 해악을 초래했다. 하지만 그 경험은 여전히 역사적 사실이며, 또한 지금도 일어나고 있는 사실이다. 초대교회가 성령님을 상실한 이후 대부분의 그리스도인에게 있어 하나님을 아는 지식의 상당 부분은 언제나 이성적인 지식이었다. 하나님의 말씀과 원리에 관한 그들의 지식은 대게 자연적인 이성과 이해를 통한 이성적인 지식이었다. 그들은 계시 곧 성령님의 직접적인 조명이나 영감을 거의 알지 못했다. (중략)

　나중에 인디애나폴리스를 여행하는 중에 있었던 일이다. 주님께서 나에게 전해야 할 많은 말씀을 주셨다. 우리는 놀라운 시간을 가졌다. 그 때만큼 오랜 시간 동안 그리고 그렇게 강하게 하나님의 능력을 체험한 적은 없었다. 물론 엄청난 반대 세력의 역사도 있었지만, 결국 하나님이 승리를 주셨다. 당시 그 곳의 그리스도인들은 두 분파로 갈라져 있었다. 그들은 집회에 함께 참여했지만 화해한 것은 아니었다. 한 집회에서 메시지 중에 성령님이 아주 강하게 나에게 임하셨는데, 그 때 반대하는 분파의 사람들은 그들이 앉아 있던 의자에 몸을 붙이고 등을 굽히지 않고 꼿꼿이 세우고 있었다. 성령님의 역사에 이렇게까지 저항하는 모습을 나는 좀처럼 본 적이 없었다. 아마도 거기에 함께 참석했던 오순절교회 성도들도 이런 광경은 처음 보았을 것이다. 무서운 광경이었다. 그런데 그들이 수세식을 준비한 어느 날 밤 놀라운 일이 벌어졌다. 그 날 밤 내가 메시지를 전했는데, 그 메시지가 끝났을 때 그들은 수세식에 대해서는 모두 잊어버린 듯 보였다. 하나님과 관계를 바르게 하고 또 서로서로 화해하는 일로 정신 없이 바빴다. 그들의 영혼이 그들의 발보다 더 씻김을 필요로 하고 있었다.

인디애나폴리스에서 주님은 나에게 많은 복을 주셨다. 내가 그분께 순종하여 그 곳에 갔다는 사실에 나는 무척이나 기뻤다. 내가 거기에 간 것은 순전히 주님의 초청 때문이었다. 하지만 그 곳에서 나는 이전에 경험하지 못했던 놀라운 성령님의 역사를 체험했다. 설교하는 내내 메시지가 내 몸 밖으로 빠져 가는 듯한 느낌을 받았다. 그것은 마치 말씀에 굶주린 회중의 갈망이 나를 강단에서 끌어내리는 듯한 느낌이었다. 나는 떠오르는 생각을 좇아 그렇게 빨리 말할 수 없었으며 가능한 한 빨리 말하려고 애쓰느라 거의 기진할 뻔했다. 한 집회에서 내가 설교를 마쳤을 때, 온 마루바닥이 주님께서 엎드러뜨리신 사람들로 가득 찼다. 내가 내 뒤에 있던 설교자를 찾았을 때 그들 또한 몸을 뻗친 상태로 마루에 누워 있었다. 그 중 한 사람은 그 발이 의자에 꼬여 있었는데, 그것을 보고 나는 그 사람이 하나님의 능력 아래 들어갔음을 알았다. 나는 사람들 사이를 지나 피아노 가까이 발을 옮겼다. 나 또한 하나님의 능력 아래 몸이 갑자기 굳어지더니 피아노 앞으로 쓰러져 거기에 누워 있었다. 하나님의 능력이 마치 폭풍우같이 나타났다. 나는 위대한 승리를 안고 그 집회를 떠났다. 집을 떠난 이후로 나는 동전 하나도 받지 않았다. 사단이 이 문제와 관련해서 나를 계속해서 유혹했지만, 주님은 후일 자신이 친히 갚으실 것이라며 나에게 확신을 주셨다. 나는 그러한 상황을 이해할 수 없었기 때문에, 그저 그분의 말씀을 있는 그대로 받아들였다. 이것은 나에게 새로운 경험이었다. 하지만 나는 하나님께서 말씀하셨다는 것만은 분명히 알고 있다.

출 처

Frank Bartleman, How Pentecost Came to Los Angeles – As It Was in the Beginning [1925], pp.26 – 27, 48 – 49, 60, 71 – 73, 75 – 76, 121 – 122.

루돌프 보렌

Rudolf Bohren

말씀의 수여자이며 선물인 성령님

루돌프 보렌(1920 -)은 하이델베르크 대학의 실천신학 교수이다. 그의 저서 『설교학』은 설교를 주제로 다룬 조직신학 저서로서 독일에서 최근 발간된 훌륭한 작품이다. 이 책은 4판을 거듭하며 독일의 개신교 설교자들에게 엄청난 영향을 끼쳤다. 이 책에서 보렌은 설교의 이론과 실제를 모두 아우르는 포괄적인 구상을 전개하고 있으며, 설교에 대한 신학적인 정의에서부터 커뮤니케이션 이론에 이르기까지 광범위한 영역을 다루고 있다. 보렌의 글은 칼뱅과 블룸하르트 형제, 본회퍼와 바르트에 뿌리를 두고 있으며, 또한 목사 및 설교자로서 그의 다년간의 경험에 기초하고 있다. 본회퍼가 설교에 대한 기독론적인 접근을 시도한 데 반해, 보렌은 설교를 성령론 안에 위치시킨다. 기독론적 설교학은 그리스도 - 신비주의로 이끌지만, 성령님은 교회의 영이기 때문에 그의 설교학은 설교를 신비적이거나 개인적인 행위로 보는 견해를 배척한다. 보렌은 성령님을 생명의 능력으로 이해하며, 따라서 설교에 있어 성령님의 활동을 그 시대의 다른 영들로부터 구별시켜야 할 필요성에 대해서 역설한다. 그는 커뮤니케이션 이론에 대한 논의와 성령론 논의를 함께 다루거나 설교와 연관된 기적 개념을 고수하는 데 있어 별다른 어려움을 느끼지 않는다. 그의 '신율적 상호성'라는 개념은 성령님이 삼위일체의 다른 인격과 맺는 관계를 전제하고 있다. 이 '신율적 상호성'을 통해 성령님은 인간의 언어 및 문화와 '함께 역사하신다.' 아래 발췌문에서 중요한 한 가지 개념이 있는데, 그것은 '영감'(in - spiration)이라고 번역된 Begeisterung이라는 단어이다. 번역어 in - spiration에서 ' - '을 붙인 이유는 이 영어 단어가 암시하는 일반적인 열정이라는 함축을 배제하기 위해서이다. (한글 번역에서는 그냥 '영감'(靈感)이라고 번역했다. - 역자 주)

필자는 성령님을 말씀의 수여자라고 부른다. 이것은 설교자로서 내가 처음부터 말씀을 나 자신 안에 소유하고 있지 못하다는 것을 의미한다. 먼저 성령님이 말씀하시고 그 다음에 내가 말한다. '신율적 상호성'이란 설교에 있어서 하나님의 행위와 인간의 행위 사이의 관계를 의미하는데, 이것은 언어를 주고받는 가운데 최초로 발생한다.

우리는 신약성경 안에서 다양한 단계와 다양한 방법으로 이러한 실재를 대면한다. 우선 예수님은 성령님으로부터 세례를 받으신 이후에야 비로소 전도하기를 시작하셨다(막 1:9). 예수님이 제자들에게 사명을 위임하실 때 총독들과 임금들 앞에서 성령님이 그들의 대변자가 될 것이라고 약속하셨다. "그들이 너희를 넘겨 줄 때에 어떻게 또는 무엇을 말할까 염려하지 말라 그 때에 너희에게 할 말을 주시리니 말하는 이는 너희가 아니라 너희 속에서 말씀하시는 이 곧 너희 아버지의 성령님이시니라"(마 10:19-20) 바울은 자신이 성령님을 받았으며 또한 그 능력을 하나님으로부터 받은 사람처럼(고후 3:5) "성령께서 가르치신 말씀으로"(고전 2:12) 말한다고 주장한다. 오순절 성령 강림의 결과 나타난 것은 언어 기적이었다(행 2:4). (중략) 바울이 에베소에서 아볼로의 제자들에게 안수했을 때 성령님이 그들에게 임하고 그들은 방언으로 말하고 영감을 받아 설교했다(행 19:6). 예수님뿐 아니라 바울 자신도 성령님과 세례를 받은 이후부터 전도하기 시작했다고 전해진다. 요한복음에 약속된 보혜사는 예수님의 말씀을 살아 있는 말씀으로 만들어 주며(마 14:26), 예수님이 내신 숨은 제자들에게 성령님을 매개해 줌으로써 그들이 죄의 용서를 선포할 수 있도록 힘을 실어 주었다(요 20:22).

우리가 신약성경의 가르침을 따라 성령님이 말씀을 수여하신다고 주장한다면, 성령님은 자신이 수여하는 말씀 없이는 아무것도 아니라는 결론이 자연스럽게 따라나온다. 누가와 요한에 따르면 성령님의 수여만으로는 충분하지 않다는 사실을 주목할 필요가 있다. 오순절의 언어 기적은 분명히 베드로의 설교를 통한 확장을 필요로 한다. 여기에 대해서는 이미 언급한 바 있다. 베드로는 그 사건을 설명하기 위해 성경 본문을 끌어온다. 사건은 그 자체로 자신을 설명하지 못하기 때문이다. 요한에게 있어서 성령님의 수여는 앞뒤로 말씀에 의해 둘러싸여 있다(요 21:21 - 23). 즉 그 앞에는 제자들을 세상에 파송하시는 말씀이 선행하고(21절), 그 뒤에는 죄를 용서하거나 그대로 둘 수 있는 권위를 부여하시는 말씀이 따른다(23절). 반면 성령님의 선물 자체는 "성령님을 받으라"는 선물을 줄 때의 관용 표현 속에 담겨 있다(22절). 성령님의 수여와 말씀 사이의 관계에 대하여 이 두 신약성경 기자의 주장이 일치한다는 사실은 그들 각자가 보도하는 내용이 사실상 서로 많은 차이가 있다는 점을 고려할 때 더욱 놀라운 일이다. 성령님은 말씀을 수여하실 뿐 아니라 다른 한편으로 해석하는 말씀을 필요로 하신다는 사실 또한 명백하다. 성령님이 말씀을 필요로 하신다는 사실은 성령님의 '케노시스' 곧 자기 비움이라고 불린다. (중략) 우리가 성령님의 케노시스라고 부르는 이것만이 '신율적 상호성'이라는 개념을 이해 가능하게 만들어 준다.

   성령님은 제자들의 설교 선생님이 되었고 제자들은 성령님의 발성 기관이 되었다. 말씀하시는 이는 제자들이 아니라 성령님이시다. 하지만 성령님은 제자들의 입을 필요로 하시며 제자들은 직접 말해야 한다. 만일 제자들이 성령님을 언어화한다면 성령님 또한 제자들이 말하는 것을 도우신다. 성령님은 말씀을 주실 뿐 아니라 그 말씀의 구성에까지 관여하신다. 성령님은 말씀의 도래와 현존뿐 아니라 말씀의 미래까지 결정하신다. 설교에 있어 이것은 무엇보다도 설교자가 성령님으로부터 말씀을 받는다는 것을 의미한다. 앞으로 설교자가 될 사람이 말을 잘 하지 못한다 하더라도 이것은 성령님과 설교자가 말을 서로 주고받는 가운데 극복된다.

   따라서 설교자 안에 성령님이 현존한다는 것은 우리가 일반적으로 이해하듯이 언어적인 재능이나 말솜씨를 의미하지 않고 오히려 선물을 의미한다. 이 선물은 관계에 대한 확신이며 특별한 시간에 대한 표시이다. 요컨대 이것은 새로운 관계 속에 있는 새로운 자아의 발견이다. (중략) 성령님과의 관계 속에서 설교자는 '나'를 말할 수 있다. 성령님과 설교자의 이러한 관계 속에는 수동적인 차원과 능동적인 차원이 공존한다. 한편으로는 성령님이 설교자에 대하여 행하시는 일과 관련되고, 다른 한편으로는 설교자가 스스로 행하는 일과 관련된다. 또한 능동태와 수동태 안에는 설교자가 성령님에 대하여 어떻게 행동하느냐 하는 질문도 들어 있다. (성령님과 관련하여 사용된 두 개의 동사, 곧 '받다'(행 1:8)와 '거스르다'(행 7:51)를 주목하라.) 성령님의 현존은 인간의 현존을 배제하기보다는 포함하는 것이기 때문에, 설교 방법에 관한 질문은 제쳐둘 수 없는 것이다. (중략)

여기서 우리는 말씀을 주시는 분인 동시에 말씀이 주신 선물로서의 성령님을 다루고 있다. 즉 성령님이 말씀에 대하여 어떻게 행하시는지 또는 어떻게 성령님이 말씀을 수반하시는지에 대해서는 살피지 않는다. 앞서 성령님이 말씀을 필요로 하신다는 사실에 대해서 언급한 바 있기 때문에, 이제 다른 차원으로 논의를 옮겨 가도록 하자. 성령님이 말씀을 주시고 말씀이 성령님을 설명하실 뿐 아니라, 말씀은 성령님을 매개한다. 그렇다면 '영감'이 설교의 목적이 된다.

사람들이 흔히 사용하는 표현을 사용했다면, '신령주의'라고 표현했을 것이다. 아마도 '영감'이라는 단어가 가진 무례한 이미지는 신령주의와 마찬가지로 피하는 것이 좋을 것이다. 하지만 성령론에 있어서 가장 큰 위험은 무엇보다도 가현주의이기 때문에, 여기에서 필자는 다소 무례한 말하기 방식을 감수하더라도 '영감'이라는 표현을 계속해서 사용하고자 한다. 한편 이 단어는 오해의 소지가 있다. 일상 회화에 있어 이 단어는 무반성적인 이상주의나 무아경과 동의어로 사용되고 있기 때문이다. 이렇게 되면 설교의 목적으로서의 '영감'은 '민중의 아편'이 되고 설교는 계속해서 환각제가 되어 버릴 것이다. 그럼에도 불구하고 필자는 '영감'이라는 무례한 개념이 절대적으로 필요하다고 생각한다. 왜냐하면 이 개념은 영들을 분별해야 할 필요성을 분명하게 제시한다는 점에서 비판적인 이해를 요구하고 있기 때문이다. 여기에서 필자는 철저하게 문자주의적 입장을 취하고자 한다. 영감을 주는 설교는 생명을 주는 설교다. 이 개념을 보다 명료하게 이해하기 위해서는 무엇보다도 신약성경을 들여다보아야 한다. (중략)

모든 설교는 나름의 영을 포함하고 있기 때문에, 어떤 방식으로든 어떠한 종류의 영을 매개한다. 이렇게 보면 우리는 모든 설교가 영감을 준다고 말할 수 있다. 그러므로 어떤 방식으로든 어떤 종류의 영을 전달하지 않는 설교는 없다고 할 수 있겠다. 모든 설교는 어떤 영 안에서 그리고 그 영으로부터 이루어지며 그 영을 전달한다. 설교자는 회중 가운데 자신의 삶의 영과 동일한 영을 유발시키고 그 영으로 그들을 충만하게 할 수도 있다. 이러한 설교자의 '영감'을 의아하게 생각할 필요는 없다. 지친 설교자 또한 전염성이 있어서 자신의 지친 마음을 회중에게 나누어 준다는 사실을 우리는 기억할 필요가 있다. 자포자기한 설교자는 그러한 심정을 그대로 전달한다. 심지어 설교자는 회중에게 자신의 무기력한 영을 '불어넣는다.' 지루함 또한 일종의 '영감'이며, 반대로 열정도 마찬가지이다. 심지어 하품까지도 전염성이 있다. 마지막으로 우리는 설교자가 그 속에 살고 있는 환경의 영을 고려해야 한다. 왜냐하면 환경은 설교자뿐 아니라 회중에게도 영향을 미치고 있기 때문이다.

이렇게 볼 때 '영감'의 영역은 아주 광범위하다. 그리고 그러한 이유로 인해서 영감을 전체로 한꺼번에 칭찬하거나 비난해서는 안 되며, 우리는 그러한 영감을 검증해야 한다. 그러나 만일 지금까지 묘사한 '영'의 기능을 무시하고 싶은 사람이 있다면, 그 사람은 성령님이 인간의 영역으로 오시는 것도 또한 부정하게 될 것이며, 무엇보다도 성령님을 가현설적으로 이해하게 될 것이다. 이러한 사고는 광범위하게 퍼져 있지만 대부분 의식하지 못하고 있는 한 가지 오류, 즉 설교가 무오류하며 듣는 회중으로부터 검증이나 비판을 필요로 하지 않는다고 하는 잘못된 생각을 더욱 부추기고 고착화시킨다.

'영감'을 무시하는 이러한 태도는 상식과 현실 감각이 결핍되어 있음을 드러낸다. 우리의 교회 안에서 열광적인 신앙을 억압하는 것과 다른 한편 설교에 대한 비판을 전혀 하지 않는 것은 마치 동전의 양면과 같다. 처음부터 열광적인 신앙을 정죄해 버리면 (이론적으로는 그렇지 않더라도 실제적으로) 우리는 영들을 분별할 필요를 상실하게 된다. (중략) 에른스트 케제만(Ernst Kasemann)은 "열광이 전혀 불가능하다면 그리스도인의 자유 또한 존재하지 않는다."라고 말했다. 자유가 없다면, 설교에 대한 비판이나 회중의 성숙, 평신도의 능동적인 참여와 같은 것도 있을 수 없다. 성령님을 부어 주는 설교는 자유를 줌으로써 참으로 영감을 준다. 그러한 설교는 자유를 주는 가운데 항상 무언가에 대하여 영감을 준다. 그것은 하나를 끝내고 다른 하나를 새롭게 시작한다. 그래서 그것은 생명을 가져다 준다.

'영감'에 대한 평가가 다양하고 또한 분별을 필요로 할 만큼 그 범위가 대단히 넓기 때문에 우리는 설교를 통해서 오직 성령님만 전달하고 그 외의 다른 영들을 전하면 안 될 것이다. 설교는 세계를 새롭게 창조하시는 성령님을 전달해야 한다. 설교는 창조자의 영을 통하여 영감을 준다. 우리는 오직 설교가 자유의 영이신 성령님을 우리에게 전달해 준다는 것을 설교에서 기대한다. 하지만 설교자는 항상 자기 자신으로부터 무언가를 주기는 하지만, 이 같은 성령님을 자기 자신으로부터 내줄 수는 없다. 성령님은 설교자가 아니라 오직 아버지와 아들로부터 출원하시기 때문이다. 물론 설교자는 성령님이 주신 말씀을 전달하는 가운데 성령님이 스스로를 내주실 것을 소망할 수 있다. 그러므로 필자는 설교와 관련하여 기적이라는 개념을 강조하고자 한다. 왜냐하면 아버지와 아들로부터 나오시는 성령님이 우리의 설교를 통해 자기 자신을 내주신다는 사실에 모든 것이 달려 있기 때문이다. 설교의 기적은 오순절적이며, 설교자는 성령께서 주신 말씀을 설교하는 가운데 성령께서 자기 자신을 전달하실 것을 기대한다. 그러므로 설교자는 자신의 개인적인 특성이 성령님의 이 같은 역사를 망치지 않도록 주의해야 한다. 설교를 준비하고 전달하는 것은 죽음의 과정에 이르는 창조성을 포함하고 있다. 설교하는 것은 곧 죽음을 경험한다. 그것은 오직 부활의 능력을 통해서만 '생명을 주는 영감'이 될 수 있다. 하지만 누구든지 강단을 작은 낙원으로 경험하고자 하는 사람은 먼저 사막을 통과해야 하며 또한 낙원이 하나님과 같이 되고자 하는 유혹과 우리의 영을 성령님과 혼동하려는 유혹의 궁극적인 장소가 됨을 깨달아야 한다.

지금 여기는 성령님의 영감의 목적을 기술하는 자리는 아니다. 그렇지만 새로운 창조의 맥락에서 '영감'의 두 가지 형태를 지적할 필요는 있을 것 같다. 성령님은 기쁨의 영이다. 성령님이 자신을 내주시는 곳에는 항상 기쁨이 있다. 성령님은 기쁨을 주는 가운데 칭찬의 영을 불러일으키고 노래하는 영을 일깨우신다. 성령님은 미래를 끌어오면서 기쁨 가득한 찬양을 주신다. 성령님의 영감을 받은 설교는 회중의 혀를 풀어 주어 그들로 찬양하게 할 뿐 아니라 또한 항의하고 탄식하게 한다. 성령님은 사실을 앞에 두고 스스로를 기만한다는 의미에서의 기쁨의 영만은 아니다. 성령님은 슬픔에 관해서 잘 알고 있다. 성령님은 우리를 통곡하게 만들 수도 있다. 왜냐하면 성령님은 오순절의 열광적인 기쁨에 대해서만 가르치지 않고 탄식과 심지어는 복수의 노래까지도 가르쳐 주시기 때문이다. 성령님은 우리가 울부짖는 법을 가르쳐 주신다. 성령님은 자유를 향한 예배의 울부짖음을 승화시키신다. 성령님은 세상의 불의에 대항하여 고발하시며, 세상의 슬픔으로 인해 탄식하시고, 세상의 비참한 곤경을 헤아리신다. 이런 식으로 성령님은 세상의 변혁을 이끌어 가신다. 말하자면 성령님은 기뿜과 슬픔이라는 두 가지 형태의 '영감'을 통해 오늘날 만연한 성령님 자신에 대한 무관심을 몰아내신다.

지금까지 우리는 설교의 원천을 보다 잘 이해하기 위해서 설교의 목적에 대해서 이야기했다. 이러한 목적의 관점에서 볼 때, 성령님이 단지 설교자의 귀에 속삭이는 분으로 머무르지 않고 성령님이 친히 설교에 영감을 불어넣으시는 분이 되시는 것이 얼마나 중요한지 우리는 명확하게 인식할 수 있다.

출 처

Rudolf Bohren, Predigtlehre (M?nchen: Chr. Kaiser Verlag, 1971), pp. 82 – 88. Selection translated by Susan Harsh. Used by permission.

8부
신학과 말씀과 성례

P.T. 포사이드 | P. T. Forsyth | 긍정적인 신학과 설교
칼 바르트 | Karl Barth | 계시와 성례와 교리
R.E.C. 브라운 | R. E. C. Browne | 교리의 해설
제프리 와인라이트 | Geoffrey Wainwright | 예배로서의 설교

P. T. 포사이드

P.T. Forsyth

긍정적인 신학과 설교

신학과 설교는 둘 다 교회의 언어다. 하지만 그 둘은 어떤 관계 속에 있는가? 바르트에게 있어서 교의신학은 교회 설교의 조언자인데 반해, 그의 제자인 바젤의 하인리히 오트에게 있어서 신학과 설교는 기능적으로 동일하다. 20세기 초 포사이드(1848 - 1921)는 신학과 설교의 관계를 재정립하면서 은혜라는 신학적 원리를 모든 설교의 내용적 핵심으로 제시했다. 설교자에게 지속적인 힘을 공급해 주는 것은 바로 이러한 신학적인 원리이다. 포사이드에게 있어 은혜의 원리는 살아 계시고 거룩하신 그리스도 곧 십자가를 통해 세계를 영원히 바꾸어 놓으신 그분을 표현하는 것이라는 사실을 우리는 주목할 필요가 있다. 속죄의 객관성과 그 선포의 필요성은 포사이드의 '긍정적 신학'의 핵심에 위치하고 있다. (그는 '긍정적 신학' 이라는 표현으로 '복음적 신학'을 의미했다.) 그는 당대의 자유주의적이고 진화론적인 경향에 반대했다. 이러한 경향은 특히 R. G. 캠벨(Campbell)의 『신(新)신학』에 잘 드러나 있는데, 포사이드가 보기에 이러한 경향은 하나님과 인간 사이의 모든 구별을 희미하게 만들었다. 포사이드는 20세기 최초의 위대한 복음주의자였다. 그는 비처 강연에서 복음주의 신학에 대하여 예언자적인 비판을 했다. 그에 따르면 당시의 복음주의 신학은 "정교하고 최종적이고 수정 불가능하고 개혁을 거부하며 이 때문에 공적인 영향력을 상실한 정통주의 신학의 이념으로부터 아직까지 벗어나지 못하고 있었다." 포사이드는 설교자가 자신의 설교의 효과를 살피기보다는 오히려 신학적 원리를 반성하고 이러한 반성을 통해 그 안에서 인격적인 하나님을 발견해야 한다고 역설하였다.

그리스도인의 첫번째 조건은 믿음이다. 사랑으로 역사하고 꽃을 피우는 믿음은 한 영혼을 그리스도와 참된 교회의 한 지체로 만든다. 그리스도에 대한 믿음이라면, 어떻게 사랑으로 역사하고 꽃을 피우지 않을 수 있는가? 믿음이라고 하면서 사랑으로 역사하지 않는 경우가 많은데, 이것은 이 믿음이 참된 믿음이 아니요 그리스도에 대한 믿음도 아니라는 것을 의미한다. 그러한 믿음은 그리스도와의 인격적인 만남과 교제가 아니다. 그리스도에 대한 참된 믿음은 세상에서 가장 위대하다. 이 믿음은 그 안에 모든 약속을 가지고 있으며, 성령님 안에서 사랑과 경건과 평화와 기쁨의 능력을 소유하고 있다. 어떤 사람을 그리스도인으로 만드는 것은 이러한 살아 있는 믿음이다.

하지만 그리스도인 중에서도 설교자는 특별한 장소와 사역으로 인해 눈에 두드러진다. 교회 사역자의 첫번째 요구 조건은 신학 곧 자신이 무엇을 믿고 있는지 아는 믿음이다. 이 믿음은 긍정적인 믿음이요, 경험뿐 아니라 내용도 가진 믿음이요, 감격할 뿐 아니라 이해하고 평가할 줄 아는 믿음이다. 스스로 아직까지 신학에 이르는 과정 중에 있다고 느끼는 설교자는 그가 아무리 말을 잘 한다 할지라도 아직까지 설교자가 되기 위해 준비하는 과정에 있다. 그는 기껏해야 '확인되지 않은 어떤 영감의 성현'(聖顯)에 지나지 않는다. 이러한 종류의 영감은 점술과 관련되거나 낭만적일 수는 있지만 예언자적이거나 사도적이지 않다. 어떤 사람을 그리스도인으로 만드는 믿음은 설교자에게 있어서는 신학이 되어야 한다. 체계화되지 않은 믿음을 가진 설교자는 참된 설교자가 아니다. 설교자에게 있어 반성하지 않는 믿음은 맹목적인 믿음이며 따라서 권위 없는 믿음이다. 하지만 오늘날 우리 시대가 절실히 요구하며 또한 우리 설교자들에게 가장 부족한 것이 바로 권위 즉 겸손한 인격을 통해 선포되는 권위 있는 복음이다. 한편 권위와 영향력을 얻기 위해서는 우리에게 경험이 필요하고, 또한 그보다 더 긍정적인 믿음이 필요하다.

경험은 복음을 선포하는 사람이 지나다니기에는 너무 좁은 길이다. 복음을 선포하는 사람은 메시지를 설명할 수 있어야 한다. 그 메시지는 영원하며 따라서 그의 경험을 훨씬 넘어서는 것이기 때문이다. 그는 그저 자신의 경험적 확증에만 만족하고 거기에 안주해서는 안 된다. 설교자뿐 아니라 다른 모든 그리스도인들도 그렇게 해서는 안 된다. 설교자는 경험으로부터 발생하지 않고 오히려 경험을 창조해 내는 그러한 지식에 대한 확신을 갖고 있어야 한다. 그가 맡은 임무는 이미 주어져 있는 것으로서 경험 너머에 있는 세계 곧 항상 경험된 형태로 나타나지만 경험 세계는 아니고 그 너머에 있는 세계를 전한다. 경험은 단지 단편적일 뿐이지만 설교자는 전체에 대해서 가르쳐야 한다. 그는 항상 존재해 왔으며 앞으로도 영원히 존재할 영원한 것에 대한 확신을 가지고 있어야 한다. 경험은 시간 안에 있지만 설교자는 영원을 긍정해야 한다. 그의 경험은 단지 자신의 경험이나 기껏해야 그와 접촉하는 몇몇 사람들의 영혼에 걸쳐 있을 뿐이다. 하지만 그는 세계 전체의 영원한 운명과 만유의 주 되신 하나님의 영원한 뜻에 대하여 확신을 갖고 말해야 한다. 이 같은 확신은 경험을 훨씬 넘어서는 지식이다. 이러한 지식은 오직 경험을 통해서만 현실로 나타나지만, 경험은 결코 그러한 지식에 도달할 수 없으며 또한 그것을 확증할 수도 없다. 이 지식은 신앙으로 말미암는 지식이다. 여러분이 만일 우주를 소유하고 있다면, 여러분은 경험 너머에 있는 그래서 오직 믿음으로만 접근할 수 있는 어떤 것을 소유하고 있다. 경험은 지식을 얻는 유일한 기관이 아니다. 그것은 기껏해야 하나의 필요 조건일 뿐이다. 경험은 단지 하나 혹은 여럿을 다루지만 믿음은 전체를 다룬다. 왜냐하면 믿음은 하나님과 영원과 세계를 다루기 때문이다. 즉 믿음은 우리가 단지 단편적으로만 경험하는 실재의 전체를 다룬다. 믿음을 통한 지식은 경험과 학문을 통한 지식만큼이나 나름의 확실성을 가지고 있다. 동시에 믿음을 통한 지식은 경험을 통한 지식보다 훨씬 더 수준이 높고 깊이가 있으며 더 중요하다. 믿음을 통한 지식은 어떤 사물이나 사람의 특징 혹은 어떤 힘이나 그 힘의 법칙에 관한 지식이 아니고 고유한 목적을 가진 한 인격에 대한 지식이다. 설교자가 져야 할 짐은 단지 개인적인 경험으로서의 믿음이 아니라 지식으로서의 믿음이다. 다시 말해, 믿음의 내적이고 객관적인 내용 즉 항상 경험을 창조하는 믿음의 대상이 바로 설교자가 져야 할 짐이다. 그 짐은 다름 아닌 예수 그리스도 안에 나타난 하나님의 인격과 뜻과 행위이다. 설교자의 권위는 주관적이고 인격적인 경험에 있지 않고 믿음의 객관적이고 인격적인 내용에 있다. 설교자의 경험은 때때로 그 자신에게 깊은 인상을 심어 줄 수 있는지 모르지만, 설교자에게 지속적인 능력을 공급해 주는 것은 그의 믿음이다. 그 능력은 설교자에게 있지 않고 그가 선포하는 복음 곧 그의 신학에 있다. 설교자에게 있어 그의 신학은 자신의 경건에 있어 본질적인, 아마도 유일하게 본질적인 부분이다. 어떤 설교자는 학문으로서의 신학을 강의하는 일에 어울리지 않을 수 있다. 하지만 아무리 말을 잘 하는 설교자라 할지라도 설교의 뿌리에 신학을 갖고 있지 못하며 따라서 신학의 생기가 그 설교에 퍼져 있지 않는 사람은 열등한 설교자에 속한다. 만일 목사로서 단지 몇 번의 설교를 통해서가 아니라 축적된 사역을 통해서 열매를 보려고 하는 사람에게 있어 이것은 더욱 확실한 진리이다.

요컨대 설교자의 첫번째 요구 조건은 긍정적인 신학이다. 하지만 이것은 수준 높은 조직신학이나 정통 신학을 의미하지 않는다. 조직신학은 순수 이론에 머물기 쉽고, 반면 정통 신학은 얼마 지나지 않아 시대에 뒤떨어지고 만다. 정통이나 이단과 같이 낡은 단어는 이제 버리고 다만 역사적인 용어로만 사용하는 것이 좋을 것이다. (중략) 그러므로 그러한 단어는 이제 믿음과 관련해서 고어 혹은 사어로 간주하자. 정통 신학 곧 이제는 그 맛을 잃어버린 판에 박힌 신학에 대해서 이야기하지 말고, 긍정적인 신학 곧 살아 있고 힘있는 신학에 대해서 이야기하자.

여기에서 긍정적인 신학이란 부정적인 신학과 정반대되는 신학을 의미한다. 그런데 언제 신학은 부정적이라고 말할 수 있는가? 무엇에 대한 부정인가? 전통에 대한 부정인가? 아니다. 능력에 대한 부정이다. 복음에 대한 부정이다. 긍정적인 신학은 복음적인 신학이다. 이러한 의미에서 긍정성이란 주로 내가 종종 의지의 우선성이라고 묘사하는 것과 관련된다. 긍정성은 도덕적이다. 하지만 명령형의 도덕보다는 훨씬 더 고차원적인 의미에서 도덕적이다. 왜냐하면 그것은 어떤 생각 속에서 흐트러지거나 혹은 사고 속에서 조직된 것이 아니라 어떤 인격적인 행위 곧 구속에 집중하고 있기 때문이다. 그리스도의 삶을 통해 나타난 사랑은 단순히 감정적이지 않고 이성적이며 또한 도덕적이었다는 의미에서 긍정적이었다. 그리스도의 삶은 두 가지 중요한 특징을 가지고 있는데, 첫째는 그리스도가 상황 전체를 이해하고 있었다는 것이고 (이러한 의미에서 그분의 삶은 이성적이다.) 다음으로 그분의 삶이 명확하고 실천적인 한 가지 목적으로 압축된다는 사실이다. (이러한 의미에서 그분의 삶은 구속적이고 도덕적이다.) 그리스도는 하나님을 이해한 유일한 사람이었다. 아들 외에는 아버지를 아는 사람이 없기 때문이다. 그리스도는 사람의 도덕적 중심까지 이해했으며, 사람의 속에 뭐가 있는지 다른 사람에게 들을 필요가 없었다. 그리고 그분의 삶은 하나님과 인간에 대한 결정적인 행위에 초점을 맞추고 있었다. 그 행위는 결정적이었으며 또한 구속적이었다.

  긍정적이라는 표현은 중요한 복음적 의미에서 도덕적이라는 것을 의미한다. 첫째, 긍정적이란 하나님의 사랑의 최상의 형태가 실제 행위였다는 것 곧 역사의 중심에 위치하며 영원에 대해서는 비판적이라는 것을 의미한다. 그리스도의 삶은 거룩한 삶이었다. 단지 흠이 없었다는 의미에서가 아니라 유일하고 탁월한 도덕적인 행위였다는 의미에서 곧 양심을 성취한 유일하게 절대적인 행위요 하나님과 인간 그리고 전체 영적 세계에 영향을 미치는 행위였다는 점에서 그 삶은 거룩한 삶이었다. 그것은 단지 누군가를 흉내낸 것이 아니었다. 그것은 단순한 감화가 아니라 행동이었고, 신선한 자극이 아니라 새로운 창조였으며, 인류를 위한 시작이 아니라 오히려 완성이었다. 거룩함이란 도덕적인 한 사람이 행한 행동을 떠나서는 아무런 의미를 갖지 못한다. 만일 영원한 인격이 존재한다면, 그 인격의 거룩함은 그의 영원한 행위이다. 그것은 과거의 사건도 혹은 그 영원한 존재의 속성도 아니고, 또한 신비주의자들이 꿈꾸듯 무한한 현존도 아니다. 둘째, 하나님의 선물은 영생이다. 이 영생은 아무리 좋고 잘 다듬어진 것이라 할지라도 자연적인 선(善)을 능가하는 어떤 것이다. 우리가 지금 도달한 고지에서 볼 때 도덕성이란 단순한 순종을 의미하지 않는다. 순종은 결국 일종의 바리새주의였으며, 개신교에 엄청난 해를 입혔다. 아무리 좋고 선한 율법이나 신조라 할지라도 거기에 순응하는 것만으로는 도덕적인 행위라고 할 수 없다. 도덕성이란 우리 인격에 대한 표현이다. 도덕적인 존재가 되어 간다는 것은 인격적으로 성숙한다는 것을 의미한다. 그것은 단지 어떤 특정한 행위를 잘 수행하는 것을 의미하지 않는다. 그것은 우리의 창조적 행동이다. 그것은 영혼이 하나님의 거룩한 에너지와 협력하여 자신의 구속된 운명을 완성하게 된다. 성령님 안에서 사는 것은 단지 빛 안에서 걷는 것을 의미하지 않는다. 성령님은 창조적인 에너지이다. 성령님 안에서 사는 것은 이 에너지를 발휘하는 것을 뜻한다. 즉 성령님 안에서의 삶이란 예배와 예술과 과학과 정치 안에 그리고 교회와 국가와 가정 안에 헤아릴 수 없이 다양한 양태 가운데 존재하는 영원한 생명에 동참하고 그것을 누리는 삶이다.

긍정적인 기독교란 그러므로 거룩한 삶에 있어 도덕의 우선성을 인정하는 기독교이다. 그것은 먼저 사람을 거룩한 것에 순응하게 만들고 다음에 그 사람 안에 거룩한 것을 창조하며 구속의 선물 곧 영생을 가져다 주는 십자가를 통해 이 두 가지 일을 수행하는 기독교이다. 이것이 복음적인 기독교이다. 신조나 과정으로서의 기독교가 아니라 언제나 하나님께서 그리스도의 십자가를 통해서 역사 속에 행하신 행동으로부터 시작하는 기독교이다.

하지만 복음주의 신학이라는 명칭은 정통주의 신학의 이념 곧 정교하고 최종적이고 수정 불가능하고 개혁을 거부하며 또한 따라서 공적인 영향력을 상실한 신학의 이념에 아직까지 매여 있는 신학자들에 의해 독점적으로 사용되고 있다. 내가 복음주의 신학을 말할 때 그것은 은혜라는 하나의 창조적 원리를 충분히 정당하게 다루는 모든 신학을 의미한다. 어떤 신학이든 그렇게 하기만 하면 복음적이다. 어떤 신학이 복음적인 것은 그 결론 때문이 아니라 그 원리 때문이며, 그 문구나 문장 혹은 그 정신이나 기질 때문이 아니라 은혜와 능력의 성령님 때문이다.

출 처

P. T. Forsyth, Positive Preaching and Modern Mind (New York: A. C. Armstrong, 1907), pp. 199 – 205.

칼 바르트

Karl Barth

계시와 성례와 교리

칼 바르트(1886 - 1968)에게 있어 설교는 기독론이나 성령론 혹은 교회론 등 기독교 교리의 특정한 영역에 국한되지 않는다. 『교회교의학』에 따르면 설교란 "교회 안에서 그 직무를 위해 부름받은 사람이 계시에 대한 성서적 증언의 일부를 주해하는 가운데 하나님의 계시와 화해와 부르심의 약속을 우리가 지금 여기에서 기대할 수 있는 일로서 표현하고 또한 동시대의 사람들이 이해할 수 있도록 만든다."(I, 1, p. 56). 바르트가 설교에 대해 논한 부분 중에 가장 뛰어난 곳은 '하나님의 말씀'이라는 표제를 달고 있다. 그에 따르면 하나님의 말씀은 삼중적이다. 먼저 성육신하신 계시된 말씀이 있고, 기록된 말씀으로서의 성경이 있고, 마지막으로 선포된 말씀이 있다. 마지막의 선포된 말씀과 성례가 교회의 선포를 구성한다. 설교의 내용을 제공하는 것은 교의신학의 과제가 아니다. "설교의 내용은 항상 성경 전체 문맥 안에 있는 어떤 특정한 본문과 변화하는 순간의 특정한 상황 사이의 중간 지대에서 발견되어야 한다." 교의학은 설교를 위한 '안내자'로서 어떤 주어진 상황에서 말해야 하는 것과 또한 어떤 상황에서는 말하지 않아야 하는 것을 분별하도록 도와 준다(I, 1, p.79). 교의학의 궁극적인 목적은 교회의 선포가 교회의 존재 곧 하나님께서 교회에 허락하신 그 삶의 풍성함에 합치하도록 만든다. 바르트의 신학에 있어 계시의 구심적 역할은 설교가 하나님의 행위라는 것을 의미한다. 참된 설교는 계시에다 다른 무언가를 덧붙이거나 혹은 '허망한 형상'이나 '감성적인 표현'으로 그 계시를 장식하지 않는다. 설교가 예수 그리스도 안에 나타난 하나님의 근원적인 계시에 대해 증언할 때, 그 설교는 인간의 행위이지만 동시에 하나님의 말씀이 된다. 바르트는 설교를 아주 중요하게 생각했다. 언젠가 자신의 설교에 대해 말하면서 그는 『교의학』은 설교에 대한 '각주'에 불과하다고 이야기했다. 그의 강의 내용 중에서 발췌한 아래 글은 학생들이 필기한 내용을 기초로 하고 있다.

설교와 계시

우선 설교와 계시의 관계를 그 부정적인 측면부터 살펴보자. 하나님을 드러내거나 그분의 중개자로 나서는 것은 설교자가 하는 일이 아니다. 설교자가 복음을 설교할 때 하나님께서 친히 말씀하신다. 물론 설교자가 무언가를 드러내고 있으며 그를 통해 어떤 계시가 전달되고 있다는 데 대해서는 의문의 여지가 없다. 하지만 하나님께서 초림을 통해 자신을 계시하셨으며 또한 재림을 통해 자신을 계시하실 것이라는 사실을 우리는 항상 염두에 둘 필요가 있다. 초림과 재림 사이의 중간기 동안에 설교를 통해서 어떤 일이 발생하는지는 오직 설교의 신적 주체이신 하나님에게 달린 일이다. 계시는 폐쇄된 체계로서 그 체계 안에서 하나님은 주체이자 대상이며 동시에 매개의 통로이다.

설교와 계시 사이의 이런 관계는 다음과 같은 실천적인 함의를 가진다.

설교는 하나님의 진리를 전달한다고 주장할 수 없다. 또한 어떤 이론적 명제를 간략하게 혹은 상세하게 풀어 설명함으로써 하나님의 존재를 이성적으로 증명하는 것은 설교의 목적이 될 수 없다. 하나님이 존재하신다는 증거는 하나님이 친히 제공하신 것 외에는 달리 아무것도 없다. 또한 누구도 우리에게 하나님의 진리를 예술적인 형태로 표현할 것을 요구하지 않는다. 즉 우리는 허망한 형상을 사용하거나 감상적인 표현으로 그리스도이신 예수님을 묘사할 필요가 없다. 바울이 갈라디아 교인에게 자신이 십자가에 달리신 그리스도이신 예수님을 그들의 눈앞에 생생하게 묘사했다고 말했을 때, 이것은 그가 회중의 상상력을 사로잡기 위해 온갖 예술적 기교를 다 사용하였다는 것을 말하는 것이 아니다. 바울에게 있어 그리스도를 묘사한다 함은 꾸밈없이 순전한 진리 안에서 그분을 내어 보이는 것을 뜻했다. 우리는 "아무 형상이나 우상을 만들지 말라"는 명령 아래 있다. 하나님께서 친히 자신의 진리, 자신의 말씀을 발설하기 원하시기 때문에, 설교자는 자기 자신의 지식이나 기교를 덧붙임으로써 그 진리에 불순물을 섞어서는 안 된다. 이러한 관점에서 볼 때, 교회의 십자가상이나 하나님에 대한 상징적인 이미지 등 예술 작품을 통해 그리스도의 모습을 표현하는 것은 그 가치가 의심스럽다고 할 수 있다.

또한 설교자는 하나님의 실재를 확증하려고 해서도 안 된다. 설교자의 임무는 하나님 나라를 건설하는 것이며 사람들이 결단을 내리도록 돕는 것이다. 설교자의 메시지는 근거가 확실하고 살아 있어야 한다. 설교자는 사람들의 실제 상황을 가감 없이 드러내고 그들을 하나님과 대면시켜야 한다. 하지만 만일 어떤 사람이 이러한 대면을 '죽음에 이르는 병' (Kierkegaard)이라고 생각한다면, 그것은 지나친 생각이다. 키에르케고르의 이 문구가 설교 안에 내포된 어떤 것을 전제하고 있는 것은 분명하지만, 이것은 하나님의 행동과 관계되며 어느 누구도 자신의 영역에 속하지 않는 곳을 침범해서는 안 된다.

설교자가 다른 사람들을 회심시키고 또 회중이 자신의 믿음을 공유하도록 만들어야 한다는 주장은 다만 설교자는 자기가 증언하는 중에 무슨 일이 일어나고 있는지 알고 있어야 한다는 것을 의미할 뿐이다. 그리스도를 믿는 설교자라면 결코 회중 가운데 자기 자신을 내세우지 않으며 따라서 자신이 마치 그리스도와 성령님을 부여할 수 있는 권한을 가진 것처럼 혹은 설교 중에 일어나는 일의 근원적인 힘이 마치 자기에게 있는 것처럼 회중이 생각하도록 만들지 않는다. 하나님은 한가한 분이 아니다. 그분은 일어나고 있는 일의 장본인이시다. 우리는 다만 우리에게 맡겨진 임무에 순종할 뿐이다. 우리의 목적도 우리의 방법도 모두 우리 자신이 생각해 낸 것이 아니다.

우리의 설교는 "눈으로 보고 손으로 만진" 예언자들과 사도들의 설교와 본질적으로 다르지 않다. 차이점이 있다면, 다만 설교가 선포되는 역사적 배경이 다를 뿐이다. 예언자들과 사도들은 성경이 그것에 대해서 기록하고 있는 바 역사적 계시가 일어나고 있던 바로 그 시대를 살았지만, 반면 우리들은 그 계시에 대해서 증언할 뿐이다.

하지만 만일 하나님이 우리 말을 통해서 말씀하신다면, 사실상 동일한 상황이 연출되고 있다. 즉 평범한 목사가 말씀을 전한다 하더라도 예언자들과 사도들이 거기에 현존하기 때문이다. 하지만 우리는 우리 스스로 예언을 말하고 있다고 생각해서는 안 된다. 만일 그리스도께서 자비를 베풀어 우리가 설교하고 있을 때 우리와 함께 계신다면, 그것은 설교의 주체가 우리가 아니고 하나님이시기 때문이다. 실상이 이러하기 때문에, 설교자는 자신의 계획을 주장할 수 없다.

그러므로 어떤 주제에 대하여 이론적인 전개를 의도하고 있거나 혹은 회중을 특정한 마음 상태로 이끌고자 하는 목적을 가지고 있건 간에, 우리가 독립적으로 시도할 수 있는 일은 사실상 하나님께서 그 일에 대하여 스스로 원하시는 바를 행하시도록 하나님을 기다리는 것 외에 다른 것이 될 수 없다. 만일 설교자가 스스로 어떤 특정한 생각을 해설하려고 든다면, 비록 그 생각이 신중하고 해박한 주석에서부터 비롯되었다 하더라도, 결국 그러한 생각에 대해서 말하는 이는 성경 자체가 아니라 그 설교자가 된다. 보다 긍정적으로 표현하자면, 설교는 성경에 대한 해설이 되어야 한다. 하지만 설교자는 '성경에 기초해서' 말하는 것이 아니라, 무슨 말을 하든지 '성경으로부터' 끌어와서 말을 해야 한다. 설교자는 새로운 것을 창안해서는 안 되며, 다만 주어진 것을 반복해야 한다. 설교자 자신에게서 비롯된 어떠한 명제나 어떠한 목적도 설교 중에 끼여들어서는 안 된다. 오직 하나님만 말씀하셔야 한다. 설교를 마친 후에 설교자는 자신이 혹시 설교 중에 자기 자신의 생각을 집어넣지는 않았는지 혹은 오직 하나님만 창조하실 수 있는 일을 이루고자 시도하지는 않았는지 스스로 반성해 보아야 할 것이다. 설교자는 본문의 특정한 흐름을 좇아가며 본문이 이끄는 대로 따라가야 하며, 본문에서부터 생겨난 어떠한 주제에 대해서도 질문을 제기해서는 안 된다.

이와 관련하여 본문을 선택하는 과정 중에 위험이 야기될 수 있다는 점을 지적하고 넘어가야겠다. 즉 단지 어떤 본문이 자신이 다루고자 하는 주제와 관련된다는 이유로 설교자가 특정 본문을 선택할 수도 있기 때문이다. 또한 설교자가 자기 자신의 생각에 합치되는 내용을 담고 있는 본문을 찾기 위해 성경책을 이리저리 뒤질 수도 있기 때문이다! 따라서 실제적인 상황 속에 있는 특정한 회중에게 특정한 본문으로부터 설교해야 한다는 것은 그 자체로 위험한 일이다. 그러한 상황에서도 하나님께서 친히 말씀하시고 기적을 일으키실 수도 있다. 하지만 우리가 먼저 그러한 기적을 만들어 내려고 해서는 안 된다. 만일 어떤 설교자가 그러한 시도를 한다면, 그는 스스로 교황 같은 인물이 되어 자신의 생각을 마치 하나님의 말씀인 양 제시하고 그것을 그의 회중에게 주입시키게 될 것이다.

한편 본문으로부터 설교하는 것의 긍정적인 측면도 함께 고려해야 한다. 우리는 하나님께서 친히 자신을 계시하길 원하신다는 사실에서 출발해야 한다. 하나님께서 친히 자신의 계시에 대하여 증인이 되신다. 하나님은 자기 계시를 수행하셨을 뿐 아니라 또한 수행하실 것이다. 그러므로 설교는 순종하는 가운데 곧 하나님의 뜻을 듣는 가운데 이루어져야 한다. 이 과정 중에 설교자가 관여하게 되며, 이 과정은 그의 삶의 일부를 형성하고 그의 설교의 내용뿐 아니라 그 형식까지도 결정한다. 설교는 중립적인 활동도 아니고 그렇다고 두 명의 동역자가 함께 이루어 내는 공동 작업도 아니다. 하나님 편에서 보면 설교는 주권적인 능력의 행사이고, 인간 편에서 보면 설교는 순종의 행위이다.

이런 관계가 설교를 통제할 때, 오직 그러한 설교만 '케리그마' 곧 자신의 책임을 완수하는 전령이 선포한 소식으로 간주될 수 있다. 이 때 설교자는 전능하다. 하지만 그것은 오직 그에게 사명을 위임하신 분의 전능하심 때문이다. 그러므로 케리그마는 주님의 날을 향해 나아가기 위해 그리스도의 현현으로부터 출발하는 것을 의미한다. 즉 신약성경의 설교는 두 개의 축으로 이루어져 있는데, 그 하나는 하나님께서 자신을 계시하셨다는 것이고, 다른 하나는 하나님께서 자신을 계시하실 것이라는 사실이다.

이러한 분석으로부터 우리는 몇 가지 결론을 이끌어 낼 수 있다.

모든 설교는 하나님이 자신을 계시하셨다는 사실을 고정된 출발점으로 삼아야 한다. 이것은 말씀이 육신이 되셨으며, 하나님이 인간의 본성을 입으셨고, 그리스도 안에서 하나님이 타락한 인간을 스스로 취하셨다는 것을 의미한다. 길을 잃었던 인간이 다시 집으로 되돌아간다. 그리스도의 죽음은 성육신의 마지막 경계다. 그리스도 안에서 우리의 죄와 벌은 모두 제거되고 더 이상 존재하지 않는다. 그리스도 안에서 인간은 단번에 완전히 구속받았다. 그리스도 안에서 하나님은 우리와 화해하셨다. 믿는다는 것은 실상이 이러하다는 것을 보고 알고 인정하게 된다.

만일 설교가 이러한 출발점을 엄격하게 준수한다면, 설교자가 취할 수 있는 태도는 오직 모든 것을 받은 사람의 태도뿐이다. 그는 하나님께서 친히 모든 것을 회복시키셨다는 사실을 아무런 의심 없이 알게 된다. 하지만 그는 사람들의 죄를 비난하거나 그들의 잘못을 공격하려는 유혹에 계속해서 사로잡힌다. 사람들의 죄와 잘못에 대해서 말하는 것은 분명 필요한 일이지만, 그것은 오직 죄가 소멸되었고 잘못이 분쇄되었다는 사실을 보여 주기 위해서만 필요하다. 왜냐하면 인간의 죄가 용서받았거나 혹은 죄 용서라는 것이 전혀 없거나 둘 중에 하나만이 진리이기 때문이다. 우리가 죄를 말할 때는 항상 하나님의 어린 양이 그 죄를 지셨다고 말해야 한다.

동시에 설교에서 복음을 율법으로부터 구분하는 것은 기독교적이지 못하다. "하나님을 경외하고 그분을 사랑하라."고 말하는 율법을 말하지 않고서 복음을 선포하는 일이 어떻게 가능한가? 이러한 위험은 특히 칼빈주의 진영에서 두드러진다.

뿐만 아니라, 설교는 그 첫 단어부터 마지막 단어까지 어떤 움직임을 따라간다. 이것은 설교자의 확신이나 그의 열정 혹은 그의 열심과는 아무런 상관이 없다. 이 움직임은 말씀이 육신이 되었다는 사실에서 출발하며, 설교자는 자신을 포기하고 이러한 사실의 인도를 따라야 한다. 이 규칙만 제대로 준수한다면, 서론에서 하는 말의 상당 부분이 불필요하게 될 것이다. 설교의 움직임은 그리스도께서 그들을 만나기 위해 나아가는 움직임이다. 그러므로 설교는 아래쪽 방향으로 진행한다. 설교는 절대로 정상을 향해 움직여서는 안 된다. 이미 모든 일이 성취되지 않았던가?

우리가 이미 지적했듯이, 모든 설교에는 공통된 하나의 출발점이 있는데, 그것은 하나님이 자신을 계시하셨다는 사실이다. 또한 우리는 한 가지 사실을 더 기억할 필요가 있다. 모든 설교에 공통된 유일한 종착점이 있는데, 그것은 계시의 완성 곧 우리를 기다리고 있는 구속이다.

신약성경은 처음부터 끝까지 구원의 완성을 내다보고 있다. 하지만 이것은 모든 것이 단번에 완전히 성취되었다는 것을 부정하지 않는다. 믿음의 삶은 재림의 날을 향하여 방향이 정해져 있다. 따라서 모든 일의 출발점과 종착점은 "그리스도께서 어제나 오늘이나 영원히 동일하시다"는 선언 안에 요약된다. 우리가 온전한 그리스도를 기다리고 있다는 점을 감안할 때, 기독론과 종말론은 하나라고 말할 수 있다. 그러므로 계시는 우리 앞에 있을 뿐 아니라 우리 뒤에도 있다.

결과적으로 설교는 기대의 분위기 속에서 움직인다. 마치 과거에 계시된 하나님의 은혜로 인해 지금 우리가 고요한 중에 안식할 수 있게 된 것 같이 지금 우리가 믿음과 구원의 확신 가운데 평안히 안주할 수만은 없다. 의심은 없지만 심오하고 즐거운 확신이 있으며, 또한 종말이 가까우므로 감찰하시는 분에 대한 진지하고도 열정적인 관심도 있다. 그리스도인의 다른 모든 삶과 마찬가지로, 설교 또한 초림과 재림 사이에서 그 완성을 향해 달려간다. (중략)

설교와 교회

설교는 소위 교회라는 맥락 속에 위치한다. 설교는 교회의 실존 및 교회의 사명과 밀접한 관계 속에 있다. 참된 교회의 표지는 "복음을 순수하게 가르치고 성례를 바르게 집행하는 것"(아우크스부르크 신앙 고백 7장)이다. 성례와 복음 선포라는 이 두 가지는 교회와 계시 사이의 관계에 빛을 비추어 준다.

먼저 우리는 성례의 풍부한 의미를 살펴보아야 한다. 왜냐하면, 성례가 무엇인지 이해하지 못한 상태에서 설교가 무엇인지를 이해한다는 것은 불가능한 일이기 때문이다. 어떤 설교가 성례를 수반하지 않고 또 성례에 의해 조명을 받지 않는다면, 그것은 엄밀한 의미에서 설교라고 말할 수 없다. 그렇다면 성례란 무엇인가? 설교를 비롯한 교회의 다른 모든 활동과 달리, 성례는 교회의 기초를 놓고 교회의 약속을 형성한 근원적인 계시 사건으로 되돌아간다. 왜냐하면 성례는 단지 말이 아니고 물리적이고 시각적으로 수행되는 행동이기 때문이다.

세례는 어떤 사람이 교회에 소속되었다는 인증을 부여한다. 그 사람의 삶은 출생이 아니라 세례와 더불어 시작하기 때문이다. 세례를 받았다 함은 계시와 어떤 사람 사이의 관계가 수립되었고 그 관계가 구체적인 상황 속에서 현실화되었음을 의미한다(롬 6:3). 세례가 출발점이 되는 사건을 표현한다면, 성찬 성례전은 동일한 사건을 지시하지만 우리 모두가 고대하고 있는 미래를 지향하고 있다(고전 11:26).

이제 설교는 은혜의 성례와 소망의 성례가 집행되는 교회 안에서 선포된다. 하지만 그 각각은 은혜와 소망의 특징을 동시에 가진다. 왜냐하면 성례와 설교 모두 교회 밖에서는 아무런 의미도 갖지 못하기 때문이다. 성례와 설교는 교회 안에서 서로에 대한 관계를 통하여 진정성을 갖는다. 성례는 그 자체로 계시 사건을 가리키는데, 이러한 성례로부터 설교는 그 내용을 이끌어온다. 설교는 성례에 대한 주석이자 해석이다. 설교는 동일한 의미를 단지 말로 표현할 뿐이다. 이러한 사실을 고려한다면, 교회의 경계 밖에서는 설교가 불가능하다는 사실이 명확해진다. 하나님은 교회의 영역 안에서 세례와 성찬 성례전을 통하여 사람들을 선택하고 그들을 그리스도의 몸에 연합시키고 그들에게 영양을 공급하며 영생에 이르는 여정 중에 그들을 지켜 보호하신다. 따라서 우리는 설교를 듣는 모든 사람들이 세례를 받았고 은혜 받을 자로 부름받았으며 또한 그들 가운데 시작된 일이 결국에는 완성될 것이라는 사실을 알고 있어야 한다.

이렇듯 설교의 원천과 목적 그리고 그 과정은 세례 및 성례와의 관계 속에서 더욱 분명하게 정의되며, 말씀 사역자들의 위치 또한 더욱 쉽게 확인된다.

이론적인 질문을 다루었으니, 이제는 개신교 교회 안에서 일어나고 있는 실제적인 일을 살펴보자. 그런데 개신교 교회에는 처음부터 무엇인가 결여된 것처럼 보인다. 종교개혁을 수용한 지역에서는 성례 중심의 로마 교회가 말씀 중심의 개신교 교회로 대체되었다. 얼마 지나지 않아 설교는 예배의 중심이 된 반면, 성례는 더욱 제한된 지위를 갖게 되었다. 이로 인해 오늘날 성례 중심의 로마 교회 안에서는 설교가 별로 큰 의미를 갖지 못하고 있으며, 반면 개혁교회 안에서는 성례가 존속하기는 하지만 예배의 핵심적이고 필수적인 요소를 구성하지는 못하고 있다. 결과적으로 이러한 두 가지 입장 모두 교회를 파괴하고 있다. 설교가 성례 대신 스스로를 높이고 정작 그것이 해석해야 하는 성례를 되돌아보지 않는다면, 그러한 설교 안에 무슨 의미가 있을 수 있는가? 우리의 생명은 목사가 무슨 말을 할 수 있는가에 달려 있지 않으며 오히려 우리가 세례를 받았고 하나님이 우리를 부르셨다는 사실에 달려 있다. 사람들은 이미 이러한 결핍을 인식하였으며 예전 개혁과 아름다운 음악 예배 등 다양한 수단을 통해 그러한 결핍을 만회하고자 시도하였다. 하지만 이러한 시도는 실제적인 문제를 건드리지 않기 때문에 실패할 수밖에 없다.

이런 식으로 예배 형식 개선을 주장하는 사람들은 루터를 의지하는데, 이것은 오해에서 비롯된다. 루터는 로마의 예전에서 가치 있는 것은 모두 그대로 보존하려고 했으며, 주의 만찬에 최우선적인 지위를 부여했다. 칼뱅 또한 매주일 예배 중에 성찬식을 수행할 필요가 있다는 점을 늘 강조했다. 오늘날 우리는 매주일 성례를 집행하지 않고 있다. 예배의 순서는 다음과 같이 되어야 한다. 예배의 시작 부분에 공적인 세례식이 있고 마지막에 주의 만찬이 있어야 한다. 그리고 그 두 성례 사이에 설교가 위치해야 한다. 이렇게 할 때 설교의 의미가 가장 충만하게 드러난다. 이것이 바로 "성례를 바르게 집행하고 복음을 순수하게 가르치는 것"이다. 개신교 예배의 참된 의미를 전체적으로 이해하지 못한다면, 어떠한 신학적인 수고나 예전적인 계기도 유효할 수 없을 것이다. 예배가 바르게 질서 잡히고 설교와 성례를 포함하게 될 때 비로소 예전은 제 위치를 찾게 될 것이다. 설교의 임무는 회중을 성례로 인도하는 것인데, 오직 이렇게 할 때만 그 임무를 완수할 수 있다. 한편 성례의 집행은 복음에 대한 설교와 분리되어서는 안 된다. 왜냐하면 교회는 물리적이고 역사적인 유기체요 실제적이고 가시적인 그리스도의 몸인 동시에 또한 비가시적이고 신비적인 그리스도의 몸이기 때문이다.

이 문제와 관련해서 우리가 로마 가톨릭 교회로부터 배울 수 있다면, 틀림없이 우리는 더 훌륭한 개신교인들이 될 것이다. 즉 우리는 가톨릭 교회로부터 (종종 그렇듯이) 설교를 소홀히 하는 것을 배우는 것이 아니라 성례를 그 바른 위치로 회복시키는 것을 배워야 한다. 우리의 예전적 수고의 동기가 로마 교회의 '아름다운 예배'에 더 가까이 접근하는 욕구 이상의 것이었는가 하는 질문은 여전히 열려 있다. 하지만 우리가 참으로 추구해야 하는 것은 예전의 정교화가 아니라 교회 안에서 성례가 가지는 참된 의미의 회복이다. 훌륭한 개신교인은 성례의 회복과 훌륭한 설교를 동시에 강조할 것이다.

설교의 과제는 오직 선행하는 계시 사건에 관계된 것을 다시 자세히 이야기하게 된다. 계시가 지시하는 두 가지 행동을 구별하기 위해서 설교자는 한편에서는 성례를 가리키고 다른 한편에서는 성경을 가리킬 것이다. 성례가 하나님께서 성취하신 계시 행위를 되돌아본다면, 성경은 계시의 본성을 지시한다. 성례와 설교를 대조시키는 것은 어리석은 일이다. 그 둘은 동일한 실재의 두 가지 측면으로서 서로 분리될 수 없다. (중략)

설교와 교리

설교가 질서에 종속되어 있다는 점에 대해서는 앞서 살펴보았다. 설교는 사명이자 명령이며, 따라서 교리와 관련을 맺고 있다.

사람들을 처음 교육시킬 때 우리는 어떤 계획을 세우고 자신의 목적을 결정한다. 만일 교회의 사명이 사람들을 교육시켜서 그들을 진정으로 사람답게 만드는 일이라면, 설교자 또한 위와 같은 방법을 도입할 수 있다. 하지만 교회의 참된 기능을 이해한다면, 그렇게 진행할 수 없을 것이다. 교회는 세계를 바른 길로 인도하거나 역사의 진보에 공헌하기 위해 만들어진 기관이 아니다. 교회는 삶의 전쟁터에 파견된 구급차가 아니다. 다른 한편, 교회는 정신적으로나 심리적으로나 혹은 영적으로 어떤 이상적인 공동체를 세우려고 시도해서도 안 된다. 물론 이 모든 일들은 나름의 가치를 지니고 있으며 따라서 우리가 관심을 가져야 하는 것들이다. 게다가 그러한 일들은 설교에 수반되는 부수적인 결과물일 수 있으며, 또한 일상생활에서와 마찬가지로 설교에서도 일정한 역할을 감당할 수 있다. 설교자 또한 다른 그리스도인들과 마찬가지로 세상 속에 살고 있기 때문에 이러한 일을 피할 수는 없다. 그러나 이것 중에 하나를 자신의 주된 목적으로 설정하는 순간 설교자는 자신의 설교의 어떠한 정당성도 잃어버리게 된다. 이러한 경향은 오늘날 더욱 분명하게 나타나고 있다. 오늘날에는 교회 외에 다른 조직체가 사람들을 교화시키는 다양한 활동을 넘겨받았다. 리처드 로테(Richard Rothe)는 교회와 국가의 점진적인 융합을 주장했던 대표적인 사람으로서, 그는 만일 교회가 사라진다 해도 신문과 라디오, 사회복지 체계, 심리학, 정치학 등이 가정과 영혼의 삶을 충분히 돌볼 수 있게 될 것이라고 예견했다. 공중 도덕 및 다른 중요한 사안에 있어 이 세상의 자녀들은 교회보다 더 풍부한 지식을 소유하고 있으며 더 효과적인 방법을 알고 있다. 이러한 상황에서 교회는 단지 마차의 다섯 번째 수레바퀴에 지나지 않으며 심지어는 예비용 수레바퀴도 되지 못한다!

그러므로 우리는 교회에 맡겨진 사명에 대해서 진지하게 숙고할 필요가 있다. 필요한 것은 외부에게 주어진 명령에 순종하는 사람들이다. 그 질서는 출생이나 사망같이 우리의 지상의 실존을 결정하는 모든 것보다 앞서며 숙명적이다. 따라서 교회는 어떠한 계획도 갖고 있지 않으며 (계획은 오직 하나님에게 속해 있다.) 오직 완수해야 할 과제만을 가지고 있다. 예배의 틀 속에 위치하는 설교는 그리스도께서 교회에 위임하신 임무에 교회가 순종하고 있다는 것을 선포해야 한다.

여기에서 우리는 다음과 같은 함의를 이끌어 낼 수 있다.

첫째, 설교는 교리 즉 우리의 믿음의 고백을 충실하게 따라야 한다. 이 교리는 우리 자신의 내적 의식에서부터 이끌어 낸 종교적인 관념을 요약한 것이 아니고, 우리가 계시의 말씀을 받고 또 들었기 때문에 우리가 믿고 고백하는 바를 진술한 것이다. 고백이란 하나님이 말씀하신 것에 대한 인간의 응답이며, 모든 설교는 설교자가 책임져야 하는 응답이다.

그러므로 설교는 설교자가 자기 생각으로 만들어 낸 어떤 틀이나 개념과도 관계가 없다. 오직 순종만이 요구될 뿐이다. 다른 말로 하면, 하나님의 말씀을 들었기 때문에 그는 믿음의 고백에 따라 응답할 뿐이다. 설교자가 믿음의 고백을 설교할 필요는 없다. 하지만 설교자는 자신이 속한 교회의 고백을 자신의 메시지의 목적과 한계로 삼아야 하며, 교회가 서 있는 곳에 자신을 위치시켜야 한다.

둘째, 교회의 요소와 관계되는 실천적인 함의가 있다. 세워져야 하는 것은 무엇인가? 그것은 분명히 교회 그 자체이다. 하지만 교회를 세운다는 것은 『헤르마스의 목자』에서 말하듯이 "교회를 계속해서 지어 간다." 즉 "건축 과정 중에 교회 건물을 지어 간다."는 의미로 이해되어서는 안 된다. 교회를 세운다는 것은 매순간 그 기초부터 지붕까지 다시 짓는다는 것을 의미한다. 교회는 계속해서 자신을 새롭게 갱신해야 한다. 계속해서 명령을 받아야 하며 항상 새롭게 순종을 실천해야 한다. "순종에서 순종으로", 이것이 그리스도인의 여정이다. 교회는 계시 아래 자리잡은 공동체이며 하나님의 말씀을 들음으로써 세워졌고 하나님의 은총에 의해 세워져 존속하고 있다. 오직 이러한 맥락에서만 우리는 사람들을 교육하는 것과 그들에게 도덕적, 영적 도움을 제공하는 것에 대해 말할 수 있다. 주 건물의 그늘에 이러한 이차적인 목적을 위한 공간이 존재한다. "먼저 그의 나라와 그의 의를 구하라." 오직 한 가지가 필요하다.

출 처

Karl Barth, The Preaching of the Gospel, trans. B. E. Hooke. English translation ⓒ S.C.M. Press Ltd. 1963, pp. 12 – 19, 20, 22 – 26, 28 – 32. Reprinted and used by permission of the Westminster Press, Philadelphia, Pennsylvania.

R. E. C. 브라운

R. E. C. Browne

교리의 해설

R. E. C. 브라운(1906-1975)의 글에서 우리는 교리에 관한 바르트의 견해와는 전혀 다른 입장을 발견한다. 그는 아일랜드 출신의 사제이자 신학자였으며, 사역을 마칠 때는 영국 맨체스터에 위치한 크리소스톰 신학교의 교장이었다. 브라운은 신학자로서는 그렇게 잘 알려지지 않았으며, 그가 출판한 저작도 별로 많지 않다. 하지만 그의 에세이 모음집인 『말씀 사역』은 20세기 영국 신학의 고전으로 꼽힌다. 이 책에서 브라운은 설교를 주제로 계시와 계시의 권위 및 전달에 관한 해박하고 섬세한 논의를 전개한다. 아래 인용한 글에서 브라운은 조지 허버트의 시에서 따온 구절을 본문으로 삼았다. "교리와 삶, 색깔과 빛이 함께 결합되고 혼합되면 하나가 된다." 브라운에 따르면, 교리의 계시는 모든 인간적인 요소로부터 날카롭게 구분되어 있지 않다. 오히려 계시는 하나님의 삶의 인간적인 유사성을 포함하고 있다. 그의 유비적인 설교신학은 바르트의 '위로부터의 설교'와 대조적이다. 목양적 돌봄을 모체로 하는 설교는 쉬지 않고 계속해서 교리의 인간적인 표현을 면밀히 연구해야 한다. 이것은 회중에게 어떤 신학적 체계를 세워 주기 위해서가 아니고 회중이 교리를 해석하고 그것을 삶에 적용하는 일을 돕기 위해서이다. 신학적 과제에 있어 유비가 차지하는 핵심적인 위치 때문에 설교 또한 이미지와 은유를 비롯하여 교리와 관련한 언어의 모든 형태에 주목하게 된다.

단순한 사람은 별다른 분노 없이 삶의 복잡함을 받아들인다. 그런 사람은 항상 이러한 복잡한 삶을 정당하게 다루어야 한다고 생각하고 있으며, 다른 사람들에게 말할 때도 인간 지식의 범위를 축소하거나 과장하지 않도록 주의한다. 실재의 신비로움과 그러한 실재를 묘사하는 단어가 그 실재의 일부분으로서 가지는 신비로움을 솔직하게 인정할 때 우리는 언어의 단순성을 인식하게 된다. 여기에 더하여 설교자는 자신 또한 자신이 이야기하는 실재의 일부분임을 항상 기억해야 한다. 사실 그가 어떤 것에 대해 말할 때 반드시 자기 자신에 대해서 말하게 된다. 왜냐하면 그는 복잡한 삶에 대하여 단순한 방관자가 아니라 그 복잡한 삶을 구성하는 한 요소이기 때문이다. 즉 설교자는 복잡한 삶을 이해하려는 노력 가운데 삶의 복잡함에 부분적으로 기여한다. 종교란 이러한 복잡성을 통달하는 길이 아니라 그것을 참아 내는 길이다. 기독교 교리는 인간 경험에 대한 완벽한 해석을 제공하지 않으며 다만 그것을 해석할 수 있는 하나의 길을 제시한다. 또한 기독교 교리는 인간 경험에 대한 분석이 기독교 계시의 진리를 검증하는 최종적이고 만족할 만한 길을 열어 준다고 주장하지 않는다. 하지만 인간 경험의 의미나 혹은 교리 명제가 지닌 의미가 명확하게 드러나지 않는다 하더라도 우리는 그 각각에 대하여 상대편의 관점에서 의미 있는 말을 할 수 있다. 예를 들어, 목사는 그리스도의 몸에 속한 지체들이 공유하는 공동체적 경험의 의미를 한 단어로 정확하게 집어 표현할 수는 없지만 그럼에도 불구하고 교회의 구성원이 되는 것과 관련하여 상당히 많은 이야기를 할 수 있다.

 말씀 사역자가 강단과 고해소를 비롯하여 사역의 다양한 계기 가운데 일관성 있는 말을 하기 위해서는 항상 기독교 교리의 본성과 그 내용에 대해 반성해야 한다. 건전한 교리를 선포한다는 것은 기분이 좋을 때나 나쁠 때나, 재앙 가운데 있을 때나 실망 중에 있을 때나, 무언가를 성취했을 때나 승리를 거두었을 때나, 언제든지 그 교리를 굳게 붙잡아야 한다는 것을 의미한다. 교리를 붙잡는 방법은 대개 교리의 본성과 그 내용에 대해 반성하는 가운데 발견된다. 옛말에 자신이 기도하고 있다는 사실을 알고 있는 수도자는 기도하고 있는 것이 아니라고 했다. 마찬가지로 자신이 교리적으로 건전하다는 것을 의식하고 있는 말씀 사역자 역시 교리적으로 건전하지 않다고 말할 수 있다. 교리적 건전함이란 충만한 자기 긍정 곧 의식적인 노력은 결코 만들어 낼 수 없는 그러한 자기 망각 속에서 진리를 생각하고 진리를 행하고 진리를 기도하는 데 있다. 이것이 목적이다. 무언가를 안다는 것은 그것을 성취했다는 것과 동일하지 않다. 여행한다는 것은 도착한다는 것과 다르다. 여행 중에 우리는 여행의 마지막에 관해 다만 약간의 지식을 가지고 있을 뿐이다. 여기에서 필자는 말씀 사역자가 할 수 있는 반성의 예를 선보이려고 한다. 더불어 필자는 이것을 통해 말씀 사역자가 말해야 할 때 담대하게 말할 수 있게 되기를 희망한다.

만일 기독교 교리가 실재에 대한 완벽한 지식으로 구성되어 있다면, 혹은 그 교리가 모든 경험을 완벽하게 설명할 수 있는 해석 원리를 제시하고 있다면, 교리를 붙잡는다는 것은 교리를 해설하는 것이 될 것이다. 하지만 기독교 교리는 왜 그리고 어떻게 하나님이 세상을 창조하셨는지 정확히 알려 주려고 하지 않는다. 또한 기독교 교리는 왜 그리고 정확히 어떻게 하나님이 하나님이기를 그만두고 사람이 되셨는가를 말하려고 하지 않는다. 기독교 교리는 우리를 죄와 사망과 시간과 이 세상 질서의 굴레에서부터 구원하신 우리 주님의 출생과 생애와 죽음과 부활과 승천에 관해서 충분한 설명을 제공해 주지 않는다. 또한 어떤 사람에게 그 사람의 정체성 곧 그가 다른 사람들과 어떤 점에서 다르고 또 어떤 점에서는 비슷한지 구체적으로 알려 주지 않는다. 기독교 교리는 지진과 태풍, 회오리바람은 물론 고통과 지진, 죽음과 반역의 이유를 설명해 주지 않는다. 계시가 제공하는 것을 보충하기 위해 도입된 여러 가지 공리의 도움을 얻어야 겨우 일관성 있고 체계적이고 깔끔한 교리 체계를 얻을 수 있다. 지성은 홀로 내버려 두면 기만하려 들기 때문에, 정직한 신학자들은 불완전하게 남아 있어야 하는 부분을 완전하게 만들려고 하는 가운데 혹시 근거 없는 공리가 도입되지는 않았는지 재빨리 확인할 수 있어야 한다. 건전한 교리를 붙잡는다는 것은 항상 어떤 새로운 경험 사실이 주어졌을 때 그것을 해석 가능한 정도까지만 해석할 수 있는 사고 체계를 유지한다는 것을 의미한다. 그릇된 교리 체계는 다루기 곤란한 경험을 부적절한 것으로 치부해 버리며 참된 해석보다는 편리한 해석을 선호한다. 반면 참된 교리 체계는 부분적인 인간 지식의 실재를 있는 그대로 보호하며, 따라서 경험 전체를 완전하게 알 수는 없다 하더라도 그 경험은 전체로서 이해 가능하다는 사실을 깨닫게 해 준다. (중략)

잘못에 대한 두려움은 진리의 가장 무서운 적이다. 말씀 사역자가 설교 중에 진실하고 겸손하기를 원한다면, 그는 생각 중에 두려움을 없애야 한다. 때때로 말씀 사역자는 서로에게 진리를 좇기보다는 잘못을 두려워하라고 권면한다. 잘못을 두려워하는 사람들은 한정된 모범적인 문장을 따라 말하는데, 이러한 문장을 따라 말하다 보면 그 의미가 제대로 전달되지 못한다. 또한 잘못에 대한 두려움은 균형 잡힌 설교를 지향하게 만들고, 결국 자신과 반대되는 입장을 가진 신학자의 글을 설교 중에 인용함으로써 설교가 그 힘을 상실하게 만든다. 즉 처음에는 설교의 가장자리 부분에서 서로 갈등하고 있는 것으로 보이던 문제가 점차 전면에 드러나게 되고 오히려 설교의 나머지 중요한 부분이 가려지게 된다. 때때로 설교자의 마음 속에서 아직 해결되지 않은 갈등이 설교를 망치기도 한다. 마음 속의 그러한 갈등은 완전하지 못한 문장이나 완결되지 못한 문단, 인위적으로 끝맺은 문단, 혹은 마치 설교의 여행 중에 비포장 도로를 지나듯 황급하게 지나쳐 버린 문단 등으로 표현된다. 기독교 교리는 우리가 사고나 말 속에서 실수하지 않도록 하기 위해 주어진 것이 아니다. 기독교 교리가 주어진 목적은 어떠한 말씀 사역자도 단독적으로 활동할 수 없으며 또한 자신의 설교가 회중이 들을 수 있는 유일한 설교가 아니라는 사실을 충분히 인정하는 가운데 우리가 긍정적으로 생각하고 말할 수 있도록 하기 위함이다. 긍정적으로 생각한다는 것은 말씀 사역자의 교리적 입장이 항상 잘못을 범할 가능성 가운데 있음을 인정하는 것이다. 우리는 다만 잘못된 생각과 말의 가장자리에서 우리의 가장 명료한 생각을 가지며 가장 권위 있는 말을 내놓을 수 있다. 예를 들어, 하나님의 전능하심에 대한 우리의 가장 명료한 문장은 대체로 인간의 자유를 부정한다. 이것보다 오늘날의 전쟁에서 따온 비유가 더 이해하기 쉬울 것 같다. 오늘날 전쟁은 고정된 경계선 뒤에서부터 이루어지지 않고 특정한 지대 안에서만 이루어진다. 정신적인 활동은 특정 지대 안에서 일어나는 생각이나 느낌의 작용과 반작용으로 이해할 수 있다. 그리고 그러한 움직임을 통제하는 것은 그 영역을 제한함으로써 이루어지는 것이 아니라 그 목적에 주목함으로써 이루어진다. 따라서 그 지대 안에서 자유롭게 움직일 수 있는 사람이 곧 유창하게 말하는 사람이다. 유창함이란 말로 표현하기가 매우 곤란한 것을 말로 표현하는 기술이라고 할 수 있다. 이러한 의미에서 유창하게 되는 것은 말씀 사역자의 소명이다. 자신이 붙잡고 있는 것을 잃어버릴 수 있다는 위험을 안고서 교리를 붙잡는 모험을 감행하지 않고서는 여러분은 결코 그러한 유창함에 이를 수 없다. 우리 기독교는 유신론에 기초를 두고 있다. 그런데 이러한 유신론은 창조 교리에 대한 지속적인 묵상을 통해서만 우리 마음에 실제적으로 나타난다. 한편 창조 교리는 우리를 범신론의 위험이나 성육신의 필요성을 부정하는 위험에 처하게 한다. 성육신의 충만한 영광을 이해하기 위해서는 하나님의 창조 활동에 대한 반성이 반드시 필요하다. 왜냐하면 모든 창조 행위를 계시 행위로 이해할 때, 어떻게 계시를 계시하는 하나의 행위가 하나님의 다른 모든 행위를 조명하고 또한 그 행위에 의해 조명을 받는지 이해할 수 있기 때문이다. 우리는 오직 우리 주님의 인성에 대해 깊이 생각할 때에야 비로소 우리 주님의 신성을 깨달을 수 있다. 한편 우리는 그분의 신성을 집중적으로 묵상할 때 비로소 그분의 인성의 실재를 이해하게 된다. 다른 말로 하면, 그의 존재에 대한 묵상은 항상 그의 지상 사역과 그의 영원한 주권과 관련된다는 말이다. 왜냐하면 묵상이란 어떤 완결된 결론에서 끝이 나는 과정의 한 부분이 아니라, 하나님의 신비를 찬양하기 위한 전주곡이기 때문이다. 모든 신학은 찬양으로 시작해서 찬양으로 끝난다. 하지만 설교자가 맡겨진 과업을 성취하기 위해 자신의 감정과 상상력과 지성을 사용할 때만 신학은 찬양에 이를 수 있다. 설교자의 과업은 언어를 충분히 숙달하여 진리를 밝히 드러내 보이고 사람들을 다스림으로써 오히려 그들을 죄악된 잘못으로부터 자유로워지도록 만드는 것이다. 말하자면 우리는 하나님의 은총의 능력을 숙고할 때에야 비로소 개인의 구원에 필요한 인간적인 수고의 본성을 이해하기 시작한다. 또한 이러한 인간적인 수고의 본성을 진지하게 숙고할 때에야 비로소 모든 인간적인 행위의 근원이 되는 하나님의 지칠 줄 모르는 활동을 깨닫기 시작한다. 복된 성례를 통해 그리스도에게 헌신할 때 우리는 말씀을 선포하지 않는 곳에서는 떡 또한 떼지 않는다는 사실을 가장 확실하게 확인한다. 또한 오직 선포된 말씀의 필요성에 신중한 주의를 기울일 때에야 비로소 우리는 떡을 떼지 않을 곳에서는 말씀 또한 선포하지 않는다는 사실을 깨닫게 된다. 우리가 사역의 중요성을 가장 잘 확인할 수 있는 것은 우리가 그것을 부인하는 지점에 이르렀을 때이다. 개인의 가치를 강조하면서 공동체의 중요성을 거의 부정하는 지점에 도달했을 때, 그 때 우리는 교회 공동체의 삶이 가진 중요성을 가장 확실하게 깨닫는다. 또한 각 개인의 가치는 우리가 그것을 거의 부정할 지점에 이르렀을 때 가장 명확하게 인식된다. 진리를 가장 분명하게 인식할 수 있는 것은 그것을 거의 부정하려고 하는 때이다.

말씀 사역자는 잘못된 생각의 끝자락에서 가장 명료한 사고를 하고, 이단적인 결론에 거의 다가갔을 때에 가장 정통적이다. 어떤 의미에서 사고란 마음의 움직임에 굴복하는 것인데, 이 때의 굴복은 맹목적이거나 기계적인 굴복이 아니라 그 움직임을 원격 조정하는 굴복이다. 그리스도인은 교리의 빛에 비추어 자신의 피조성의 한계에 대해 지속적으로 반성하는 가운데 이러한 원격 조정을 유지할 수 있다. 사고의 움직임은 굵고 진한 선으로 둘러싸인 광장 안에서의 움직임이 아니고, 멀리 떨어져 있지만 식별 가능한 경계선에 의해 한계를 이룬 공간 안에서의 움직임이다. 교리를 붙잡으려면 그 교리의 진리에 대해 의문을 제기하는 생각을 억압해서는 안 되며, 오히려 그러한 생각을 발전시켜야 한다. (중략)

교리를 설명한다는 것은 어떤 사고 체계를 가르친 다음 어떠한 경험도 그 체계를 전복시킬 수 없다는 것을 증명하는 것이 아니다. 교리가 가장 중요하고 삶은 그 교리의 중요성을 입증하는 것이 아니다. 반대로 삶이 가장 중요하고 교리는 그 삶을 조명하는 일이다. 말씀 사역자는 삶에 있어 전문가로 부름받은 것이지, 교리에 있어 전문가로 부름받은 것이 아니다. 주님의 명령을 따라 그는 교리를 연구하고 그것을 가르치는데, 그것은 사람들이 생명을 얻고 또 더 풍성히 얻게 하기 위해서이다. 이 장(章)에서 보여 주고 있듯이, 교리를 붙잡는 방식은 교리를 설명하는 방식을 결정하는 동시에, 교리의 본성과 내용에 대해 어떤 생각을 가지고 있느냐에 따라 결정된다. 기독교 교리는 모든 질문에 대한 대답을 제공하지는 않지만, 대답을 시작할 수 있는 방법을 알려 준다. 교리는 우리에게 무엇을 생각해야 하느냐에 대해서는 말하지 않지만, 어떻게 생각해야 하느냐에 대해서는 말해 준다. 계시는 인간의 수고를 불필요하게 만들고 인간에게서 모든 주도권을 앗아갈 정도로 거대한 선물이 아니다. 우리는 믿음의 삶을 살 수 있을 만큼 충분한 지식을 얻었다. 하지만 믿음의 삶을 산다는 것은 우리가 모든 지식을 얻었다는 것을 의미하지 않고, 오히려 충분히 인간적인 삶을 살 수 있는 능력을 갖게 되었다는 것을 의미한다. 즉 인간의 지식은 부분적이지만 그러한 부분적인 인간 지식의 실재와 화해하고 그 속에

서 기뻐할 수 있게 되었다는 것을 의미한다. (중략)

　교리에 관하여 추상적으로 강의하는 사람은 없다. 우리는 그 교리를 교회 동료 형제 자매들이나 혹은 적어도 동료 인간들에게 이야기한다. 거기에는 항상 공통의 끈이 있어 대화를 가능하게 하고 또한 대화의 형식을 상당 부분 결정한다. 관계는 살아 있고 변화하며, 따라서 어떠한 말씀 사역자도 말해야 하는 바를 말할 때 소수의 변하지 않는 형식에 전적으로 의존할 수는 없다. 당일의 정신적이고 심리적인 분위기가 교리에 대한 그의 은밀한 반성의 형식을 결정한다. 목사가 동정심이 많으면 많을수록 이단적으로 말할 위험이 더욱 크다. 하지만 만일 그가 동시대의 남녀 사람들에게 자신의 주제가 허용하는 최대한 명료한 표현 방식을 찾고자 한다면, 이러한 위험은 불가피하다. 하지만 삶 전체에 대해서 완전하게 일관적인 사람이 어디에 있겠는가? 이것이 설교자의 주제의 한계다. 하지만 교리적인 정합성은 설교자의 지성의 가장자리를 더욱 날카롭게 만들 것이며, 그렇게 날카로워진 지성은 많은 사람들의 마음 속에서 꽉 막혀 있는 교통 장애를 해소시켜 줄 것이다.

　아마도 말씀 사역자가 교리를 다룰 때 가장 중요하게 고려해야 할 사안은 창조 교리와 관련되어 있다. 창조 교리는 말씀 사역자가 설교의 전체적인 개념을 정립하는 데 직접적인 영향을 미치며, 또한 그가 강단에서 당대의 사람들에게 가장 효과적인 방식으로 설교할 수 있도록 만들어 준다. 우리가 인간 언어의 가치와 의사 소통 가능성을 계속해서 신뢰할 때, 이러한 지속적인 신뢰는 오직 실재의 본성에 관한 우리의 특정한 믿음에 의해 정당화된다. 뿐만 아니라, 인간 언어의 가치를 충분히 평가하기 위해서는 먼저 언어가 풍경이나 구름처럼 피조 세계의 일부라는 사실을 인정해야 한다. 말하자면 하나님의 주도적인 행위가 없었다면 어떠한 시나 설교도 존재할 수 없다. 한 편의 시나 설교문이 만들어지는 방식은 떡이 만들어지는 방식과 동일하다. 떡은 궁극적으로 태양 에너지로 이루어져 있으며, 그 자양분은 비와 흙 그리고 인간이 뿌린 씨앗 속에 있던 신비한 생명의 에너지를 통해 공급된다. 식탁 위에 한 덩이의 떡이 있다면, 그것은 하나님께서 끊임없이 모든 필요한 원재료를 제공해 주셨기 때문이다. (이 원재료에는 사람들이 일하고 또 서로 동역할 수 있도록 하는 심리적 에너지도 포함된다.) 우리가 평범한 떡을 제단 위에 거룩하게 구별하여 드릴 때마다 우리는 떡을 만드는 행위가 얼마나 중요한 인간 행위인지를 증거하고 있다. 어떤 평범한 떡이 성별되지 못했다면, 그 떡은 성별된 떡보다 단지 조금 덜 놀라울 뿐이다. 제단 앞에서 우리는 사람이 떡으로만 살 수 없다는 사실을 다시 기억한다. 사람은 인간의 말이 만든 마음의 양식을 필요로 한다. 음악과 시각적인 예술 작품 또한 삶 속에 나름의 위치를 차지하고 있다. 하지만 말이 없거나 말에 결함이 있다면, 인간의 영혼은 쇠약해지면 인간의 정신은 혼란에 빠지고 난폭해진다. 인간의 말이 가능한 것은 하나님께서 끊임없이 거기에 필요한 원재료를 제공해 주셨기 때문이다. 예술 작품이 없다면, 특히 정돈된 언어의 기술이 없다면, 우리는 인간의 삶이 가진 그 충만함을 헤아릴 수도 없고 또한 그러한 충만함을 완전하게 만드는 우리의 종교의 가능성에 대해서도 생각할 수 없다. (중략) 인간의 말은 결코 무용하지 않다. 말의 근원과 그 목적에 대해 가장 자주 생각하는 사람이 그 말을 가장 잘 사용한다.

출처

R. E. C. Brown, The Ministry of the Word (Philadelphia: Fortress Press, 1976 [1958]), pp. 41 – 50. Copyright ⓒ Fortress Press. Used by permission.

제프리 웨인라이트

Geoffrey Wainwright

예배로서의 설교

일부 개신교 전통에서는 예배에서 설교가 차지하는 위치가 너무 커서, 예전이나 성례는 마치 설교에 대한 서문이나 부록으로 보인다. 바르트는 개신교 예배에 있어서 이러한 경향을 비판하면서 설교는 그 내용을 성례로부터 이끌어오며 "단지 말의 형태를 가진" 성례와 동일한 의미를 가진다고 강조했다. 영국 감리교 신자인 제프리 웨인라이트(1939 -)는 듀크 신학교의 조직신학 교수이자 책 『송영』(1980)의 저자이다. 그는 바르트의 요지를 반복해서 강조하면서 설교와 성례 사이에 훨씬 더 밀접한 병행 관계가 존재한다고 주장하였다. 그는 아래 발췌한 글에서 설교는 단지 예배의 맥락 가운데 위치할 뿐 아니라 그 자체로 하나의 예전적 행위라는 것을 입증하고자 한다. 이 때 설교는 일종의 송영이다. 왜냐하면 설교는 설교의 핵심 '청취자'인 하나님을 향한 '합당한 예배'이기 때문이다. 설교는 성경이 말하는 것을 들으려 한다는 점에서 일종의 회상이다. 성찬 성례전의 회상이 부활에서 절정에 달한 하나님의 전능한 행위를 재연하듯이, 설교는 교회의 삶과 소망을 형성하고 있는 이야기를 반복해서 회상한다. 또한 성찬식을 집전하는 사제와 설교자는 기도를 통해 의식을 집전하는 가운데 성령님의 능력이 임하길 기원한다. 틸리케를 비롯한 다른 사람들과 같이, 웨인라이트는 성령님이 기억된 말씀을 현재의 상황에 접합시키는 일을 수행하신다고 주장한다. 글 전체에 걸쳐 그는 동방정교회의 가장 위대한 주석가이자 설교자인 존 크리소스톰의 사고를 끌어온다. 아래 글은 웨인라이트가 1982년 11월에 매사추세츠 브루클린에 소재한 홀리크로스 희랍정교회 신학교에서 행한 존 크리소스톰 기념 강연 속에 포함되어 있던 것이다.

제 2차 바티칸 공의회는 '거룩한 예전에 관한 규례'에서 설교가 예전의 한 부분이라는 원론적인 주장을 다시금 천명했다. 엠마오 순례자들에 관한 부활절 기사는 이미 초대교회의 정기적인 주일 예전을 반영하고 있는 것 같다. 그 기사에 따르면 성경을 읽고 풀어 설명하는 가운데 부활하신 주님의 현존을 경험하고 또한 신비한 떡을 떼는 중에 나그네로 찾아오신 하나님을 깨닫게 된다. 내가 속한 감리교 전통에서는, 웨슬리 형제가 누가의 기사를 이와 같은 방식으로 해석하고, 『주의 만찬에 대한 찬양』에서 그것을 다음과 같이 오늘날의 예전에 적용했다.

오, 엠마오 도상에서
이 신비로운 떡을 떼신 주님!
이 곳에 오셔서 우리 영혼을 먹이시고,
주님을 따르는 자들에게 말씀하옵소서.

주님의 은총의 책의 봉인을 뜯으시고,
복음의 말씀이 역사하게 하소서.
우리의 눈을 열어 주님의 얼굴을 보게 하시고,
우리의 마음을 열어 주님을 알게 하소서.

확실히 순교자 저스틴이 살던 2세기 중반에는 그리스도인들의 주일 집회 가운데 말씀과 성례가 함께 있었다.

소위 일요일이라고 불리는 날이면 도회지와 시골에 사는 모든 사람들이 한 곳에 모여 집회를 열었다. 그리고 사도들과 예언자들의 글을 시간이 허락하는 한 계속해서 읽어 나갔다.
읽기가 끝나면, 집회를 주관하는 사람이 설교를 통해 이러한 선한 것을 본받으라고 우리를 권면하고 격려했다.

   그런 다음 우리는 모두 함께 일어나 기도를 드렸다. 앞서 말했듯이, 기도가 끝나면 빵과 포도주와 물을 가져온다. 집회의 주관자가 마찬가지로 최선을 다해 기도와 축사를 하면, 사람들은 동의의 표시로 "아멘"이라고 응답한다. 이어서 축사한 것들을 나누고, 모든 사람이 거기에 함께 참여한다. 그리고 집사들은 참석하지 못한 사람들에게 그것을 전한다. [Apol. I, 67]

   기독교 역사의 변천 과정 속에서 설교는 때때로 예전 안에서 그 본래적인 위치를 상실하였으며, 타락한 어떤 시대와 장소에서는 설교 자체가 아예 자취를 감추기도 했다. 반면 개신교 전통에서는 말씀 예배를 너무 강조한 나머지 상대적으로 성례를 소홀히 하고 그 성례적 문맥을 망각하였다. 초대교회의 가르침과 실천에 따르면, 설교는 예전의 필수적인 구성 요소이다. 따라서 우리는 기독교 예배와 관련해서 사용되는 신학적 범주를 동일하게 설교에도 적용할 수 있다. 이러한 근거에서 필자는 기독교 예전을 특징짓는 네 가지 측면과 관련하여 설교에 대해서 살펴보고자 한다. (오늘날 이 네 가지 측면을 설교와 관련지어 말하는 사람은 거의 찾아보기 힘들다.) 내가 주장하고 싶은 것은 설교가 첫째 송영적이고, 둘째 회상적이며, 셋째 성령님 희구적이고, 넷째 종말론적이다. 첫째는 성부 하나님과 가장 밀접히 관련되고, 둘째는 성육신하신 말씀과 관련되고, 셋째는 성령님과 관련되며, 마지막으로 넷째는 이렇듯 다양한 위격적 설명을 적절한 삼위일체적 조화 안에서 통합한다. 재치 있는 사람이라면, 이 마지막 논의가 글 전체에 내포되어 있음을 알 수 있을 것이다. 각각의 단계에서 우리는 동방교회의 위대한 설교자 존 크리소스톰으로부터 도움을 구할 것이다.

설교와 송영

크리소스톰은 『사제직에 관하여』라는 그의 글에서 "사제의 다양한 모든 직무는 한 가지 목적을 가지고 있는데, 그것은 하나님께 영광을 돌리고 교회를 세우는 일이다."라고 주장했다. 그는 다른 곳에서 한 쌍으로 된 이 목적을 특별히 설교자와 관련짓는다. 그에 따르면, 설교자는 하나님의 종으로서 "그분의 영광과 여러분의 교회를 위하여" 그 입을 열어 두고 그 입을 통하여 말씀이 선포되도록 해야 한다. 이상의 주장은 예전적인 틀을 가진 베드로전서 2장 4 – 10절의 말씀 가운데 그 교회론적 근거를 발견한다. "신령한 집으로 세워지고 그리스도이신 예수님으로 말미암아 하나님이 기쁘게 받으실 신령한 제사를 드릴 거룩한 제사장이 되었다."는 사실에 기초하여, 그리스도인들은 그들을 "어두운 데서 불러 내어 그의 기이한 빛에 들어가게 하신 이의 아름다운 덕을 선포한다." 그리고 역으로 하나님의 놀라운 행적을 선포함으로써 우리는 하나님을 예배하기 위한 살아 있는 성전으로 지어져 가고 있다. 하지만 안디옥과 콘스탄티노플의 설교자 크리소스톰이 사제로서 자신의 설교 사역의 모범을 삼은 것은 사도 베드로가 아니라 사도 바울이었다. 이제 그와 함께 그의 사도 스승을 살펴보자.

이방인의 사도 바울은 여러 차례에 걸쳐 자신의 전도 사역을 예전적인 용어로 묘사하였다. 생애 말년에 디모데에게 보내는 편지에서 그는 "전제와 같이 내가 부어지고 나의 떠날 시각이 가까웠도다"(딤후 4:6)라고 쓰고 있다. 사도 바울이 기대했던 순교는 "환난과 궁핍과 고난과 매 맞음과 갇힘과 난동과 수고로움과 자지 못함과 먹지 못함"(고후 6:4 – 5) 등을 특징으로 하는 사도직의 총회 외에 다른 것이 아니었다. 그는 자신의 몸에 예수님의 흔적을 가졌다(갈 6:17). 자신의 사도직이 도전을 받을 때 그는 자신이 "예수님의 죽음을 몸에 짊어지고" 있다고 믿었다. "우리 살아 있는 자가 항상 예수님을 위하여 죽음에 넘겨짐은 예수님의 생명이 또한 우리 죽을 육체에 나타나게 하려 함이라 그런즉 사망은 우리 안에 역사하고 생명은 너희 안에서 역사하느니라"(고후 4:7 - 12) 이러한 희생 제사적 언어의 제의적 뿌리는 사도 바울이 빌립보 교인들에게 쓴 편지에서 더욱 명확하게 드러난다. "만일 너희 믿음의 제물과 섬김 위에 내가 나를 전제로 드릴지라도 나는 기뻐하고 너희 무리와 함께 기뻐할 것이다"(빌 2:17) 복음 설교자의 이 같은 자기 내놓음은 회심한 사람들의 믿음을 포함하는 더 큰 제물의 일부이다. (중략)

사도 바울의 개인적인 희생은 그의 설교의 말과 상관을 이룬다. 로마서에서 사도 바울은 다음과 같이 말한다. "그러나 내가 너희로 다시 생각나게 하려고 하나님께서 내게 주신 은혜로 말미암아 더욱 담대히 대략 너희에게 썼노니 이 은혜는 곧 나로 이방인을 위하여 그리스도 예수님의 일꾼(leitourgon)이 되어 하나님의 복음의 제사장 직분을 하게 하사 이방인을 제물로 드리는 것(혹은 이방인이 바치는 제물)이 성령 안에서 거룩하게 되어 받으실 만하게 하려 하심이라"(롬 15:15 - 16) 크리소스톰은 이 본문을 해석하면서, 사도 바울이 "나의 사제직은 설교와 선포에 있다. 이것이 내가 드리는 제사이다."라고 말하고 있다고 이해한다. 그리고 에베소서 6:17에서 "성령님의 검 곧 하나님의 말씀"이라는 구절을 인용하여 이러한 이미지를 더욱 발전시킨다. 이방인을 제물로 드리는 것 혹은 이방인이 바치는 제물은 (원문에서 사용된 2격 어미를 전자처럼 목적격으로 해석하든 혹은 후자처럼 주격으로 해석하든 여기에서는 크게 중요한 사항이 아니다.) 이방인들의 '순종' 곧 '믿음의 순종'(롬 1:5)이다. 설교자의 메시지에 응답하여 회심자들이 생겨날 때, 감사의 찬양이 거기에 덧붙여진다(고후 4:13 - 15 참고).

크리소스톰은 로마서 1:9에서 바울이 latreuo(섬기다)라는 동사를 사용하고 있다는 점에 착안하여 바울이 그의 복음 전도 사역을 하나님을 향한 예배로 이해했다는 정당한 결론을 내렸다. "내가 그의 아들의 복음 안에서 내 심령으로 섬기는 하나님이 나의 증인이 되시거니와 항상 내 기도에 쉬지 않고 너희를 말하며" 장로로 안수를 받는 날 크리소스톰이 한 설교에서 초점은 회중을 위한 기도가 아니었다. 장차 '성찬 성례전의 박사'가 될 그는 오히려 하나님을 향한 성례를 언급했다. 하나님께서 그의 입에 두신 설교는 그 자체로 하나님께 되돌려지는 '첫 열매의 제물', '거룩한 찬양의 노래'가 되었다. "만일 어떤 사람이 말씀이 어떤 종류의 제사인지 내게 묻는다면, 나는 그것이 위대하고 존귀한 제사로서 다른 모든 제사를 능가한다고 대답할 것이다." 다른 곳에서 그는 설교를 송영으로 마무리하는 것을 두고 '적절한 마무리'라고 말했다. 왜냐하면 설교를 마무리하는 송영은 설교 전체의 방향이 하나님을 향하고 있음을 다시금 상기시켜 주기 때문이다.

사도 바울과 마찬가지로 후대의 설교자인 크리소스톰 역시 홀로 제사를 드리지는 않았다. 사도 바울의 희생 제사적 복음 전도를 통해 이방인들이 스스로를 하나님 앞에 올려 드리는 순종의 제물로 되었듯이, 크리소스톰 역시 거의 반쯤 회심한 사람들에게 한 설교를 통해서 그들을 "찬송의 제사 곧 하나님의 이름을 증언하는 입술의 열매"(히13:15)가 되게 하였다는 점을 우리는 주목할 필요가 있다. 전통적으로 찬양의 제사는 성찬 성례전과 동일시되었다. 하지만 여기에서 우리는 크리소스톰이 이스라엘과 교회의 예배에서 사용된 시편과 관련하여 한 말을 주목할 필요가 있다. "하나님께서 찬양을 받으시는 것과 찬양하는 자들이 그들의 생명을 인도할 교훈을 받아 믿음의 진리에 대한 정확한 지식에 이르게 되는 것은 한 번에 그리고 동시에 이루어진다." 이것은 설교에 있어서도 마찬가지이다. 크리소스톰의 설교는 찬양의 노래였을 뿐 아니라 그의 설교를 듣는 사람들이 이단과 불신자들의 도전에 직면하여 참된 신앙을 고백하며 또한 무엇보다도 그리스도인으로서의 바른 삶을 살아가도록 하는 데 지속적인 관심을 기울였다.

이와 같이 설교가 송영적 삶을 불러일으킨다는 점에서 설교는 또한 간접적인 송영이 된다. 찬양의 제사에 대해 말한 직후 히브리서 기자는 다음과 같이 말을 이어 간다. "오직 선을 행함과 서로 나누어 주기를 잊지 말라 하나님은 이 같은 제사를 기뻐하시느니라"(히 13:16) 사도 바울은 다음과 같이 말한다. "너희 몸은 너희가 하나님으로부터 받은 바 너희 가운데 계신 성령님의 전인 줄 알지 못하느냐 너희는 너희 자신의 것이 아니라 값으로 산 것이 되었으니 그런즉 너희 몸으로 하나님께 영광을 돌리라"(고전 6:19 - 20; 고후 6:16 - 7:1 참고) 반면 사도 바울은 로마서 1:18 - 32, 골로새서 3:5, 에베소서 5:5에서 죄를 우상 숭배와 동일시한다. 하지만 윤리적인 제사에 관한 가장 고전적인 본문은 아마도 로마서 12:1 - 2의 말씀이다. "그러므로 형제들아 내가 하나님의 모든 자비하심으로 너희를 권하노니 너희 몸을 하나님이 기뻐하시는 거룩한 산 제물로 드리라 이는 너희가 드릴 영적 예배니라 너희는 이 세대를 본받지 말고 오직 마음을 새롭게 함으로 변화를 받아 하나님의 선하시고 기뻐하시고 온전하신 뜻이 무엇인지 분별하도록 하라" 설교는 회중이 마음을 새롭게 함으로 그들이 하나님의 뜻을 분별하고 하나님이 기뻐 받으실 만한 삶을 살 수 있도록 일정 정도 기여한다. 믿는 자가 변화를 받는다 함은 이 세상에 타협하던 삶을 이제 마무리한다는 것을 의미한다. 윤리적으로 구별된 행동은 이방적인 환경 속에서 그리스도인의 증언을 더욱 효과적으로 만든다. 회중들에게 자비를 베푸는 삶을 자주 권면했던 크리소스톰은 영국의 공동 기도서의 자선 항목에서 마태복음 5:16을 끌어 사용한 것에 대해 틀림없이 공감했을 것이다. "이같이 너희 빛이 사람 앞에 비치게 하여 그들로 너희 착한 행실을 보고 하늘에 계신 너희 아버지께 영광을 돌리게 하라" 여기에서 우리는 오늘날의 정통 신학이 '예전 이후의 예전'이라고 부르기 시작한 영역에 들어서게 된다.

하지만 잠시 우리는 예전 자체로 돌아가서, 설교의 회상적 계기에 대해 살펴보아야 한다.

설교의 회상 또는 재현적인 성격

지상의 교회는 끊임없이 복음을 상기할 필요가 있다. 복음은 교회의 기초를 이루고 있을 뿐 아니라 또한 계속해서 교회의 삶을 형성하고 있기 때문이다. 이 복음은 예수 그리스도의 교훈과 인격과 사역 속에 구현되어 있다. 예수 그리스도는 성육신하신 하나님의 말씀인 동시에 지금은 높이 들리우신 주님이시다. 복음에 대한 기록된 형태의 명확한 증언은 예언자들의 구약성경과 사도들의 신약성경 안에 포함되어 있다. 성경은 교회 안에서 계속해서 읽혀야 한다. 크리소스톰이 지적했듯이, 성경을 읽을 때 주님께서 친히 임재하신다. 하나님이 육신을 입으셨다는 것과 우리에게 성경을 주셨다는 것이 하나님께서 인간의 상황에 맞추어 자신을 낮추시고 적응시키셨다는 것을 의미하듯이, 마찬가지로 설교 중에 하나님의 더 심오한 겸비가 일어난다. 크리소스톰에 따르면, 성경은 그 자체로 명확하지만 인간이 더디게 이해하기 때문에 주님은 설교자의 해석하는 말을 통하여 말씀하신다.(R. Kaczynski, Das Wort Gottes in Liturgie und Alltag der Gemeinden des Johanees Chrysostomos, pp. 283 – 286))

설교자의 일차적인 과제는 그리스도를 증언하는 성경을 회중에게 풀어 설명하는 일이다. 근대주의적 성향의 사람들은 본문의 역사적 의미에 대한 크리소스톰의 강조에 공감할 것이다. 이것은 안디옥 학파의 일반적인 주석 경향이었다. 한편 탈근대주의자들은 크리소스톰이 이 역사적 의미를 처음부터 은유적으로 이해했다는 사실을 강조하고 싶어할 것이다. 한편 크리소스톰이 교부들과 더불어 바람직한 성경 이해를 위해 주의 깊은 연구뿐 아니라 믿음과 기도와 회심의 필요성도 함께 역설했다는 사실은 학문적인 정합성이라는 좁은 틀 속에 갇혀 있는 오늘날의 비판적 학자들을 아마도 당혹스럽게 만들 것이다. 크리소스톰은 주석자에게 "철저한 연구와 끈기 있는 기도가 모두 필요하다."고 말했다. 또한 그는 회중에게 먼저 죄를 고백할 것을 요구하였으며, 그렇게 하지 않으면 그들의 눈이 희미해지고 귀가 막혀서 하나님의 말씀을 보지도 듣지도 못하게 될 것이라고 말했다. 디모데가 사도 바울로부터 지속적인 교훈을 필요로 했듯이, 설교자 자신 또한 성경으로부터 계속해서 가르침을 받아야 한다는 것은 분명하다. 하지만 설교자는 고립된 상태에서 이 일을 수행해서는 안 된다. 당연히 설교자는 설교를 준비하기 위해 개인적인 시간을 가져야 한다. 하지만 동시에 설교자는 예전에 정규적으로 참여하고 그 예전의 정신에 깊이 젖어들어야 하며, 또한 바로 그러한 예전의 틀 속에서 설교를 전달해야 한다. 예전은 성경 해석을 위한 진정한 무대를 제공한다. 성경의 내용 중에 상당 부분이 이스라엘과 초대교회의 예배에서부터 기원했다. 성경 속에 포함된 이 특정한 글을 정경으로 인정하게 된 데는 무엇보다도 교회에서 이 글을 꾸준히 읽었다는 사실이 주요하게 작용했다. 성경이 단순히 흥미로운 고대 문학 작품을 모아 둔 책이 아니라(오늘날에는 그러한 취급을 받기도 하지만) 거룩한 책으로서 그 지위를 유지할 수 있었던 것 또한 교회 예배 중에 성경을 계속해서 사용했기 때문이라는 설명이 가장 설득력 있다. 성경의 위대한 이미지와 주제가 수세기를 내려오면서 변화하는 외부의 문화에도 아랑곳하지 않고 이해 가능한 언어로 남을 수 있었던 것은 예배 공동체가 그러한 연속성을 생생하게 보존해 주었기 때문이다. 또한 예전의 항구적인 특성과 총체적인 성격은 성경 안에 담긴 매우 다양한 내용에도 불구하고 성경의 영속성과 통일성을 보장해 주었다.

크리소스톰은 성경의 전체성에 깊은 관심을 가지고 있었다. 선별적인 주석은 이단의 징표였다. 크리소스톰 자신은 성경에서 가장 교훈이 없을 것 같은 구절로부터 교훈을 이끌어 내는 것을 좋아했다. 그는 설교를 듣는 사람들이 성경의 내용과 친숙해지도록 하기 위해 노력했다. 그는 일부 사람들이 바울이 편지를 써 보낸 교회의 이름보다 인근 경마장에 있는 말의 이름을 더 잘 알고 있다는 사실에 대해 불만을 토로했다. 성경 안에서 풍부한 보화를 발견하기 위해서는 회중 또한 설교자와 함께 협력할 필요가 있다고 그는 생각했다. 설교자는 감추어진 보화를 찾기 위해 땅을 파고 우물에서 물을 길으며 탁자를 준비하고 음식과 마실 것을 내놓고 그들의 마음 속에 씨를 뿌린다. 이 때 회중은 굶주리고 갈증난 상태의 밭을 준비해야 하고 그들의 삶 속에서 열매가 자라도록 해야 하며 그들의 손에 넣은 것을 관심을 가지고 실천에 옮겨야 한다.

성경 전체에 대한 이러한 관심과 성경의 모든 부분을 활용해야 한다는 이 같은 결단은 어떤 문제를 야기한다. 크리소스톰이 살던 시대까지만 해도 특정한 절기나 시기에는 전통적으로 정해진 성경 구절이나 특정한 책을 읽었다. 그 밖의 기간 동안에는 설교자가 임의로 본문을 선정해서 회중을 교육할 수 있었다. 개신교 진영에서는 이 두 번째 측면을 매우 중요하게 생각했다. 하지만 이 두 번째 측면만 강조하다 보면, 회중이 처한 상황이나 그들의 삶에서 일어난 어떤 사건을 계기로 적절한 성경 본문을 선정하는 경우도 있을 수는 있지만, 사실상 회중들이 특정한 설교자가 선호하는 구절과 그 구절에 대한 특유한 해석에만 노출될 위험이 늘 따른다. 따라서 최근 개신교 진영에서 가톨릭 교회의 오랜 전통을 좇아 성서일과의 주기를 따르려고 하는 움직임은 환영할 만한 일이다. 하지만 성서일과는 그 자체로 하늘에서 뚝 떨어진 것이 아니며, 성서일과의 본문 선정 또한 항상 일정한 것이 아니다. 루터는 성경 해석의 열쇠로 "그리스도의 복음의 진보"를 제시했는데, 이 기준은 객관적인 측면뿐만 아니라 오히려 주관적인 측면을 더 많이 갖고 있다. 왜냐하면 시대와 장소가 다를 경우 성경의 각기 다른 본문이 그리스도의 복음의 진보에 더 효과적으로 기여하는 것처럼 보이기 때문이다. 지난 20년 동안 로마 교회와 서양 교회에서는 전통적인 성서일과에 전면적인 수정을 가했다. 이러한 수정은 특히 1950년대의 성서신학 운동으로부터 많은 영향을 받았다. 이러한 수정 작업이 마무리된 이후인 1977년에 "동방 정통 교회의 예전과 영성에 있어 성경의 역할과 지위"라는 제목의 프라하 문서가 발표되었다. 이 문건은 "매주일과 절기마다 지정된 성경 읽기의 본문 안에 어느 정도의 변화를 검토할 수 있다."고 선언하고 있다. "왜냐하면 이러한 날들에 함께 모이는 많은 수의 하나님의 백성들이 단편적인 성경 구절의 단조로운 반복으로 인해 하나님의 말씀과 그 말씀에 대한 해석을 전체적으로 들을 수 있는 기회를 상실하고 있기 때문이다." 이것은 단지 순환하는 일정한 주기의 시간 동안 소화해 낼 수 있는 성경의 분량에 관계된 문제가 아니다. 이것은 성경의 다양한 부분으로부터 읽을 부분을 선별적으로 조합하는 것과 관계된 문제이다. 새로운 조합은 지정된 본문을 새롭게 조명해 줄 수 있기 때문이다.

지금까지 강의의 두 번째 부분에서 우리는 설교자가 성경 곧 그리스도이신 예수님을 통한 하나님의 역사적인 자기 계시에 대해 증언하는 성경을 어떻게 다루어야 하는가를 집중적으로 살펴보았다. 하지만 돌이킬 수 없는 것으로 우리에게 주어진 이 성경은 해석학적 타원의 두 개의 초점 중 하나에 불과하다. 여기에 더하여 설교자는 현재 상황 속에서 복음을 해석해야 한다. 말씀은 말씀에 생기를 불어넣는 성령님을 필요로 한다. 회상은 정교하게 다듬어져야 한다.

설교와 성령님

설교자와 성경 사이의 관계는 설교자와 현재 상황 사이의 관계와 질적으로 다르다. 설교자는 성경에 구속되어 있지만, 현재 상황에 대해서는 단지 지시할 뿐이다. (중략) 칼 바르트가 넌지시 말했듯이, 만일 설교자가 한 손에는 성경을, 다른 손에는 신문을 들고 설교해야 한다면, (미국의) 일요일자 신문보다도 성경이 무게가 더 나간다는 것은 분명한 사실이다. 어떠한 설교도 그리스도에 대한 성경의 명확한 증언만큼 중요성을 지닐 수는 없다. 어떠한 인간 상황도 하나님의 말씀이 가진 영속성을 가질 수 없다. 그럼에도 불구하고 성육신하신 성자에게 임하셨고 또 성경의 저작을 관장하셨던 동일한 성령께서 설교자와 그의 설교에도 적절하게 역사하신다.

존 크리소스톰은 자신이 설교 장로로서 안수 받을 때 성령님을 선물로 받았던 일을 여러 번 상기했다. 그는 성령님의 선물이 반복적으로 부어지도록 하기 위해서 설교를 시작할 때 설교자로서 그의 회중과 특별한 인사말을 주고받았다. 설교자가 "주님께서 여러분과 함께 하시기를!" 하고 인사하면, 회중들은 "그리고 목사님의 영혼과도 함께!"라고 화답했다. 크리소스톰은 그의 회중에게 설교자를 위해 기도할 것을 여러 차례 강권하였다. 설교자의 말은 그의 회중을 위한 것이기 때문에, 설교자를 위한 회중의 기도는 결국 회중에게 유익을 가져다 준다. 설교자가 특정한 때 성경의 어떤 말씀을 선포할지 분별하기 위해서는 성령님의 도움이 필요하며 또한 그가 인간의 말을 능가하는 능력으로 설교하기 위해서도 성령님의 도움을 필요로 한다(살전1:5).

구체적인 상황에 대해서 효과적인 설교를 하기 위해서는 그 상황을 '읽어 내는 것'이 필요하다. 여기에서는 설교자와 회중 사이의 협력이 매우 중요하게 부각된다. 오순절 이후 어떤 의미에서는 모든 주님의 백성들이 예언자가 되었다(민 11:29). 신실한 사람들은 '시대의 표적'을 읽어 내야 하는 책임을 지고 있다. 신자들은 많은 숫자와 다양성을 통해 인간 사회의 온갖 차원과 영역을 두루 관통할 수 있는 기회를 가지고 있다. 이것은 어떤 설교자 한 개인이나 혹은 설교자 전체 모임에서도 불가능한 일이다. 교회의 모든 지체는 갖가지 정보 제공과 조언을 통해 그들의 설교자가 바람에 나는 짚 한 오라기와 불을 일으킬 조짐이 있는 연기까지도 식별할 수 있도록 도울 수 있다. 이 때 설교자는 그 시대의 중요한 문제 특히 그가 돌보는 신자들에게 영향을 미치는 사안에 하나님의 말씀을 적용시켜야 하는 책임을 진다. 387년 성난 안디옥 군중들이 신상을 습격한 이후 있었던 크리소스톰의 일련의 설교는 어려운 정치적 상황 속에서 목사의 건전한 충고가 어떠한 것인지 보여 주는 모범적인 실례가 된다. 후일 그는 유독시아 여왕의 제국주의적 행동을 책망하였으며, 이로 인해 여왕의 미움을 받아 콘스탄티노플 대주교좌에서 물러나게 되었다.

시대는 변하지만, 사람들의 기쁨과 슬픔, 희망과 두려움은 거의 한결같다. 한편 크리소스톰은 비록 위대한 설교자이기는 하였지만 회중을 개인적으로 찾아가는 일에는 실패했다는 비난을 듣는다. 설교자가 수사학적 기술을 통해서는 만족시킬 수 없는 것이 종종 세심한 목양적 돌봄을 통해서 보완되는 경우가 있다. 성령께서 함께 하시는 경험을 통해 설교자는 더 큰 힘을 얻으며, 복음을 단순히 소개하는 것만으로도 사람들의 마음을 감동시킨다. 지친 영혼을 위해 험난한 세상을 해석하는 일은 종종 하나님 나라의 변형시키는 빛을 통해 그러한 세상을 변화시킨다.

설교와 종말론

에드워드 스킬레벡스는 '가톨릭 신학의 해석학 전유에 관하여'라는 논문에서 불트만이 성경을 단지 하나의 본문 곧 폐쇄된 '저장 창고'로 이해하는 것을 비판하였다. 불트만에 따르면, 성경은 하나의 저장 창고로서 우리는 그것이 표현하는 실존적인 가능성을 현재라는 협소한 시점으로 계속적으로 반복해서 끌어와야 한다. 이러한 견해에 대해서 플랑드르의 도미니크 수도사였던 그는 다음과 같이 쓰고 있다.

성경이 증언하는 모든 것은 미래에 하나님의 약속이 성취될 것을 지향하고 있다. 그리고 그 역사는 성경 안에 믿음으로 이야기되고 있다. 우리의 성경 이해는 다음과 같이 표현할 수 있다. 우리는 성경을 되돌아보는 것이 아니라, 성경과 함께 미래를 내다보아야 한다. 그 미래는 성취될 미래요 또한 우리에게 성취될 미래다. (중략) 성경 해석은 정통 실천의 기초로서 정통 교리를 '지시해야' 한다. 이 때 정통 교리란 과거에 이미 실현된 것으로서 약속에 대한 정확한 해석을 말한다. 그리고 정통 실천을 통해 그 약속은 우리 안에 새로운 미래를 열어 준다. 오직 믿음의 실천이라는 행동의 영역 안에서만 정통적인 해석이 내적으로 완성된다. (중략) 분명히 '믿음의 저장 창고'가 있다. 하지만 그 창고의 내용은 그리스도 안에서 이미 실현된 약속의 토대 위에서 (이 약속은 이미 실현되었지만 그럼에도 불구하고 여전히 하나의 약속이다.) 여전히 우리를 위한 약속으로 남아 있다. 결과적으로 해석은 실천을 지향하게 된다. 성경은 우리에게 과거에 하나님이 얼마나 신실하셨던가를 상기시켜 주며, 이를 통해 미래에도 하나님께서 신실하실 것이라는 데 대해 우리가 확신을 갖게 해 준다. (『하나님, 인간의 미래』 중에서)

존 크리소스톰의 성찬식 기도문에 따르면, 아남네시스(anamnesis, 재현 또는 회상)는 그리스도의 최종적 도래와 하나님 나라의 완성을 열어 준다.

이제 우리는 우리에게 구원을 가져다 주는 이 명령과 우리를 위해 행하신 모든 일들을 기억합니다. 곧 십자가와 무덤, 삼일 후의 부활, 승천, 하나님 보좌 우편에 앉으심, 그리고 영광스러운 재림을 묵상합니다. 그리고 주님께서 주신 주님의 소유를 주님께 다시 올려 드립니다. 또한 이 피 없는 제사를 주님께 올려 드리며, 성령님을 보내 주셔서 갖가지 은총을 더해 주시기를 간구하고 기도하며 간청합니다. 성령님을 통해 이 떡을 변화시켜 그리스도의 고귀한 몸이 되게 하시고, 성령님을 통해 이 잔에 담긴 것을 변화시켜 그리스도의 고귀한 피가 되게 하소서. 그래서 이 떡과 잔에 참여하는 사람들이 그 영혼의 보호를 받고 죄 사함을 받으며, 성령님과 교제하고, 천국의 충만함을 누리고, 주님 앞에 담대히 나아가게 하시며, 심판이나 정죄에 이르지 않게 하소서.

설교자로서 존 크리소스톰은 가르치는 직무의 삼위일체적 근원에 대해서 잘 알고 있었다. 설교자는 하나님으로부터 특정한 사역을 위해 부름을 받았으며, 그 사역은 그리스도로부터 유래했다. 그리고 우리는 성령님을 통해 그 사역을 수행한다. 설교자는 하나님의 전령이자 대표 사절로서 성찬 성례전 공동체의 믿음을 일으켜 세움으로써 하나님께 영광을 돌려야 할 과제를 안고 있다. 신자들은 세례를 통하여 그들에게 약속된 유업에 대한 보증으로서 성령님을 받았으며, 성찬 성례전을 통하여 성령님과의 교제를 성례적으로 유지한다. 성찬 성례전의 교제를 통해서 그들은 그리스도의 최종적인 파루시아 곧 재림을 예기적으로 경험하며, 또한 천국에서의 메시야 잔치를 미리 맛본다. 또한 그들은 성찬 성례전 기도를 통하여 천국의 모든 무리와 함께 하나님의 보좌 앞에 드리는 예배에 함께 참여한다.

마지막 심판의 날, 설교자와 사제와 목사는 그들의 사역에 대해 해명하게 될 것이다. 이 일에 합당한 자가 누구인가? 설교자는 그의 회중과 마찬가지로 동일한 말씀 아래 서 있다. 자격 없는 자로서 은혜의 사역자가 되었던 설교자는, 그 은혜가 결국 그를 부인하지 않을 것이라는 소망을 가져야 한다.

출처

Geoffrey Wainwright, "Preaching as Worship," The Greek Orthodox Theological Review, Vol. 28, No. 4 (Winter 1983), pp. 325 – 336. Used by permission.